Homiletik

De Gruyter Studium

Homiletik

Von

Michael Meyer-Blanck

DE GRUYTER

ISBN 978-3-11-137837-4
ISBN 978-3-11-138399-6 (PDF)
ISBN 978-3-11-138422-1 (E-PUB)
DOI https://doi.org/10.1515/9783111383996

Library of Congress Control Number: 2026944849

Bibliografische Information der Deutschen Nationalbibliothek
Die Deutsche Nationalbibliothek verzeichnet diese Publikation in der Deutschen Nationalbibliografie; detaillierte bibliografische Daten sind im Internet über https://dnb.dnb.de abrufbar.

De Gruyter und Walter de Gruyter GmbH sind Teil von De Gruyter Brill.
www.degruyterbrill.com

Fragen zur allgemeinen Produktsicherheit: productsafety@degruyterbrill.com

Einbandabbildung: Palmer Chapel in Catlochee Valley, North Carolina (USA). wbritten / iStock / Getty Images Plus

Πιστεύομεν διὸ καὶ λαλοῦμεν
So glauben wir auch, darum reden wir auch.
2Kor 4,13

•••

Das Wort vom Himmel werde durch den Vortrag des Predigers so lebendig,
als komme es eben jetzt erst vom Himmel herab.
Johann Friedrich Voigtländer (1769–1844) 1812, zitiert nach
Johannes Greifenstein (Hg.): Predigt als Bibelauslegung,
Tübingen 2022, 46, Anm. 59

•••

In a sense, all a person has is her word.
Fred B. Craddock: As One Without Authority, St. Louis ^{4}2001 [1970], 23

Inhaltsverzeichnis

Vorwort

Seit dem Erscheinen meiner „Gottesdienstlehre“ (2011) hat mir die Homiletik keine Ruhe gelassen. Der beschränkte Raum für die homiletischen Grundsatzfragen in der „Gottesdienstlehre“ hat mich bewogen, speziell der Predigt, dem Kern der evangelischen Mitteilung und Darstellung des Glaubens, noch einmal in monographischer Form nachzugehen. Was mich daran immer besonders interessiert hat, ist der Zusammenhang der reformatorischen, der dialektisch-theologischen sowie der rhetorischen und pädagogischen Konzeptionen des Predigens. Lässt sich an der ambitionierten Redeweise von der Predigt als „Wort Gottes“ in spirituell durchaus skeptischen Zeiten wie der jetzigen festhalten und welche Rolle spielt dabei die heutige Kultur mit ihrer religiös so nüchternen und kritischen Signatur?

Wenn ich einen inhaltlich bestimmten Titel für dieses Buch gewählt hätte, so wäre das wahrscheinlich der Begriff „Gottes-Rede“ gewesen, um die Spannung zwischen Gottes Wort einerseits und dem menschlichen Reden von Gott andererseits zum Ausdruck zu bringen. Anders gesagt: Das Predigen geschieht unter den Bedingungen von Bekenntnis und Diskurs, von Glauben und Lernen, von Redekultur und Gebet. Die Predigt ist Gottesrede in diesem mehrfachen Sinne eines objektiven und eines subjektiven Genitivs. Predigen ist eine Rede über Gott, in der sich – unversehens auch, nicht unbedingt wahrscheinlich und erst recht nicht notwendig, aber doch – Gotteserfahrung einstellen kann. Die folgenden 40 Paragraphen in fünf sehr traditionell angeordneten Kapiteln drehen sich immer wieder um dieses Zentrum, um die Gottes-Rede. Dennoch ist es bei dem einschlägigen Titel „Homiletik“ geblieben, da ich bei programmatischen Titeln zurückhaltend bin, muss sich doch das Gemeinte aus dem Text selbst erschließen. Außerdem ist mir die Tatsache wichtig, dass die evangelische Predigt nicht nur eine spirituelle, sondern auch eine eminent rhetorische Bedeutung hat. Sie ist eine adressatenorientierte, engagierte und zielgerichtete Rede. Wer predigt, will etwas und steht dafür ein. Wer redet, gibt sich zu erkennen. Das ist nicht alles, aber das ist schon viel.

Ich bedanke mich bei Johannes Greifenstein und Kathrin Oxen, die Teile des Manuskripts vorab gelesen haben. Ihre Kommentare haben mir zu Präzisierungen verholfen. Selbstverständlich trage ich allein die Verantwortung für das, was jetzt gedruckt ist. Die Rechtschreibung in den Zitaten ist in der Regel behutsam modernisiert worden, um die Lesbarkeit zu verbessern. Schließlich geht mein Dankeschön an Albrecht Döhnert vom Verlag De Gruyter Brill für

 | HTTPS://DOI.ORG/10.1515/9783111383996-204

das freundliche und wertschätzende Interesse an meinem Vorhaben und Katrin Mittmann und Fem Eggers für die Betreuung des Manuskripts.

Ich widme dieses Buch in Dankbarkeit den Hörerinnen und Hörern meiner Predigten in Bonn, Rom, Berlin, Loccum, Axstedt und Bramstedt.

Bonn-Bad Godesberg, Ostern 2026
Michael Meyer-Blanck

Historische Standardwerke der Homiletik mit Kurzcharakteristik

Diese Liste enthält keine Titel von lebenden Autor:innen.

Ernst Christian Achelis: Lehrbuch der Praktischen Theologie, 2. Band, Leipzig ^{3}1911, 79–277 – Der zweite Band der umfangsstärksten Gesamtdarstellung der Praktischen Theologie (drei Bände) enthält eine vollständig ausgearbeitete Homiletik, die (nach Begriff und Geschichte) Alexander Schweizers Vorbild (s.u.) folgend in die prinzipielle, materiale und formelle Homiletik gegliedert ist.

Aurelius Augustinus: Die christliche Bildung (De doctrina Christiana). Übersetzung, Anmerkungen und Nachwort von Karla Pollmann – Diese Schrift enthält im IV. Buch die erste christliche Homiletik, in der sich Augustin von Cicero inspiriert zeigt und die großen homiletischen Einfluss auf das christliche Mittelalter und darüber hinaus ausgeübt hat.

Karl Barth: Homiletik. Wesen und Vorbereitung der Predigt, Zürich ^{3}1986 [1966; 1932/33] – Nachschrift des legendären Bonner homiletischen Seminars von Karl Barth, an dem im Wintersemester 1932/33 etwa 110 Studierende teilnahmen.

Rudolf Bohren: Predigtlehre, München ^{3}1974 [1971] – Sehr umfangreiche Homiletik aus reformierter Perspektive; in besonderer Weise von der Literatur und überhaupt der Ästhetik geprägt; theologisch ein später Vertreter der Wort-Gottes-Theologie.

David Buttrick: Homiletic. Moves and Structures, Philadelphia 2020 [1985] – Das klassische und mehrfach ausgezeichnete Werk der US-amerikanischen Homiletik, das der „Dramaturgischen Homiletik" zur Inspiration wurde.

Fred B. Craddock: As One Without Authority, Revised and with New Sermons, St. Louis ^{4}2001 [1970] – Das Buch gibt einen guten Eindruck von der Entstehung der aktuellen US-Homiletik seit den 1970er Jahren; Craddock macht auf die Fragen von Autorität und Macht aufmerksam und entwickelt in diesem Buch sein Prinzip der nicht behauptenden, „induktiven" Predigt.

Hans Werner Dannowski: Kompendium der Predigtlehre, Gütersloh 1985 – Knappe und gut lesbare Zusammenfassung der humanwissenschaftlichen Impulse der Homiletik, wie sie in den Reformjahren ab 1970 an den Predigerseminaren entstanden und gelehrt wurden (der Autor war Predigerseminardirektor, später Stadtsuperintendent in Hannover).

Wilhelm Gräb: Predigtlehre. Über religiöse Rede; Göttingen 2013 – Homiletik des zuletzt in Berlin tätigen Praktischen Theologen, der besonders von Schleiermacher inspiriert war und mit seinem Gesamtwerk an der kulturellen Anschlussfähigkeit der evangelischen Theologie gearbeitet hat.

Domenico Grasso: Annuncio della Salvezza. Teologia della predicazione, Neapel 1973 – Umfängliche Homiletik im Nachgang zum 2. Vatikanischen Konzil mit starker theologischer Aufwertung des Predigens (Sakramentalität der Predigt).

Otto Haendler: Homiletik. Monographien, Aufsätze und Vorträge, hg. von Wilfried Engemann (Otto Haendler: Schriften und Vorträge zur Prakt. Theologie [OHPTh] Bd. 2), Leipzig 2017 – Haendlers erstmals 1941 erschienene Homiletik stellt den Prediger und seine Persönlichkeit in den Mittelpunkt und orientiert sich dabei an der Tiefenpsychologie C.G. Jungs.

Hermann Hering: Die Lehre von der Predigt, Berlin 1905 (darin 1–253: Geschichte der Predigt, 1897) – Monumentale Homiletik mit bedeutender Predigtgeschichte. Das Buch des Hallenser Professors und Konsistorialrates zeigt, wie um 1900 Homiletik gelehrt wurde.

Emanuel Hirsch: Predigerfibel, Berlin 1964 – Alterswerk des wegen seiner nationalsozialistischen Überzeugungen hochproblematischen Theologen; durch das Meditationskonzept von Subjektivität und Innerlichkeit gleichwohl ein Vorbote des persönlichen Predigens.

Manfred Josuttis: Rhetorik und Theologie in der Predigtarbeit. Homiletische Studien, München 1985; ders.: Gesetz und Evangelium in der Predigtarbeit. Homiletische Studien 2, Gütersloh 1995; ders.: Texte und Feste in der Predigtarbeit. Homiletische Studien 3, Gütersloh 2002 – Theologisch wie humanwissenschaftlich gehaltvolle und anregende Aufsätze; der wirkmächtigste Text ist „Gesetzlichkeit in der Predigt der Gegenwart“ aus dem Jahr 1969 (Bd. 2, 94–181).

Paul Kleinert: Homiletik, Leipzig 1907 – Das nur 200 gehaltvolle Seiten umfassende Buch ist eine Art Bilanz und Vermächtnis der Homiletik des 19. Jahrhunderts. Kleinerts vermittelnde Position bestimmt auch Inhalt und Duktus dieses Buches, das wahrscheinlich das beste seiner Generation darstellt.

Ernst Lange: Predigen als Beruf. Aufsätze zu Homiletik, Liturgie und Pfarramt, hg. von Rüdiger Schloz, München 1982 – Die hier gesammelten Arbeiten von Lange gehören zu den wirkmächtigsten homiletischen Texten des 20. Jahrhunderts und dokumentieren den Siegeszug der Formel „Kommunikation des Evangeliums".

Hans Martin Müller: Homiletik. Eine evangelische Predigtlehre, Berlin / New York 1995 – Umfassende Darstellung mit historischem Schwerpunkt, stark an M. Luther orientiert und vom Verfasser selbst im Vorwort als „konservativ" bezeichnet.

Alfred Niebergall: Die Geschichte der christlichen Predigt, in: Leiturgia. Handbuch des evangelischen Gottesdienstes Bd. II, Kassel 1955, 181–352 – Detail- und umfangreiche Predigtgeschichte des Sohnes von Friedrich Niebergall aus der Spätphase der Wort-Gottes-Theologie mit entsprechenden Urteilen.

Friedrich Niebergall: Wie predigen wir dem modernen Menschen? Bd. I–III, Tübingen 1902–1920. – Konsequent am Hörer orientierte liberale Predigtlehre: Die Predigttexte sollen psychologisch interpretiert werden und die Zuhörer mit Handlungsimpulsen („Motiven") und Entspannungshilfen („Quietiven") versehen und so auf den Willen wirken.

Johannes Jacobus van Oosterzee: Praktische Theologie. Autorisierte deutsche Ausgabe Bd. 1 u.2, Heilbronn 1878 – Band 1 dieses Werkes des in Utrecht lehrenden reformierten Theologen enthält eine ausführliche Homiletik (72–416), wie sie in Vorlesungen entwickelt wurde. Das Werk ist nach A. Schweizers System gegliedert und enthält sehr kritische Töne gegen die Rhetorik; es wird eine Stunde Predigtdauer empfohlen.

Gert Otto: Predigt als Rede. Über die Wechselwirkungen von Homiletik und Rhetorik, Stuttgart u.a. 1976 – Bedeutender Impuls, der in der Zeit einer rhetorikvergessenen Homiletik die Aufmerksamkeit neu auf den Umstand lenkte, dass die Predigt – wie jede andere Rede auch – nach rhetorischen Gesetzen funktioniert.

Christian Palmer: Evangelische Homiletik, Stuttgart ^{2}1845 [1842] – Die mit sechs Auflagen [^{6}1887] wahrscheinlich erfolgreichste Homiletik des 19. Jahrhunderts, die irgendwo in der Mitte von „positiv" und „liberal" angesiedelt ist. Die große Ausführlichkeit im Materialen und Formalen (mit zahlreichen Dispositionsbeispielen) macht diese Homiletik zu einer Fundgrube.

Hans-Christoph Piper: Predigtanalysen. Kommunikation und Kommunikationsstörungen in der Predigt, Göttingen / Wien 1976 – Zahlreiche mit der Methodik der Klinischen Seelsorgeausbildung (KSA) kommentierte Predigten und Predigertypen.

Richard Rothe: Geschichte der Predigt von den Anfängen bis auf Schleiermacher, hg. von August Trümpelmann, Bremen 1881 – Von dem späteren bedeutenden Bonner und Heidelberger liberalen Theologen Richard Rothe im Sommer 1835 handschriftlich ausgearbeitete und im Predigerseminar Wittenberg vorgetragene Vorlesung; mit gut 500 Seiten sehr eingehende Darstellung; besonders Rothes teilweise überschwängliche Urteile machen die Lektüre zum Erlebnis.

Werner Schütz: Geschichte der christlichen Predigt, Berlin / New York 1972 – Handliche, vom Umfang her begrenzte und zur schnellen Information dienende Predigtgeschichte, die über die deutsche und die evangelische Predigt weit hinausgreift (keine Homiletikgeschichte).

Alexander Schweizer: Homiletik der Evangelisch-Protestantischen Kirche systematisch dargestellt, Leipzig 1848 – Das am stärksten systematisierende homiletische Grundsatzwerk des 19. Jahrhunderts des Schleiermacherschülers und Zürcher Großmünsterpfarrers sowie dortigen Professors für Praktische Theologie. Wegen der Mikrogliederung in 219 Paragraphen mit einer jeweils vorangestellten These findet man sich in dem Buch trotz der schwierigen Diktion sehr leicht zurecht.

Franz Theremin: Die Beredsamkeit eine Tugend, oder Grundlinien einer systematischen Rhetorik, Berlin ^{2}1837 – Sehr gehaltvolle, knappe Schrift des berühmten Berliner Aufklärungspredigers. Theremin gelang es nicht mehr, seine Homiletik abzuschließen, so dass dieses rhetorische Buch zugleich für seine im besten Sinne pädagogische Homiletik steht.

Wolfgang Trillhaas: Evangelische Predigtlehre, München ^{2}1936 – Die erste und auf Dauer erfolgreiche, mehrfach überarbeitete und neu aufgelegte Homiletik aus der Frühzeit der Wort-Gottes-Theologie. Das Buch ist recht nüchtern und praktisch geschrieben, so dass es in seiner Besonnenheit noch heute eine bereichernde Lektüre bietet.

Gustaf Wingren: Die Predigt, Berlin 1954 (schwedisch 1949) – Homiletik des langjährigen Professors aus Lund, ganz aus dem Stoff der lutherischen Dogmatik; Wingren ist besonders daran interessiert, den Gegensatz zwischen einer göttlichen und menschlichen („objektiven" und „subjektiven") Definition der Predigt zu überwinden.

Friedrich Wintzer: Die Homiletik seit Schleiermacher bis in die Anfänge der ‚dialektischen Theologie' in Grundzügen (APTh 6), Göttingen 1969 – Detaillierte Darstellung der deutschsprachigen evangelischen Homiletik im 19. Jahrhundert unter der Prämisse der Spannung von „Missionspredigt" und „Kultuspredigt".

Rolf Zerfaß: Grundkurs Predigt. Band 1, Spruchpredigt, Düsseldorf 1987 – Das erfolgreichste Buch der letzten Jahrzehnte aus der katholischen Homiletik. Hier wird das Paradigma der Predigt als denkendes Sprechen („Sprechdenken") mit einem Notizzettel entwickelt, nach dem inzwischen Generationen von Priestern ausgebildet wurden („Würzburger Modell").

ERSTES KAPITEL

Prolegomena

§ 1 Die Predigt als Rede, Lehre und Gotteserfahrung: Grundlegende homiletische Bestimmungen

Literatur: Johann Benedikt Carpzov: Hodegeticum brevibus aphorismis pro collegio concionatorio conceptum. Ein Wegweiser für Prediger in Leitsätzen (Lateinisch–Deutsch). Eingeleitet, übersetzt und hg. von Reiner Preul, Leipzig 2014 · Ruth Conrad: Kirchenbild und Predigtziel. Eine problemgeschichtliche Studie zu ekklesiologischen Dimensionen der Homiletik, Tübingen 2012 (PThGG 11) · Ruth Conrad: Homiletik, Stuttgart 2025 (Kompendien Praktische Theologie 7) · Volker Henning Drecoll / Juliane Baur / Wolfgang Schöllkopf (Hg.): Stiftsköpfe, Tübingen 2012 · Erich Garhammer / Heinz-Günther Schöttler (Hg.): Predigt als offenes Kunstwerk. Homiletik und Rezeptionsästhetik, München 1998 · Manfred Josuttis: Homiletik und Rhetorik, in: ders.: Rhetorik und Theologie in der Predigtarbeit. Homiletische Studien, München 1985, 9–28 · Paul Kleinert: Homiletik, Leipzig 1907 · Michael Meyer-Blanck: Vom Altar zum Herzen. Luthers Gottesdienstreform als Quelle moderner Subjektivität, in: „Von des christlichen Standes Besserung" – 500 Jahre Reformation, hg. von Ute Mennecke und Hellmut Zschoch, Leipzig 2017, 117–129 · Michael Meyer-Blanck: Gottesdienstlehre, Tübingen ^{2}2020 [2011] · Michael Meyer-Blanck: Was ist „homiletische Rhetorik?" In: ders. (Hg.): Handbuch homiletische Rhetorik, Berlin / Boston 2021, 3–28 · Hans Martin Müller: Homiletik. Eine evangelische Predigtlehre, Berlin / New York 1995

1 Zur Notwendigkeit von Prolegomena

1.1

Die „Prolegomena" einer wissenschaftlichen Abhandlung klären das, was „zuvor zu sagen" ist. In ihnen geht es um den Stellenwert von Aussagen, um ihre Voraussetzungen, Kontexte und nicht zuletzt um den Standpunkt des Verfassers. Es wäre gewiss auch möglich, ohne solche – mitunter retardierend wirkenden – Vorklärungen direkt mit der geschichtlichen Entwicklung zu beginnen. Damit wäre man schnell bei der Gliederung eines Lexikonartikels: Begriffsklärung – Historische Entwicklung – Grundsätzliche Klärungen – Konfessionelle Besonderheiten – Gegenwärtige praktische Herausforderungen. In der Tat lassen sich

 | HTTPS://DOI.ORG/10.1515/9783111383996-001

so die einschlägigen Informationen zu einem Forschungsgegenstand konzentriert zusammenstellen.

Ein Lehrbuch wie das vorliegende ist aber keine bloße Sammlung von Informationen. Es soll vielmehr in die Denk- und Argumentationsweisen der wissenschaftlichen Homiletik einführen. Es soll nicht nur die Antworten lehren, sondern auch das Stellen von Fragen und das Infragestellen gewohnter Praktiken und Denkmuster. Das wissenschaftliche Studium ist der Auszug aus der gewohnten Praxis und den geläufigen Theoriemustern zugunsten des selbst Gedachten und des bisher nicht für möglich Gehaltenen. Das akademische Studium dient nicht nur der notwendigen Bildung der künftigen Prediger:innen, sondern auch der Erneuerung der Kirche. Das Theologiestudium ist die Institutionalisierung einer lernenden und sich erneuernden Kirche: „Wissenschaft ist keine Informationsschleuder, sondern eine Wahrnehmungsschule, ein Ort zur Generierung von Neugier und Nachdenklichkeit."[1] Wer auf diese Weise erfolgreich Theologie studiert, erwirbt die Fähigkeit zur Kirchenleitung und Kirchenreform.

1.2

Weil dieses Buch einem solchen Verständnis von theologischer Wissenschaft folgt, sind Prolegomena unerlässlich. Es geht darum, Standpunkte und Vorgehensweisen wahrzunehmen, zu unterscheiden und in größere Zusammenhänge einordnen zu können. Denn unsere Wahrnehmungen von kirchlicher und gesellschaftlicher Realität, von Predigtgeschichte und Predigtqualität, von Begriff und Ziel der Predigt sind immer schon von theologischen, besonders von ekklesiologischen Grundannahmen bestimmt. Die Predigt beabsichtigt nicht nur eine Wirkung auf Einzelne, sondern sie hat auch ein Idealbild, wenigstens die Zielvorstellung einer heute menschenfreundlichen Kirche im Hintergrund (Conrad 2012; Conrad 2025). Insofern man Wissenschaft als die implizite Aufforderung zum Erkennen, Benennen und Verändern von geläufigen Gewissheiten verstehen kann, sind die Prolegomena ein besonders wichtiger Teil eines Lehrbuches, der darum der historischen und systematischen Entfaltung voranzustellen ist (Meyer-Blanck ²2020 [2011]; Meyer-Blanck 2019).

In einem homiletischen Lehrbuch geht es speziell um die Bedingungen der Möglichkeit, den Sinn und die Absicht des Predigens im Gespräch mit anderen Positionen in Geschichte und Gegenwart selbst bestimmen zu können. Darum

1 Michael Moxter: Zum pfarramtlichen Alltag. Beobachtungen und Reflexionen, in: Bernd Schröder (Hg.): Pfarrer oder Pfarrerin werden und sein. Herausforderungen für Beruf und theologische Bildung in Studium, Vikariat und Fortbildung (VWGTh 61), Leipzig 2020, 135–142: 140.

möchte ich schon in diesem Paragraphen (s.u. 3) gleichsam mit der Tür ins Haus fallen und die erst noch diskursiv zu entfaltenden Entscheidungen thetisch voranstellen.

2 Predigt und Predigtlehre als Gegenstände wissenschaftlicher Erkenntnis

2.1

Die Predigt gilt als unverzichtbares Kennzeichen des evangelischen Christentums. Pfarrer:innen werden oft schlicht als „Prediger" bezeichnet. In den ehemals preußischen Landen gibt es das Amt des Universitätspredigers, Tübingen kennt den „Frühprediger", Loccum den „Stiftsprediger", Berlin die „Domprediger" und das kleine Stadthagen (im Schaumburger Land) gar den „Oberprediger". Die Ausbildungsstätte für die Begleitung im Vikariat nennt sich bekanntlich „Predigerseminar". Am Anfang war die Predigt, das ist die Selbsterfahrung des Protestantismus.

Heißt es in der römisch-katholischen Liturgiekonstitution „Sacrosanctum Concilium" nur, die Predigt in der Messe werde „sehr empfohlen" („valde commendatur", SC 52), so ist ein typischer evangelischer Gottesdienst ohne Predigt nicht vorstellbar. In der evangelischen Kirche Pfarrer:in sein heißt predigen, während es bis heute katholische Gegenden mit „Predigtferien" im Sommer gibt; „nach Peter und Paul, da werden die Pfarrer faul", so lautet das Sprichwort dazu. In der evangelischen Kirche geht man nicht primär zum Gottesdienst, sondern eher „zur Predigt". Ob man überhaupt und wohin man zur Kirche geht, das entscheidet sich an der Person, die predigen wird.

2.2

Die hohen Anforderungen an den evangelischen Pfarrer ergaben sich mit der reformatorischen Umstellung der religiösen Kommunikation vom Schauen der Hostie zum Hören der Botschaft. Von den Gläubigen war nicht mehr lediglich die Anwesenheit beim Messopfer verlangt, sondern das persönliche Verstehen des Evangeliums durch die Liturgie und vor allem durch die Predigt. Das Zentrum des Gottesdienstes wurde vom Altar in das hörende Herz (Röm 10,9) verlegt (Meyer-Blanck 2017). Die Professionalität des Klerikers bestand nicht mehr darin, *rite* zu zelebrieren, sondern darin, vom Herzen zum Herzen zu reden, so dass sich neue Einsicht, neues Empfinden und neue Handlungsmotivation einstellen konnten. Aus dem Liturgen als Experten für den rituellen

Vollzug war der Lehrer des Herzens geworden und aus der Gemeinde der passiv Schauenden die Versammlung derer, die aktiv um Verstehen rangen.

Diese neue Sichtweise passte zu der Reformation als einer Bildungsbewegung und das evangelische Pfarrhaus sollte für viele Generationen zu einem vorzüglichen Bildungsort werden, besonders im Hinblick auf den Umgang mit Sprache. Der evangelische Pfarrer als Prediger wurde ein Gelehrter – Theologe, Philosoph, Rhetor und Lehrer. Dass dieses Berufsbild eine erhebliche Komplexitätssteigerung bedeutete, liegt auf der Hand. Erst die dadurch entstehenden theoretischen Herausforderungen machten auch eine wissenschaftliche Disziplin „Homiletik" erforderlich (→ § 6). Die Homiletik erreichte im 19. Jahrhundert einen theoretischen Gipfelpunkt, als die pastorale Anknüpfung an bedeutende Prediger endgültig durch eine wissenschaftliche Praxistheorie ersetzt wurde. Ruth Conrad hat das in sechs homiletisch-ekklesiologischen Fallstudien eingehend dargestellt (Conrad 2012).

2.3

Der Beruf des „Predigers" stellte erhebliche theoretische Anforderungen und Bildungsvoraussetzungen, die sich die Kirche auch einiges kosten ließ. Ein Beispiel dafür ist das Tübinger Theologische Stift, das nicht nur Generationen von Pfarrern (inzwischen auch Pfarrerinnen), sondern auch zahlreiche Gelehrte hervorbrachte (u.a. Hegel, Schelling, David Friedrich Strauß, Karl Holl; vgl. Drecoll et al. 2012). Der qualitative Sprung vom Zelebranten zum Prediger war erheblich und eine der nachhaltigsten Folgen der Reformation.

Aber auch die mit dem evangelischen Pfarramt verbundenen quantitativen Herausforderungen sind in Rechnung zu stellen. Ein Prediger hatte im 16. und 17. Jahrhundert schätzungsweise an die 200 Predigten jährlich zu halten (Conrad 2025, 56); der Breslauer Praktische Theologe Martin Schian (1869–1944) rechnete mit rund 4.000 Predigten in 20 Dienstjahren (Meyer-Blanck 2020, 163). Dabei sollte eine Predigt rund eine Stunde dauern (Carpzov 1652 [2014], 187). Wer selbst Predigten vorbereitet, weiß, dass 20 gehaltvolle Predigtminuten erheblich mehr Arbeit verlangen als derer zehn oder sieben. Von einer Predigtdauer von einer Stunde hat gegenwärtig niemand mehr die leiseste praktische Ahnung.[2] Aus der Bach-Zeit in Leipzig ist bekannt, dass die Schüler im Winter während der einstündigen Predigt in einem anderen (beheizten) Raum eine Predigt lesen durften.

2 Man müsste das unter wissenschaftlichen Bedingungen (Befragungen vorher und nachher) einmal ausprobieren, um eine Anschauung und ein Gefühl für diese Praxis zu bekommen!

Besonders Pietismus und Aufklärung, erst recht das 19. Jahrhundert mit seinem demographischen Wandel hatte seine spezifischen Predigtkrisen, auf die später zurückzukommen ist (→ §§ 13–14). Die Geschichte der evangelischen Predigt ist die Geschichte höchster Erwartung, tatsächlicher Enttäuschung und trotziger Reformen, die den Hiatus zwischen Sein und Sollen nicht zu akzeptieren bereit waren. Die Predigt ist der Evangelischen liebstes und schwierigstes Kind.

2.4

Aufgrund der hohen Ansprüche und der höchst komplexen Umstände religiöser Kommunikation in der Gegenwart ist eine religiöse Rede, die Gehör beanspruchen kann, ein wissenschaftlich schwer zu erfassendes Unternehmen. Die Beschreibung dessen, was ihr Gelingen wahrscheinlich macht, muss jedenfalls auf verschiedene Disziplinen zurückgreifen. Im Folgenden seien einige vorläufige Festlegungen vorgenommen, die den theoretischen Grundriss dieser Homiletik markieren.

Ich beginne mit einer Definition, der im nächsten Abschnitt (s.u. → 3) Erläuterungen zu den Bezugsdisziplinen folgen: *Homiletik ist die Theorie der Entstehung evangelischer Einsichten und Überzeugungen aufgrund öffentlicher Rede im liturgischen Kontext.*

Diese Definition beinhaltet zunächst die Liturgie als selbstverständliche Voraussetzung des gegenwärtigen Predigens (Meyer-Blanck 2020). Nahezu alle Predigten werden in einem Gottesdienst gehalten. Mit einer öffentlichen Predigt außerhalb der Liturgie – etwa in einer Fußgängerzone – hat weder der Autor dieser Zeilen noch die Leserschaft Erfahrungen. Diese Voraussetzung ist so selbstverständlich, dass sie in der zünftigen Homiletik bisweilen gar keine Aufmerksamkeit findet.

Weiterhin ist deutlich, dass die Homiletik eine enge Beziehung zur Rhetorik hat. Die Predigt ist eine öffentliche Rede wie andere Reden auch und folgt von daher elementaren rhetorischen Gesetzen wie dem der (akustischen) Verstehbarkeit und Verständlichkeit, Adressatenorientierung, der klaren Bestimmung von Zielvorstellung und Inhaltsstruktur. Formuliert man so, dann zeigen sich außerdem die Parallelen zur Didaktik. Predigen und lehren heißt, für die Adressaten den eigenen Weg zur Sache bahnen durch signifikante Gedanken, bildliche Vorstellungen und prägnante Formulierungen. Noch einmal: Dabei geht es (didaktisch) um die persönliche Aneignung durch die Gemeinde, nicht um die Übertragung feststehender („richtiger") Gedanken. Die didaktische Konturierung impliziert zugleich, dass empirische (soziologische und psychologische) Einsichten heranzuziehen sind. Wer predigt, hat sich die anthropogenen und soziokulturellen Bedingungen klarzumachen.

Die obige Definition lässt weiterhin deutlich werden, dass die evangelische Theologie insgesamt ein wesentlicher Bezugspunkt ist. Es geht um spezifische Einsichten und Überzeugungen, die bei der Predigtvorbereitung im Zusammenhang von biblischen, kirchengeschichtlichen und systematischen Reflexionen zu entfalten sind. Die entscheidende didaktische und rhetorische Frage lautet: Wie wird es durch meine Rede wahrscheinlicher, dass neue evangelische Lesarten der Wirklichkeit und der christlichen Überlieferung entstehen? Welche Impulse habe ich zu setzen, damit glaubende Menschen Selbständigkeit entwickeln werden und selbständigen Menschen Glaubenserfahrungen erschlossen werden? Geht es also immer um die *Entstehung* evangelischer Einsichten und Überzeugungen, muss die Homiletik u.a. biblisch, dogmatisch, rhetorisch und didaktisch konzipiert werden (→ § 6). An dieser Stelle sind jedoch bereits die wichtigsten Weichenstellungen dieser Homiletik kurz zu benennen.

3 Von der Liturgie bis zur Pädagogik: Sieben basale Bezugspunkte der vorliegenden Homiletik

Nach dem hier vertretenen Konzept besteht der Sinn der Predigt des Evangeliums darin, dass die Hörer:innen ihre eigene Lebensgeschichte mit der Jesusgeschichte verknüpfen können, so dass sie die eigene Geschichte als Gottesgeschichte lesen können. Wie die Glaubenden im liturgischen Beten den Vater *durch den Sohn im Heiligen Geist* anrufen, so deuten sie mit Hilfe der Predigt das eigene Leben als befreit durch den Sohn und erfüllt im Heiligen Geist, so dass sich der Zugang zum Vater öffnet (Röm 5,2). Diese theologische Beschreibung hat mehrere deutlich erkennbare Voraussetzungen und Konsequenzen.

3.1

Erstens hört die Gemeinde die Predigt genauso, wie sie singt und betet – als Rede vom dreieinigen Gott. Die Liturgie schafft das Bedingungsfeld, innerhalb dessen die Predigt gehört wird. Die Liturgie ermöglicht und verlangt eine entsprechende biblische Rede von Gott. Im Verlaufe der Liturgie spielt sich die versammelte Gemeinde hinein in das biblische Gottesverständnis. Dem trinitarischen Glauben dienen unter anderem der Psalm mit Gloria Patri, die Lesungen und das Glaubensbekenntnis. Die Liturgie hat für die Predigt zum einen eine fundamentaltheologische Bedeutung: Die Liturgie ist die Bedingung der Möglichkeit, dass Jesus Christus als der Auferstandene und im Geist Anwesende wahrgenommen und gehört werden kann. Die Liturgie hat aber auch einen materialen Aspekt für die Predigt, denn auch die gottesdienstlichen Gebete, Gesänge und Lektionen gehören zum homiletischen Stoff, aus dem je nach Ziel der Predigt auszuwählen ist. In der Begrifflichkeit der klassischen Rhetorik formuliert: Das Liturgische gehört wie der biblische und lebensgeschichtliche Kontext zur Invention, zum Auffinden des Predigtinhaltes. Der Berliner Praktische Theologe Paul Kleinert (1839–1920) widmete noch fast die Hälfte seiner Homiletik der materialen Homiletik, der „homiletischen Stofflehre" (Kleinert 1907, 41–138). Mit einigen wenigen Ausnahmen – Morgenandachten im Radio und Verkündigungsvideos im Internet („Youtube" oder „Instagram", → § 32.3) ist die Predigt Bestandteil und Unterbrechung der Liturgie (→ § 6.2; → § 19; → § 30).

3.2

Damit ist *zweitens* eine gewisse Gewichtsverlagerung innerhalb der Homiletik verbunden. So beschäftigte man sich ein halbes Jahrhundert (ca. 1920–1970) mit den grundsätzlichen Fragen (predigen – wie kann man das?) und ein weiteres halbes Jahrhundert (ca. 1970–2020) mit dem Methodischen (predigen – wie macht man das?), während die materiale Themenstellung (was kann und was will ich sagen?) eher in den Hintergrund geriet. Das vorliegende Lehrbuch geht dagegen davon aus, dass das Spiel auf dem Platz entschieden wird, ohne Bild gesagt: Bei der Predigt kommt es auf den Inhalt an. Der Inhalt ist allerdings *nicht* die Bibel oder der einzelne Text, sondern der das Leben befreiend erschließende Glaube in einer bestimmten Situation – anhand der biblischen Überlieferung. Der Inhalt ist nicht unabhängig von Prinzip und Form – im Gegenteil; aber es kommt darauf an, dass die Sache grundsätzlich und methodisch variationsreich zur Sprache kommt. Das ist das schlechthin Wichtigste.

Der Vorgängerband in dieser Reihe von Hans Martin Müller übernahm in seiner Gliederung die klassische, von Alexander Schweizer (1808–1888) eingeführte Dreiteilung in prinzipielle, materiale und formale Homiletik und widmete sich auch ausführlicher der materialen Entfaltung. Neben der Auslegung der Bibel und der Lebenssituation im Abschnitt zur materialen Homiletik (Müller 1995, 203–260) behandelte er im dritten („pragmatischen") Teil seines Lehrbuches noch die Predigt im Kirchenjahr (315–372) und zu „typischen Texten und Anlässen" (373–417), so dass das Buch einen materialen Schwerpunkt aufweist. Nicht direkt daran anknüpfend, aber doch davon lernend versuche ich in dieser Homiletik das Materiale, also die Inhalte, nicht zugunsten des Prinzipiellen und des Methodischen zu vernachlässigen. Das wird später strukturell zu begründen sein (→ § 6).

3.3

Drittens ist mit der trinitarischen Grundlegung die Einsicht verbunden, dass Jesus nicht von der Gottesgeschichte Israels getrennt werden kann, wie ebenso der christliche Glaube Geschichten von Gott immer von der Jesusgeschichte her hört, so dass beide Geschichten, die Gottesgeschichte und die Jesusgeschichte, für die glaubende Erfahrung eins sind (Joh 10,30). Das Evangelium ist gebunden an die Verkündigung und das Leben des Juden Jesus. Die christliche Predigt soll vielfältige religiöse Erfahrungen ermöglichen, die an der Pluralität der Rezipienten orientiert sind. Sie muss dabei sensibel sein für einen jahrhundertealten christlichen Antisemitismus (Antijudaismus), der schon allein aufgrund der Profilierung und Zuspitzung der Predigt („so … und nicht so …"; „falsch – richtig") eine ständige Gefahr ist. Hilfreich ist auch in diesem Zusammenhang der Gedanke, dass in Gottesdienst und Predigt „unser lieber Herr selbst" mit uns redet (→ 3.5). Wer rhetorisch dafür Sorge tragen will, dass Jesus, der Jude, selbst gehört werden kann („zu Wort kommt"), der kann kein Antisemit sein.

3.4

Weil die Zielvorstellung dieser Homiletik das selbstbestimmte Hören der Gemeinde ist, werden *viertens* religiöse Erfahrungen der Gemeinde nicht mitgeteilt („zugesprochen"). Die Predigt hat vielmehr ihre Zeichen so zu setzen, dass die Gemeinde die individuelle und gemeinsame Lebensgeschichte einschließlich der Kirchengeschichte – mit allen ihren Verwirrungen und Verwerfungen – als Gottesgeschichte deuten kann. Die Predigt kommt auch von dem Bekenntnissatz „Ich glaube an […] die heilige christliche Kirche" her bzw. führt auf ihn hin. Aber es ist von essentieller Bedeutung, dass solche Einsichten nicht von der predigenden Person übernommen, sondern aufgrund der Predigt eigenständig entwickelt werden können. Eine Predigttheorie in der individualisierten spätmodernen Gesellschaft kann nur einen hörerorientierten, einen rezeptionsästhetischen Charakter haben. Zugleich ergeben sich von der Rezeptionsästhetik her Brückenschläge zwischen Homiletik und Liturgiewissenschaft (Garhammer / Schöttler 1998, 7).

3.5

Fünftens geht die vorliegende Homiletik davon aus, dass in der Predigt nicht nur etwas *von Gott* und *über Gott* gehört werden kann, sondern dass *Gott selbst* zu vernehmen ist. Wird die Predigt als Teil der Liturgie verstanden, dann gilt auch für sie Luthers seit dem 19. Jahrhundert als „Torgauer Formel" bezeichnete Definition, nach der im Gottesdienst nichts anderes geschieht, als dass „unser lieber Herr selbs mit uns rede durch sein heiliges Wort, und wir widerumb mit jm reden durch Gebet und Lobgesang".[3] Diese ist die klassische protestantische Ansicht, dass sich Gott selbst in der Lesung und Predigt des Wortes vergegenwärtigt. Demgegenüber hält die Lehre der römisch-katholischen Kirche trotz einiger starker anders lautender Stimmen daran fest, dass die eigentliche Gottesbegegnung in der Eucharistie stattfindet, während die Predigt darauf vorbereitet (Meyer-Blanck 2020, 305–308).

3.6

Sechstens kommt es unbedingt darauf an, dass die rezeptionsästhetische und die dogmatische Beschreibung zusammengehalten werden. Das Predigtwort wird zur religiösen Erfahrung, zur Christusbegegnung auf dem Weg der Rezeption. Wenn die bekannte Formel von Heinrich Bullinger aus der Confessio Helvetica Posterior (1566) „Praedicatio verbi Dei est verbum Dei" herangezogen wird, dann ist zu beachten, dass mit dem „verbum Dei" nicht die Gedanken oder Formulierungen der predigenden Person gemeint sein können. Das würde auf ein Autoritätsgefälle zwischen Gemeinde und Predigtamt und damit auf einen massiven Klerikalismus hinauslaufen. Diese beiden Missverständnisse haben der Wort-Gottes-Theologie in der Homiletik massiv geschadet. Fälschlich wurde aus der Autorität des Wortes die Autorität des Wortamtes bzw. der Amtsträger.

Darum ist alles Gewicht auf die Einsicht zu legen, dass das „Wort Gottes" eine rezeptionsästhetische Kategorie ist. Es kommt darauf an, dass die gehörten Worte für die Hörenden zum Wort Gottes *werden* können. Die Wort-Zeichen müssen in der Predigt so gesetzt werden, dass sie zum wirksamen Wort (Hebr 4,12) werden können. Gewiss kommt es dabei auf die pastoralen Worte von der Kanzel an. Auch die Frage nach der rechten evangelischen Lehre in der Predigt ist weder beliebig noch zu vernachlässigen. Aber es ist gleichwohl zu beachten, dass der Prediger nicht über die evangelische Wahrheit verfügt und diese austeilt. Er ist vielmehr ein theologischer Didaktiker, der das evangelische Verstehen der Gemeinde durch profilierte und kräftige Impulse zu ermöglichen, zu „pro-vozieren" hat.

---

3 Predigt zur Weihe der Schlosskirche in Torgau am 5. Oktober 1544, WA 49,588,16–18.

3.7

Die Homiletik hat darum *siebtens* eine entscheidende rhetorische Dimension. Predigen heißt etwas von den Zuhörenden wollen. Die Predigerin redet, um etwas zu erreichen. Wer redet, will wirken. Die Predigerin muss wollen wollen. Diese These führt ins Zentrum der rhetorischen, der homiletischen und der pädagogischen Praxis. Ich bezeichne diesen Gedanken als das rhetorische Paradox. Dieses bezieht sich auf jede wirkungsvolle Rede und damit auch auf die Predigt. Dieses Paradox sei schon an dieser Stelle als Vorgeschmack auf die rhetorische Dimension des Predigens kurz erläutert.

4 Das rhetorische Paradox als homiletischer Bezugspunkt

4.1

Zentral und unbestritten ist das zutiefst Pädagogische allen pastoralen Handelns. Dieses kann nur in Paradoxa beschrieben werden. Das Grundparadoxon des Pädagogischen besteht darin, dass dieses den *educandus* so beeinflussen möchte, dass dieser selbständiger und unabhängig von allen Beeinflussungsversuchen werden kann. So zwingt die Schulpflicht dazu, an der öffentlichen Bildung und Erziehung teilzunehmen und verfolgt damit das Ziel, dass die Lernenden von allen Zwängen frei werden und selbständig handeln können. Im Jargon gesprochen geht es in der Erziehung um die Ersetzung von Fremdsteuerung durch Selbststeuerung, oder plakativ zugespitzt: Erziehung ist das Ausüben von Zwang im Dienst zunehmender Freiheit.

Weil man das Halten einer öffentlichen Rede als pädagogische Praxis aufzufassen hat, kann und muss das pädagogische Paradox auf das rhetorische Handeln und damit auch auf die Predigt übertragen werden. Die Rhetorik ist seit Kant so sehr in Verruf geraten, weil man den auszuübenden Einfluss auf die Zuhörenden als eine interessengeleitete Manipulation durch den Redner verstand, von der das Redepublikum gar nichts merkte. Eine rhetorisch gut gemachte Rede galt Kant als der hinterlistige Versuch, Menschen zu einem Urteil zu bewegen, das sie bei ruhigem Nachdenken kaum gefällt haben würden (Meyer-Blanck 2021, 14), und die Geschichte der öffentlichen Rede im 20. Jahrhundert hält dafür nur allzu erschreckende Beispiele bereit. Man wird Kant und anderen Kritikern der Rhetorik zustimmen, dass die Rede an eine Gruppe (Schulklasse, Publikum, Versammlung, Gemeinde) immer der Versuch ist, in die Lebenspraxis der Angesprochenen einzugreifen.

Aber dieser Eingriff erfolgt mit dem Einverständnis der Hörer – ähnlich wie die Zustimmung zu einem medizinischen Eingriff – im Vertrauen darauf, dass man etwas Positives von der Rede haben wird. Im rhetorisch kunstgerechten Fall wird mit dem Ziel geredet, die Eigenständigkeit der Zuhörenden zu erhöhen. Reden ist ein Bildungsvorgang, der im Interesse von Wahrheit und Gerechtigkeit erfolgt. Es geht nicht darum, zu einem bestimmten Urteil zu bewegen, sondern darum, die Urteilsmöglichkeiten quantitativ und qualitativ zu erweitern. Nach einer guten Rede (Predigt) haben sich neue Optionen und mehr Komplexität ergeben. In der Bildungsarbeit umschreibt man das bisweilen mit der ironisierenden Zielvorstellung „still confused, but on a higher level".

4.2

Das rhetorische Paradox geht davon aus, dass durch das Hören einer Rede zwar in das eigene Denken, Urteilen und Handeln eingegriffen wird, dass aber die Hörer genau das wünschen bzw. verlangen. Negativ formuliert: Das Hören einer Rede, die nichts will, ist Zeitverschwendung. Jemanden redend zu überzeugen bedeutet im guten Fall, ihn über sich selbst hinauszuführen. Ernsthaftes Zuhören ist auch eine Einladung zur Überredung. Wer zuhört, möchte zwar nicht überwältigt werden, möchte aber dennoch mit der Überwältigung ringen. Nur einem starken Impuls leiht man gerne sein Ohr. Der Wunsch zu überzeugen bzw. überzeugt zu werden, gehört zu einem echten Dialog. In den Dialog begibt man sich im Wissen um die Möglichkeit, anders aus ihm herauszukommen, als man in ihn eintrat. „Informiere, berühre, unterhalte mich – und überzeuge mich, wenn Du kannst", so lautet die implizite Aufforderung an eine gute Rednerin, von der man etwas erwartet. Dieses rhetorische Spiel lässt sich nicht nur auf einen Unterrichtsvortrag in der Schule, auf eine politische Rede und auf ein Plädoyer bei Gericht beziehen, sondern auch auf eine Predigt. Der Grad an Anstrengung, die ein Prediger aufwendet, um die Gemeinde zu erreichen, ist auch maßgeblich für die Aufmerksamkeit, mit der die Gemeinde der Kanzelrede folgt; umgekehrt bestimmen die Neugier und Erwartung der Gemeinde das rhetorische Feuer der Frau oder des Mannes auf der Kanzel.

Positiv betrachtet können Reden und Zuhören den Nervenkitzel des Ringens um die bessere Einsicht und Überzeugung haben. Das Kräftemessen mit dem besseren Argument und um der besseren Einsicht willen dürfte so etwas wie die implizite Verabredung zwischen Hörerin und Rednerin (Predigerin) bilden. Beim Redevorgang lassen sich beide auf das Wagnis ein, welches Kommunikation allemal bedeutet. Das Publikum will gewonnen und der neue Gedanke will erfasst sein. Wer redet, exponiert sich, wer zuhört, positioniert sich. Beides hat sein Risiko und seinen Reiz und das spannungsvolle Verhältnis macht den rhetorischen Fall aus. Selbstverständlich kann beides auch danebengehen. Dann kommt die rhetorische Kommunikation durch beiderseitige Erwartungslosigkeit (vulgo: durch Langeweile) zum Erliegen. Das Risiko dafür zu minimieren ist nicht zuletzt die Aufgabe der Homiletik und der homiletischen Rhetorik.

Zusammenfassung

Die Predigt ist eines der prominentesten Merkmale der evangelischen Kirche. Innerhalb der Liturgie steht sie für die Unvertretbarkeit des glaubenden Subjekts. Durch die reformatorische Kritik an aller rituellen Werkgerechtigkeit geriet die Predigt anstelle des Rituals in den besonderen Fokus der kirchlichen Aufmerksamkeit. In der Predigt spricht nach evangelischem Verständnis nicht nur ein christlicher Rhetor mit einer Versammlung, sondern es ist „unser lieber Herr selbst", der mit seiner Gemeinde redet („Torgauer Formel"). Das Predigtwort hat auch den Charakter der Gottesbegegnung, ihm eignet ein sakramentaler Charakter. Daraus ergeben sich erhebliche Ansprüche an die predigenden Personen, aber auch an die zuhörende Gemeinde. Diese dogmatische Festlegung muss für die Praxis mit der alltäglichen Predigtrealität vermittelt werden. Dafür werden neben biblischer und systematischer Theologie u.a. Liturgik, Rhetorik und Didaktik benötigt. Dabei steht die Predigt wie jede gelungene Rede unter dem rhetorischen Paradox, dass der Hörer (passiv) dazu gebracht werden soll, seine Freiheit selbständig (aktiv) wahrzunehmen und weiterzuentwickeln.

§ 2 Erfolg und Scheitern: Die Predigt als Kennzeichen des Protestantismus

---

Literatur: Karl Barth: Not und Verheißung der christlichen Verkündigung, in: ders.: Das Wort Gottes und die Theologie. Gesammelte Vorträge, München 1929, 99–124 · Karl-Heinrich Bieritz: Dass das Wort im Schwang geht. Lutherischer Gottesdienst als Überlieferungs- und Zeichenprozess, in: ders.: Zeichen setzen. Beiträge zu Gottesdienst und Predigt, Stuttgart 1995 (PTHe 22), 82–106 · David Buttrick: Homiletic. Moves and Structures, Philadelphia 2020 [1985] · Wilfried Engemann: Einführung in die Homiletik, Tübingen / Basel 2002 · Julia Koll: Ausgepredigt, kein Schwein hört zu und andere Liebestöter: Drei Perspektiven auf ein ungleiches homiletisches Begriffspaar, in: PTh 113 (2024), 168–184 · Michael Meyer-Blanck: Begegnung mit dem Unbekannten: „Kultuspredigt" oder „Missionspredigt"? Erinnerungen aus der Geschichte der Homiletik, in: Unbekannt. Predigen im Kontext von Agnostizismus und Atheismus, hg. von Ursula Roth, Jörg Seip und Bernhard Spielberg, München 2014, 133–146 · Michael Meyer-Blanck: Vom Mysterium zum Forum. Wandlungen in Verständnis und Praxis des Gottesdienstes um das Jahr 1968, in: Praxisrelevanz und Theoriefähigkeit. Transformationen der Praktischen Theologie um 1968, hg. von Johannes Greifenstein, Tübingen 2018 (PThGG 27), 107–220 · Michael Meyer-Blanck: Allein das Wort: 75 Jahre GPM. Ein Rückblick, in: PTh 113 (2024), 146–155 · Sabrina Müller / Jasmine Suhner: Transformative Homiletik. Jenseits der Kanzel. (M)achtsam predigen in einer sich verändernden Welt, Neukirchen-Vluyn 2022 · Martin Ohly: Verkündigung und Gespräch, in: Fantasie für Gott. Im Auftrag des Deutschen Evangelischen Kirchentages hg. von Gerhard Schnath, Stuttgart / Berlin ^{3}1970 [1965], 63–77 · Martin Ohst: Predigt und Messe im Mittelalter, in: Jennifer Wasmuth et al. (Hg.): Liturgie und Theologie. Beiträge zum Gottesdienst aus historischer und aktueller Perspektive, Tübingen 2024, 37–58 · Richard Rothe: Geschichte der Predigt von den Anfängen bis auf Schleiermacher, hg. von August Trümpelmann, Bremen 1881 · Werner Schütz: Geschichte der christlichen Predigt, Berlin / New York 1972 · Friedrich Wintzer: Die Homiletik seit Schleiermacher bis in die Anfänge der ‚dialektischen Theologie' in Grundzügen (APTh 6), Göttingen 1969

---

1 Die Predigt abschaffen

1.1

Die Geschichte der christlichen Predigt war lange Zeit eine Erfolgsgeschichte. Speziell in der evangelischen Kirche hat die Predigt eine besondere Begründung: Sie steht für die glaubende Individualität, für die Unvertretbarkeit des Einzelnen. Die Rechtfertigung im Glauben vollzieht sich zwar nicht *durch* das Verstehen des Einzelnen (dann wäre der Glaube ein „Werk"), aber die Rechtfertigung ereignet sich *auf dem Wege* des individuellen Verstehens (Röm 10,10). Das Individuum ist unvertretbar vor sich selbst, vor den Anderen und vor Gott. Dem entspricht der liturgische Auftritt der predigenden Person: Aus der rituell kommunizierenden Versammlung tritt ein dazu eigens ausgebildetes und bevollmächtigtes Gemeindeglied hervor, das rhetorisch handelt, indem es – in der Regel anhand eines biblischen Textes – Heilsgeschichte und Lebensgeschichte miteinander verbinden soll.

Die Geschichte der christlichen Predigt ist aber zugleich eine Geschichte des Scheiterns. Wegen der Inkommensurabilität von Heilsgeschichte und Lebensgeschichte gelingt deren Korrelation häufig nicht. Dann tendiert die Schilderung der Lebensgeschichte zum Klischee, die entsprechende Adaption der Heilsgeschichte zur frommen Formel. Beides kann man Kitsch nennen, den Versuch, ohne das Risiko eigenen Empfindens rednerische Wirkung zu erzielen. Wilfried Engemann hat die gängigsten Formen von Banalisierung der Kanzelrede in der ersten Auflage seiner Homiletik an zahlreichen Beispielen eindrücklich aufgezeigt (Engemann 2002, 1–76); dieses Kapitel ist ein hilfreicher Lasterkatalog auch für erfahrene Prediger:innen. Hinzu kommt das Scheitern der Predigtkommunikation auf quantitative Weise: Wenn in einem klassizistischen Kirchbau mit 350 Plätzen nur fünf Personen kommen (Koll 2024, 170), wird die Form „öffentliche Rede" befremdlich oder peinlich für alle Beteiligten.

1.2

Es ist sinnvoll, sich am Anfang einer Homiletik beides, die nach wie vor großen Möglichkeiten und das Scheitern der Predigt, anhand einiger aktueller und historischer Schlaglichter klarzumachen. Die Lage ist jedenfalls durchaus ernst. Für manche an der Debatte Beteiligte scheint das Ende der Kommunikationsform Predigt möglich, nahe oder wünschenswert zu sein.

Die Essener Pfarrerin Hanna Jacobs erhob 2018 die Forderung: Schafft die Predigt ab! Obwohl sie selbst gern predige und obwohl es auch positive Ausnahmen gebe, seien die meisten Predigten nicht gut und Ausdruck von kirchlicher Verlegenheit. In Zeiten zunehmender Partizipation und flacher Hierarchien habe sich die Kanzelrede überlebt. Jacobs Fazit: „Die Zeit der Predigt ist vorbei. Der Protestantismus ist mit seiner bleibenden Fixierung auf den Sermon heute mehr seiner Tradition verpflichtet als den religiös suchenden oder glaubenden Menschen."[4] Jacobs plädiert stattdessen für gesprächsbasierte Formen wie den „Bibliolog", das „Bibel teilen" oder ein freies Glaubensgespräch.

Weniger plakativ schildert Julia Koll ihre Predigtnöte als Landpfarrerin. Die größte Not bestehe in der erlebten Wirkungslosigkeit der Predigt sowie in der sprachschöpferischen und geistlichen Ermüdung. Es gehe aber nicht nur um die Nöte auf Seiten der Predigenden. Die Not der Hörenden zeige sich in ihrer Predigtmüdigkeit und ihrem Frust, so dass das „Zauberwort" für alle Kreativität lautet (Koll 2024, 183). Koll benennt schließlich die „irritierende Stabilität des Formats Predigt" und fragt:

> Liegt es daran, dass die monologische Rede eine schlicht unausrottbare, nach wie vor kraftvolle Urform menschlicher Kommunikation ist? Oder ist es doch vor allem ein Ausdruck kirchlicher Phantasie- und Mutlosigkeit? Ich tendiere zu Letzterem. (Koll 2024, 182)

4 In: Christ und Welt Nr. 44 (2018): https://www.zeit.de/2018/44/religioese-reden-predigt-abschaffung-sermon-kanzel/komplettansicht; abgerufen am 20. 1. 2025.

Auch sie schlägt gesprächsbasierte Formate vor, gemischt mit Anteilen pastoraler Rede.

In einer Schweizer Gemeinde (Straubenzell, nahe St. Gallen) zersägte die Pfarrerin medienwirksam eine Kanzel mit der Kettensäge und das Pfarrteam baute daraus einen Tisch, um den sich die Gemeinde versammeln kann (Müller / Suhner 2023, 221). Die Gemeinde führte außerdem Zeiten mit predigtfreien Gottesdiensten ein. Diese Aktionen stehen für das Prinzip „vom Monolog zum Dialog" und für eine machtsensible Homiletik, die das in Jahrhunderten gewachsene (männliche) „Kanzelbewusstsein" kritisch betrachtet. Die künftige Homiletik soll nach Sabrina Müller und Jasmine Suhner darum „machtsam" und „transformativ" sein, indem sie die monologische Wortkommunikation überwindet. Von der aufgegebenen bzw. zerstörten Kanzel soll der Weg zur homiletischen Tischgemeinschaft eingeschlagen werden. Zu diesen grundsätzlich kritischen Voten ist vorläufig viererlei zu bemerken.

1.3

Erstens ist es in der Tat gut, wenn Predigende über ein Repertoire erwachsenenpädagogischer Methoden verfügen, um Gottesdienste durch Gesprächsphasen zu variieren und dazu gegebenenfalls auch spontan in der Lage zu sein. Dabei muss allerdings gefragt werden, ob ein „Glaubensgespräch" von den Anwesenden tatsächlich gewünscht wird, wenn dieses nicht vorher geplant und angekündigt war. Als ein alternatives Format ist ein Glaubensgespräch sinnvoll, als Regelform wird es dagegen überschätzt. Zudem funktioniert es schon aus akustischen Gründen mit mehr als 20 Personen nicht gut.

Zweitens ist zu berücksichtigen, dass sich durch gruppenbezogene Arbeitsformen der Öffentlichkeitscharakter des Gottesdienstes verändert. Die Rolle des unbeteiligten Beobachters („hinter dem Pfeiler") kann dabei nicht mehr eingenommen werden. Es gibt aus diesem Grund auch Alternativen für Gottesdienste mit kleiner Teilnehmerzahl, in denen die Besucher nicht notwendig ins Gespräch gezogen werden.[5] Der Gottesdienst ist grundsätzlich eine Form von ritueller Kommunikation mit einem rhetorischen Intermezzo. Dieses durch eine pädagogische Methode zu ersetzen, bedeutet einen starken Eingriff.

Besonders überrascht *drittens* die Wunderwirkung, die in den Reformvorschlägen dem Gespräch zugemessen wird. Dieses heilt auch nicht die grundlegenden Schwierigkeiten bei der Korrelation von Gottesgeschichte und

5 „Wo zwei oder drei ..." – Gottesdienste mit kleiner Gemeinde, hg. von der Liturgischen Konferenz. Mit einem Anhang: Gottesdienst von Monat zu Monat. Elementares Kirchenjahr, Gütersloh 2010.

Lebensgeschichte. Zudem wird von der studierten, der professionellen Theologin erwartet, dass sie die mögliche Verbindung von Tradition und Gegenwart exemplarisch vorführen kann. Wie man von Ärzten, Anwälten und Lehrern, aber auch von Kfz-Mechanikern mehr erwartet als einen Gedankenaustausch, nämlich dass ihre Weisheit über die eigene hinausgeht, will man auch von der Predigerin mehr und anderes hören, als man selbst gesprächsweise beizutragen vermag. Die öffentliche gottesdienstliche Rede markiert ein Angebot, zu dem man sich als Besucher unverbindlich verhalten kann, ohne dafür selbst Begründungen liefern zu müssen.

Vor allem aber entbinden *viertens* alternative Formate nicht davon, in der Standardversion sattelfest zu sein – im Gegenteil. Die vorgeschlagenen dialogischen Arten der Glaubenskommunikation setzen die wesentlichen Schritte der Predigtvorbereitung ebenfalls voraus, also die Analyse der biblischen Tradition, die Verhältnisbestimmung zu der kirchlichen Lehre, die Beschäftigung mit dem Verständnis der Gemeindeglieder und den Versuch einer zuspitzenden Relationierung, die man früher „Skopus" genannt hat. Die essentiellen Reflexionen der homiletischen Vorbereitung sind demnach fast identisch. Aufgrund dieser Überlegungen bleiben die Arbeitsschritte bis zur Ausarbeitung eines Predigtmanuskriptes bzw. eines Gesprächsleitfadens dieselben. Die einschlägige prinzipielle und materiale Homiletik ist in jedem Fall heranzuziehen, nur bei den formalen Fragen ergeben sich Differenzen. Die hermeneutische Aufgabe des theologischen und homiletischen Verfahrens ist auch in diesem Fall gegeben. Darum ist an dieser Stelle zunächst auf das evangelische Verständnis des Wortes einzugehen.

2 Das Wort als reformatorische Kommunikationsform

2.1

Chancen und Scheitern der wortbasierten Verständigung liegen homiletisch nahe beieinander. Wer selbst predigt oder gepredigt hat, weiß von der Euphorie, die das spürbare Einverständnis mit der versammelten Gemeinde bedeutet (und was seit der Romantik als die Zirkulation religiöser Erfahrung beschrieben wird). Wer predigt, kennt aber auch die Einsamkeit auf der Kanzel und die bleibende Unsicherheit vor dem ersten Satz trotz jahrzehntelanger Erfahrung. Als Hörer:in einer Predigt kennt man andererseits die gespannte Erwartung zu Beginn und die Enttäuschung im Verlauf einer Predigt, die nur Sätze bringt, die einem auch selbst eingefallen wären, weil man sie schon so oft gehört hat. Aber man weiß auch von der freudigen Überraschung, wenn auf der Kanzel einfach und zupackend vom Glauben geredet wird, wenn der Mensch da oben nicht über die Köpfe hinweg, sondern von Herz zu Herz spricht und sich nicht schämt des einfachen Evangeliums und des komplizierten, nicht ganz geglückten Menschen.

Predigen kann alles Mögliche sein: langweilige Routine oder eine neue Perspektive; ein aufregendes rhetorisches Ereignis oder eine nicht enden wollende Ansammlung von frommen Formeln; ein Haufen moralischer (gern „prophetisch" genannter) Anweisungen oder ein gut geführter Gang in ein Land, nach dem man sich sehnt, ohne es zu kennen.

2.2

Luther verstand unter dem Gottesdienst, dass dort „das Wort im Schwange gehe" (Bieritz 1995), so dass die Liturgie nicht länger ein bloßes „Plärren und Tönen" bleibe, so die eingängige Formel in der Schrift „Von der Ordnung des Gottesdienstes in der Gemeinde" 1523.[6] Das Wort tut's. Es wirkt. In der zweiten Invokavitpredigt am 10. März 1522 sagte Luther, er habe „allein Gottes Wort getrieben, gepredigt und geschrieben, sonst hab ich nichts getan. Das hat, wenn ich geschlafen habe, wenn ich Wittenbergisch Bier mit meinem Philippus und Amsdorf getrunken habe, also viel getan".[7]

Worte sind zu so manchem in der Lage. Doch auch den meisten Protestanten ist das Vertrauen in die Macht des Wortes inzwischen abhandengekommen. David Buttrick (1927–2017) schreibt zu Beginn seiner Homiletik ein wenig sarkastisch: „About the only people left who do believe in the power of words are poets and revolutionaries." (Buttrick 2020, 6) Ebenso spöttisch kann man hinzufügen: So lange über die Predigt geklagt wird, so lange ist die evangelische Kirche noch nicht verloren. Denn die Klage ist zugleich der Ausdruck einer Wertschätzung der Predigt. Die hohe, für manchen sicher die überhöhte Erwartungshaltung gegenüber dieser Kommunikationsform bringt eine Art von dauerhaftem Krisenempfinden mit sich. Die Unzufriedenheit mit der aktuellen Predigtpraxis ist die Kehrseite der Konzentration der Protestanten auf die Predigt und des sakramentalen Wortverständnisses, wie es sich vor allem in der lutherischen Reformation herausgebildet hatte.

Die konsequente Umstellung der religiösen Kommunikation auf das Wort setzte im Grunde Prediger von der Überzeugungskraft Luthers (von seiner „Wortgewalt") voraus. Hinzu kamen die günstigen äußeren Umstände. Das erste Drittel des 16. Jahrhunderts war eine Umbruchzeit, so dass Luthers Ausnahmetalent zur Wirkung kommen konnte. Die Auswirkungen von Renaissance

---

6 WA 12,35–37; Aland 6,82–85; Zitat WA 12,37; = Aland 6,84.

7 WA 10,3,18 = BoA 7,369,31–34.

und Humanismus kamen nun auch nördlich der Alpen zum Tragen: Wort und Schrift erhielten eine ganz neue Bedeutung und die mediale Revolution durch den Buchdruck tat das Ihre. Es war das Jahrhundert des Wortes.

Seitdem ist die Predigt das Markenzeichen des Protestantismus. Es gibt Zeiten, in denen das Wort etwas gilt, etwas bewegt und eine harte Währung ist; aber es gibt auch Zeiten der Deflation, in denen die Nachfrage nach Erfahrungen anderer zurückgeht und Zeiten der Inflation, da der Glaube teuer wird und Worte überreichlich vorhanden sind. Einige Beispiele aus Geschichte und Gegenwart seien im nächsten Abschnitt aufgerufen (→ 3).

2.3

An dieser Stelle ist allerdings noch die Unterscheidung zwischen Wort und Predigt zu treffen. Das Prinzip „durch das Wort“ oder „allein durch das Wort“ impliziert nicht unbedingt die Kanzelrede. Seit der Mitte des 20. Jahrhunderts hat es darum mehrfach Gesprächsformate gegeben, die die monologische Kanzelrede überwinden sollen (→ 1.2). Strittig in der Praxis ist weniger das Wortprinzip als vielmehr der Monolog. So bemerkte Franz Theremin (1780–1846), der berühmte Berliner Prediger in der Schleiermacherzeit: „Deshalb, weil die Deutschen so gerne Reden halten, anstatt sich zu unterreden, sind sie wiederum keine besonderen Redner; denn die Grundform der Rede ist das Gespräch.“ (Wintzer 1969, 110)

2.4

An dieser Stelle ist zu bemerken, dass die griechischen Wörter ὁμιλία und ὁμιλεῖν die Unterredung unter Freunden oder guten Bekannten, gleich Gesinnten bedeuten. Gemeint war die kunstlose Ansprache an eine Versammlung (ὅμιλος), die in ein Gespräch übergehen konnte, wozu immer der „Nebenbegriff der Popularität und der Vertraulichkeit“ gehörte (Rothe 1881, 7). Von der Wortbedeutung her muss die Homiletik nicht mit der Theorie der monologischen Rede gleichgesetzt werden. Geht man davon aus, dann ist das Gespräch die Grundform. In der monologischen Rede muss darum die Unterredung mit Freunden in der öffentlichen Rede zur Geltung kommen. Man muss der Predigt entnehmen, dass ihr Gespräche vorausgegangen sind, dass sie ein implizites Gespräch ist – oder sie wird tatsächlich in ein Gesprächsformat transformiert. Von den Emmausjüngern heißt es, sie „redeten miteinander von allen diesen Geschichten“ (Lk 24,14); gemeint sind die Osterereignisse. Das Wort ὁμιλεῖν hatte ursprünglich keinen religiösen Sinn; erst im 17. Jahrhundert wurde der Begriff ὁμιλετική τεχνή = „Homiletik" zum *terminus technicus* für die Predigtlehre. Im 19. Jahrhundert, als man die griechischen Begriffe schätzte, wurde die „Homiletik" geläufig wie die „Liturgik", „Poimenik" und die „Kybernetik". Mit der „Halieutik" (Fischerskunst, nach Lk 5,1–11) und der „Keryktik" gab sogar eigene Begriffe für die „Missionspredigt" (Wintzer 1969, 85–90). Diese Disziplinbezeichnungen referieren auf die das 19. Jahrhundert durchziehende Unterscheidung von „Kultuspredigt" für die Glaubenden und „Missionspredigt" als Ruf zum Glauben (Meyer-Blanck 2014). Mit dem Wegfall dieser Unterscheidung kamen auch diese Disziplinnamen außer Gebrauch, während der Name „Homiletik" nicht nur in der christlichen, sondern auch in der muslimischen Predigtlehre heimisch geworden ist. Auch ich bevorzuge diese Disziplinbezeichnung, weil sie den Gesprächscharakter allen Predigens anklingen lässt. Eine gute Rede zeigt, dass sie auf Gespräche zurückgeht und selbst ein implizites Gespräch ist (→ 2.3). Gleichwohl handelt es sich um eine Rede, um einen „rhetorischen Fall", wie die Rhetoriker sagen. Wer redet, muss reden wollen und dabei eine bestimmte Absicht haben. Unklarheit in der Zielbestimmung führt in der Regel nicht zur Partizipation, sondern zur Diffusion bei der Kommunikation. Wenige Schlaglichter aus der Geschichte können diese Zusammenhänge erläutern.

3 Zwischen Begeisterung, Enttäuschung und der Suche nach Alternativen

3.1

In der antiken Kirche hatte die Predigt bisweilen begeisterten Zuspruch gefunden. So wurden mit der Zeit Beifallskundgaben während der Predigt geläufig. Der Beifall kam durch Paul von Samosata (gest. 272; seit 260 Bischof von Antiochien) in den christlichen Gottesdienst: „Er forderte solche Beifallsbezeugungen bei seinen Predigten gradezu von seinen Zuhörern" und suchte durch „tumultuarische Gestikulation" Effekte wie die heidnischen Kunstredner zu erzielen (Rothe 1881, 13). Auch Johannes Chrysostomos (344–407), der bedeutendste Prediger des antiken Christentums, bekannte sich zu seiner Freude über den Beifall bei seinen Predigten. Dennoch meinte Chrysostomos, das Lärmen gehöre ins Theater und in die Badeanstalten – in den Gottesdienst dagegen „Stille und Ordnung" (30).

Chrysostomus für die Ostkirche und Augustinus (354–430) für die Westkirche schufen Predigten, die die Jahrhunderte überdauerten. Im romantischen Überschwang formulierte Richard Rothe (1799–1867) im Jahre 1835 über Chrysostomus: Dieser war „der Christ gewordene Grieche" und „Höheres konnte der christliche Geist, auf den Stamm der alten griechischen Menschheit gepflanzt, nicht erzeugen." (Rothe 1881, 119) Augustinus wird von Rothe so charakterisiert:

> Kein Lehrer der alten Kirche hat die eigenthümliche Natur der christlichen Frömmigkeit so tief und klar, so erfahrungsmäßig aufgefaßt, zugleich und in gleichem Grade *mit dem Gefühl und mit dem reflectirenden Verstande*, wie Augustin. (Rothe 1881, 117; Sperrung dort kursiv wiedergegeben)

3.2

Andererseits ist die Predigt immer wieder als erhebliche Anforderung oder auch als Überforderung des Klerus empfunden worden. Das war bereits lange vor der Reformation der Fall. Beim Übergang von der antiken Kirche zum Mittelalter hatte sich die Predigt – jedenfalls in der Messe – zunehmend verflüchtigt. Schon im 6. Jahrhundert wurde die allsonntägliche Predigt als schwierig und heikel empfunden, so dass es zu einer „Erstarrung der Predigtkultur", ja zu ihrem „manifesten Verfall" kam (Ohst 2024, 39).

Doch im Hoch- und Spätmittelalter erneuerte sich die Predigtkultur. Berühmt sind die gebildeten städtischen Prediger („Prädikanten") am Ausgang des Mittelalters wie Geiler von Kaysersberg (1445–1510). Von Geiler wird erzählt, dass er drei und mehr Stunden ohne Unterbrechung predigen konnte (Rothe 1881, 315). Die mystischen Predigten von Meister Eckehart (1260–1328) und seinem Schüler Johannes Tauler (1300–1361) haben auf Luther und die deutsche Kultur eine tiefe Wirkung entfaltet. Erst Eckeharts sprachliche Kraft hat die deutsche Sprache befähigt, zum „Instrument der Innerlichkeit und Geistigkeit zu werden" (Schütz 1972, 70). Doch die landläufige Predigt lebte schon am Ende des Mittelalters von fertigen Vorlagen, die dem – in der Regel ungebildeten – Prediger am Samstag eine ruhige Nacht gewährten; ein berühmtes Predigtmagazin trug darum den schönen Namen „dormi secure" (Schütz 1972, 73).

3.3

Die Reformation war homiletisch betrachtet eine Ausnahmezeit und Luther ein Ausnahmeprediger, der aus einer inneren Gewissheit heraus handelte, also von der Überzeugung her, die in der Rhetorik das „zertum" heißt. Diese innere Kraft wich bald im 16. und 17. Jahrhundert den detaillierten Anleitungen, um den erreichten Stand reformatorischer Klarheit durch eine rechtgläubige Predigt zu halten. Dabei folgte man, entsprechend den dogmatischen „Loci“, der sogenannten „Lokalmethode“: Die einzelnen Lehrpunkte sollten in der Predigt durch ein Schriftwort sowie durch eine Katechismusstelle und die Bekenntnisschriften dogmatisch korrekt entfaltet werden. Das war jedoch nur teilweise möglich. Ich werde darauf eingehend zurückkommen (→ §§ 10–13). Werfen wir an dieser Stelle aber schon einen Blick auf die jüngere Entwicklung, aus der wir selbst kommen und die unsere homiletische Wahrnehmung bestimmt.

Der hohe Anspruch an die Predigt und die latente Enttäuschung über ihre reale Gestalt waren im Protestantismus wohl schon immer gegeben, oder etwas zugespitzt: Mit dieser ambivalenten bis widersprüchlichen Wahrnehmung der Predigt ist der Protestantismus ganz bei sich selbst. Im 20. Jahrhundert kam es jedoch insofern zu einem einschneidenden Wandel und einer neuen Qualität von Predigtkritik, als nun die Predigt als solche in Frage gestellt wurde. So galt sie zunächst als theologisch risikoreich, später wurde sie als belanglos, ja als „institutionalisierte Belanglosigkeit“ bezeichnet. Die Rede von der „Predigtnot“ oder „Predigtkrise“ ist ein typischer Umstand, der gewiss mit den sehr hohen Ansprüchen an die Predigt zusammenhängt. Wenn die Predigt des Wortes Gottes als Gottes Wort selbst betrachtet wird, dann scheint die allzu oft banale Realität nur daran scheitern zu können. Welcher Zeitgenosse will schon im 21. Jahrhundert diesen dogmatischen Anspruch erheben und die damit verbundene Last tragen?

3.4

1922 sprach Karl Barth (1888–1968) vor einem Pfarrertag in Schulpforta über „Not und Verheißung der christlichen Verkündigung“ und nannte in diesem Zusammenhang die Predigt „das spezifische Pfarrerproblem“ (Barth 1929, 101). Sein Lösungsvorschlag war allerdings gerade nicht die dogmatische Abrüstung, sondern eine weitere Steigerung der den Hörern zugeschriebenen Erwartung an die Predigt, nämlich „leidenschaftliches Verlangen, sich das *Wort* sagen zu lassen, *das* Wort, das Gnade im *Gericht* verheißt, Leben im *Tode*, Jenseits im *Diesseits, Gottes* Wort – das ist's, was hinter unsern Kirchgängern steht“ (107, dort hervorgehoben).

Diese theologische „Not“ wurde in verschiedenen Varianten bis ca. 1970 immer wieder benannt. Besonders Hans Joachim Iwand (1899–1960), der Begründer der „Göttinger Predigtmeditationen“ (GPM), benutzte den Ausdruck „Predigtnot“ und verknüpfte damit das Schweigen Gottes. Die Homiletik erhielt dadurch im Werk Iwands ihren besonderen Ernst und eine typische Schwere, die in seinen Predigtmeditationen noch heute zu spüren ist (Meyer-Blanck 2024).

3.5

Ganz anders, aber ebenso intensiv und leidenschaftlich thematisierte man die Predigtkrise bzw. die Predigtnot in der Umbruchzeit um das bedeutungsschwere Jahr 1968, im Zuge der empirischen Wende in der Homiletik (→ § 15.3). Die Dramatik der Wort-Gottes-Theologie hatte sich überlebt und an ihre Stelle trat das Empfinden, dass man die theologische und kulturelle Bedeutung der Predigt in den letzten Jahrzehnten maßlos überschätzt hatte. Der Gottesdienst sollte vom Mysterium zum Forum werden. Ernst Lange (1927–1974) schrieb zu seiner berühmten Spandauer „Ladenkirche" (in einem ehemaligen Bäckerladen): „Wir wollen mit unserem Gottesdienst weg von der ‚Kultfeier' und hin zur lebendigen Gemeindeversammlung im Sinne von Mt 18,20" (Meyer-Blanck 2018, 113).

Entsprechend kamen schon damals die Gesprächsgottesdienste als Alternative zum Predigtgottesdienst auf. Im Zusammenhang des Kirchentages 1965 wurden auch Gottesdienste gefeiert, in denen die Predigt durch ein Glaubensgespräch ersetzt wurde. Hierbei handelte es sich um eine Form der bald „Gottesdienste in neuer Gestalt" genannten Formate. Dabei wurde aber eigens betont, dass es im Gottesdienst nicht um „sokratische" Gespräche gehen könne, bei denen die Wahrheit gemeinsam gefunden wird, weil „für den Glauben Wahrheit in einer nicht herstellbaren, sondern in Gottes Freiheit hergestellten Relation" liege (Ohly 1970, 67). Doch daneben wurde das Gespräch als angemessen bezeichnet in einer Lage, „in der weder der einzelne Christ noch die Kirche noch die Bibel eine vorgegebene Autorität haben" (74). Das Evangelium müsse den Menschen zur Reife führen und mündig machen. Zusammengefasst: „Das Gespräch ist eine heilsame Kontrolle für den Prediger, der es sich gern zu leicht macht, wenn er die Proklamation des Evangeliums zur Deklamation degenerieren lässt." (75)

Schon vor sechs Jahrzehnten wurde demnach der demokratische und pädagogische Gehalt der Predigt eingefordert. Die gewohnte, unhinterfragte Autorität des Predigers wurde auf den Prüfstand gestellt. Seitdem hat sich die kritische Selbstreflexivität der predigenden Personen – besonders unter dem Einfluss der Pastoralpsychologie – deutlich erhöht. Gesprächsformate als Predigtalternativen sind durchaus verbreitet, etwa im monatlichen Rhythmus. Eine breite und durchschlagende Gottesdienst- und Predigtreform hat sich daraus jedoch nicht ergeben. Von denen, die dieses Buch lesen, wird weiterhin das zünftige, selbstkritische, aber auch das gehaltvolle Predigen erwartet. Das kann man sich auch an den Kasualien klarmachen, bei denen die professionelle Predigt angesichts der Schwierigkeit, Worte zu finden, gewünscht wird. Es lohnt weiterhin alle Anstrengung, in der rhetorischen Praxis und in der theologischen Theorie der Predigt sattelfest zu werden.

3.6

Dazu sind schließlich drei schwerwiegende Gründe zu nennen, die bisher so noch nicht explizit genannt wurden. Diese Gründe rechtfertigen die herkömmliche, monologische Kanzelrede auch heute noch, besser gesagt: Sie machen diese auch weiterhin erforderlich. *Erstens* wird man im Anschluss an Schleiermacher (→ § 12) sagen können, dass das Gespräch eine Gemeinschaft konstituiert, eine Rede aber diese feierlich zur Darstellung bringt. Das ist bei Familienfesten, Jubiläen und politischen Begegnungen sofort einsichtig: kein Fest ohne Rede. Das Gespräch gehört zur Arbeitsphase, zu Fest und Feier gehört die verdichtende Rede. Sie markiert den Stand, auf dem die Gemeinschaft ist und sie thematisiert in der Regel auch die vorausliegenden Herausforderungen und Probleme.

Zweitens soll die angemessene Rede (Predigt) gerade nicht tradierte „Heilstatsachen" zu glauben vorgeben, sondern sie soll das Zustandekommen des Glaubens genetisch und lebensbezogen vorführen. Predigthören heißt nicht, die Meinung des Predigers zu übernehmen, sondern der Entwicklung eines Gedankens zu folgen. Im Idealfall hat man den Eindruck, dass sich der Gedanke auf der Kanzel erst neu herausbildet; so vorzutragen erfordert genaue Vorbereitung und hohe Konzentration, jenseits der fatalen Alternative von „Ablesen" versus „manuskriptfreies Predigen".

Drittens erweist sich die Rhetorik als wichtige pädagogische Dimension im Kontext der Homiletik. Dies wurde schon mit der Kategorie des „rhetorischen Paradox" (→ § 1.4) zum Ausdruck gebracht. Die Rhetorik (und damit die Rede) dient nicht, wie es das Missverständnis besagt, der verdeckten Beeinflussung der Zuhörer, sondern ihrem Zugewinn an Freiheit. Sie soll so informierend bilden, dass die Hörer neue Optionen entdecken können; sie soll so unterhalten und erheitern, dass die eigene Praxis an Schwung und Leichtigkeit gewinnt; und sie soll so zum Handeln motivieren, dass die versammelte Gemeinde Mut bekommt, das eine oder andere tatsächlich zu erproben. Eine pädagogische Rhetorik und rhetorische Pädagogik ermöglichen eigene und andere Schritte. Auch darauf ist zurückzukommen (→ § 4).

Zusammenfassung

Die evangelische Predigt ist zunächst eine 500jährige Erfolgsgeschichte und ein bleibender konfessioneller Marker. Eine der wichtigsten Erwartungen an das pastorale Amt richtet sich darauf, dass die Geistlichen informativ, unterhaltsam und motivierend predigen können. Die Erwartungen an die evangelische Predigt sind immer noch sehr hoch. Entsprechend den hohen Erwartungen gibt es auch viel Enttäuschung über langweilige, geistig und geistlich unterfordernde Predigten oder die Präsentation von theologischen Formeln ohne persönliche Stellungnahme. Es gibt zahlreiche Fehler beim Predigen. Dennoch kann einem immer wieder aufkommenden Ruf nach einer Abschaffung der Predigt nicht das Wort geredet werden. Zwar kann es sinnvoll sein, die Predigt hin und wieder durch ein Gespräch zu ersetzen; gleichwohl wird in diesem Buch bevorzugt, die Predigt als eine Handlungsform zunehmender Freiheit zu ernst zu nehmen, wobei Pädagogik und Rhetorik als die entsprechenden Theoriebestände herangezogen werden sollen.

§ 3 Predigt und Homiletik im Kontext der evangelischen Theologie

---

Literatur: Karl Barth: Die Kirchliche Dogmatik I,1. Die Lehre vom Wort Gottes, Zürich ^{5}1947 [1932] · Martin Doerne: Art. „Homiletik", in ^{3}RGG Bd. 3, 438–440 [1959] · Michael Domsgen / Bernd Schröder (Hg.): Kommunikation des Evangeliums. Leitbegriff der Praktischen Theologie, Leipzig 2014 (APrTh 57) · Hartmut Genest: Karl Barth und die Predigt. Darstellung und Deutung von Predigtwerk und Predigtlehre Karl Barths, Neukirchen-Vluyn 1995 · Gerhard Ebeling: Kirchengeschichte als Geschichte der Auslegung der Heiligen Schrift, Tübingen 1947 · Johannes Greifenstein (Hg.): Predigt als Bibelauslegung. Praktische Hermeneutik in interdisziplinärer Perspektive, Tübingen 2022 [PThGG 37] · Chr. Ernst Luthardt: Kompendium der Dogmatik, hg. von Robert Jelke, Leipzig ^{13}1933 · Michael Meyer-Blanck: Verkündigung, in: Grundlinien der Dogmatik, hg. von Ernstpeter Maurer, Rheinbach 2005, 245–263 · Michael Meyer-Blanck: Das Gebet, Tübingen 2019 · Michael Meyer-Blanck: Kirche und universitäre Theologie. Ungleiche Geschwister mit Tendenzen zu richtungsverschiedener Entwicklung, in: Bernd Schröder (Hg.), Pfarrer oder Pfarrerin werden und sein. Herausforderungen für Beruf und theologische Bildung in Studium, Vikariat und Fortbildung (VWGTh 61), Leipzig 2020, 41–53 · Wolfgang Trillhaas: Die wirkliche Predigt, in: Predigt. Texte zum Verständnis und zur Praxis der Predigt in der Neuzeit, hg. von Friedrich Wintzer, München 1989 (ThB 80), 149–161 [1963]

Trotz aller Krisensymptomatik, die gegenwärtig bis zur Forderung nach der Abschaffung der Predigt reicht (→ § 2.1), bleibt diese im Zentrum des kirchlichen und des theologischen Interesses. Evangelische Pfarrer:innen werden vor allem als Prediger:innen angesehen und auch weitgehend als solche beurteilt. Tatsächlich wird man durch das Theologiestudium auf kein anderes Arbeitsfeld so gut vorbereitet wie auf die Predigt. Seelsorge, Pädagogik, Leitung und auch das Zelebrieren der Liturgie, das alles ist von der klassischen Theologie weiter entfernt. Die Predigt dagegen braucht das Zusammenspiel der theologischen Fächer, sie ist geradezu die praktische Gestalt der Enzyklopädie evangelischer Theologie.

Evangelische Theologie studieren, das heißt die Auslegung von Texten einzuüben (Exegese), deren Aussagen mit der jeweiligen Zeit zu korrelieren (Kirchengeschichte), den evangelischen Gehalt gegenwärtig zu verantworten (Systematik) und die Mitteilungs- und Darstellungsformen zu bedenken, in denen das Evangelium heute zur Sprache kommen kann (Praktische Theologie). Formuliert man so, dann wird sofort ersichtlich, dass alle theologischen Disziplinen für die Predigtvorbereitung gebraucht werden bzw. dass die Predigt der Ort ist, an dem die inzwischen weit ausdifferenzierten Einzeldisziplinen zusammenwirken. Noch etwas zugespitzter: Das Studium der Evangelischen Theologie ist Predigtvorbereitung in grundsätzlicher Art und Weise.

Was das für beide Größen, die Predigt (bzw. die Homiletik) und die Theologie bedeutet, soll in diesem Paragraphen geklärt werden, ebenso das Verhältnis der wissenschaftlichen Disziplin Homiletik zur Praktischen Theologie und zu den anderen Disziplinen. Evangelische Theologie, so setze ich es im Folgenden voraus, ist keine kirchliche, wohl aber eine kirchenbezogene Wissenschaft. Ihr Gegenstand ist der in der christlichen Kirche gelebte Glaube an Gott (Meyer-Blanck 2020) und die Homiletik ist die Theorie der Entstehung dieses Glaubens aufgrund öffentlicher Rede (→ § 1.2.4).

1 Wort Gottes und Predigt, Homiletik und Fundamentaltheologie

1.1

Die Fundamentaltheologie klärt die geistigen, philosophischen und kulturellen Bedingungen, unter denen aktuell von Gott geredet werden kann. Sie gilt als Bereich oder Teil der Systematischen Theologie. Sinnvoller ist es allerdings, die Fundamentaltheologie als Dimension der Theologie insgesamt aufzufassen. So kann man die gesamte Praktische Theologie als die grundlegende Theorie der Glaubenskommunikation ansehen, mithin als praktische Fundamentaltheologie. Praktische Theologie ist die Hermeneutik der Mitteilung und Darstellung des Glaubens. Was gepredigt, was gebetet, was gelehrt und was in der Seelsorge gesagt werden kann, das kann auch Gegenstand des Dogmas sein. Üblicherweise war die Meinung verbreitet, in der Evangelischen Theologie müsse es keine Fundamentaltheologie geben, weil alle Theologie auf die biblischen Grundlagen zurückzuführen sei, so dass andere (philosophische) „Fundamente" für die Theologie eher schädlich als nützlich seien. Dieses Urteil übersieht, dass auch der Rückgriff auf die Bibel immer unter bestimmten Bedingungen stattfindet und Klarheit über die eigenen Voraussetzungen verlangt. In der Homiletik muss besonders die Redefigur vom „Wort Gottes" geklärt werden. Wenn etwa die Bibel oder die Predigt als „Wort Gottes" aufgefasst werden, können sich gefährliche Missverständnisse einstellen. Wird die Fundamentaltheologie ausgeklammert, droht der Fundamentalismus.

1.2

Die Kategorie des Wortes Gottes ist durch die ein halbes Jahrhundert lang (ca. 1925–1970) fast unwidersprochen in Geltung stehende „Wort-Gottes-Theologie" in Verruf gekommen. Die wesentlich durch das Werk von Karl Barth (1888–1968) angestoßene Wort-Gottes-Theologie schien einfach die biblische Redeweise in der Gegenwart zu wiederholen, ohne auf vermittelnde soziokulturelle und philosophische Kategorien zurückzugreifen. Dadurch tendierte sie dazu, das Bibelwort oder die Kanzelrede mit dem Wort Gottes zu identifizieren und so zu einer orthodoxen Metaphysik zurückzuführen, verbunden mit einer neuen pfarramtlichen Hybris. In seinem „Unterricht in der christlichen Religion" hatte Barth 1924 bündig formuliert: „Die christliche Predigt ist Gottes Wort in der Gegenwart, für die Gegenwart, wie die heilige Schrift Gottes Wort in der Zeit ist und die Offenbarung Gottes ewiges Wort." (Genest 1995, 133) 1932 heißt es dann in der „Kirchlichen Dogmatik", dass die drei Gestalten des Wortes (Offenbarung, Bibel und Predigt) in trinitätsanaloger Weise zusammengehören. Zwischen den drei Gestalten besteht „kein Stufen- und Wertunterschied" (Barth 1947, 124), denn auch die Offenbarung kennen wir nur durch die Schrift und diese wird zur Schrift nur durch die Verkündigung. Für Offenbarung, Schrift und Verkündigung kann man darum trinitarisch „die göttlichen ‚Person'namen Vater, Sohn und Geist einsetzen […] und umgekehrt" (Barth 1947, 125). Die Predigt ist damit nicht weniger als Offenbarung und Schrift, allerdings nur insofern, als die Predigt auf die Christusoffenbarung der Schrift bezogen ist.

Durch diese Formulierungen ergab sich gleichwohl jene dogmatische Übersteigerung der Predigt, über die man ab etwa 1960 zunehmend klagte. Barth hatte nicht bedacht bzw. nicht formuliert, dass alle seine Ist-Aussagen als Deutungen des Glaubens aufzufassen sind und nicht als objektive metaphysische

Tatsachen. Vor allem aber fehlte in seinen Überlegungen die Bedingung, dass es „die Predigt“ immer nur durch die gemeinsame Tätigkeit des Predigers und der hörenden Gemeinde gibt (→ § 1.3.6) und dass das „Wort Gottes“ eine Metapher für die Evidenz des Glaubens bei den Beteiligten ist, während eine anscheinend objektive Ontologie der Predigt zu autoritären und neurotisierenden Missverständnissen und zu Kategorienfehlern führt.

Extra fidem verbum Dei non est. Die Wort-Gottes-Theologie krankte daran, dass sie zwar von diesem Axiom ausging – daher Barths Titel *Kirchliche* Dogmatik –, dieses Axiom aber nicht begleitend und selbstkritisch thematisierte. Das hat sie bei vielen in Misskredit gebracht. Der allzu hohe Anspruch hat das Predigen erschwert und eher verschlechtert als verbessert. Berühmt wurde Martin Doernes (1900–1970) Formulierung, durch die Predigten auf deutschen Kanzeln wehe „nicht selten ein Hauch gespenstischer Monotonie“ (Doerne 1959, 440).

1.3

Werfen wir ergänzend einen Blick auf die klassische lutherische Tradition. In Luthardts dogmatischem „Kompendium“ ist im § 55 „Das Wort Gottes“ einleitend kurz und bündig zu lesen:

> Von den beiden Gnadenmitteln, dem Wort und dem Sakramente, ist nach katholischer Anschauung das zweite, nach evangelischer Anschauung das erste das unentbehrlichere. Bei dieser Hervorhebung des Wortes denkt die lutherische Kirchenlehre in erster Linie an die hlg. Schrift, die ihr nicht nur Erkenntnisprinzip für die Dogmatik, sondern auch Heilsmittel ist, in zweiter Linie an die Predigt. (Luthardt 1933, 331)

Bei dieser klassischen Beschreibung lutherischer Lehre ist von der Praxis her zunächst bemerkenswert, dass Predigt, Taufe und Abendmahl über die anderen Mitteilungs- und Darstellungsformen hinausgehoben werden. Gebet, Liturgie, Lehr- und Seelsorgegespräche, Diakonie und Kirchenleitung sind dogmatisch keine *media salutis* – obwohl in ihnen tagtäglich in vielfältiger Weise Heilung und Heil zur Erfahrung werden. Wort und Sakrament sind die Zeichenhandlungen, an denen die Rechtfertigung nach überlieferter Weise geschieht. Das zeigt u.a. der merkwürdige Umstand, dass Gottesdienst, Gebet und Liturgie keine intensiv bearbeiteten Gegenstände der dogmatischen Theologie sind. Den soteriologischen Platz besetzen Wort und Sakrament. Folgt man dann noch der Denkfigur Augustins, dass die Sakramente das Wort in sichtbarer Weise (*verbum visibile*) darstellen, dann ist man bei der Gleichung:

Predigt = Wort Gottes = Heilsereignis. Insofern kam die lutherische Dogmatik zu demselben Ergebnis wie Barth. Diese Sicht hat vielfach zu einer Überforderung für Prediger und Gemeinden und ab 1970 dann zur Verabschiedung der Kategorie des Wortes Gottes aus der Homiletik geführt.

1.4

Trotz der kaum zu relativierenden Kritik an der Wort-Theologie des 20. Jahrhunderts halte ich die Rede vom „Wort Gottes" weiterhin für homiletisch hilfreich und kreativitätssteigernd. Dieses Urteil hat allerdings zur Voraussetzung, dass man den Ausdruck „Gottes Wort" als eine Metapher versteht. Diese Metapher besagt, dass Menschen Gotteserfahrungen machen, bei denen sie die Gewissheit empfinden, über ihre eigenen Lebensdeutungen hinausgeführt zu werden. „Wort Gottes" ist Metapher für den Umstand, dass die menschliche Gotteserfahrung weder objektiv (anhand von Texten, Formeln oder rituellen Zeichen) gegeben ist noch subjektiv (anhand von inneren Stimmen, Bildern oder Gefühlen) konstruiert wird. Die Gotteserfahrung entsteht vielmehr anhand dieser Faktoren jeweils neu im Lebenszusammenhang. Wie die Worte anderer Menschen immer kontingent sind und situativ Sinn und Geltung annehmen (ein Wort, ein Halbsatz oder eine Wendung spricht mich unvermittelt an), so stellt sich auch die Gotteserfahrung unter subjektiven und objektiven Bedingungen ein – oder auch nicht. Gott spricht nicht aus Texten und Zeichen, aber anhand der Texte und Zeichen erschließt sich die Gewissheit, dass Gott zwar nicht wie ein Mensch spricht, aber auch nicht weniger lebendig, nicht weniger situativ und nicht weniger kommunikativ auf Menschen zukommt.

Wird die Gotteserfahrung (das „Wort Gottes") metaphorisch und gleichnishaft aufgefasst, dann hat diese Ausdrucksweise vier Vorteile. *Erstens* entspricht sie der biblischen Redeweise von Selbstvorstellung und Selbstentzug Gottes (2 Mose 3,1–14; 1 Kön 19,11–13; Jer 23,23; Lk 24,31; Hebr 11,1). *Zweitens* ist das gesprochene Wort (Gottes) eine zeitliche Kategorie. Gott begegnet in der Weltzeit und in der Lebenszeit. Sein Wort ist wie jedes Wort im Moment des Gehörtwerdens schon wieder Vergangenheit. Gotteserfahrungen ereignen sich im Lebenszusammenhang und sind flüchtig. *Drittens* lässt die Kategorie des Wortes Gottes die Christologie anklingen. Jesus wird geglaubt als der, der Gottes Wort spricht, der aber darüber hinaus Gottes Wort selbst ist (Joh 1,14). *Viertens* wird im biblischen Begriff des Wortes die trinitarische Struktur des Glaubens verständlich (→ 1.2). So wie die Gemeinde *zum Vater* betet und das der Tradition nach *durch den Sohn* und *im Heiligen Geist* geschieht, so ist auch die christliche Gotteserfahrung *durch* die Geschichte Jesu ermöglicht und *im* Heiligen Geist verwirklicht. Das „Wort Gottes" ist keine geheimnisvolle Stimme, die einen unverhofft trifft. Sie ist jeweils durch die Jesusgeschichte vermittelt und entspricht seinem Geist als dem Gottesgeist. Der lutherische Dogmatiker David Hollaz (1648–1713) nennt dies die „mystica verbi cum spirito sancto unio intima et individua" (Luthardt 1933, 333). Wort und Geist im Sinne der Gotteserfahrung sind gleichursprünglich. Das Wort wird nur zur Gotteserfahrung durch den Geist und den Geist gibt es nicht ohne das Wort. Denn anderenfalls – ohne Bibelwort – würde man vom eigenen Geist ganz woanders hingeführt. Luther beschreibt das in einer Predigt drastisch:

> Adeo sumus incerti in nostris cogitanionibus et wanckelmudig quando quis incipit speculari de deo an spruch [ohne Bibelwort], so ghets yhm gewislich also: quando vult de Christo cogitare crucufixo, sol er komen auff ein nackent weib odder auff ein golt perg vel in Hispaniam.[8]

1.5

Insgesamt kann festgestellt werden, dass die Kategorie des Wortes Gottes es wert ist, in das kritische Gespräch zwischen Praktischer und Systematischer Theologie, zwischen Homiletik und Fundamentaltheologie einbezogen zu werden. Das ist nicht zuletzt deswegen so, weil diese Kategorie auch vortheoretisch gebraucht wird, etwa bei Gesprächen über die Predigt, bei Stellenausschreibungen, bei der Einsegnung von Mitarbeiter:innen oder bei der Ordination. Wer predigt, sollte sich mit der Kategorie des „Wortes Gottes" kritisch befasst haben, um weder der Selbstüberschätzung anheimzufallen noch den Zuhörenden etwas schuldig zu bleiben. Denn wer sich zur Kirche aufmacht, erwartet nicht weniger als mindestens die Ahnung einer Gotteserfahrung.

2 Ein Reservoir an Erfahrung: die Biblische Theologie und die Predigt

2.1

Es ist durchaus möglich, ohne Bibelwort über Gott nachzudenken („speculari de deo an spruch", s.o. die Lutherpredigt) und das geschieht auch täglich, etwa beim gebetsaffinen Erleben von Natur, Kultur und eigener Leiblichkeit (Meyer-Blanck 2019, 103–139). Diese alltägliche Form von Laientheologie („Gott im Wald") ist durchaus hilfreich und sollte von Pfarrer:innen und eng verbundenen Gemeindegliedern keineswegs diffamiert werden. Gleichwohl weiß die Christenheit von Beginn an, dass ihre Gotteserfahrungen durch die Sprache, Bildwelt

8 WA 28,76,6–9: Wochenpredigten über Joh 16–20, 1528/29.

und Begrifflichkeit der biblischen Schriften geprägt sind. Wir denken als Christenmenschen in der biblischen Enzyklopädie, ohne das im Einzelnen jeweils selbst zu merken. Es verhält sich ähnlich wie mit der gesprochenen Sprache: Wir benutzen diese nicht nur, wir werden zugleich von ihr geprägt. Wir sprechen nicht nur eine Sprache, wir werden auch von ihr gesprochen.

2.2

Darum hat die christliche Missionspredigt von Anfang an auf die biblischen (alttestamentlichen) Texte Bezug genommen, um das Evangelium von Jesus Christus durch die Predigt zu verbreiten (Apg 8, 32–35; Röm 3,25f.). Weil das Christentum auf ein historisches Ereignis zurückgeht, auf die Lebensgeschichte Jesu von Nazareth (Gal 4,4f.), hat die Predigt an biblische Texte angeknüpft, um das Christusereignis in der Zeit zur Sprache zu bringen. Dabei wird vorausgesetzt, dass nicht die Texte als solche gepredigt werden, sondern Tod und Auferstehung Jesu Christi *anhand von* Texten. Daraus ergibt sich zugleich, dass man über fast alle biblischen Texte predigen kann: Sie sind eben der *Gegenstand* der Predigt, nicht aber notwendig ihr *Inhalt* (in Analogie zu der didaktischen Unterscheidung von Unterrichtsgegenstand und Unterrichtsthema). Der *Inhalt* der Predigt ist das Evangelium von der Nähe, Güte und Gerechtigkeit Gottes angesichts der Verfehlungen des Menschen; der *Gegenstand* ist der Glaube daran vonseiten der biblischen Zeugen.

2.3

Die biblischen Texte sind Gegenstand der Predigt, weil es gilt, die Entstehungsbedingungen des christlichen Glaubens sachlich und chronologisch zu erfassen. Es gilt darum nahe und detailliert an die Sache des jeweiligen Textes heranzukommen. Die Predigt braucht *erstens* einen Bibeltext, um unbekannte Einzelheiten und Lesarten des Evangeliums zu erfassen (z.B. den warnenden Gerichtsprediger Jesus in der Lazarusgeschichte Lk 16, 19–31). *Zweitens* dient ein biblischer Text einer Perspektive möglichst nahe am historischen Geschehen (Mk 16,1–8; 1 Kor 15,3f.). *Drittens* sind die biblischen, vor allem die alttestamentlichen Texte für die Predigt notwendig, weil sich nur so die zeitliche und sachliche Vielfalt und Tiefe der christlichen Gotteserfahrung deutlich machen lässt (2 Mose 33,18–23; Jes 5,1–7).

Noch einmal: Nicht jede Predigt muss nach Form und Inhalt die Auslegung eines Bibeltextes sein. Da aber in einer Predigt immer das Wort Gottes und das Leben Jesu im Mittelpunkt stehen, ist eine Predigt auch dann biblisch, wenn sie an einer Gesangbuchstrophe (etwa an EG 16,2: „Gott selber ist erschienen zur Sühne für sein Recht") entlanggeht oder wenn sie sich mit einem nichtchristlichen Text auseinandersetzt, etwa mit Friedrich Nietzsches Aphorismus 125 aus der „Fröhlichen Wissenschaft" und dem berühmten Satz „Gott ist tot". Ohne biblische *Bezüge* aber wird eine christliche Predigt nicht auskommen, denn alle christlichen Autor:innen von der Antike bis heute haben sich vor allem mit der Bibel auseinandergesetzt. Das gilt übrigens gerade auch für den scharfen Christentumskritiker Nietzsche, dessen Sprache und Gedankenwelt, etwa im „Zarathustra", durch und durch biblisch geprägt ist.

2.4

Was die wissenschaftliche Diskussion innerhalb der Theologie angeht, ist die Homiletik auf eine Biblische Theologie angewiesen, die sich auch auf die kirchliche Praxis beziehen lässt und dazu nach den Umständen und Ausprägungen der biblischen Gottesrede (also nach dem „Wort Gottes") fragt und nicht nur nach der Herkunft von Vorstellungen im Rahmen der antiken Religionsgeschichte. Die Biblische Theologie beider Testamente sollte grundsätzlich (fundamentaltheologisch) und material (inhaltlich) Gotteserfahrungen thematisieren, damit diese nicht nur mit vergangenen, sondern auch mit gegenwärtigen religiösen Erfahrungen vermittelt werden können. Ein Missverständnis der Exegese wäre die Ansicht, diese habe vor allem zu erheben, wie es damals „wirklich gewesen ist"; es kommt für die Predigt vielmehr darauf an zu verstehen, warum und wie Personen und Autor:innen auf bestimmte Ereignisse und Traditionen Bezug genommen haben. Es geht nicht darum, das Jenseits der Interpretationsgeschichte zu eruieren, sondern darum, selbst in den Vorgang von Interpretation und Reinterpretation verwickelt zu werden. Nicht nur der ursprüngliche, sondern der mögliche und zukünftige Sinn ist das Interesse der homiletischen Auslegung.

Insofern die Exegese an der Prädikabilität der Texte interessiert ist, wird sie keine Schwierigkeit damit haben, eine kirchenbezogene (nicht: kirchliche!) Wissenschaft zu sein. Ist die Theologie die Theorie des in der evangelischen Kirche gelebten Glaubens an den dreieinigen Gott, dann wird die Exegese als theologische Disziplin diesen Glauben anhand der Bibel prüfen und sich neu von ihr anregen lassen müssen. Ein wichtiges Beispiel aus den letzten Jahrzehnten ist die Neuentdeckung der jüdischen Wurzeln der Predigt Jesu und der Predigt von Jesus Christus. Da der Umfang von Entdeckungen an den biblischen Texten de facto unbegrenzt ist, liegt hier ein großes Potential an Predigtinhalt („inventio"). Leider muss man aktuell ein abgekühltes Verhältnis zwischen Bibelwissenschaft und Homiletik konstatieren. Die Exegese arbeitet sehr spezialisiert im Kontext der auf die Antike bezogenen Kulturwissenschaften; die Prediger:innen suchen eher nach treffenden Einfällen und Beispielen als nach Pfaden durch die spröde wirkende historisch-kritische Arbeit am Text.

3 Der tiefe Brunnen: die Bedeutung der Kirchengeschichte für Predigt und Homiletik

3.1

Selbstverständlich haben die Predigt und die Homiletik ihre je eigene Geschichte, die wiederum ein Teil der Kirchengeschichte ist (→ §§ 7–15). An dieser Stelle geht es jedoch darüber hinausgehend um die Kirchengeschichte als Gegenstand und Bezugspunkt der Homiletik. Im Laufe der Geschichte gab es viele unterschiedliche Lesarten der biblischen Texte; man denke nur an die Auslegungen des Römerbriefes durch Martin Luther und Karl Barth. Diese und andere Namen müssen nicht in der Predigt genannt werden; aber die historischen Textdeutungen verstricken auch heute in den Prozess der Interpretation und dienen damit, wie die exegetischen Entdeckungen der Sammlung von Predigtmaterial, der *inventio.*

3.2

Eine Verbindung zur Homiletik ergibt sich auch daraus, dass man die gesamte evangelische Perspektive auf die Kirchengeschichte als Auslegung der Bibel verstehen kann. So lautet die These des Tübinger und Zürcher Systematikers Gerhard Ebeling (1912–2001) aus seinem Habilitationsvortrag: Kirchengeschichte ist die Geschichte der Auslegung der Heiligen Schrift (Ebeling 1947). Indem in dieser Definition nicht von der „Bibel“ die Rede ist, sondern von der „Heiligen Schrift“, ist der besondere Gebrauchskontext benannt: Es geht um eine solche Auslegung, die mit der Heiligkeit, also mit der Gotteserfahrung im Verlaufe der Auslegung rechnet, wie sie sich in den christlichen Mitteilungs- und Darstellungsformen einstellen kann, besonders in der Unterweisung (Unterricht), in der Seelsorge und in der Predigt. In der gemeinsamen Bemühung um die Bibel unter der Voraussetzung der Gegenwart Gottes (Mt 18,20) wird diese zur Heiligen Schrift. Es handelt sich also um kein seinshaftes (ontologisches), sondern um ein handlungsbezogenes und relationales Verständnis: Die Heiligkeit der Schrift stellt sich im Gebrauch ein.

Ein zu predigender Text kommt jeweils von der Geschichte seiner Mitteilung, Darstellung und Heiligung her. Die Auslegungen der Vergangenheit regen die gegenwärtige Predigt an, sei es durch die modifizierte Übernahme oder die unterscheidende Abgrenzung. Je mehr kirchengeschichtlichen Hintergrund die predigende Person hat, desto mehr Material steht ihr für die *inventio* zur Verfügung. „Tief ist der Brunnen der Vergangenheit", lautet der erste Satz aus Thomas Manns Josefsroman; in die Tiefe der Möglichkeiten eines Textes kommt man durch die Auslegungsgeschichte.

4 Von der „Verkündigung" zur „Kommunikation" und Ästhetik: Homiletische Paradigmen

4.1

Lange Zeit war die Homiletik die Leit- und Königsdisziplin der Praktischen Theologie. Am Beispiel der Predigt ließ sich am klarsten verstehen und zeigen, was aus der wissenschaftlichen Auslegung der Bibel und der dogmatisch-ethischen Selbstvergewisserung praktisch folgt. Die „Verkündigung" war in der ersten Hälfte des 20. Jahrhunderts die Grundkategorie für alle Mitteilungs- und Darstellungsformen: Die Seelsorge galt als Verkündigung an den Einzelnen, der Unterricht als Verkündigung an die kommende Generation und die Predigt als das eigentliche Bewährungsfeld der Verkündigung.

4.2

Die Rede von der „Verkündigung" war so verbreitet und so unspezifisch, dass zunehmend ihre mangelnde Aussagekraft beklagt wurde. Auf dem Gebiet der Praktischen Theologie sei eine „Verödung" eingetreten, indem der Begriff der „Verkündigung" zu einem der „abgegriffensten und inhaltsleersten Begriffe" in Theologie und Kirche geworden sei (Trillhaas 1989 [1963], 150). Im Gefolge der empirischen Wendung der Praktischen Theologie um 1970 wurde die Homiletik als Leitdisziplin dann abgelöst von der Seelsorge und dem Unterricht als den kommunikativeren Mitteilungsformen des Glaubens; im Anschluss an Ernst Lange (→ § 15) trat für viele die Formel „Kommunikation des Evangeliums" an die Stelle der „Verkündigung."

4.3

Nach dem praktisch-theologischen Siegeszug der Ästhetik in den 1990er Jahren schließlich wuchs das Interesse an der lange Zeit vernachlässigten oder historisch enggeführten Liturgik. Auch dadurch verlor die Homiletik weiter an Bedeutung. Damit ist der heutige Stand (des Jahres 2025) erreicht. Wie in den letzten Jahren teilweise die Abschaffung der Predigt gefordert wurde, so steht auch die Homiletik als die dazugehörige Theorie nicht mehr im Zentrum des wissenschaftlichen Interesses. Dennoch befindet sich die Predigt weiterhin im Fokus der pastoralen und der gemeindlichen Aufmerksamkeit. De facto ist der pastorale Beruf weiterhin ein Redeberuf. Übt man ihn aus, muss man sich darauf einstellen, gut vorbereitet – und auch unvorbereitet – in gewinnender Weise zu den grundlegenden Themen des Menschseins öffentlich reden zu können.

4.4

Als die zentrale theoretische Frage der heutigen Praktischen Theologie wird man diejenige nach der spätmodernen Religion der Menschen angesichts der Dominanz elektronischer Kommunikation (z.B. via Instagram und TikTok) ansehen können. Das bedeutet, dass eine fundamentaltheologische Thematik ins Zentrum der Praktischen Theologie gerückt ist, an der sich auch die Homiletik zu orientieren hat. Die „Kommunikation des Evangeliums" muss sich auf die kommunikativen Bedingungen der Gegenwart einstellen. Was das für Predigt und Homiletik bedeutet, ist im nächsten Paragraphen zu skizzieren.

Zusammenfassung

Die Predigt hat im Kontext der Theologie eine ambivalente Bedeutung. Zum einen bereitet das theologische Studium auf keine Praxisform so intensiv und so direkt vor wie auf die Predigt. Systematische und Biblische Theologie, aber auch Kirchengeschichte und Praktische Theologie leisten einen Beitrag nicht nur zur Theorie der Predigt, sondern auch zu ihrer praktischen Vorbereitung, indem sie eine Fülle an Lesarten des Textes erschließen können. Ein breites und tiefes Theologiestudium zahlt sich beim späteren Predigen aus. Besonders mit der Theorie glaubender Erfahrung im Zusammenhang der Predigt (metaphorisch gesagt: mit der Kategorie des „Wortes Gottes") sollte man sich kritisch befasst haben.

Enzyklopädisch haben Predigt und Homiletik ihre zentrale Stellung innerhalb der Praktischen Theologie verloren. Die kommunikativen Formen (Gespräch und Gruppenarbeit) stellen eher ein Grundmodell für eine Theorie gemeindlicher und pastoraler Arbeit dar. Dennoch ist der pastorale Beruf weiterhin mit der Anforderung verständlicher und gewinnender öffentlicher Rede verbunden; diese geht über den liturgischen Kontext und den Bereich des Glaubens deutlich hinaus.

§ 4 Predigt und Homiletik im Kontext der Kultur

Literatur: Tobias Braune-Krickau / Christoph Galle (Hg.): Predigt und Politik. Zur Kulturgeschichte der Predigt von Karl dem Großen bis zur Gegenwart, Göttingen 2021 · Isolde Karle: Homiletik, in: dies.: Praktische Theologie, Leipzig 2020, 164–247 · Ernst Lange: Zur Theorie und Praxis der Predigtarbeit, in: ders.: Predigen als Beruf. Aufsätze zu Homiletik, Liturgie und Pfarramt, hg. von Rüdiger Schloz, München 1982 [1967], 9–52 · Kristin Merle: Gesucht: Interaktion und Partizipation. Predigten im Kontext von Online-Kommunikation, in: Ursula Roth / Jörg Seip / Bernhard Spielberg (Hg.): Geforderte Rede. Konstellationen, Kontexte und Kompetenzen des Predigens (ÖSP 11), München 2018, 165–183 · Michael Meyer-Blanck: Glaube und Hass. Antisemitismus im Christentum, Tübingen 2024 · Sabrina Müller: Öffentliche Kommunikation christlicher Sinnfluencer:innen. Medienethische und kirchentheoretische Beobachtungen und Reflexionen, in: PTh 111 (2022), 203–218 · Hendrik Munsonius: Evangelisches Kirchenrecht. Grundlagen und Grundzüge, Tübingen 2015 · Johann Pock / Ursula Roth (Hg.): Politikum Predigt. Predigen im Kontext gesellschaftlicher Relevanz und politischer Brisanz (ÖSP 12), München 2021 · Uta Pohl-Patalong: Predigt als Bibliolog. Homiletische Anstöße einer neuen Predigtform, in: dies. / Frank Muchlinsky (Hg.): Predigen im Plural. Homiletische Aspekte, Hamburg 2001, 258–268 · Wilhelm Pressel: Die Kriegspredigt 1914–1918 in der evangelischen Kirche Deutschlands (APTh 5), Göttingen 1967 · Rolf Schieder: 1914–1945: Metamorphosen eines Predigers (= Otto Dibelius), in: Braune-Krickau / Galle 2021 (s.o.), 277–295 · Adolf Stoecker: Christlich-Sozial. Reden und Aufsätze, Berlin ^{2}1890 [1884] · Friedrich Wintzer: Die Homiletik seit Schleiermacher bis in die Anfänge der ‚dialektischen Theologie' in Grundzügen (APTh 6), Göttingen 1969

Die Predigt als gottesdienstliche Rede ist eng auf den liturgischen Kontext bezogen. Dieser stellt die Rahmenbedingungen bereit, um über Gott, von Gott und zu Gott sprechen zu können. Andererseits ist die Predigt mehr als eine liturgische Rede. Sie findet in der gesellschaftlichen, politischen und kulturellen Öffentlichkeit statt. Die Predigt wirkt auch stilbildend dafür, wie über Fremde und Arme, über queer people und das Verhältnis der Geschlechter und damit generell über Politik geredet und gedacht wird. Die Predigt hat auch hier als Modell dafür zu gelten, wie man problembewusst und wertschätzend über andere sprechen kann (2 Mose 20,16). Nach der Kontextualisierung im Ganzen der Theologie im letzten Paragraphen muss auch das kulturelle Umfeld der Predigt bedacht werden.

1 Der rechtliche Rahmen

1.1

Ein Gottesdienst ist nach deutschem Religionsverfassungsrecht (früher: „Staatskirchenrecht") keine Vereinsversammlung von Kirchenmitgliedern, sondern eine öffentliche Veranstaltung im Kontext der Kultur, zu der prinzipiell alle Bürger Zutritt haben. Auch nach dem Selbstverständnis der Evangelischen Kirche ist der Gottesdienst öffentlich. In der Augsburgischen Konfession von 1530 ist explizit vom *publice docere* die Rede (CA 14). Gottesdienst und Predigt finden nicht im geheimen Zirkel statt. Jede:r kann als Gast daran teilnehmen, ohne zum aktiven Mitmachen genötigt zu werden. Der Gottesdienst ist auch eine Kulturveranstaltung, besonders dann, wenn große Kirchenmusik aufgeführt wird.

1.2

Das Hausrecht bei Gottesdiensten und anderen öffentlichen Veranstaltungen hat der Kirchenvorstand (das Presbyterium). Über die Kanzel hat das Pfarramt die Verfügungsgewalt (das „Kanzelrecht"): Das Pfarramt bestimmt darüber, wer Gottesdienste halten und predigen darf. Personen mit episkopaler Funktion (Bischöfin, Superintendent) haben in ihrem Aufsichtsbezirk das Kanzelrecht in allen Gemeinden unabhängig von der Zustimmung des jeweiligen Pfarramts.

Zur öffentlichen Wortverkündigung können auch Personen berufen werden, die nicht Theologie studiert, aber sich durch geeignete Kurse darauf vorbereitet haben („Prädikant:innen"). Diese werden in einigen Landeskirchen wie die Pfarrer:innen *ordiniert* (z.B. Ev. Kirche im Rheinland), in anderen Landeskirchen *beauftragt* (z.B. Ev. Kirche von Westfalen). In beiden Fällen ist die Voraussetzung des *rite vocatus* (ordentlich berufen, CA 14) erfüllt. Die Zahl der Prädikant:innen ist so groß, dass sie als Adressaten der wissenschaftlichen Homiletik im Blick sein müssen; das gilt auch für dieses Buch.

2 Die Predigt als öffentliche Rede

2.1

Die Predigt hat eine Geschichte des ungeheuren Bedeutungsverlustes hinter sich. Noch bis zur Wende zum 20. Jahrhundert war sie für die meisten Menschen die einzige Form öffentlicher Rede, die sie kannten (Wintzer 1969, 124f.).

Kanzelabkündigungen hatten die Funktion öffentlicher Bekanntmachungen. Im letzten Drittel des 19. Jahrhunderts leerten sich aufgrund des sozialen Wandels die Kirchen. Die Wanderungsbewegung in die Städte kappte die Verbindung von Kirche und gesellschaftlichem Leben. Religion wurde etwas Spezielles und die Lebensbereiche separierten sich (Nipperdey 1988, 121). Mit dem Umzug in die beengte Stadtwohnung unterblieb bald der durch die dörfliche Sitte gestützte Kirchgang. Die bürgerlichen Stadtbewohner dagegen folgten vielfach einer Art Kunstreligion, in deren Mitte die Verehrung Goethes, Schillers und Richard Wagners stand. Damit verlor die Kirche ihr Rede- und Weltdeutungsmonopol. Die Kunst der öffentlichen Rede wurde von nun an (mindestens auch) von den parteipolitischen Rednern beherrscht. An die Stelle der Kanzel als Medium der Informationsvermittlung trat für die gebildeten Stände wie für die einfachen Leute immer mehr die Zeitung.

2.2

Der üble Antisemit Adolf Stoecker (1835–1909) konnte in Berlin beide Rollen, die des Oberhofpredigers und die des politischen Agitators, ausfüllen (Meyer-Blanck 2024, 181–196). 1883 hielt er in London vor großen Auditorien (mit z.T. 1.500 Zuhörern) acht Reden in sechs Tagen. Stoecker, der übrigens leicht erwecklich predigte, bot politisch seit 1879 das, was man heute „Populismus" nennt: Antisemitismus, um Stimmen im Wahlkampf zu sammeln (1879–1908 war er Abgeordneter im Reichstag und im Preußischen Landtag). Seine bei heutiger Lektüre monoton wirkenden politischen Reden erzielten damals im Kleinbürgermilieu und in kirchlichen Kreisen vorübergehend große Erfolge – allerdings nicht in der Arbeiterschaft (Stoecker 1890).

2.3

Die Predigt hat trotz des Bedeutungsverlustes einen Rest an öffentlicher Wirksamkeit behalten. In vielen kleinen Orten stellt sie immer noch ein Modell des Redevorgangs überhaupt dar, zumal dann, wenn Pfarrer:innen nicht nur auf der Kanzel, sondern auch beim Familienfest und bei Vereinsjubiläen reden. Erst recht bedeutungsvoll sind die noch immer üblichen Reden am Ehrenmal zum Volkstrauertag, aber auch zu anderen gesellschaftlichen Anlässen (Einweihungen, Jahrestage). Wenn ein Vertrauensverhältnis besteht, werden Pfarrer:innen um „ein paar Worte" nicht nur *in liturgicis* gebeten. Sie gehören oft zu den sehr wenigen Menschen am Ort, die das Reden gelernt und dabei im Laufe der Zeit in der Regel eine erkennbare Professionalität ausgebildet haben.

Man mag es drehen und wenden wie man will, aber der Pfarrberuf ist nicht zuletzt ein Sprech- und Redeberuf. Noch immer ist bei Pfarrer:innen die Fähigkeit gefragt, in Situationen besonderer Intensität, seien diese erfreulich oder ernst, den rechten Ton zu treffen und die Situation sachlich und kurz zur Sprache zu bringen. Die Emotionen wahrzunehmen und aufzunehmen und diese weder zu dramatisieren noch zu bagatellisieren, das ist und bleibt eine Aufgabe bei der Gestaltung des sozialen Lebens. Öffentliche Reden sind die Kommunikationsform, mit der gemeinsame, auch diffuse Gefühle handhabbar werden. Oft hilft es schon weiter, wenn ein Sachverhalt behutsam ausgesprochen wird, weder verletzend noch verschleiernd, sondern offen und mit einer empathischen Grundhaltung, die von Güte und Verständnis geprägt ist.

2.4

Am Ende dieses Abschnitts ist noch an eine basale Einsicht zu erinnern: Das öffentliche Reden prägt die Sprache. Es stellt sich darum immer die Frage, ob die Predigt nicht nur gedanklich klar, sondern ob sie auch sprachlich zugänglich und angenehm („schön“) ist. Da die Sprache des Menschen von seiner sprachlichen Umwelt geprägt wird, sollten Prediger:innen nicht nur mit Nachrichtenmedien und wissenschaftlichen Texten Umgang pflegen, sondern auch mit den Dichtern. Um es persönlich zu sagen: Die Sprache von Friedrich Hölderlin, Heinrich von Kleist, Franz Kafka und Thomas Mann ist es wert, Einfluss auf die eigene Predigtsprache zu gewinnen. Hölderlins Polyvalenz und Schönheit, Kleists grammatische Präzision, Kafkas Prägnanz und Tiefe sowie Thomas Manns überbordender Reichtum an Ausdrücken und Satzkonstruktionen ist ein Reservoir, aus dem man sprachlich immer wieder schöpfen kann. Das heißt nicht, dass man diese Sprache beim Predigen imitieren sollte. Aber es gilt, sich immer wieder in diesem Bereich gehobener Sprache zu bewegen und so die eigene Sprechweise lebendig zu halten. Gute Lektüre hilft der Predigt mehr auf als die Suche nach trefflichen Geschichten und Anekdoten. Die Sprache ist das Instrument nicht nur des Denkens, sondern auch des Erlebens und Fühlens. Es verdient sorgfältige, hochwertige, regelmäßige Pflege.

3 Die Predigt als Politikum

3.1

Die so genannte „politische Predigt“ wird in diesem Buch später eigens behandelt (→ § 32). Im Rahmen der Prolegomena geht es noch nicht um das „Was“

und „Wie“ der politischen Predigt, wohl aber um ihr „Dass“. Die Politik ist zunächst der Ort, an dem Reden eine ähnlich große Rolle spielen wie in den Religionen. Auch in der Politik finden unzählige Gespräche statt, die aber die Form der politischen Rede nicht überflüssig machen. In der profilierten Darstellung der Position einer Person gewinnt ein Problem an Transparenz und hilft so bei der Entscheidungsfindung. Wie bei der Predigt gilt idealiter das rhetorische Paradox (→ § 1.4). Eine transparente, gelungene politische Rede spitzt die behandelte Sache zu, dient der Entscheidungsfindung und hilft letztlich der Freiheit aller.

Umgekehrt ist zu beachten, dass die Predigt als öffentliche Rede in Sachen Religion ihre politischen Dimensionen nicht bestreiten kann. Sie wirkt immer auch politisch, selbst wenn sie sich bewusst einer politischen Stellungnahme enthält. Wenn alle von der Politik umgetrieben sind und davon reden, wird das Schweigen der Predigt dazu sehr beredt. Wenn aufgrund der Perikopenordnung die Gerechtigkeit Gottes zur Sprache kommt – etwa anhand der alttestamentlichen Propheten oder des „Magnifikat“ (Lk 1,46–55) am 4. Advent –, dann wird die politische Gerechtigkeit in struktureller Weise bedacht werden müssen (vgl. Lk 1,52f.). Auf jeden Fall ist die Predigt ein Politikum, sei es in ignoranter, kritischer oder affirmativer Weise. Der Herbst der politischen Wende in Deutschland im Jahr 1989 kann ohne die seinerzeit gehaltenen Predigten nicht zureichend rekonstruiert werden. Die friedliche Revolution wurde von Predigten und Gebeten begleitet.

3.2

Die politische Predigt hat in Deutschland gleichwohl eine höchst problematische Vergangenheit. Vor allem die Kriegspredigten im August / September 1914 sind bis heute berüchtigt. Nur ein prominentes Beispiel: Der spätere Berliner Bischof und EKD-Ratsvorsitzende Otto Dibelius (1880–1967) predigte am Bußtag 1914 über das Gleichnis vom hochzeitlichen Mahl so: „Jetzt gibt es nur ein Ziel für jedes Leben: das ist Deutschlands Sieg und Deutschlands Zukunft! [...] ist's nicht große Zeit? Ist's nicht ein hochzeitliches Mahl, das Gott, der Herr, uns rüstet?“ (zitiert nach Schieder 2021, 282) Schieder analysiert die Wandlungen von Dibelius mit einem mentalitätsgeschichtlichen Zugang und definiert Mentalitäten als „zustimmungsfähige Selbstverständlichkeiten, auf die Prediger gern rekurrieren“ (277). Schieder verfasste seinen Beitrag offensichtlich in der Corona-Zeit, wenn er schreibt, man solle sich „Mentalitäten wie Viren vorstellen, die Menschen dann anfallen und von ihnen Besitz ergreifen, wenn deren Immunsystem geschwächt ist“ (280).

3.3

Man wird hinzufügen können, dass „Mentalitäten“ als Gedanken- und Gefühlsdispositionen in der Regel erst dann als solche identifiziert werden können, wenn schon eine Distanz zu ihnen besteht, also in der Regel dann, wenn sie bereits der Vergangenheit angehören. Zwar ist das Evangelium prinzipiell eine herrschaftskritische (Lk 1,46–55; Phil 2,5–11) und mentalitätskritische (Röm 12,2; 1 Thess 5,21) Denk- und Handlungsform; aber trotzdem kann die eigene Distanznahme eine nur eingebildete sein, während man tatsächlich die (politischen) Umstände affirmiert. Mit Schieders Gleichnis gesagt: Oft wird der Virenbefall erst spät festgestellt und zu spät behandelt.

Ernst Lange hat diese kollektiven und in der Regel kaum bewussten Dispositionen seinerzeit treffend als die „homiletische Großwetterlage“ bezeichnet (Lange 1982 [1967], 38). Er meinte damit „alle die Faktoren, die als Zeitgeschick mehr oder weniger hingenommen werden müssen“ (ebd.) und empfahl dem Prediger Aufmerksamkeit für die Massenmedien sowie intensive Lektüre. Der Mentalitätsbegriff ist allerdings deswegen leistungsfähiger, weil er die eigene Beteiligung am Zustandekommen der Faktoren besser zum Ausdruck bringt als das Wetter-Gleichnis. Der Wetterlage bin ich unterworfen, die Mentalität konstituiere ich mit, wenn ich von ihr beeinflusst bin.

3.4

Die Predigt ist ein Politikum. Ein Beispiel für eine aufsehenerregende politische Predigt war diejenige der Washingtoner anglikanischen Bischöfin Mariann Edgar Budde am 21. Januar 2025 anlässlich der Amtseinführung von Donald Trump in der Washington National Cathedral. Der Gottesdienst war ein „Service of Prayer for the Nation“, in dem auch jüdische und muslimische Anteile vorkamen. Gelesen wurde u.a. aus der Koransure 57 („Das Eisen“), wo es heißt: „Gott weiß sehr wohl, was ihr tut.“ (Sure 57,5) Die Predigt von Mariann Budde kam nach der Lesung von Mt 7,24–29, dem Schluss der Bergpredigt, wo der Mensch klug genannt wird, der die Rede Jesu hört und danach handelt. Bischöfin Budde beendete ihre Predigt so:

> Let me make one final plea, Mr. President. Millions have put their trust in you, and, as you told the nation yesterday, you have felt the providential hand of a loving God. In the name of our God, I ask you to have mercy upon the people in our country, who are scared now. There are gay, lesbian and transgender children in Democratic, Republican, and independent families, some who fear for their

> lives. […] They are faithful members of our churches and mosques, synagogues, gurudwaras and temples. I ask you to have mercy, Mr. President, on those in our communities whose children fear that their parents will be taken away. […] Our God teaches us that we are to be merciful to the stranger, for we were all once strangers in this land. May God grant us the strength and courage to honor the dignity of every human being, to speak the truth to one another in love and walk humbly with each other and our God for the good of all people. Good of all people in this nation and the world. Amen.[9]

Es sind zwei rhetorisch-theologische Entscheidungen, die diesem Predigtschluss seine Durchschlagskraft verleihen. *Erstens* traut sich die Bischöfin, den Präsidenten direkt anzusprechen, zwar in seiner präsidialen Rolle, aber doch als Individuum. Sie verweist in Bezug auf die queer people und die Fremden nicht nur auf die Pflichten der versammelten Gemeinde und der amerikanischen Gesellschaft („that we are to be merciful to the stranger"). Sie verlässt das gewohnte homiletische „Wir" und wechselt in den öffentlichen Dialog. Das ist rhetorisch bemerkenswert, weil so das Gespräch mit einem prominenten Gemeindeglied in der Öffentlichkeit stattfindet und von Anderen beobachtet werden kann. Verstärkt wird der Effekt durch die Tatsache, dass es sich um das Genus einer Festpredigt handelt, die im Prinzip feierlich und affirmativ gestaltet ist. Einen ähnlichen homiletischen Zugriff wird man nur schwerlich finden.

Zweitens spricht die Bischöfin Donald Trump in biblischer, ja in liturgischer Weise an: „Erbarmen Sie sich, Herr Präsident!" Die Bitte um Erbarmen wird im Neuen Testament an Jesus gerichtet: „Jesus, thou son of David, have mercy on me" (Mk 10,47; King James Version). Im Griechischen steht dort der Imperativ „eleison". Trump wird also wie der Herr selbst mit „Kyrie eleison" angesprochen. Neben der persönlichen Eindringlichkeit liegt in diesen Worten der Bischöfin ein leichter Unterton von Ironie. Trump, der selbst die Hand Gottes in seinem eigenen Leben für sich in Anspruch genommen hat, wird von Bischöfin Budde mit einem homiletisch transformierten „Kyrie eleison" gebeten, sich auch dementsprechend zu verhalten. Donald Trump scheint das gar nicht bemerkt zu haben. Aber wahrscheinlich hat er gespürt, dass sich hinter dem Modus der Erbarmensbitte eine klare Kritik seiner politischen Absichten verbarg, denn er äußerte nach dem Gottesdienst, dieser habe ihm nicht gefallen.

---

9 https://cathedral.org/blog/from-the-pulpit-unity-grounded-in-dignity-truth-and-humility, abgerufen am 30. Januar 2025.

3.5

Die Predigt von Mariann Edgar Budde zeigt, wie wirkungsvoll rhetorische Kunst und rhetorisches Wagnis sein können. Eine vergleichbare Aufmerksamkeit wie diese Predigt, die gewissermaßen vor der Öffentlichkeit der Welt gehalten und über die sozialen Netzwerke auch dort ausführlich diskutiert wurde, wird eine gewöhnliche Sonntagspredigt kaum finden. Aber man wird damit rechnen können, dass eine Predigt, die – ähnlich wie eine Kasualpredigt – einzelne Anwesende anspricht, auf Interesse stößt und dass sie dann, wenn sie zu einem festlichen und öffentlichen Anlass gehalten wird, zum Politikum werden und weite Kreise ziehen kann. Es spricht einiges dafür, in diesem Sinne etwas zu wagen auf der Kanzel. Eine kritische Reaktion der Zuhörenden ist allemal besser als eine gelangweilte. Mariann Budde hat jedenfalls in der Diskussion über ihre Predigt angemerkt, dass man sich für eine Bitte um Erbarmen nicht entschuldigen müsse.

4 Predigt und Online-Kommunikation

4.1

Die größte Umwälzung in Sachen Kommunikation, Sprechen und Sprache ist gewiss die Entwicklung der sozialen Netzwerke, der so genannten „Künstlichen Intelligenz" und der flächendeckenden Verteilung von internetfähigen Endgeräten („Smartphones"). Die Generation „Z" (für „zoom", gemeint sind die Geburtsjahrgänge 1995–2010) ist mit dem Smartphone aufgewachsen und ständig online. Die aktive Aufenthaltsdauer im Netz betrug 2024 bei Jugendlichen zwischen 12 und 19 Jahren im Durchschnitt täglich 201 Minuten;[10] bei den Älteren über 60 Jahre sagten 2024 mehr als 30 Prozent, dass sie kein Internet benutzen, während 5,2 Prozent angaben, ständig online zu sein.

4.2

Jugendliche, Erwachsene und teilweise auch Ältere sind vielfach ständig elektronisch vernetzt. Daraus ergeben sich die unbegrenzte Verfügbarkeit von Informationen und die Selbstverständlichkeit, sich zu interessierenden Fragen laufend zu äußern. Partizipation und Interaktion gelten als Standards auch bei der Selbstvergewisserung, beim Glauben und bei der Teilnahme an Gottesdiensten. Die Mediatisierung aller Lebensbereiche wird immer

---

10 https://de.statista.com/statistik/daten/studie/168069/umfrage/taegliche-internetnutzung-durch-jugendliche/, abgerufen am 30. Januar 2025.

selbstverständlicher. Charakteristisch für die Digitalität ist, „dass sich die Basis der Akteure ausweitet, die sich über kulturelle Bedeutungen öffentlich verständigt." (Merle 2018, 168) Bei Experimenten mit interaktiven Online-Gottesdiensten werden die Beiträge der Hörer:innen über Tablets und Smartphones aktuell aufgenommen und kommentiert. In der Regel nehmen an solchen Gottesdiensten Anwesende und online Zugeschaltete teil.

Die Predigt ist in diesem Fall keine Präsentation von Ergebnissen der homiletischen Arbeit, sondern ein Modus der gesprächsweisen „Verfertigung" von Gedanken. Bezieht man diese Tatsache auf meine Definition von Homiletik als *Theorie der Entstehung evangelischer Einsichten und Überzeugungen aufgrund öffentlicher Rede im liturgischen Kontext* (→ § 1.2.4), dann zeigt sich, dass solche Gesprächsformate an der Grenze dessen liegen, was unter den Begriff Predigt gehört: Es handelt sich nur im weiten Sinne um eine Rede; dafür ist aber der Aspekt der *Entstehung* besonders ausgeprägt.

Formal sind diese Interaktionsformen also Gesprächsgottesdienste, wie sie erstmals in den 1960er Jahren erprobt wurden (→ § 2.1.2) und wie sie sich im 21. Jahrhundert in der Form des Bibliologs (Pohl-Patalong 2001) eingebürgert haben. Die Aufgabe der leitenden Pfarrpersonen ist die der Moderation, also eine nur zum geringen Teil rhetorische als vielmehr eine didaktische Anforderung. Die Predigt wird so zu einem gemeindepädagogischen Praxisfeld, so dass die „Vorausplanungskapazität" (Merle 2018, 176) deutlich geringer ist als bei der herkömmlichen Predigt. Damit handelt es sich um eine Alternative, die zwar als Variation zum „rhetorischen Fall" Predigt erfreuen kann, die aber nicht dazu geeignet ist, zum Normalfall zu werden. Viele, die zum Gottesdienst kommen, schätzen gerade – im Gegensatz zu den kommunikativen Herausforderungen in Familie und Beruf – die Ruhe und Zeit mit sich selbst.

5 Homiletische Aufmerksamkeit für Queerness und Gender

5.1

Immer wieder wird eine Milieuverengung bei der Teilnahme an Gottesdiensten und Gemeindeveranstaltungen kritisiert. Die kirchliche Orientierung an Familien, die u.a. durch Taufen, Kindergärten und gemeindepädagogische Aktivitäten gegeben ist, führt zu einer verengten Wahrnehmung der Kirchenmitglieder. Besonders queer people werden von Gemeinden vielfach übersehen. Neuere Studien rechnen damit, dass jede:r achte bis neunte (also 11 bis 12 Prozent) Jugendliche sich selbst als nicht heterosexuell erlebt und beschreibt.

Inzwischen gibt es Kirchengemeinden, die besondere Veranstaltungen wie Gottesdienste speziell für die und mit der queer community feiern. Aber es reicht gewiss nicht aus, diese spezielle Arbeit von einigen machen zu lassen. Auch an diesem Punkt ist die öffentliche Wirksamkeit von Predigten zu bedenken und für die Praxis zu beachten. Queere Menschen sollen weder diskriminiert noch einfach ignoriert werden. Von ihnen sollte in der Predigt selbstverständlich und wertschätzend gesprochen werden, ohne dass dies ständig thematisiert werden muss.

5.2

Eine Stufe selbstverständlicher ist inzwischen die Maxime, dass gendersensibel gepredigt werden sollte. Der Mensch ist nicht allgemein Mensch, unabhängig von seiner Geschlechtlichkeit bzw. geschlechtlichen Orientierung. In diesem Zusammenhang wurde auf „abweichlerische" Erfahrungsberichte hingewiesen, die sich nicht den herkömmlichen Genderstereotypen fügen (Karle 2020, 234). Dabei ist weiter in Rechnung zu stellen, dass Geschlechtsidentitäten „primär in sprachlicher Fassung" bestehen (Karle 2020, 235). Auch die Predigt als kultureller Faktor hat demnach Anteil an der Konstitution von Geschlecht (Gender).

Das bedeutet nicht, dass die Thematik als solche in der Predigt ständig behandelt werden sollte. Theoretisch formuliert: Gender ist – ebenso wie queerness – keine materiale, sondern eine Reflexionskategorie, die selbstkritische Aufmerksamkeit verlangt. Wer predigt, sollte sich seiner prägenden Wirkung bewusst sein. Was man selbst wertschätzt, kommt untergründig zum Tragen.

Zusammenfassung

Predigt und Homiletik haben nicht nur einen theologischen Kontext (→ § 3), sondern sie sind auch in ihr jeweiliges kulturelles Umfeld eingebunden und von diesem beeinflusst. An erster Stelle ist die Sprache zu berücksichtigen, die unser Denken und Fühlen bestimmt und die wir selbst sprechend mitprägen. Die Predigt als Teil des Gottesdienstes ist weiterhin unter rechtlichen Aspekten zu bedenken. Sie ist ein Element der positiven Religionsfreiheit und hat neben der kirchlichen eine öffentliche Bedeutung. Die Predigtpraxis ist darum auch immer im Hinblick auf ihre politischen Dimensionen auf den Prüfstand zu stellen. Als weitere Faktoren sind die Digitalisierung und die aktuellen Diskussionen um Queerness und Gender homiletisch zu berücksichtigen, da die Besucher die Predigt immer als Menschen mit einer bestimmten Orientierung rezipieren und für die implizite Wertschätzung oder Ignoranz sensibel sind.

§ 5 Predigt und Homiletik als Gegenstände interdisziplinärer Wissenschaft

Literatur: David Buttrick: Homiletic. Moves and Structures, Philadelphia 2020 [1985] · Karl-Fritz Daiber u.a. (Hg.): Predigen und Hören. Ergebnisse einer Gottesdienstbefragung, Bd. 1: Analysen und Grundauswertung, München 1980 · Wilfried Engemann: Wider den redundanten Exzess. Semiotisches Plädoyer für eine ergänzungsbedürftige Predigt, in: ThLZ 115 (1990), 785–800 · Wilfried Engemann: Einführung in die Homiletik, Tübingen ³2020 [2002] · Sieghard Gall: Predigtrezeption. Erwartungen und Wahrnehmung katholischer und evangelischer Hörer, München 2011 · Christian Grethlein: Praktische Theologie, Berlin / Boston ²2016 · Albrecht Grözinger: Praktische Theologie und Ästhetik. Ein Beitrag zur Grundlegung der Praktischen Theologie München ²1991 [1987] · Michael Meyer-Blanck: Die praktisch-theologische Großwetterlage: Diskurse, Bezüge, Forschungsrichtungen, in: Thomas Schlag / Thomas Klie / Ralph Kunz (Hg.): Ästhetik und Ethik. Die öffentliche Bedeutung der Praktischen Theologie, Zürich 2007, 11–24 · Michael Meyer-Blanck: Gottesdienstlehre (NThG), Tübingen ²2020 [2011] · Michael Meyer-Blanck (Hg.): Handbuch Homiletische Rhetorik (Handbücher Rhetorik 11), Berlin / Boston 2021 · Michael Meyer-Blanck: Kirche (Theologische Bibliothek 7), Göttingen 2022 · Gert Otto: Predigt als Rede. Über die Wechselwirkungen von Homiletik und Rhetorik, Stuttgart u.a. 1976 · Dietrich Rössler: Grundriss der Praktischen Theologie, Berlin / New York ²1994 [1986] · Friedrich Schleiermacher: Die praktische Theologie nach den Grundsätzen der evangelischen Kirche im Zusammenhange dargestellt, Berlin 1983 [Reprint von Berlin 1850] · Alexander Schweizer: Homiletik der Evangelisch-Protestantischen Kirche systematisch dargestellt, Leipzig 1848 · Helmut Schwier / Sieghard Gall: Predigt hören. Befunde und Ergebnisse der Heidelberger Umfrage zur Predigtrezeption, Münster 2008

1 Zum Status der Wissenschaft in der pfarramtlichen Praxis

1.1

Predigt und Homiletik, Praxis und Praxistheorie sind im Ganzen der Theologie (→ § 3) und im Rahmen der Gegenwartskultur (→ § 4) zu analysieren und jeweils aktuell neu zu entwerfen. Im Praxisvollzug geschieht dies jedoch routiniert und implizit, ohne dass sich aus der Theorie direkte Konsequenzen für die Predigt ergeben müssten. Die eigene Theorie ist in der umfänglichen Predigtpraxis nicht ständig Thema, denn die Praxis ist nicht die Anwendung der

Theorie, sondern ein Handeln aufgrund von langfristigen Bildungsprozessen. Alle wissenschaftlichen Regeln, die in der Praktischen Theologie aufgestellt werden, sind „durchaus nicht productiv“, insofern diese Regeln „einen nicht zum Handelnden machen“ (Schleiermacher 1983, 31). Die genaue Kenntnis der musikalischen Komposition macht noch keinen zum Komponisten, fügt Schleiermacher erläuternd hinzu (ebd.). Die Praktische Theologie ist nicht die „Krönung“ der Theologie, sondern die „Krone“ des Studiums. Das bedeutet, dass sie ohne die anderen theologischen Wissenschaften nicht möglich ist, „weil sie alles andere voraussezt“ (Schleiermacher 1983, 26). Ohne Stamm und Wurzeln ist die Baumkrone nicht lebensfähig. Innerhalb der Theologie ist die Praktische Theologie nicht „die eigentliche Disciplin und alle anderen Hülfswissenschaften“; das Verhältnis der Disziplinen ist keine „Unterordnung“, sondern eine „Gleichstellung“ (Schleiermacher 1983, 12).

Im Alltagsgeschäft spielen wissenschaftliche Regeln eine untergeordnete Rolle. Aber durch Theorien wird das eigene Handeln ein bewussteres. Darum gehört es zum Selbstverständnis der Professionen (Jurist:in, Ärzt:in, Lehrer:in, Pfarrer:in), sich neben der Berufstätigkeit wissenschaftlich zu betätigen. Fortbildungen und die eigene theologische Arbeit *neben* der Vorbereitung von Gottesdienst und Unterricht sind mit überschaubarem Aufwand zu verwirklichende Möglichkeiten (dasselbe gilt für die Lektüre eines Lehrbuches).

1.2

Der idealtypische theologische Bildungsgang verläuft von der Theorie mit einzelnen Praxiselementen (Studium) über die exemplarische Praxis mit einzelnen Theorieelementen (Vikariat) zur eigenverantwortlichen Praxis mit exemplarischen Theorieelementen (erste Amtsjahre) zur gebildeten Routine nach drei bis fünf Amtsjahren. Ab dem dritten bis zum fünften Amtsjahr nimmt das Praxisfeld Theorie seine dauerhafte Gestalt an; es kann als überwunden empfundene Phase nur noch Rudiment und Erinnerung sein oder als bewusste Unterbrechung der Praxisanforderungen und als Ferment einer erneuerten Praxis erlebt werden. Besonders die dritte Phase (erste Amtsjahre) verdient Beachtung, da sich hier Gestus und Habitus der Person auf der Kanzel – in der Regel bleibend – formieren.

In diesem Paragraphen sollen die Definition (→ § 1.2.4) und die sieben basalen wissenschaftlichen Bezugspunkte der Homiletik (→ § 1.3) aufgenommen und weitergeführt werden, bevor in § 6 das Ziel der Prolegomena erreicht und der Aufriss der vorliegenden Homiletik begründet werden kann.

2 Homiletik und Praktische Theologie

2.1

An dieser Stelle ist die einleitende Definition (→ § 1.2.4) zu vertiefen und mit dem Verständnis der Praktischen Theologie zu korrelieren. *Homiletik ist die Theorie der Entstehung evangelischer Einsichten und Überzeugungen aufgrund öffentlicher Rede im liturgischen Kontext.* Über die Einleitung hinaus ist hervorzuheben, dass der Begriff der „Entstehung" besonderen Wert auf die Seite der Rezipienten legt. Im Wesentlichen geht es darum, was die Hörenden mit den Predigtworten anfangen können. Plakativ ausgedrückt: Die Wahrheit wird auf dem Platz entschieden. Was wirklich im Text steht, ist das, was beim Zuhören ankommt. Theoretisch formuliert: Homiletik ist eine zum großen Teil *rezeptionsästhetische Theorie.* Die entsprechenden produktionsästhetischen Maximen ergeben sich nicht einfach aus der Theologie (als Maximen der reinen biblischen und evangelischen Lehre), sondern wesentlich aus den Prädispositionen der Hörer:innen. Evangelische Einsichten sind nicht einfach unverfälscht mitzuteilen, sondern diese sind so darzustellen und mitzuteilen, dass sie eine produktive Rezeption und Rekonstruktion im Hinblick auf die eigenen Lebensgeschichten der Zuhörer:innen ermöglichen.

Damit ist die Predigt durchaus eine absichtsvolle und wirkungsvolle Rede (s.u. 5.) Aber die Wirkung vollzieht sich nur auf dem Weg des Zusammenspiels von Impuls und Reaktion, von Prediger:in und Gemeinde. Aus dem biblischen Text wird auf der Kanzel ein neuer Text, der beim Hören seinerseits in einen weiteren Text überführt wird. Wilfried Engemann hat 1990 vorgeschlagen, neben das Manuskript (*manu scriptum*, mit der Hand geschrieben) als Reflexionsgröße das Auredit (*aure auditum*, mit dem Ohr gehört) einzuführen. Beim Hören wird ein neuer und persönlicher *„Text zum Text über den Text"* erstellt (Engemann 1990, 788, dort kursiv). Die Produktionsregeln müssen auf die Rezeptionsbedingungen bezogen sein bzw. von diesen ausgehen.

2.2

Bei der Definition ist ferner wichtig, dass die Homiletik damit als eine interdisziplinäre *Verbundwissenschaft* angesehen wird. Die klassischen theologischen Zugänge (→ § 3) reichen nicht aus. Zwar ist die Homiletik Teil der Praktischen *Theologie*, aber diese selbst ist ja eine Verbundwissenschaft, in der nichttheologische Wissenschaften, allen voran Soziologie und Psychologie, eine wichtige

Rolle spielen. Hinzu kommen speziell für die Homiletik die Rhetorik, Liturgiewissenschaft und – was bisher nicht so deutlich gemacht wurde – die Pädagogik bzw. Religionspädagogik und -didaktik. Das in dieser Homiletik vertretene rhetorische Paradox (→ § 1.4) ist erkennbar aus dem pädagogischen Paradox abgeleitet worden, demzufolge Erziehungs- und Bildungsvorgänge den Menschen mit der Härte und Fremdheit der realen Welt konfrontieren sollen, um die Entwicklung seiner Freiheit zu fördern. Auch die gottesdienstliche Rede soll etwas zumuten, um ermutigend zu wirken. Bildungsprozesse sind immer von Mühe auf dem Weg gekennzeichnet.

2.3

Die Praktische Theologie (PrTh) definiere ich als die Hermeneutik der Mitteilung und Darstellung des Evangeliums oder als praktische Fundamentaltheologie (Meyer-Blanck 2007, 18–24). Es geht in ihr um die Bedingungen und Möglichkeiten des Glaubens, primär ausgehend von den Gestaltungs- und Bildungsvorgängen (von der „Praxis") des Evangeliums her und erst in zweiter Linie im Gefolge der überlieferten Lehrbestände. Dabei hat sich die PrTh nicht auf die kirchlich mitgeteilte Religion zu beschränken, sich aber mit dieser praktisch ins Verhältnis zu setzen, denn die Rezipienten von praktisch-theologischen Texten sind vor allem Personen, die sich für die Mitteilung des Evangeliums in der Kirche verantwortlich wissen; ihren Bedürfnissen sollte die PrTh darum entsprechen, wenngleich die Grundlagenreflexion über das Praxisinteresse hinausgehen muss (z.B. bei der philosophischen Grundlegung und der Geschichte der PrTh). Von der Ästhetik, Semiotik und Phänomenologie hat die PrTh der letzten Jahrzehnte sehr viel profitiert. Ohne Ästhetik und Semiotik wäre die heutige Homiletik in Deutschland nicht vorstellbar (→ § 15.4.5).

Auf diese ambitionierte Weise ist die PrTh (und Homiletik) Fundamentaltheologie von der Praxis her und auf die Praxis hin. Sie ist keine Theorie der Applikation („Umsetzung") von Theologie, sondern eine Theorie des Erschließens neuer theologischer Einsichten. Was gepredigt werden kann (Manuskript) und was gehört werden kann (Auredit), das entscheidet über die reale Gestalt evangelischer Lehre und Kirche. Die klassische reformatorische Ansicht, dass die Kirche aus dem Wort hervorgeht (Röm 10,14–17), dass sie *creatura verbi* ist (Meyer-Blanck 2022, 91f.), findet damit ihre empirische Entsprechung. Was die Kirche ist und was von ihr theoretisch zu halten ist, ergibt sich immer wieder neu aus dem Predigen und Hören (und aus der Realität der anderen Praxisvollzüge).

2.4

Die wichtigste Einzeldisziplin der PrTh im Hinblick auf die Homiletik ist die Liturgik (im katholischen Kontext bevorzugt man den Ausdruck Liturgiewissenschaft, aber beide Begriffe werden synonym verwendet). Der Zusammenhang von Predigt und Gottesdienst ist so elementar, dass er im nächsten Paragraphen eigens dargestellt wird (→ § 6.2).

3 Die Predigt als öffentliche Rede im liturgischen Kontext

3.1

Im Vorgriff auf das dritte Kapitel (→ §§ 17–23) ist an diese Stelle eine vorläufige Definition der Predigt selbst einzuführen. Die Ausführungen können an dieser Stelle thetisch knapp sein, da das Wichtigste zur Kategorie des „Wortes Gottes" als Metapher schon begründet wurde (→ § 3.1). So kann im Anschluss an die – wahrscheinlich etwas zu ausladende – Definition in meiner „Gottesdienstlehre" von 2011 [^{2}2020] das Folgende gesagt werden (vgl. Meyer-Blanck 2020, 426):

> *Die Predigt ist die öffentliche Rede im liturgischen Kontext, durch die sich die Nähe des liebenden Gottes in der Form menschlicher Mitteilung und Darstellung des biblischen Evangeliums erschließt. Die Predigt von Christus verweist auf das evangelische Ursprungsgeschehen, das im Hören neu zum Zeichen der Zuwendung Gottes (und damit zu Gottes Wort) wird.*

3.2

Die Beschreibungen des Predigtvorgangs als menschliche Rede und als mögliche Erfahrung des Angesprochenseins von Gott („Gottes Wort") sind keine Gegensätze, sondern komplementäre Anschauungen. Diese können weder identifiziert, voneinander abgeleitet noch in Gegensatz gebracht oder ineinander überführt werden, weil es sich um gleichermaßen treffende und grundverschiedene Beschreibungsweisen handelt. Insgesamt lässt sich festhalten: In Gottesdienst und Predigt ereignet sich die Erfahrung des ansprechbaren Gottes im Modus der menschlichen Mitteilung und Darstellung. Elementar mit Schleiermacher formuliert: „Die Hauptsache bleibt immer die Belebung des religiösen Bewußtseins, die Erbauung." (Schleiermacher 1983, 216, Hervorhebung dort)

3.3

Die Kategorie des Wortes Gottes ist als Metapher für religiöse Erfahrungen durchaus geeignet; freilich muss bei ihrer Verwendung klar sein, dass es sich um eine vom Glauben her deutende Metapher handelt, die mit der Form menschlicher Darstellung und Mitteilung einhergeht. Gerade eine in sich schlüssige *Theologie* der Predigt muss mit den „Bedingungen menschlichen Redens, Hörens und Verstehens" vermittelt werden, um nicht Gott und menschliche Kommunikation in einen Gegensatz zu bringen (Engemann 2020, 580).

3.4

Der Predigtvorgang lässt sich auch ohne die ambitionierte und durch die Geschichte der Homiletik im 20. Jahrhundert (→ § 15) aufgeladene Kategorie des „Wortes Gottes" beschreiben. Dann kann das Ziel der Predigt so definiert werden, diese habe „die biblische Überlieferung" für die Hörer auszulegen und „die Gewissheit im Christentum zu stärken und die Orientierung im Leben zu fördern" (Rössler 1994, 390). Rösslers Definition ist bewusst ohne die Sprache des Dogmas formuliert, um „die verschiedenen religiösen Predigtvorstellungen" verständlich machen zu können (ebd.). Das ist gewiss zutreffend und die Rede von der „Gewissheit im Christentum" ist human- und kulturwissenschaftlich besonders anschlussfähig. Trotzdem bevorzuge ich es, in meiner Definition auch vom „liebenden Gott", vom „Evangelium" und vom „Wort Gottes" zu sprechen, weil so die Spannungen im Predigtverständnis deutlicher zu Tage treten. Die Predigt ist eine öffentliche Rede im Kontext einer religiösen Veranstaltung; aber die Predigt wird gleichwohl in der Erwartung und Hoffnung gehalten und gehört, dass es durch sie zur Gotteserfahrung, zur Konfrontation mit dem Evangelium kommen kann. Eine rein phänomenologische Beschreibung mag für den Dialog mit den Kulturwissenschaften besser geeignet sein. Für die Selbstverständigung über die Predigt in Theologie und Kirche halte ich jedoch eine mehrperspektivische Beschreibung für angemessener, weil dadurch deutlicher wird, dass Predigt und Homiletik als Gegenstände interdisziplinärer Wissenschaft anzusehen sind. Außerdem wird auf diese Weise unterstrichen, dass in der Homiletik neben den prinzipiellen und den formalen die materialen Fragen eine wichtige Rolle spielen sollen (→ §§ 23–33).

Zupackender und direkter, als das in der deutschen theologischen Tradition üblich ist, definiert David Buttrick:

> What is preaching? Christian preaching tells a story and names a name. If narrative consciousness confers identity, then preaching transforms identity [...]

> by rewriting our stories into a God-with-us-story [...]. What preaching may do is to build in consciousness a new ‚faith-world' in which we may live and love! (Buttrick 2020, 16f.)

4 Sozial- und Kulturwissenschaften in der Homiletik

4.1

Bei der Predigtvorbereitung (→ § 40) ist die Analyse der Gottesdienstgemeinde ein wichtiger Schritt. Wer predigen will, hat für die Erhebung der anthropogenen (psychologischen) und soziokulturellen Bedingungen der Predigt drei Quellen zur Verfügung: *erstens* die persönlichen Gespräche, Begegnungen und Beobachtungen in der Gemeinde, *zweitens* Zeitung, Internet und Unterhaltungsmedien (wie die „sozialen Netzwerke" und Streaming-Dienste) und *drittens* wissenschaftliche Studien über die großen Trends in Sachen Lebensstil und Lebenssinn.

Dabei ist der *erste* Zugang immer wieder der wichtigste, da die Predigt idealtypisch als die Fortsetzung des Gespräches in anderer Form angesehen werden kann; dieser Zugang ersetzt andererseits nicht die beiden anderen. So lässt sich auf Instagram gut beobachten, welche Art von Ansprache gegenwärtig ankommt – nicht nur bei jüngeren Menschen. Die drei Analyseverfahren sind auch deswegen wichtig, weil sich ihr Nutzen nicht auf die Predigt beschränkt. Beim Unterricht als tatsächlichem Gespräch liegt das auf der Hand. Es handelt sich einfach um Formen, in denen man mit den Menschen lebt und sich speziell auf sie zu beziehen sucht. Die reale Wahrnehmung wird durch Medien und Studien nicht ersetzt, aber diese helfen beim genaueren Hinsehen auf das eigene Arbeitsfeld.

4.2

Die eigentlichen empirischen Studien zu real gehaltenen Predigten sind in der Homiletik immer noch Mangelware. Eine große kombinierte Befragung zum Verhältnis von Predigen und Hören fand bereits in den 1970er Jahren statt (Daiber u.a. 1980). Die Hauptuntersuchung wurde im Herbst 1976 durchgeführt, etwa 200 Predigten und Predigerfragebögen von 93 Pastoren sowie 6000 Antwortbögen von Gemeindegliedern konnten ausgewertet werden. Ein inhaltliches Interesse war die damals viel diskutierte Sprechakttheorie (→ § 35.4). Das Predigtverständnis der Hörer war an erster Stelle durch das Prinzip „Trost und Hilfe für das Leben", an zweiter Stelle durch „Möglichkeiten, was Christen heute tun können" gekennzeichnet; an neunter und letzter Stelle landete die Ansicht, in der Predigt hätten „auch politische Fragestellungen ihren Ort" (Daiber u.a.

1980, 29). Die Hörer verstanden die Predigt primär als Hilfe zu individueller Glaubens- und Lebenshilfe (40). Die Predigtanalysen durch Experten ergaben, dass die Lehrpredigt dominierte, das heißt, „auch ein Trosttext wird als Lehre über den Trost gepredigt." (31) Gleichwohl sind die abgedruckten Predigten sehr eindrücklich, nicht nur im Hinblick auf den erzählenden Predigtstil vor einem halben Jahrhundert; man lese etwa die erste Predigt über 1 Mose 4,1–16 (von insgesamt elf Predigten, 54–57).

4.3

Eine sehr spezielle Methodik zur Erhebung der Hörerreaktionen wendet Sieghard Galls Rezeptionsstudie an (Gall 2011). Hier wurden die Reaktionen auf die Predigt nicht mit einem Nachgespräch oder einem Fragebogen erhoben, sondern elektronisch mit einem Daumen-Schieberegler, den jede zuhörende Testperson während der Predigt auf einem Reaktionsgebergerät betätigte. Damit konnte die eigene Aufmerksamkeit zeitlich und graduell individuell angegeben werden. Die gegenseitige Beeinflussung ließ sich so minimieren. Die Zuhörenden sollten sich ganz auf die Predigt konzentrieren und bei Veränderungen der Aufmerksamkeit mit dem Regler reagieren. Eine mit dem Daumen leicht spürbare Rasterung markierte die Mittelstellung, so dass man nicht auf das Gerät sehen musste. (Das Verfahren war zuvor bei der Beurteilung von Unterrichtsfilmen eingesetzt worden.)

Drei wichtige Ergebnisse wurden ermittelt: Predigten werden *erstens* sehr unterschiedlich aufgenommen, die Rezeption unterliegt einer starken Streuung; *zweitens* wird der Eindruck von einer Predigt bereits in den ersten Minuten bestimmt (Gall 2011, 169–173). Das entspricht durchaus dem pastoralen Erfahrungswissen. In den ersten Minuten einer Rede muss man sich als sympathisch, kompetent in der Sache und gut vorbereitet erweisen. Als Prediger:in spürt man sehr schnell, ob die Kommunikation heute funktioniert oder nicht. *Drittens* ergab sich, dass sich evangelische und katholische Hörer kaum in der Predigtrezeption unterscheiden (176f.).

4.4

Eine oft zu wenig berücksichtigte Voraussetzung bei den Zuhörenden sind die entwicklungspsychologischen Gegebenheiten. Die meisten Predigten werden verfasst und gehalten, als richteten sie sich durchweg an erwachsene und theologisch gebildete Menschen, was aber nicht der Fall ist. Diese Fragestellung wird später eigens thematisiert (→ § 20.3; → § 25.3).

5 Rhetorik

5.1

Die Predigt ist eine Rede an ein Publikum. Von daher ist die sich mit ihr befassende Wissenschaft, die Homiletik, gut beraten, wenn sie sich der Problematisierungen und Einsichten der zünftigen Rhetorik bedient. Eine Predigt ohne rhetorische Wirkungen gibt es nicht. Das bedeutet: Rhetorik ist keine materiale, sondern eine Reflexionsperspektive. Jede Predigt hat eine rhetorische Qualität – es fragt sich nur, welche.

5.2

Friedrich Schleiermacher unterscheidet im Hinblick auf die Gemeindepraxis das *wirksame* Handeln, etwa in Unterricht und Seelsorge, vom Gottesdienst als dem *darstellenden* Handeln (Meyer-Blanck 2020, 26–28). Es geht liturgisch darum, das in der Versammlung vorhandene religiöse Bewusstsein wahrzunehmen, aufzunehmen und anzuregen, so dass es zu einer lebendigen „Circulation" religiöser Erfahrung kommt (Schleiermacher 1983, 49f. 65). Der Gottesdienst soll also nicht bessern, belehren oder bekehren. Die „Darstellung" als Prinzip ist der Kunst entlehnt: Ihr Ziel ist das Wohlgefallen an der Darstellung und nicht die daraus folgende Handlung. Kunst und Darstellung genügen sich selbst. Das ist der kräftigste Einspruch gegen das Lehrhafte und Ethische des evangelischen Gottesdienstverständnisses, wie es sich in Reformation und Orthodoxie, Aufklärung und Pietismus herausgebildet hatte. Der Gottesdienst ist für Schleiermacher Kunst, nicht Lehren und Lernen.

Und doch gibt es eine wesentliche Ausnahme. Die Predigt, das Herzstück des evangelischen Gottesdienstes, widerspricht diesem Grundsatz: Anders als bei der Kunst soll durch die Predigt „eine „gewisse Wirkung hervorgebracht werden". Wenn bei einer Predigt „nur Wohlgefallen an der Darstellung bewirkt wird, so ist der Zwekk verfehlt: wir verlangen eine Wirkung auf das Gemüth" (Schleiermacher 1983, 37). Die Predigt ist also nach Schleiermacher ein integraler Bestandteil des Gottesdienstes – und zugleich die Unterbrechung des darstellenden durch das wirksame Handeln. Die Predigt ist die rhetorische Unterbrechung des Ritus im Kontext des Ritus.

Fast identisch urteilt Schleiermachers Schüler Alexander Schweizer, der Zürcher Professor und Pfarrer (1808–1888) im Jahre 1848, dass der „Cultus" Erbauung, die Beredsamkeit dagegen „Ueberredung, oder, da das deutsche Wort einen übeln Nebenbegriff hat, Bestimmung des Willens hervorbringen solle"

(Schweizer 1848, 159). Schweizer rekurriert auf den Ausdruck „Erbauung" und meint damit „nachhaltige Wirkungen", die in das Leben der Gläubigen eingehen (160).

5.3

Die Rhetorik hat in der Homiletik eine wechselvolle Geschichte hinter sich. Seit Kants grundsätzlicher Kritik an ihr steht sie im Verdacht, lediglich Instrumente zur Verfügung zu stellen, um Menschen dazu zu bringen, etwas zu denken, zu empfinden oder zu tun, was ihnen bei ungestörtem ruhigem Nachdenken nicht in den Sinn gekommen wäre. Dieses „instrumentell" genannte Verständnis von Rhetorik hat dazu geführt, dass man sie aus der Homiletik ganz ausschließen zu können meinte und sich allein auf das „Nachsprechen" des biblischen Textes konzentrieren wollte. Vor einem halben Jahrhundert stand die Rhetorik in der Theologie vor dem Generalverdacht der Manipulation. Dabei wurde deutlich, dass der Grundsatz „gar keine Rhetorik" auf eine schlechte, hörerferne Rhetorik hinausläuft. Wer sich nicht darauf konzentriert, die Zuhörenden gedanklich zu bereichern (*docere*), sie emotional zu berühren (*delectare*) und sie zum Handeln zu ermutigen (*movere*), muss sich nicht wundern, über ihre Köpfe hinwegzureden. Diese drei Zielbestimmungen, die sich auch mit der kognitiven, emotionalen und pragmatischen Lernzieldimensionierung parallelisieren lassen, wurden schon von Cicero und im Anschluss an ihn von Augustinus (354–430) rezipiert und haben bis heute ihre Funktion behalten.

Seit Ende der 1970er Jahre ist die Rhetorik in der Homiletik allmählich rehabilitiert worden. Es wurde immer klarer, dass die Formfrage eine Inhaltsfrage ist. Wer dialogisch predigt, versteht das Evangelium anders, als das bei einer lehrhaften Drei-Punkte-Predigt oder einer prophetischen Mahnrede der Fall ist; eine erzählende Predigt sucht anders auf die Gemeinde zu wirken als eine den Wortlaut erklärende „Homilie". Nachdem Gert Otto (1927–2005) die „Homiletik als Rhetorik" neu begründet hatte (Otto 1976, 22), stellte sein Schüler Albrecht Grözinger fest, dass in der ästhetischen Erfahrung „die Inhaltsfrage als Formfrage präsent" ist (Grözinger 1991, 124, dort kursiviert). Damit ist, was die fundamentale Theorie angeht, der gegenwärtige Diskussionsstand erreicht. In der Gegenwart ist es Konsens, dass die Predigt *erstens* ein rhetorisches Kunstwerk ist, dass sie *zweitens* eine zielbestimmte Rede ist, über deren Absichten der Redner Klarheit gewinnen und Auskunft geben muss und *drittens*, dass Rhetorik nichts mit Manipulation zu tun haben, sondern im Dienst der evangelischen Freiheit stehen soll. Die Predigt soll den Weg ins Offene zeigen und nicht auf dogmatische Festlegungen und ethische Appelle enggeführt werden.

Diese Einschätzung des Gespräches zwischen Homiletik und Rhetorik hat für das vorliegende Buch die Konsequenz, dass die Rhetorik nicht als ein spezielles homiletisches Thema zu behandeln ist, sondern als durchgängige Reflexionsperspektive. Was das für die Homiletik als interdisziplinäre Verbundwissenschaft genauer bedeutet, wird im nächsten, die Prolegomena abschließenden Paragraphen ausgeführt.

5.4

Auf jeden Fall ist die Wirkung der Predigt von der persönlichen Wirkung der predigenden Person zu unterscheiden, wenn auch nicht zu trennen. Die Gemeinde soll nicht nur vom Prediger bewegt sein, sondern von der vorgetragenen Sache: „If a congregation leaves a church filled with admiration for a preacher's rhetorical skills, then a sermon has failed *utterly*. We do not preach to be liked, admired, or applauded." (Buttrick 2020, 167, dort kursiv) Etwas kühler, aber präzise hatte das schon Alexander Schweizers Homiletik festgestellt: „Das wahre Hervortreten der Person des Predigers ist […] immer ihr Zurücktreten und Aufgehen in die Sache, so dass man über der Predigt den Prediger vergisst" (Schweizer 1848,173 = § 95.3). Der gute Redner soll die Kunstfertigkeit verbergen: „artem dissimulet orator" (174). Auf die predigende Person ist gegen Ende dieses Buches zurückzukommen (→ § 37).

6 Pädagogik und Didaktik

6.1

Die evangelische Predigt hat eine deutliche Tendenz zur Lehrrede. Das ist einerseits ihre Stärke, die ihre Wurzeln in der Reformation hat. Aus der Rechtfertigungslehre ergab sich die Unterscheidung zwischen dem (rechtfertigenden) Handeln Gottes und dem antwortenden und verantwortlichen Handeln des Menschen, wie sie in der evangelischen Theologie als die „Unterscheidung von Gesetz und Evangelium" verhandelt wird. Diese Unterscheidung ist eine Anleitung zum genauen Hinsehen. Sie kann nicht vorab, sondern nur situativ getroffen werden. Auf dieser Tatsache dürfte es beruhen, dass sich die evangelische Predigt vor allem dem Prinzip der feinen und sorgfältigen Distinktion verpflichtet weiß. Diese im 17. und 18. Jahrhundert noch konsolidierte intellektuelle Predigtweise hat sich in verschiedenen Ausprägungen bis in die Gegenwart gehalten. Dem entspricht aber auch ein Mangel an Wärme und Emotionalität sowie eine latente Skepsis gegenüber der schönen und der kunstvollen Rede. Damit ist das Konzept der Lehrrede zugleich die Schwäche der evangelischen Predigt.

6.2

Das ist schon oft so empfunden worden. Die Predigt „soll kein Lehren sein", stellte Schleiermacher in seiner Praktischen Theologie fest (Schleiermacher 1983, 58); ja, die lehrhafte Ansicht sei die „Quelle aller Irrungen", nämlich der Meinung, „dass die christliche Kirche eine Lehranstalt sei" (59). Damit ist gegen die Ausschließlichkeit des Lehrprinzips Position bezogen, nicht aber gegen dieses überhaupt. Die Praxis der Kirche kann man auf Jesu Feiern, Lehren und Helfen zurückführen (Grethlein 2016, 257–330). Somit ist die Lehre eine Dimension christlicher Praxis und auch eine bleibend wichtige Dimension des Predigens, was auch die Rhetorik mit ihrer Trias von *docere, delectare, movere* unterstreicht.

Vor allem aber kommt es darauf an, dass das Lehren nicht im Sinne der autoritären Belehrung mit dem eindeutig Richtigen verstanden wird, sondern als Hilfe zur eigenen Orientierung. Es geht bei der pädagogischen Dimension nicht um die Lehre, die die Predigenden anderen verabreichen, sondern um die Bemühung, gemeinsam in die heilsam unterscheidende Lehre hineinzukommen. Die Lehre in diesem Sinne ist wie die Rhetorik ein Hinweis für den Weg ins Offene. Evangelische Lehre soll die Optionen erweitern, nicht verringern.

6.3

Didaktik ist die Kunst, die Kommunikation über einen Inhalt so an den Rezipienten auszurichten, dass diese einen eigenen Weg zu diesem Inhalt finden können. Ist die Pädagogik die umfassende Theorie lernender Veränderung, so ist die Didaktik die Theorie des Lernzuwachses aufgrund von gezielten Lernprozessen. Einfacher formuliert: Die Pädagogik ist Lerntheorie, die Didaktik Unterrichtstheorie. Die Didaktik ist auf die Predigt nur mittelbar zu beziehen, da deren Ziel kein unterrichtliches ist. Man lernt auch bei der Predigt etwas, aber das ist zumeist ein Nebeneffekt. Was das Verhältnis von Redner, Sache und Hörern angeht, kann man vieles aus der Religionsdidaktik und Allgemeinen Didaktik ableiten bzw. entnehmen.

Zusammenfassung

Die Homiletik ist wie die Praktische Theologie insgesamt eine Verbundwissenschaft. Sie ist auf die anderen theologischen Disziplinen ebenso angewiesen wie auf die Psychologie und Soziologie als Zugänge zu den anthropogenen und soziokulturellen Voraussetzungen beim Hören der Predigt.

Seit den homiletischen Entwürfen des 19. Jahrhunderts (besonders denen von Friedrich Schleiermacher und Alexander Schweizer) wird die Predigt als

Rede im Kontext des Gottesdienstes verstanden, so dass die Liturgik eine hervorzuhebende Bezugswissenschaft der Homiletik darstellt. Diese ist ebenso eine in der Homiletik heranzuziehende Disziplin wie die Rhetorik. Die Frage, ob sich die Predigt an der Rhetorik ausrichten soll, ist falsch gestellt. Es ist lediglich zu entscheiden, wie die Rhetorik rezipiert werden soll. Analoges gilt für die Pädagogik bzw. Didaktik, da das Hören (und das Halten) einer Predigt immer einen Lernprozess darstellt. Die damit genannten Theorien sind beim Entwerfen eines homiletischen Lehrbuchs in transparenter und hermeneutisch reflektierter Weise zu berücksichtigen. Schließlich ist daran zu denken, dass die Predigt in der Hoffnung auf eine mögliche religiöse Erfahrung vorbereitet und gehört wird. Diese Erwartung wird immer noch sinnvoll mit der Metapher „Wort Gottes" zum Ausdruck gebracht.

§ 6 Bedingungen und Entscheidungen: Homiletische Matrix

Literatur: Ernst Christian Achelis: Lehrbuch der Praktischen Theologie, 2. Band, Leipzig ^{3}1911 · Karl Barth: Homiletik. Wesen und Vorbereitung der Predigt, Zürich ^{3}1986 [1966; 1932/33] · David Buttrick: Homiletic. Moves and Structures, Philadelphia 2020 [1985] · Ruth Conrad: Homiletik, Stuttgart 2025 (Kompendien Praktische Theologie 7) · Hans Werner Dannowski: Kompendium der Predigtlehre, Gütersloh 1985 · Wilfried Engemann: Semiotische Homiletik. Prämissen – Analysen – Konsequenzen, Tübingen 1993 · Hartmut Genest: Karl Barth und die Predigt. Darstellung und Deutung von Predigtwerk und Predigtlehre Karl Barths, Neukirchen-Vluyn 1995 · Wilhelm Gräb: Predigtlehre. Über religiöse Rede; Göttingen 2013 · Michael Meyer-Blanck: Vom Symbol zum Zeichen. Symboldidaktik und Semiotik. Rheinbach ^{2}2002 [1995] · Michael Meyer-Blanck: Was ist „homiletische Rhetorik"?, in: ders. (Hg.), Handbuch Homiletische Rhetorik (Handbücher Rhetorik 11), Berlin / Boston 2021, 3–28 · Hans Martin Müller: Homiletik. Eine evangelische Predigtlehre, Berlin / New York 1995 · Alexander Schweizer: Homiletik der Evangelisch-Protestantischen Kirche systematisch dargestellt, Leipzig 1848 · Franz Theremin: Die Beredsamkeit eine Tugend, oder Grundlinien einer systematischen Rhetorik, Berlin ^{2}1837 · Eduard Thurneysen: Predigt als Zeugnis von Gott, in: Predigt. Texte zum Verständnis und zur Praxis der Predigt in der Neuzeit, hg. von Friedrich Wintzer (ThB 80), München 1989, 117–121

Bei der Vorbereitung und Reflexion von professionellem sozialem Handeln (Reden, Unterrichten, Gespräche führen u.a.) sind jeweils die Bedingungen des eigenen Handelns wahrzunehmen und die daraus folgenden

Entscheidungen abzuwägen und zu begründen. Alles professionelle pfarramtliche Handeln vollzieht sich in solcher Analyse von Bedingungen und Begründung von Entscheidungen. Eine wissenschaftliche Theorie soll Hilfestellung dabei geben, indem sie diese beiden Dimensionen erkennbar werden lässt.

Am Schluss der Prolegomena soll das Ergebnis der bisherigen Überlegungen festgestellt und in eine Gliederung des Buches überführt werden. Damit soll gewährleistet werden, dass die einleitenden Prinzipien auch in der Durchführung berücksichtigt werden, so dass die Prolegomena nicht nur Vorbemerkungen darstellen, sondern die Weichen für das Ganze stellen und für die Einzelfragen von Bedeutung sind.

Die Paragraphen 3–5 haben gezeigt, dass eine Theorie des Predigens sowohl theologische als auch humanwissenschaftliche bzw. kulturwissenschaftliche Zugänge benötigt, wenn die Homiletik im wissenschaftlichen Gespräch auch über die Theologie hinaus Beachtung finden möchte. Für die Homiletik sind vor allem drei wissenschaftliche Annäherungen maßgeblich. Das Zusammenspiel der verschiedenen Theorietradtionen soll hier noch einmal kurz zusammengefasst und dann in eine Matrix mit neun Feldern überführt werden. Dieser Matrix (s.u. 4.4) liegt neben dem in den §§ 1–5 Dargestellten die Unterscheidung von wahrzunehmenden Bedingungen und zu treffenden Entscheidungen zugrunde. Diese Unterscheidung ist aus der Unterrichtsplanung vertraut, denn Wahrnehmen und Entscheiden sind die Hauptmomente pädagogischer Professionalität. Beide Tätigkeiten sind jedoch nicht trennscharf, da jede Wahrnehmung von Bedingungen immer zugleich Prioritätensetzungen (Entscheidungen) zur Folge hat und da jede getroffene Entscheidung zugleich die eigene Wahrnehmung verändert („ach, hätte ich das bloß anders gemacht – das musste ja schiefgehen ...“).

1 Fundamentaltheologie, Hermeneutik und Rezeptionsästhetik (Semiotik)

An erster Stelle seien noch einmal die drei hermeneutischen Zugriffe auf die Predigtwirklichkeit genannt. Wie in der Praktischen Theologie überhaupt dienen diese Zugänge primär der Erhebung der Bedingungen der Mitteilung und Darstellung des Evangeliums. Es handelt sich in der Matrix bei den prinzipiellen Aspekten primär um *Bedingungsfelder*. Hinzu kommen die *Entscheidungsfelder* der materialen und der formalen Homiletik. Die Analyse der herrschenden Bedingungen ermöglicht die materialen und formalen Entscheidungen im Hinblick auf die jeweiligen Ziele und Inhalte.

1.1

Dass die Predigtlehre nicht nur eine Applikationstheorie mit Erfahrungsregeln für eine wirkungsvolle Kanzelrede ist, ist inzwischen allgemein anerkannt. Wie die gesamte Praktische Theologie ist die Homiletik eine Form von Grundlagenforschung, eine hermeneutische Theorie, die vom gepredigten Inhalt her die glaubende Stimmung und die religiöse „Großwetterlage" (so Ernst Lange, → § 4.3.3) zu erfassen sucht. Die Homiletik ist *Hermeneutik* christlicher Praxis, Verstehenslehre der Mitteilung und Darstellung des Evangeliums. Das ist mit dem Ausdruck der *praktischen Fundamentaltheologie* (→ § 5.2.3) gemeint: Homiletik ist eine Theorie der Bedingungen und Möglichkeiten, heute von Gott reden zu können. Die Predigt beschäftigt sich mit dem Grundsätzlichen, denn dieses – nicht das Modische– ist das Aktuelle (Conrad 2025, 131).

Was nicht gepredigt werden kann, kann auch nur schwerlich zum Lehrbestand der Kirche gehören; was gepredigt wird, ist der faktische Bestand evangelischer Lehre (Röm 10,17). Entscheidend ist dabei, ob die Predigtinhalte zur Christuserfahrung („Wort Gottes") führen können und wie das geschieht, also ob Christus aufgrund des Hörens als Erlöser, als Vorbild oder als inneres Gefühl gedeutet wird (Conrad 2025, 35). Gepredigt werden nicht Texte, sondern Christus anhand von Texten. Der Wortlaut des Textes ist der Gegenstand, nicht der Inhalt der Predigt und der Christusglaube verdichtet die „Würde des Glücklichen wie des Zerbrechlichen" (Conrad 2025, 129).

1.2

Ein wesentlicher Aspekt der ersten fünf Paragraphen dieses Buches war die Einsicht, dass die Rezipierenden (die Hörer) einen konstitutiven Anteil an dem aufgenommenen Inhalt der Botschaft haben. Inhalte werden beim Predigen nicht einfach – nach dem Denkmodell der möglichst störungsfreien Übermittlung vom Sender zum Empfänger – weitergegeben, sondern sie werden vom Hörer eigenständig und neu rekonstruiert. Jede:r Anwesende macht einen neuen Text, ein Auredit zum Manuskript, das anhand des biblischen Textes verfasst wurde (→ § 5.2.1). Die entsprechenden Theorien, die dementsprechend in den letzten Jahrzehnten maßgeblich geworden sind, sind *Rezeptionsästhetik und Semiotik.*

Die Predigt setzt *Zeichen*, die auf die evangelische Ursprungsgeschichte, das Leben Jesu und der ersten Christen im Kontext Israels, zurückverweisen und auf neuen Glauben vorausverweisen. Zum semiotischen Verständnis des Zeichens gehört die produktive neue Lektüre („Interpretant") ebenso wie die Rekonstruktion des Geschehenen („Objekt"). Das „Zeichen" ist semiotisch die

Einheit der dreistelligen Relation von „Zeichengestalt", „Objekt" und „Interpretant". Damit ist die Semiotik eine rezeptionsästhetische Theorie, die auf das Zusammenspiel von Text, Geschichte und gegenwärtiger Interpretation abhebt. Es gibt kein Zeichen ohne Interpretation; erst mit dieser gewinnt das Zeichen als Zeichen seine dreifache Gestalt (Meyer-Blanck 2002, 61–70; Engemann 1993, 44).

2 Liturgiewissenschaft

2.1

Seit Schleiermachers Praktischer Theologie hat sich in der evangelischen Theologie die Einsicht durchgesetzt, dass die Predigt in ihrem liturgischen („kultischen") Kontext verstanden werden muss. Sie ist die Unterbrechung des rituellen Handelns durch das rhetorische Handeln, eine Unterbrechung der Liturgie im Kontext der Liturgie. Das Beten und Feiern macht sich in der Kanzelrede selbst zum Thema und erwägt die eigenen Bedingungen und Möglichkeiten. Die Predigt ist eine Art von diskursiver Brechung der Liturgie; durch die Predigt tritt die Liturgie aus sich selbst heraus und wird in ihre selbstreflexive Form überführt.

Dieser selbstreflexive Umgang mit Liturgie und Predigt markiert allerdings einen hohen kognitiven Anspruch, der im Vollsinn erst bei jungen Erwachsenen vorausgesetzt werden kann. Entwicklungspsychologische Studien zeigen dagegen, dass Kinder und Konfirmand:innen viele Aussagen (etwa in Gleichnissen) wörtlich, als einmalige Geschehnisse verstehen. Die selbstreflexive Stufe rituellen Lernens kann also vielfach nicht vorausgesetzt werden und ist eigens zu fördern. Darauf ist in der materialen Homiletik genauer einzugehen (→ § 25).

2.2

Liturgiewissenschaft und Homiletik sind in der evangelischen Praktischen Theologie herkömmlicherweise eher getrennte Bemühungen um den Gottesdienst gewesen. Die Liturgik war lange Zeit die Domäne vorwiegend historisch arbeitender Spezialisten, die Homiletik war als Leitdisziplin der Praktischen Theologie zugleich die Brücke zur übrigen Theologie, insbesondere zur Systematik und Dogmatik. Für Karl Barth (1888–1968) hatte die prinzipielle Homiletik die Funktion der Prolegomena zur Dogmatik. In seiner Göttinger Vorlesung

„Unterricht in der christlichen Religion" 1924 formulierte er als Voraussetzung: „die christliche Predigt ist Gottes Wort in der Gegenwart, für die Gegenwart, wie die heilige Schrift Gottes Wort in der Zeit ist und die Offenbarung Gottes ewiges Wort." (Genest 1995, 133)

Die Predigt galt Barth – ohne Reflexion auf die Liturgie – als das Eigentliche, durch das die Wahrheit verlautet: „Hinter dem Text der Bibel steht die dem Menschen absolut unbekannte Wahrheit; sie will sich eröffnen, sie soll durch den Ruf der Kirche die absolut bekannte Wahrheit werden", heißt es in der Homiletik, die auf das Bonner Homiletische Seminar von 1932/33 zurückgeht. (Barth 1966, 85) In einem Brief aus Göttingen 1921 kritisierte Barth den lutherischen Gottesdienst, weil dort die Predigt durch die Liturgie an Durchschlagskraft verliere. Eine Predigt, die in liturgische und damit ästhetische Akte eingebettet sei, könne nicht die „Rasanz haben, die wir von einer ehrlichen Predigt erwarten. Sie ist eben selber ein Stück Liturgie" (Genest 1995, 216). Es ist klar, dass dies von Barth grundsätzlich kritisch gemeint ist. Es wird zu überlegen sein, welche Rolle die Homiletik der Liturgie und Liturgik zumisst. Die Tabelle macht deutlich, dass mit dem Rekurs auf die Liturgie sowohl Bedingungen als auch Entscheidungen verbunden sind.

2.3

In jüngster Zeit hat nur der Berliner Praktische Theologe Wilhelm Gräb (1948–2023) den Bezug auf die Liturgie für einen homiletischen Irrweg gehalten, weil damit der traditionsverhaftete, konservative Zug der Liturgie auf die Predigt übergreife. In der Einleitung seiner Predigtlehre heißt es, wer die Predigt als Element der kirchlichen Liturgie thematisiere, habe sich von ihrem „Anspruch, öffentliche religiöse Rede zu sein, mehr oder weniger verabschiedet." (Gräb 2014, 8) Dieser Anspruch ist in der Tat essenziell. Aber das ist kein Grund für die Ignoranz der Liturgie, die die Hörer:innen ja auf jeden Fall miterleben. Welchen sachlichen Stellenwert man der Liturgie für die Predigt auch immer geben möchte – als Reflexionsperspektive sind Liturgie und Liturgik jedenfalls unverzichtbar. Dass die Predigt (abgesehen von der Missionspredigt außerhalb der Kirchenmauern) unter dem Einfluss von Gesang und Gebet steht, kann ebenso wenig bestritten werden wie ihr Charakter als Rede. Die Liturgik ist gewiss keine hinreichende, wohl aber eine notwendige Bedingung des Predigens.

3 Rhetorik und Pädagogik

3.1

Analoges gilt für die Rhetorik: Die Predigt hat einen Zuwachs an Realitätssinn, wenn sie sich der Tatsache stellt, im Kontext der öffentlichen Rede von Politikern und Unterhaltungskünstlern zu stehen. Dass die Homiletik und jede einzelne Predigt rhetorisch reflektiert sein muss, ist Konsens in der evangelischen Homiletik. Die „Warnung vor Beredsamkeit" aus der Homiletik der Wort-Gottes-Theologie (Thurneysen 1989 [1921], 117) liegt inzwischen in weiter Ferne. Man kann heute von einer *rhetorischen Homiletik* sprechen. Es ist aber darüber hinaus auch ein Einfluss der Homiletik auf die Rhetorik anzunehmen, so dass es zu einer *homiletischen Rhetorik* kommt. Diese These umschreibt allerdings eine noch eher ungewohnte Sichtweise (Meyer-Blanck 2021).

3.2

Die Rhetorik als *Bedingung* ist überall da gefragt, wo es um das Reden zu einem Publikum geht. Die Rhetorik im Sinne von zu treffenden *Entscheidungen* ist beim Predigen ebenfalls unumgänglich, weil man bei jedem Redevorgang rhetorischen Gesetzen folgt – egal, ob man das weiß und merkt oder nicht. Was die öffentliche Performanz angeht, folgen die meisten Prediger:innen zunächst imitatorisch den Strategien von Kanzelreden, die sie selbst während der gemeindlichen und beruflichen Sozialisation erlebt haben. Durch die Beschäftigung mit der Rhetorik als Theorie wird die eigene Redepraxis zunächst eine bewusstere und dann auch eine veränderbare.

3.3

Im letzten Paragraphen kam kurz die wechselvolle Geschichte der Rhetorik in der Predigtlehre zur Sprache (→ § 5.5). Dabei wurde vor allem das Vorurteil zurückgewiesen, der Rückgriff auf rhetorische Prinzipien bedeute notwendig ein instrumentelles Verständnis im Sinne der (unmerklichen) Beeinflussung der Zuhörer. Dieses Missverständnis wurde u.a. mit dem Rekurs auf Pädagogik und Didaktik zurückgewiesen. Das Ziel der Rhetorik (und der Predigt) kann es niemals sein, andere ihrer Freiheit zu berauben und sie auf einen Weg zu bringen, der nicht der Ihrige ist. Es ist vielmehr festzuhalten, dass die Rhetorik eng mit der Pädagogik zusammenhängt. In der uns geläufigen Fassung ist die Rhetorik wie die Pädagogik ein Erzeugnis der Aufklärung und darum am Freiheitszuwachs der Adressaten orientiert. Wenn die Rede (und damit die Predigt) ihren Zweck erreichen will, dann ist sie eine Kunst im Dienst des zunehmenden Gebrauches der eigenen Freiheit.

So formulierte es der Berliner Hof- und Domprediger Franz Theremin (1780–1846), der wie Schleiermacher der Romantik nahestand, im Sinne dessen, was ich das „rhetorische Paradox“ nenne (→ § 1.4):

> So respektiert der Redner nicht nur die Freiheit des Zuhörers, sondern, indem er ihn ganz zu überwältigen und niederzudrücken scheint, hat er ihn durch Belebung seiner Ideen, zum höchsten Grad des Bewusstseins und der Selbstständigkeit erhoben.“ (Theremin 1837, 30, Schreibweise modernisiert)

Die Rhetorik in diesem Sinne ist also kein Instrument der Überredung, sondern ein Medium der Freiheit. Rhetorisch handeln bedeutet, die Entscheidungsfreiheit des Einzelnen nicht nur zu akzeptieren, sondern seine Optionen zu vermehren. Pädagogik ist immer die Begleitung des anderen auf dem Weg, den dieser selbst zu gehen hat, aber nicht allein. Der pädagogische Begleiter zeigt verschiedene Möglichkeiten auf, die der *educandus* bewerten und probieren soll. Damit ist die recht verstandene Rhetorik eine Spielart subjektorientierter Pädagogik. Das gilt auch für die Predigt, die auf dem Weg der Glaubensfreiheit (1 Kor 9,1–23; Gal 5,1. 13) begleiten soll. Sie ist ein freier Impuls für freie Menschen.

4 Einteilung der Homiletik: Prinzipielle, materiale, formale Fragestellungen

4.1

Die Einteilung geht auf den Schleiermacherschüler, Zürcher Pfarrer und dortigen Professor für Praktische Theologie Alexander Schweizer (1808–1888) zurück. Schweizer veröffentlichte 1848 seine folgenreiche Homiletik, in der er zunächst den enzyklopädischen Charakter der Praktischen Theologie skizziert (Schweizer 1848, 1–17). Bei der Unterscheidung von praktischer und theoretischer Theologie legt er Wert drauf, dass beide aufeinander angewiesen sind; die theoretische höre auf, Theologie zu sein, „sobald sie auch nicht mehr mittelbar, nämlich durch die praktische, mit der Leitung der Kirche zusammenhängt.“ (Schweizer 1848, 7) Wie Schleiermacher unterscheidet Schweizer Kirchenregiment und Kirchendienst und leitet die Homiletik mit einer Theorie des „Cultus“ ein (Schweizer 1848, 40–101), indem er zunächst den Gottesdienst allgemein, dann den christlichen und schließlich den „evangelisch-protestantischen Cultus“ abhandelt. Das Hauptverdienst der Reformation ist es nach

Schweizer, dass sie die Predigt und damit „die freie Subjectivität, den in der Person ausgeprägten Glauben" hervorgehoben habe: „Da nun dieses gläubige Ergriffensein des Subjectes sich nur in der freien Rede vollständig ausdrücken kann: so muss die Predigt im Cultus Hauptsache werden, das Liturgische aber zurücktreten" (79; § 48).

In § 62 (112–114) bemängelt Schweizer, viele Homiletiken hätten fast nur die Form gelehrt und darum die Homiletik analog mit der Rhetorik gegliedert, während der Predigtinhalt nur „allzu dürftig" im Abschnitt über die Invention behandelt worden sei. Aber auch diese Einteilung nach Stoff und Form reiche nicht aus. Darum habe man in den besten Lehrbüchern prinzipielle Erörterungen vorangestellt, die mehr seien als eine bloße Einleitung. Aus diesen Beobachtungen ergibt sich die Dreiteilung. In Schweizers Durchführung umfasst der prinzipielle Teil 65, der materiale knapp 100 und der formale 125 Seiten. Prinzipiell leitet Schweizer die Predigt aus dem liturgischen Kontext ab: Sie ist von der Missionspredigt grundsätzlich verschieden, so dass die Bezeichnungen „Halieutik" oder „Keryktik" homiletisch in die Irre führen (120; § 65).

4.2

Schweizers Dreiteilung der Homiletik ist so klar wie einfach, so dass sie vielfach aufgenommen wurde. Der Marburger Praktische Theologe Ernst Christian Achelis (1838–1912) verwendete sie in seinem monumentalen Lehrbuch (Achelis 1911, 79–277) ebenso wie drei Generationen später Hans Martin Müller (Müller 1995). Auch in dem Kompendium des Predigerseminardirektors Hans Werner Dannowski (1933–2016) ist in der griffigen Gliederung nach sechs „W-Fragen" die Dreiteilung Schweizers noch deutlich zu erkennen: Was ist die Predigt? Wer predigt? Worüber / Wo / Wem / Wie wird gepredigt? (Dannowski 1985)

4.3

Die drei oben zusammengefassten Theoriesegmente Fundamentaltheologie / Hermeneutik, Liturgik und Rhetorik / Pädagogik (→ § 6.1–6.3) scheinen eine Nähe zu der seit Schweizer geläufigen Trias aufzuweisen. Das ist allerdings kaum der Fall, wie man schon an der Liturgik sieht, die nur in begrenztem Maße zu Predigtmaterial führt, dafür aber grundsätzliche Überlegungen zum Verhältnis von Feier und Rede verlangt. Vielmehr verhält es sich so, dass Schweizers drei Arten von Fragestellungen bei der Rezeption aller genannten Wissenschaftsbezüge mehr oder weniger wiederkehren. Die Liturgik ist eine fundamentale Dimension auch des konzentrierten Predigtgottesdienstes. Darüber hinaus kann die Liturgie Inhalte für die Predigt und liefern und formale Impulse setzen (etwa in einer liturgischen Predigt zu Ps 24 am 1.Advent).

Die Rhetorik gehört eben nicht nur zum formalen Aspekt, sondern die Formfrage ist zugleich eine Frage des Inhalts, wie wir aus der Ästhetik gelernt haben (→ § 5.5). Ebenso reicht es nicht, die Liturgie im prinzipiellen Teil zu behandeln, weil man damit material plausible Predigtideen missachten würde. Und vor allem hat der biblische Text nicht nur eine materiale, sondern auch eine prinzipielle und formale Bedeutung. Nur mit Hilfe der biblischen Texte können die Bedingungen und Möglichkeiten, tatsächlich Glaubenserfahrungen zu erschließen, immer neu ausgelotet werden. Die Frage nach der Vernehmbarkeit Gottes zwischen Selbstvergegenwärtigung und Entzug kann nicht ein für alle Mal beantwortet werden. Die prinzipiellen Probleme begegnen wie die materialen und formalen auf allen Ebenen der Produktion, Präsentation, Rezeption und Reflexion. Sie müssen darum jeweils mit den drei wissenschaftlichen Zugängen korreliert werden.

4.4

Da es sich so verhält, ist es sinnvoll, die drei Wissenschaftszugänge (s.o. § 6.1–6.3) und die drei Dimensionen von Fragestellungen, wie sie von Alexander Schweizer entwickelt wurden, zu kombinieren. Damit gelangt man zu einer Neun-Felder-Matrix, in der die Felder zwar nicht von gleichem Gewicht sind, aber dafür insgesamt einen heuristischen Mehrwert aufweisen.

Die Matrix hat die Funktion, die Komplexität des Mitteilungs- und Darstellungsvorganges einerseits zu reduzieren und handhabbar zu machen und diese andererseits für die gesamte Darstellung bewusst zu halten. Die Matrix ist also nicht mit einer detaillierten Gliederung identisch, wenngleich ich der Trias prinzipiell – material – formal bei der Darstellung des Stoffes folgen werde. Die Matrix ist vielmehr der Horizont aus Bezügen und Relationen, die für die gesamte Homiletik maßgeblich und zugrunde zu legen sind. Damit ist die Skizze der Homiletik als einer Verbundwissenschaft mit interdisziplinären Bezügen abgeschlossen.

Vor der Darstellung der prinzipiellen Homiletik folgt jetzt zunächst als Zwischenschritt der geschichtliche Teil.

TABELLE 1 Neun-Felder-Matrix

	1. Prinzipiell-homiletische Aspekte (vorwiegend Wahrnehmungsfelder)	2. Material-homiletische Aspekte (vorwiegend Entscheidungsfelder)	3. Formal-homiletische Aspekte (vorwiegend Entscheidungsfelder)
A. Theologische Hermeneutik: Fundamentaltheologie und Rezeptionsästhetik (Semiotik)	Predigt als Anleitung zum religiösen Selbstverständnis und zur glaubenden Christuserfahrung („Wort Gottes“)	Spannungen zwischen gegenwärtiger und biblisch vermittelter religiöser Erfahrung	Die Gestalt der Predigt (Homilie, Erzählung, „moves“) und die Erfahrung des Evangeliums
B. Liturgiewissenschaft	Predigt als Unterbrechung des Ritus und Begleitung (Vor- und Nachbereitung) des Gebets	Predigt aus der Liturgie (Ordinarium und Proprium)	Liturgische Strukturen in der Predigt (z.B. Psalmenpredigt oder Predigt über die drei Lesungen)
C. Rhetorik und Pädagogik	Predigt als religiöse Rede mit dem Ziel des besseren Gebrauchs eigener Freiheit	Predigt als biblisch und kulturell vermitteltes Kunstwerk	Predigt als Verständigung zwischen Prediger:in und Hörer:in

Zusammenfassung

Die Homiletik als Theorie der Entstehung evangelischer Einsichten aufgrund von öffentlicher Rede im liturgischen Kontext wird in diesem Buch als interdisziplinäre Verbundwissenschaft aufgefasst, in der die Fundamentaltheologie (mit Rezeptionsästhetik und Semiotik), die Liturgiewissenschaft sowie die Rhetorik (mit Pädagogik und Didaktik) eine hervorgehobene Rolle spielen. Die Homiletik als Professionstheorie für predigende Personen ermöglicht die Wahrnehmung von Bedingungen und das Treffen von Entscheidungen. Um die Komplexität der Bedingungs- und Entscheidungsfelder bewusst zu halten, aber auch handhabbar zu machen, arbeite ich bei der Erfassung des homiletischen Stoffes mit einer Neun-Felder-Matrix, in der Fundamentaltheologie, Liturgik und Rhetorik einerseits sowie prinzipielle, materiale und formale Homiletik andererseits miteinander kombiniert werden.

ZWEITES KAPITEL

Geschichte der Predigt und der Homiletik

Literatur (zum 2. Kapitel insgesamt): Ernst Christian Achelis: Lehrbuch der Praktischen Theologie, 2. Band, Leipzig ^{3}1911 · Christian Albrecht / Martin Weeber (Hg.): Klassiker der protestantischen Predigtlehre Tübingen 2002 (UTB 2292) · Ruth Conrad: Homiletik, Stuttgart 2025 (Kompendien Praktische Theologie 7) · Hermann Hering: Die Lehre von der Predigt, Berlin 1905 (darin 1–253: Geschichte der Predigt, 1897) · Michael Meyer-Blanck: Gottesdienstlehre, Tübingen ^{2}2020 [2011] · Michael Meyer-Blanck (Hg.): Handbuch Homiletische Rhetorik, Berlin / Boston 2021 (Handbücher Rhetorik Bd. 11) · Hans Martin Müller: Homiletik. Eine evangelische Predigtlehre, Berlin / New York 1995 · Alfred Niebergall: Die Geschichte der christlichen Predigt, in: Leiturgia. Handbuch des evangelischen Gottesdienstes Bd. II, Kassel 1955, 181–352 · Christian Palmer: Evangelische Homiletik, Stuttgart ^{2}1845 [1842] · Richard Rothe: Geschichte der Predigt von den Anfängen bis auf Schleiermacher, hg. von August Trümpelmann aus Rothes handschriftlichem Nachlass, Bremen 1881 · Werner Schütz: Geschichte der christlichen Predigt, Berlin 1972 · Alexander Schweizer: Homiletik der Evangelisch-Protestantischen Kirche systematisch dargestellt, Leipzig 1848 · Eberhard Winkler: Aus der Geschichte der Predigt und der Homiletik, in: Handbuch der Predigt, bearbeitet von Karl-Heinrich Bieritz u.a., Berlin (Ost) 1990, 571–614 · Friedrich Wintzer: Die Homiletik seit Schleiermacher bis in die Anfänge der ‚dialektischen Theologie' in Grundzügen (APTh 6), Göttingen 1969 · Hellmut Zschoch: Predigten, in: Luther-Handbuch, hg. von Albrecht Beutel, Tübingen ^{2}2010 [2005], 315–321

Seit dem geisteswissenschaftlichen Paradigma des Historismus im 19. Jahrhundert ist es üblich geworden, kulturelle Phänomene aus ihrer geschichtlichen Entwicklung heraus wahrzunehmen und zu verstehen. Das war auch in der Homiletik der Fall. Darüber hinaus hatte man sich schon immer an epochemachenden Predigern wie Aurelius Augustinus, Johannes Chrysostomus, Geiler von Kaysersberg, Martin Luther und Friedrich Schleiermacher orientiert. Stets wusste die Kirche davon, dass die Predigt keine zeitlosen Wahrheiten verkündigt, sondern dass sie die evangelische Nachricht immer wieder neu situativ zu entdecken und zu reformulieren hat. Gutes Predigen erkennt man daran, dass es auf aktuelle Lebensgeschichten und die sie umgebende Kultur bezogen ist. Das ist aus der Geschichte zu entnehmen. Was genau es allerdings von der Geschichte zu lernen gilt, sind jedoch nicht die seinerzeitigen Lösungen,

 | HTTPS://DOI.ORG/10.1515/9783111383996-002

sondern die jeweilige Verhältnisbestimmung von homiletischer Herausforderung und rhetorischer Reaktion. Das Evangelium predigen heißt, die Lebensgeschichte von heutigen Menschen mit der Jesusgeschichte zu deuten. Die Geschichte von Predigt und Predigtlehre ist darum ein zentrales Kapitel der Homiletik, das auch in diesem Buch eine wichtige Rolle spielen soll. Die oben angegebene Literatur ist darum für das gesamte zweite Kapitel (§§ 7–16) heranzuziehen.

Dabei ist die Rekonstruktion kompliziert. Bei Predigten weiß man häufig nicht, ob diese tatsächlich so gehalten wurden oder ob es sich um Ideale, um Musterpredigten handelt. Außerdem lässt sich schwer einschätzen, welche Wirkung von den Predigern ausging, wie ihre Stimme und Körpersprache die Aufmerksamkeit der Gemeinde zu binden verstanden. Gerade bei der Mitschrift durch Stenographen sind Kürzungen, Ergänzungen und Zuspitzungen immer wieder üblich. Als ein Beispiel für die komplexe Überlieferungsgeschichte sind die Probleme bei Luthers Predigten einschlägig bekannt (Zschoch 2012).

Die Geschichte der Predigt und der Homiletik nimmt in den Lehrbüchern und Monographien im Fach nur vereinzelt größeren Raum ein. Selbst im 19. Jahrhundert, als sich die wissenschaftliche Homiletik unter der Herrschaft des historischen Paradigmas akademisch etablierte, kam man teilweise ganz ohne historische Abschnitte aus (Palmer 1845; Schweizer 1848) bzw. hielt diese recht kurz (Achelis 1911, 84–117); offensichtlich galt der enzyklopädische Ort der Homiletik im Verhältnis zum „Kultus" und im Zusammenhang des praktisch-theologischen Systems als klärungsbedürftiger (vgl. Schweizer 1848, 102–153).

Bei Hermann Hering (Hering 1905, 1–253) und Hans Martin Müller dagegen (Müller 1995, 7–169) umfasst der geschichtliche Teil ungefähr 40 Prozent des Gesamttextes. Hilfreich und konzentriert, aber dennoch alle Epochen samt Blicken in die Ökumene umfassend ist die Predigtgeschichte von Werner Schütz (Schütz 1972). Elf Porträts neuzeitlicher Homiletiker von Martin Luther bis Ernst Lange von jeweils gut 20 Seiten bieten Christian Albrecht und Martin Weeber. Beiträge zur Predigt- und Homiletikgeschichte unter rhetorischen Gesichtspunkten enthält das „Handbuch Homiletische Rhetorik" (Meyer-Blanck 2021, 29–251). Bis heute unübertroffen ist die Predigtgeschichte von Richard Rothe, die auf etwa 500 Seiten von der Epoche der frühen Kirche bis zu Schleiermacher reicht und die auf Vorlesungen Rothes am Wittenberger Predigerseminar 1835 zurückgeht (Rothe 1881). Aus der Sicht der kerygmatischen Theologie des vorigen Jahrhunderts ist die Darstellung von Alfred Niebergall in „Leiturgia II" verfasst worden. Eine neuere monographische Geschichte der evangelischen Predigt und Homiletik fehlt.

§ 7 Antike Rhetorik, Predigt und Predigtlehre im frühen Christentum

i

Literatur (s. auch die Literatur zum 2. Kapitel insgesamt): Ambrosius: De sacramentis. De mysteriis (lateinisch / deutsch), hg. von Josef Schmitz, Freiburg u.a. 1990 (FC 3) · Aristoteles: Rhetorik. Übersetzt und hg. von Gernot Krapinger. Ditzingen/Stuttgart 2019 [1999] · Aurelius Augustinus: Die christliche Bildung (De doctrina Christiana). Übersetzung, Anmerkungen und Nachwort von Karla Pollmann. Stuttgart 2002 · Johannes Chrysostomus: Catecheses Baptismales. Taufkatechesen II Griechisch / Deutsch, hg. von Reiner Kaczynski, Freiburg u.a. 1992 (FC 6/2) · Marcus Tullius Cicero: De oratore. Über den Redner. Lateinisch/Deutsch, übersetzt und hg. von Harald Merklein, Stuttgart ²1991 [1976] · Peter Gemeinhardt: Die Rhetorik der Predigt der Alten Kirche, in: Handbuch Homiletische Rhetorik, Berlin / Boston 2021, 29–49 · Peter Gemeinhardt: Geschichte des Christentums in der Spätantike, Tübingen 2022 (Neue Theologische Grundrisse) · Hans Lietzmann: Geschichte der Alten Kirche, Berlin / New York 1999 [1933/1944] · Christoph Markschies: Art. „Origenes", in: ⁴RGG Bd. 6, Tübingen 2003, 657–662 · Hans Martin Müller: Homiletik. Eine evangelische Predigtlehre, Berlin / New York 1995, 19–35 · Platon: Gorgias oder wie man leben soll. Griechisch / Deutsch, übersetzt und hg. von Michael Erler, Ditzingen/Stuttgart 2011 · Marcus Fabius Quintilianus: Ausbildung des Redners. Zwölf Bücher in zwei Bänden, Darmstadt ⁵2011 [1975] · Richard Rothe: Geschichte der Predigt von den Anfängen bis auf Schleiermacher, hg. von August Trümpelmann aus Rothes handschriftlichem Nachlass, Bremen 1881, 1–133 · Werner Schütz: Geschichte der christlichen Predigt, Berlin 1972, 8–46

1 Neutestamentliche Anfänge

1.1

Das Christentum lässt sich insgesamt als eine Predigtbewegung auffassen, so dass die reformatorische Konzentration der Glaubenskommunikation auf die „fides ex auditu" keineswegs eine eklektische oder gar unzulässige Zuspitzung darstellt. Jesus von Nazareth ist wesentlich als Prediger aufgetreten, der die gute Botschaft von der Nähe, Ansprechbarkeit und Liebe Gottes, des Vaters, verkündigte und in seiner Lebensgeschichte verkörperte. So schildern ihn die Evangelisten Matthäus und Johannes mit ihren umfangreichen Redekompositionen, von denen die Bergpredigt die bis heute wirkmächtigste darstellt. Im Lukasevangelium beginnt Jesu öffentliches Wirken mit seiner Predigt in der Synagoge von Nazareth, in der er den Beginn der eschatologischen Heilszeit ebenso ankündigt, wie er den Zusammenhang der erfüllten Zeit mit der eigenen Person geltend macht (Lk 4,16–21; vgl. Mk 1,15). Mit diesen Darstellungen wurde zugleich der Tatsache Rechnung getragen, dass die christlichen Versammlungen an die synagogalen Zusammenkünfte anknüpften (wobei man in der jüngsten Forschung gegenüber der Rede vom Synagogen*gottesdienst* ein wenig skeptisch geworden ist). Auf jeden Fall schildert Lk 4 den Ablauf von Prophetenlesung und Predigt, wie er für das Judentum und später für die frühe Kirche üblich war.

Auch die „Apostelfürsten" Petrus und Paulus werden – vornehmlich von Lukas in der Apostelgeschichte – als Prediger geschildert. Die Pfingstpredigt des Petrus (Apg 2,14–36) und die Missionspredigt des Paulus in Athen (Apg 17,16–34) sind Schaltstellen für die lukanische Darstellung der Ausbreitung des frühen Christentums. Besonders die Predigt über das Gottesknechtslied vom leidenden Gerechten (Jes 53,7f.) durch Philippus (Apg 8,26–40) gehört in diesen Zusammenhang. Auch wenn sich das Christentum nicht *allein* durch das Wort ausbreitete, sondern auch durch das gemeinsame Feiern, durch diakonische Hilfe und die Gabe der Heilung, so ist und bleibt die narrative und diskursive Erschließung des Evangeliums eine wesentliche Form gelebter christlicher Spiritualität. Christlich glauben heißt wesentlich den Glauben sprechend für sich selbst und andere rekonstruieren (ὁμιλεῖν) und den Glauben weitersagen, also: Predigt hören und predigen.

1.2

Nicht ohne Grund enthält das Neue Testament mit seinen Briefen ein so hohes Maß an diskursiven, argumentativen und rhetorischen Texten. Die ungeheure Botschaft von der Menschwerdung, Auferstehung und Geistesgegenwart des Gottessohnes verlangt die Lebensdeutung in der Form abwägender Argumentation, mit anderen Worten: Das Evangelium braucht – nicht nur, aber auch – den Diskurs. Das Christentum ist eine *nachdenkliche* Religion, gerade weil man sich ihre wesentlichen Inhalte, also das, was die Dogmatik die Christologie nennt, kaum *vorstellen* kann. Die Botschaft des Evangeliums übersteigt das Sagbare und entsprechend muss man sich ständig neu um das noch eben Sagbare bemühen. Die Homiletik gehört in das Zentrum der Theologie und diese Disziplin ist auf Anleihen bei der Rhetorik und Pädagogik angewiesen. Der Glaube kommt aus dem Hören (Röm 10,17) und muss immer wieder neu entstehen.

2 Bildung und Rhetorik

2.1.

Das Christentum ist von Anfang an auch eine *Bildungsreligion* gewesen. Das liegt zunächst daran, dass es sich um eine Buch- bzw. um eine Schriftreligion handelt. Wer Christ sein möchte, wird lesen, hören, sich unterhalten und über das Verhältnis von Offenbarung und Erfahrung nachdenken wollen. Ein Impuls zum Schaffen von Ordnung in den eigenen Gedanken ist darum zumeist willkommen, erst recht bei schwierigen Themen wie Grundsünde („Erb-Sünde"), Sühne, Auferstehung, Gericht etc. Hat man im 19. Jahrhundert um die Alternative von „Kultuspredigt" versus „Missionspredigt" gerungen (Wintzer 1969, 47–93), dann heißt das, dass das Genus der Lehrpredigt – besser würde man von der „Lernpredigt" sprechen – vielfach vernachlässigt wurde.

Schon in der Zeit der frühen Kirche war das Christentum nicht nur eine Religion der Gebildeten, wohl aber eine Bildungsreligion, deren Mission durch „Bildungshandeln" (Gemeinhardt 2022, 54f.) gekennzeichnet war. Menschen werden nicht als Christen geboren, sondern sie werden es, wusste schon Tertullian (Apol. 18,4): *fiunt, non nascuntur Christiani* (Gemeinhardt 2022, 54). Die frühe Kirche legte den Grundstein für ihre spätere volkskirchliche Struktur, indem sie sich nicht nach außen abschloss, sondern mit einem „Bildungshandeln" reagierte, das sich „an alle richtete, die an den liturgischen und diakonischen Aktivitäten der Gemeinden teilnehmen wollten". In diesem Zusammenhang müssen gerade die Predigten als stilbildend aufgefasst werden: Sie bedeuteten einen „Bildungsvorgang", der seine Fortwirkung bis nach Byzanz und bis ins lateinische Mittelalter entfaltete (Gemeinhardt 2022, 227). Die Fortsetzung dieser Entwicklung in Reformation und Neuzeit liegt auf der Hand.

2.2

Ein wesentlicher Teil der frühchristlichen Bildung vollzog sich in der Kommunikationsform der Rede und folgte den Spuren der antiken Lehrer der Rhetorik. Von dieser Verbindung profitierten die Predigt und die Kunst der öffentlichen Rede gleichermaßen. So wurde die Predigt in der ausgehenden Antike immer mehr zum Modell und Übungsfeld des Rhetorischen überhaupt. Die Rezeption der antiken Rhetorik eines Cicero und Quintilian für die Predigt machte diese auch zum Traditionsmedium für die ansonsten langsam verblassende antike Redekunst. Damit hat die christliche Predigt zum Teil das antike Erbe angetreten, wobei die christliche Predigt ebenso zum Leuchten kam wie die Rhetorik.

Der professionelle Rhetoriklehrer Augustinus adaptierte die antike Rhetorik, so dass diese für das abendländische Mittelalter und die Neuzeit prägend blieb. Auch die heutige Predigt ist gut beraten, wenn sie die Rolle als Vorreiterin für die Kunst der öffentlichen und bildenden Rede bewusst annimmt und auszufüllen sucht und nicht aus vermeintlich religiösen Gründen zurückweist.

2.3

Diese Überlegungen führen erneut auf die im vorliegenden Buch vertretene These (→ § 6.3), dass die Rhetorik zur Bildung einer eigenverantwortlichen Subjektivität nicht im Widerspruch steht, sondern dass sich beide kulturellen Phänomene gegenseitig verstärken und stützen. Eine gute Rede (Predigt) fördert die Urteilsfähigkeit und Selbstständigkeit der Zuhörenden (von der redenden Person ganz zu schweigen). Umgekehrt profitiert eine Rede (Predigt) von dem ihr zugrunde liegenden Habitus von Diskurs und Kritik. Instrumentelle Fehlformen von Rhetorik, wie sie vor allem Kant kritisierte (→ § 11.3), dürfen nicht den Blick auf das bildende Potenzial der öffentlichen Rede verstellen. Reden und Hören fördern Verstehen und Urteilen. Das ist schon vom spätantiken Christentum zu lernen. Die Beschäftigung mit der klassischen antiken Rhetorik ist bis heute lohnenswert, da auch die professionelle Rhetorik ihre Positionen weiterhin im Gespräch mit Plato, Aristoteles, Cicero und Quintilian formuliert.

3 Die Predigt der Ostkirche: Schau der oberen Welt, Askese und Lebenshilfe (Origenes und Chrysostomus)

Erst im Jahre 1054 trennten sich das östliche und das westliche Christentum. Aber schon lange vorher hatten sich die lateinische und die griechische Kirche auseinanderentwickelt. Bereits in der Spätantike folgte die lateinische Predigt stärker dem Paradigma von Partition, Argument und Diskurs, wie dieses von Cicero und Quintilian im Hinblick auf die politische und juristische Rede entwickelt worden war; demgegenüber hatte die ostkirchliche Predigt einen stärker spirituellen und meditativen, aber auch moralisch-asketischen Charakter, wie dieser den frühen monastischen Impulsen sowie der Tradition der platonischen Philosophie entsprach. Dem Westen, so urteilte Richard Rothe (1799–1867) in seiner Predigtgeschichte, war es unmöglich, „die Schönheit, Rundung, Eleganz und Grazie der Griechen zu erreichen" (Rothe 1881, 92). Doch gerade das Ringen mit der nüchternen lateinischen Sprache habe den Reiz der westlichen Predigt ausgemacht: „So erhielt die abendländische Predigtberedtsamkeit eine Lebensfrische, die der griechischen bei ihrer glatten Eleganz und weichen, gerundeten Fülle abgeht" (ebd. 93).

3.1

Der größte Prediger des 3. Jahrhunderts war gewiss der aus einer reichen Familie in Alexandria stammende Origenes (ca. 185/186–253/54). Nach einer erstklassigen, von einer reichen Frau finanzierten Ausbildung verfolgte er ein asketisches Ideal und studierte zugleich die platonische Philosophie (die Umstände seines späteren Kontaktes mit dem Neuplatoniker Porphyrius sind unsicher). Nach Reisen nach Rom und Athen nahm er seinen Wohnsitz in Cäsarea, wo er vor einer kleinen Gemeinde predigte; in diesem Zusammenhang entstanden auch seine Bibelkommentare. Origenes war zweifellos einer der interessantesten und bedeutendsten Theologen der Alten Kirche.

Die meisten Predigten waren dem Fortgang des Textes folgende Homilien, die Origenes extemporierte. Von der antiken Redekunst hielt er nicht viel, was bei seinem manuskriptfreien Predigtstil nicht überrascht. Rhetorik und Dialektik in der Predigt wies er unter Hinweis auf Mt 16,6 ausdrücklich zurück (Niebergall 1955, 216, Anm. 83). Gerühmt wird seine Bibelkenntnis, die auch aus den vielen freien Zitaten im Predigtverlauf hervorgeht. Man sagt, kaum ein Theologe habe so in der Heiligen Schrift gelebt, ja, von ihr her gedacht wie Origenes. Seine Predigten würde man mit einem heutigen Begriff am besten als mystagogisch kennzeichnen. Es geht ihm um die Schau der oberen, der göttlichen Welt, um die geistliche Realität in und mit, hinter und über der empirischen Welt. In seinen Predigten spielt die Askese eine hervorgehobene Rolle. Immer wieder wird auch die Überlieferung kolportiert, Origenes habe sich wegen des Himmelreiches selbst entmannt (vgl. Mt 19,12), aber sicher belegt ist das nicht.

Ein Großteil seiner Homilien wurde mitstenografiert und publiziert, so die Jeremiahomilien; außerdem verfasste Origenes Kommentare u.a. zu Mt, zum JohEv und zum Römerbrief. Die Schriftauslegung ist für ihn der Kern der Theologie. Dabei unterscheidet er einen dreifachen Schriftsinn: 1. wörtlich / fleischlich, 2. ethisch / seelisch, 3. mystisch /verstandesbezogen; in der Spätzeit nimmt er nur einen zweifachen Sinn an, 1. den wörtlichen und 2. den allegorischen bzw. anagogischen: Die Predigt ermöglicht den Aufstieg der Seele aus dem Leib zu den höheren Dingen (ἀναγωγή). Der Rückgriff auf den zweifachen oder dreifachen Sinn richtet sich nach dem Text, so dass das hermeneutische Regelwerk – anders als der mittelalterliche vierfache Schriftsinn – nicht mechanisch angewendet wird (Markschies 2003, 659f.). Die Suche nach der mystischen Bedeutung hat nicht zuletzt den Sinn, auch widersprüchliche biblische Aussagen geistlich deuten zu können (Schütz 1972, 13).

Auf Origenes lassen sich das Prinzip der Selbstinterpretation der Schrift und die überragende Bedeutung der predigenden Person zurückführen. Da seine Theologie noch vor den ökumenischen Konzilien des 4. Jahrhunderts entstanden ist, ist sie stärker auf den jeweiligen biblischen Text bezogen als systematisch durchgearbeitet. Später wurde Origenes wegen seiner Aussagen zur „Wiederbringung aller", der ἀποκατάστασις πάντων (Allversöhnung), scharf kritisiert. Doch seine Predigten fanden schon zu Lebzeiten größte Resonanz, denn eine „so reichliche, fruchtbare Belehrung in einer so ansprechenden Form hatten die Christen bis dahin beim öffentlichen Gottesdienst noch nie empfangen" (Rothe 1881, 21).

3.2

Als der bedeutendste Prediger der antiken Kirche des Ostens gilt Johannes Chrysostomus (ca. 349–407) aus Antiochien, seit 381 Bischof von Konstantinopel; seit dem 6. Jahrhundert trägt er den Beinamen „Goldmund". Zwischen der Predigttätigkeit des Origenes und des Chrysostomus liegt der Sieg des Christentums im Römischen Reich. Jetzt kommen die Massen zu Gottesdienst und Predigt und verlangen Klarheit über die neue Religion. Die Ansprüche steigen und die antike Redekunst unterliegt nicht mehr dem Verdacht. Neben die schlichte Homilie tritt die geschliffene thematische Rede, der „Logos" oder der „sermo" zu bestimmten Anlässen und zu den das 4. Jahrhundert dominierenden Lehrstreitigkeiten. Die Predigt gewinnt damit an Eigenständigkeit neben der Liturgie, dem Gebet und dem Mahl.

Chrysostomus war zuvor Anwalt gewesen, bevor er Mönch und Bischof wurde. Er war „der Christ gewordene Grieche" und, so Richard Rothe im romantischen Überschwang: „Höheres konnte der christliche Geist, auf den Stamm der alten griechischen Menschheit gepflanzt, nicht erzeugen." (Rothe 1881, 119) War durch Paul von Samosata (gest. 272; seit 260 Bischof von Antiochien) der Beifall beim Predigen im Gottesdienst üblich geworden – Paul forderte von seinen Zuhörern geradezu Beifallsbezeugungen bei seinen Predigten –, so gab auch Chrysostomos sein Gefallen daran kund: „Wenn ich beim Reden den lauten Beifall höre, widerfährt mir in dem Augenblicke etwas Menschliches (denn warum sollte ich nicht die Wahrheit sagen?) und es freut mich" (Rothe 1881, 29). Kritisch fügte Chrysostomus allerdings hinzu, das Lärmen gehöre ins Theater und in die Badeanstalten – in den Gottesdienst dagegen gehöre „Stille und Ordnung" (Rothe 1881, 30). Der Prediger dürfe sich weder durch den Beifall noch den Tadel der Menge beeinflussen lassen, denn maßgeblich für die Predigt sei das Wort Christi.

Als Erzbischof und Patriarch von Konstantinopel (seit 397) hat Chrysostomus denn auch den Mächtigen ins Gewissen geredet. Außerdem war er durchaus selbstkritisch gegenüber seiner rhetorischen Wirkung. Luther hat ihn allerdings wegen des äußeren Redeschmucks, wegen der Neigung zur Mahnrede und seiner Weitschweifigkeit kritisiert: „Chrysostomi eloquentia sine dialectica, verba sine re" (Tischrede 3975, BoA 8, 209; Müller 1995, 26f.). Anders als Origenes geht es Chrysostomus weniger um die Schau der höheren Welt als vielmehr um das Christentum des Alltags; er predigt gegen Trunkenheit, Tanz und Gelage am Osterfest sowie gegen den Luxus und die Verschwendungssucht der Reichen. Das kann zwei Stunden dauern.

Doch Chrysostomus weiß sehr wohl das Wort von der *iustificatio impii* zu predigen. In einer Taufkatechese vergleicht er die Taufe mit der Hochzeit, die Täuflinge mit der Braut und Christus mit dem Bräutigam: Dieser nähert sich der Braut nicht, „weil er ihre Wohlgestalt, ihre Schönheit oder die Frische ihres Körpers liebte. Im Gegenteil: Sie war eher hässlich, missgestaltet, schändlicherweise ganz und gar schmutzig [...]. So führte er sie ins Brautgemach." (Chrysostomus 1992, 295) Doch auch eine „missgestaltete und sehr hässliche Seele" kann, „wenn sie es nur will, unverzüglich umgewandelt werden" (299). Alles, was der Bräutigam tut, ist das „Geschenk seiner Freigebigkeit und herrscherlichen Gnade. Nur eines verlangt er von uns: Was gewesen ist, zu vergessen und in Zukunft einsichtig zu sein." (305)

Darum ist die Demut, so Chrysostomus nach Mt 11,29, der Inbegriff (κεφάλαιον) unseres Heiles, denn wer diese Tugend besitzt, wird mit den geistigen Mächten wetteifern können und wird „von allem frei sein, was sein jetziges Leben ausmacht" (317). Die Frauen sollen ihrer Seele eine schöne Gestalt geben, „damit ihre Schönheit strahlender werde." (321) Von den Christen verlangt Chrysostomus, dass sie sich von Pferderennen, Kämpfen zwischen Menschen und Tieren sowie von den unsittlichen Schauspielen (τῶν παρανόμων θεάτρων) fernhalten (329). Hier ist zu merken, wie diese Taufkatechese und Predigt von der Erlösung, die 47 Abschnitte auf 20 Druckseiten umfasst und deren Vortrag mindestens eine Dreiviertelstunde dauern würde, immer deutlicher in das Genus der Mahnrede übergeht.

Schatten auf das Lebenswerk des Chrysostomus fallen durch seinen Judenhass, wie er sich in seinen Reden „Adversos Judaeos" Bahn bricht. Darin werden nicht nur die Synagogen, sondern auch die Seelen der Juden als „Wohnstätten von Räubern" gekennzeichnet (Schütz 1972, 21). Diese Predigten sind „der Gipfel dessen, was Kirchenlehrer der Spätantike gegen das Judentum vorgebracht haben."[1]

3.3

Summarisch zu erwähnen sind noch die „drei Kappadozier" in Kleinasien: Basilius der Große, Gregor von Nazianz und Gregor von Nyssa. Basilius (329/30–379)

1 Peter Schäfer: Kurze Geschichte des Antisemitismus, München ^{2}2020 [2020], 87.

war zunächst ein in Athen ausgebildeter Rhetoriklehrer, bevor er Mönch und dann Bischof von Cäsarea wurde. Sein Erfolg als Prediger war immens, einmal warteten die Hörer die ganze Nacht bis zum folgenden Mittag auf ihn. Auch seine Ideale waren Askese und Überwindung der Welt. Die moralische Applikation macht den Bibeltext zur Lebenshilfe. Seine Predigt während einer Hungersnot im Jahre 368 führte zur Öffnung der Vorratshäuser der Reichen (Schütz 1972, 16). Haben die drei Kappadozier den Weg zum Bekenntnis von Nicäa-Konstantinopel von 381 bereitet, so enthalten die Predigten Gregors von Nazianz und Gregors von Nyssa viel Dogmatisches wie Aussagen zur Gottheit des Heiligen Geistes und gegen den Arianismus.

4 Die Predigt und Predigtlehre der Westkirche: Schule des Denkens, Fühlens und Handelns bei Augustinus

Noch unmittelbarer als die griechische hat die lateinische Predigt auf unsere homiletischen Gewohnheiten und Präferenzen gewirkt. Die Predigt des westlichen Christentums ist nicht primär meditativ und appellativ, sondern stärker diskursiv und hermeneutisch. Die Predigt ringt mit den Zuhörenden um Verstehen, weil sie gleichzeitig von ihrer fundamentalen Bedeutung für das Dasein Gottes bei den Menschen und für Gottes Vernehmbarkeit überzeugt ist. Die abendländische Predigt setzt sich mit ihrem – immer wieder neu, aber nicht grundsätzlich – fraglichen Charakter als „Sakrament“ auseinander. Das Wort ist Sakrament, wie das Sakrament Wort ist. Die Sakramente wurden den Gläubigen auch in der Westkirche durch Predigten, so genannte „mystagogische Katechesen“, nahegebracht.

4.1

Einer der wichtigsten Bischöfe und Prediger ist Ambrosius von Mailand (gest. 397), der Lehrer Augustins. Hans Lietzmann hat ein beeindruckendes Bild seines Wirkens gezeichnet (Lietzmann 1999, 1060–1080). Von Ambrosius gibt es viele Homilien wie Auslegungen zu den Psalmen und zum Lukasevangelium, aber auch Predigten über die Virginität und Trauerreden wie die berühmte Gedenkrede auf Theodosius den Großen im Jahre 395. Ambrosius predigt zupackend und volkstümlich. Er folgt Vorbildern aus der Predigtgeschichte wie z.B. Origenes und „keiner der großen Theologen hat so abgeschrieben wie er, und keinem steht es so gut an.“ (Schütz 1972, 36) In seinen Taufkatechesen (aus den letzten Lebensjahren) vergleicht Ambrosius den Getauften mit einem Fisch in der Schöpfungsgeschichte:

> Ahme jenen Fisch nach, der zwar eine kleinere Gnade erhalten hat, der dir dennoch als Wunder gelten muss. [...] Auf dem Meer wütet ein Unwetter, es brausen heftige Stürme, aber der Fisch schwimmt. Er geht nicht unter, weil das Schwimmen seiner Natur entspricht. Also ist auch für dich die Welt dieses Meer. In ihr gibt es verschiedene Wogen, schwere Wellen, tobende Unwetter. Sei auch du ein Fisch, damit dich die Welle der Welt nicht versenkt. (Ambrosius 1990, 119; De sacr. 3,3)

4.2

Auf den bedeutendsten lateinischen Kirchenvater, Augustinus von Hippo Rhegius (354–430), geht die Kategorie vom Sakrament als „verbum visibile“[2] zurück. Das Wort und die anderen Zeichen (wie die Sakramente) sind die Schule des Wahrnehmens und Verstehens der Nähe Gottes. Die Predigt ist entsprechend die auf das christliche Leben übertragene Rhetorik, die das Denken, Fühlen und Handeln der Gemeinde anregen, leiten und bleibend unterstützen soll. Mit einer durchaus anachronistischen Unterscheidung Schleiermachers (Meyer-Blanck 2020, 26–34): Die Predigt hat keinesfalls nur eine darstellende Funktion. Für Augustin ist sie in hohem Maße wirksam. An diesem Punkt bleibt er ganz Rhetoriker. Als er mit 32 Jahren Christ wird, hat er schon 13 Jahre als Rhetoriklehrer hinter sich.

Augustins Predigten sollen der Seele den Weg zu Gott zeigen. Dabei steht die Autorität des Glaubens und die Autorität der Kirche am Anfang des Weges. Wie Augustin von sich selbst sagt, dass er ohne die Autorität der Kirche nicht zum Glauben gekommen wäre,[3] so bringt er den Katechumenen in einer Predigt über das Glaubensbekenntnis den Grundsatz „erst glauben – dann verstehen“ nahe: „Prius credite, postea intellegete.“[4]

Methodisch werden in seinen Predigten Bibelstellen mit Bibelstellen ins Gespräch gebracht, so dass man wie bei Origenes von dem Prinzip der sich selbst auslegenden Schrift (*scriptura sui ipsius interpres*) sprechen kann. Richard Rothe preist den Schriftsteller und Prediger Augustin so:

---

2 Aufgenommen in der Apologie der Augsburgischen Konfession von 1531, BSLK 292f (Apol. XIII).

3 „Ego vero evangelio non crederem, nisi me catholicae ecclesiae commoveret auctoritas“ (Augustin: Contra Epistulam Manichaei quam vocant Fondamenti, 5, 6). Der Satz wird viel zitiert.

4 Sermo ad catechumenos de symbolo II,4 (CChr.SL 46,187).

> Kein Lehrer der alten Kirche hat die eigentümliche Natur der christlichen Frömmigkeit so tief und klar, so erfahrungsmäßig aufgefasst, zugleich und in gleichem Grade *mit dem Gefühl und mit dem reflektierenden Verstande*, wie Augustin. (Rothe 1881, 117; Hervorhebung dort, Orthographie modernisiert)

Hervorzuheben ist, dass Augustin mit seinem IV. Buch der Schrift „De doctrina Christiana" eine Homiletik vorgelegt hat, in der das antike rhetorische Erbe für den Prediger, den christlichen Rhetor, fruchtbar gemacht wird; es handelt sich bei „De doctrina Christiana" um die erste homiletische Abhandlung der christlichen Kirche überhaupt. In Anlehnung an Cicero hat Augustin keinerlei Bedenken, vom „Sieg" des Redners bzw. Predigers zu sprechen, wenn dieser die Hörenden für sein Anliegen gewinnen kann:

> Es hat nämlich ein gewisser Redner gesagt, und zwar mit Recht, dass der Redner so sprechen muss, dass er belehrt, erfreut und erschüttert. […] Ein Kirchenredner muss also, wenn er etwas rät, was getan werden muss, nicht nur lehren, damit er unterweist, und erfreuen, damit er die Aufmerksamkeit des Zuhörers fesselt, sondern auch erschüttern, damit er siegt. (Augustinus 172. 174; De doctrina Christiana IV,74.79)

Hier klingt deutlich die klassische rhetorische Trias von docere, delectare und movere an. Der Unterschied ist nur, dass der „Sieg" nicht derjenige einer politischen oder gerichtlichen Partei und auch nicht der Ruhm des Redners ist, sondern der Sieg der Kirche bei ihrem Bemühen, die Seelen für Christus zu gewinnen. Auf die Trias der „genera causarum" ist in der formalen Homiletik zurückzukommen (→ § 35.2).

Bei einer Predigt liegt das Material für die *inventio* in Gestalt der biblischen Texte bereits vor, so dass sich die anderen vier Schritte des rhetorischen Schemas (dispositio – elocutio – memoria – pronuntiatio) leicht gehen lassen. Die drei Stile oder Redearten, die nach Wahrheit suchende Gerichtsrede, die nach dem Schönen strebende Festrede und die moralisch wirkende Volksrede und damit das verhaltene, das gemäßigte und das erhabene Sprechen sollen in der Predigt miteinander verbunden werden. Nur der verhaltene Stil kann länger ertragen werden (IV,134). Darum muss eine erhabene Rede wenigstens verhalten beginnen (IV,136). Noch wichtiger als das erhabene Reden ist für Augustin allerdings der Lebensstil des Predigers (IV,151). Hier wird also bereits das angesprochen, was heute als das Verhältnis von Amt und Person unter dem Schlüsselbegriff der „Authentizität" verhandelt wird. In seinem Rekurs auf die Person des Predigers lässt Augustin schon moderne Problemstellungen anklingen.

TABELLE 1 Die antiken Redearten nach der christlichen Rhetorik Augustins (De doctrina Christiana, Buch IV) (Meyer-Blanck 2020, 202)

Redegelegenheit	**Ideal**	**Redeziel**	**Redeweise**	**Hörweise**	**Ausführung, Beispiele bei Augustin**
γένος δικανικόν (genus iudiciale, Gerichtsrede)	das Wahre	docere (probare)	verhalten (subtile, submissum)	intelligenter	Verhaltenes Reden dient der Lehre (IV,104); Paulus in Gal 3,15–18 und 4,21–26 (IV,107–109)
γένος ἐπιδεῖκτικόν (genus demonstrativum, Festrede)	das Schöne	delectare	gemäßigt (temperatum, modicum)	libenter	Ein erfreuter Zuhörer bleibt aufmerksam (IV,75); Paulus in Röm 12,6–16 (IV,112)
γένος συμβουλευτικόν (genus deliberativum, Volksrede)	das Gute	flectere (movere)	erhaben (vehemens, grande)	oboedienter	Ein erschütterter Zuhörer wird zum Handeln bewegt (IV,75); nicht Ausschmückungen durch Wörter, sondern „Leidenschaften des Geistes" (IV,118); Paulus in Röm 8,28–39 (IV,121), Gal 4,10–20 (IV,123).

Zusammenfassung

Die jahrhundertelang entwickelte antike Rhetorik war die formale Grundlage, auf der sich die christliche Predigt der ersten vier Jahrhunderte herausbilden konnte. Gleichzeitig fand sie in der sich konsolidierenden Heiligen Schrift ihr materiales Fundament und ihre Einheit. Die allegorische Methode, die sich im Hellenismus ausgebildet hatte, so bei Philo von Alexandrien, aber auch bei Paulus (vgl. Gal 2,21–31), bot eine der Möglichkeiten, zu reichen und volkstümlichen Predigtinhalten zu gelangen. Die konstantinische Wende bedeutete einen rasanten Zuwachs an Predigthörern und damit an Herausforderungen für die Prediger. Gottesdienst und Predigt wurden zum öffentlichen Ereignis. Besonders in der Ostkirche waren Beifallskundgebungen während der Predigt weit verbreitet und Prediger wie Chrysostomus gelangten dadurch zu großem Ruhm. Für die Predigt und Predigtlehre der lateinischen Kirche war Augustinus von Hippo die wichtigste Person. Vor allem seine Homiletik in der Schrift „De doctrina Christiana" blieb bis weit ins späte Mittelalter hinein prägend und hat auch noch auf Martin Luther ihren Einfluss ausgeübt.

§ 8 Messfeier, Predigtbewegungen und Predigtlehre im Mittelalter

---

i **Literatur (s. auch die Literatur vor § 7 zum 2. Kapitel insgesamt):** Tobias Braune-Krickau / Christoph Galle (Hg.): Predigt und Politik. Zur Kulturgeschichte der Predigt von Karl dem Großen bis zur Gegenwart, Göttingen 2021 · Volker Leppin: Geschichte des mittelalterlichen Christentums, Tübingen 2012 (Neue Theologische Grundrisse) · Hans Lietzmann (Hg.): Das Sacramentarium Gregorianum nach dem Aachener Urexemplar (LQF 3), Münster ³1967 [1921] · Michael Meyer-Blanck: Liturgie und Liturgik. Der evangelische Gottesdienst aus Quellentexten erklärt, Göttingen ²2009 [2001] · Andreas Odenthal: Gedächtniseucharistie – Sakraltopographie – Stationsliturgie. Paradigmen mittelalterlicher Liturgieentwicklung in der Diskussion, in: Liturgie und Theologie. Beiträge zum Gottesdienst in historischer und aktueller Perspektive, hg. von Jennifer Wasmuth u.a., Tübingen 2024, 13–35 · Martin Ohst: Predigt im Mittelalter, in: Handbuch homiletische Rhetorik, hg. von Michael Meyer-Blanck, Berlin / Boston 2021, 51–111 · Martin Ohst: Predigt und Messe im Mittelalter, in: Liturgie und Theologie (s.o.), 37–58

---

1 Ein Jahrtausend lang „Mittelalter"

Das Mittelalter war weder finster (wie das der sich von ihm abgrenzende Humanismus des 16. Jahrhunderts darstellte), noch war es die Zeit der großen Einheit (wie das die Romantiker und große Teile der jüngeren liturgischen Bewegung im ersten Drittel des 20. Jahrhunderts meinten). Das Mittelalter ist heute ein Faszinosum und steht zugleich für das Fremde und Undurchschaubare. Es ist damit auch eine Projektionsfläche für verschiedenste historische Bilder (Kleriker, Klöster, Ritter und Burgen).

Beim Mittelalter handelt es sich zunächst um einen unvorstellbar langen Zeitraum, die Zeit zwischen Antike und Neuzeit, also zwischen dem Untergang des Römischen Reiches im Westen und der Reformation. Man kann es mit Augustin beginnen und mit Luther enden sehen, so dass man auf ein rundes Jahrtausend kommt. Kirchengeschichtlich handelt es sich um die Epochen, da sich das Papsttum als zentrale Macht etablierte, das Christentum einen neuen Schwerpunkt nördlich der Alpen ausbildete und der Klerus in Gestalt der Orden und Gelehrten einerseits und die Laien andererseits sich weit voneinander entfernten. Man kann von einer „Verlagerung des geographischen Schwerpunkts der Christenheit von einer weitgehenden Konzentration im Mittelmeerraum" in den Norden Europas sprechen (Leppin 2012, 12). Die entscheidenden Umbrüche sind die Christianisierung Europas nördlich der Alpen und das Bestreben Karls des Großen (747/48–814), sein Reich kulturell und religiös zu einen.

Liturgisch ist das Mittelalter der Zeitraum, in dem sich die Gestalt der abendländischen Messe, des Predigtgottesdienstes und der uns noch heute beschäftigenden frühmittelalterlichen Perikopenordnungen entwickelte. Papst Hadrian (772–795) übersandte auf Bitten von Kaiser Karl das „Sacramentarium Gregorianum" nach Aachen, wo es vielfach kopiert und im Frankenreich verteilt wurde. Karl der Große übernahm damit das stadtrömische Missale, das mit der Zeit die anderen regionalen Messtraditionen verdrängte. Im Gregorianum war der römische „Messkanon", das eucharistische Haupt- und Hochgebet, das bis heute in der katholischen Messe Verwendung findet, schon nahezu vollständig ausgebildet (Lietzmann 1967, 2–4; Meyer-Blanck 2009, 165–176). Das Interesse galt diesem Zentrum der Messe, dem vergegenwärtigten Opfer, während die Predigt mit ihrer Lehre und Ermahnung immer mehr als Fremdkörper empfunden wurde und ihren Platz außerhalb der Messe fand.

Homiletisch reicht der Zeitraum vom Niedergang der antiken Rede- und Predigtkultur über die Zeit der flächendeckenden Pfarr- und Klosterpredigt bis zur Blütezeit der Predigt in den Bettel- und Predigerorden sowie in den städtischen Prädikaturen – und schließlich bis zu dem speziellen Phänomen der Ablasspredigt, die zugleich den Keim zu ihrem eigenen Ende in sich trug. Damit fällt es weder schwer, die Kontinuität des homiletischen Spätmittelalters zur Neuzeit herauszuarbeiten, noch im Gegenteil den radikalen Bruch zu betonen.

2 Das Ende der antiken Rede- und Predigtkultur und der Übergang zum Mittelalter (450–800)

2.1

Der hohen Zeit der griechischen Predigt, die in Johannes Chrysostomus (§ 7.3.2) ihren Gipfel gefunden hatte – Papst Pius X. erhob ihn 1908 zum Patron der Prediger –, folgte ihr schneller Niedergang. Alfred Niebergall sah diesen Verfall in der Tatsache begründet, dass die griechische Predigt ab dem 5. Jahrhundert allmählich ihren Bezug zur Bibel verlor (Niebergall 1955, 225–227). Die Bindung an den Text lockerte sich zugunsten der Marienverehrung und des Heiligenkultes; auch alttestamentliche Texte wurden in diesem Sinne allegorisch ausgelegt. Beliebt war in der Predigt etwa das Gespräch zwischen Maria, Jesus, dem Engel Gabriel und Gott Vater. Bei Bischof Proklos von Konstantinopel (390–446/47), von dem u.a. Predigten zur Verteidigung Marias als Gottesgebärerin („theotokos") überliefert sind, wurde ein marianisches Gespräch noch mit „einem sehr pathetischen Monologe des Satan" garniert (Rothe 1881, 135). In den Predigten über die Gottesgebärerin Maria war für Rothe der Höhepunkt der „Abgeschmacktheit" erreicht. Maria war für Proklos

> der schauervolle Webstuhl der Menschwerdung, auf welchem das Kleid der Vereinigung auf eine unaussprechliche Art gewebt worden ist, bei dem der Weber der heil. Geist, die kunstvolle Gehilfin die überschattende Kraft aus der Höhe, die Wolle das alte Fell Adams, der Einschlag das Fleisch der unbefleckten Jungfrau, der Kamm die unermessliche Gnade des Tragenden und der Künstler das durch das Gehör eindringende Wort war. (Rothe 1881, 135, Anm. 1)

Die christologischen Streitigkeiten bis zum Konzil von Chalcedon (451) weckten noch einmal die homiletische Leidenschaft, aber danach nahm die Qualität der griechischen Predigt immer mehr ab. Nur im Mönchtum war die Predigt noch lebendig und behandelte neben den Themen der Askese und des ehelosen Lebens vor allem Heiligenlegenden. Die Gemeindepredigt verfiel, so dass eine Synode 692 eigens die gottesdienstliche Predigt verordnen musste. Vielfach aber las man jetzt einfach Homilien der Väter vor, bis nach der Jahrtausendwende die Predigt aus der Liturgie des Ostens ganz verschwand. Die Liturgie galt jetzt als die Schau der oberen Welt, als Mysterium, und der Predigt kam höchstens noch eine darauf hinführende, mystagogische Funktion zu. Bis heute ist die Predigt in vielen orthodoxen Gottesdiensten kaum mehr anzutreffen.

2.2

Anders sah es mit der lateinischen Predigt aus. Mit Ambrosius und Augustinus waren Rhetorik und Homiletik schon weit in den Westen und Norden der damaligen Welt vorgedrungen. Im 5. Jahrhundert war Leo I. (ca. 400–461), der erste Bischof von Rom mit Papstanspruch, ein erfolgreicher Prediger. Mit den Bezügen zur Lehre der Kirche und zum Kirchenjahr war er eher ein liturgischer als ein biblischer Prediger, der sich durch Kürze (oftmals weniger als zehn Minuten) und rhetorische Formvollendung auszeichnete. Die dogmatischen Streitfragen im Umfeld des Konzils von Chalcedon spielten eine hervorgehobene Rolle. Ethisch empfahl Leo Fasten, Beten und Almosengeben, um die eigene Schuld zu tilgen, was man als Musterbeispiel für eine gesetzliche Predigt bezeichnen muss und auf „tiefere Empfindungen stößt man in Leos Predigten nie" (Rothe 1881, 144).

Im 6. Jahrhundert knüpfte Bischof Cäsarius von Arles (gest. 542), selbst Schüler eines weltlichen Rhetors, noch einmal an diese Tradition der klassischen Rhetorik an. Cäsarius sammelte und überlieferte die Predigten Augustins. Beim Predigen im Rahmen der sonntäglichen Messe, von der Kathedra oder vom Ambo – die Kanzel gab es erst im Spätmittelalter –, benutzte er kurze, einfache Sätze in einem gehobenen Volkslatein. Seine Sprache war „oft barbarisch", aber das heißt auch: „einfach, kurz und leicht übersichtlich" (Rothe 1881, 148).

Dabei verfolgte Cäsarius allerdings einen mönchischen, asketischen Moralismus, aus dem sich ein kasuistisches Regelwerk mit ethischen Aufzählungen entwickelte. Abgewiesen wurden Zirkus und Theater, heidnische Feste und Vergnügungen und auch in Sexualfragen gab Cäsarius asketische Anweisungen. Damit können bei ihm sowohl Gedankenarmut als auch ein starrer Rigorismus kritisiert werden (Schütz 1972, 44f.). Die auf die Lesungen bezogene Homilie wandelte sich zur Mahnrede, die die Gemeinde vor einem sündigen Leben und damit vor den himmlischen Strafen warnt. Nur wenige Bischöfe, so urteilte andererseits Richard Rothe, haben die Verantwortung für das Seelenheil so stark empfunden wie Cäsarius (Rothe 1881, 146). Zu derselben Generation gehört Fulgentius, Bischof von Ruspe in Nordafrika (462[?]–533). Er war Steuereinnehmer, verspürte aber den Drang zur mönchischen Existenz. Die Lektüre einer Predigt Augustins entschied endgültig über sein Leben und Fulgentius wurde zunächst Mönch, dann Bischof von Ruspe. Er war der vielleicht „begabteste Lehrer der abendländischen Kirche seiner Zeit" und ein Kämpfer gegen den Arianismus (Rothe 1881, 151). Er versuchte sich als Erneuerer der menschennahen Predigtweise Augustins. Dass er erfolgreich war, zeigt sich nicht zuletzt an der Tatsache, dass ihm viele Predigten zugeschrieben wurden, die nicht die seinen waren.

2.3

Zwei Generationen nach Cäsarius lebte Gregor der Große (540–604, Sohn eines römischen Senators, Pontifikat 590–604). Mit ihm kommen wir zu einer anderen „überragenden Leitgestalt mittelalterlichen Predigens" (Ohst 2021, 71). Gregor übertrug die Gedanken Augustins in die neue Zeit. Die meisten Predigten Gregors waren sehr kurz und ihre Form kunstlos. Nach einer Einleitung erklärte er den Text Wort für Wort und legte dabei zuerst den wörtlichen, dann den allegorischen Sinn zugrunde. Der Inhalt war von Psychologie und Menschenkenntnis geprägt. Gregors Vortrag war einfach und verständlich, von einem „falschen oratorischen Schimmer und von abstoßender Trockenheit gleich weit entfernt"; allerdings hatten seine Predigten ermüdende Längen (Rothe 1881, 156). Rothe spricht jedoch auch von religiöser „Innigkeit und Wärme" und bezeichnet diese in der Begrifflichkeit des 19. Jahrhunderts als – positiv zu verstehende – „Christliche Salbung" (157).

In Gestalt der „Regula Pastoralis" legte Gregor auch die erste ausgeführte Predigtlehre des Mittelalters vor. Der predigende Bischof hat die Menschen als Individuen anzureden, den denkerischen Zweifel zu zerstreuen und emotional die Liebe zu stärken. Aus Glaube und Liebe erwächst dann die Demut, die nach der Gnade verlangen und ihr entsprechend leben lässt. Der Leiter und Prediger einer Gemeinde ist mit dieser solidarisch; auch wenn er droht, geschieht das den Menschen zugute. Rhetorisch formuliert: Das Hauptziel des Predigens ist weniger das *docere* und *delectare*, sondern vielmehr das *movere* und *flectere*. Der Hörer soll motiviert werden, sich selbst am Heilsziel auszurichten (Ohst 2021, 76). Man kann das auch eine pädagogische Maxime nennen, für die eine Form des pädagogischen Paradoxes geltend gemacht werden kann: Die Hörenden sollen so beeinflusst werden, dass sie eigenverantwortlich im Sinne umfassenderer Freiheit zu handeln instandgesetzt werden.

2.4

Insgesamt begann die Predigt mit der ethischen Engführung ihre Verbindung mit dem Wort- und Mahlteil des Gottesdienstes zu verlieren und zu einer eigenständigen bzw. isolierten Kommunikationsform zu werden. Liturgie und Predigt haben nicht länger die Vergegenwärtigung der Gnade Gottes als gemeinsamen Inhalt. Vielmehr soll die Predigt aufzeigen, was der Mensch zu tun hat, um sich der Gnade als würdig zu erweisen. So zeigt sich bereits hier die spätmittelalterliche Trennung von Liturgie und Predigt, die dann in den Predigerorden, den Prädikaturen und der Form des mittelalterlichen „Predigtgottesdienstes“ ihre ganz spezifische Ausprägung finden sollte.

Im Verlauf der mittelalterlichen Entwicklungen schien die Predigt als Teil der Liturgie nicht durchschlagend genug zu sein. Bewusst anachronistisch mit Schleiermacher (→ § 12) formuliert: Das Idealbild war eine ethisch, dogmatisch und kirchlich *wirksame* Predigt, während eine *darstellende* kultische Predigt das eigene rhetorische Potenzial zu verschenken schien. Erziehung und Besserung des Menschen, kurz: die *eruditio* („Entrohung“) sollte die Folge der Predigt sein und nichts weniger.

3 Von Karl dem Großen bis zur Hochscholastik (9.–13. Jahrhundert)

3.1

Nicht nur die einheitliche Liturgie, sondern auch die regelmäßige Predigt wurde von Kaiser Karl angeordnet. Im Jahre 769 wurde eine theologische Prüfung für Priester gefordert und in einem Dekret von 802 wurde die regelmäßige Predigt über Katechismusstücke in der Volkssprache verfügt. Hilfsmittel für die Predigt waren die um das Jahr 800 aufkommenden Homiliare mit Musterhomilien für jeden Tag, zumeist Übersetzungen von altkirchlichen Predigten (Chrysostomos, Augustin, Ambrosius, Leo I.). Gleichwohl waren die meisten Ortspfarrer bis zur Reformation des Lesens und Studierens unkundige *illiterati*. Trotzdem bildeten ab dem 8. Jahrhundert Evangeliar, Missale und Homiliar die Grundausstattung jeder Kirche. Auch die Zeit des agendarischen Gottesdienstes, der „gelesenen“ Messe, hat mit Karl dem Großen begonnen.

3.2

Die Zeit der rhetorischen Schulen der Antike war im Hochmittelalter des 11.–13. Jahrhunderts lange vorbei und ein geordnetes wissenschaftliches Studium der Theologie war die Sache einer kleinen Elite. Die landläufigen Priester kannten kaum mehr als Vaterunser und Glaubensbekenntnis, Sakramente und Kirchenjahr. Eine eigenständige Durchdringung der geistlichen Gegenstände als Voraussetzung des Predigens lag in weiter Ferne. Die Kompetenz des Pfarrers bestand darin, flüssig lateinisch lesen zu können und den Ritus störungsfrei zu zelebrieren. Die Predigt war eine *cura posterior*. So wurde weder die kirchliche Lehre noch die Beredsamkeit, geschweige denn die Kunst des Predigens eingehend bedacht und gelehrt. Man half sich stattdessen weitgehend mit praktischen Anleitungen und Vorlagen.

Eine lateinische Mustersammlung war das „Speculum ecclesiae“ des Benediktiners Honorius Augustodunensis (gest. ca. 1153, Schütz 1972, 48f.). Dabei ergibt sich die klassische Reihenfolge von *explicatio* und *applicatio*, wie sie auch in der antiken Kirche üblich war. In den lateinischen Predigtvorlagen wurde (1.) zu Beginn der Text paraphrasiert, dann wurde dieser (2.) allegorisch ausgelegt. So wird etwa in der Weihnachtsgeschichte

> das Kind in Windeln gewickelt, weil unser aus den Blättern der Sünde zusammengenähter Schurz durch seinen Tod aufgelöst wird. In die Krippe wird es gelegt, weil sein Leib den Gläubigen zur Nahrung der Seele dient. Ochs und Esel bedeuten die Juden und Heiden, die durch den Glauben zur Speise des Leibes Christi kommen. Eine Ölquelle ist in der Heiligen Nacht in Rom entsprungen und in den Tiber geflossen, wie [sic] aus der Jungfrau Barmherzigkeit in alle Welt strömt. (Schütz 1972, 49)

Schließlich folgten (3.) Beispielgeschichten aus dem Leben der Heiligen und Anekdoten. Hier fanden vor allem erbauliche Mirakel aus dem Leben der Klöster, der Ritter und der Bürger Verwendung. Diese entnahm man Quellenbüchern und Stoffsammlungen, wie sie auch in der Gegenwart gebräuchlich sind.[5] Viele solcher Geschichten fand man etwa in den „Libri VIII miraculorum“ des Cäsarius von Heisterbach (gest. um 1240; Heisterbach ist ein Kloster in der Bonner Umgebung). Neben lateinischen gab es auch deutsche und zweisprachige Sammlungen. (Die lateinischen Predigten wurden in dieser Sprache überliefert, aber gleichwohl auf Deutsch gehalten).

3.3

Ein Markstein der mittelalterlichen Kirchengeschichte war das IV. Laterankonzil 1215, das unter Papst Innozenz III. (Pontifikat 1198–1216) nicht nur dessen Anspruch bekräftigte, als Papst *vicarius Christi* und Herrscher über alle Völker zu sein (Leppin 2012, 279), sondern auch für alle die jährliche Beichte und Kommunion anordnete – eine Bestimmung, die in der katholischen Kirche bis heute gilt – sowie die Transsubstantiationslehre kanonisierte. Auch

5 Sehr verbreitet sind bis heute die zahlreichen Bände von Willi Hoffsümmer, Kurzgeschichten für Gottesdienst, Schule und Gruppe (seit 1981); vor den dort verwendeten Geschichtchen wie den „Spuren im Sand“ oder den „Samen des Guten“ muss man sich hüten, weil diese schon tausendfach homiletische Verwendung gefunden haben. Oft wird vermeintliche Lebensnähe durch Banalisierung und Standardisierung erkauft. Ein älterer, vom Stil her allerdings völlig anderer Band ist Martin Haug: Er ist unser Leben. Beispiel- und Stoffsammlung für die Verkündigung, Stuttgart [6]1952.

sollten die Bischöfe für Predigten in der Muttersprache sorgen (Kapitel 9 und 10 des Konzils). An jeder Kathedrale sollte ein Magister der Grammatik, an jeder Metropolitankirche ein Magister der Theologie für die notwendige Klerikerausbildung sorgen. Für Juden wurde besondere Kleidung verordnet und ein Ausgehverbot in der Karwoche verhängt; das waren schwerwiegende Bestimmungen mit langen Folgewirkungen.

3.4

Neue Entwicklungen gab es bei der monastischen und der gelehrten (universitären) Predigt. Mit dem enormen Aufschwung der Bildung im Hochmittelalter des 11. bis 13. Jahrhunderts wurde das Niveau der Prediger und Predigten immer uneinheitlicher. Mit der Entdeckung der aristotelischen Philosophie in der Scholastik, mit Mystik und Minnegesang entstand eine neue geistige Welt, eine urbane und universitäre Kultur, in der sich Humanismus und Renaissance ankündigten. Neue Mönchsorden werden gegründet und ein frühes Bürgertum bestimmt die wachsenden Städte. Ist die Predigt immer ein Indikator für den geistigen Zustand eines Gemeinwesens, so blieb sie auch in der Zeit der aufkommenden Scholastik nicht unberührt von den neuen Strömungen. Freilich: Stadt und Land, geschliffene Reden einerseits und dürftige Lesefrüchte mit volkstümlichem Unterhaltungswert andererseits bedeuteten tiefe Gräben zwischen den Predigtkulturen.

Auf der einen Seite standen die kompilierten Versuche von kaum der Sprache und der kirchlichen Lehre mächtigen studienlosen Kleriker, auf der anderen die hochgelehrten scholastischen Predigten aus dem universitären Zusammenhang. Hinzu kamen die klösterlichen Predigten und speziell die Bettel- und Predigerorden, die von theologischem Ernst und homiletischem Schwung beseelt waren. Die Mönchs- und Universitätspredigt einerseits und die durchschnittliche Parochialpredigt andererseits hatten aber nur noch den Namen gemeinsam. Überhaupt wird man davon ausgehen können, dass auf dem Land viel weniger gepredigt wurde, zumal am Vorabend der Reformation (Niebergall 1955, 251).

3.5

Der wichtigste Prediger dieser Zeit war der Zisterzienser Bernhard von Clairvaux (ca. 1090–1153), der nicht zuletzt durch seine Kreuzzugspredigten bekannt geworden ist. Über 300 Predigten sind von ihm überliefert, davon allein 86 über das Hohelied. Die Mitte seiner Predigttheologie ist der geschichtliche, der leidende und gekreuzigte Jesus. In seiner Brautmystik verbindet sich die einzelne Seele mit Gott.

> Dies ist der Weg, das die Reihenfolge. Zuerst fallen wir zu Füßen und beweinen vor dem Herrn das, was wir gemacht haben. Als zweites suchen wir nach der Hand dessen, der uns emporhebt und unsere weichen Knie stärkt. Schließlich, wenn wir dies unter vielen Bitten und Tränen erlangen, können wir es endlich vielleicht wagen, unser Haupt zum Munde der Herrlichkeit selbst zu erheben, um – ich sage es mit Zittern und Zagen – ihn nicht nur zu schauen, sondern sogar zu küssen. (Sermo super Cantica Canticorum 3 III.5, Leppin 2012, 263)

War die Braut des Hohenliedes in der bisherigen Predigtgeschichte allegorisch mit der Kirche identifiziert worden, so beschrieb Bernhard das Geschehen zwischen Christus und dem sündigen, von Jesu Liebe erlösten Individuum. „Eine tiefe, reflektierte Frömmigkeit verbindet sich mit einer hinreißenden Kraft und einer brennenden Glut des Herzens" (Schütz 1972, 53). In künstlerischer und gelehrter Sprache predigte Bernhard für seinen Orden, um einen Weg aus den verweltlichten monastischen Lebensformen aufzuzeigen. Seine Predigten hatten in der Gnade Gottes ihr Zentrum und verweisen damit deutlich auf die Reformation: „Unde vera justitia nisi de Christi misericordia!" (Schütz 1972, 55)

Herausragende Prediger waren auch die drei Augustiner Chorherren Hugo (gest. 1141), Richard (gest. 1173) und Absalom (gest. 1203) von St. Victor (bei Paris). Diese Schule, die stärker dem Platonismus als dem Aristotelismus und Augustinus anhing, interessierte sich besonders für die Exegese und den wörtlichen, historischen Sinn der biblischen Texte. Auf Hugo, den Mystiker, geht die Metapher von dem dreifachen Auge[6] des Menschen zurück: Das Fleischesauge (*oculus carnis*) nimmt die Außenwelt wahr, das Vernunftauge (*oculus rationis*) erkennt die Seele selbst in ihrer Vernunft, während das Auge der Schau (*oculus contemplationis*) dabei hilft, dass die Seele Gott selbst erkennen kann. Das bedeutete für den Mönch, dass er mit Hilfe der Predigt den Weg von der *lectio* über die *meditatio* zur *oratio* zu gehen hat (Leppin 2012, 249).

4 Von der Scholastik bis zur Reformation: Gelehrte Prediger, Mystiker und städtische Prädikaturen

4.1

Die Scholastik, die vor allem durch die Herausgabe der Werke des Aristoteles im 13. Jahrhundert definiert wird, brachte neben Parochie, Kloster und Straße einen weiteren Predigtort hervor, die Universität. Die Magister hatten nicht

6 Religionspädagogisch dazu s. Hubertus Halbfas: Das dritte Auge. Religionsdidaktische Anstöße, Düsseldorf [5]1992 [1982], dort 156–158 den Rekurs auf die Mystik Meister Eckeharts.

nur die Aufgaben von Forschung und Lehre, sondern auch die der öffentlichen Verkündigung. Ebenso ambitioniert wie die scholastischen Summen waren die dabei entstehenden Predigten. In dieser Zeit kamen außerdem spezielle Heiligenpredigten und Standespredigten auf, die sich durch mehr Bezüge zum Alltagsleben auszeichneten.

4.2

Die scholastischen Predigten waren Themapredigten, deren Thema meistens einem Vers aus der Sonntagsepistel oder des Sonntagsevangeliums entnommen wurde. Die Einleitung (Exordium) behandelte einen einzelnen Begriff aus dem Thema oder sprach allgemein vom Predigen oder auch vom Prediger (und ist damit durchaus heutigen Predigtanfängen zu vergleichen). Die Einleitung endete mit einer Gebetsanrufung (Ave Maria, Vaterunser), so dass aus ihr eine eigene Predigt werden konnte. Dies war der Ursprung des mittelalterlichen Predigtgottesdienstes, des „Pronaus" (Meyer-Blanck 2020, 159f.). Danach folgte auf diesen Beginn die eigentliche Predigt, zunächst mit einer erneuten Einleitung, erst dann kam die eigentliche dialektische Entfaltung mit Thesen und Antithesen, Widerlegungen und Zusammenfassungen. In ihrem Hauptteil ist die scholastische Predigt eine Disputation auf der Kanzel. Im dritten Teil folgten Legenden und Heiligenviten, moralische Ermahnungen, Androhungen von Höllenstrafen und himmlische Verheißungen.

Dieses dreifache Schema hat sich lange Zeit gehalten und lässt sich auch im moderneren Gewande bis heute wiederentdecken: Situativ-persönliche Einleitung – Thematische Entfaltung – Lebenspraktischer Ausblick. Es handelt sich um die intuitiv angemessene Reihenfolge von Einleitung – Hauptteil – Schluss. Das Problem der scholastischen Predigt war jedoch der Grad an Distinktion und Abstraktion, der eher einer Abhandlung entsprach und das Zuhören erschwerte.

4.3

Auch scholastische Predigtlehren, *Artes praedicandi*, wurden jetzt verfasst. Nach dem dominikanischen Ordensgeneral Humbert de Romanis (ca. 1200–1277) war die Predigt sogar wichtiger als das Sakrament, hat doch Jesus außer dem letzten Mahl keine Messe gefeiert. Das Predigen ist darum eine Wissenschaft, die man eigens lernen muss, hieß es in seiner Schrift *De eruditione praedicatorum* (Schütz 1972, 61). Richard Rothe urteilte, diese Homiletik laufe auf die Anweisung hinaus, „wie man eine Predigt am füglichsten in aller Geschwindigkeit in ein scholastisches Gewand einkleiden könne" (Rothe 1881, 229).

Von den Franziskanern ist der Kardinalbischof von Albano, Giovanni Bonaventura (1221–1274) zu erwähnen, der in seiner Mystik durch Hugo von St. Victor angeregt wurde. Bonaventura verfasste eine scholastische Homiletik (ars concionandi). Er unterschied darin scholastisch *divisio* (Unterteilung) – *distinctio* (Unterscheidung) – *dilatatio* (Entfaltung) als die drei Hauptstücke der geistlichen Beredsamkeit (Rothe 1881, 229). Luther setzte sich intensiv mit Bonaventuras Mystik auseinander.

4.4

Gipfelpunkte der deutschen mystischen Predigt waren Meister Eckehart (ca. 1260–1327/28) und der Straßburger Dominikaner Johannes Tauler (ca. 1300–1361). Die Annahme, Gott sei im Innersten des Menschen zu finden, führte bei Eckehart zu einer Selbstreflexivität, die die deutsche Sprache und Kultur auf Dauer prägen sollte. Gott und die Seele war das eigentliche Thema seiner Predigten. Eckeharts Sprachkraft bestimmt das Deutsche nachhaltig; das gilt etwa für den im Grunde nicht übersetzbaren Begriff „Bildung".[7] Eckehart predigt einen Gott, der nicht nur gedacht wird, sondern in allen Dingen vernommen wird. Wer Gott im Sein hat, „dem leuchtet er in allen Dingen; denn alle Dinge schmecken ihm nach Gott und Gott wird in allen Dingen sichtbar." (Schütz 1972, 71)

Sein Schüler Johannes Tauler predigte, dass der Mensch seinem eigenen Willen und seinem begrifflichen Denken völlig zu entsagen habe und sich durch geistige und körperliche Leiden vor Gott demütigen solle, um durch diese Selbstentäußerung zur Vereinigung mit Gott gelangen zu können. Diese Demutstheologie hat auf den jungen Luther große Wirkung gehabt (bis ihm aufging, dass nicht die aufgebrachte Demut, sondern allein der geschenkte Glaube an Gott in Christus aus dem Teufelskreis der Selbstinspektion befreit). Tauler predigte jedenfalls aus seiner eigenen inneren Erfahrung und hatte so eine „ungewöhnliche Macht über die Gemüther" (Rothe 1881, 251). Es wird berichtet, dass Predigthörer beim Zuhören außer sich gerieten, zusammenbrachen oder sogar zu Tode kamen. Die Stärke der Mystiker bestand darin, dass sie sich auf wenige Gedanken konzentrierten; das wird man aber zugleich als ihre Schwäche ansehen können (Niebergall 1955, 249).

7 Karl Ernst Nipkow: Bildung als Lebensbegleitung und Erneuerung, Gütersloh 1990, 54–56.

4.5

Neben die gelehrte, distinktive und mystagogische geistliche Rede trat im 13.–15. Jahrhundert die Volkspredigt, die außerhalb der Messe und vielfach auch außerhalb des Kirchenraumes gehalten wird. Sie bildet eine knappe Liturgie mit Gebeten und Katechismusstücken (Vaterunser, Ave Maria, Credo, Dekalog) aus und wird so zum Kern einer eigenständigen Gottesdienstform, dem Predigtgottesdienst (→ 4.2). Predigt und Messliturgie traten durch diese Entwicklung mehr und mehr auseinander, bis die Predigt in der Messe schließlich als Fremdkörper empfunden wurde (→ § 16.1).

Der bedeutendste und zugleich fragwürdigste Volksprediger des Mittelalters war Geiler von Kaysersberg (1455–1510). Für ihn, der eine Prädikatur am Straßburger Münster innehatte, wurde dort eigens eine Kanzel errichtet, vor der er auch begraben wurde. Er konnte drei, vier und noch mehr Stunden predigen, bis er sich dann auf eine Stunde beschränkte. Seine Predigten waren deftig, unterhaltsam, voller Menschenkenntnis, reich an Wortspielen und kritisch gegen Kirche und Klerus; Geiler war aber auch vom Hexenwahn beeinflusst. Geiler verstand es, beim Predigen zu unterhalten, verbreitete aber – ähnlich wie zwei Jahrhunderte später Abraham a Santa Clara (1644–1709) in Wien – „pures Gesetz und nicht Evangelium" (Schütz 1972, 84).

Zusammenfassung

Insgesamt ist die mittelalterliche Predigt mit der altkirchlichen kaum zu vergleichen. Die rhetorische Vorbildung der Prediger war im Mittelaltere viel geringer als in der Antike. Die Predigt musste neben ihren geistlichen auch volkserzieherische Aufgaben erfüllen. Das war schon am Ausgang der Antike und beim Übergang zum Mittelalter der Fall, erst recht aber in der Zeit Karls des Großen und am Ende des Mittelalters. Die Predigt mutierte vielfach zum Medium der Moralerziehung. Der Höhepunkt dieser Entwicklung war bei Geiler von Kaysersberg erreicht. Zudem macht der Unterschied zwischen städtischen gelehrten Magistern und gerade des Lesens kundigen Pfarrern allgemeine Aussagen schwierig.

Von erheblicher Bedeutung war auch das angespannte Verhältnis der Predigt zur Liturgie. Sowohl die mystisch-introspektive Predigt als auch die scholastisch disputierende Predigt, aber auch die geistliche Volksrede waren nicht liturgieaffin. Sie führten darum ein Eigenleben und beförderten die Sakramentalisierung der Messe insgesamt. Eine problematische Begleiterscheinung aller dieser Entwicklungen war die Marginalisierung der biblischen Texte. Die kritische Prüfung der Praxis anhand der Bibel drohte angesichts eines sich selbst genügsamen Ritus und einer massiv auf Wirksamkeit bedachten pädagogischen Predigt untergraben zu werden. Die Predigt der Mystiker wurde noch am ehesten der homiletischen Aufgabe gerecht, die Vernehmbarkeit Gottes im eigenen Leben zu fördern.

§ 9 Gotteswort und Menschenwort in der reformatorischen Predigt und Predigtlehre

---

Literatur (s. auch die Literatur vor § 7 zum 2. Kapitel insgesamt): Albrecht Beutel: Rhetorik in der evangelischen Predigt des 16. bis 18. Jahrhunderts, in: Handbuch homiletische Rhetorik, hg. von Michael Meyer-Blanck, Berlin / Boston 2021, 113–133 · Joachim Konrad (Hg.), Die evangelische Predigt. Grundsätze und Beispiele homiletischer Analysen, Vergleiche und Kritiken, Bremen ^{2}1966 [1963] · Tobias Braune-Krickau / Christoph Galle (Hg.): Predigt und Politik. Zur Kulturgeschichte der Predigt von Karl dem Großen bis zur Gegenwart, Göttingen 2021 · Johannes Calvin: Unterricht in der christlichen Religion. Institutio Christianae Religionis, übersetzt von Otto Weber, Neukirchen-Vluyn 2008 · Gerhard Ebeling: Luther. Einführung in sein Denken, Tübingen ^{6}2017 [1968] · Martin Luther: Selbstzeugnis, in: ders. Werke in Auswahl, Bd. 7: Predigten (Bonner Ausgabe, BoA), Berlin 1950, 1–38 · Martin Luther: Luther Deutsch, hg. von Kurt Aland, Bd. 8: Die Predigten, Stuttgart / Göttingen ^{2}1965 · Philipp Melanchthon: Elementa rhetorices, hg., übersetzt und kommentiert von Volkhard Wels, Potsdam ^{2}2001 (Bibliothek seltener Texte in Studienausgaben, 7; Postprints der Universität Potsdam, Philosophische Reihe 79) · Ulrich Nembach: Predigt des Evangeliums. Luther als Prediger, Pädagoge und Rhetor, Neukirchen-Vluyn 1972 · Dietrich Rössler: Beispiel und Erfahrung. Zu Luthers Homiletik, in: Klassiker der protestantischen Predigtlehre, hg. von Christian Albrecht und Martin Weeber, Tübingen 2002, 9–25 · Wolfgang Trillhaas: Evangelische Predigtlehre, München ^{2}1936 [1936], bes. 25–33 · Hellmut Zschoch: Predigten, in: Luther Handbuch, hg. von Albrecht Beutel, Tübingen ^{2}2010 [2005], 315–321

Die Reformation war eine Bildungsbewegung und eine Singbewegung. Sie profitierte von der Bildung ihrer Zeit und breitete sich nicht zuletzt aufgrund ihrer Choräle aus. Ebenso beförderte sie die Entwicklung der Schule. Aber so wichtig dies alles auch ist: Vor allem anderen war die Reformation eine Predigtbewegung. Die Reformation bedeutete „ein noch nie dagewesenes Aufblühen der Predigt" (Schütz 1972, 89) und der „Zauber der Messe wich der Macht der Predigt" – diese wurde die Hauptmacht der Kirche (Hering 1897, 99). In den Städten jedenfalls wurde sonntags dreimal gepredigt, dreimal auch in der Woche und in der Fastenzeit täglich – und das eine volle Stunde lang.

Luther machte wie niemand vor ihm die Bedeutung, die Kraft und die Wirkung der Predigt als Gottes Wort geltend. Seitdem wird der evangelischen Predigt sakramentale Qualität zugeschrieben: Im Vorgang des Predigens und Hörens wird Gott vernehmbar, wird die biblische Geschichte gleichzeitig, wird Christus real präsent. Zwischen Wort und Sakrament gibt es keine Abstufung. Das Sakrament vermittelt nicht mehr vom Geist oder der Gnade als das Wort (Trillhaas 1936, 28). Beim Predigen geschieht Entscheidendes – wie das tatsächlich bei Luthers acht „Invokavit-Predigten" (9.–16. März 1522) der Fall war: Die radikal gewordene Wittenberger Reformation kam durch seine Predigten wieder in ruhigeres Fahrwasser. Wohl bei keinem anderen Prediger der Geschichte war der dogmatische Terminus des „verbum efficax" so berechtigt wie bei Luther. Die Invokavit-Predigten wirkten „ohne Droh- und Scheltwort, nur durch eine weisheitsvolle und liebreich belehrende Zurechtleitung" (Hering 1897, 97).

1 Christus, das Wort und der Glaube, der Berge versetzt: Predigt bei Martin Luther

1.1

Die Durchschlagskraft der Reformation beruht wesentlich auf dem Wirken Luthers und seiner Auseinandersetzung mit der spätmittelalterlichen Papstkirche. Neben den großen Disputationen und den sich rasant verbreitenden Hauptschriften (etwa 1520) sind es vor allem die Predigten Luthers, die den Erfolg der reformatorischen Ideen bewirkten. Uns sind rund 2000 Predigten überliefert (zur Quellenlage s. Zschoch 2010). In Luthers Predigten kommen die Linien der mystischen, der gelehrten und der volkstümlichen mittelalterlichen Predigt zusammen, doch das geschieht in jeweils eigentümlich spezifischer Weise: „Praedicatio gratiae dei conturbat omnes praesumptiones." (Luther 1950, 11; Jesaja-Vorlesung 1527ff.)

1.2

Luthers Predigt ist nicht eigentlich *mystisch*, aber sie rechnet fest mit der Vernehmbarkeit Gottes im gepredigten Wort der Bibel. Gegenüber der Mystik ist Luther – nach einer größeren Nähe in der Frühzeit (in den Predigten von 1516 und 1517) – zeitlebens skeptisch geblieben, weil diese versuche, die

Gotteserfahrung im eigenen Erleben selbst herbeizuführen. Luther schätzte zwar die Passivität des Mystikers (vgl. die Liedzeile „dir uns lassen ganz und gar“, EG 138,1), lehnte aber das apersonale Gottesbild und die mystische Innenschau ab. In einer Tischrede sagte Luther 1533, auch er habe die Vereinigung seiner Seele mit Gott empfinden wollen und dazu den franziskanischen Mystiker Bonaventura (1221–1274) gelesen, „aber er hett mich schir toll gemacht“.[8]

1.3

Auch *Gelehrsamkeit* im Sinne der Scholastik (Thesen, Ableitungen, Beweise, Schlussfolgerungen) findet sich in Luthers Predigten nicht, abgesehen von der Frühzeit vor 1517 (Hering 1897, 87). Wohl aber leitet Luther zum eigenständigen Hören auf die Bibel und zu grundlegenden Unterscheidungen an. Die bekannteste, umfassendste und folgenreichste ist diejenige zwischen Gesetz und Evangelium (bzw. zwischen Buchstabe und Geist). Dieses theologische Prinzip ist darum so wichtig, weil es mit der Rechtfertigung und der reformatorischen Entdeckung unmittelbar zusammenhängt: Es geht um die Unterscheidung zwischen dem, was ich tun kann und soll („Gesetz“) und dem, was Gott für mich getan hat bzw. tut („Evangelium“). Da der Mensch immer verantwortlich handeln soll und immer von dem rechtfertigenden Gott umgeben ist, kann die Unterscheidung zwischen Gesetz und Evangelium nicht ein für alle Mal getroffen werden, sondern ist eine in jeder Lebenssituation neu vorzunehmende Operation. Sie hat auch Konsequenzen für das öffentliche Leben, weil der Mensch als Christperson und als Weltperson zugleich lebt, also im weltlichen und im geistlichen Regiment Gottes („Zweireichelehre“). Gerhard Ebeling (1912–2001) hat in einem äußerst lesenswerten und konzentrierten Buch alle zentralen Unterscheidungen Luthers meisterhaft erläutert (Ebeling 2017).

In diesem Sinne hat Luther ein hohes Interesse an allem Lehrhaften und Pädagogischen. Ihm geht es um die eigene Urteilsfähigkeit in Sachen Bibelverständnis und Rechtfertigung. Gerade die exklusive Orientierung an Christus, an der Schrift und am Glauben verlangt die sorgfältige Differenzierung zwischen dem, was Gott „für uns genug getan“ hat (EG 101,1) und dem, was der Mensch selbst zu tun hat. So ist die menschliche *Passivität* vor Gott psychologisch gesehen eine besondere (aktive) Anstrengung. Diese Zusammenhänge sind schwerer zu verstehen als volkstümliche Mahn- und Drohreden, wie sie von den spätmittelalterlichen Predigern zu hören waren.

8 Tischrede 644, BoA 8, 80.

1.4

Luthers Predigten sind also nicht *volkstümlich* wie diejenigen von Geiler von Kaysersberg, bei dem sich deftiger Spott über menschliche Verfehlungen und robuste Mahnungen abwechseln. Der Prediger bleibt bei Geiler der überlegene Herr des rhetorischen Geschehens. Luther dagegen zieht auch Begebenheiten heran, denen er selbst hilflos gegenübersteht. Als Nebenlinie lässt sich in Luthers Predigt deutlich so etwas wie ein persönlicher Zug feststellen, wie er sich homiletisch eigentlich erst im Verlaufe des 20. Jahrhunderts etablierte (→ § 37). Luther berichtet durchaus von eigenen Erlebnissen und Erfahrungen. Er ist aber auch nicht volkstümlich im Sinne des professionellen Volksredners, der den Auftritt vor der Menge genießt. Luther kennt auch das Erschrecken vor dem Predigen. In einer Tischrede im Juli 1539 sagt er: „Wenn ich auf den Predigtstuhl steige, so sehe ich keinen Menschen an, sondern meine, es sind eitel Klötze, die da vor mir stehen, und rede meines Gottes Wort dahin." (WATR 4,447,23–25, Orthographie modernisiert)

Volkstümlich ist Luthers Predigt dagegen im Hinblick auf die zupackende, bildhafte und leicht verständliche Sprache. Aber auch dies ist nicht Selbstzweck. Vielmehr gelingt es Luther immer wieder, biblische Ereignisse gegenwärtig werden zu lassen bzw. die Zuhörenden in die biblischen Begebenheiten zu versetzen. „De te fabula narratur" – dieser Horaz'sche Grundsatz ist die eigentliche Mitte der lutherischen Predigtkunst. Es handelt sich um etwas ganz anderes, aber um die Richtung anzugeben, könnte man von einer Vorform von Bibliodrama oder Bibliolog sprechen. Die Hörenden werden in die Geschichte hineingezogen. *Sie können nicht nicht handeln.* Sie werden angesprochen, um zu reagieren. Das ist das wirksame Moment in Luthers Predigten, das in den Bereich des Rhetorischen fällt. Luther will erklären (docere) und zum Handeln helfen (movere) und zu diesem Zweck auch die Aufmerksamkeit fördern (unterhalten, delectare), also genau das, was Augustin mit Cicero als Zweck von Rede und Predigt umschrieben hatte (→ § 7.4.2). Der Prediger Luther ist Rhetor und Pädagoge. „In ecclesia debent esse docere et erzihen." (Luther 1972,141f.; Vorlesung über 1 Tim 1528) Seit der Kirchenpostille von 1522–1525, die Luther als sein bestes Buch bezeichnet hat (Hering 1897, 91), ist seine alltäglich zupackende, lebensnahe wie lehrhafte biblische Christuspredigt voll ausgebildet. Allerdings handelt es sich bei den Postillen nicht um gehaltene Predigten, sondern um mit Informationen angereicherte Mustervorlagen für Hausväter und unsichere Prediger (Zschoch 2010, 317). Was bei Luther fehlt, ist jedoch der Bezug zu Fest und Liturgie. Luther kommt alles darauf an, dass das Bibelwort seinen Weg macht („im Schwange geht") und er stellt darum den Gottesdienst vom Ritual auf Verständigung um. Die Predigten bewegen sich zwischen Lehre und Leben, Bibel und Alltag, explicatio und applicatio, während vor der Reformation das kultische Element dominiert hatte. In der Generation nach Luther verschoben sich die Gewichte erneut zugunsten der liturgischen Bezüge der Predigt.

Predigt ist bei Luther Lehre und Ermahnung – *doctrina* und *exhortatio* (Nembach 1972, 25; Schütz 1972, 93): „Dialectica docet, rhetorica movet. Illa ad intellectum pertinet, haec ad voluntatem. […] Et haec duo conficiunt modum praedicandi […]". (WATR 2,359, 18–21, Nr. 2199 A; Nembach 1972, 25) Es handelt sich dabei aber nicht um eine im spätmodernen Sinne „intellektuelle" Einsicht, sondern vielmehr um eine Kampfhandlung Christi gegen den Satan. Christus ist die in der Predigt eigentlich handelnde Person und die Gute Nachricht besteht darin, dass Christus für uns ist, dass er der Christus pro nobis ist. Die Predigt nötigt darum auch dem erfahrenen Luther immer noch Respekt ab; betet, so sagt er in einer Tischrede im Frühjahr 1532, dass Gott Weisheit in euren Mund und Ernsthaftigkeit in euer Auditorium geben möge (WATR 2,539, Nr. 2606a). Das Predigen sei letztlich keine menschliche Angelegenheit („humanum opus non esse praedicationem"), so dass er sich als geübter Prediger immer noch vor dem Predigen fürchte („usque hodie timeo praedicaturus"). Die Predigt ist kein bloßes Menschenwerk, sondern Christusrede.

1.5

Alleinentscheidender Inhalt der gesamten Schrift, also auch des Alten Testaments, ist für Luther die Person Christi. Gleich der erste Satz in einer Predigt über Jes 9,1–6 am 26.12.1531 lautet: „Das ist ein recht güldenes Kapitel, darin der Prophet Christus mit trefflichen, herrlichen Worten abmalt" (Luther 1965, 36). Es ist bekannt, wie problematisch diese christologische Konzentration im Hinblick auf Luthers Verständnis des Judentums war. Luther hielt das Reden des Alten Testaments von Christus nicht für eine christliche Interpretation, sondern für eine objektive Tatsache und verbuchte den jüdischen Dissens in dieser Frage als boshafte Weigerung. Daraus entstand der durch nichts zu entschuldigende Proto-Antisemitismus Luthers, der im 20. Jahrhundert ungeheure Folgen haben sollte.[9] Es ist deutlich, dass Luther noch nicht zwischen historisch-kritischer Rekonstruktion und glaubender Interpretation zu unterscheiden wusste. Man sieht daran, wie problematisch das Prinzip „sola scriptura" sein kann, wenn es nicht von einer selbstkritischen Hermeneutik begleitet ist. Daraus ergibt sich die praktische Frage, wie die ganze Schrift beider Testamente auf Christus, den

9 Michael Meyer-Blanck: Glaube und Hass. Antisemitismus im Christentum, Tübingen 2024, 80–99.

Herrn hin gepredigt werden kann, ohne in antijüdische Muster zu verfallen, die in antisemitische Stereotype übergehen können (→ § 29).

Die Unmittelbarkeit der Christusrede ist andererseits das Spezifikum und das Berührende der Predigten Luthers. Bei ihm wird nicht *über* Christus, Rechtfertigung und die heilsame Lehre geredet, sondern Christus selbst rechtfertigt und erneuert durch das Predigtgeschehen. In diesem Zusammenhang benutzt Luther oft die Unterscheidung der Wirkung Christi als *sacramentum* und als *exemplum*. Das *sacramentum* als Gabe und Werk Christi ist das Primäre, aus dem sich immer wieder neu die Nachfolge (dem *exemplum* entsprechend) ergibt, so dass die Unterscheidung eine Parallele zu derjenigen zwischen Glauben und Werken darstellt. Im Glauben werden wir („sakramental") gerettet (Röm 3,28), der Glaube betätigt sich (Gal 5,6) im Sinne des Exempels, das der Herr gegeben hat (Joh 13,15).

1.6

Emanuel Hirsch hat dem 7. Band der „Bonner Ausgabe" (BoA 7,1–38) eine Reihe von Selbstzeugnissen Luthers beigefügt, aus denen sich Hirsch zufolge „seine homiletische Theorie erheben lässt".[10] Schon früh, in den „Operationes in psalmos" 1519–1521 heißt es, in der Kirche reiche das Lesen und Schreiben nicht, „sed necessarium esse dici et audiri" (3,28). Die Aufgabe der Geistlichen ist es nicht, die Horen zu lesen, „sed enarrare et annuntiare et aliis in verbo servire" (5,5f.). Dabei soll man nicht mit dem Allgemeinen und Prinzipiellen, sondern mit dem Einzelnen und Exemplarischen beginnen, wie Christus das in den Gleichnissen gezeigt hat (18,22ff.). Auf der Kanzel soll man die Zitzen herausziehen und das Volk mit Milch tränken – und sich nicht an den Intellektuellen orientieren: „Ich predige ihnen auch nicht, sondern meinem Henslein und Elslein; illos observo", bemerkt Luther (30,16f.). Was die Qualität seiner Predigten angeht, habe er sich manches Mal getäuscht: Oft habe er gesagt „Pfue dich an, wie hastu gepredigt?", sei aber von den Leuten gelobt worden (32,32ff).

Zusammengefasst finden sich Luthers homiletische Grundsätze in einer Hauspredigt vom Pfingstmontag 1532 (15,8–14):

> Man kann sonst nicht predigen quam de Iesu Christo et fide. Das ist generalis scopus. Macht ein scopum de Christiana libertate, so kompt yhr da von. Ipse abrogat omnia, legem, mortem, peccatum et iram dei et humanam fiduciam, iusticias et sapientiam. Er nimpt viel auff ein hauffen dominus, quando loquitur:

10 BoA 7,1,3; im folgenden Absatz mit Seitenzahlen im Haupttext nachgewiesen.

'vitam aeternam habebit et non peribit, si in filium crediderit', tum Tod, Teufel, iustitia, lex, praemia sind hin weg.

Wenn „über" Christus und den Glauben gepredigt wird, dann agiert nach Luthers Überzeugung das Wort Christi selbst gegen Sünde, Tod und Teufel. Es wirkt, indem die Gewalt der Mächte und die Gewohnheit des alten Denkens, die Logik der irdischen Gerechtigkeit beseitigt werden.

Die Wirkung von Luthers Predigten beruht wahrscheinlich darauf, dass er die Effektivität des Wortes Christi nicht ableitete, begründete oder behauptete, sondern voraussetzte. So vollzog er das, was er sagte. Anders formuliert: Der Prediger Luther glaubt seinem eigenen Glauben und zeigt eben dies glaubwürdig auf. Das ist der Grund dafür, dass seine Predigtweise oft imitiert, aber kaum erreicht wurde. Damit ist Luther schließlich auch ein Exempel für das persönliche Predigen geworden. Sein homiletisches Wirken steht für die Einsicht, dass man in der Predigtkunst zwar einiges lernen kann; Entscheidendes aber unterliegt wie in vielen Künsten dem Talent. Die Talente in Sachen Überzeugungskraft, Redelust und Bühnenpräsenz sind unterschiedlich verteilt.

2 Predigt und Homiletik der anderen Reformatoren

Wie nahezu alle studierten Theologen des 16. Jahrhunderts haben auch die anderen herausragenden Reformatoren gepredigt. Aber keiner hat als Prediger (und bekanntlich auch als volkstümlicher Schriftsteller) eine solche Wirkung erlangt wie Luther.

2.1

Luthers wichtigster Weggefährte Philipp Melanchthon (1497–1560) hat selbst nicht im Gottesdienst gepredigt (wohl aber im Hörsaal und in seinem Haus die Sonntagsevangelien erklärt); er traute sich die biblische Rede im liturgischen Kontext einfach nicht zu. Aber er hat durch seine „Elementa rhetorices" die Rezeption der antiken Rhetorik in der reformatorischen Bewegung sehr gefördert. Neben die drei klassischen Redeformen *docere, delectare, movere* setzte Melanchthon das speziell didaktische Genus (γένος διδασκαλικόν) der Predigt. Es ging ihm darum, über zentrale Sachverhalte zu informieren (perfecte docendi rationem), um den Bestand der reformatorischen Einsichten zu sichern, z.B. zu Buße, Gnade, Gesetz und Glaube. Anders als das didaktische Moment im vorliegenden Buch verstanden wird, nämlich als Reflexion auf die Bedingungen der Möglichkeit, die Predigt als eine *religiöse* Rede zu hören (→ § 6.3), geht es Melanchthon *materialiter* um das Einschärfen der rechten

Lehre im Rahmen der damaligen Auseinandersetzungen (Melanchthon 2001, 40–43). Die Menschen müssen „über die Lehrinhalte der Religion" unterrichtet werden, damit sie diese „voll und ganz verstehen können" (33).

Und schließlich fällt der als „Praeceptor Germaniae" bezeichnete Pädagoge Melanchthon ein nüchternes Urteil zur rhetorischen Didaktik: Was beim Reden besonders angemessen ist, das muss man im Ernstfall und durch Nachahmung lernen („in foro discendum est imitacione", 26). Die imitatio steht am Anfang, die Weiterentwicklung der Regeln ist dann der zweite Schritt (23). Passend dazu war Melanchthons Predigtpostille für die Anfangszeit der evangelischen Predigt von herausgehobener Bedeutung. Das Moment der Imitation scheint aktuell eher ignoriert oder mit einem Makel behaftet zu sein. Keine(r) will imitieren, aber jeder Lernschritt ist eine mehr oder weniger bewusste Weise von Imitation.

2.2

Wichtig für die Entwicklung der Homiletik in der Orthodoxie war Andreas Hyperius aus Ypern in Flandern (1511–1564), der ab 1542 an der Universität Marburg lehrte. Er gilt als hessischer Melanchthon und als Ahnherr der Praktischen Theologie. 1553 publizierte er die erste evangelische Homiletik, in der er die rhetorischen Fälle und die Stofffindung (inventio) aus der klassischen Rhetorik mit den reformatorischen Einsichten verband. Er unterschied fünf Arten der Predigt: 1. Das genus didascalium, 2. genus redargutivum (Zurückweisung von Irrtümern), 3. genus institutivum (Ethik), 4. genus correctivum und 5. genus consolatorium (Hering 1897, 117).

2.3

Von Ulrich Zwinglis (1484–1531) rund 1000 Predigten am Zürcher Großmünster ist keine in der ursprünglichen Form erhalten. Seit seiner Berufung nach Zürich 1518 wandte sich Zwingli von der Perikopenpredigt ab, weil er die Texte nicht mehr zerstückeln wollte. Die continua-Predigt ist seitdem zum deutlichsten Marker der Schweizer reformierten Predigt geworden. Zwingli predigte genau exegesierend Vers für Vers, aber auch bisweilen thematisch, etwa von der „Klarheit, Gewissheit und Untrüglichkeit des Wortes Gottes" oder der „göttlichen und menschlichen Gerechtigkeit". Zunehmend wurde seine Predigt politisch und nahm Stellung gegen das Bündnis der Kirche mit Fürsten und Herren sowie gegen die die Bauern drückenden Lasten. Schriftauslegung und eidgenössischer Patriotismus verbanden sich in seinen Predigten (Schütz 1972, 102f.). Dabei erklärte er die schwierigen Stellen durch die klaren, wobei er sich besonders an Johannes und Paulus orientierte, aber auch an Augustin

(Hering 1897, 107). Der „patriotische Eifer" und das politische Engagement fanden großen Widerhall, während die „starke Färbung durch den Dialekt" die Wirkung außerhalb der Schweiz erschwerte (Hering 1897, 109).

2.4

Johannes Calvin setzte den Weg Zwinglis fort, erreichte aber mit der Zeit immer größere Resonanz. Er predigte frei mit der Bibel in der Hand und Stenographen schrieben mit, so dass etwa 700 Predigten erhalten sind. Der Heiligen Schrift kommt noch größere Bedeutung zu als bei Luther, denn sie ist als solche, wenn sie im Geist verstanden wird, Gottes Wort; das lehrt einen das testimonium spiritus sancti internum. Die Gläubigen sollen wissen, dass die Bibel „vom Himmel herab zu ihnen kommt, als ob Gottes eigene Stimme hier lebendig vernommen würde"; denn es ergehen nicht alle Tage „Offenbarungsworte vom Himmel". Es hat Gott gefallen, „allein in der Schrift seine Wahrheit zu stetem Gedächtnis zu erhalten" (Institutio I,7,1). Diese Wahrheit ist unabhängig vom Urteil der Kirche (Inst. I,7,2). In summa: „Wer innerlich vom Heiligen Geist gelehrt ist, der verharrt fest bei der Schrift, und diese trägt ihre Beglaubigung in sich selbst" (Inst. I,7,5). Die Schrift als solche ist Gottes Wort, während bei Luther stärker der Prozess von Predigen und Hören das Wort Gottes erfahrbar werden lässt. Das führt dazu, dass Calvin der Gemeinde Gottes Willen und die daraus resultierenden Pflichten mitteilt und Gehorsam gegenüber dem majestätischen Gott fordert. Es fehlen allerdings der Alltagsbezug und das Unterhaltsame, das Luther aus der volkstümlichen mittelalterlichen Predigt übernommen und weitergeführt hatte. Es dominieren Ernst, Lehre und Gelehrsamkeit. In einer Predigt über die erste Seligpreisung Mt 5,3 von 1560 heißt es:

> Denn es gibt viele Arme, die deswegen noch lange nicht demütig werden, sondern Gott nach Kräften widerstreben. Merken wir uns also das: die Armut muss in unser Inneres dringen und uns von Stolz und Eigendünkel reinigen, damit wir wissen, wir sind nichts. (Konrad 1966, 39)

Calvin wusste auch über das Zeremonialgesetz fruchtbar zu predigen. Über die reinen und unreinen Speisen in 5 Mose 14 führte er aus, die allegorische und die hygienische Auslegung seien „trop froid et maigre". Vielmehr solle Gottes Volk durch die Speisegesetze daran erinnert werden,

> sich von der Welt unbefleckt zu halten und zwar zunächst auf diesem Gebiete des Essens und Trinkens, auf dem sich die Menschen leicht gehen lassen. Daher ist,

obwohl die Zeremonie nicht bleibt und nachdem uns Christus befreit hat, doch die Hauptsache nicht abgeschafft worden, nämlich, dass wir nüchtern unter der Furcht Gottes leben, unsere Begierden zähmen und uns nicht die Zügel lockern, um uns in die Lüste der Welt zu stürzen, sondern das Opfer unseres Leibes und unserer Seele täglich darbringen und nüchtern und unbefleckt leben. (Sermo 90 sur le Deuteron. Chap. 14, CR t. 55, 280ff; zitiert nach Hering 1897, 112, Anm. 1)

An Calvins Predigten werden die Genauigkeit und erschöpfende Auslegung gerühmt (H.M. Müller 1995, 70). Meistens wählte er die Form der versweisen Auslegung (Homilie), wobei sich explicatio und applicatio durchdringen. Calvins Predigten „bilden einen Schatz der Kirche, wo nur schriftauslegende Predigt getrieben wird, wird Calvin immer gerne zitiert und mit Nutzen herangezogen" (Schütz 1972, 105).

2.5

Zu erwähnen ist an dieser Stelle noch Heinrich Bullinger (1504–1575), der Nachfolger Zwinglis als Zürcher Reformator und Leiter der Zürcher Kirche von 1531–1575. Auf Bullinger geht eine Spitzenformulierung zurück, die sich zu Beginn der *Confessio Helvetica Posterior* von 1566 findet: „Praedicatio verbi Dei est verbum Dei." Die Formel gehört in diesem – von Bullinger verfassten – Bekenntnis zur Hermeneutik der Heiligen Schrift und die Predigt ins Glaubensbekenntnis. In der Predigt wird die Heilige Schrift gegenwärtig, enthüllt sich ihr Charakter als Wort Gottes. Um dieses Prinzip richtig zu verstehen, muss es ekklesiologisch eingeordnet werden. Es sind also nicht die Formulierungen des Kanzelredners, die autoritär zu Gottes Wort hypostasiert werden; es geht vielmehr um den gesamten kommunikativen Prozess der praedicatio, um das Mitteilen, Darstellen und Rezipieren des Bibelwortes unter der gemeinsamen Voraussetzung, dass Gott selbst dabei vernehmbar ist. Dass gerade ein reformiertes Bekenntnis ein lutherisch anmutendes massives „est" enthält, verwundert nur auf den ersten Blick, denn dieses „est" ist ein „est" der Signifikation, der Bedeutungszuschreibung im Hinblick auf ein sich ereignendes Geschehen. Es darf nicht als Metaphysik aufgefasst werden, sondern ist als Kommunikation unter der Annahme des aktuell wirksamen Heiligen Geistes zu verstehen.

Zusammenfassung

Die Reformation und die reformatorische Predigt bedeuteten nicht weniger als eine Kulturrevolution. An die Stelle des Mysteriums der Messe trat die Macht des verstandenen Wortes. Luthers Mut und Einfallsreichtum bildeten zweifellos den Ausgangspunkt der radikal erneuerten Kommunikationsweise von Religion. Obwohl Luther in gewisser Weise an die mystische Predigt des Hochmittelalters, an die scholastische Predigt seiner Lehrer und an die volkstümliche Predigt der städtischen Prädikaturen anknüpfte, war seine Predigt durch die zupackende Aktualisierung des biblischen Textes von einer bisher nicht gekannten Wirkung. Wahrscheinlich war es Luthers eigenes Überzeugtsein vom jeweils aktuellen Reden und Wirken Christi, das seine Predigt so erfolgreich machte. Zwingli und Calvin waren sehr genaue Ausleger der biblischen Texte und sind von daher bis heute ein nachahmenswertes Vorbild für die schriftnahe Predigt, während Melanchthon und Hyperius die antike Rhetorik und die neuen reformatorischen Einsichten aufeinander zu beziehen wussten. Insgesamt war die Reformation nicht nur eine Blütezeit der Predigt, sondern auch eine Epoche außergewöhnlichen Vertrauens in ihre Möglichkeiten. Die Reformation liegt ein halbes Jahrtausend zurück und mit ihrem ambitionierten Predigtverständnis zugleich der evangelischen Kirche weit voraus.

§ 10 Zwischen rechter Lehre und persönlicher Empfindung: Predigt und Predigtlehre im 17. Jahrhundert

---

i **Literatur (s. auch die Literatur vor § 7 zum 2. Kapitel insgesamt):** Albrecht Beutel: Aphoristische Homiletik. Johann Benedikt Carpzovs ‚Hodegeticum' (1652), ein Klassiker der orthodoxen Predigtlehre, in: Christian Albrecht / Martin Weeber (Hg.): Klassiker der protestantischen Predigtlehre, Tübingen 2002, 66–47 · Tobias Braune-Krickau / Christoph Galle (Hg.): Predigt und Politik. Zur Kulturgeschichte der Predigt von Karl dem Großen bis zur Gegenwart, Göttingen 2021 · Johann Benedikt Carpzov: Hodegeticum brevibus aphorismis pro collegio concionatorio conceptum. Ein Wegweiser für Prediger in Leitsätzen, Lateinisch-Deutsch, eingeleitet, übersetzt und hg. von Reiner Preul, Leipzig 2014 [1652] · Ruth Conrad / Martin Weeber: Die Predigtideale in Altprotestantischer Orthodoxie, Pietismus und Aufklärung als Entfaltungen des reformatorischen Erbes, in: dies. (Hg.): Protestantische Predigtlehre. Eine Darstellung in Quellen, Tübingen 2012, 81–94 · Martin Schian: Orthodoxie und Pietismus im Kampf um die Predigt. Ein Beitrag zur Geschichte des endenden 17. und des beginnenden 18. Jahrhunderts, Gießen 1912 · Winfried Zeller (Hg.): Der Protestantismus des 17. Jahrhunderts, Bremen 1962

Die in der Regel als Zeit der „Orthodoxie" bezeichnete Epoche, die man mit dem Abschluss des (lutherischen) Konkordienbuches 1580 beginnen lassen kann und deren Ende mit Philipp Jakob Speners Programmschrift „Pia Desideria“ von 1675 eingeläutet wurde, gehört – anders als Reformation, Pietismus und Aufklärung – zu den weniger wahrgenommenen und weniger erforschten Zeiträumen der Kirchengeschichte. Die große hermeneutische Umwälzung vom Prinzip des priesterlichen Ritus auf die Verständigung des christlichen Rhetors mit der Gemeinde war vollzogen, die Trennung der beiden großen Konfessionen erwies sich immer mehr als irreversibel und alles das hatte sich auch in der Politik, in evangelischen und katholischen Territorien manifestiert. In der Geschichtswissenschaft spricht man von der „Konfessionalisierung“, weil das Prinzip der Konfession alle Lebensbereiche durchdrang und in der Mitte des zu schildernden Zeitraums zur Katastrophe des 30jährigen Krieges führte.

Theologisch und homiletisch handelt es sich um eine Zeit des Übergangs. Die reformatorische Predigtbewegung hatte reformatorische Gemeinden, Obrigkeiten und Fakultäten zur Folge gehabt, ohne dass die „Altgläubigen“ verschwunden waren. Daraus ergaben sich eine auf Dauer gestellte Kontroverse und eine entsprechend kontroverse Theologie und Predigt. Insbesondere innerhalb des lutherischen Protestantismus wirkten die intensiven Lehrstreitigkeiten am Ende des Reformationsjahrhunderts nach: Die reformatorischen Einsichten galt es mit allen Mitteln der dialektischen und rhetorischen Kunst zu sichern. Die Predigt diente weniger der individuellen Erbauung als vielmehr der ekklesialen Konsolidierung. Dabei ist immer in Rechnung zu stellen, dass man damals von der guten oder schädlichen Wirkung des Glaubens auf das Gemeinwesen – und nicht nur auf das Individuum – fest überzeugt war. Jeglicher Gedanke an den religiösen Pluralismus und eine damit verbundene Toleranz lag damals fern.

Gleichzeitig kündigte sich aber mit der Empfindsamkeit und individuellen Glaubensreflexion die Predigt einer neuen Epoche an. Auch die Predigt der Orthodoxie war keinesfalls nur dogmatisch und neoscholastisch, obwohl sie durch verzerrende Darstellungen in den Ruf geraten ist, sie sei „formalistisch und intellektuell-erfahrungsfeindlich“ (Conrad / Weeber 2012, 81). Das universitäre Theologiestudium war allerdings von der „Polemik und Dogmatik in aristotelisch-scholastischem Gewande“ bestimmt (Rothe 1881, 372). Die Studenten lernten eher das scharfe Disputieren als die Mitteilung und Darstellung unter Freunden („homilia“). Dennoch gab es auch schon im 17. Jahrhundert Kritik an den üblichen konfessionellen und dogmatischen Streitereien auf der Kanzel (Schian 1912, 27f.).

In der Geschichte des Protestantismus „stellt das 17. Jahrhundert wohl jenes dar, das sich am stärksten einem Gesamtverständnis entzieht“ (Zeller 1962, XIII). Freilich stand der seit der Erfindung des Buchdrucks aufbrechende

Individualismus bereits vor der Tür: Wer liest, bereitet dem persönlichen Verstehen die Bahn. Insofern führen direkte Spuren von Renaissance und Humanismus über die Reformation und Orthodoxie zu Pietismus und Aufklärung (→ § 11). Darüber hinaus muss daran festgehalten werden, dass die evangelische Predigt als solche immer ein Element des Lehrhaften haben muss. Predigt soll nicht überreden, emotional vereinnahmen oder zu bestimmten Handlungen drängen, sondern sie soll Klarheit schaffen, zum selbstständigen Urteil befähigen und den Weg zum eigenverantwortlichen Handeln aufzeigen. So gesehen verweist das – fast zum Schimpfwort mutierte – Prädikat „orthodox" auf wichtige Aspekte einer rhetorischen und wahrhaft pädagogischen Predigt.

1 Merkmale der orthodoxen Predigt

1.1

Die orthodoxe Predigt folgte der grundlegenden Überzeugung Melanchthons, es sei vor allem die klare Lehre, die die Menschen im Glauben stärke. Die orthodoxe Predigt unterlag zwar keinem bloßen Schematismus, gleichwohl bevorzugte sie einen bestimmten Modus der Gedankenentwicklung, also die seit der Antike als „sermo" bezeichnete thematische Abhandlung mit den Schritten exordium (Eröffnung) – propositio (Themenangabe) – tractatio (materiale Entfaltung) – applicatio (praktische Anwendung mit den verschiedenen usus) – conclusio (Schlussbemerkungen; Carpzov 2014, 85); s. dazu das Beispiel zu Mt 21,1–9 (1. Advent) von 1693 bei Conrad / Weeber 2014, 87f.).

Dazu gehörte weiter die Empfehlung, die Anwendung (applicatio) fünffach zu gliedern, wie das Andreas Hyperius beschrieben hatte (→ § 9.2.2), indem er von dem bibelhermeneutischen Prinzip in 2 Tim 3,16 und Röm 15,4 ausgegangen war (Hering 1897, 117; Rothe 1881, 375; Carpzov 2014, 47.121). Demnach gehörten zur applicatio die vier „usus" der „Lehre", „Zurechtweisung", „Besserung" und „Erziehung"; Hyperius fügte noch den Trost (usus consolatorius) hinzu. Die Gliederungen wurden immer differenzierter und komplizierter. Bei dem oft beklagten orthodoxen Formalismus mag es eine Rolle gespielt haben, dass man erstmals eine Theorie öffentlicher Rede in deutscher Sprache zu konzipieren suchte, was aber in der akademischen Unterrichtssprache Latein geschah (Müller 1995, 78).

Besonders das Exordium, das zunächst als Hinführung de tempore zum Festtag gedacht war, wurde immer länger und konnte schließlich zu einer eigenen, wiederum kunstvoll gegliederten Predigt werden. Durch das dreifache Exordium (*1. exordium generale – 2. exordium speciale – 3. exordium specialissimum*) sollte (1.) andächtige Stimmung und Aufmerksamkeit geschaffen werden, bevor auf den Text (2.) und schließlich (3.) auf das eigentliche Thema hingeführt wurde; manchmal wurden auch ein viertes oder fünftes Exordium angefügt. Im Extremfall kam es damit zu einer Zehn-Punkte Predigt mit einem fünffachen Exordium und einer fünffachen Applikation, wobei die eigentliche thematische Entfaltung (propositio und tractatio) noch gar nicht berücksichtigt ist. Der biblische Text verfing sich in diesem kunstvollen Dispositions- und Disputationsnetz, so dass er wesentlich im Modus des Zitierens von Belegstellen zur Geltung kam.

Johann Benedikt Carpzov der Ältere (1607–1657), der Professor in Leipzig und Archidiakon an der Thomaskirche war, mahnte darum in seinem homiletischen Wegweiser („Hodegeticum"), gerade in der Predigteinleitung müssten Unpassendes und lange Abschweifungen vom Skopus des Textes vermieden werden. Das Ziel des Exordiums sei es lediglich, die Hörer aufmerksam und geneigt („attentum ac benevolum") zu machen (Carpzov 2014, 86f.). Mit drei bis fünf Sätzen Exordium solle man es genug sein lassen (89). Auch die Propositio (Themenangabe) müsse „griffig, bestimmt, unverblümt, kurz und übersichtlich" sein, damit die Hörer nicht im Ungewissen blieben (95). Bei der Texterklärung seien Dunkelheit und Weitschweifigkeit zu vermeiden (119) und bei den Folgerungen (usus) sei darauf zu achten, dass diese nach der Ratio von Zeit, Ort und Hörern angewendet würden (122f.).

1.2

In der Orthodoxie trat dennoch immer mehr der theologische Diskurs an die Stelle der eher unsystematischen und dynamischen biblischen Gedankenfolgen. Die Predigt verlor am Ende des 16. und dann im Verlauf des 17. Jahrhunderts an „lebendiger Frische". Ihre Sprache geriet unter den Einfluss des bürokratischen Jargons („Kanzleistil"). Durch den Versuch, die eigene Gelehrsamkeit unter Beweis zu stellen, entstand eine „barbarische Sprachmengerei" (Rothe 1881, 373). Man bemühte sich

> oft mit überflüssiger Gelahrtheit um den Text, druckte ihn wohl griechisch und lateinisch ab und bedeckte halbe Seiten mit biblischen Citaten. [...] Die Predigt blieb demnach zurück hinter dem Aufschwung des Kirchenliedes, welches in aller seiner Lehrhaftigkeit doch in Herzenslauten zu uns redet (Hering 1897, 117f.).

Hier ist an erster Stelle an das innige „Ich-Lied" zu denken, wie es Paul Gerhardt (1607–1676) schuf und das die Gläubigen bis heute tief anspricht. Ein evangelisches Gesangbuch ohne „Wie soll ich dich empfangen" (EG 11), „Ich steh an deiner Krippen hier (EG 37), „Geh aus, mein Herz, und suche Freud" (EG 503) und „Befiehl du deine Wege“ (EG 361) ist bis heute nicht vorzustellen. Gerade Leben und Werk Paul Gerhards zeigen, wie orthodoxe lutherische Lehre und glaubende Empfindsamkeit zusammengehen konnten.

1.3

Die Predigt hatte nach den Kirchenordnungen eine Stunde zu dauern (Carpzov 2014, 187), in Wirklichkeit brachte sie es aber häufig auch auf zwei Stunden oder mehr (und eine Beerdigungspredigt bei vornehmen Leuten konnte drei Stunden dauern). Langeweile und Kirchenschlaf waren die Folge und die Kirchendiener mussten die Schlafenden mit langen Stöcken wecken. Ein durchschnittlich belasteter Pastor brachte es auf rund 200 solcher Predigten im Jahr; er stand also mindestens vier Zeitstunden jede Woche auf der Kanzel. Um diese lange Zeit zu füllen, griff man nicht nur auf differenzierteste Gliederungen zurück, sondern auch auf Symbolisches und Bildliches (auf „Emblematisches“, man spricht auch von der „emblematischen“ Predigt). Daraus ergab sich eine um die Hörer werbende Anschaulichkeit, die aber zugleich etwas Künstliches hatte. So verglich Valentin Ernst Löscher (1673–1749) das Vaterunser mit einem Schloss, wobei die einzelnen Bitten die Hofhaltung, die Kapelle, der Audienzsaal, die Rüstkammer etc. waren (Schian 1912, 18). Auch wurde etwa die Frage aufgeworfen, welche Form das Waschbecken und das Tuch bei der Fußwaschung Jesu hatten und ob Jesus wirklich in einer Krippe geboren wurde oder nur in einem Gasthaus „Zur Krippe“ (Rothe 1881, 374). Als Jahrgangsthemen für die Predigten waren Themen üblich wie etwa „Christus als Handwerker“ (Schütz 1972, 120f.). Ein Dresdner Hofprediger gliederte ein Jahr lang (!) seine Predigten nach den Dresdner Türmen: Gottes „Pulverturm“ ist das Gesetz, Gottes „Schlossturm“ ist das Evangelium und Gottes „Kreuzturm“ ist das Kreuz, das er den Frommen auferlegt (Rothe 1881, 376). Man nannte solche Schemata „Verbal-Jahrgänge“, während die „Real-Jahrgänge“ einen Teil der christlichen Lehre behandelten. Etwas anderes war die „Realienmethode“, mit der man den biblischen Text durch Sinnbilder, Historien, Gleichnisse und Antithesen, aber auch durch Natur- und Kulturgeschichtliches auffüllte. Dies führte zu einer bunten, abwechslungsreichen Predigt, in der der biblische Text unter zahlreichen blitzlichtartigen Impulsen ins Hintertreffen geriet. Es galt nach damaliger Auffassung, möglichst viele Bibelstellen „mittelst der Concordanz zusammenzukneten“ (Rothe 1881, 378).

Dazu suchte man auch die Frage zu klären, zu welchem rhetorischen *genus causarum* (Gerichtsrede, Beratungsrede, Festrede oder didaktisches Genus, → § 34–35) der jeweilige Text gehörte. Vor allem rekurrierte man auf die fünf *usus*, auf den lehrmäßigen, den überführenden (elenchtischen), den erzieherischen, den wiederherstellenden und den tröstenden (Carpzov 2014, 46–49). Bei jedem Einzeltext soll erhoben werden, welches *genus* (bzw. welcher *usus*) der jeweiligen Gemeinde (loco, tempori, auditorio) angemessen ist (Carpzov 2014, 60)

Weiterhin versuchte die orthodox-lutherische Predigt die Aufmerksamkeit der Gemeinde durch massive Polemik zu gewinnen. Alte und neue Ketzer wurden beschimpft, vor allem aber die Reformierten und ihre Abendmahlslehre. Glaubende Innerlichkeit und furor theologicus kamen aus derselben Werkstatt. Philipp Nicolai, der Dichter von „Wachet auf, ruft uns die Stimme“ (EG 147), vertrat in einer Kampfschrift die These, die Calvinisten verehrten den Teufel (Schütz 1972, 123) und Johann Matthäus Meyfart (1590–1642, Dichter von „Jerusalem, du hochgebaute Stadt“, EG 150) kämpfte gegen Hexenverfolgung und Unmoral.

Und schließlich gerieten „die Perücken, das Haarfrisiren, das Tabakrauchen“ in das Fadenkreuz homiletischer Kritik, so dass insgesamt eine „pedantisch-gelehrte“ Predigtweise die Folge war (Rothe 1881, 373). So spielte man mit den Formulierungen des Bibeltextes und suchte daraus Predigtstoff zu generieren. Zum Teil wurden zu einzelnen Wörtern unzählige Parallelstellen bemüht oder Predigten über einzelne Wörter gehalten. So wird von einer ganzen Predigt über das Wort „und“ berichtet. Dabei konnte die Predigt „aus Schrifttreue die Schriftgemäßheit einbüßen“ (Schütz 1972, 121). Insgesamt hat die Predigt der Orthodoxie zwar mit Krisensymptomen zu kämpfen, aber sie hat trotzdem auch eine spirituelle Kraft. Besonders die reformierte Predigt in Frankreich und den Niederlanden ist im 17. Jahrhundert von hoher Qualität (Schütz 1972, 129–136).

2 Das „Hodegeticum“ (Wegweisung) von Johann Benedikt Carpzov d.Ä. 1652

2.1

Ebenso extensiv wie die Predigt war die Produktion von homiletischer Theorie. Nach 1648 erschien eine große Anzahl von Predigtanleitungen (Rothe 1881, 378f., Anm. 1 bibliographiert allein zehn Homiletiken aus der 2. Hälfte des 17. Jahrhunderts). Verschiedene Fakultäten erstellten Predigtmethoden, die nach dem jeweiligen Ort genannt wurde. So war die „Leipziger Methode“ eine Anleitung, mit Hilfe der Konkordanz über jedes beliebige Thema auf der Kanzel eine Stunde lang zu reden.

2.2

Zur Leipziger Methode gehört auch das „Hodegeticum" Johann Benedikt Carpzovs des Älteren (1607–1657), der Professor in Leipzig und Archidiakon an der Thomaskirche war. Auf diese Schrift sei an dieser Stelle etwas ausführlicher eingegangen, weil diese in einer modernen zweisprachigen Ausgabe leicht zugänglich ist (Carpzov 2014). Lange Zeit galt dieses kurze Buch als Beweis für die Pedanterie und Regulierungswut der lutherischen Orthodoxie. Liest man es genauer, wird deutlich, dass man in der Zeit der Orthodoxie nicht nur trockene lehrhafte Dogmatik ohne Rücksicht auf den Hörer getrieben hat. Es zeigt sich vielmehr, wie stark auch die Orthodoxie an der persönlichen Frömmigkeit orientiert war, so dass die Unterschiede im Übergang zum Pietismus nicht so groß sind, wie man lange Zeit gemeint hat. Die Schrift umfasst einen Grundsatzteil in elf Leitsätzen mit Erläuterungen (38–84) und einen praktischen Teil in acht Leitsätzen mit Erläuterungen (85–141).

2.3

Nach Carpzov soll der Prediger zunächst den Bibeltext immer wieder lesen, verstehen und sich vertraut machen, so dass er ihn auswendig vortragen kann („memoriter recitare", 44f.). Sodann gilt es, zu hörergemäßen Aussagen zu kommen, „quae *loco, tempori* ac *praesenti* etiam *auditorio* conveniunt" (60f.). Carpzov betont, dass die „synthetische" (thematische) und die „analytische" (dem Textverlauf folgende) Methode miteinander zu verbinden sind (71). Die Teile der Predigt müssen nur aufgefunden werden, denn sie sind laut Carpzov im Predigttext vom heiligen Geist selbst vorgegeben („ab ipso Spiritu S. positae") – hier steht die Inspirationslehre im Hintergrund (78f.).

Wortwahl und Stil der Predigt sollen Carpzov zufolge gerade nicht gelehrt und kompliziert sein, sondern „(1.) wesentlich und rein, (2.) einfach und nicht gekünstelt (affectatus), (3.) ernsthaft, alle komödiantische Leichtigkeit ausschließend, (4.) frei von Fachterminologie, (5.) voll kurzer Sätze, (6.) nie unbedacht", so dass der Prediger in der Lage ist, dort, wo es angebracht ist, ausführlicher zu werden und „gewichtig, lieblich, streng, reichhaltig zu sein." (81) Man sieht, wie auch damals bei aller Sorge für die rechte Lehre die Hörer- und Situationsorientierung oberste homiletische Prinzipien waren.

Carpzov mahnte, gerade in der Predigteinleitung müssten Unpassendes und lange Abschweifungen vom Skopus des Textes vermieden werden. Das Ziel des Exordiums sei es lediglich, die Hörer aufmerksam und geneigt („attentum ac benevolum") zu machen (Carpzov 2014, 86f.). Mit drei bis fünf Sätzen Exordium solle man es genug sein lassen (89). Auch die Propositio (Themenangabe) müsse „griffig, bestimmt, unverblümt, kurz und übersichtlich" sein, damit die Hörer nicht im Ungewissen bleiben (95). Bei der Texterklärung seien Dunkelheit und Weitschweifigkeit zu vermeiden (119) und bei den Folgerungen sei darauf zu achten, dass diese nach der Ratio von Zeit, Ort und Hörern angewendet würden (122f.). Beim Lehrgehalt legte Carpzov Wert darauf, dass dieser in den Zusammenhang der Katechismen und der anderen Bekenntnisschriften (z.B. Confessio Augustana, Schmalkaldische Artikel, Konkordienformel) gestellt wird. Die kontroverstheologische Zurückweisung (confutatio) sollte in moderater und umsichtiger Weise erfolgen (127), denn die Zurechtweisung der Hörer erfordert Vorsicht (prudentiam), damit sie nicht ins Gegenteil umschlägt (128f.).

2.4

Überblickt man die verschiedenen Aussagen in Carpzovs Hodegeticum, dann fällt auf, dass vieles davon bis in die Gegenwart seine Berechtigung behält. Dabei ist deutlich, dass mit „Beharrlichkeit" der konkrete biblische Text im Mittelpunkt steht (Beutel 2002, 44). Auch der durchgängige Hörerbezug ist positiv hervorzuheben. Doch andererseits wird auch klar, wie die Predigt sich unter diesen Prinzipien an der Lehre orientieren und vom jeweiligen Text entfernen konnte. Dabei drohten die jeweils spezifischen Aussagen des Textes durch das dogmatische, pädagogische und rhetorische Regelwerk zu kurz kommen.

Zu Recht ist darum über die Problematik der Skopusmethode in der Homiletik immer wieder nachgedacht worden, am stärksten wohl in der Zeit der Wort-Gottes-Theologie im 20. Jahrhundert (→ § 15.2). Richtig angewandt garantiert die Methode zwar eine Verbindung mit der gemeindlichen Realität, droht sich aber – durch die Transformation der Textaussagen in ein aktuelles Thema – vom Text zu entfernen. Positiv gewendet lässt sich sagen, dass die Skopusmethode die Dialektik von Text- und Hörerorientierung bewusst und fruchtbar machen kann. Die Karikatur des Hodegeticums sowie der orthodoxen Predigtweise und Predigtlehre, wie sie seit dem Pietismus geläufig geworden war, ist jedenfalls durch die genaue Analyse Beutels und die Edition Preuls obsolet geworden.

2.5

Die lutherische Orthodoxie war deutlich besser als ihr Ruf. So gab es auch unter den „herzensfrommen Theologen" große Prediger wie den mit Philipp Jakob Spener befreundeten Rostocker Pastor Heinrich Müller (1631–1675), der

„wohl der geistreichste Prediger des Jahrhunderts" war (Hering 1897, 123). Müller, der zur Reformorthodoxie gerechnet wird, konnte anklagend und tröstend, auf jeden Fall zupackend reden:

> Wie kann ein Christ sein, der kein Mensch ist? Ach, wie mancher gibt sich für einen Christen aus und ist doch kein Mensch, sondern ein stößiger Ochs, ein beißiger Hund, ein listiger Fuchs, ein grimmiger Löwe, ein geiles Kalb, eine garstige Sau, eine giftige Schlange, ja in Mord und Lügen ein Teufel. Den Menschen ziehst du aus und willst dich rühmen, du habest Christum angezogen. Ist nicht Christus ein Mensch worden? Kannst du auch Christum anziehen ohne den Menschen? (Zeller 1962, 301 [1666])

Scharf kritisierte der Rostocker Pastor Heinrich Müller die veräußerlichte Kirchlichkeit seiner Zeit, indem er Taufstein, Kanzel, Beichtstuhl und Altar als die vier stummen Kirchengötzen bezeichnete (Hering 1897, 124). Elementar wusste Müller aber auch das Evangelium auf den Punkt zu bringen, wenn er formulierte:

> Eine am Geschmack geschwächte Zunge ist auch eine Zunge. Auch dann glauben wir, wenn wir kein Tröpflein Trostes schmecken. Denn unser Glaube gründet sich nicht auf unser Fühlen, sondern auf Gottes Verheißen. Der Glaube ist der Fuß, der uns zu Jesus trägt. Ein kranker Fuß ist auch ein Fuß; wer langsam kommt, kommt auch. (Zeller 1962, 297 [1666])

Johann Matthäus Meyfart (→ 1.3) predigt „von der auserwählten Seele herrlichen Himmelfahrt": Die Seele „fähret dahin aus den Beschwerden des Leibes, aus dem Kerker der Welt zur Freiheit des Himmels, zu der sie durch das Evangelium berufen, durch die Taufe eingeweiht […] ist. Sie fähret dahin in Gesellschaft der Seraphinen". (Zeller 1962, 124)

Rund eineinhalb Jahrhunderte nach dem Beginn der Reformation zeigt die lutherische orthodoxe Predigt demnach ein zweifaches Gesicht. Landauf, landab findet sich viel Schulmäßiges, das den Gehalt des neuen Glaubens konsolidieren und durch Abgrenzungen sichern sollte. Dabei ist nicht zu vergessen, dass rund ein Drittel des 17. Jahrhunderts von dem 30jährigen Konfessionskrieg bestimmt war. Gleichwohl gab es auch damals Prediger, die ihrer Epoche voraus waren bzw. die einfach vom Kern des Evangeliums her die Menschen anzusprechen wussten. Auch das viel geschmähte 17. Jahrhundert bietet homiletisch Bewahrenswertes.

3 Lehre als Prozess – Lehre als Doktrin: hermeneutische Schlussfolgerungen

3.1

Nimmt man das Lehrhafte als eine unverzichtbare Dimension der evangelischen Predigt an, so kann man in der orthodoxen Predigt bis heute wichtige Gehalte und Impulse ausmachen. Die Kunst der Unterscheidung (→ § 9.1.3) ist und bleibt das Kennzeichen gerade der lutherischen Theologie und Predigt. Dabei kommt es aber darauf an, dass sich die Strukturen und Inhalte der Lehre im Verlaufe des Predigthörens (und danach) bilden können – und dass die Lehre nicht als etwas Feststehendes, nicht als ein Kodex von feststehenden Sätzen, nicht als Doktrin von der Kanzel ausgegeben wird. Die Lehre des Evangeliums – man denke an Joh 8,32 – erweist sich in einem Geschehen, im jeweils neuen Deuten des Lebens, im Erkennen und Freiwerden. Evangelische Lehre wird nicht verabreicht, sondern sie ist ein unverfügbares Ereignis, das Eintreten von glaubender Evidenz.

3.2

Die evangelische Wahrheit ist weder subjektiv (in bestimmten Erlebnissen) noch objektiv (in bestimmten Texten und Bekenntnissen) vorgegeben; sie erweist sich vielmehr dadurch, dass sich im gemeinsamen Hören, Deuten und Abwägen die Christuswahrheit als der eigenen Wahrheitssuche vorausliegend zeigt. Diesen Zusammenhang hat die reformatorische Theologie treffend mit der Metapher des „extra nos“ zum Ausdruck gebracht. Diese ist soteriologisch, nicht psychologisch zu verstehen. Beim Evidentwerden von Glaubenseinsichten ist der Mensch psychologisch aktiv und stark beteiligt (durch ein Geschehen „intra nos“), versteht aber gleichzeitig, dass ihm dabei das Entscheidende entzogen bleibt („extra nos“), weil es ihm zufällt.

3.3

Durch das Verfehlen dieses grundlegenden Zusammenhanges führte die Orthodoxie tatsächlich zu einer problematischen Entwicklung. Die Predigt folgte zwar weiterhin dem Prinzip *sola scriptura*, aber die Schrift galt dabei als eine Ansammlung von Wahrheiten und Handlungsanweisungen, die der Gemeinde – in pädagogisch und rhetorisch geschickter Weise – zur Annahme und Befolgung zu verabreichen waren. Gerade so aber wurde der Gehalt des Wortes Gottes als einer historischen, situativen Kategorie verfehlt. Aus dem Wort Gottes wurde die konfessionelle Doktrin. Der große Liberale Richard Rothe (1799–1867) machte den Fehler der Orthodoxie daran fest, dass die Kirche damals

> die Bibel nicht als den organischen Inbegriff authentischer Dokumente der Geschichte der Offenbarung Gottes *in der* Geschichte, sondern als einen Codex einer positiven (dogmatischen und ethischen) Gesetzgebung Gottes ansah, – darin lag die Veranlassung zu jener gänzlichen Verfehlung der angemessenen Form der homiletischen Auslegung. (Rothe 1881, 369, dort hervorgehoben)

Selbst wenn dieses Urteil über die Orthodoxie einseitig ist und nicht mehr dem Stand der neueren Kirchengeschichtsschreibung über diese Epoche entspricht, ist die von Rothe markierte Gefahr ernst zu nehmen. Sie entsteht aus dem evangelischen Schriftprinzip und zwar dann, wenn nicht die geschichtlich verantwortete Auslegung, sondern der im Bibelwort vermeintlich unmittelbar zugängliche Wille Gottes zum materialen homiletischen Prinzip wird. Dem Fundamentalismus und dem Subjektivismus entkommt man allein durch eine situativ, ekklesial und bibeltheologisch verantwortete Lektüre der Texte. Nur so gelangt man zu dem, was dann mit Recht als eine „bibeltreue Predigt" bezeichnet wird.

Zusammenfassung

Das in der Forschung weniger beachtete 17. Jahrhundert erbrachte mit der Konzentration auf die Lehre ein wichtiges Prinzip protestantischer Predigtarbeit. Es führte gleichzeitig vor Augen, wie das allzu Theoretische, Diskursive und Streitbare Eigendynamik entwickeln und die Predigt dominieren kann. Diese Art von lehrhafter Predigtweise ist bis heute eine naheliegende Gefahr im Protestantismus. Allzu hohe Lehrziele gegenüber der Gemeinde und allzu viel demonstrative Gelehrsamkeit bei der predigenden Person sind Fehlentwicklungen, die sich aus einem an sich zutreffenden Grundsatz ergeben, nämlich aus der didaktischen und rhetorischen Signatur der Predigt. Diese soll dazu dienen, zu einem besser begründeten Urteil, zu einem gewisseren Glauben und zu einer besseren Orientierung im eigenen Handeln zu gelangen. Die didaktische und rhetorische Dimension beim Predigen sollte darum so ernst genommen werden wie in der altlutherischen Orthodoxie, ohne in den Formalismus eines bestimmten Schemas überzugehen.

§ 11 Erbauung des frommen Individuums: Predigt und Predigtlehre in Pietismus und Aufklärung

Literatur (s. auch die Literatur vor § 7 zum 2. Kapitel insgesamt): Albrecht Beutel: Kirchengeschichte im Zeitalter der Aufklärung. Ein Kompendium, Göttingen 2009 · Albrecht Beutel: Rhetorik in der evangelischen Predigt des 16. bis 18. Jahrhunderts, in: Handbuch Homiletische Rhetorik, hg. von Michael Meyer-Blanck, Berlin / Boston 2021, 113–134 · Ruth Conrad / Martin Weeber: Die Predigtideale in Altprotestantischer Orthodoxie, Pietismus und Aufklärung als Entfaltungen des reformatorischen Erbes, in: dies. (Hg.): Protestantische Predigtlehre. Eine Darstellung in Quellen, Tübingen 2012, 81–94 · Ulrich Dreesman: Aufklärung der Religion. Die Religionstheologie Johann Joachim Spaldings, Stuttgart 2008 (PThK 20) · August Hermann Francke: Predigt über Mt 13,24–30, in: Die evangelische Predigt. Grundsätze und Beispiele, Bremen ^{2}1966 [1963], 88–108 · Paul Graff: Geschichte der Auflösung der alten gottesdienstlichen Formen in der evangelischen Kirche Deutschlands, II. Band: Die Zeit der Aufklärung und des Rationalismus, Göttingen 1939 · Johann Gottfried Herder: Homilien über das Leben Jesu, hg. von Werner Führer, Hannover 1995 · Lucian Hölscher: Geschichte der protestantischen Frömmigkeit in Deutschland, München 2005 · Johann Gottlob Marezoll: Predigt über Hebr 13,9 in: Die evangelische Predigt (s.o.), 113–139 [1792] · Martin Schian: Orthodoxie und Pietismus im Kampf um die Predigt. Ein Beitrag zur Geschichte des endenden 17. und des beginnenden 18. Jahrhunderts, Gießen 1912 · Philipp Jakob Spener: Von der Wiedergeburt. Aus seiner Berliner Bibelarbeit, hg. von Hans-Georg Feller, Stuttgart 1963 · Philipp Jakob Spener: Pia Desideria, hg. von Kurt Aland, Berlin ^{3}1964 · Philipp Jakob Spener: Der neue Mensch. In leicht lesbarer Sprache hg. von Hans-Georg Feller, Stuttgart 1966

Die orthodoxe Predigtweise hatte sich im Verlauf des 17. Jahrhunderts erschöpft. Die reformatorische Hochschätzung der Predigt als eines sakramentalen Aktes und die Erwartung der Gemeinde, durch die Predigt am seligmachenden Glauben Anteil zu gewinnen, konnten auf die Dauer mit einer im höchsten Maße gelehrten Predigtkunst nicht zufriedengestellt werden. Es fehlte die schlichte Begegnung mit dem Wort Jesu, und es mangelte an Herz und Gemüt. Der Pietismus, der das fromme Individuum in das Zentrum des Interesses rückte, schaffte hier schnelle Abhilfe. Zusammen mit der Aufklärung des 18. Jahrhunderts, die das mündige Individuum in den Mittelpunkt stellte, vollendete der Pietismus den Triumph des Individuums, wie er in Renaissance, Humanismus und Reformation begonnen hatte. Damit begann man sich zunehmend mit der individuellen Rezeption der Predigt zu beschäftigen. Diese Tendenz setzte sich bis ins 21. Jahrhundert fort.

1 Orthodoxie am Ende: Speners „Pia desideria" und die „Wiedergeburt"

1.1

Die Merkmale der orthodoxen Predigt des 17. Jahrhunderts, die im letzten Paragraphen dargestellt wurden, unterlagen schon im letzten Viertel des Jahrhunderts der scharfen Kritik. Diese Tendenz verstärkte sich im Verlaufe des 18. Jahrhunderts. Vieles von dem, was sich in der Orthodoxie als Form und damit auch als Inhalt der Predigt eingebürgert hatte, erwies sich als hinderlich für die Kommunikation des Glaubens.

Einen frühen Markstein bildete die Kirchenreformschrift „Pia desideria" („Herzliches Verlangen nach gottgefälliger Besserung der wahren evangelischen Kirche") von Philipp Jakob Spener (1635–1705) aus dem Jahr 1675. Viele „gottselige" – ein Schlüsselbegriff Speners – Gemüter erlebten die übliche Predigt als mangelhaft.[11] Es gebe Prediger, die ihre Predigten vor allem damit zubrächten, sich selbst als gelehrte Leute darzustellen: Dazu würden viele fremde Sprachen bemüht und die größte Sorge des Predigers gelte einem schicklichen Exordium und einer kunstreichen Disposition, so dass alle Teile genau nach der Redekunst abgemessen seien (79,7–14). Spener merkte an, die Kanzel sei nicht der Ort, „da man seine Kunst mit Pracht" sehen lassen solle, sondern wo es gelte, das Wort des Herrn „einfältig aber gewaltig" zu predigen (79,17–19).

Vielen Predigern mangele es am lebendigen Glauben: Sie wüssten zwar anderen die rechte Lehre vorzutragen, seien aber selbst von dem wahren himmlischen Licht und Leben des Glaubens weit entfernt (17,21–31). An dieser Stelle wie in der gesamten Schrift knüpfte Spener an die schon von Johann Arndt (1555–1621) vorgetragene Kirchenkritik in dessen berühmten „Vier Büchern vom wahren Christentum" von 1610 an. Spener bemängelte, viele nutzten die Rechtfertigungslehre tatsächlich für die Begründung eines regellosen Lebens. Demgegenüber beharrte der entschiedene Lutheraner Spener darauf, dass die Rechtfertigung sich in der Wiedergeburt (1 Petr 1,3) zu einem neuen Menschen zeige.

Die entschiedene Kritik Speners galt dem Perikopenzwang beim Predigen, durch den der Gemeinde nur ein geringer Teil der Bibel bekannt werde; darum müssten auch andere Vermittlungsweisen gefunden werden (54,14–30). Weiter

11 Spener 1964 [1675], 79,6f.; Angaben künftig nur mit Seiten- und Zeilenzahl.

werde die reine Lehre nicht allein durch das Disputieren erhalten, sondern auch durch eine wahre Buße und ein heiliges Leben (64,15–17). Diese Prinzipien müssten sich besonders im akademischen Theologiestudium bemerkbar machen (68,30–77,12). Universitäre Disputationen sollten nach Spener in deutscher Sprache durchgeführt werden, um die Studenten zu befähigen, die wichtigsten Punkte der Gemeinde vorzutragen (73,11–15). Die allmähliche Abkehr von Latein als akademischer Hauptsprache, die sich im 18. Jahrhundert vollziehen sollte, begann sich abzuzeichnen.

1.2

Speners Schrift stieß auf große Zustimmung. Seine Kritik an den moralischen Zuständen (Alkoholismus, Geiz, Rechtsstreitigkeiten) und am Mangel an Glauben wurde von vielen geteilt und er erhielt viele zustimmende Zuschriften; erst in den 1690er Jahren setzte die orthodoxe Kritik an Spener ein. Seine Berufung als Oberhofprediger nach Dresden (1686–1691), in eines der damals höchst angesehenen kirchlichen Ämter, ist nicht zuletzt die Folge seiner Reformschrift von 1675. Seine volle Wirksamkeit in ganz Deutschland erreichte Spener 1691–1705 an der Berliner Nicolaikirche, wo er als Propst und Konsistorialrat tätig war.

1.3

Spener selbst predigte zunächst den Vorschriften gemäß über die alten Sonntagsevangelien, dann aber auch über frei gewählte Texte und Themen. Er verfasste insgesamt etwa 3.000 Kanzelreden, von denen 1.900 gedruckt wurden. Vier Jahre lang (1691–1694) hielt er in Berlin 66 Predigten über die Wiedergeburt, die dem Schema Eingang – Texterklärung – Lehre – Ermahnung – Trost – Gebet folgen und bei mittlerem Sprechtempo eine Vortragsdauer von je rund 60 Minuten haben. Es handelt sich dabei um mehr oder weniger gelehrte Abhandlungen, die die evangelische Lehre und ein entsprechendes Leben einschärfen, ohne besonders emotional oder appellativ vorzugehen. Allein das jedes Mal wiederkehrende Aufbauschema brachte zweifellos Erwartungssicherheit mit sich, so dass die Gemeinde sich vor provokanten Überraschungen sicher fühlen konnte.

1.4

Die erste Predigt „Notwendigkeit der Wiedergeburt“ geht über Joh 3,3 (Nikodemus). Alte und Junge, aber auch die Gläubigen haben die Wiedergeburt nötig

(Spener 1963, 25). Das Christentum ist eine schwere Sache, weil wir „nicht mit der alten Haut in den Himmel eingehen können“ (26); es ist zugleich eine leichte Sache, weil uns Gott selbst „zu anderen Leuten machen will“ (27).

Die zweite Predigt legt Joh 3,6 zugrunde: „Was vom Fleisch geboren ist, das ist Fleisch“ und entfaltet breit die Erbsündenlehre. Selbst die Wiedergeboren müssen klagen, dass bei ihnen die Fortpflanzung „so wenig in der gehörigen Reinigkeit steht“, dass vielmehr auch sie „wider Willen fleischliche Lüste bei sich fühlen müssen“ (39). Wer seinen eigenen Willen haben möchte, nimmt Gott das Seinige und macht sich selbst zu Gott (47).

Die dritte Predigt geht über die Fortsetzung von Joh 3,6: „Und was vom Geist geboren ist, das ist Geist“. Die Wiedergeborenen stehen über Kaiser, König, Fürst und Edelmann: „Also sind alle rechtschaffenen Christen die Wohl-, ja Höchstgeborenen.“ (69). Sie sind aus Geist, aus Heiligem Geist (70). Denn als „ein bloßer fleischlicher Mensch kannst du auch nicht selig werden.“ (75)

Die vierte Predigt legt mit 1. Petr 1,3 den locus classicus der Wiedergeburtssemantik aus. Die Wiedergeburt ist „einer der stärksten Gründe, die wir allem Verdienst der Werke entgegensetzen“ (93). „Hauptlehre“ ist, dass unsere Wiedergeburt „hauptsächlich und zuerst“ dem Vater, der ersten Person der Trinität, zugeschrieben wird. In diesen Predigten begegnet noch nicht der Gedanke, dass die Wiedergeburt die Bekehrung zu einem bestimmten Zeitpunkt meint, den der Gläubige genau angeben kann. Die Wiedergeburt meint die effektive Bekehrung, die Glauben und Leben des Menschen radikal erneuert.

Bei den 66 Predigten handelt es sich um eine Reihe von zusammenhängenden Lehrreden, die sich dogmatisch gesprochen dem Themenkomplex der Heiligung zuwenden, einer Dimension, die in der lutherischen Predigt, zumal in der Orthodoxie des 17. Jahrhunderts, deutlich unterrepräsentiert war. Homiletisch bieten Speners Predigten wenig Neues, Überraschendes oder emotional Berührendes. Gleichwohl hat er den Grundsatz wieder stark gemacht, dass biblisch gepredigt werden soll, während ihn die Schönheit der Form nicht interessierte. Hinzu kam, dass Spener offensichtlich keine große Redegabe besaß, so dass er seine Predigten genau fixieren musste. Der Stil seiner Predigten ist darum auch „höchst trocken, schleppend, schwerfällig und ermüdend“, andererseits ist dieser geprägt von großer „Fasslichkeit und Herzlichkeit“ (Rothe 1881, 397f.). Immer wieder sucht Spener seiner Gemeinde nahezubringen, dass es mit dem Wissen nicht genug ist, sondern dass das gesamte Leben der Christenmenschen ein erneuertes, wiedergeborenes sein muss.

2 Durchsetzung des pietistischen Predigtideals

2.1

Die Predigt, so lässt sich Speners Reformprogramm bündig zusammenfassen, sollte „biblischer, einfacher und praktischer" werden (Beutel 2021, 124). Speners Kampf gegen den homiletischen Scholastizismus entfaltete schnell große Breitenwirkung. Nach der Stiftung der Universität Halle im Jahre 1694 stand diese bald für das Vordringen von Pietismus und Aufklärung. Die beiden Philosophen Christian Thomasius (1655–1728) und Christian Wolff (1679–1754) wurden weit über Halle hinaus als Aufklärer bekannt. Die Verbindung des Diakonischen, Pädagogischen und Erbaulichen im Hallenser Pietismus August Hermann Franckes (1663–1727) entfaltete große Wirkung auf die Entwicklung von Predigt, Schule und sozialer Arbeit.

Die Theologische Fakultät Halle wurde weitgehend mit Freunden und Schülern Speners besetzt und war schnell ein Ort, an dem das erbauliche Predigen gelehrt und gepflegt wurde. Francke selbst predigte frei und höchst emotional Buße und Bekehrung – und das über zwei Stunden oder länger. Auch mit Polemik sparte er nicht – entgegen dem eigenen pietistischen Ideal. Besonders für die Studenten war Johann Anastasius Freylinghausen (1670–1739), der Schwiegersohn Franckes und der Schöpfer des nach ihm benannten Gesangbuches von 1704, durch seine Predigtübungen maßgeblich. Francke und Freylinghausen predigten erbaulich und leidenschaftlich, aber – anders als viele andere Pietisten – auch wohlgeordnet und streng am biblischen Text orientiert.

Francke konnte formal durchaus in der orthodoxen Gliederung predigen, wenn er etwa eine ausführliche Einleitung mit zwei Exordien voranstellte, dann sorgfältig den Text auslegte und schließlich in der applicatio zu dem ihm eigentlich Wichtigen kam. So sagte er in einer Predigt zum Unkraut unter dem Weizen (Mt 13,24–30) über den Aufruf zur Umkehr:

> Christus wartet darauf, euch zu wandeln. Darum verpasst die Gelegenheit der Berufung durch sein Wort nicht! Examiniert euren Zustand, betet, haltet euch an Gottes Wort, bis Gott euch die Gnade der Kindschaft erweist! […] Er will gern eure Herzen ändern und bessern, darum lässt er euch das Wort verkündigen. Aber ich ermahne euch, die ihr euch so befindet, dass ihr doch ja diese Gelegenheit nicht versäumet (Francke 1966 [1715], 105).

2.2

Die Durchsetzung des pietistischen Predigtideals erfolgte nicht zuletzt auf dem Wege der negativen Karikatur der orthodoxen Predigtweise (→ § 10), indem diese immer wieder als scholastisch, abstrakt und lebensfern dargestellt wurde. Das war schon in Speners „Pia Desideria" der Fall gewesen. In der jüngeren Kirchengeschichtsforschung ist diese Karikatur wissenschaftlich überholt worden (Beutel 2021, 121). Viele orthodoxe Prediger waren auch Erbauungsschriftsteller und Liederdichter und Paul Gerhardt ist der bekannteste von ihnen.

2.3

Insgesamt gehört die pietistische Bewegung in den größeren Zusammenhang des gesellschaftlichen Wandels von der Stände- zur Bürgergesellschaft. Diese orientierte sich immer weniger an den überkommenen sozialen Herkünften und Bindungen, sondern zunehmend an der individuellen Bildungsgeschichte und gesellschaftlichen Verantwortung. Dieser Individualismus fand frömmigkeitsgeschichtlich seinen Niederschlag im Pietismus, geistesgeschichtlich in der Aufklärung. Das 18. Jahrhundert ist als Schlüsselepoche für diese beiden kulturellen Umbrüche anzusehen.

3 Die Predigt als umfassende moralische Erbauung in der Zeit der Aufklärung

3.1

Pietismus und Aufklärung werden in der Regel aus gutem Grund in einem Atemzug genannt, denn sie verdanken sich gleichermaßen dem gesellschaftlichen Strukturwandel in der zweiten Hälfte des 18. Jahrhunderts (Hölscher 2005, 95–124). Nach dem Ende des Siebenjährigen Krieges (1756–1763) veränderte sich die Öffentlichkeit grundlegend. Freizügigkeit der Bevölkerung und ein nie gekanntes Publikationswesen mit einem explodierenden Literaturbetrieb sorgten für ein völlig verändertes Lebensgefühl (man denke nur an Goethes „Werther" von 1774 und an seine Romreise ab 1786). In den Städten wurde mit dem Abriss der Stadtmauern begonnen, was als Symbol einer freieren bürgerlichen Kultur gelten konnte. Standesgrenzen verloren an Bedeutung, denn Adel und gehobenes Bürgertum fanden über die Kultur zusammen. In den 1770er und 80er Jahren wurde die städtische Jugend von einer starken Theaterleidenschaft erfasst (1781/82 gab es den ungeheuren Erfolg von Schillers „Räuber"). Gymnasiasten gingen ins Theater statt in den Gottesdienst. Verkehr, freier

Handel und Wandel gingen nun vor den Selbstabschluss einer überkommenen Ordnung.

3.2

Die Kirche verabschiedete sich von der traditionellen Kirchenzucht (Hölscher 2005, 101) und verlor ihren kulturellen Monopolanspruch. Die Predigt musste sich im Kontext immer reicher fließender Informationen und Nachrichten behaupten. Man begann auf Nützlichkeit und Neuigkeitswert zu achten. Der Stellenwert der Predigt im Kontext des Gottesdienstes jedoch nahm zu, während die Liturgie als Vorbereitung, als Einstimmung auf das Hören des Wortes Gottes angesehen wurde. Die Epoche der Aufklärung war aber auch die Zeit neuer Agenden, Gesangbücher und liturgischer Reformimpulse. Die Predigt sollte sich vor allem an den Bedürfnissen der Gemeindeglieder orientieren. Nie ist dieser homiletische Grundsatz wohl so konsequent befolgt worden wie in der Epoche der Aufklärung. Die Form war darum hauptsächlich die „synthetische", vom Höreralltag ausgehende Themapredigt.

Das allzu Nützliche für das profane Alltagsleben konnte allerdings bisweilen ins Banale (Tipps für Heilkunde, Ackerbau und Viehzucht) umschlagen. Die Aufklärungspredigt ereilte darum dasselbe Schicksal wie die Predigt der altprotestantischen Orthodoxie ein Jahrhundert zuvor: Sie wurde viel karikiert und zum Gegenstand des allzu leichten Spottes. Paul Graff hat entsprechende Beispiele gesammelt, darunter den Spottvers von 1794:

> [...] Sprich unverzagt, wie's kommt ins Maul, / Von Wind und Wetter, Karn und Gaul, / Von Branntweinsaufen, Processiren, / Von Blatternimpfen und Klistiren, / Auch mische darunter hier und dort, / Ein wenig was aus Gottes Wort (Graff 1939, 130).

Unter den Themen finden sich in der Tat befremdliche Skurrilitäten wie eine Predigt am 1. Advent über den Holzdiebstahl (wegen Mt 21,8 „andere hieben Zweige von den Bäumen") oder am 1. Weihnachtstag über die Abhärtung der Hirten und die Warnung vor dem Gebrauch von Pelzmützen (Graff 1939, 124f.).

3.3

Bei dem wohl bedeutendsten Kirchenmann und Prediger der Epoche, dem Berliner Johann Joachim Spalding (1714–1804), begegnet indes nichts von alledem. Ihm lagen die Ideale der Besserung, der Glückseligkeit und der öffentlichen Ruhe am Herzen und sein wichtigstes Werk trägt den Titel „Über die

Nutzbarkeit des Predigtamtes und seine Beförderung" (1772). Statt Rechtfertigung und Wiedergeburt predigte Spalding Ruhe und Besonnenheit. Aus dem Prediger wurde – auch explizit – der „Religions-Lehrer". Das Ziel der Predigt waren nicht primär Kirche und Sakrament, sondern die tägliche gesellschaftliche Lebenspraxis. Gleichwohl waren Spaldings Predigten auch emotionale Ereignisse. Der spätere Goethevertraute Johann Kaspar Lavater (1741–1800) notierte als Student 1763/64: „Sp. predigte *von der Zeit und Ewigkeit* vortrefflich. Er konnte sich der Thränen so wenig enthalten als seine ganze Gemeine. Es war kein Mensch, der nicht Thränen vergoß." (Dreesman 2008, 171). Spalding, so Richard Rothe, redete „in seinen Predigten durchgängig die Sprache des Herzens" (Rothe 1881, 433).[12] Später war Spalding selbst bemüht, als Prediger zugleich emotionale und intellektuelle Anregungen zu geben, gerade weil er das als große Herausforderung empfand: „Wenn ich erhitzen will, so verliere ich das Licht, und wenn ich erleuchten will, so werde ich kalt." (Dreesman 2008, 179).

Den Hintergrund bildete Spaldings klare Unterscheidung von (gemeindlicher) Religion und (universitärer) Theologie. Den aufgeklärten „Neologen" ging es um solche Inhalte, die Verstand und Gefühl berührten (Beutel 2009, 229). Rechtfertigung, Trinitäts-, Zweinaturen- und Satisfaktionslehre sollten auf der Kanzel nichts zu suchen haben. Sündensemantik, Blut- und Wundenfrömmigkeit sowie naive Jenseitsvorstellungen traten zurück. Ziel war stattdessen die umfassende „Erbauung" der Hörer, womit zugleich eine Leitidee auch der Pietisten genannt ist. Die „Erbauung" hat die Predigtlehre des 18. Jahrhunderts mehr als jede andere Kategorie bestimmt (Dreesman 2008, 163). Dabei zielt das Predigen von „Moral" aber nicht nur auf die Ethik, sondern auf die gesamte Innerlichkeit, die vom Gottesverhältnis her integriert wird. „Moral" meint bei Spalding das Personzentrum in seinem inneren Empfinden und Denken und erst dann auch in seinen Dispositionen zum Handeln. Spalding predigte so am 1. Advent (zu Mt 21,1–9) über „Das Wahre Lob Jesu" (Dreesman 2008, 168). Formal richtete er sich nach dem verbreiteten Schema „explicatio – applicatio", wobei er den Einleitungen (exordia) wenig Bedeutung einräumte. Theologische Begriffe oder das Sprechen in der biblischen Diktion hielt Spalding im Hinblick auf die Predigt für unangemessen; sein Ideal war vielmehr die Natürlichkeit des freundschaftlichen Gespräches. Dazu sollte die Predigt auch durch Liedstrophen der Gemeinde unterbrochen werden.

12 Rothe fügt hier hinzu, nicht leicht werde „ein Prediger glücklicher für die Kanzel begabt [...] gewesen sein" als Lavater (Rothe 1881, 438).

3.4

Scharf kritisiert wurde Spaldings Nutzbarkeits-Buch von dem genau 30 Jahre jüngeren Johann Gottfried Herder (1744–1805), der damals Konsistorialrat und Oberprediger in Bückeburg war (1771–1776). In seiner Schrift „An Prediger. Funfzehn Provinzialblätter“ von 1774 schrieb Herder, wer die Prediger zu „Depositairs der öffentlichen Moralität“ erkläre, mache sie zu Funktionären des Staates und verwandle die Kirche in eine „höchstprivilegierte Zusammenkunft unter den Fittigen des und des Wappens Sr. Majestät oder Bildungsakademie für Bürger und Untertanen seiner Majestät.“ (Dreesman 2008, 153) Kirchen als „schöntolerierte Tugendanstalten“ seien eine Verirrung.

Herder selbst predigte in seiner Bückeburger Zeit sehr expressiv, wobei er sich psychologisch in die Person Jesu und die biblischen Gestalten einzufühlen suchte. Der Stil erinnert an den „Sturm und Drang“ und scheint sich gegen den allzu glatten Stil der aufgeklärten Vorgängergeneration zu richten. Herder bricht immer wieder mitten im Satz ab und mischt Interjektionen in seine Predigt. Seine Darstellung Jesu ist damit in seiner Zeit einzigartig. Jesus verkörpert für Herder den Menschen, der zur Gotteskindschaft bestimmt ist.

1774 – in dem Jahr, als Goethes „Werther“ erschien – predigte Herder über die Auferstehung des Lazarus (Joh 11,1–44). Über den leidenden Menschen heißt es dort: „Wimmerndes Geschöpf, vor Gott, der in der Ewigkeit wohnt, bei dem Zeit und Raum nichts sind, sind keine leidenden Geschöpfe. Alles ist in seinem Blick schon aufgelöst, errettet, jauchzend!“ Dagegen stellt Herder Jesus, den „Erlöser der Welt, von Ewigkeit und in Ewigkeit erwürgt“, denn Jesus verkörpert die Auferstehung:

> Sein Blick der Ewigkeit sieht alles schon entwickelt, das Unvollkommene vollkommen, Krankheit, Tod, Moder überstanden, alles voll Leben! [...] – die Krankheit ist nicht zum Tode, sondern zur Ehre Gottes: Lazarus ist auferstanden! (Herder 1995, 129)

Im weiteren Verlauf derselben (mit 12 Druckseiten überlangen) Predigt charakterisiert Herder Jesus so:

> Er ist’s, der in dir selbst verstummt und dein Nichtsein innig fühlt. Wo die anderen nur weinen, gerührt werden, wird Jesus innig gerührt, bewegt, alle Empfindungen erwachen. Gott ist Gott! In allem Gefühl und Mitgefühl der Innigste, Tiefste, Nächste! Dir näher, als du dir selbst bist mit deinem Schmerz ... [...] Das Licht jener Welt ist unserem Sonnen- und Mondlicht unvergleichbar; dazwischen hängt ein Vorhang (Herder 135f.).

Man hat Mühe sich vorzustellen, wie die Bückeburger Bauern und Ackerbürger dieses rhetorische Feuerwerk über mehr als eine Stunde erlebten bzw. überhaupt aushielten. Das Expressive und Psychologische dieser Predigtweise ist noch heute beeindruckend, aber für die Zuhörenden eben auch massiv fordernd.[13]

3.5

Noch einmal 20 Jahre später (1792) predigte der Göttinger Universitätsprediger Johann Gottlob Marezoll (1761–1828) anhand von Hebr 13,9 über „Regeln des Verhaltens bey Religionszweifeln". Hier befinden wir uns in der spätesten Phase der Aufklärung (nach den drei Kritiken Kants), aber in ihrem Hauptstrom. Diese im Druck mehr als 25 Seiten umfassende Predigt ist in einer Stunde kaum vorzutragen. Sie sollte den gebildeten Göttingern sieben ausführlich erläuterte Regeln gegen „Modegeist" und „Zweifelsucht" an die Hand geben (Marezoll 1792, 117). Marezoll war in Göttingen ein gefeierter Prediger, was gewiss mit seinem optimistischen, ja euphorischen Stil zusammenhängt: „Nun sollst du zu freiem und geistigerem Leben erwachen. Vernunft *und* Schrift führen zur Freiheit eines begründeten und darum begriffenen und gewissen Glaubens." (125) Marezolls Buch *„Ueber die Bestimmung des Canzelredners"* (Leipzig 1793) gilt als repräsentativ für die Homiletik der Aufklärungszeit.

In Marezolls Predigt zu Hebr 13,9 findet sich allerdings eine deutliche Prävalenz der Pflicht und der Tugend. Zweifel am Glauben setzen diese nicht außer Kraft und die natürliche Offenbarung tritt im Falle des schweren Zweifels ein. Die siebte und letzte Regel lautet so:

> Lass deine Zweifel keinen Einfluss auf deine Gesinnungen und Handlungen haben. […] Auch der Zweifel am Christentum selbst darf unser Pflichtbewusstsein nicht verletzen. / Auch bei Leugnung der höheren Offenbarung bleibt die natürliche und vernünftige Offenbarung verpflichtend. / Auch bei entschiedenstem Unglauben bleibt es vorteilhaft, tugendhaft zu handeln. (Marezoll 1792, 131)

13 Auch hier das glänzende Fazit Rothes über Herder: „Mehr als in irgendeinem anderen Manne konzentrierte sich in ihm die geistige Bewegung seiner Zeit in allen ihren mannigfaltigen Tendenzen […]. Von dem Strome des Zeitgeistes, mit dem er sich, um ihn leiten zu können, taufen ließ, wurde er selbst mit fortgerissen und so vermochte er sein Christentum je länger, je weniger zu halten." (Rothe 1881, 441, Orthographie modernisiert)

3.6

Die hier exemplarisch behandelten Predigten von Spalding, Herder und Marezoll zeigen, dass die Aufklärung keinesfalls eine einheitliche Strömung war, die man in einen einfachen Gegensatz zum Pietismus bringen könnte. Beide großen Strömungen rückten die Orientierung am Individuum, den Bezug auf die Lebenspraxis und den Kampf um den Glauben, sei es um den erweckten oder den vernünftig durchdrungenen Glauben, in den Mittelpunkt des Interesses. Vor allem war die Aufklärungspredigt nicht einheitlich so, wie sie nach den Karikaturen, insbesondere nach derjenigen von Paul Graff, zu sein schien. Die Aufklärungspredigt schillert wie diejenige des Pietismus in vielen Farben und diese Buntheit geht jeweils auf bestimmende Gründergestalten zurück. Wer predigt, kann bis heute viel aus dem (späten) 18. Jahrhundert lernen.

Zusammenfassung

Freiheitszuwächse und Mobilitätssteigerungen brachten im 18. Jahrhundert auch für die Mitteilung des Evangeliums neue Möglichkeiten und Herausforderungen. Die orthodoxe Predigt war zwar nicht durchweg so scholastisch, wie sie der Pietismus später gezeichnet hat; dennoch hatte sich das Begriffliche, Definitorische und Lehrhafte dieses Predigtstils, wie er im 17. Jahrhundert vorgeherrscht hatte, erschöpft. Im 18. Jahrhundert wurde der Wunsch nach dem Lebensbezug der Predigt immer intensiver empfunden, weil sich das Individuum in der Epoche nachlassender sozialer Kohäsion nach Freiheit und nach Lebensdeutung zugleich sehnte. Pietismus und Aufklärung waren zwei Bewegungen, die in ihrer je eigenen Weise darauf antworteten. Es handelte sich bei ihnen auch um homiletisch durchaus plurale Bewegungen, die jedoch durch die Relationen zur einzelnen Person und das Interesse an der konkreten Lebenssituation der Gemeindeglieder zusammengehalten wurden.

§ 12 Theorie und Praxis der religiösen Rede bei Friedrich Schleiermacher

---

Literatur (s. auch die Literatur vor § 7 zum 2. Kapitel insgesamt): Christian Albrecht: Schleiermachers Predigtlehre. Eine Skizze vor dem Hintergrund seines philosophisch-theologischen Gesamtsystems, in: Klassiker der protestantischen Predigtlehre, hg. von Christian Albrecht und Martin Weeber, Tübingen 2002, 93–119 · Emanuel Hirsch: Geschichte der neuern evangelischen Theologie im Zusammenhang mit den allgemeinen Bewegungen des europäischen Denkens Bd. IV, Münster 1984 · Friedrich Wilhelm Kantzenbach: Schleiermacher in Selbstzeugnissen und Bilddokumenten, Hamburg 1967 · Michael Meyer-Blanck: Gottesdienstlehre, Tübingen ²2020 [2011] · Kurt Nowak: Schleiermacher. Leben, Werk und Wirkung, Göttingen ²2002 [2001] · Friedrich Schleiermacher: Über die Religion. Reden an die Gebildeten unter ihren Verächtern, hg. von Rudolf Otto, Göttingen ⁷1991 [1799] · Friedrich Schleiermacher: Sendschreiben über die Glaubenslehre an [Friedrich] Lücke, hg. von Hermann Mulert, Gießen 1908 [1829] · Friedrich Schleiermacher: Die praktische Theologie nach den Grundsätzen der evangelischen Kirche im Zusammenhange dargestellt, Berlin 1983 [Reprint von Berlin 1850] · Friedrich Schleiermacher: Predigten. Ausgewählt von Hans Urner, Göttingen 1969 · Friedrich Wintzer: Die Homiletik seit Schleiermacher bis in die Anfänge der ‚dialektischen Theologie' in Grundzügen, Göttingen 1969 (APTh 6)

1 Der Kirchenvater des 19. Jahrhunderts

1.1

Die Bedeutung von Friedrich Schleiermacher (1768–1834) für die evangelische Theologie des 19. und 20. Jahrhunderts ist kaum zu überschätzen. Seine Lebensdaten fallen exakt mit jenen sechs Jahrzehnten um das Jahr 1800 zusammen, die mit Kant, Hegel und Schelling, mit Goethe, Schiller, Herder und Hölderlin die fruchtbarste Epoche der deutschen Geistesgeschichte ausmachen. Schleiermachers Lebenszeit als die Zeit des „Deutschen Idealismus" hat zu dem gern wiederholten Prädikat der Deutschen als „Volk der Dichter und Denker" geführt. Wenn diese Formel nach der Geschichte des 20. Jahrhunderts auch höchst ambivalent klingt („Volk der Richter und Henker"), sind die Jahrzehnte zwischen 1770 und 1830 dennoch die Schlüsselepoche zum Verständnis der geistigen Strömungen in Deutschland im 19. und 20. Jahrhundert. Es war außerdem die Zeit, in der sich der Begriff der „Bildung" als pädagogisches Konzept durchsetzte. In Schleiermacher „durchdringt sich die moderne Philosophie, das moderne spekulative Geistesleben, in seiner freiesten, von jedem spekulativen System unabhängigen Gestalt lebendig mit dem Christentum und versöhnt sich mit demselben" (Rothe 1881, 479).

Schleiermacher, der auch an der Formierung der wissenschaftlichen Pädagogik entscheidenden Anteil hatte, wusste seine Theologie mit der zeitgenössischen Philosophie und den kulturellen Strömungen so ins Verhältnis zu setzen, dass er breite Resonanz fand. Seine Predigten in der Berliner Dreifaltigkeitskirche waren ein gesellschaftliches Ereignis. In einem Brief an den Diplomaten Carl Gustav von Brinckmann (1764–1847) schrieb Schleiermacher 1808:

> Bunter ist wohl überhaupt kein Fischzug als mein kirchliches Auditorium: Herrnhuter, Juden, getaufte und ungetaufte, junge Philosophen und Philologen, elegante Damen und das schöne Bild von h. Antonius muss mir immer vorschweben. (Nowak 2002, 400)

Unter den berühmten deutschen Geistesgrößen um das Jahr 1800 war Schleiermacher der einzige, „der noch eine seelische und geistige Heimat" hatte im evangelischen Christentum (Hirsch 1984, 575). Schleiermachers Beerdigung war eine „Massenveranstaltung mit eigener Sogwirkung", für die die Angaben der Teilnehmerzahlen zwischen 5.000, 20.000–30.000 oder sogar „Hunderttausenden" schwanken; jedenfalls konnte sich niemand in Berlin an ein Leichenbegängnis mit so großer Teilnahme erinnern (Nowak 2002, 454).

1.2

Theologisch war Schleiermachers Lebensleistung die konsequente Umstellung der evangelischen Dogmatik von der Metaphysik auf eine Lehre vom christlichen *Glauben*, auf Beschreibungen von menschlichen Bewusstseinszuständen. Dabei ging er nicht von den Glaubensvorstellungen aus, sondern vom Gefühl, das er überraschend modern als „ein unmittelbares Existentialverhältnis" beschreiben konnte (Schleiermacher 1908 [1829], 15). Die Zweinaturenlehre in der Christologie reformulierte er als die Stetigkeit des Gottesbewusstseins Jesu, den Glauben als die Anschauung des Universums bzw. als das Gefühl schlechthinniger Abhängigkeit. Dieses Lebensgefühl ist von Natur aus „gesellig": Es drängt auf Mitteilung, Austausch und Gemeinschaft hin. Individualität und Sozialität des Glaubens sind – mit einem von Schleiermacher besonders geschätzten Wort gesagt – gleichursprünglich.

Den Gegensatz zwischen Orthodoxie und Aufklärung (→ § 10–11) überwand schon der frühe Schleiermacher der „Reden" von 1799 durch die Kategorie „Sinn und Geschmack fürs Unendliche" (2. Rede; O.P. 53). Religion ist nach Schleiermacher weder Metaphysik noch Moral, denn die Metaphysik ist dem Menschen nach Kants Kritiken (samt der Destruktion der Gottesbeweise) verwehrt und die Moral (etwa in Kants Religionsschriften) ist für Schleiermacher nur ein schlechter Religionsersatz. Nach seiner jugendlichen Fremdheit gegenüber der überlieferten kirchlichen Dogmatik gelang es schließlich dem Berliner Schleiermacher (1809–1834), ein nachaufklärerisches Verständnis des christlichen Glaubens zu etablieren, das zur Grundlage aller evangelisch-theologischen Arbeit im 19. Jahrhundert wurde.

1.3

Im Zentrum der Theologie des reifen Schleiermacher stand das christlich-fromme Selbstbewusstsein, wie es sich im „Cultus“ darstellt. Dabei ist es nicht der Pfarrer oder die Predigt, denen die Darstellungsfunktion zukommt, sondern die gesamte Gemeinde. Reden und Hören, Singen und Beten sowie die Feier des Sakramentes erfüllen diese Funktion gemeinsam. „Dargestellt“ werden nicht persönliche Ansichten oder Erlebnisse, sondern der als glaubend vorausgesetzte, exemplarische, von Erlösungsbewusstsein geprägte Gemütszustand, das „erhöhete Bewusstsein“ (Schleiermacher 1983, 71; im Folgenden wird die „Praktische Theologie“ nur mit Seitenzahlen nachgewiesen). Der religiöse Redner soll die religiösen Momente als seinen eigenen Zustand darstellen, aber nur insofern, als sie „übereinstimmend sind mit der objektiven Allgemeinheit“ (120). Das erhöhte Bewusstsein hat zwar zunächst eine individuelle Gestalt, aber durch die Exemplarizität zirkulieren die glaubenden Überzeugungen in der Versammlung (heute würde man statt von „Circulation“ wohl von „Resonanz“ sprechen).

Der Geistliche ist jedenfalls zu diesem Zweck „nur ein Organ im Zusammenleben“ (65). Seine religiöse Tätigkeit soll das Mittel sein, „die religiöse Tätigkeit aller andern zu erhöhen“ und der Zweck des Gottesdienstes „ist die darstellende Mitteilung des stärker erregten religiösen Bewusstseins.“ (75) Indem die ganze Versammlung daran beteiligt ist, ist allen Formen von liturgischer Hierarchie widersprochen (Conrad 2024, 70). Mit ein wenig Pathos, aber sachlich zutreffend charakterisierte Hering das homiletische Ereignis Schleiermacher folgendermaßen:

> Es war gleichsam ein Gespräch, das die Wahrheit durch den Mund des Predigers mit dem Geist der Gemeinde führte, nicht um sie erst zu gewinnen, sondern sich ihr darstellend und erwägend zum volleren, freudigeren Bewusstsein zu bringen (Hering 1905, 211).

1.4

Schleiermachers Gottesdienstlehre hat einen in dreifacher Hinsicht weiten Charakter. *Zum einen* steht auch die Predigt, das Herzstück des evangelischen Gottesdienstes, im allgemeineren Kontext des darstellenden, nicht des wirksamen Handelns. Das ist insofern ungewöhnlich, als die klassische antike Rhetorik die Rede ja immer von ihrer gerichtlichen, politischen oder festlichen Wirkung her verstanden hatte. „Darstellung“ ist dagegen ein ästhetischer Modus, dem frommes Bedrängen, Bekehrung und Belehrung gleichermaßen fremd sind (Meyer-Blanck 2020, 26–34). Es geht im Gottesdienst nicht um Moral, Mission oder Belehrung, sondern um die Mitteilung und Darstellung religiöser Erfahrung, um die „religiösen Gemütszustände“, während die Darstellung der Lehre in das wissenschaftliche Gebiet gehört (103. 245). *Zweitens* wird dem Charakter des Gottesdienstes als eines integrativen Aktes entsprochen, denn sämtliches gottesdienstliche Handeln ist Darstellung. (Dass diese Nivellierung der Unterschiede zwischen Liturgie und Predigt differenzierungsbedürftig ist, weil die Predigt von der Rhetorik, die Liturgie aber vom Gebet bestimmt ist, wird später ausgeführt → § 19). Und schließlich wird mit Schleiermacher *drittens* deutlich, dass der Gottesdienst unter der Verantwortung und Beteiligung der ganzen Gemeinde gefeiert wird. Ohne Gemeinde kommt keine Zirkulation des Erlösungsbewusstseins zustande. Ohne diese wiederum ist es unmöglich zu predigen. In einer Gemeinde ohne Resonanzerfahrung bleibt dem Prediger das Wort im Hals stecken. Andererseits kann eine Predigerin auch für die Zirkulation glaubender Erfahrung sorgen, indem sie diese als eine produktive Hypothese voraussetzt. Außerdem sind die Zuhörer als Christen anzunehmen „und nicht als solche, die es erst werden sollen“ (239).

Bei seiner integrativen Betrachtung von Gottesdienst und Predigt steht für Schleiermacher fest, dass „die redende Kunst das Centrum des Cultus ist“ (116). Doch muss der Kleriker auch als Liturg auftreten. Ist das nicht der Fall, „so hat er kein Recht als Redner aufzutreten“ (140). Die individuelle religiöse Rede geht aus der gemeinsamen Darstellung in Gesang und Gebet hervor. Die Authentizität des Redners, so könnte man in aktueller Ausdrucksweise sagen, ist eine gemeinde-, rollen- und aufgabenorientierte Authentizität. Der Prediger hat die Aufgabe, das vorhandene religiöse Bewusstsein der Gemeinde zu entwickeln, aber nicht dieses zu begründen (Albrecht 2002, 107).

2 Schleiermacher als Prediger

2.1

Schleiermacher hat 45 Jahre seines Lebens gepredigt, von 1789–1834. Seine letzte Predigt hielt er am 2. Februar 1834, zehn Tage vor seinem Tod. Auf der Schleiermacher-Gedenkmünze aus dem Jahr 1834 sind (neben den Bibelstellenangaben 1 Kor 3,11 und 2 Tim 4,7–8) die Worte eingraviert: „Er predigte gewaltig“ sowie „Christus war sein Leben“ (Kantzenbach 1967, 151). Schleiermacher war es gewohnt, ohne ausgearbeitetes Manuskript auf die Kanzel zu gehen, so dass seine Predigten zum allergrößten Teil Mitschriften sind; seit 1792 arbeitete er seine Predigten nicht mehr wörtlich aus. Die veröffentlichten Texte hat er nur teilweise vor dem Druck bearbeitet und autorisiert. Zu Lebzeiten war er den meisten Menschen durch seine gedruckten Predigten bekannt.

Die Predigttätigkeit ist seit 2018 in editorisch abgeschlossener Form zugänglich. Der Gesamtbestand der Predigten und Predigtentwürfe Schleiermachers wurde in fünfzehn Bänden publiziert. Die III. Abteilung der Kritischen Gesamtausgabe umfasst vierzehn Bände mit insgesamt 13.437 Druckseiten, dazu kommt ein Registerband: KGA Bd. III/1–III/15, erschienen 2011–2018. Außerdem gibt es eine gut lesbare Auswahlausgabe (Schleiermacher 1969).

2.2

Schleiermachers erste Predigt stammt aus dem Advent im Revolutionsjahr 1789 und bewegt sich noch im aufgeklärten Kontext. Christus, der „allein unser Seligmacher ist", wirft im Advent die Frage auf, was wir wohl von ihm erwarten. Die Antwort lautet: „Zuerst gewiss eine feste Anleitung zur Tugend", denn gut zu sein sei der erste Wunsch eines „noch unverdorbenen Herzens" und deswegen brauchen wir ein „sicheres Vorbild im Guten" (Schleiermacher 1969, 23). Bei Jesus leuchtet aus jeder Tat „der einzige Zweck" hervor, „den Menschen zu helfen und sie zu bessern" (25).

Weihnachten 1810 dagegen predigte Schleiermacher mit Phil 2,6–7 über „die Vereinigung des Menschlichen und Göttlichen in dem Erlöser". Hier entwickelt er den Grundgedanken, der später in § 94 der „Glaubenslehre" ausgeführt werden wird: Jesus ist bestimmt durch die dauerhafte Intensität seines Gottesbewusstseins. Ist das menschliche Handeln von Verderbnis und ungöttlichem Wesen geprägt, so ist „eben dies" es, „wovon wir den Erlöser überall rein finden" (Schleiermacher 1969, 34). Gleichzeitig bedeutet die Erlösung des Menschen die Hereinnahme in die Kräftigkeit von Jesu Gottesbewusstsein (Wintzer 1969, 18).

Berühmt wurde die Predigt über Mt 10,28 am Neujahrstag 1807 in Halle nach dem Sturm der napoleonischen Truppen auf die Stadt im Oktober 1806; sie stand unter dem Thema „Was wir fürchten sollen und was nicht". An dem, was ein Mensch fürchtet, kann man „erkennen, worein er sein Leben setzt" (Schleiermacher 1969, 69). Psychologisch treffend heißt es dann, wer es sich gestatte, aus Furcht nicht mehr der Stimme seines Herzens zu folgen, dem werde allmählich auch die eigene Beweglichkeit verloren gehen (72). Selbst wenn das neue Jahr lauter Gutes bringen werde: „so könnte doch dies alles das Glück desjenigen nicht sicherstellen, welchem jenes einzige Übel zurückbliebe, die Furcht." (73) Der positive zweite Teil der Predigt wird dann eingeleitet mit einem impliziten Rekurs auf Spr 1,7 und 1 Joh 4,18: „Es gibt eine Furcht Gottes, welche gerühmt wird als der Weisheit Anfang, es gibt eine andere, welche ausgetrieben werden soll durch die Liebe" (75). Daraus ergibt sich: „Sehet, meine Freunde, so führen uns Furcht vor dem Herrn und Furchtlosigkeit vor allem andern vereint zu einer den Kindern der Welt unbegreiflichen Schönheit des Lebens“ (79). Hier spürt man geradezu das Mitreißende, mit dem Schleiermacher das Auditorium aus der tiefen Depression herausholte.

Als letztes Schlaglicht ein Blick auf die Berliner Predigt zu Mt 18,5–6 am „zweiten Tage des Reformations-Jubelfestes 1817“ über die Erziehung der Jugend „zu der Gerechtigkeit, die aus dem Glauben kommt“. Auch diese Predigt hebt das Positive hervor, wenn Schleiermacher rhetorisch fragt: „Wollen wir so gar nichts darauf rechnen, dass sie schon durch die Taufe aufgenommen sind in die Gemeinschaft der Christen?“ (Schleiermacher 1969, 233) Am Schluss spricht er die Jugendlichen selbst an und ermahnt sie zum Lesen des göttlichen Wortes: „Ihr werdet es jetzt selbst fühlen, dass es viel zu groß und heilig ist, um behandelt zu werden gleich andern menschlichen Büchern“ (234); schließlich weist er auf die erfolgreiche Zusammenarbeit von Schule und Gemeinde hin (235).

Schleiermacher war viele Jahre ein berühmter Kanzelredner, ohne dass er großen rednerischen Glanz zu erzeugen versuchte. Sein Stiefsohn Ehrenfried von Willich schilderte das so:

> Er ging nie darauf aus zu rühren; seine Sprache war ohne allen gesuchten Schmuck. In großer Ruhe begann er seine Gedanken zu entwickeln, klar und einfach, aber unwillkürlich steigerte sich seine Empfindung, die Sprache wurde wärmer und lebendiger, und wenn dann wohl ein Moment eintrat, wo er seine Bewegung, wie er es eine Zeitlang mit Anstrengung versucht hatte, nicht mehr bemeistern konnte, seine Stimme plötzlich zusammenbrach und man Tränen in seinen Augen sah, dann war der Eindruck auf die Zuhörer ein überwältigender. (Nowak 2002, 391)

2.3

Die „Rührung“ war ein Merkmal der Aufklärungspredigt gewesen, mit der der Abschied von der orthodoxen Dogmatik ausgeglichen werden sollte, und auch der junge Schleiermacher war dieser Maxime gefolgt. Er forderte dazu auf, den unerforschlichen Willen Gottes in den Zusammenhängen der Welt zu akzeptieren und Gott dafür zu loben. Daneben trat aber schon früh der Gedanke der Individualität, der nicht zuletzt von der damals so einflussreichen Ich-Philosophie Johann Gottlieb Fichtes (1762–1814) inspiriert war (Hirsch 1984, 501. 513).

Das Besondere der Predigtweise Schleiermachers wird man so beschreiben können, dass er nicht nur die innere Erfahrung und bestimmte Bewusstseinszustände erläutert, sondern diese Erfahrungen auch *als* Erfahrungen transparent werden lässt, so dass eine fundamentaltheologische Metaebene zustande kommt. Die religionstheoretische Vermittlungsaufgabe der Predigt besteht darin, dass sie das Religiöse im Menschlichen und im Lebensweltlichen aufzeigt und damit das Religiöse des Alltags erkennen lässt (Albrecht 2002, 109).

Es geht also weder um eine (orthodoxe) Mitteilung von Heilstatsachen noch um die subjektive Affizierung der Hörer durch Emotionalisierung oder Moralisierung (wie in Pietismus und Aufklärung), sondern um die Mitteilung und Darstellung dessen, was die Erlösungsgewissheit mit dem Christen macht, jeweils aufgewiesen am Prediger und an der Glaubenserfahrung, die zwischen ihm und der Gemeinde zirkuliert. Damit ist der Prediger das exemplarische, repräsentative Individuum, das dem Gemeindeglied als Folie der Selbsterkenntnis dient. So wird der Zusammenhang von Liturgie und Predigt unterstrichen: Auch bei der letzteren steht nicht eigentlich die Individualität des Predigers zur Debatte, sondern die von seiner Person dargestellte und von der Gemeinde immer wieder neu zu realisierende Erlösungsgewissheit. Der Pfarrer muss sich im Gottesdienst „als Glied der Gemeine und als Leiter des Cultus" betrachten (Schleiermacher 1983, 216). Außerdem muss der Gemütszustand des Redenden verwandt sein mit dem Zustand, aus dem der Text hervorgegangen ist (235)

2.4

Der Schleiermacher der „Reden" von 1799 versuchte sich in der Form der säkularen religiösen Rede. Er hatte damit großen publizistischen Erfolg, wobei ihm jedoch die außerkirchliche Anerkennung verwehrt blieb. So waren Schleiermachers Reden für Goethe zu stark vom Predigerton geprägt; auch die vierte Rede mit dem Thema der „wahren Kirche" stieß nicht auf positive Resonanz. Hier legte Schleiermacher wie schon vor ihm Herder (→ § 11.3.4) alles Gewicht darauf, dass in der Kirche wirklich Religion mitgeteilt werde und erinnerte daran, „dass man ein höchst verständiger Pädagog und ein sehr reiner, trefflicher Moralist sein kann, ohne von der Religion das Mindeste zu verstehen" (Schleiermacher 1991 [1799], 151: O.P. 219). In der Geschichte der evangelischen Predigt sind die Reden das „Probierstück eines neuartigen Typs der religiösen Kommunikation" (Nowak 2002, 392).

2.5

Entscheidend für Schleiermachers Predigtweise ist die Bedeutung der Person Jesu. Mit dieser Ausschließlichkeit ist allerdings auch die latente Gefahr des Antijudaismus gegeben. In Jesus Christus „wird das eigentlich Undarstellbare, nämlich die Gemeinschaft des Menschen mit Gott, darstellbar“ (Conrad 2024, 69). Nur Jesus verkörpert die eigentliche Anschauung des Christentums in seiner Person. Jesus war für Schleiermacher der Erlöser und das Christentum galt ihm als „Erlösungsreligion“; diese Vorstellung und Terminologie setzte sich im 19. Jahrhundert auf breiter Front durch (Hirsch 1984, 537). Von hier aus führen die Wege sowohl zur Erweckungsbewegung als auch zur Leben-Jesu-Forschung. Das inhaltliche Gewicht auf der Erlösung im Sinne von Erneuerung (Speners „Wiedergeburt“) bedeutet zugleich, dass in Schleiermachers Predigten von Sünde, Gericht und ewigem Leben kaum die Rede ist.

2.6

Der Berliner Prediger Schleiermacher führte in seinen letzten und fruchtbarsten 25 Jahren die bisherigen Linien zusammen. Das homiletische Erbe der Aufklärung mit seiner emotionalen Signatur, der Dialog mit den Gebildeten (den „Verächtern“) am Rande der Gemeinde und der christologisch profilierte Erlösungsgedanke spielten darin eine wichtige Rolle. Außerdem betonte Schleiermacher den Gedanken der Passivität des Erlösten (Hirsch 1984, 561), wie dieser schon in Luthers berühmter Vorrede zum 1. Bd. der lateinischen Schriften 1545 leitend gewesen war (iustitia Dei passiva, WA 54,185f. = BoA 4, 427f.).

2.7

Viele von Schleiermachers Predigten legten ein Thema zugrunde: Alter, Haus- und Ehestand, Gastfreundschaft, Familie, Erziehung, Vaterland, Dankbarkeit und Wohltätigkeit werden vom Gegenüber eines biblischen Textes her behandelt. Die evangelische Lesart des Themas wird mit einer Perikope konfrontiert und in Spannung mit ihr entfaltet. Daneben hielt Schleiermacher Homilien über viele neutestamentliche (!) Bücher, so über das Markusevangelium, die Apostelgeschichte, den Philipperbrief, den Kolosserbrief und – diese sind die berühmtesten – die Homilien über das Johannesevangelium im Sommer 1823 (im Druck erschienen 1837). Außerdem sind Predigten zu besonderen Anlässen überliefert, wie im Juli 1810 zum Tod der äußerst beliebten Königin Luise (1776–1810), der Ehefrau des Königs Friedrich Wilhelms III. und im Frühjahr 1813 zum antinapoleonischen Freiheitskampf. Schleiermacher galt auch als patriotischer Prediger und mit seiner Rede vom „heiligen Krieg“ lassen sich durchaus Verbindungslinien zu den Kriegspredigten von 1914 ziehen.

3 Schleiermachers Bemerkungen zur religiösen Rede in der „Praktischen Theologie"

3.1

Es ist darauf hingewiesen worden, dass man die Predigt als Wahrzeichen des evangelischen Christentums und die Homiletik als Wahrzeichen der evangelischen Theologie bezeichnen kann (Albrecht 2002, 95). Umso bedauerlicher ist es, dass Schleiermacher keine Homiletik geschrieben hat. Immerhin liegen seine homiletischen Bemerkungen in der von Studenten mitgeschriebenen Vorlesung „Praktische Theologie" vor (Schleiermacher 1983, 201–326; künftig nur mit Seitenzahlen angegeben). Diese lässt zwar editorisch zu wünschen übrig und von einer ausgearbeiteten „Homiletik" möchte ich nicht sprechen; dennoch gibt dieser Text einen guten Eindruck von einigen Aspekten seiner homiletischen Theorie wie von seiner Vorlesungstätigkeit. Zwar finden sich darin auch grundsätzliche Überlegungen, weithin dominiert aber das Pragmatische der formalen Homiletik.

Der Zweck von Gottesdienst und Predigt ist es nach Schleiermacher, das religiöse Bewusstsein der Anwesenden zu beleben; dabei spielt auch das lehrhafte Moment eine Rolle, aber eben nur eine untergeordnete. Die „Hauptsache" ist die „Erbauung" (216). Das religiöse Bewusstsein der Gemeinde muss befriedigt sein, wenn sie die Kirche verlässt (225). Was aber in den Zuhörenden vorgeht, soll nicht dasselbe sein, sondern „nur nach Maßgabe eines jeden Individuums" erfolgen (226). Das homiletische Verfahren ist ein dialogisches, ein Dialog des Predigers mit einer Schriftstelle und mit seiner Gemeinde (248). Diese Denkfigur wird später das „homiletische Dreieck" genannt werden (→ § 40.1).

3.2

Weil nach evangelischem Verständnis jedem Gemeindeglied die Bibel gegeben ist, so müssen alle Kirchenmitglieder zum richtigen Verständnis geleitet werden (228). Homilie und Themapredigt sind beide wichtig, zumal viele Kanzelredner „ihren Text nur als Motto betrachten" (229). In der normalen Themapredigt liegen Text und Thema im Streit (233); sie müssen darum in der Rede vollkommen ineinander gearbeitet sein (234). Über alttestamentliche Texte hat Schleiermacher eher ungern und selten gepredigt. Selbst Ps 139 habe einen „gesetzlichen Charakter und keinen christlichen" (238). Das lebendige Christentum bedürfe „gar keines Stützpunktes aus dem Judentum", formulierte er

1829 sehr grundsätzlich abweisend in seinem zweiten Sendschreiben an Lücke (Schleiermacher 1908 [1829], 42).

3.3

Die Disposition muss der Gemeinde nicht mitgeteilt werden (251); die eiserne Regel lautet, dass die einzelnen Teile des Themas einander ausschließen müssen (253). Wenn die Gedankenerzeugung gelungen ist, erübrigt sich die Disposition (254). Wenn die Hörenden dagegen an Thema und Disposition wie die Galeerensklaven „angenagelt werden", dann klappert die Rede wie ein altes Instrument, „wo man die Claves hört statt des Tons" (259). Am besten ergibt sich die Disposition zugleich mit dem Thema (263). Je mehr Lebenserfahrung jemand hat, desto weniger ist eine absichtliche Meditation erforderlich (278).

3.4

Was das Zeitmaß der Predigt angeht, hält Schleiermacher eine Stunde für zu lang, eine halbe für zu wenig – das falle „auf Rechnung des Geistlichen" (214). Das wörtliche Memorieren der Predigt errege bei den Zuhörenden nur Mitleid. Sie „bekommen [...] eine Sympathie und sagen, der arme Mann hat das Ding schon satt" (307). Hinsichtlich der Mimik und Gestik formuliert Schleiermacher die Regel, dass „in jeder Aktion, die von der Freiheit ausgeht, auch der ganze Mensch tätig ist" (315). Zwischen dem Schauspieler und dem Geistlichen bestehe darum ein „reiner Gegensatz" (316).

Insgesamt ist festzuhalten, dass Schleiermachers Begriffsbildung „Mitteilung und Darstellung des religiösen Bewusstseins" einen engen Zusammenhang von Gottesdienst und Predigt, Liturgik und Homiletik bedeutet. Weiterhin zeigt das Verständnis des Glaubens als eines mitzuteilenden und darzustellenden eine große Nähe zur Didaktik und Rhetorik. *Didaktisch* gesehen soll der Hörer seiner selbst bewusst werden und dazu angeregt und angeleitet werden, das eigene Gottesbewusstsein wahrzunehmen, zu durchdringen und evtl. zu modifizieren. Gerade als *rhetorisches* Handeln ist die Predigt nicht instrumentell gedacht, sondern als Hilfe zur religiösen Selbstthematisierung, also als ein äußerer Impuls zum Ergreifen der eigenen Freiheit. Das rhetorische Handeln an den Zuhörenden soll nicht deren Möglichkeiten einengen, sondern diese erweitern. Das wichtigste Ziel ist es, dass die Hörenden in ihren Möglichkeiten zur inneren Selbstaufklärung und zur äußeren Selbstexplikation gefördert werden. Es ist darum später auf die Frage zurückzukommen, wie sich das rein darstellende Moment zum rhetorischen Setting der Predigt als Rede verhält (→ § 21).

Zusammenfassung

Friedrich Schleiermacher war zweifellos der einflussreichste Theologe („Kirchenvater“) des 19. Jahrhunderts, indem er die Dogmatik von Metaphysik und Moral auf existentiale Plausibilisierung umstellte. Der Glaube ist danach nicht primär Wissen, Handeln oder Fürwahrhalten, sondern ein Selbst- und Weltverhältnis, das vom Bewusstsein Gottes grundiert ist. Dieses von Schleiermacher „Gefühl schlechthinniger Abhängigkeit“ genannte Empfinden des Lebens macht es möglich und nötig, den individuellen und den kirchlichen Glauben in seiner anthropologischen Gestalt zu explizieren. Das damit vorausgesetzte Ineinander von Subjektivität und Sozialität impliziert die Mitteilung und Darstellung des Glaubens als dessen notwendiges Merkmal. Darum ist der christliche Glaube ein mitgeteilter, ein gepredigter Glaube. Im Leben Jesu liegt das Gottesbewusstsein des Menschen in seiner vollkommenen Form vor, so dass Schleiermacher dieses als Ausgangs- und Zielpunkt des Predigens wählt. Predigte er anfangs noch in der Spur der Aufklärung, wurde im Laufe der Zeit sein eigener existentialer Stil immer deutlicher, der zugleich die Mitteilung von existentialen Strukturen und Gefühlen wie die Darstellung der Bedingungen und Möglichkeiten glaubender Existenz umfasste. In seiner homiletischen Theorie kommt auch die enge Verbindung der Predigt mit der gottesdienstlichen Liturgie zum Ausdruck, wobei Predigt und Liturgie gleichermaßen nicht als wirksames, sondern als darstellendes Handeln aufgefasst werden. Auf diese Einordnung ist im Zusammenhang der homiletischen Rhetorik zurückzukommen.

§ 13 Relevanzverlust und Theoriefortschritt: Predigt und Predigtlehre im 19. Jahrhundert

---

Literatur (s. auch die Literatur vor § 7 zum 2. Kapitel insgesamt): Karl Barth: Die protestantische Theologie im 19. Jahrhundert. Ihre Vorgeschichte und Geschichte, Zürich 1947 · Ruth Conrad: Kirchenbild und Predigtziel. Eine problemgeschichtliche Studie zu ekklesiologischen Dimensionen der Homiletik Tübingen 2012 (PThGG 11) · Johannes Greifenstein: Homiletik und Rhetorik im 19. Jahrhundert, in: Handbuch Homiletische Rhetorik, hg. von Michael Meyer-Blanck, Berlin / Boston 2021, 135–164 · Claus Harms: Pastoraltheologie in Reden an Theologie-Studierende, Erster Teil, Gotha 1888 [1830], 4–115 · Joachim Konrad: Die evangelische Predigt. Grundsätze und Beispiele homiletischer Analysen, Vergleiche und Kritiken, Bremen ²1963 · Michael Meyer-Blanck: Die Rezeption der Rhetorik in der modernen Homiletik seit

Schleiermacher, in: Handbuch Homiletische Rhetorik, Berlin / Boston 2021, 223–251 · Michael Meyer-Blanck: Begegnung mit dem Unbekannten: „Kultuspredigt" oder „Missionspredigt"? Erinnerungen aus der Geschichte der Homiletik, in: Unbekannt. Predigen im Kontext von Agnostizismus und Atheismus, hg. von Ursula Roth, Jörg Seip und Bernhard Spielberg, München 2014, 133–146 · Thomas Nipperdey: Deutsche Geschichte 1800–1866. Bürgerwelt und starker Staat, München 1983 · Thomas Nipperdey: Deutsche Geschichte 1866–1918, Band I, Arbeitswelt und Bürgergeist, München 1990 · Thomas Nipperdey: Deutsche Geschichte 1866–1918, Band II, Machtstaat vor der Demokratie, München 1992 · Jürgen Osterhammel: Die Verwandlung der Welt. Eine Geschichte des 19. Jahrhunderts, München ^{4}2024 [2009] · Christian Palmer: Evangelische Homiletik, Stuttgart ^{2}1845 [1842] · Manuel Stetter: Christian David Friedrich Palmer, in: Stiftsköpfe, hg. von Volker Henning Drecoll u.a., Tübingen 2012, 264–272 · Franz Theremin: Die Beredsamkeit eine Tugend. Grundlinien einer systematischen Rhetorik, Berlin ^{2}1837

1 Das lange 19. Jahrhundert

1.1

Spricht man in den letzten Jahren unter Historikern vom „langen" 19. Jahrhundert, so ist damit der Tatsache Rechnung getragen, dass der 1. Weltkrieg einen tiefen Einschnitt in der europäischen und deutschen Geschichte bedeutet. Den Beginn des Jahrhunderts markieren die Auswirkungen der Französischen Revolution, wie sie in Thomas Nipperdeys berühmtem ersten Satz seiner deutschen Geschichte zum Ausdruck kommen: „Am Anfang war Napoleon." (Nipperdey 1983, 11)

Denkt man aus der Perspektive der Homiletik, dann lässt sich das 19. Jahrhundert durch Schleiermachers „Reden" von 1799 und die Kriegspredigten vom August 1914 eingrenzen. Zwischen der Romantik und frühen Goethezeit einerseits und dem Zerbrechen aller tradierten Orientierungen in der besonders die akademische Jugend ergreifenden Nietzsche-Rezeption andererseits liegen in der Tat Welten. Um dies zu ermessen, reicht zunächst die Erinnerung an wenige Umstände aus.

An erster Stelle steht die Verlagerung des Lebens der Menschen vom Land in die Städte aufgrund der Industrialisierung. Damit ist *zweitens* die Entstehung der Arbeiterklasse und eines aufstrebenden bürgerlichen Unternehmertums verbunden. Das alles geschieht *drittens* in einem europäischen Sog hin zur „Nation", die die neu entstehenden Grenzen zwischen Ständen, Klassen und Religionen aufheben soll, indem gleichzeitig die Grenzen zu anderen

Nationen umso schärfer markiert werden sollen. Daraus ergibt sich *viertens* eine gefährliche Militarisierung der europäischen Gesellschaften, die schließlich im August 1914 zur Katastrophe führt. Begleitet werden diese Entwicklungen *fünftens* von einer ersten Phase der Massenmedien, in dieser Phase noch in der gedruckten Form. Immer mehr Menschen gehen zur Schule, können lesen und sind durch Meinungsmacher zu erreichen.

Der Prozentsatz der Schüler, die eine höhere Schule besuchten, stieg zwischen 1828 und 1864 langsam von 1,7 auf 3,6%; in Berlin von 13,2 auf 16,6% (Nipperdey 1983, 459); dennoch waren 1850 noch ca. 20% der preußischen Bevölkerung über 10 Jahre Analphabeten, und auch 1871 waren es noch 12% (Nipperdey 1983, 463). Auf dem Land dominierte weiter die einklassige Dorfschule mit einem Lehrer und 50–90 Kindern (465).

Die meisten Entwicklungen hatten schon früher begonnen. Was aber jetzt neu war, war die Rasanz dieser Entwicklungen, ihre Extensivierung und Intensivierung. Dazu kamen u.a. Effizienzsteigerung und die zunehmende Spannung zwischen Gleichheit und Hierarchie (Osterhammel 2024, 1295). Kennzeichen von dem allem war die schnell wachsende Mobilität, exemplarisch vorgeführt durch die Eisenbahn. 1840 gab es im späteren deutschen Reich 468 km Eisenbahn, bis 1886 waren es dann gut 39.000 km, was nahezu eine Verhundertfachung in 46 Jahren bedeutete. Immer mehr Menschen zogen in die überfüllten und engen Städte. Deutlich stärker wurde die Identifikation mit der Nation und ihrem Expansionsdrang, der schließlich auch mit einem späten Kolonialismus des Deutschen Reiches verbunden war.

1.2

Glaube und Kirche veränderten sich mit den genannten Herausforderungen. Die gewohnte Verbindung mit dem bäuerlich-agrarischen Jahr und Brauchtum schwand durch die Verstädterung. Der Anschluss an die Problemlagen der städtischen Arbeiterschaft war ungewohnt und mühsam. In besonderer Weise fanden Protestantismus und Nationalismus zusammen, wobei man sich gleichzeitig gegen den national unzuverlässigen („ultramontanen", „jenseits der Berge", sc.: römischen) Katholizismus abzugrenzen wusste. Ein Schlüsselereignis war die 1848 von dem – besonders gläubigen – preußischen König Friedrich Wilhelm IV. niedergeschlagene Revolution, die von den Konservativen als Sünde und Abfall von Gott gedeutet wurde.

Das *Christentum* transformierte und modernisierte sich seit Schleiermachers Theologie und gewann sogar „ganz außerordentlich an öffentlicher Geltung" (Nipperdey 1983, 403). Dennoch war die *Entkirchlichung* kaum aufzuhalten. Im Laufe des Jahrhunderts, besonders in der Zeit seit 1890, sanken in Deutschland die Teilnahmequoten an den kirchlichen Kasualien und die Zahl der Kirchenaustritte stieg. Um die Wende zum 20. Jahrhundert setzte sich die Einsicht durch, dass sich dieser Prozess als eine Begleiterscheinung der gesellschaftlichen Veränderungen fortsetzen werde. Hatte man lange Zeit die Gründe für den langsamen, aber stetigen Abschied von der Kirche im individuellen Unglauben oder im Vordringen von philosophischer und sozialdemokratischer Religionskritik gesehen (vgl. „Unglaub und Torheit brüsten sich frecher jetzt als je", EG 136,3), so begann man nun zu verstehen, dass es sich um makrosoziologisch zu erfassende Prozesse handelte.

Das traf auch auf die soziale Not zu, die lange Zeit als „sittliches" Problem bzw. als Sünde interpretiert worden war. Johann Hinrich Wicherns (1808–1881) Rede über die „innere Mission" auf dem Kirchentag 1848 war zwar ein wichtiger Wendepunkt, aber auch Wichern vertrat noch die religiös-moralische Deutung und viele Prediger folgten seinem Beispiel.

1.3

Im 19. Jahrhundert differenzierten sich deutlich die Formen des privaten, des kirchlichen und des gesellschaftlichen Christentums. Das Christsein verlagerte sich für viele vom kirchlichen in den privaten Bereich. Aus der Sicht des kirchlichen Christentums, das die Predigt vor allem repräsentiert, wurde dies als innere Entleerung, Schwund an christlicher Substanz und Ersatzreligion empfunden. In der Tat traten für viele Gebildete an die Stelle des Kirchenbesuchs Theaterabende und Kunstgenuss. Die Kunst löste sich aus ihrer Einbindung in Hof, Adel und Kirche und wurde selbstständig. Die sprichwörtlich gewordene bürgerliche Bildungsreligion fand ihren Ausdruck im Umgang besonders mit den Werken von Johann Wolfgang Goethe und Friedrich Schiller, später mit dem Schaffen Richard Wagners, der einen explizit kunstreligiösen, akirchlichen bis antikirchlichen Anspruch erhob. Teilweise wurde die Kirche zu einer „Instanz öffentlicher Sinnreflexion [...], in der man zuletzt über Goethe so gut wie über Paulus predigen konnte." (Nipperdey 1983, 429)

1.4

Die evangelische Kirche war traditionell eine Kirche der Theologen und der Theologie, die eine wichtige Rolle bis in den Gemeindealltag hinein spielte. Der Pfarrer sollte etwas von einem Gelehrten haben. Doch die Theologie war mehr und mehr gespalten in Aufgeklärte und Orthodoxe, in Rationalisten und Supranaturalisten, in Erweckte und Historisch-Kritische; im letzten Drittel des Jahrhunderts sprach man vom Gegensatz zwischen Liberalen und Positiven.

Weniger ausgeprägt war seit der Preußischen Kirchenunion von 1817 der konfessionelle Gegensatz zwischen Lutheranern, Reformierten und Unierten; das galt für die Professoren ebenso wie für die Studenten. Die Fakultäten hatten ihr je spezifisches Profil. Halle war mit 800 Theologiestudenten und Julius Wegscheider (1771–1849) bis in die 1830er Jahre ein Hort des Rationalismus, ebenso wie Heidelberg mit dem Neutestamentler Heinrich E.G. Paulus (1761–1851), der durch seine rationalistischen Wundererklärungen bekannt wurde. In Heidelberg waren aber nach 1815 nur 50 Studenten. Wegscheiders Rationalismus wirkte dagegen in die Breite und hat „auf dem Umweg über unzählige Dorf- und Kleinstadtkanzeln die Massen der Bürger und Bauern erreicht." (Barth 1947, 425) Auf dem konservativen Flügel sammelte der Berliner Alttestamentler Ernst Wilhelm Hengstenberg (1802–1869) mit der von ihm seit 1827 herausgegebenen antirationalistischen „Evangelischen Kirchenzeitung" die konservativen christlichen Kreise. Ganz allgemein nutzte die evangelische Kirche das Medium Zeitung für die Verbreitung ihrer Botschaft. Aber auch gedruckte Predigten wurden – zumal in der Hauptstadt Berlin – massenhaft vertrieben.

Im letzten Drittel des Jahrhunderts erlangte die liberale Theologie des Göttinger Systematikers Albrecht Ritschl (1822–1889) große Bedeutung. Es handelte sich um eine Theologie als Ethik und Sittlichkeit, als Freiheit im Sinne der praktischen Vernunft Kants, unangefochten vom aufstrebenden naturwissenschaftlichen Denken. Karl Barth hat gemeint, Ritschl sei es vor allem darum gegangen, dass der moderne Mensch vernünftig leben könne; das Christentum sei dafür nur „eine große Bestätigung und Bestärkung" gewesen (Barth 1947, 599). Das „Reich Gottes" wurde bei Ritschl zum Kant'schen Reich der Freiheit, genauer: zum freien sittlichen Handeln im bürgerlichen Beruf. Es liegt auf der Hand, dass es sich mit dieser Theologie gut predigen ließ.

2 Kultus und Mission: Homiletische Trends des 19. Jahrhunderts im Überblick

2.1

Schleiermacher hatte sich geweigert, die Predigt als Instrument des Gemeindeaufbaus, als „missionarische" Gelegenheit, zu verstehen (→ § 12). Der vielfach geäußerten Klage über das Bröckeln der gottesdienstlichen Gemeinde war Schleiermacher mit dem Hinweis begegnet, dass die Sache vielleicht dadurch wieder zustande käme, dass man sie voraussetzt. Damit hatte er das wichtige Prinzip formuliert, dass die predigende Person die Zuhörenden als Menschen ernst nehmen sollte, die wirklich eine gute Predigt hören wollen. (Es gibt also keinen Grund dafür, an der vorhandenen Gemeinde zu zweifeln und erst recht nicht dafür, sich nachlässig vorzubereiten.)

Dennoch ist es nicht verwunderlich, dass Schleiermachers Sicht im Verlaufe der Veränderungen des 19. Jahrhunderts auf Widerspruch stieß und man nach Wegen suchte, durch die Predigt neue Hörer zu gewinnen. Friedrich Wintzer (1933–2004) hat die Homiletik des 19. Jahrhunderts darum als die Auseinandersetzung zwischen den Konzepten der „Kultuspredigt" und der „Missionspredigt" dargestellt (Wintzer 1969). Man suchte die vorhandene Frömmigkeit zu pflegen, neu zu erwecken und mit den unübersehbaren Veränderungen in der Alltagswelt der Gemeinde zu vermitteln.

2.2

Die im 1. Abschnitt knapp geschilderten theologischen Richtungen fanden auch in der Homiletik ihren Niederschlag. Neben der Homiletik im Gefolge Schleiermachers (Schweizer 1848) gab es weiter aufgeklärt-rationalistische Predigtlehren (Theremin 1837) und vermittlungstheologische Entwürfe (Palmer 1845; dazu lässt sich auch Schweizer 1848 zählen). Daneben ist an das homiletische Konzept der Erweckungsbewegung zu erinnern, wie es etwa von Claus Harms (1778–1855; Harms 1888) und August Tholuck (1799–1877) vertreten wurde (vgl. Müller 1995, 108–116). Die Erweckungsbewegung war gekennzeichnet durch eine neue Bibelfrömmigkeit jenseits des Projektes der Aufklärung, deren Ansehen durch die Französische Revolution und die napoleonischen Kriege deutlich angeschlagen war.

2.3

Das 19. Jahrhundert war zudem die Epoche, in der sich die Praktische Theologie als wissenschaftliche Disziplin konsolidierte und in zum Teil übertriebener Weise als systematisch zu profilieren suchte. Daneben gab es aber auch homiletische Entwürfe, die als wirkliche Lehr- und Praxisbücher breite Rezeption in der Pfarrerschaft fanden; dafür steht die vermittlungstheologische Homiletik des Tübinger Praktischen Theologen Christian Palmer (1811–1875), die erstmals 1842 erschien und bis 1887 sechs Auflagen erreichte. Schließlich sind die umfangreichen Darstellungen der Homiletik in den Lehrbüchern der Praktischen Theologie zu erwähnen, an vorderer Stelle die Werke von Carl Immanuel Nitzsch (1787–1868) und von Ernst Christian Achelis (1838–1912).

2.4

Die Ausdehnung des Publikationswesens brachte es mit sich, dass zahlreiche einzelne Predigten gedruckt wurden bzw. Aufnahme in Sammelbände fanden. Die Zahl gedruckter Predigten ist im 19. Jahrhundert nicht mehr überschaubar. Die homiletische Theoriebildung erreichte in der Mitte des 19. Jahrhunderts eine besondere Intensität und Produktivität. Im Folgenden werden vier homiletische Entwürfe etwas näher vorgestellt, die alle in dem Jahrzehnt zwischen 1837 und 1848 erschienen. Schließlich war das 19. Jahrhundert auch die Zeit der berühmten, viele auswärtige Hörer anziehenden Kanzelredner. Diese Entwicklung setzte sich an der Wende zum 20. Jahrhundert in verstärkter Weise fort.

3 Die spätaufklärerische homiletische Rhetorik Franz Theremins von 1837

3.1

Franz Theremin (1780–1846) war zwölf Jahre jünger als Schleiermacher, hatte mit ihm allerdings wenig persönlichen Kontakt. Ab 1809 wirkte Theremin zunächst als französischer Prediger an der Werderschen Kirche in Berlin; 1814 wurde er dann zum Hof- und Domprediger ernannt; 1834 folgte die Ernennung zum „Wirklichen Oberkonsistorialrat". Theremin kam nicht mehr dazu, seine Homiletik zu veröffentlichen, so dass nur sein rhetorisches Konzept in gedruckter Form vorliegt.

3.2

Theremins Rhetorik (Predigtlehre) von 1837 ist noch ein Niederschlag des 18. Jahrhunderts zu Beginn des 19. und dazu geeignet, die immer noch kursierenden Vorurteile über den angeblich platten Moralismus der späten Aufklärungspredigt zu Beginn des 19. Jahrhunderts zu erschüttern. Theremins Buch enthält eine pädagogische Reflexion der Predigt, die von den Voraussetzungen und Möglichkeiten der Zuhörer ausgeht. Sie sollen durch die Rede zu freieren und selbstbestimmteren Menschen gebildet werden. Grundsätzlich anders als Schleiermacher bestimmt Theremin das Wesen der Predigt im Kontext des wirksamen und nicht des darstellenden Handelns. Ihm geht es um eine ethische Bestimmung der Predigt, um das Helfen zum Handeln. Die Predigt ist zuerst einmal eine Rede und hat als solche eine Wirkungsabsicht. Als Praxis der „Beredsamkeit" gehört sie in die Tugendlehre. Ihr Hauptziel ist weder die Erkenntnis noch die ästhetische Anschauung, sondern das Handeln (bzw.

psychologisch formuliert: das Verhalten). Nach Theremin gibt es „etwas ganz Allgemeines und Notwendiges, das alle Menschen wollen", ja ihrer sittlichen Natur „wollen müssen"; wenn der Redner dies verfolgt, dient er immer auch der Freiheit des Hörers. Wenn man an die Ideen der Freiheit, Selbstbestimmung und an das Recht auf Glück und Anerkennung aller Menschen denkt, ist Theremins aufklärerische Sicht auch heute durchaus plausibel.

3.3

Theremin hat die rhetorische und pädagogische Gestalt der Predigt konsequent durchdacht. Vor allem die von ihm rekonstruierte Dialektik menschlicher Freiheit zwischen äußeren Impulsen und innerer Autonomie hat bleibende Bedeutung. Die ethischen Dimensionen von Reden und Hören sind von ihm in gültiger Weise auf den Punkt gebracht worden. Seine Überlegungen sind geeignet, die Karikatur der platten Aufklärungspredigt in Frage zu stellen. Ich werde auf Theremin in der prinzipiellen Homiletik ausführlich zurückkommen (→ § 21.3)

4 Die vermittlungstheologische und praktische Homiletik von Christian Palmer 1845

4.1

Christian Palmer (1811–1875) gilt als bedeutender Vermittler zwischen verschiedenen Theologien bzw. Frömmigkeiten und zwischen theoretischer und praktischer Homiletik. Er war von Schleiermacher wie vom Württemberger Pietismus geprägt und wurde wie viele bedeutende Theologen im Tübinger Stift sozialisiert. Seinen Lebensmittelpunkt hatte er fast ausschließlich in Tübingen. Von 1852 an war er hier Professor für Praktische Theologie. Das Verhältnis des Glaubens zur Kultur hatte er in hervorgehobener Weise im Blick, weil er auch ein hervorragender Musiker war. Sowohl als Pianist als auch als Komponist fand er öffentliche Resonanz und befreundete sich während seiner Stiftszeit mit dem Universitätsmusikdirektor und Komponisten Friedrich Silcher (1789–1860). Später war Palmer Vorsitzender des Tübinger Oratorienvereins und veröffentlichte eigene Kantaten und geistliche Gesänge.

4.2

Palmer ist praktisch-theologisch neben Schleiermacher von Carl Immanuel Nitzsch (1787–1868) geprägt. Predigt und Unterricht, Katechetik und

Homiletik sind seine beiden wichtigsten Arbeitsbereiche, zu denen er jeweils ein umfangreiches Lehrbuch vorlegte. Der Gegenstand der Praktischen Theologie insgesamt ist für ihn – wie für Nitzsch – das Leben der Kirche. Dogmatik, Ethik und Praktische Theologie ordnet er so zu, dass die Dogmatik die ein für allemal manifest gewordenen göttlichen Tatsachen beschreibt, während Praktische Theologie und Ethik dasjenige behandeln, „was noch nicht Tatsache ist, es aber werden soll, und zwar nicht im Sinne einer göttlichen Notwendigkeit, sondern durch menschliche Freiheit" (Nitzsch 1856, zitiert nach Stetter 2012, 270). Ähnlich wie Theremin geht es Palmer um das Spannungsfeld von Einflussnahme auf die Gemeindeglieder bei gleichzeitiger Unterstützung ihrer Freiheit; homiletisch wird damit – anders als von Schleiermacher – dem wirksamen, rhetorischen Aspekt der Predigt Rechnung getragen.

4.3

Seine Homiletik veröffentlichte Palmer erstmals 1842, also mit 31 Jahren und damit zehn Jahre, bevor er in Tübingen Professor wurde. (Er war damals Landpfarrer in Marbach am Neckar.) 1845 erschien die zweite Auflage und Palmer amtierte inzwischen als Pfarrer („Diakonus") in Tübingen. Er widmete das Buch in zweiter Auflage August Tholuck (1807–1877) in Halle, dem bedeutendsten Prediger der Erweckungsbewegung, der Palmer offensichtlich zur Abfassung ermutigt hatte.

Dem Vorwurf fehlender Praxisrelevanz setzt Palmer schon im Vorwort zur ersten Auflage die These entgegen, die Homiletik werde „je wissenschaftlicher sie ist, um so praktischer". Die Homiletik wirke „anregend und bildend auf die Selbsttätigkeit des Subjekts" (Palmer 1845, XII, dort gesperrt, Nachweise künftig nur mit Seitenzahlen). Nach kurzen Prolegomena enthält Palmers Homiletik ein umfangreiches Kapitel zur materialen Homiletik inkl. Kasualpredigten („Das Wort Gottes", 67–273) und eines zur „kirchlichen Sitte" (274–544). Hier finden sich u.a. Überlegungen zur Rolle der Perikopen und zum formalen Textgebrauch (368–427). Mit 650 Seiten ist diese Homiletik umfangreich und bisweilen etwas weitschweifig, lohnt sich aber andererseits wegen der vielen historischen Einzelheiten zur Predigtpraxis.

Die ersten beiden Sätze des Buches nach dem Vorwort enthalten eine knappe Definition:

> Predigen heißt: im Namen Gottes das Heil, das der Menschheit in Christi Person und Werk erschienen und für sie vorhanden ist, durch lebendiges Zeugnis zur Annahme darbieten. Dies ist der biblische Begriff, der niemals kann alteriert oder beseitigt werden. (1; Orthographie hier und im Folgenden angepasst).

Damit ist jegliche Verkündigung (inkl. Unterricht und Familienleben) gemeint und nicht nur die gottesdienstliche Predigt. Mit der Unterscheidung zwischen Schleiermachers Predigtverständnis und einer missionarischen Orientierung definiert Palmer weiter: „Hiernach scheiden wir die Kirchenpredigt, als Erzeugnis des sich im Cultus darstellenden Gemeindelebens [...] von allem anderen Bezeugen der christlichen Wahrheit, namentlich von der Missionspredigt." (5) Gegenüber Schleiermacher wiederholt Palmer den Pantheismusvorwurf, weil dieser „das überweltliche Sein so gut wie ganz" fallen lasse (62). Anders als Schleiermacher geht Palmer nicht primär vom Gottesdienst („Kultus") aus, sondern vom biblischen Wort.

Ähnlich verhält es sich übrigens mit der Homiletik im 2. Band von Carl Immanuel Nitzschs Praktischer Theologie, die wie Alexander Schweizers Homiletik im Jahr 1848 erschien. Nitzsch definierte die Predigt als „die fortgesetzte Verkündigung des Evangeliums zur Erbauung der Gemeinde des Herrn" (Wintzer 1969, 31–37).

Zurück zu Palmer: Was die Rhetorik angeht, ist er skeptisch. So kritisiert er Theremins Homiletik, weil diese auf abstrakten, außerhalb des Evangeliums gewonnenen Prinzipien der Rhetorik beruhe (428). Der Verlust des „objektiven Inhalts" habe den Rationalismus umso mehr zur Ausbildung der Form, zur „regelrechten Disposition und Diktion" getrieben (58). In das 21. Jahrhundert weist dagegen Palmers kurzes Unterkapitel „Die Predigt als Kunstwerk" (427–435) voraus. So wie das Kirchenlied schön sein soll, weil das zum Kultus gehört, „so auch die kirchliche Rede in ihrer Art" (427).

Wichtig ist für Palmer die Persönlichkeit des Predigers. Diese verlange eine Stelle im Kultus um seiner vollen Lebendigkeit willen, denn die Persönlichkeit unterscheide die Predigt wesentlich von allen übrigen Kultusteilen (23), wobei sich allerdings der Katholik gegen diese Sicht sträuben werde. Palmer schließt sein Buch mit dem umfangreichen Kapitel „Die Persönlichkeit des Predigers" (584–647). Hier geht es um praktische Hinweise, so z.B. auf Schleiermachers natürliche Betonung beim Predigen (600), teils auch um Skurrilitäten. Der Württemberger Pfarrer Georg Christian Seubert (1782–1835) solle immer mit geschlossenen Augen gepredigt haben: Das werde aber nicht geschehen sein, um nachgemacht zu werden (603). Im positiven Sinne verwendet Palmer übrigens noch die Kategorie der „Salbung" (69. 280).

4.4

Den Schwerpunkt des Lehrbuches bildet die materiale Homiletik. Hier bietet Palmer eine Menge an Beispielen, wie man aus dem Text Predigtinhalte generiert. Zunächst bleibt die „den Text objektiv auslegende Deutung" ein

Hauptmotiv in jeder evangelischen Predigt (80). Palmer warnt vor „Zeitpredigten", denn es seien vor allem die „Lebenszeugnisse von Christo und seinem Heile", die in einem Sünderherzen zünden (88). Die Predigt ist für Palmer die Auslegung der „Grundtatsachen", wie sie in den großen Festen lebendig werden. Es folgen entsprechende Beispiele im Petit-Druck zu Christi Geburt, Passion, Auferstehung und Christi Himmelfahrt (104–147). Entscheidend ist, dass die Sacherklärung unmerklich in die existentielle Deutung übergeht: „[...] so bringt es die Natur dieser Sachen, dieser göttlichen Heils-Offenbarung mit sich, dass wir den Sinn eines Faktums gar nicht deuten können, ohne es bereits *auf uns* zu beziehen" (105, Hervorhebung dort).

Die Auslegung in der Predigt soll dann „mystisch" und „allegorisch" erfolgen, was Palmer in dem einen Begriff des „Symbolischen" zusammenfasst (92). Dies wird zu den „Grundtatsachen" mit Predigtbeispielen zu vier Aspekten gezeigt: a. eigentliche Deutung, b. mystisch-symbolische Deutung (von Christus in uns), c. Anwendung, d. allegorische Deutung, wie z.B. die allegorische Deutung in der matthäischen Weihnachtsgeschichte: das „Gold gebührte dem Könige, der Weihrauch dem menschgewordenen Gott, die Myrrhen dem leidenden und sterbenden Erlöser"; oder auch: das Gold als Symbol des geläuterten Glaubens, Weihrauch als Symbol des Gebets, Myrrhe als Symbol der Buße (120). Es folgen als die „Historien zweiten Ranges" andere Jesusgeschichten, abgesehen von den Festtatsachen (148–198), vgl. dazu die allegorische Deutung der Sturmstillung Mk 4 (189).

4.5

Das Alte Testament gilt Palmer als „vorbereitende Offenbarungstat"; es ist ein „nicht selbstständiges Wort", das seinen Schwerpunkt außer sich, im Neuen Testament hat (238f.). Beim AT handle es sich um eine „bildliche Darstellung neutestamentlich-geistiger Dinge", oder auch um das „Bild der alttestamentlichen Unvollkommenheit gegenüber dem neutestamentlichen, vollen Leben" (247). Hier folgt Palmer der zeitgenössischen Abwertung des Alten gegenüber dem Neuen Testament. Gleichzeitig wirbt er aber unter Hinweis auf die eigene Praxis sehr dafür, den Schatz des AT homiletisch mehr und besser zu nutzen (248). Und schließlich beweist er ein gewisses Maß an Liberalität, wenn er rhetorisch fragt: „Wo steht geschrieben, dass jede Predigt einen Text haben müsse?" (274)

4.6

Palmers Homiletik dient weniger dem theoretischen Fortschritt des Faches, sondern mehr der Praxis der Predigt. Ist überhaupt schon das Wagnis zu bewundern, mit 31 Jahren ein Lehrbuch zu veröffentlichen, so zeichnet sich das Buch durch unzählige Predigtbeispiele aus der Literatur aus und zeigt so, wie man in der Mitte des 19. Jahrhunderts zu Predigteinfällen zu kommen suchte. Auch die Unsicherheit eines homiletischen Standpunktes nach Schleiermacher und jenseits von Rationalismus und Erweckung lässt sich an Palmers Entwurf gut ablesen, so dass man einen Eindruck davon bekommt, was viele nicht ganz festgelegte, nach einem Vermittlungskonzept Ausschau haltende Pfarrer damals umgetrieben haben mag. Die große Resonanz dieser Homiletik zeigt, wie nahe sie an der Praxis damaligen Predigens war.

5 Die vermittlungstheologische und systematische Homiletik von Alexander Schweizer 1848

5.1

Das Gegenstück zu Palmers praktischem Entwurf ist die hochtheoretische Homiletik des Schleiermacherschülers und Zürcher Großmünsterpfarrers Alexander Schweizer. Schweizer hatte 1832 ein Studienjahr bei Schleiermacher in Berlin verbracht und wurde neben Friedrich Lücke Schleiermachers wichtigster Schüler. 1835 wurde Schweizer Professor an der 1833 neu gegründeten Universität Zürich. Vor der Homiletik hatte er bereits 1844/1847 eine zweibändige „Glaubenslehre der reformierten Kirche" veröffentlicht, die sich an Schleiermachers Abhängigkeitsgefühl orientierte und der reformierten Lehre verpflichtet war, aber auch klar für die Union von Lutheranern und Unierten eintrat. Den Menschen betrachtete Schweizer in einem Drei-Stufen-Modell, das sich vom Naturzustand über die Sittlichkeit zur Erlösung erstreckte. Er genoss hohes Ansehen auch in der städtischen Zürcher Öffentlichkeit, wo er als Mitglied des „Großen Rates" gegen die Berufung von David Friedrich Strauß (1808–1874) kämpfte („Straußenputsch" 1839).

5.2

Schweizers Homiletik ist wie diejenige Palmers dem biblischen Glauben und dem nachaufklärerischen Selbst- und Weltverständnis gleichermaßen verpflichtet. Sie verzichtet jedoch bewusst auf alle praktischen Beispiele, „wie sie Palmers Homiletik auszeichnen" (Schweizer 1848, III; künftig nur mit Seitenzahlen nachgewiesen). Schweizer bemüht sich vor allem um einen systematischen Ort der Homiletik im Rahmen der erst im Entstehen begriffenen Disziplin Praktische Theologie. Dabei beschäftigt ihn besonders die Frage, ob die Homiletik im Kontext der Liturgik (des „Cultus") oder wie in der Reformation, besonders bei Melanchthon, sowie in der Aufklärung im Kontext der Didaktik zu verstehen sei.

> An dieser Stelle sei kurz daran erinnert, dass diese Frage eine untunliche Alternative darstellt, weil die *Liturgik* als rituelle Rahmenbedingung der gegenwärtigen christlichen Predigt selbstverständlich und unverzichtbar ist und weil darüber hinaus ohne intensive Orientierung an den Zuhörenden, welche den Gegenstand der *Didaktik* ausmacht, ein menschenfreundliches Predigen nicht möglich ist (→ § 6).

Die Bezüge zur Rhetorik hält Schweizer dagegen für natürlich und wichtig für die Grundsatzreflexionen und die Predigtpraxis. Die nachhaltigste Wirkung hat sein Lehrbuch durch die Einteilung in die prinzipielle (115–179), materiale (180–280) und formale Homiletik (281–405) erzielt. Dieser Gliederung folgt auch dieses Lehrbuch (→ § 6), ebenso wie sein Vorgänger (Müller 1995).

5.3

Der Systematik ist es geschuldet, dass zunächst die Praktische Theologie im Rahmen der Theologie definiert wird („Einleitung", 1–39), und darauf eine „Theorie des Cultus" mit den Abschnitten „Vom Cultus überhaupt", „Vom christlichen Cultus" und „Vom evangelisch-protestantischen Cultus" folgt (40–101). Es schließt sich eine knappe Geschichte der Homiletik seit der Reformation an (101–114), bevor die drei Hauptteile folgen. Schweizers etwas mühsamer Anmarschweg zur Homiletik sei hier kurz zusammenfassend nachgezeichnet, um einen Eindruck von der Lehrweise und den Lehrwerken des 19. Jahrhunderts zu geben. Aus diesem Grund folge ich in den nächsten Abschnitten detailliert dem Argumentationsgang von Schweizers prinzipieller Homiletik.

Diese wird zunächst in die Praktische Theologie (PT) eingeordnet. Die PT ist nach Schweizers – durchaus bemerkenswerter – Definition „das auf die kirchliche Verwirklichung des Gottesreiches unmittelbar hingerichtete Erkennen". Die PT muss auf die theoretische, die historische und spekulative Theologie bezogen werden (7; § 7). Damit ist die PT „Wissenschaft von der Verwirklichung der Kirche", die Schweizer wie Schleiermacher in Kirchenregiment und Kirchendienst unterteilt (10; § 8). Zum Kirchendienst des Pfarrers gehört „das Bewusstsein der innern Berufung" (22; § 14). Schön formuliert Schweizer, die Würde des evangelischen Klerikers bestehe darin, „dass er die Leichtigkeit der Mitteilung in Form der Rede besitze" (26; § 16). Neben der kultischen und seelsorgerlichen Tätigkeit steht als dritte die katechetische, die Schweizer die „halieutische" (nach Mt 4,19) nennt. Es geht dabei um die „Assimilierung des Zuwachses" (29; § 18), einfacher gesagt: um die Kinder und Jugendlichen sowie um Konvertiten. Alle drei Tätigkeiten enthalten sowohl ein freies als auch ein gebundenes Element. Daraus ergibt sich, dass der Kultus als gebundenes Element die Liturgik und als freies die Homiletik erfordert (33; § 19). Das ist so zutreffend wie selbstverständlich, so dass der Aufwand an definitorischer Arbeit etwas hoch erscheint.

Der Kultus wird dann – wie bei Schleiermacher – als die „feierliche Darstellung" des religiösen Glaubens definiert (41; § 24); er hat „keinen außer ihm liegenden Zweck, ist Selbstzweck", übt aber eine kräftigende Wirkung auf die Frömmigkeit aus (51; § 31). Dargestellt wird die „Grundidee der Erlösung in Christus" (63; § 38). Damit ist der Akzent deutlich anders gesetzt als bei Schleiermacher, bei dem es um die Darstellung des stärker erregten *Bewusstseins* von der Erlösung geht und nicht um die „Darstellung" der Erlösung selbst (vgl. aber § 44 bei Schweizer). Weiterhin hat der Kultus „die Verneinung der römisch-katholischen Verunreinigung" und die Wiederherstellung des reinen Christentums mit Hilfe der Heiligen Schrift darzustellen (77; § 47).

5.4

Endlich befasst sich Schweizer schon in der Kultustheorie mit der Predigt selbst. Diese bringe die „freie Subjektivität, den in der Person ausgeprägten Glauben" zur Sprache: Die Predigt als freie Rede müsse „im Kultus Hauptsache werden" (79; § 48). Das Homiletische hat zwei Aspekte, den kultisch-erbaulichen und den oratorischen (rhetorischen: 112; § 62). Daraus ergibt sich die Zweiteilung in die materiale und formale Homiletik. Stellt man der Zweiteilung die prinzipiellen Fragen voran, dann ist die bekannte Schweizersche Trias erreicht.

Im prinzipiellen Abschnitt wird zwar zunächst (wie bei Schleiermacher) das Missionarische („Halieutische") der gottesdienstlichen Predigt zurückgewiesen (118–120; § 65); gleichwohl habe diese aber auch halieutische Wirkungen (122; § 67). Sie bewege sich „vom kultischen Darstellen zum pastoralen Zumuten und halieutischen Eindringen auf die Gemüter" (127; § 70). Damit ist Schleiermachers Beschränkung auf die Darstellung und Mitteilung widersprochen, womit sich zugleich das weite Feld der klassischen Rhetorik, der Beeinflussung der Hörenden eröffnet, wie wir das auch bei Theremin fanden. Bei Schweizer geht – jedenfalls in der Theorie – alles wunderbar auf. Schweizer integriert in seine prinzipielle Homiletik die zeitgenössischen Konzepte. Schleiermacher, die klassische protestantische Tradition der Lehre, aber auch die pietistisch-erweckliche Predigtweise klingen in dem Leitsatz zu § 73 an: Je nach Zeiten und Kontexten herrsche „bald das darstellende, bald das zumutende, bald das erweckliche Moment" vor (130). Schweizer stellt sich das als einen folgerichtigen Prozess vor, bei dem das darstellende Moment die Basis bildet. Das heißt: In der

Jahrhundertdebatte zwischen Kultus- und Missionspredigt bezog Schweizer Position durch ein entschiedenes Sowohl-als-Auch.

Im Rahmen des zu Erwartenden bewegt sich die Verhältnisbestimmung zur Liturgie: Im Unterschied zu ihr ist die Predigt die „Darstellung der individuellen Ausprägung, welche der gemeinsame Glaube in der lebendigen Persönlichkeit" finde (137; § 75). Gemeinde wie Individualität sind an die Schrift gebunden (§ 83); auch das ist eine erwartbare Aussage. Zum Homiletischen gehört für Schweizer schließlich das „Oratorische" bzw. Rhetorische (§§ 87–97). Hier macht er erneut auf das wirksame Handeln aufmerksam (156; § 88). Das „Grundwesen" einer Rede ist und bleibt „die beabsichtigte Bestimmung des Willens" (166; § 93). In der formalen Homiletik unterscheidet Schweizer darum das „Kausalthema" (Inhalt) vom „Finalthema", dem zu erreichenden Zweck (314; § 177).

5.5

Ich breche den Gang durch Schweizers Homiletik nach dem prinzipiellen Teil ab, weil darin das Entscheidende gesagt ist. In seiner – mitunter durchaus spröden – definitorischen Form steht dieses Buch für die grundlegenden Reflexionen des Faches Praktische Theologie zur Zeit seiner Entstehung als akademisches Fach – und es sucht doch seinesgleichen, was die Genauigkeit des Abwägens angeht. Wer Schweizers besonnenes Lehrbuch studiert und angeeignet hatte, der hatte für sein Berufsleben einen Begriff davon, was er auf der Kanzel tat. Freilich ist auch die Frage berechtigt ob Schweizers systematisierende Lehrart, „so sehr sie zum Nachdenken anregt, der Aufgabe, praktisch anzuregen, völlig entspreche" (Hering 1897, 264). Es handelte sich bei dieser Homiletik vor allem um „eine Darstellung für Theoretiker der Predigt" (Wintzer 1969, 23).

6 Die wirkliche Predigt in Klaus Harms' Reden an Theologiestudierende

6.1

Die Homiletik hatte im 19. Jahrhundert neue theoretische Höhen erklommen. Die bloße Erfahrungsweisheit reichte für die Bewältigung der Predigtaufgabe in Zeiten des beschleunigten sozialen Wandels nicht mehr aus. Und doch dauerte der Rekurs auf die pastorale Erfahrung, wie ihn die „Pastoraltheologie" verkörperte, neben aller hohen Theorie an. Die noch viele Jahrzehnte nach dessen Tod wieder neu aufgelegte Pastoraltheologie von Klaus Harms ist dafür ein beredtes Beispiel. Harms zeigt nicht nur, wie damals abseits von der hohen

Theorie Praktische Theologie getrieben werden konnte; sein Buch ersetzt in gewisser Weise empirische Befunde für die damalige Zeit. Der kunstvolle systematische Bau bei Schweizer ist die eine Seite, der von Harms geschilderte pastorale Alltag die andere.

6.2

Klaus (Claus) Harms (1778–1855) war der Sohn eines Müllers in Fahrstedt in Schleswig-Holstein und betrieb vor seinem Theologiestudium (1799–1802) selbst die väterliche Mühle. Er setzte sich schon früh vom Rationalismus ab und wurde nach eigenen Angaben stark von Schleiermachers „Reden" 1799 beeinflusst. 1817 veröffentlichte er „95 Thesen" gegen den „Götzen Vernunft", den er im theologischen Rationalismus am Werk sah. Durch seine Predigten und die Pastoraltheologie von 1830 wurde er so bekannt, dass er einen Ruf auf die Nachfolge Schleiermachers an die Dreifaltigkeitskirche in Berlin erhielt, dem er aber nicht folgte. Harms bekämpfte als Lutheraner die Union und galt als „gewaltiger Erweckungsprediger" (Schütz 1972, 183).

6.3

Aus seiner Pastoraltheologie erfahren wir, wie damals der Küster mit einer gelesenen Predigt den Pfarrer vertreten konnte (Harms 1888, 33; im folgenden Abschnitt nur mit Seitenzahlen nachgewiesen). Der Pfarrer soll einen ganzen Tag mit der Vorbereitung einer Predigt zubringen und diese wörtlich auswendig lernen, denn „kein Mensch und am wenigsten der Bauer mag das Ablesen" (41). Die von Harms nach der Dauer befragten Hörer wünschten mehrheitlich eine Dreiviertelstunde bis eine Stunde und bei starkem Frost weniger, während es sich für eine halbstündige Predigt gar nicht lohne, sich anzuziehen (51f.). Nicht nur die Gemeinden, auch die rationalistischen Prediger bevorzugten Evangelientexte gegenüber den Episteln: Da brauche man „kein einziges christliches Dogma zu berühren" (56). Beliebt waren damals Predigten über Sprichwörter wie „Man lernt nie aus" oder „Mit der Wahrheit kommt man am weitesten" (67). Üblich war die moralische „Strafpredigt". Harms rät den künftigen Predigern: Wenn einige „sich öffentliche Sünden zuschulden kommen lassen, da schweigen Sie nicht" (74). Zur Sprache lautet eine Regel: „Was sich nicht direkt ins Plattdeutsche übersetzen lässt, das spreche ich nicht." (88) Das Weinen auf der Kanzel ist nicht verboten – aber besser ist es, wenn die Zuhörer weinen und der Prediger weint nicht (93). Auch das Lachen ist laut Harms wenig angebracht, denn die Predigt soll „wahr, würdig, würzig" sein (94).

7 Berühmte Prediger

7.1 Harms war zunächst ein überregional bekannter Prediger, wie das 19. Jahrhundert, beginnend mit Schleiermacher, Theremin und Ludwig Hofacker (1798–1828), auch das Jahrhundert der Prediger mit Massenzulauf war. Mit zunehmender Mobilität und Nachrichtendichte wurde der Kirchgang jenseits des eigenen Kirchturms geläufig. Zu Hofacker nahm man Wege von 6–8 Stunden auf sich (Schütz 1972, 182). Diese Tendenz nahm gegen Ende des 19. Jahrhunderts deutlich zu (→ § 14).

7.2

Am berühmtesten war zu Beginn des 19. Jahrhunderts der heute unbekannte Dresdner Oberhofprediger Franz Volkmar Reinhard (1753–1812), der sonntags 3.000 bis 4.000 Hörer hatte (Schütz 1972, 173). Seine Predigten waren weit verbreitet und wurden vielfach plagiiert. Spitz bemerkte Harms, der Oberhofprediger Reinhard, „in wie mancher Dorfkirche Holsteins ist er aufgetreten!" (Harms 1888, 43. 61) Dabei verwendete Reinhard eine aus heutiger Sicht höchst artifizielle Ausdrucksweise und Syntax, wie z.B.: „Es ist eine merkwürdige, viel zu wenig erwogene Eigenheit aller evangelischen Wahrheiten, m.Z., dass sie nicht bloß Gegenstände des Glaubens, sondern auch Prüfungsmittel der menschlichen Gesinnungen sind" (zit. nach Harms 1888, 79). Eine Bemerkung über die kulturelle Bedeutung der Reformation lautete so:

> Und doch sind es gerade die zuletzt erwähnten Wirkungen der Kirchenverbesserung, an die wir fast gar nicht denken; die wir in Anschlag zu bringen vergessen, wenn von ihr die Rede ist, die wir oft nicht einmal für Folgen und Wohltaten derselben erkennen wollen.[14]

Der Stil ist eine Art Nachklang des 18. Jahrhunderts im 19., gekennzeichnet von einem „Mangel an biblischer Fülle" (Hering 1897, 205). Das Thema zu Joh 3,1–16 konnte etwa sein: „Wie man sich zu verhalten hat, wenn man in seiner Religionserkenntnis auf befremdende Meinungen geführt wird" (Hering 1897, 205, Anm. 1).

14 Digitalisat der 66 (!) Seiten umfassenden Reformationspredigt über Mt 22,15–22 (1807), 5; im Netz unter: https://www.digitale-sammlungen.de/de/view/bsb10461395?page=4,5 (abgerufen am 17.6.2025)

7.3

In der zweiten Jahrhunderthälfte sammelte die erweckliche Predigt des Universitätspredigers, Alttestamentlers und Sprachgenies August Tholuck in Halle (1799–1877) viele Zuhörende um sich. Im Dom von Halle predigte er – rund ein halbes Jahrhundert lang – im Stil biblischer Psychologie den Zusammenhang von Sünde, Gericht und Glaube, also die Anfälligkeit des menschlichen Herzens für das Schlechte. Über den Verräter Judas heißt es:

> [...] da bricht das lang verhaltene Ungewitter auch im Gewissen des Verräters los. Als aus jeder Falte seines Gewissens es ihn anschreit: Verräter! Verräter! Da erwacht das Bewusstsein: ich habe Ihn geliebt, ich bin von ihm geliebt worden! Aber diese Gedanken – sie können nun nicht mehr trösten, sie sind nur Schmerzen des ewigen Gerichts, denn er kann nicht mehr glauben. [...] Seht da das fürchterlichste aller Gerichte über die Verstockung, dass, wenn Gott auch vergeben will, der Mensch an Vergebung nicht mehr glauben kann. O, erschütternde Wahrheit! (Konrad 1963, 194f.)

Man spürt schon in dieser kurzen Passage, wie sich Tholuck von der dialektisch abwägenden Predigtweise Schleiermachers absetzt. Die Botschaft der Bibel (bzw. des Predigers) rückt der Gemeinde auf den Leib. Dem Pathos Tholucks entsprechend ist über ihn geschrieben worden, dass sein Wort „von den Atemzügen einer religiösen Geistesunmittelbarkeit bewegt [wurde], wie sie so wohl selten wiederkehrt." (Hering 1897, 231) Tholucks Wirkung erstreckte sich weit über Halle hinaus, bis in die USA.

Zusammenfassung

Im Laufe des 19. Jahrhunderts verschwanden viele kirchliche Selbstverständlichkeiten zugunsten von neuen Möglichkeiten. Die Epoche der Aufklärung und der fraglosen Geltung des Christentums in allen Lebensfragen hatten die Gläubigen hinter sich gelassen. Der Glaube musste jeweils neu gezeigt, angeeignet und gegenüber der Kritik verteidigt werden. Predigt und Homiletik mussten in der Zeit einer ersten Säkularisierung ihre Position im Ausgang von der Alternative „Kultuspredigt" oder „Missionspredigt" markieren. Franz Theremin setzte sich in fruchtbarer Weise mit dem ethischen Anspruch der Predigt auseinander, die vermittlungstheologischen Homiletiken von Christian Palmer und Alexander Schweizer wurden in grundsätzlich verschiedener Weise einflussreiche Standardwerke, während die Pastoraltheologie von Klaus Harms bis heute einen guten Eindruck von der damals wirklichen Predigt geben dürfte.

§ 14 Predigtlehre und „der moderne Mensch" um 1900

Literatur (s. auch die Literatur vor § 7 zum 2. Kapitel insgesamt): Ernst Christian Achelis: Lehrbuch der Praktischen Theologie, 2. Band, Leipzig ^{3}1911 · Ruth Conrad: Kirchenbild und Predigtziel. Eine problemgeschichtliche Studie zu ekklesiologischen Dimensionen der Homiletik, Tübingen 2012 (PThGG 11) · Ruth Conrad: Die Rhetorik der „großen" evangelischen Kanzelredner um 1900, in: Handbuch Homiletische Rhetorik, hg. von Michael Meyer-Blanck, Berlin / Boston 2021, 165–203 · Hans Martin Dober: Die moderne Predigt. Über Friedrich Niebergalls Homiletik, in: Klassiker der protestantischen Predigtlehre, hg. von Christian Albrecht und Martin Weeber, Tübingen 2002, 161–183 · Paul Drews: Religiöse Volkskunde und religiöse Psychologie. Schriften zur Grundlegung einer empirisch orientierten Praktischen Theologie, hg. von Andreas Kubik, Tübingen 2016 (PThGG 20) · Hermann Hering: Die Lehre von der Predigt. II. Hälfte: Theorie der Predigt, Berlin 1905, 257–620 · Paul Kleinert: Homiletik, Leipzig 1907 · Joachim Konrad: Die evangelische Predigt. Grundsätze und Beispiele homiletischer Analysen, Vergleiche und Kritiken, Bremen ^{2}1963 · Friedrich Niebergall: Die moderne Predigt, in: ZThK 15 (1905), 203–271 · Friedrich Niebergall: Wie predigen wir dem modernen Menschen? Bd. I: Eine Untersuchung über Motive und Quietive, Leipzig / Tübingen ^{4}1920 [1902] · Friedrich Niebergall: Die Predigt, in: Praktische Theologie. Lehre von der kirchlichen Gemeindeerziehung auf religionswissenschaftlicher Grundlage, Band II, Tübingen 1919, 65–208 · Thomas Nipperdey: Religion im Umbruch. Deutschland 1870–1918, München 1988

Die Zeit um die Wende vom 19. zum 20. Jahrhundert war eine Epoche der Lebendigkeit, der kulturellen Vielfalt und des Neuaufbruchs. Das Schlagwort „Jugend" wurde zum Programmbegriff von „Jugendstil" und „Jugendbewegung". 1901 wurde der Berliner „Wandervogel" gegründet und ein Gefühl notwendiger Erneuerung griff in Kultur und Wissenschaft um sich. Die Evangelische Theologie erklomm unter dem Label der historischen Forschung ungeahnte Höhen. Dabei waren die Fakultäten durchaus unterschiedlich geprägt: Heidelberg und Jena galten als liberal; Leipzig, Greifswald und Erlangen waren positiv, während Göttingen, Berlin und Tübingen gemischt waren (Nipperdey 1988, 79). Es wundert nicht, dass auch die Homiletik nach neuen Wegen suchte. Hier waren es vor allem die religiöse Psychologie und die empirische Erforschung der soziokulturellen Lebensbedingungen („religiöse Volkskunde"), die für einen Neuaufbruch sorgten. Die Jahre der „modernen Homiletik" vor 1914 waren quantitativ wie qualitativ eine außergewöhnlich fruchtbare Epoche (ähnlich wie es die Zeit um 1848 gewesen war).

In der Praxis sah es durchaus anders aus. Die landläufige Predigt war „magistral dozierend" (Nipperdey 1988, 77), doch sie wurde um die Jahrhundertwende von den sozialen und politischen Umwälzungen erfasst. Die Verstädterung und zunehmende Bildung erforderten einerseits eine nüchterne, zugleich aber auch eine zupackende, apologetische bis missionarische Predigt. Die Kriegszeit verlangte die Explikation des Evangeliums zunächst angesichts von nationalem Überschwang, dann angesichts von Unsicherheit und Angst und schließlich im Kontext der Revolution und eine erneute, aber ganz andere Herausforderung bedeutete die Gewöhnung an das Leben in der Republik ab 1919.

1 Die moderne Predigt und ihre moderne Theorie

Die Zeit um die Jahrhundertwende wurde allgemein von einer starken Tendenz zur Psychologisierung geprägt, so dass Paul Kleinert (1839–1920) in seiner Homiletik 1907 darauf hinwies, „wie tief einschneidend jene psychologische Wendung in der Auffassung des Religiösen im 19. Jahrhundert geworden" war. Das betreffe nicht nur die Theologie, sondern etwa auch die Literatur, in der z.B. Henrik Ibsen „eine bis zur Pein gesteigerte Vivisektion des Seelenlebens" in virtuoser Weise zeige (Kleinert 1907, 24f.). Auch an Arthur Schnitzlers (1862–1931) seit der Jahrhundertwende erscheinendes literarisches Werk ist zu erinnern, während Kleinert an die alle Vorstellungen des Seelischen umkrempelnden Arbeiten von Sigmund Freud (1856–1939) noch nicht einmal dachte (schon 1899 hatte Freud seine „Traumdeutung" und 1904 seine „Psychopathologie des Alltagslebens" publiziert).

Auf jeden Fall führte das Aufkommen der Psychologie zu einer grundlegenden Neuorientierung der Homiletik wie der Praktischen Theologie insgesamt. Es waren Paul Drews (1858–1912), Friedrich Niebergall (1866–1932) und Otto Baumgarten (1858–1934), die ein neues, empirisch-volkskundliches und psychologisches Konzept von Homiletik entwarfen. Nicht nur formal, sondern auch material und prinzipiell wurde die Homiletik jetzt maßgeblich von der Psychologie her definiert.

2 Vermittelnd konservativer Nachklang des 19. Jahrhunderts: Hermann Herings Homiletik 1897 / 1905

2.1

Mehr oder weniger vergessen in der Schar der historisch akribischen Praktischen Theologen um die Wende zum 20. Jahrhundert ist Hermann Hering (1838–1920), der von 1878–1908 den Lehrstuhl in Halle innehatte und dort 1892 auch die Rektoratsrede über die Volkstümlichkeit der Predigt hielt. Hering wird zur „positiven" Richtung der Theologie gezählt. Sein Lehrbuch der Homiletik umfasst zwei umfangreiche Teile: Die Geschichte der Predigt (1–253) erschien 1897, die – vom Umfang her etwas aus dem Ruder gelaufene – „Theorie der Predigt" (255–624) dann 1905. Auf wichtige Einzelheiten aus dem historischen Teil hatte ich bereits aufmerksam gemacht. Die Predigtgeschichte Herings gehört auf jeden Fall zu den einschlägigen historischen Darstellungen der deutschen evangelischen Homiletik.

2.2

Doch sehen wir jetzt auch in den theoretischen zweiten Teil. Recht traditionell und in Abgrenzung von dem auf Schleiermacher zurückgehenden liturgisch-homiletischen Darstellungskonzept (→ § 13) definiert Hering: „Die Predigt ist daher beides: Wort Gottes und Zeugnis des bekennenden Glaubens in der Gemeinde und als solches wirksam zur Erbauung des Leibes Christi." (Hering 1905, 272, dort gesperrt) Der Begriff „darstellend" passt nicht zur Predigt, weil diese auf Herz und Gemüt wirken will (306). Für die Reinheit und Lebendigkeit der Verkündigung zu sorgen ist darum für die „organisierte Kirche" die „vornehmste ihrer Ordnungen" (273). Die Predigt soll Christus als den Erlöser vor Augen stellen (281, unter Verweis auf 1 Kor 1,30) und kann dabei in ihren kirchlichen Ausprägungen durchaus „Polyphonie" vertragen (285). Auf jeden Fall soll sie religiöses Interesse erwecken; das ist „homiletisches wie pädagogisch-didaktisches Gesetz" (308).

Die Erweckungs- oder Bekehrungspredigt ist laut Hering weder zu überschätzen noch zu verachten, wobei allerdings vor der „unreifen Zudringlichkeit, die richtend und bezweifelnd anderer Bekehrungsstand untersucht und feststellt", gewarnt wird (318); hier findet sich auch ein ausführlicher Exkurs „Über Evangelisation" (320–335). Vor allem beklagt Hering eine mögliche (331) „Irritierung der Lehre". Aber auch die moralische Predigt, wie sie z.B. Franz Volkmar Reinhard mit riesigem Erfolg praktiziert hatte (→ § 13.7.2), hat ihre Unzulänglichkeiten (340). Hering fordert jedenfalls die Lehrhaftigkeit aller Predigt, da diese „ihren Inhalt nicht in transzendenten Seelenstimmungen, auch nicht in einem empirisch gegebenen Bewusstseinsinhalt, sondern in der geschichtlichen Offenbarung hat." (343)

2.3

Erst an dieser Stelle wird deutlich, dass man es mit einer Homiletik am Beginn des 20. Jahrhunderts zu tun hat. Es folgen jetzt materiale Ausführungen u.a.

zur Familie und zur „Sozialen Predigt“ (367–378). Diese Predigt muss „gewürzt [sein] mit dem Salz der Wahrheit und Gerechtigkeit“, soll aber auch „dem Hass und dem Misstrauen [...] der Arbeiterkreise als einem Unrecht“ entgegentreten (377). Hier wird der Hiatus zwischen Predigt und sozialer Frage nicht wirklich ernst genommen, sondern als moralisches und apologetisches Thema eher heruntergespielt. Immerhin folgen hier einige Bemerkungen auch zur „modernen Predigt“ (379–387). Die materialistische Betrachtungsweise gehöre zu den „Grundfehlern der Gedankenwelt des modernen Sozialismus“; darum müsse der Prediger mit dem Ganzen der Bildung [...] im Kontakt bleiben“ (379); u. a. nennt Hering hier Theodor Fontane (382). Die Prediger sollen dem „Zeitgötzen“ der „im Stil des ‚Also sprach Zarathustra‘ hohe Reden“ führt, mit der „Schwertschärfe des Wortes“ entgegentreten (384). Man sieht deutlich, wie wenig diese Homiletik dazu anleitet, genauer hinzusehen und vorsichtig zu deuten. Die Zeitläufte werden primär als feindlich erlebt. Die Realität der hörenden Gemeinde abgesehen von ihrer Zugehörigkeit zur Kirche spielt kaum eine Rolle.

2.4

Immerhin findet sich aber gegen Schluss des prinzipiellen und materialen Teils (257–450) ein Abschnitt „Die Predigt in ihrem Verhältnis zur Persönlichkeit des Predigers“ (404–421). Dieser zeichnet den Prediger jedoch vor allem als geistliche Persönlichkeit, während sein sozialer Habitus, seine psychische Entwicklung, sein Selbst- und Selbstverhältnis kaum angesprochen werden. Erforderlich ist nach Hering, dass der Prediger „die ihm leicht zuströmenden Gedanken beredt und wirkungsvoll zum Ausdruck bringen kann und Phantasie und Poesie dabei zu Diensten hat“ (414). Hilfreich sind das Gebet sowie die Förderung durch Anfechtung, Lebens- und Seelsorgeerfahrung. Das letzte Viertel des umfangreichen Buches behandelt die Predigtarbeit mit den biblischen Texten, Komposition und Ausführung der Komposition und schließlich die „Predigt im Kultus“ nach dem Kirchenjahr sowie die Kasualpredigt.

2.5

Hering hat sein gesamtes akademisches Wirken lang Homiletik gelehrt sowie vor und neben der Professur kirchliche Ämter innegehabt. Sein Lehrbuch könnte man als vermittelnd-positive Normalhomiletik bezeichnen, konservativ und lehrhaft mit einem Schuss Erweckung einerseits und etwas Psychologie und Moderneorientierung andererseits. Die in der Mitte des 19. Jahrhunderts vordringenden Ansätze („Keryktik“, „Halieutik“, missionarische Predigt) sind wieder verblasst. Herings Homiletik gibt einen guten Eindruck davon, wie ein Großteil der Pfarrer im späteren Kaiserreich homiletisch geprägt war. Das Buch gehört damit noch deutlich dem 19. Jahrhundert an. Eine empirische Homiletik mit einer „religiösen Volkskunde" (Drews 2016) erscheint noch nicht am Horizont. Die Zuhörenden werden weiter als eine nicht weiter differenzierungsbedürftige Gruppe behandelt. Die Predigt wird ausschließlich nach dem Sender-Empfänger-Modell konzipiert. Die veränderten sozialen Bedingungen werden erwähnt (s.o. 2.3), spielen aber eine untergeordnete Rolle.

3 Die wirksame Predigt für den modernen Menschen bei Friedrich Niebergall ab 1902

3.1

Ganz anders ging es bei Friedrich Niebergall (1866–1932) zu, der rund dreißig Jahre jünger als Hering war. Er setzte zu Beginn des Jahrhunderts mit seinem Buch „Wie predigen wir dem modernen Menschen?" einen starken Akzent, der gut ein Vierteljahrhundert die Diskussion bestimmte. Ruth Conrad hat seiner Homiletik eine ausführliche Darstellung gewidmet (Conrad 2012, 343–409; vgl. aber auch Dober 2002). Nach dem Pfarramt an seinem Geburtsort Kirn an der Nahe (1892–1903) war Niebergall von 1908–1922 Professor für Praktische Theologie in Heidelberg und von 1922–1932 in Marburg; sein erstes und entscheidendes homiletisches Werk verfasste er also noch in seiner Pfarramtszeit. In seinem letzten, dem Marburger Lebensjahrzehnt, konnte er keine große Publikation mehr vorlegen.

3.2

Für Niebergall ist das Christentum wie für Albrecht Ritschl (§ → 13.1.4) eine Angelegenheit der praktischen Vernunft. Die Praktische Theologie ist eine Bildungstheorie religiöser Persönlichkeiten, oder, wie der Untertitel von Niebergalls Lehrbuch lautet, „Lehre von der kirchlichen Gemeindeerziehung auf religionswissenschaftlicher Grundlage". Das Ziel ist die „Steigerung der Wirksamkeit kirchlichen Handelns" (Conrad 2012, 355). Damit rangiert das wirksame Handeln deutlich vor dem darstellenden. Es geht um das, was man in den 1970er Jahren den didaktisch-empirischen Regelkreis nennen wird: Analyse der religiösen Voraussetzungen – Planung entsprechender didaktischer Impulse – Ergebniskontrolle – erneute Analyse der inzwischen veränderten Voraussetzungen. Kurz und knapp bezeichnet Niebergall das 1909 als homiletischen „Dreipass: Zustand, Ziel, Weg von einem zum andern" (Conrad 2012, 386). Erziehung, Unterricht und Predigt erfolgen auf empirisch erhobener (religionswissenschaftlicher) Grundlage. Die Religionspädagogik ist die integrierende Theorie.

Psychologisch und religionspsychologisch greift Niebergall auf die Theorien von Wilhelm Wundt (1832–1920) und William James (1862–1910) zurück. Von Wundt übernimmt er die Trias an Gefühlspaaren von Lust und Unlust, Erregung und Beruhigung sowie von Spannung und Lösung (Conrad 2012, 369).

3.3

Niebergalls These lautet: Die moderne Predigt soll „nicht Schrift auslegen, sondern will Leben gestalten." (Niebergall 1905, 240) Niebergall unterscheidet bei den biblischen und homiletischen Inhalten deren psychologische Funktion als Anreger (Motive) und als beruhigende Unterbrechungen (Quietive). Die Predigt soll durch psychologische Einwirkung zum Handeln und zu Verhaltensänderungen helfen. Das geschieht durch die zum Handeln ermutigenden Motive und durch die tröstenden bzw. beruhigenden Quietive. Auf die Hörenden soll gewirkt werden durch biblische *Motive* der Klugheit und Torheit (Weisheitsmotive), durch eschatologische Zukunftsmotive sowie durch gegenwärtige Motive, die durch die wirkende Macht des Vaters und des Sohnes bestimmt sind. Dieses Motiv ist zentral und entspricht der liberalen Jesusdeutung, wenn es heißt, Jesus habe das große Gut „eines inwendigen Seelenlebens in der Gemeinschaft mit dem Vater offenbart" (Niebergall 1920 [1902], 134). Die *Quietive* dagegen trösten das böse Gewissen, lindern die Not und die Todesangst: „Gottes Treue und Barmherzigkeit stillt die Selbstanklagen des Gewissens" (143). Die Aufgabe des Predigers besteht darin, in der jeweiligen Predigt die anregenden und die beruhigenden Gedanken „richtig zu mischen" (153). Dazu hält Niebergall eine ästhetische Predigtweise für angemessen. Der Prediger ist darum kein Schulmeister, sondern ein Künstler, der das „religiös-sittliche Innenleben anderer zu bereichern" hat (156).

Die Orientierung der Predigt am „modernen Menschen" soll aber keine inhaltliche Anpassung bedeuten. Der Vorwurf an Niebergall, bei ihm habe das sogenannte Hörerbedürfnis die Oberhand gewonnen, trifft ins Leere. Niebergall geht vielmehr von den Motiven und Quietiven als Kräften Gottes und Jesu aus, so dass der „Kampf mit dem Bösen und dem Übel" gewagt werden kann. Das Evangelium liegt dem Predigen voraus:

> Alle Rücksicht auf die modernen Leute darf nie mein Verständnis des Evangeliums bestimmen, [...]. Auf das allerentschiedenste ist zumal der Anfänger davor zu warnen, dass er die geringsten Umwandlungen am Evangelium vornehme, um es ‚dem' modernen Menschen schmackhaft zu machen. Nur unser

Verständnis, nie der Wunsch und Geschmack der Leute, bestimme den Inhalt. (Niebergall 1905, 241f.)

Und schließlich kommt Niebergall nach 1918 zu einer ähnlichen Einschätzung wie Hering, was die Person des Predigers angeht: „Je gewisser man in solchem persönlichen Zeugnis ist, desto besser ist es. Die Leute wollen keinen ‚Gottsucher', sondern vielmehr einen, der Gott hat." (Niebergall 1919, 96) So erfahrungsgesättigt und theologisch konzentriert das auch formuliert ist, an dieser Stelle wird wenige Jahre später die große Umwälzung der „dialektischen" Theologie ansetzen: Einen Gott, den man „hat", so wird es heißen, das sei jedenfalls nicht Gott, weil dieser in seiner radikalen qualitativen Verschiedenheit zwar den Menschen haben könne, aber nicht umgekehrt. Doch damit habe ich weit vorgegriffen, denn Niebergall gehört im Grunde noch an den Anfang des 20. Jahrhunderts, wenngleich er seine Ansichten nach dem 1. Weltkrieg modifiziert hat (Müller 1995, 128).

4 Die integrative Homiletik Paul Kleinerts 1907 als Scharnier zwischen dem 19. und 20. Jahrhundert

4.1

In mancher Hinsicht gleicht das mit 240 Seiten knappe und konzentrierte Lehrbuch von Paul Kleinert, das nur zwei Jahre nach demjenigen von Hering erschien, diesem deutlich. Der Berliner Professor für Praktische Theologie Paul Kleinert (1839–1920) hatte nahezu dieselben Lebensdaten wie Hering. Auch Kleinert bot eine homiletische Bilanz des 19. Jahrhunderts, überblickte aber bereits stärker die neuen Ansätze der „modernen" Predigt und Psychologie (Kleinert 1907, 22–27). Wie Hering war Kleinert ein Kirchenmann, der sich besonders bei der Entstehung der umstrittenen (später beim Volk sehr beliebten) Preußischen Agende von 1895 integrativ zeigte. Kleinert wurde 1894 eigens als Oberkonsistorialrat in den altpreußischen Oberkirchenrat berufen (es war die hohe Zeit des Apostolikumstreites um Adolf von Harnack 1892–1895). Kleinert sorgte im Vorfeld der Synode und während dieser selbst für eine konstruktive Herangehensweise und eine irenische Stimmung, so dass man ihn als Vater der Agende von 1895 bezeichnen muss.[15]

15 Michael Meyer-Blanck, Agenda. Zur Theorie liturgischen Handelns Tübingen 2013 (PThGG 13), 47–54.

4.2

Kleinerts Homiletik ist in Anlehnung an diejenige Alexander Schweizers (→ § 13.5) übersichtlich dreigeteilt: Auf die *prinzipiellen* „Grund- und Vorfragen" (1–40) folgen die *materiale* „Homiletische Stofflehre" (41–138) und die *formale* „Homiletische Formenlehre" (139–234).

Auf Kleinerts Rezeption der modernen Psychologie hatte ich bereits hingewiesen (s.o. 1.). Er legt bereits großen Wert auf die persönliche Dimension des Predigens. Wenn auch die Sprache nach fast 120 Jahren fremd erscheint, hat Kleinerts Maxime, dass „der Prediger das Christentum als selbsterlebtes" predigen soll, nichts an Aktualität verloren (Kleinert 1907, 14). Er fährt fort (ebd.):

> Im Gegensatz zu einer bloß schablonenmäßigen Weitergabe von Überliefertem und Angelerntem (Jes 29,10) soll die Darbietung des Wortes das Gepräge einer aus eigener Erfahrung und persönlichem Geistesdrang hervorgehenden Bestätigung dessen tragen, was der Christ an Christo hat. (Mt 12,34; 2Kor 4,13). Hier wurzelt das Ethos der Predigt: [...] die schlichte Demut, die nicht mit hoffärtigem Flitter prunkt, sondern durch die eigene Beugung vor der Majestät des Heiligen den Hörer beugt.

Längst nicht so vorsichtig wie Hering und auch A. Schweizer und geradezu im völligen Gegensatz zu Schleiermacher bestimmt Kleinert das Wesen der Predigt als rhetorisch. Ihm geht es darum, auf den Willen zu *wirken* (!). In der Geschichte seien die Prediger die wirksamsten gewesen, „die das Ziel, auf den Willen zu wirken, in einfacher Klarheit erkannt und verfolgt haben." (19) An Theremins Rhetorik (→ § 13.3) erinnert die Bemerkung, die Predigt solle „Psychagogie" leisten, „Seelenleitung, nicht Seelenzwang"; denn es sei „ihr Adel, auf Freiheit zu rechnen" (22). Die Predigt soll die Gemeinde „durch Vergegenwärtigung ihres Heils zu einer Gemeinde christlicher Persönlichkeiten" aufbauen (ebd.).

4.3

Explizit bezieht sich Kleinert auf Niebergalls gerade erschienenes Buch (1902; ^{2}1905) „Wie predigen wir dem modernen Menschen?" (24. 173), ohne sich allerdings damit wirklich auseinanderzusetzen. Niebergall zustimmend rekurriert er erneut auf den Willen der Hörer und unterscheidet die „Beweggründe des ruhenden Willens zum Handeln (Motive) oder des unruhig und falsch bewegten zum Ruhen (Quietive)" (24). Kleinerts Homiletik wird man kaum vorwerfen können, dass sie im prinzipiellen Teil keine Vermittlung zwischen den theologischen, rhetorischen und psychologischen Thematisierungen vornimmt, also nur begrenzt eine *prinzipielle* Homiletik bietet. Zu Beginn des materialen Teils weist Kleinert immerhin die Gleichung „Gottes Wort = Heilige Schrift" zurück (43) und insistiert darauf, dass die Predigt kein Reden *über* göttliche Worte sei, sondern eine *Gestalt* des göttlichen Wortes (44). Wiederum in Willens-Terminologie: Den in Christus „geoffenbarten Heilswillen Gottes" zu predigen „zu Buße und Glauben, zur Liebe Gottes und des Nächsten: das ist die Predigt des göttlichen Wortes." (45). Insgesamt ist treffend festgestellt worden, dass es „kaum eine zeitgenössische Predigtlehre mit der Kleinerts aufnehmen" kann (Müller 1995, 122).

Das Buch ist zwar im Folgenden mehr mit der Frage „*Wie* macht man das?" beschäftigt als mit der Frage „*Was* macht man da eigentlich?" Dennoch sind Kleinerts Unterscheidungen und Definitionen schon nahe an der Wort-Gottes-Theologie gut 20 Jahre später. Diese sollte mit ihren Prinzipienfragen die Homiletik in der ersten Hälfte des 20. Jahrhunderts so stark beschäftigen, dass sie eine Zeitlang alle anderen Problemstellungen zu absorbieren schien. Es ist allerdings auch festzuhalten, dass die prinzipielle Homiletik zugunsten der materialen und formalen Fragen in allen maßgeblichen homiletischen Publikationen vor 1918 eine recht untergeordnete Rolle spielte, so dass ein gewisser Nachholbedarf bestand.

5 Ernst Christian Achelis und die Homiletik im praktisch-theologischen Lehrbuch 1911

Ein kurzer Blick sei noch auf das enzyklopädische Lehrbuch in drei Bänden von Achelis gerichtet, das im zweiten Band der dritten Auflage eine breit ausgeführte Homiletik enthält (Achelis 1911, 79–277). Es fällt damit insgesamt auf, wie fruchtbar die Jahre vor dem 1. Weltkrieg waren, was die homiletischen Diskussionen und Publikationen angeht; ähnliches konnten wir im letzten Paragraphen für die Zeit von 1835–1848 feststellen.

5.1

Ernst Christian Achelis (1838–1912) war der Vorgänger von Niebergall in Marburg und hatte den dortigen Lehrstuhl (nach Pfarrämtern in Bremen und Wuppertal) von 1882 bis 1911 inne. Sein Lehrbuch der Praktischen Theologie bedeutet an Umfang, Systematik und historischer Gelehrsamkeit den Höhepunkt der Praktischen Theologie vor 1914. Auch Achelis war kirchlich sehr engagiert und wurde 1897 kurhessischer Konsistorialrat, 1908 schließlich Geheimer Oberkonsistorialrat.

Achelis stammte aus der Reformierten Kirche und Tradition; so beginnt seine „Lehre vom Kultus" mit Zwingli, Calvin und dem Anglikanismus (Achelis 1911, 1–15), erst dann folgen Luther und Schleiermacher. Dessen Darstellungsbegriff wird klar abgewiesen. Es gehe liturgisch nicht darum, die Gemeinde zu vernehmen, „sondern das, was Gottes ist und von Gott her uns geschenkt ist." (33) Die Predigt ist das „Hauptstück des Gemeindegottesdienstes" (35ff.), der Liturgie eignet „Unentbehrlichkeit" (38ff.); es folgen Informationen zu den liturgischen Stücken.

5.2

In der Homiletik heißt es einleitend klassisch evangelisch: „Keine andere Tätigkeit in dem Kultus hat es so mit dem Lebenskern der Gemeinde Christi zu tun, wie die Predigt; deshalb ist aber auch die Predigt das immer bleibende, alles überwiegende Hauptstück des Kultus […]" (83). Dann behandelt Achelis – nach A. Schweizers Einteilung – das Prinzipielle (117–142), das Materiale (143–215) und schließlich das Formale (216–277). Auch hier fällt wiederum auf, dass die prinzipielle Homiletik auf 25 Seiten recht knapp abgehandelt wird. Achelis entwirft drei kurze Kapitel: 1. Der Prediger und Gemeinde, 2. Der Prediger angesichts von Gaben und Aufgaben, 3. Der Prediger und seine Predigt. Otto Baumgartens Rat: „zumal der Anfänger predige sich selbst" weist Achelis entschieden zurück (125) und definiert stattdessen, der Prediger habe „das uns von Gott gegebene objektive in Jesus Christus persönlich gewordene Evangelium zu verkünden" (125).

Auch die Rhetorik wird in die Schranken gewiesen: „Die Predigt soll allein durch den *Inhalt* wirken, und alle rednerische Kunst darf nur das Mittel sein, dass die ureigne Kraft des Inhalts ungehindert bei den Hörern zur Geltung kommt. Die Predigt darf nur *überzeugen*, niemals wie die antike Rede *überreden* wollen." (132, dort hervorgehoben) Entsprechend wird an Theremin kritisiert, dass dieser die Homiletik von der Rhetorik abhängig mache (115f.) Ganz im Geiste Niebergalls meint Achelis dann später, das *movere* sei der ausschlaggebende rhetorische Zweck jeder Rede, dem auch das *docere* und in zweiter Linie das *delectare* zu dienen hätten (187). – Zu Palmer wird angemerkt, dass dessen Homiletik die „weiteste Verbreitung […] gefunden" habe (116).

Achelis warnt davor, sich sprachlich auf das Niveau der Dorfschänke zu begeben, denn durch nichts werde „der *gemeine grobe Mann* so gekränkt, als durch die wahrnehmbare Absicht, sich zu ihm *herabzulassen.*" (138, dort hervorgehoben). Auch Nachlässigkeiten bei der Disposition sind fatal: Im Anschluss an Claus Harms wird die thematische Einheit angemahnt; denn wenn diese Einheit fehlt, „so gleicht die Predigt einem Haufen, nicht einem

Heer; die stärksten, aber nicht durch ein gemeinsames Band vereinigten Gedanken schaden einander gegenseitig [...]. Die Predigt macht voll und nicht satt." (143) Schlechthin zu verwerfen ist das orthodoxe Schema von *explicatio* und *applicatio*, die „mechanische Kategorie der Auslegung und Anwendung" (189). Kein gutes Haar lässt Achelis auch an der extemporierten Predigt:

> Der Schaden des Extempore-Predigens trifft die *Gemeinde*, indem sie an den stets flüchtig überlegten Predigten ein Ärgernis nimmt und Stroh statt Brot empfängt; er trifft nicht weniger den *Prediger selbst*, dessen Predigttätigkeit dadurch je länger desto mehr untergraben, der selbst unfehlbar zum hohlen Schwätzer wird, der das Höchste und Heiligste durch Phrasen entheiligt und entwertet. (217)

Welche Anstrengung damals das Predigen ohne Mikrofon bedeutete, geht aus der Mahnung hervor, man könne zwar „Mitleid haben mit dem Brustschwachen, der nicht laut sprechen kann"; aber ein „heiliger Zorn" müsse den Trägen und Nachlässigen treffen, der sich nicht die Mühe gebe, laut zu reden. (273f.) Schließlich ist es im Hinblick auf die damalige Predigtpraxis interessant, wie Achelis im positiven Sinne von der „Salbung" der Kanzelrede spricht. Der Ton der Predigt werde

> nicht gemacht, sondern geboren; wird er gemacht, so entsteht die heuchlerische Salbung, die Salbaderei; wird er geboren, so ist er das Zeugnis, dass der Prediger selbst gesalbt ist, die Salbung des Hl. Geistes hat. Gemacht tut er in hohlem Pathos und leerem Echauffement, oder in Weinerlichkeit und Sentimentalität sich kund, geboren hat er das Siegel der Lauterkeit und Wahrheit. (275)

Es ist deutlich, dass man schon damals mit den Fragestellungen von Authentizität und Präsenz auf der Kanzel gerungen hat, auch wenn man dafür ganz andere Kategorien hatte wie die echte („geborene") und die falsche Emotionalität („Salbung"). Immer schon ging es um das, was dann später in der pastoralpsychologischen Wende die persönliche „Echtheit" genannt wurde, also um die Relation, auf die jede pastorale Kommunikation angewiesen ist.

Zusammenfassung

Die homiletischen Entwürfe von Hering, Niebergall, Kleinert und Achelis zeigen detailgenau, was damals im homiletischen Seminar umgetrieben hat: die Grundbestimmung des Predigens zwischen Schleiermacher und Niebergall, zwischen künstlerischer und rhetorischer Bestimmung der Predigt. Aber auch die ganz praktischen Probleme werden in diesen vier Konzepten – ähnlich wie bei Claus Harms (→ § 13.4) – ausführlich zum Thema: Extemporieren, Sprechen, Lautstärke und die persönliche Echtheit. Auch in dem wirkmächtigen Buch von Achelis fällt – wie bei Hering, Kleinert und Niebergall – die theologische Grundlegung der Predigt recht konservativ und einfach aus. Das Evangelium scheint den Homiletikern trotz aller Krisensymptome noch gut zuhanden gewesen zu sein. Das aber sollte nach 1918 ganz anders werden.

§ 15 Zwischen Gottes Wort und Lebensrelevanz. Homiletik und Predigt im 20. und 21. Jahrhundert

---

Literatur (s. auch die Literatur vor § 7 zum 2. Kapitel insgesamt): Karl Barth: Das Wort Gottes als Aufgabe der Theologie, in: ders.: Das Wort Gottes und die Theologie, München 1924, 156–178 · Karl Barth: Menschenwort und Gotteswort in der christlichen Predigt [1924], in: Wintzer: Predigt (s.u.), 95–116 · Karl Barth: Homiletik. Wesen und Vorbereitung der Predigt, Zürich ³1986 [1966; 1932/33] · Karl Barth: Fürchte Dich nicht! Predigten aus den Jahren 1934 bis 1948, München 1949 · Michael Beintker: Die Dialektik in der „dialektischen Theologie" Karl Barths, München 1987 (BEvTh 101) · Ruth Conrad: Homiletik (Kompendien Praktische Theologie 7), Stuttgart 2025 · Alexander Deeg / Martin Nicol: Im Wechselschritt zur Kanzel. Praxisbuch Dramaturgische Homiletik, Göttingen 2005 · Martin Doerne: Art. „Homiletik", in: ³RGG Bd. 2, 438–440 · Wilfried Engemann: Semiotische Homiletik. Prämissen – Analysen – Konsequenzen, Tübingen 1993 · Wilfried Engemann: Homiletische Literatur zwischen 2010 und 2015, in: ThR 81 (2016), 1–36; 117–178 · Wilfried Engemann: Der homiletische Diskurs 2016–2026, Teil I: Lehr- und Studienbücher, in: ThR 91 (2026), 34–106 · Hartmut Genest: Karl Barth und die Predigt. Darstellung und Deutung von Predigtwerk und Predigtlehre Karl Barths, Neukirchen-Vluyn 1995 · Wilhelm Gräb: Predigtlehre. Über religiöse Rede, Göttingen 2013 · Johannes Greifenstein: 1968 und die Praktische Theologie. Wissenschaftstheoretische Perspektiven auf Funktionen, Gegenstand und Methode einer Praxistheorie, Tübingen 2017 · Albrecht Grözinger: Homiletik (Lehrbuch Praktische Theologie Bd. 2), Gütersloh 2008 · Ernst Lange: Zur Theorie und Praxis der Predigtarbeit, in: ders.: Predigen als Beruf. Aufsätze zu Homiletik, Liturgie und Pfarramt, hg. von Rüdiger Schloz, München 1982 [1967], 9–52 · Hanns Lilje: Was und wie sollen wir heute predigen? In: Die Predigt. Das Gespräch über die Predigt auf der lutherischen Generalsynode 1957 in Hamburg, Berlin 1957, 9–23 · Michael Meyer-Blanck: Vom Symbol zum Zeichen. Symboldidaktik und Semiotik, Rheinbach ²2002 [1995] · Martin Nicol: Einander ins Bild setzen. Dramaturgische Homiletik, Göttingen 2002 · Henning Schröer: Von der Genitiv-Theologie zur Adverb-Homiletik, in: ThPr 17 (1982), 146–156 · Wolfgang Trillhaas: Evangelische Predigtlehre, München ²1936 [1935] · Wolfgang

Trillhaas: Die wirkliche Predigt [1963], in: Wintzer, Predigt (s.u.), 149–161 · Gustaf Wingren: Die Predigt, Berlin 1954 · Friedrich Wintzer (Hg.): Predigt. Texte zum Verständnis und zur Praxis der Predigt in der Neuzeit (ThB 80), München 1989

1 Zwischen Geschichte und Zeitgeschichte der Homiletik

1.1

Mit diesem Paragraphen verlassen wir bereits teilweise die historische Darstellung, weil die Entwicklungen der „empirischen Wende" ab 1968 bis in die Gegenwart reichen. Wir bewegen uns, so könnte man mit der Adaption eines geschichtswissenschaftlichen Begriffes sagen, in der homiletischen Zeitgeschichte. Das Moment des „Zeitgenössischen" lässt sich auch heute noch auf die Auseinandersetzungen um 1970 beziehen, als die Homiletik unter die Alternative in der Überschrift dieses Paragraphen geriet. In der Zeit meines Theologiestudiums (1974–1979) waren die Aufbrüche in der Homiletik deutlich spürbar. Die homiletischen Impulse von Ernst Lange (1927–1974), des wohl bekanntesten Homiletikers der zweiten Hälfte des 20. Jahrhunderts, bestimmten die Diskussion.

In den Bereich der Geschichte der Homiletik gehört dagegen die lange Zeit dominante „Wort-Gottes-Theologie" im Gefolge Karl Barths, die nach 1920 für eine kaum für möglich gehaltene Wiederbelebung des homiletischen Selbstverständnisses gesorgt hatte. Die Predigt stand plötzlich wieder im Zentrum der pfarramtlichen Tätigkeit und der praktisch-theologischen Theoriebildung. Alles pastorale Handeln, besonders in der Seelsorge und im Unterricht, wurde nun unter dem Paradigma der „Verkündigung" eingeordnet. Das pastorale Amt war von Mitte der 1920er bis weit in die 1960er Jahre hinein vor allem eines: Es wurde wie schon in der Reformationszeit als Predigtamt verstanden. Die Homiletik galt plötzlich wieder als die Königsdisziplin des praktischen Faches der Theologie. Das änderte sich in der Umbruchzeit nach dem symbolischen Jahr 1968 grundlegend. Die Barth'sche Theologie näherte sich der Qualität des Historischen und die Praktische Theologie wurde zunehmend von Seelsorge und Religionspädagogik und damit von psychologischen Bezügen bestimmt.

1.2

Noch einen Schritt weiter zurück aus der homiletischen Zeitgeschichte in die Geschichte führt die Denkfigur des „langen" 19. Jahrhunderts (→ § 13), das bis zum kulturellen Bruch des 1. Weltkriegs und damit bis 1918 gedauert hatte.

Die im November 1918 anhebende Epoche bedeutete etwas radikal Neues. In Deutschland wurde das Ende des Kaiserreichs als tiefe Zäsur empfunden, auch wenn dieses nur weniger als fünf Jahrzehnte gedauert hatte. Aber das Zerbrechen des bisherigen Nationalstaats bedeutete zugleich den Abschied von der entscheidenden integrativen Idee inmitten des beschleunigten sozialen Wandels. Nicht zuletzt religiös brach die bisherige Ordnung zusammen. Mit dem Abdanken des Kaisers und dem Ende der Monarchie war auch das landesherrliche Kirchenregiment, das den deutschen Protestantismus seit dem Reformationsjahrhundert geprägt hatte, Geschichte geworden. Die geistliche Schulaufsicht, der schulische Religionsunterricht, die Theologischen Fakultäten und die Kirchensteuer waren plötzlich umstritten. Die Weimarer Reichsverfassung vom August 1919 fiel dann durchaus staatskirchenrechtlich konservativ aus, aber zunächst hatte die Rolle der Kirchen grundsätzlich in Frage gestanden. Die Kirchenaustrittsbewegung „Los von der Kirche" um den Berliner USPD-Reichstagsabgeordneten Adolph Hoffmann (1858–1930) fand 1918 vorübergehend erhebliche Zustimmung. Zwar rief der Berliner Generalsuperintendent Otto Dibelius (1880–1967) 1926 das „Jahrhundert der Kirche" aus, aber diese trotzige Reaktion konnte nicht darüber hinwegtäuschen, dass die fraglose Bedeutung von Kirche und Christentum an ihr Ende gekommen war. Der Glaube wurde zu einer von mehreren kulturellen Optionen.

Doch gerade die explizit theologische Option erlebte in den 1920er Jahren einen unerwarteten neuen Aufschwung. War nichts mehr selbstverständlich, sondern alles möglich, so gelangte auch die reformatorische Theologie zu erneuter Bedeutung. Die neue Theologie Karl Barths nahm gerade von der Predigt ihren Ausgang. Es wurde nicht mehr nach dem (rhetorischen und psychologischen) „Wie" gefragt, sondern vor allem nach dem dogmatischen „Warum" und dem biblischen „Was". Die prinzipielle Homiletik zog das gesamte Interesse auf sich. Die Wort-Gottes-Kategorie rückte in das Zentrum der homiletischen Aufmerksamkeit. Um diese wurde de facto den gesamten Rest des 20. Jahrhunderts gerungen. Auch Ernst Lange gehörte – trotz seiner Orientierung am Hörer und an der Gestalt der Verheißung für dessen spezifische Lebensgeschichte – noch zur Wort-Gottes-Theologie. Bei Lange rückte die Kategorie der „Verheißung" in die zentrale Stelle ein, die sonst zeitgemäß als „Verkündigung" beschrieben wurde.

1.3

Aufgrund des Zusammenhanges von historischen und prinzipiellen Fragen kann es leicht zu Redundanzen bzw. zu schlichten Wiederholungen bei der Darstellung kommen; das muss aus sachlogischen Gründen jedoch in begrenztem Ausmaß in Kauf genommen werden. So wurde schon in den Prolegomena dieses Buches die Auseinandersetzung mit der Wort-Gottes-Theologie geführt (→ § 6.2). Außerdem müssen die historischen Befunde eng mit der Prinzipiellen (Kap. 3) und der Materialen Homiletik (Kap. 4) zusammengehalten werden.

2 Dialektische Theologie versus „Moderne Homiletik": Karl Barth 1922–1933–1924

2.1

Karl Barth hat den Begriff der „dialektischen Theologie" nicht besonders geschätzt, aber er hatte ihn mit der Rede vom dogmatischen, kritischen und vom – beide außer Kraft setzenden – „dialektischen Weg" in seinem Elgersburger Vortrag „Das Wort Gottes als Aufgabe der Theologie" im Oktober 1922 selbst verursacht. Dieser Vortrag ist der wahrscheinlich bekannteste theologische Text des 20. Jahrhunderts und die bekannteste Passage darin geht nicht von der reinen *Erkenntnis* Gottes, sondern vom *Reden* von Gott aus und ist damit unmittelbar bei der Sache der Homiletik:

> *Wir sollen als Theologen von Gott reden. Wir sind aber Menschen und können als solche nicht von Gott reden. Wir sollen Beides,* unser Sollen und unser Nicht-Können, wissen *und eben damit Gott die Ehre geben.* Das ist unsre Bedrängnis. Alles Andre ist daneben Kinderspiel. (Barth 1924, 158, Hervorhebungen dort)

Es ist treffend darauf hingewiesen worden, dass der dritte Satz gerade keine *Synthese* der ersten beiden darstellt, sondern „im relationalen Zugleich" beider besteht (Beintker 1987, 27). Im Fortgang hatte Barth erläutert, dass beide Seiten mit untauglichen Instrumenten versuchten, die „lebendige Mitte" des menschgewordenen Gottes zu erfassen. Der richtige Weg bestehe in einer doppelten Negation und in einer ständigen Bewegung oberhalb von Dogmatik oder Kritik. Unter Dialektik scheint der frühe Barth zu verstehen, dass entgegengesetzte Aussagen (Dogmatik vs. Kritik) zur Beschreibung ein und derselben Sache herangezogen werden, wobei beide Aussagen nicht im Hegel'schen Sinne synthetisch „aufgehoben" werden sollen, sondern als solche stehen bleiben. Das liegt an dem Gegenstand, dem Wort Gottes, jener Mitte des Predigtgeschehens, die dem Theologen weder auf dem kritischen noch auf dem dogmatischen Weg zuhanden sein kann, weil sie sich stets im Reden entzieht. Wer von Gott redet, kann keinen „Standpunkt" einnehmen, sondern nur *en passant* Situatives und Vorläufiges sagen.

> Der echte Dialektiker weiß, dass diese Mitte unfasslich und unanschaulich ist, er wird sich also möglichst selten zu direkten Mitteilungen darüber hinreißen lassen, wissend, dass alle direkten Mitteilungen [...] Dogmatik oder Kritik sind. Auf diesem schmalen Felsengrat kann man nur gehen, nicht stehen, sonst fällt man herunter [...]. (Barth 1924, 171f.)

Auch wenn Barth von dieser fast aporetischen, negativen Charakterisierung des Redens von Gott später nicht mehr viel hielt, konnte er den Siegeszug des Terminus „Dialektische Theologie" nicht aufhalten.

2.2

Sachlich steht der Terminus der „dialektischen" Theologie bis heute für die Einsicht, dass das Reden von Gott niemals nach den Gesetzen der Logik, niemals nach Prinzipien, Dogmen und Definitionen erfolgen kann. Es bleibt wie das Wort in allen wichtigen menschlichen Beziehungen kontingent und in sich widersprüchlich, kurz: Es bleibt lebendig. Die „Dialektik" der Barth'schen Theologie steht für die Einsicht, dass Gott der Freie und Souveräne bleibt, der nicht mit theologischen Prinzipien konfrontiert werden kann. Oder, paradox formuliert: Das Prinzip der Homiletik nach dem frühen Barth besteht im Verzicht auf das Prinzipielle. Insofern ist der Name „Dialektische Theologie" so schlecht nicht, wie ihn Barth später gemacht hat.

2.3

Wir machen einen großen Sprung und fügen erst dann (2.4) das Mittelglied ein: Einem gänzlich anderen Barth begegnet man mit dem berühmten Bonner Homiletischen Seminar 1932/33 (Barth 1983), an dem 110 Studierende teilnahmen (Genest 1995, 137). Hier handelt es sich schon um den prinzipientreuen Theologen der „Kirchlichen Dogmatik", deren erster Band (KD I,1) Ende 1932 erschienen war. Die scharfe Dialektik von 1922 ist einer zünftigen dogmatischen Doppeldefinition gewichen, nach der das christologische *vere Deus* und *vere homo* zusammengefügt werden. Jetzt „ist" die Predigt „Gottes Wort" und zugleich der „der Kirche befohlene Versuch", diesem Wort zu dienen (Barth 1983, 30); eine Synthese beider Formeln wird allerdings als „Angriff auf die Ehre Gottes" zurückgewiesen (31).

2.4

Eine Zwischenstation sind die 1924 in Königsberg und Danzig vorgetragenen Thesen über „Gotteswort und Menschenwort in der Predigt". Diese setzen sogleich mit dem Spitzensatz „Praedicatio verbi Dei est verbum Dei" von Heinrich Bullinger aus der Confessio Helvetica Posterior von 1566 ein (Barth 1924, 95). War 1922 noch der kategoriale Unterschied zwischen Gotteswort und Menschenwort betont worden, so stellt Barth jetzt den Zusammenhang heraus. Auch hier ist die Rede von Gott als einer „gegenwärtigen Realität" noch ein „unerhörtes Paradox", das die protestantische Kirche in ihr Zentrum rückt (Barth 1924, 97). Doch von jetzt an weichen die Dialektik und das Paradox im Predigtgeschehen dem christologischen Modell der zwei Naturen des homiletischen Aktes, bis 1932/33 das prinzipielle Spiel definitorisch aufgeht. Das hat der Rezeption der Barth'schen Theologie gewiss genutzt, aber ihrer inneren Dynamik auch erheblich geschadet. Aus dem Paradoxon wurde das christologische kirchliche Dogma.

2.5

Die christozentrische Orientierung von Barths eigenen Predigten findet sich bereits in früher Zeit (Genest 1995, 49). Barth folgt in seinen eigenen Predigten in aller Regel dem Text ohne Einleitung, Gliederung und Applikation. Das Hören auf den Befehl Christi ist bereits die „Anwendung" auf den Hörer. In einer Predigt in der Bonner Schlosskirche am 1. 7. 1934, also kurz nach der Bekenntnissynode in Barmen und am Tag nach der Ermordung der SA-Spitzen („Röhm-Putsch"), predigt Barth über den Fischzug des Petrus (Lk 5,1–11). Zu Beginn heißt es: „Da werden Worte gesprochen, von denen wir wohl gestehen könnten: Damit können wir nichts anfangen. [...] Jesus Christus! Was können wir mit ihm zu tun haben, wenn er der ist, als der er hier dasteht?" (Barth 1949, 9) Es ist in der Tat verblüffend, wie die lukanische Berufung des Petrus zwischen Unmöglichkeit, Unglaublichkeit und persönlicher Wirklichkeit zur Sprache kommt. Die Predigt dauert je nach Sprechtempo mindestens 40 Minuten und erzeugt von Anfang bis Ende Spannung. Hier lässt sich etwas ahnen von dem – in seiner Allgemeinheit zweifellos verstiegenen – Diktum, dass der Hörer im Text steckt. Barth schaffte es offensichtlich, die Bonner Gemeinde vor Gott darzustellen. Der Schluss: „Das sagen uns diese Worte. Es gibt nichts zu erklären an ihnen. Sie stehen da, wahr, gültig [...]. Wir können sie nur wahr sein lassen." (Barth 1949, 17)

2.6

Diese Art der textnahen, rhetorisch schnörkellosen und unmittelbar anredenden Predigt wurde in der Folgezeit für sehr viele Prediger zum Ideal. Bei dem schwedischen Lutheraner Gustaf Wingren (1910–2000) galt der Hörer als immer schon im Text – wenn man von Christus spricht, spricht man auch vom Menschen: „Der Zuhörer war im Text, als der Pfarrer sein Evangelienbuch aufschlug." (Wingren 1954, 33) Eine solche These konnte zur Begründung eines „objektiven", am konkreten Hörer vorbeiredenden Predigtstils werden. Dabei vergaß man leicht die Tatsache, dass Predigten ihren soziokulturellen Kairos haben und an die Intensität der eigenen theologischen Existenz gebunden sind. Und da war Barths Zugriff auf die Sache eben nicht zu kopieren. So blieben von seinem Ansatz häufig nur *prinzipiell* die dogmatische Höhe, *material* die genaue Bindung an den Text und *formal* der Verzicht auf die pädagogische Strukturierung der Predigtinhalte. Spätestens in der Zeit der organisatorischen und inhaltlichen Konsolidierung der Kirche nach 1950 führten diese Grundsätze zur Ausbreitung der schlimmsten homiletischen Häresie: der Langeweile.

3 Predigt als Verständigung versus „Predigt des Wortes Gottes": Ernst Lange 1960 und 1967

3.1

Gegen das Ende der 1950er Jahre stellte sich ein zunehmendes Unbehagen gegenüber dem theologisch aufgeladenen Predigtbegriff ein. Die Wort-Gottes-Theologie hatte sich auf breiter Front durchgesetzt. Man hatte außerdem eine historisch korrekte Agende verabschiedet (1955 in lutherischer, 1959 in unierter Fassung), in der die reformatorischen Impulse der liturgischen Bewegungen deutlich zum Tragen kamen. Doch die Zahl der Gottesdienstbesucher ließ – verglichen mit der unmittelbaren Nachkriegszeit – deutlich nach. Der Göttinger Praktische Theologe Martin Doerne (1900–1970) formulierte in der RGG die immer wieder zitierte homiletische Bilanz: „Irrlehre und natürliche Theologie scheinen aus dem Felde geschlagen. Dafür weht durch die Predigten auf deutschen Kanzeln nicht selten ein Hauch gespenstischer Monotonie." (Doerne 1959, 440) Ähnlich hatte 1957 der hannoversche Landesbischof Hanns Lilje (1899–1977) auf der lutherischen Generalsynode die „altertümlichen Wendungen" aus dem 19. Jahrhundert in der Predigt kritisiert. Es helfe aber umgekehrt auch nicht, wenn „eine existentialistische Sauce über die Predigtgedanken ausgegossen" werde (Lilje 1957, 20). Auch die „objektive" Predigtweise – hier ist die reine Auslegung ohne Hinführung und applicatio gemeint – sei eine der „schwersten theologischen Verwirrungen der Gegenwart" (22).

3.2

In den 1960er Jahren mehrten sich die Anzeichen eines bevorstehenden Umbruchs. Der Göttinger Systematiker Wolfgang Trillhaas (1903–1995), der 1935 selbst eine viel beachtete Homiletik im dialektisch-theologischen Geist vorgelegt hatte, schrieb in der Festschrift für Emanuel Hirsch 1963 einen nüchternen und ernüchternden Text unter dem Titel „Die wirkliche Predigt", in dem er feststellte, dass die aktuellen evangelischen Predigten „in weiter Überzahl homiletische Belanglosigkeiten" seien (Trillhaas 1989 [1963], 151). Etwas resigniert schlug Trillhaas u.a. vor, von dem „Dogma" der Originalität jeder Predigt Abschied zu nehmen und die Zahl der Predigten pro Pfarrer herabzusetzen (z.B. durch Verzicht auf Predigten bei Kasualien).

Ebenfalls 1963 begann man auf dem Dortmunder Ev. Kirchentag (damals mit nur 14.500 Dauerteilnehmern) mit liturgischen Experimenten im Freien, in Sälen und in Kinos und 1965 erschienen diese Entwürfe im Auftrag des Kirchentags als die „Gottesdienste in neuer Gestalt". Diese wurden in der Folge zum Gegenstand erbitterter liturgischer Auseinandersetzungen zwischen den Generationen.

Schon 1960 hatte Ernst Lange in Berlin-Spandau Erfahrungen mit dezidiert unkultischen Gottesdiensten in einem ehemaligen Spandauer Bäckerladen gesammelt – ohne Altar, ohne Talar und ohne Begleitung beim Singen (→ § 2.3.5). Diese „Ladenkirche" hatte als Grundbild die Gemeindeversammlung und das Gespräch; die Stühle standen im Halbkreis. Der Gottesdienst war insgesamt als Unterredung gedacht, also als „Homilia". Die Liturgie begann jeweils mit einer Zusammenfassung der Predigt des letzten Sonntags; nach dem Vaterunser wurde die aktuelle Predigt in drei Sätzen zusammengefasst und diese Sätze wurden auf einem Zettel mit nach Hause gegeben. Es handelte sich um einen konsequent homiletisch und pädagogisch durchgebildeten Gottesdienst. Das Thema war der Alltag der Gemeindeglieder vor Gott.

3.3

Seit 1967 bekam Langes Konzept des vom Alltag bestimmten Gottesdienstes und der Predigt als Verständigung dann große Breitenwirkung durch die Gründung der erstmals 1968 erscheinenden „Predigtstudien". Diese gingen nach einem radikal erneuerten Vorbereitungsschema vor, das schon allein durch die Kooperation jeweils zweier Autor:innen für jeden Text den Modus des

Gesprächs abbildet. Darauf ist bei der Predigtvorbereitung zurückzukommen (→ § 40.2.3).

Insgesamt steht das Werk von Ernst Lange für drei entscheidende homiletische Weichenstellungen. Das ist *erstens* die prinzipielle Umstellung der Grundvorstellung der (tendenziell immer einseitigen) „Verkündigung" auf die gegenseitige „Kommunikation" als leitende Vorstellung vom Predigtgeschehen. „Kommunikation des Evangeliums" ist die Formel, der Lange zum Durchbruch verholfen hat. Dabei argumentiert er durchaus in der Spur der Wort-Gottes-Theologie. Die Verheißung der Verständigungsbemühung Predigt liegt für Lange in dem „Einverständnis", dass „Jesus Christus der Herr sei, und zwar in der zugespitzten Form, dass er sei *mein* Herr in je meiner Situation" (Lange 1982, 20, dort kursiv). – *Zweitens* folgt daraus die *materiale* Orientierung an den Hörer:innen: „Er, der Hörer, ist mein Thema, nichts anderes; freilich, er, der Hörer vor Gott." (Lange 1982, 58) – Und *drittens* (man kann das den *formalen Aspekt* nennen) soll die Sonntagspredigt generell von der Kasualpredigt her verstanden werden, denn es geht in jeder Predigt um die Klärung der homiletischen Situation. Der Text wird nicht „ausgelegt", sondern „im Interesse der Verständigung verbraucht" (23). Die Frage nach dem Text und die nach der Situation sind nicht „zwei voneinander getrennte Arbeitsschritte (32).

Ernst Lange hat durch seine undogmatische, nüchterne und präzise Beschreibung der Predigtaufgabe vielen Pfarrer:innen zu einem alltagstauglichen homiletischen Selbstverständnis verholfen. So ließ sich ohne dogmatische Überhöhung und trotz mancher Skepsis gegenüber der Kanzelrede Sonntag für Sonntag predigen. Die Predigt, so kann man zu Langes Sicht mit der klassischen Rhetorik sagen, ist eine wirksame, eine intellektuell, emotional und pragmatisch *klärende* Rede. Noch einmal: Langes Konzept ist konsequent pädagogisch geprägt. Es ist von den Möglichkeiten der Rezipient:innen her entwickelt worden. Zu beachten sind jeweils die „Lage vor Ort" und die „homiletische Großwetterlage" (38).

Die Spandauer „Ladenkirche" war dagegen eine Art einmaliges Experiment, das zwar mit „Gesprächsgottesdiensten" (Gespräch statt Predigt) mancherorts aufgegriffen wurde, sich aber nicht in der Breite durchsetzen konnte. Das spezifisch Pädagogische, also in Schleiermachers Terminologie: der *wirksame* Charakter des Gespräches im Unterschied zum *darstellenden* Handeln der Liturgie, aber auch der Predigt, wurde damals nicht gesehen. Man wollte den Gottesdienst insgesamt als „Lagebesprechung" oder als „Lernprozess" verstehen und die Predigt als einen in diesem Rahmen einzuordnenden Impuls. Dass aber gerade die monologische Rede einen die Gemeinschaft darstellenden und integrierenden Charakter hat und wegen der Darstellung exemplarischer Subjektivität sehr geschätzt wird, blieb damals – wohl nicht zuletzt wegen des verbreiteten Misstrauens gegenüber jeglicher Rhetorik – weitgehend verborgen. So wurde das Gespräch als innovatives gottesdienstliches Format zumeist überschätzt (→ § 2.3.6).

4 Das „Erbe der dialektischen Theologie": Die „semiotische Homiletik" bei Wilfried Engemann ab 1993

4.1

Seit dem Ende der 1960er Jahre gab es neben den Impulsen Ernst Langes viele neue homiletische Konzepte, so dass Henning Schröer (1931–2002) 1982 von der „Adverb-Homiletik" sprach. Er bezog sich u.a. auf damalige Buchtitel wie „Persönlich predigen" (Axel Denecke), „Konkret predigen" (Horst Hirschler), „Positiv predigen" (Heribert Arens u.a.) sowie „Rhetorisch predigen" (Gert Otto). Es handelte sich sämtlich um Entwürfe, die die Befreiung der Homiletik von der kerygmatischen Einschnürung bedeuteten und die von der Rezeption der Humanwissenschaften Psychologie, Soziologie und Rhetorik profitierten, kurz: Der Umschwung von den materialen zu den formalen Aspekten der Homiletik brachte einen neuen homiletischen Frühling mit sich.

Die von Ernst Lange angestoßene Wiederentdeckung des „Hörers vor Gott" knüpfte an die Homiletik der ersten empirischen Wende bei Drews, Niebergall und Baumgarten an (→ § 14.3). Pastoralpsychologie und Pastoralsoziologie, verbunden mit einem allgemeinen Trend zum psychologischen und soziologischen Denken, bestimmten auch die Praktische Theologie. Daraus ergaben sich die Verwissenschaftlichung der praktischen Disziplin, das Prinzip der Interdisziplinarität, das Konzept der empirieorientierten „Handlungswissenschaft" sowie die Empirie als methodischer Zugang zur Sache der Theologie (Greifenstein 2017), oder, wie man jetzt zunehmend mit Ernst Lange sagte, zur „Kommunikation des Evangeliums".

4.2

Eine nochmalige Wendung bestand in der Entdeckung der Ästhetik als homiletischem Bezugspunkt und als theoretische Denkform. Langes Prinzip des „Ver-Sprechens" von „Tradition" und „Situation" hatte die Verbreitung einer zweipoligen Denkweise gefördert, bei der man die „Sache" der Verkündigung und ihre „Adressaten" gegenüberstellte. Die Ästhetik dagegen bedeutete die Aufmerksamkeit für den Prozess, in dem sich die Personen die Sache aneigneten. Die Hauptfrage war nicht mehr, wie bestimmte Botschaften durch die Predigt zu den Hörern *transportiert* werden können, sondern wie die

Gemeindeglieder selbst Neues in den Texten *entdecken* können. Damit wurde die Rezeptionsästhetik zu einer Schlüsseldisziplin der Homiletik. Das bedeutete eine grundsätzliche Neuorientierung gegenüber den 1970er und 1980er Jahren.

4.3

Die bedeutendste Innovation war die „Semiotische Homiletik" von Wilfried Engemann (geb. 1959) von 1993. Dieses Buch bedeutete zugleich den Beginn eines breiteren Rückgriffes auf die moderne Semiotik, besonders von Charles Sanders Peirce (1839–1914) und Umberto Eco (1932–2016) in der Praktischen Theologie. Engemann kritisierte die in ihrer Kommunikation festgefahrene, was das Verstehen angeht, die „verstopfte", „obturierte" Predigt und unterschied sie von der offenen, zu Entdeckungen provozierenden „ambiguitären" Predigt. Auf eine knappe Formel gebracht: Das Ideal war jetzt nicht mehr die eindeutige Predigt, die als „redundanter Exzess" kritisiert wurde (Engemann 1993, 116–119), sondern die vieldeutige Predigt.

Es ging nun nicht weiter darum, die Botschaft besonders klar bzw. rein an die Zuhörenden zu bringen, sondern darum, ein Feld polyvalenter Deutungen zu erzeugen, damit der Rezipient zu eigenen Entdeckungen am Text und an seiner Lebensgeschichte angeregt wird. Der Rezipient ist bei jedem zeichengenerierenden Prozess ein integraler Bestandteil. Der Prediger und die Hörerin *benutzen* nicht nur die Zeichen, sondern sie gehören in das Zeichen mit hinein; sie sind eine zeichenbildende Größe, die Peirce den „Interpretanten" nennt (zur genauen Erläuterung semiotischer Kategorien s. Meyer-Blanck 2002, 55–89).

In diesem Zusammenhang kam Engemann mit seinem Programm einer „Dialektik der Ambiguität" erneut auf die Kategorie der Dialektik zu sprechen. Die Predigt steht in der Dialektik von Treue und Freiheit und die „Dialektik der Ambiguität ist homiletisch als die in Kraft tretende Potenz einer Predigt zu definieren, ein gleichermaßen destruierendes wie instruierendes Signifikationsfeld zu erzeugen" (Engemann 1993, 167, dort teilweise kursiv); der Abschnitt ist überschrieben: „Wie beerbt man die dialektische Theologie?" (162–168) „Dialektisch" ist hier allerdings nicht die prinzipielle, dogmatische Dimension des Predigens, sondern die formale, methodisch-rhetorische Dimension. Die Offenheit der Predigt ist dabei nicht mit Beliebigkeit zu verwechseln, denn die Worte sollen so gesetzt werden, dass sie eigene Wahrnehmungen ermöglichen anstatt als das schon immer Gehörte übergangen zu werden („semantisches Rauschen"). Dazu wird der Vergleich zwischen Werbung und Poesie gezogen. Die ästhetische Botschaft spricht jeweils eine eigene Sprache („Ideolekt"). Bei einem guten Gedicht ergeben sich viele Bedeutungen aus wenigen Worten, bei der Werbung ist es in der Regel umgekehrt: viele Worte, immer dieselbe Botschaft.

4.4

Dieser homiletische Ansatz hat die Predigttheorie tiefgreifend verändert. Nicht mehr die Psychologie und die Frage, was beim Hören ankommt, bestimmten fortan die Diskussion, sondern die Ästhetik mit der Frage, wie die Predigt rezipientenfreundlich und biblisch signifikant gestaltet werden kann. Seit Mitte der 1990er Jahre ist immer deutlicher geworden, dass die Formfragen Inhaltsfragen sind. Zwar ist die Semiotik nicht jedermanns Sache und zudem nicht der einzige rezeptionsästhetische Ansatz; die Überwindung des Gegenübers von „Sache" und „Person" durch die Ästhetik der Predigt selbst ist aber eine wichtige Ergänzung der in den 1970er Jahren erreichten Neuerungen.

5 Die „dramaturgische Homiletik" bei Martin Nicol und Alexander Deeg ab 2002

5.1

Bei der von ihren Begründern Martin Nicol und Alexander Deeg selbst „dramaturgisch" genannten Homiletik ist der ästhetische Kontext schon im Namen zu erkennen. Auch diese Homiletik überwindet das Gegenüber von Botschaft und Hörer durch einen methodischen Kniff, der sehr nahe an der Theorie Engemanns ist. Auch bei Nicol und Deeg soll die Aufmerksamkeit der Hörer:innen durch eine ihnen entsprechende Predigtgestaltung gewonnen werden.

Die Grundidee der „Dramaturgischen Homiletik" (= DramH) ist von einer gewissen Genialität: Das Vorbild der Predigt ist nicht länger die logisch angeordnete Abhandlung (mit Einleitung, drei Unterpunkten zum Thema, Anwendung auf die Lebenssituation und Schluss); die Predigt orientiert sich vielmehr am Film mit seinen verschiedenen Einstellungen. In Anlehnung an den US-amerikanischen Homiletiker David Buttrick (→ § 16.3) sprechen Nicol und Deeg von „moves" und „structures".

Die Predigt ist nach dieser Sicht eine Sammlung von erhellenden, überraschenden oder auch verstörenden „spotlights", die vom Text und von der kulturellen Wirklichkeit bestimmt sind und so die Aufmerksamkeit fesseln. Wer predigt, ist weder „Zeuge" oder „Prophet" (so die Wort-Gottes-Theologie) noch einfühlsamer Seelsorger oder bildender Rhetor bzw. Lehrer (so die Homiletik der 1970er Jahre), sondern Künstler und Arrangeur von gemischten, aber wohl geordneten Anstößen aus dem Bibeltext und aus der Gegenwartskultur, der aktuellen „homiletischen Situation".

5.2

Wie der Titel von Nicols Buch sagt, soll die so verstandene Predigt bildhaft vorgehen anstatt begrifflich durchgebildet zu sein. Das „thinking in story" statt „thinking in ideas" (Nicol 2002, 35) ist das Leitbild. Bezugspunkte der Predigtarbeit sind musikalische, poetische und theatralische Künste: „Paradigma der Predigt ist nicht länger die akademische Vorlesung mit Thesen und Argumenten, sondern der Film mit seinen bewegten Bildern" (25). So neu und faszinierend das ist, möchte ich hinzufügen, dass es nicht nur schlechte Vorlesungen, sondern auch schlechte Filme gibt, die einem mit billigen Effekten die Lebenszeit stehlen. Ebenso gibt es gute Vorlesungen, bei denen nicht gedruckte Informationen wiederholt werden, sondern die Entwicklung eines Gedankens im Medium der körperlich-geistigen Präsenz des Vortragenden nachverfolgt werden kann; so hat sich bekanntlich Schleiermacher die akademische Vorlesung gedacht.

5.3

Die DramH hat eine sonst selten anzutreffende unmittelbare Praxiswirkung gehabt. Wie seinerzeit um 1990 das „lernpsychologische Schema" dient die dramaturgische Gliederung in „moves" und „structures" bis heute bei vielen Predigtentwürfen (Seminar- oder Examenspredigten) als Muster. Viele Prediger:innen empfinden es als Befreiung, keine thematisch genau durchgebildete Gedankenentwicklung bieten zu müssen. Darin liegt allerdings eine Gefahr, nämlich die, mit einer ästhetischen Begründung bei der logischen Durchdringung des Predigtmanuskriptes nachlässig zu werden. Ein weiteres Risiko ist die Verwechslung von Rede und Gedicht. Eine Predigt ist und bleibt die verantwortete Rede eines Einzelnen an ein Publikum. Sie ist keine Lesung von poetischen Miniaturen, sondern eine Unterredung unter Freunden („Homilia"), bei der die redende Person für ihre Sicht der Dinge haftbar gemacht werden kann. Der dramaturgische Prediger darf sich nicht hinter seinem Kunstwerk verstecken (wollen).

6 Hinweis auf aktuelle homiletische Lehrbücher

Als Ergänzung seien an dieser Stelle noch die aktuell lieferbaren Lehrbücher der Homiletik (in der Reihenfolge ihres Erscheinens) genannt und sehr kurz charakterisiert. Mit diesen Hinweisen sind die aktuelle homiletische

Diskussion (vgl. Engemann 2016) und das Ende der historischen Darstellung erreicht; Bemerkungen zur katholischen und US-amerikanischen Homiletik schließen sich an (→ § 16).

6.1

Hans Martin Müllers Homiletik von 1995 hat ein klar hervortretendes historisches Profil. Das Buch beginnt mit einem ausführlichen Teil zur Predigt- und Homiletikgeschichte (7–169), wo auch unbekanntere Autoren zur Sprache kommen und z.T. ausführlich gewürdigt werden. Besonders vertraut ist Müller (1928–2010) mit Luther, aber auch mit der Theologiegeschichte von Emanuel Hirsch. Die humanwissenschaftlichen Bezüge sind zugunsten der klassischen Gliederung in Geschichte, prinzipielle, materiale und formale Homiletik sehr knapp gehalten; den Schluss bildet ein „Pragmatischer Teil" zu Predigten im Kirchenjahr und bei bestimmten Anlässen (313–417); derartige Überlegungen sind in der aktuellen Homiletik eher ungewöhnlich.

6.2

Wilfried Engemanns „Einführung" in die Homiletik liegt inzwischen in dritter Auflage vor (2020). Umfasste das Buch in der ersten Auflage 2002 gut 500 kleinformatige Seiten, so ist es inzwischen auf gut 700 großformatige Seiten angewachsen. Diese dritte Auflage informiert besonders eingehend über alle Fragen, die mit der Predigt als Kommunikation zu tun haben, mit der Person des Predigers und der Gemeinde, aber auch mit dem Predigen eines Textes und mit der Gestalt der Predigt; rhetorische Aspekte kommen eingehend zur Sprache. Auch ein ausführliches Kapitel zum Predigen im Gottesdienst fehlt nicht (409–466). Ich vermisse in dem Buch einen historischen Teil und die historischen Bezüge. Besondere Beachtung verdient das 1. Kapitel aus der ersten Auflage (^{1}2002, 1–76), in dem typische Fehler beim Predigen vorgeführt werden. Hier kann jede(r), auch die routinierte Pfarrperson, das Eine oder Andere bei sich selbst entdecken.

6.3

Albrecht Grözingers Lehrbuch aus dem Jahr 2008 behandelt in konzentrierter Weise auf 330 Seiten alle wichtigen homiletischen Themen. Dazu gehört auch ein knappes historisches Kapitel, in dem einige exemplarische Stationen beschrieben werden (Augustin, Bernhard von Clairvaux, Martin Luther sowie das 20. Jahrhundert, 45–78). Das ausführlichste und damit das

Herzstück des Buches ist das vierte Kapitel zur „Gestalt der Predigt“, wo u.a. Rhetorik, Narrativität, Poetik und Differenzsensibilität der Predigt verhandelt werden (177–281). Hier ist u.a auf den Verlust der Rhetorik im bürgerlichen Zeitalter hinzuweisen (184). Auch die Liturgie als Bedingung der Predigt wird angesprochen (287–290). Außerdem nimmt Grözinger positiv Bezug auf die Theorie des „offenen Kunstwerks“ und formuliert: „Also gerade kein beliebiges *anything goes*, sondern ein kreatives *look, see and hear, what does go and what doesn't go*“ (92, dort kursiv).

6.4

Die 2013 erschienene „Predigtlehre“ von Wilhelm Gräb (1948–2023) geht wie Gräbs Werk insgesamt von der Kategorie der Religion im Rahmen der gegenwärtigen Kultur aus. Dazu wird einleitend festgestellt, dass „Wörter wie Gott, Christus, Sünde, Gnade oder gar Trinität“ heute „nicht oder nicht religiös“ verstanden werden, sondern in die kirchliche Sonderwelt gehören (17). Gefordert ist, so heißt es in der für Gräb typischen Diktion, die „Umformung der an die traditionelle kirchliche Autoritätskultur gebundenen Predigt zu einer die lebensgeschichtlichen Sinndeutungsinteressen der Menschen erfüllenden religiösen Rede“ (29). Religion ist nach Gräb die Tiefendeutung der Erfahrung – und nicht das Erschüttertwerden, das Zerbrechen von Erfahrung, nicht die Grenzerfahrung durch Offenbarung. Auch Gräb verzichtet in diesem Buch auf einen historischen Teil. Gänzlich abgewiesen wird von ihm der Rekurs der Predigt auf die Liturgie. „Wer die Predigt als Element der kirchlichen Liturgie thematisiert [...] hat sich von ihrem Anspruch, öffentliche religiöse Rede zu sein, mehr oder weniger verabschiedet.“ (8)

6.5

Kein ausführliches Lehrbuch, sondern ein knapp gefasstes „Kompendium“ der Homiletik ist der mit 170 Seiten schmale, aber sehr gehaltvolle Band von Ruth Conrad, der die prinzipielle Homiletik in den Mittelpunkt stellt. Conrad beschränkt sich bewusst auf die historische (Conrad 2025, 41–96) und die systematische Darstellung (97–144) und überlässt die formalen (rhetorischen und psychologischen) Fragestellungen der zweiten Ausbildungsphase. Doch auch in diesem Buch findet sich unmittelbar Praktisches und eine fast poetische, auf jeden Fall beherzigenswerte Formulierung sei hier abschließend zitiert: „Eine menschenfreundliche Predigt ist frei von Zynismus und Moral, stattdessen ist sie milde und barmherzig. [...] Dem Kleinen und Müden ist sie zugewandt und nicht vom eigenen Anliegen geblendet und sei es noch so korrekt.“ (133)

Zusammenfassung

Das „kurze" 20. Jahrhundert nach 1918 ist homiletisch vor allem durch die lange Phase der Wort-Gottes-Theologie gekennzeichnet (ca. 1925–1965), der eine liberale Phase der „modernen Homiletik" am Anfang des Jahrhunderts vorausgegangen war und der die Homiletik im Kontext der „empirischen Wendung" in der Praktischen Theologie folgte (ca. 1965–1990). Dazu gehörte auch die Wiederentdeckung der Rhetorik („Beredamkeit"), die schon von Kant kritisiert und von der Wort-Gottes-Theologie bewusst ausgeblendet worden war. Die empirische Phase ging über in eine ästhetische Phase der Homiletik (ca. 1990 bis heute), die durch die Schlüsselkategorien des „offenen Kunstwerks" bzw. der „Dramaturgischen Homiletik" gekennzeichnet ist. Insgesamt ist die Predigt besser als ihr Ruf; auf jeden Fall wird auf sie ein erhebliches Maß an akademischer Reflexion verwandt.

§ 16 Katholische und US-amerikanische Homiletik

Literatur: Annibale Bugnini: Die Liturgiereform 1948–1975. Zeugnis und Testament, Freiburg (Brsg.) 1988 [ital. 1983] · David Buttrick: Homiletic. Moves and Structures, Philadelphia 2020 [1985] · Jana Childers: Performing the Word. Preaching as Theatre, Nashville 1998 · Fred B. Craddock: As One Without Authority, Revised and with New Sermons, St. Louis ^{4}2001 [1970] · Domenico Grasso: Annuncio della Salvezza. Teologia della predicazione, Neapel 1973 · Norbert Greinacher: Verkündigung als Grundfunktion der Kirche, in: Handbuch der Verkündigung, hg. von Bruno Dreher u.a., Freiburg (Brsg.) 1970, 335–362 · Josef Andreas Jungmann: Missarum Sollemnia. Eine genetische Erklärung der römischen Messe Bd. I, Wien ^{4}1958 · Mediator Dei (MD). Päpstliches Rundschreiben (Enzyklika) über die heilige Liturgie von Papst Pius XII. (Dezember 1947), Lat.-Deutscher Text, Freiburg (Brsg.) 1948 · Michael Meyer-Blanck: Die Rolle der Predigt im katholischen Gottesdienst, in: ders.: Gottesdienstlehre, Tübingen ^{2}2020 [2011], 300–312 · Martin Mosebach: Häresie der Formlosigkeit. Die römische Liturgie und ihr Feind, Wien / Leipzig ^{4}2004 [2002] · Klaus Müller: Homiletik. Ein Handbuch für kritische Zeiten, Regensburg 1994 · Philipp Müller: Predigt ist Zeugnis. Grundlegung der Homiletik, Freiburg (Brsg.) 2007 · Philipp Müller: Zur Rhetorik der katholischen Predigt in der Gegenwart, in: Handbuch Homiletische Rhetorik, hg. von Michael Meyer-Blanck, Berlin / Boston 2021, 517–541 · Sabrina Müller / Jasmine Suhner: Transformative Homiletik. Jenseits der Kanzel. (M)achtsam predigen in einer sich verändernden Welt, Neukirchen-Vluyn 2022 · Martin Nicol: Preaching as Performing Art. Ästhetische Homiletik in den USA, in: PTh 89 (2000), 435–453 · Martin Nicol: Einander ins Bild setzen. Dramaturgische Homiletik, Göttingen 2002 · Matthew Ryan Robinson: Rhetorische Impulse aus der US-amerikanischen Homiletik, in: Handbuch Homiletische Rhetorik (s.o. Ph. Müller 2021), 543–570 · Manlio Sodi / Achille M. Triacca (Hg.): Dizionario die omiletica, Turin / Bergamo 2002 · Fulbert Steffensky: Die katholische und die evangelische Predigt. Eine biographische Skizze, in: Kontrapunkte. Katholische und protestantische Predigtkultur, hg. von Erich Garhammer u.a., München 2006 (ÖSP 5), 26–36 · Andreas Wollbold: Predigen. Grundlagen und praktische Anleitung, Regensburg 2017

Das vorliegende Buch ist eine evangelische und eine deutsch(sprachig)e Homiletik. Weil die praktisch-theologische Theoriebildung immer auf eine spezifische Kirche bezogen ist, liegt die damit gegebene Beschränkung in der Natur der Sache. Gleichwohl ist es sinnvoll, sich auch von anderen homiletischen Stilen und Theorietraditionen anregen zu lassen. Besonders die US-amerikanische Homiletik hat zudem stark auf die „Dramaturgische Homiletik" gewirkt (→ § 15.5), und die katholische Homiletik hat seit dem 2. Vatikanischen Konzil einen beachtlichen Aufschwung genommen. Diese beiden Impulse sollen am Schluss des historischen Kapitels skizziert werden, denn auch die Predigtlehre hat zunehmend an den internationalen und interkonfessionellen Entwicklungen Anteil.

1 Von der „Vormesse" zum Wortgottesdienst: Die katholische Predigt und ihre Theorie

1.1

Bis zum 2. Vatikanischen Konzil (1962–1965) galt als der entscheidende Teil des katholischen Gottesdienstes die Eucharistie, während dem Wortteil lediglich vorbereitender Charakter zukam; er galt als die „Vormesse" (Jungmann 1958, 339–633). Die Predigt hatte die Aufgabe der dogmatischen und ethischen Instruktion der Gemeinde. In der Enzyklika „Mediator Dei" [MD] von Papst Pius XII. aus dem Jahre 1947 ist die Rede von der Predigt, „in der der Vorsteher der Gemeinde die Vorschriften des göttlichem Meisters ins Gedächtnis ruft und dann nutzbringend erklärt, wichtigere Begebenheiten aus dem Leben Christi anschließt und den Anwesenden geeignete Mahnungen und Beispiele (adhortationibus et exemplis) zu Gemüte führt." (MD 21) Christus ist nach MD 20 in mehrfacher Weise liturgisch anwesend: „im hochheiligen Opfer des Altars, in der Person des seine Stelle vertretenden Priesters wie vor allem unter den Eucharistischen Gestalten"; von der Präsenz Christi im Wort – oder gar in der Predigt – ist dagegen nicht die Rede. Die Predigt galt für das damalige Empfinden „eher als eine Einschaltung in den Gang der Liturgie denn als ein Fortschreiten in ihrem Verlaufe", so urteilte der herausragende Liturgiewissenschaftler Josef Andreas Jungmann (1889–1975) in seinem Standardwerk über die Messe (Jungmann 1958, 583). Dieses Empfinden hat der Schriftsteller Martin Mosebach dann in besonders schroffer Weise formuliert: „[...] ich leide, wenn das Kleid der Liturgie zerreißt. Ein solcher Riss ist die Predigt" (Mosebach 2004, 44). Dabei komme es auf die Gestalt der Predigt kaum an, egal, ob es sich um eine „salbungsvolle" oder um eine „schnodderige" Predigt handele (ebd.).

Das Wort und vor allem die Predigt hatte in der Praxis lange Zeit einen geringen Stellenwert. Im Sommer wurde in der Messe nicht gepredigt und noch 2006 waren die Leute empört, wenn ein Gastzelebrant in den Ferien eine Predigt hielt (Steffensky 2006, 27). Bis heute käme man nicht auf den Gedanken, den Priester „Prediger" zu nennen. Überhaupt war, so erinnert sich Steffensky, die Sprache ritualisiert und konventionalisiert: „Wiederholung war das Hauptmuster, wenn die Menschen zusammenkamen, die Wiederholung der Inhalte und die Wiederholung in den Sprachformen." (Ebd.) „Stimme" hatten in Steffenskys katholischer Kindheit die liturgischen Dinge: Gesten, Weihwasser und Heiligenbilder, Rosenkränze und Kerzen (28). Nachdem er 1969 evangelisch geworden war, lautet sein Fazit: „Die evangelische Predigt ächzt unter der Last ihrer hohen Selbstauffassung" (32).

1.2

Die 1960er Jahre erbrachten nicht nur einen kulturellen Umbruch, sondern führten auch zur katholischen Liturgiereform, die man von 1963 (Verabschiedung der Liturgiekonstitution „Sacrosanctum Concilium" [SC] des 2. Vatikanischen Konzils) bis 1970 (Einführung des neuen Messbuchs Papst Pauls VI.) datieren kann. Jetzt bestimmte SC 52, dass die Homilie „sehr empfohlen" wird („valde commendatur"); eine Gemeinde darf sie in der Sonntagsmesse nicht ausfallen lassen, außer aus schwerem Grund („nisi gravi de causa"). Außerdem gilt Christus jetzt auch als anwesend in seinem Wort, „wenn die heiligen Schriften in der Kirche gelesen werden" (SC 7, unter Verweis auf Mt 18,20). In der Vorlage für die abschließenden Beratungen in der Konzilsaula war auch von der Anwesenheit Christi bei der Auslegung der Schrift die Rede gewesen; aber dieser Hinweis „und bei der Erklärung" wurde in den Schlussberatungen des Konzils gestrichen, weil „die Entwicklung dieser Lehre noch nicht ausgereift" war für ein Konzilsdokument (Bugnini 1988, 55).

1.3

Die katholische Homiletik war nach dem Konzil nicht nur methodisch einfallsreich, sondern sie hat sich auch mit außergewöhnlichen prinzipiellen Impulsen profiliert. Kurz nach dem Konzil beschrieb der Tübinger Pastoraltheologe Norbert Greinacher das Wortgeschehen als etwas Sakramentales und das Predigtwort als wirksames Wort (*verbum efficax*). Dieser Charakter der *praesentia Christi* intensiviere sich allerdings in der eucharistischen Mahlfeier, die die Gemeinde als Höhepunkt zum Gedächtnis Christi begeht. Doch die Verkündigung ist laut Greinacher für die Kirche konstitutiv. In der Predigt geschieht Lehre. Das betont auch die schmale italienische Homiletik von Tommaso Stenico 1998. Dieser definiert die Predigt als eine „lehramtliche Tätigkeit", der die Hirten der Kirche nachgehen, um den Glauben der Einzelnen und der Gemeinde „hervorzubringen, zu nähren und zu ordnen" (generare, nutrire, ravvivare; dazu Meyer-Blanck 2020, 303f., Anm. 14).

Geradezu lutherisch formulierte Domenico Grasso kurz nach dem Konzil in seiner Theologie der Predigt: „In der Predigt tritt das Ewige und Überzeitliche in Zeit und Raum ein. Darum soll der Prediger fest an die Gegenwart Gottes in ihm, an die Gültigkeit der eigenen Sendung und an die Wirksamkeit des Wortes Gottes in ihm selbst [efficacia della parola di Dio in lui stesso] und in den Hörern glauben." (Grasso 1973, 187f.; eingehender zur italienischen Literatur vgl. Meyer-Blanck 2020). Fast in Predigtsprache heißt es bei Grasso: „[…] es gibt keine größere Liebe zum Nächsten als die, ihm den Weg zur Erlösung [salvezza] zu zeigen und ihn zur Erkenntnis [conoscenza] der Wahrheit zu führen" (Grasso 1973, 130).

Ein monumentales Zeugnis der italienischen Homiletik ist das mit 1708 eng zweispaltig bedruckten Seiten schwergewichtige „Dizionario di omiletica" (Sodi / Triacca 2002). Unter den 398 Artikeln finden sich ausführliche Einträge zur Liturgie der Lutheraner und Waldenser, zu Martin Luther und Karl Barth, zum Atheismus und zur Semiotik. Die Durchsetzung ästhetischer, performativer und kerygmatischer Ansichten in der katholischen Homiletik wird mit diesem *opus magnum* sehr deutlich.

Der katholische Münsteraner Systematiker Klaus Müller definierte die Predigt im Rahmen seiner Homiletik etwas nüchterner, aber in mindestens so hohem Ton als „Inverbation der in Jesus Christus unüberbietbar und irreversibel gewordenen Selbstmitteilung Gottes" (Müller 1994, 249). Müller sprach von der Predigt als „Wort Gottes", weil diese die Absicht habe, „durch Sprachhandlungen der aussagenden Rede Gott in seinem Uns-zugewandt-Sein je und je Ereignis sein zu lassen." (Ebd.) Als Ziel des Predigens gab Klaus Müller die „Gleichzeitigkeit" der Glaubenden mit dem biblischen Glauben an.

Eine prinzipielle katholische Homiletik mit erkennbarer Nähe zur evangelischen Diskussion ist die Freiburger Habilitationsschrift von Philipp Müller 2007. Der Titel „Predigt ist Zeugnis" klingt wie ein Entwurf aus der Zeit der evangelischen Wort-Gottes-Theologie. Tatsächlich äußert sich Philipp Müller kritisch gegenüber dem herrschenden ästhetischen Paradigma in der Homiletik. Ästhetik sei nur ein formales Kriterium der Homiletik und verhalte sich inhaltlich „neutral" zu den Predigtgedanken (339). Das ist allerdings ein Gedanke, der sich von den ästhetischen Einsichten der Gegenwartshomiletik weit entfernt, denen zufolge die Form die Gestalt des Inhalts ist. Der Schlüsselbegriff „Zeugnis" ist nun nicht individualistisch (oder gar evangelikal) gemeint, sondern beinhaltet die gesamtkirchliche Aufgabe. Es geht Philipp Müller um die Bevollmächtigung zur Homilie, die nicht von der theologisch-rhetorischen Kompetenz abhängig ist. Diese bleibt vielmehr an die Weihe zum Diakon oder Priester (157f.; 265) und an die Tradition als „die ganze lebendige Wirklichkeit des christlichen Glaubens" gebunden (208). Auch Müller wertet die Predigt deutlich auf, indem er feststellt, dass das Schrift- und das Predigtwort zusammen als „Wort Gottes" zu gelten haben (56). Und schließlich lautet eine Kapitelüberschrift sogar „Der Prediger als ‚Sakrament'" (307–328). Das Predigen als Geschehen des Zeugnisses hat für Müller sakramentale Bedeutung.

Ähnlich ambitioniert ist die Homiletik des Münchner Pastoraltheologen Andreas Wollbold (geb. 1960), die er programmatisch als „rhetorisch" bezeichnet und mit der er ausdrücklich Glauben wecken will (Wollbold 2017, 11). Dabei hat der Autor explizit eine „Rhetorik jenseits der menschlichen Rhetorik" im Blick (51). Hilfreich ist die aus empirischen Studien gewonnene nüchterne Gegenwartsanalyse (26–34), zu der dann kontrapunktisch die dreifache Beschreibung der Predigt mit göttlicher *Autorität*, göttlicher *Gnade* und *göttlicher Botschaft* tritt (44–51). Bei den Predigtdefinitionen (56–62) werden auch evangelische Versuche herangezogen; es überrascht nicht wenig, dass dann die mittelalterliche als „manifesta et publica instructio morum et fidei" als die „bis heute am ausgewogensten" erscheinende Definition charakterisiert wird (62). Gerade diese Beschreibung der Predigt als ethische und dogmatische Instruktion hatte sich 1947 bei Pius XII. gefunden, um vom Konzil langsam, aber konsequent überwunden zu werden (s.o. 1.1).

1.4

Die katholische Homiletik hat sich nach dem Konzil den dogmatisch starken reformatorischen Sichtweisen angenähert und das traditionelle (vor allem über Dogma und Moral informierende) Predigtverständnis hinter sich gelassen. In der katholischen Predigt der Gegenwart soll etwas geschehen. Betreibt die aktuelle evangelische Homiletik eher dogmatische Abrüstung, so wertet die katholische die Predigt erkennbar auf. Hinzu kommt die praktische Zusammenarbeit der evangelischen und katholischen Homiletiker, etwa in der evangelisch-katholischen „Arbeitsgemeinschaft für Homiletik" (AGH), die sich auch mit einer eigenen Publikationsreihe (Ökumenische Studien zur Predigt, ÖSP) an der Diskussion beteiligt (bisher 14 Bände). Seit 2014 erscheinen auch die „Evangelisch-Katholischen Studien zu Gottesdienst und Predigt" (EKGP, Göttingen u.a., bisher 11 Bände) mit wissenschaftlichen Arbeiten, die das doppelte Spannungsfeld von Predigt und Liturgie in den beiden großen Kirchen bearbeiten.

Gleichwohl bleiben die praktischen Unterschiede. In der katholischen Messe dauert die Predigt in der Regel fünf bis sieben Minuten und wird nicht als das Wichtigste angesehen. In evangelischen Gemeinden entscheidet man sich in der Regel nach der Person des Predigers für oder gegen den sonntäglichen Kirchgang. Als Predigtdauer galt im 20. Jahrhundert eine Länge von 20 Minuten als angemessen; inzwischen wird auch im evangelischen Gottesdienst kürzer gepredigt, aber in der Regel doch so etwa zwölf bis achtzehn Minuten. Eine Viertelstundenpredigt ist nun vom Genus her etwas deutlich anderes als eine Fünf-Minuten-Predigt. Die letztere nähert sich dem Charakter eines Grußwortes, einer kurzen Ansprache „zur Lage", die man zur Not auch in ähnlich kurzer Zeit entwerfen kann. Eine fünfzehnminütige Rede dagegen hat schon etwas von einer Abhandlung, die man ganz ausformuliert. Von der Bedeutung und von der Dauer her gesehen behält die Predigt also in beiden großen Kirchen doch einen unterschiedlichen Charakter.

Das betrifft auch den Inhalt. In der katholischen Tradition ist die Homilie die Besinnung auf den Glauben und das Verhalten auf dem Hintergrund der drei im Gottesdienst gelesenen Texte, während die evangelische Tradition viel stärker die Einzelauslegung eines bestimmten Textes, eben des „Predigttextes" betont. Allein die Rede von einem „Predigttext" ist in der katholischen Homiletik unüblich, weil das gesamte Proprium des Tages zugrunde gelegt wird, wobei fast immer das gelesene Evangelium im Mittelpunkt der Homilie steht.

Die katholische Homiletik hat nach dem 2. Vatikanischen Konzil von der reformatorischen Tradition den hohen Bedeutungsgehalt der Predigt übernommen. Das Wort der Schrift als das Wort Gottes selbst benötigt die aktuelle Auslegung und von der Predigt kann trotz des verbreiteten homiletischen Defätismus Wichtiges erwartet werden. Darum ist „das Hören der Predigt der beste Dienst [il miglior culto], den der Mensch Gott erweisen kann" (Grasso 1973, 131).

1.5

Damit ergibt sich als vorläufiges Fazit: Die evangelische Predigt kann von der katholischen Homiletik und Liturgietheologie lernen, dass auch sie immer auf die Liturgie bezogen bleibt und sich von ihr anregen lassen sollte. Die Predigt wächst aus dem Gebet der Gemeinde heraus; sie erhebt sich aus dem gemeinsamen gottesdienstlichen Handeln als ein besonderer, individueller Beitrag. Aber sie ist kein bloß privates Zeugnis, sondern zugleich immer die Sache der Liturgie. Auch material kann sich die Predigt auf das Ordinarium (z.B. auf das Kyrie) und das Proprium (besonders auf die anderen Lesungen neben dem Predigttext) beziehen. Dann fällt die Predigt als reife Frucht vom Baum der Liturgie (→ § 30). In katholischer Perspektive ergab sich stets ein bestimmter Charakter der Predigt durch ihren Zusammenhang: Sie sollte „zum Worte Gottes, das aus der Schrift erklungen war, hinzutreten, sollte dieses also nicht erdrücken" (Jungmann 1958, 587). Letzteres ist zweifellos eine Gefahr der evangelischen Praxis, die bis heute dem Grundbild der individuellen Predigerpersönlichkeit und ihrer Kreativität verpflichtet bleibt und damit implizit dem Ideal des 19. Jahrhunderts folgt.

2 Einflüsse aus der US-amerikanischen Homiletik

2.1

Die US-amerikanische Konfessionslandschaft weist aufgrund der religionsrechtlichen Unterschiede erhebliche Differenzen zu Deutschland und Europa auf. Das betrifft zunächst die konfessionelle Pluralität, die mit der Dominanz der beiden Großkirchen in Deutschland nicht zu vergleichen ist. Entsprechend ist die homiletische Szene in den USA zunächst einmal unübersichtlich. Die folgenden Ausführungen können darum auch keinen Überblick zu Predigt und Homiletik in Geschichte und Gegenwart (dazu s. als erste Einführung Robinson 2021) bieten; es geht im Folgenden nur um Hinweise zu den *Einflüssen* der US-amerikanischen Homiletik auf die deutsche. Dabei beschränke ich mich auf die aktuelle homiletische Debatte. Auf Bewegungen wie die evangelikale Erweckung das 18. Jahrhunderts („Great Awakenings"), auf die Black Church von der Sklaverei bis zur Abolition (Abschaffung der Sklaverei, s. Robinson 2021, 551–559) oder schließlich auf das „Social Gospel" um Martin Luther King (1929–1968) kann ich hier nicht eingehen.

2.2

Die Literatur, die die deutsche Diskussion angeregt hat, lässt sich in erster Linie zum *ästhetischen* Ansatz zählen. Die Kategorien des Performativen und Theatralen lagen in den 1990er und 2000er Jahren allgemein nahe, nachdem die Homiletik und die Liturgiewissenschaft durch die ästhetische und rezeptionsästhetische Wendung der 1980er Jahre ihre Gemeinsamkeiten entdeckt hatten. Besonders die Theatertheorie und die Kategorie der „Inszenierung" hatten sich in den 1990er Jahren eingebürgert. Das Buch von Jana Childers 1998 lag darum genau im Trend.

Im Oktober 2000 berichtete Martin Nicol über die US-amerikanische Homiletik, in der seit 1987 von der „New Homiletic" die Rede war (Nicol 2000, 438). Dabei wurde dem begrifflich-erklärenden Predigen (propositional) das darstellende Predigen (representational) gegenübergestellt: An die Stelle des Überliefern einer Botschaft (delivered message) trat das schöpferische Ereignis (creative event). Als Negativfolie diente in der US-amerikanischen Homiletik vor allem die klassische Drei-Punkte-Predigt. Diese habe, im Gleichnis gesprochen, eine Vorlesung über Musik geboten – anstelle eines Konzertes. Homiletisch ist darum der Text als eine angehaltene, begrenzte Aufführung („arrested performance") anzusehen, die erneut in Bewegung zu verwandeln ist, so dass aus Tinte wieder Leben wird (Nicol 2000, 440f.). Praktisch folgt daraus, dass Predigten nicht weiter in Themen und Punkte unterteilt werden, sondern in eine Folge von dramatischen Momenten. Man erkennt deutlich, dass diese Maximen, besonders die beiden Kategorien „moves" und „structures", auch die Geburtsstunde von Nicols „Dramaturgischer Homiletik" markieren (→ § 15.5).

2.3

Die Entwicklung der Homiletik in den USA am Ende des 20. Jahrhunderts ist durchaus mit den europäischen und deutschen Konzeptionen zu vergleichen. Die Professorin Jana Childers vom San Francisco Theological Seminary periodisiert so: 1960er Jahre kerygmatische Homiletik, induktive Homiletik 1970er, narrativ-imaginative Homiletik 1980er und Homiletik als Kunst 1990er Jahre (Childers 1998, 11). Die Perioden überlagern einander und dauern bis heute an.

2.4

In die frühere Periode gehört das Buch von Fred B. Craddock (1928–2015), das immer wieder aufgelegt wurde und auch in die jüngste Macht-Debatte in der Homiletik (Müller / Suhner 2023) hineinpasst (Craddock 2001, 20). Craddock steht für das Prinzip der „Neuen Homiletik" in den USA und damit für die klare Ablehnung der Drei-Punkte-Predigt und für die neue Sicht auf den Hörer als aktiv Partizipierenden am gesamten Predigtvorgang. Die Homiletik der Wort-Gottes-Theologie (Barth, Bultmann) wird vorsichtig, aber deutlich kritisiert. Wie in den rezeptionsästhetischen Konzepten in Europa (→ § 15.4) verlagert sich das Interesse von der Wort-Gottes-Kategorie (30–37) auf die Zuhörenden, die die Botschaft selbst für sich rekonstruieren müssen, wofür Craddock den Begriff der „induktiven Homiletik" prägt (45–50): Diese leitet von der je besonderen Erfahrung zur grundlegenden Wahrheit, während die – zurückgewiesene– deduktive Predigt von der Wahrheit („General Truth") zu den speziellen Applikationen führen sollte (Skizze 48). Der induktive Prozess ist nach Craddock fundamental für den „American way of life" (49). Nicht erschöpfend, sondern ergänzungsbedürftig soll die Auslegung sein (54).

Craddock kritisiert auch die Gestalt der herkömmlichen Predigt, denn die Bibel ist reich an Formen, während die meisten Predigten dieselbe Form haben (103). Dagegen hilft das Prinzip des induktiven Predigens, die Bewegung von unten statt von oben („movement up to, rather than down from, a point", 120). Unter dem induktiven Predigen ist jedoch etwas anderes zu verstehen als das problemlösende Modell der 1920er Jahre, das aus der Naturwissenschaft entlehnt war (122).

2.5

Der Klassiker der neuen US-amerikanischen Homiletik ist das Buch „Homiletic. Moves & Structures" des presbyterianischen Professors und Pfarrers David G. Buttrick (1927–2017), das 1985 herauskam und mehrfach ausgezeichnet wurde. 1993 wechselte Buttrick zur liberalen „United Church of Christ", weil ihm seine eigene presbyterianische Kirche zu wenig offen gegenüber homosexuellen Partnerschaften war. Buttrick war schon zu Lebzeiten eine Berühmtheit; so beriet er u.a. auch die US-amerikanische katholische Bischofskonferenz in homiletischen Fragen.

Buttricks Homiletik umfasst 500 eng bedruckte Seiten und besteht aus zwei etwa gleich großen Teilen. Teil 1 „Moves" enthält 14 Kapitel, die nach den Themen Szenen [„moves"], Rahmen [„framework"], Bilder [„images"] und Sprache [„language"] gegliedert sind. Zu Teil 2 „Structures" gehören 12 Kapitel, die die Themen Hermeneutik, Homiletik, Strukturen und Theologie behandeln. Buttrick gliedert nicht deduktiv (von Bibel und Theologie zur homiletischen Praxis), sondern geht von der rednerischen Praxis selbst aus und gelangt erst ganz am Schluss zu seinem Kapitel „A Brief Theology of Preaching" (Buttrick 2020, 449–459). Die prinzipiellen Fragen sind also – nicht nur im

Aufbau – nachgeordnet. Im Vordergrund stehen die formalen Fragen nach der Gestaltung.

Wort und Sprache bilden den Ausgangspunkt von Buttricks Entwurf. Beide würden gegenwärtig unterschätzt, denn die einzigen Menschen, die noch an die Macht des Wortes glaubten, seien zurzeit die Dichter und die Revolutionäre (6). Weil aber alle Menschen in Geschichten leben und so ihre Identität ausbilden, habe auch die Predigt eine Geschichte zu erzählen und einen Namen zu nennen. Wie das narrative Bewusstsein Identität schafft, so „transformiert die Predigt unsere Identität, indem sie unsere Geschichten in eine Gott-mit-uns-Geschichte überführt" (16f.).

Gleich zu Beginn wird die Hauptthese erläutert, die sich aus dem Untertitel „moves and structures" ergibt. Die Predigt soll danach nicht nach logisch determinierten Unterpunkten gegliedert werden, sondern nach Szenen, Gedanken, Erzählungen, Argumenten, Blitzlichtern – eben nach ansprechenden Gedankenfolgen, nach „moves". Ein Move ist ein Modul von drei bis vier Minuten Länge (35), so dass man nach der gewohnten Länge einer heutigen evangelischen Predigt in Deutschland auf fünf solcher „moves" kommt. Moves sind ausgeführte Ideen, die in einen klaren und elementaren Satz gebracht werden können, wie z.B. „Wir alle sind Sünder" oder „Gott ist ein Geheimnis." (49). Die eigentliche Kunst besteht nach Buttrick darin, die Moves klar voneinander abzugrenzen und doch logisch miteinander zu verbinden (70). Die ersten drei Sätze in einem Move sind entscheidend, denn sie bestimmen den Inhalt, die innere Logik, die grundlegende Perspektive und natürlich die Stimmung des Ganzen (79). Pro Move ist darum auch nur eine Illustration sinnvoll (135). Leicht drohe sonst ein Nebengedanke bestimmend zu werden (137f.).

An den Begründer der Pastoralpsychologie Anton A. Boison (1876–1965) mit seiner Rede von den Klienten als „living human documents" erinnert Buttricks Grundsatz, dass das rechte Predigen nicht nur eine Texthermeneutik, sondern auch eine Hermeneutik menschlicher Lebenssituationen bedeute (405). Gleichwohl sieht er den „Triumph des Therapeutischen" auf der Kanzel in den letzten Jahrzehnten durchaus kritisch (422).

Besondere Aufmerksamkeit widmet Buttrick der Gesamtstruktur, dem Rahmen durch Anfang und Schluss (Kap. 6–7, 83–109). Die „conclusion" sollte konkret sein (106), aber keine persönlichen Zeugnisse enthalten. Manchmal sind diese hilfreich, beim Schluss gilt das jedenfalls nicht, weil sich die Gemeinde dann stärker des Predigers als des Evangeliums bewusst wird – und alles in allem sind wir Prediger ein schlechter Ersatz. Wenn die Gemeinde die Kirche voller Bewunderung für die rhetorische Kunst des Predigers verlässt, dann ist die Predigt gründlich danebengegangen (167). Man sollte am Schluss nicht die wichtigsten Punke wiederholen, denn eine geordnete Wiederholung ist unklug

(„unwise", 101f.); Redundanz ist der Tod von jedem Predigtschluss. Positiv lautet die Regel: „Rede in direkter, einfacher, konkreter Sprache." (108)

Was die Predigtsprache generell angeht, definiert Buttrick diese als „konnotativ und mit theologischer Präzision" versehen (193). Prediger sind keine Poeten; aber dennoch sollten sie über eine poetische Wahrnehmung verfügen („should have a poet's eye", 170). Die ganze Kunst beim Predigen bestehe darin, ein normales Vokabular zu verwenden, aber im Dienste der Tiefe und des Geheimnisses des Evangeliums zu sprechen (189).

In der abschließenden „kurzen Theologie der Predigt" definiert Buttrick: „Unsere Predigt, ermöglicht durch die Auferstehung (commissioned by), ist die Fortsetzung der Predigt Jesu Christi." (449) In unserer Predigt spricht Christus selbst zur Kirche und zur Welt, heißt es weiter in deutlicher Nähe zu Luthers „Torgauer Formel" von 1544 (451); in unserer Predigt wartet Christus auf Antwort (453); auch dies klingt nach der besagten Formel Luthers (WA 49, 588).

2.6

Ganz in die ästhetisch-künstlerische Phase der Homiletik (in den USA wie in Deutschland und Europa) gehört das Buch der Presbyterianerin Jana Childers von 1998, das zum theatralen Paradigma gezählt werden kann, wie es in Deutschland Mitte der 1990er Jahre vor allem die Liturgiewissenschaft bestimmte. Kapitelüberschriften wie „Basic Training for Performance" (57–77), „Performing the Text" (78–98) und „Worship as Theatre" (121–145) geben präzise die Richtung an, in der Childers voranschreitet.

Die Laien sagen, so Childers, was der Predigt heute mangelt: Leidenschaft (18). Eine abgelesene Predigt ist keine Predigt, sondern „devotional literature" (20). Die Botschaft beim Ablesen sei immer Nervosität oder Routine – und jedenfalls keine positive Botschaft (113). Ich werde darauf zurückkommen und an diesem Punkt deutlich anders votieren (→ § 38.5). An drei Charakteristika macht Childers das Gemeinsame von Predigt und Theater fest: Erstens ereignen sich beide im Modus von Geschehen, Aktion und Auseinandersetzung („agonistic character" 45). Zweitens schaffen Theater und Predigt Distanz – und ermöglichen gerade dadurch ein Gefühl von Zusammengehörigkeit; und drittens haben beide elementar mit Performanz zu tun (39–52). Der Text muss wieder zum Leben erweckt werden, denn literarische Texte sind angehaltene *performances* und Expression vertieft die Impression (49).

Auch Childers' Buch enthält vor allem formal-homiletische Grundsätze und Regeln bis hin zu ganz praktischen Tipps. Es ist wie die anderen amerikanischen homiletischen Arbeiten eine gute methodische Ergänzung zu den deutschen, sich mühsam von den Prinzipienfragen zur Praxis vorantastenden homiletischen Abhandlungen. Der unmittelbar pragmatische Gehalt macht die US-amerikanische Literatur für die Benutzung zu einem angenehmen Reisegepäck. Damit sind wir im Wesentlichen auf dem Stand der aktuellen Forschung.

Zusammenfassung

Die deutsche evangelische Homiletik ist von einer Menge an wissenschaftlichen Impulsen geprägt, die im letzten Paragraphen (→ § 15) kurz dargestellt wurden. Doch das reicht nicht aus, um einen Überblick über die Debatte zu gewinnen, da die internationale und die katholische Diskussion in Zeiten der ökumenischen Orientierung immer wichtiger werden. Von großer Bedeutung sind zunächst die katholisch-theologischen Entwürfe, da sie – anders als die evangelischen – die Predigt nicht isolieren, sondern immer auf die Liturgie bezogen bleiben. Auch die US-amerikanische Literatur ist wichtig und wurde darum exemplarisch dargestellt. Sie zeichnet sich vor allem durch kreative Einsichten zu den formal-homiletischen Fragen aus. Die in der neuen deutschen Literatur begegnenden Aspekte von Theatralität und Kunst, Aktion und Performanz haben vielfach hier ihre Wurzeln; diese sollte man kennen, um etwa die Diskussion über die „dramaturgische Homiletik" besser verstehen zu können.

DRITTES KAPITEL

Prinzipielle Homiletik

§ 17 Einleitung: Zur Verbindung von prinzipieller, materialer und formaler Homiletik

Literatur: Karl Barth: Menschenwort und Gotteswort in der christlichen Predigt [1924], in: Friedrich Wintzer (Hg.): Predigt. Texte zum Verständnis und zur Praxis der Predigt in der Neuzeit, München 1989 (ThB 89), 95–116 · Karl Barth: Homiletik. Wesen und Vorbereitung der Predigt, Zürich ³1986 [1966; 1932/33] · Rudolf Bohren: Reformatorische und neuprotestantische Definition der Predigt, in: ders.: Geist und Gericht. Arbeiten zur Praktischen Theologie, Neukirchen-Vluyn 1979, 22–36 · Karl-Wilhelm Dahm: Beruf: Pfarrer. Empirische Aspekte zur Funktion von Kirche und Religion in unserer Gesellschaft, München ²1972 [1971] · Hans Werner Dannowski: Kompendium der Predigtlehre, Gütersloh 1985 · Emanuel Hirsch: Predigerfibel, Berlin 1964 · Michael Meyer-Blanck: Die Predigt in Raum und Ritual, in: PT 34 (1999), 163–173 · Michael Meyer-Blanck: Spirit and Letter in Preaching, in: The Spirit and the Letter. A Tradition and a Reversal, ed. by Paul S. Fiddes with Günter Bader, London u.a. 2013, 154–165; 231–237 · Michael Meyer-Blanck: Erlebnis Predigt – Ereignis Predigt. Praktische und systematisch-theologische Einordnungen, in: Erlebnis Predigt, hg. von Alexander Deeg, Leipzig 2014, 184–197 · Michael Meyer-Blanck: Das eigene Herz – „Stellvertreter des gegenwärtigen Menschentums“. Die Theorie der persönlichen Predigt bei Emanuel Hirsch, in: Predigen im Angesicht der Moderne. Emanuel Hirschs „Predigerfibel“ im Lichte klassischer und neuerer homiletischer Fragestellungen, Tübingen 2018 (PThGG 26), 115–125 · Alexander Schweizer: Homiletik der Evangelisch-Protestantischen Kirche systematisch dargestellt, Leipzig 1848

Die seit Alexander Schweizer 1848 als „prinzipiell“ bezeichnete Homiletik hat die Aufgabe, grundsätzliche Überlegungen zusammenzutragen, die eine Verständigung über die Predigt auf verschiedenen Ebenen ermöglichen. Die prinzipielle Homiletik hat die realen und die glaubensbezogenen Gegebenheiten aufzugreifen und einander zuzuordnen. An erster Stelle steht die Realität, dass tatsächlich gepredigt wird, wie in der christlichen Kirche immer gepredigt worden ist. Die Predigt ist eine kirchliche Rede, über deren wichtigste Entwicklungen das zweite Kapitel dieses Buches informiert (→ §§ 7–16). Dabei spielen besonders die gottesdienstlichen Rahmenbedingungen und die pädagogischen Zielsetzungen eine Rolle. Die Predigt findet in Raum und Ritual

 | HTTPS://DOI.ORG/10.1515/9783111383996-003

statt (Meyer-Blanck 1999) und ist eine öffentliche Rede, deren Stellenwert im Kontext anderer kultureller Redeformen und ihrer Theorie zu bestimmen ist. Die entsprechende rhetorische Theorie ordnet auch die Predigt in ihre Argumentationslogik ein. Es geht in der prinzipiellen Homiletik nicht nur um theologische, sondern auch um kulturwissenschaftliche Perspektiven. Kirchentheorie und Liturgik, Pädagogik und Rhetorik bilden wichtige Bezugspunkte.

In diesem das prinzipielle Kapitel eröffnenden Paragraphen greife ich zunächst eine exemplarische Reflexionsperspektive heraus, indem ich die starke reformatorische Predigtdefinition mit einer neueren, der rezeptionsästhetischen, konfrontiere. Im Anschluss daran wird der Zusammenhang der prinzipiellen, materialen und formalen Fragestellungen bedacht. Mit dieser prinzipiellen Reflexion wird das dritte Kapitel des Buches im Voraus auch auf die beiden folgenden Kapitel bezogen.

1 Homiletik unter reformatorischer und rezeptionsästhetischer Perspektive

1.1

Die Gefahr einer Predigtarbeit für Seminar und Examen (→ § 40.5) liegt in der mangelnden inneren Kohärenz. Exegese und Dogmatik, Rhetorik und Liturgik werden je in ihrer Eigenlogik herangezogen und abgearbeitet, haben aber wenig miteinander zu tun. Dann dominieren die einzelnen Fragestellungen das Gesamtergebnis und die eigentliche Aufgabe einer klärenden, zu Herzen gehenden Predigt wird von der Eigendynamik der verschiedenen Arbeitsschritte überdeckt.

Die Gefahr beim Verfassen eines Lehrbuches ist dieselbe, denn die Homiletik ist heute unbestritten eine Verbundwissenschaft, die nicht nur auf theologische Theoriebildungen zurückgreifen kann. Das haben etwa die beiden letzten Paragraphen mit ihren ästhetischen Referenzen gezeigt. Psychologie und Soziologie, Rhetorik und Ästhetik, Liturgie und Sprache sowie schließlich die Gemeindesituation bezeichnen Reflexionsperspektiven, ohne die eine konkrete Predigtaufgabe und erst recht eine homiletische Theoriebildung heute nicht mehr möglich ist. Für die *prinzipielle* Homiletik reichen darum die binnentheologischen Selbstvergewisserungen nicht aus. Die prinzipielle Sparte der Homiletik ist etwas anderes als die dogmatische Besinnung; die systematische Homiletik überschreitet das Gebiet der Systematischen Theologie. Es geht um die Bedingungen der Möglichkeit, eine Rede an ein Publikum als religiöse, mich als Individuum betreffende Rede aufzufassen.

1.2

Das macht die theologische Dogmatik nicht entbehrlich, im Gegenteil. Die gesamte Homiletik kulminiert in der Frage, wie im Hören auf die Auslegung eines biblischen Textes – sagen wir es bewusst vorsichtig – *etwas von* Gott selbst und für das eigene Selbstverständnis vernommen werden kann. Wie kommt es dazu, dass die überlieferten reformatorischen Formeln Plausibilität gewinnen: „[...] dass unser lieber Herr Christus selbst mit uns rede" (WA 49,588, Luthers Torgauer Kirchweihpredigt 1544) bzw. „praedicatio verbi Dei est verbum Dei" (Confessio Helvetica Posterior 1566)? Die Praktische Theologie und Homiletik können an diesem entscheidenden Punkt nicht einfach dekretieren, also nicht lediglich die Formulierungen der Bekenntnisse wiederholen. Eine zeitgemäße Dogmatik des Predigtvorganges muss vielmehr fragen, unter welchen ästhetischen (hermeneutischen), liturgischen und rhetorischen Umständen (→ § 6) die Zuhörenden im Verlauf einer gottesdienstlichen Rede mit größter Wahrscheinlichkeit etwas von Gott vernehmen. Die Frage lautet nicht, ob eine Predigt Gottes Wort „ist", sondern unter welchen Umständen sie für bestimmte Personen zu Gottes Wort werden, als solches vernommen werden kann, so dass es sich „in Wirklichkeit" um Gottes Äußerung handelt. Es geht dabei vor allem um die Rezeptionsaktivität. Schon Paulus stellte in seinem frühesten Brief, dem an die Thessalonicher, fest, dass diese „das Wort der göttlichen Predigt, das ihr von uns empfangen habt, nicht als Menschenwort aufgenommen" haben, „sondern als das, was es in Wahrheit ist, als Gottes Wort, das in euch wirkt, die ihr glaubt." (1 Thess 2,13) Der Buchstabe wird *als* Geist rezipiert (Meyer-Blanck 2013).

1.3

Bei der homiletischen Kommunikation kommt es entsprechend darauf an, dass das „als das" in rechter Weise zum Zuge kommt. Formuliert man so, dann führen die Verbundwissenschaften, an erster Stelle Ästhetik, Liturgik und Rhetorik, zwar nicht zu mehr, aber immerhin zu erhöhten Wahrscheinlichkeiten, eine Rede als *religiöse* Rede zu interpretieren und diesen religiösen Gehalt nicht nur als phänomenologisch religiös, sondern als im Einklang mit der biblischen Verheißung, als von Gott kommend zu rezipieren. Damit muss an die Seite (bzw. an die Stelle) des Bekenntnissatzes eigentlich die empirische Hörerbefragung treten; diese hat zu erheben, welche ästhetischen, liturgischen und rhetorischen Strategien geeignet sind, um eine solche Wahrnehmung vonseiten der Gemeinde zu ermöglichen. Das „est" in der Bullinger-Formel von 1566 (s.o.) ist jeweils in die kommunikative Realität zu überführen. Es handelt sich mithin nicht um eine Gegenüberstellung von „est" und „significat", sondern von „est" und „intellegere". Das Hören und Verstehen des Wortes macht es zum *verbum Dei*.

Dabei ist es weiterhin wichtig, die reformatorischen und die neuprotestantischen Beschreibungen zusammenzuhalten und nicht gegeneinander auszuspielen. Rudolf Bohren (1920–2010) wies kritisch auf Emanuel Hirsch (1888–1972) hin, für dessen „Predigerfibel" der Adressat der Predigt das menschliche Herz gewesen sei, so dass sich für ihn in der „Provinz der Innerlichkeit" alles entscheide (Bohren 1979, 31); in der Innerlichkeit des Predigers liege für Hirsch „jetzt die Vollmacht der Predigt" (32). Das aber, so Bohren, beinhalte die Gefahr, in der Innerlichkeit statt Gott den Götzen zu begegnen. Man wird Bohren darin Recht geben, dass die reformatorische Definition eher vor der fehlgeleiteten Subjektivität schützt; andererseits widerspricht der Missbrauch nicht dem Gebrauch von Innerlichkeit und Subjektivität. Darüber hinaus müssen mit der neueren Homiletik an dieser Stelle Hörer und Rezeption zum Zuge kommen. An ihnen entscheidet es sich, ob die Predigt zum Ziel des Hörens auf Gott führt. Das reformatorische „est" muss beim Hören realisiert werden und auf das Selbstverständnis Einfluss gewinnen. Das Herz des Menschen ist der Ort, an dem die Predigt an ihr Ziel gelangt – oder nicht (Meyer-Blanck 2018).

In rezeptionsästhetischer Begrifflichkeit formuliert: Die Predigt „ist" nicht Gottes Wort in einem seinshaften, ontologischen, objektiven Sinne. Es geht um das „Als-etwas-Hören" (1 Thess 2,13), so wie es sich unter den gegebenen ästhetischen, liturgischen und rhetorischen Umständen immer erst von neuem durchsetzen muss. Es handelt sich um eine Realität der Wahrnehmung *sub specie spiritus sancti*, um ein geistliches, nicht um ein metaphysisches „est". Die Predigt ist ein Sakrament, bei dem Wort, Element (leibliche Performanz) und Glaube zusammenkommen – analog zu Taufe und Abendmahl.

1.4

In der prinzipiellen Homiletik soll eine Explikation des Homiletischen erfolgen, die sowohl die Position der Rezipienten als auch diejenige der Produzenten (Prediger) und die ekklesiologischen sowie die liturgischen Rahmenbedingungen umfasst. Eine solche Beschreibung, die von der vorgetragenen Definition (*Homiletik als Theorie der Entstehung evangelischer Einsichten aufgrund öffentlicher Rede im liturgischen Kontext*, → § 1.2.4) ausgeht, hat nicht nur theologische, sondern auch humanwissenschaftliche Aspekte (etwa aus der Entwicklungspsychologie, Theatertheorie und Rhetorik) aufzunehmen und zu integrieren. Die wichtigsten Bezugspunkte sind – neben der Fundamentaltheologie und Dogmatik – die Liturgik und Rhetorik: „Der grundlegende Teil der Homiletik hat den Begriff des Homiletischen zu entwickeln, wie derselbe, teils aus der Idee des Kultus, teils aus dem Unterschiede vom Liturgischen, teils endlich in der Bestimmtheit des Oratorischen sich entfaltet." (Schweizer 1848, 115; Leitsatz zu dem die prinzipielle Homiletik eröffnenden § 63) Entsprechend werden in diesem Kapitel prinzipielle Gesichtspunkte zusammengestellt, die mit der materialen und der formalen Homiletik verknüpft werden können (→ § 23). Am Schluss dieses Paragraphen wird ein kurzer Überblick zu dem gesamten prinzipiellen Kapitel gegeben (→ § 17.3).

2 Die materialen und die formalen Bezugspunkte der prinzipiellen Homiletik

Die drei Aspekte der Homiletik gehören in einer Art Zirkelstruktur zusammen, wobei man in den Zirkel an jeder Stelle einsteigen kann. An dieser Stelle ist dazu die prinzipielle Homiletik von den materialen und formalen Fragen her in den Blick zu nehmen. Materiale und formale Entscheidungen im Hinblick auf das Predigtziel, den Inhalt und die Form bringen als solche immer auch prinzipielle Fragestellungen ins Spiel. Die prinzipielle (dogmatische, hermeneutische, liturgische und pädagogische) Dimension steht immer im Hintergrund der eigenen Entscheidungen, ohne dass diese ständig thematisiert werden müssen. Doch wer predigt, sollte die Prinzipienfrage für sich einmal geklärt haben und hin und wieder vertiefen: Was ist die Predigt (Dannowski 1985, 11–43)?

2.1

Aus der Didaktik ist der einprägsame Satz bekannt: Wer nicht genau weiß, wo er hin will, kann leicht da landen, wo er garantiert nicht hinwollte. Die prinzipielle (theologische und didaktische bzw. rhetorische) Sparte der Homiletik ist die Voraussetzung aller materialen und formalen Entscheidungen, die für eine Predigt getroffen werden müssen. Darum ist die prinzipielle Homiletik die Königsdisziplin, die wichtigste Dimension, die die Homiletik als wissenschaftliche Disziplin von lediglich praxisorientierten „Predigthilfen" unterscheidet. Auch die sorgfältige exegetische und dogmatische Vorbereitung ersetzt nicht die prinzipiellen homiletischen Überlegungen.

In deren Mittelpunkt steht die Frage nach dem Globalziel allen Predigens, die noch vor jeder Zielbestimmung für eine einzelne Predigt erfolgt. Will ich mit meinen Predigten (1.) die Bibelkenntnis der Gemeinde erweitern oder das Verständnis der evangelischen Lehre verbessern (materiale Ziele, Bildungsorientierung)? Will ich die Gemeindeglieder (2.) zwischen zwei anstrengenden

Familien- oder Arbeitswochen stützen und stärken (seelsorgliche Ziele, Trostorientierung)? Will ich mit meinen Predigten (3.) den Aufbau der Gemeinde fördern und den Gottesdienstbesuch steigern (oikodomische Ziele, Orientierung am quantitativen Wachstum)? Oder sollen meine Predigten (4.) dazu helfen, sich bewusst für den Glauben an Jesus Christus zu entscheiden und ein neues Leben zu beginnen (missionarische Ziele, Bekehrungsorientierung)? Oder soll es (5.) einfach ein schöner Gottesdienst werden, der die Gemeindeglieder erfreut und das ästhetische Empfinden befriedigt, so dass die Predigt etwas Kultisches bekommt (Orientierung an Fest und Feier)? Die Alternative zwischen der 4. und der 5. Option hatte im 19. Jahrhundert eine intensive Diskussion ausgelöst, der genau nachzudenken bis heute fruchtbar ist (→ § 13.2).

2.2

Ebenfalls aus der Unterrichtspraxis stammt die Unterscheidung: Die *Methodik* fragt nach dem *Wie*, die *Didaktik* fragt nach dem *Was* und die grundlegende (Fach-)Didaktik stellt die Frage nach dem *Warum*. In analoger Weise können auch die drei Sparten der Homiletik einander zugeordnet werden: Die prinzipielle Homiletik fragt: Warum?, die materiale fragt: Was? und die formale fragt: Wie? Die religionspädagogische Parallele macht sofort deutlich, dass diese Entscheidungen nur künstlich getrennt werden können, im Praxisvollzug aber zusammen gestellt und beantwortet werden müssen.

Nehmen wir mit dem Erntedanktag ein geläufiges Beispiel. Wenn die Frage nach dem „Was“ mit der vorgeschlagenen Perikope vom „reichen Kornbauern“ (Lk 12,16–21) vorläufig beantwortet ist, dann ergibt sich unmittelbar die Frage der homiletischen Zielbestimmung: Soll die Predigt missionarisch, eschatologisch bildend oder bei allem Ernst des Textes feierlich werden? Und wenn ich mich für das Ziel der biblischen Bildung entscheide: Will ich in diesem Falle die viel kritisierte Abhandlung (die berüchtigte „Drei-Punkte-Predigt“) wählen, oder entscheide ich mich für eine Erzählung bzw. für einige literarische Spuren zum Thema „Herbst“ und „reif werden“ in der Spur der „Dramaturgischen Homiletik“? Methodik, Didaktik (Rhetorik) und Zielbestimmung im Vollzug lassen den prinzipiellen Standpunkt zur Wirkung kommen. Eine akademisch gebildete Person auf der Kanzel sollte diesen Standpunkt kennen, benennen, diskursiv durchdenken und der Kritik aussetzen können. Die Bemerkung, dass allein das „Was?“ zählt und die Grundsatzfragen automatisch auftauchen, ist für eine akademisch gebildete Pastorin eine unbefriedigende Auskunft.

2.3

Ob ich christologisch predige oder von einem allgemeinen Gottesbegriff her, ob ich das Neue Testament vom Alten her auslege oder ob ich umgekehrt das Alte Testament ausschließlich vom Neuen Testament her predige und so in die Nähe antijüdischer Klischees gerate, ob ich trinitarisch reflektiert predige oder ob ich von einem vorbildhaften Jesusbild her zur Geistvergessenheit neige: Immer ist die Predigt der erkennbare Niederschlag meiner theologischen Grundorientierung und des Standes meiner jüngsten theologischen Weiterarbeit und Fortbildung. Es gibt keine Predigt ohne eine eigene Dogmatik; in psychoanalytischer Metaphorik könnte man von der „Wiederkehr des Verdrängten" sprechen. Die dogmatischen Orientierungen der vorliegenden Homiletik sollen in diesem dritten Kapitel geklärt und in diesem einleitenden Paragraphen kurz benannt werden, um eine eigene Positionierung beim Lesen zu provozieren.

3 Prinzipielle Homiletik und Dogmatik: Vorschau auf das dritte Kapitel

3.1

Wenn wir an dieser Stelle zunächst auf die Neun-Felder-Matrix am Schluss des 1. Kapitels (→ § 6.4.4) zurückkommen, dann ist deutlich, dass die Themenstellungen der Dogmatik in einem homiletischen Entwurf nicht einfach wiederholt werden können. Die Lehre von der Predigt ist – ebenso wie die Didaktik – keine direkte Anwendung der christlichen Lehrbestände. Es geht vielmehr darum, in Gottesdienst, Predigt und Unterricht die Erlebnisse und Erfahrungen gegenwärtiger Menschen aufzugreifen und in ihnen die Unterscheidungen und Antwortversuche der theologischen Tradition aufzusuchen, um beides miteinander ins Spiel kommen zu lassen. Die Predigt ist kein Abbild der Dogmatik, sondern das Spielfeld, auf dem theologische Einsichten im Kontext von Lebensgeschichten erneut rekonstruiert werden. Predigen und Unterrichten, das bedeutet, eine Partie Dogmatik mit offenem Ausgang zu spielen. Die Ergebnisse sind so plural wie die Lebenserfahrungen der jeweiligen Menschen. Die Jesusgeschichte als Gottesgeschichte im Zusammenhang meiner Lebensgeschichte – das ist in Kurzform die trinitarische Rede von Gott und die trinitarisch gedeutete Erfahrung.

In der prinzipiellen Homiletik wird die eigentliche theologische Thematik im Rahmen anderer, die Homiletik unmittelbar bestimmender Theorietraditionen reformuliert Zu diesen gehören Fundamentaltheologie und Rezeptionsästhetik, Rhetorik und Pädagogik und als unmittelbare Kontexttheorie die Liturgiewissenschaft (s. die Übersicht unter → § 6.4.4). Immer tritt das Evangelium für den Menschen im Gewand von Phänomenen in Erscheinung, die mit Hilfe dieser Theorien skizziert werden sollten. Man kann sie darum als homiletische Rahmentheorien bezeichnen, innerhalb derer die Erfahrung des Evangeliums begreifbar und beschreibbar wird.

3.2

Diese spezifischen Theorien sind deswegen so wichtig, weil die Homiletik seit den 1990er Jahren einen grundlegenden Perspektivenwechsel vollzogen hat (→ § 15). Mit der Rezeptionsästhetik hat sich die Einsicht durchgesetzt, dass das Hauptaugenmerk der homiletischen Reflexion *nicht* auf einer fehlerfreien, störungsfreien Übertragung der Predigtgedanken vom Kanzelredner auf die hörende Gemeinde liegt. Anstelle dieses Sender-Empfänger-Modells, nach dem das „Signal" des Predigers dazu dient, „bestimmte Auffassungen, Erkenntnisse, Aufforderungen oder Gefühle von ihm zum Hörer [zu] transportieren" (Dahm 1972, 229), legt man jetzt das rezeptionsästhetische (semiotische) Modell zugrunde, nach welchem entscheidend ist, was jede/r mit den neuen Einsichten persönlich verbinden kann. Dies ist ein kaum zu überschätzender Wechsel der homiletischen Grundanschauung. Der Hörer nimmt die Botschaft nicht einfach an, sondern er richtet sich darin ein und gegebenenfalls daran aus. Die Predigt kann eine andere Welt auf bestimmte Zeit schaffen (→ § 18.4).

3.3

Es geht in der neuen Predigtlehre mithin primär um den Hörer und sein Verstehen. So wurde die *Homiletik* schon am Schluss der Prolegomena (→ § 6) *als die Theorie der Entstehung evangelischer Gewissheiten aufgrund von öffentlicher Rede im liturgischen Kontext* umschrieben. Diese Sichtweise soll jetzt in der prinzipiellen Homiletik aufgegriffen und weitergeführt werden.

Das bedeutet aber andererseits nicht, dass die Glaubenseinsichten der Tradition damit irrelevant würden, geht es doch in der Predigt um die Entstehung *evangelischer* Gewissheiten. Der Unterschied besteht nur darin, dass diese Inhalte nicht für sich, isoliert (als objektiv geltende „Heilstatsachen") umschrieben werden sollen, sondern als Phänomene des Glaubens, wie sie sich für das hörende Subjekt einer Predigt darstellen.

3.4

Dem wird in den folgenden Ausführungen dadurch Rechnung getragen, dass die Darstellung in § 18 mit dem hörenden Subjekt und seinem Selbstverständnis einsetzt. Auf das verstehende spätmoderne Subjekt trifft die Zumutung, das eigene Selbstverständnis von dem Anspruch und Zuspruch Jesu Christi her neu zu verstehen. In diesem Zusammenhang wird auch die spezielle christliche Gotteserfahrung angesprochen, die aufgrund ihrer trinitarischen Verknüpfung zur lebendigen Gestalt dieser Erfahrung gelangen kann. Es wird nach den Möglichkeiten gesucht, das eigene Selbstverständnis als ein von Gott angesprochenes zu deuten. Primär dazu soll die Predigt Impulse geben (nicht aber Informationen oder Gefühle der predigenden Person zum Hörer „transportieren").

3.5

Dem subjektiven Aspekt folgt in § 19 eine kurze Theorie von Ritus und Gebet als den Bedingungen der Möglichkeit, durch das Hören zu einem solchen Selbstverständnis zu gelangen. Hier werden die möglichen liturgischen Unterstützungen, also das dem Subjekt entgegenkommende Objektive, kurz skizziert (nicht aber liturgiehistorische Realia und liturgietheologische Inhalte selbst geboten). Die Liturgie ist über Generationen geronnene Erfahrung, die es den heute feiernden Menschen ermöglicht, einen persönlich passenden Einstieg in das evangelische Verstehen von Selbst und Welt zu finden. Folgt man der Einsicht, dass das Gebet mehr *Hören* als Reden ist, dann ist an dieser Stelle auf die Einsicht zurückzukommen, dass in unserem Uns-selbst-Verstehen unser Herr Christus selbst mit uns redet – und zwar als der prophetische, priesterliche und als der königliche Herr, der rechtfertigt und befreit, orientiert und regiert. Nicht zu vergessen ist, dass es sich bei diesem Herrn um den *Juden* Jesus handelt. Das Christentum ist keine spekulative Religion, sondern eine kulturelle Realität der Geschichte. Darauf ist beim Schriftprinzip im Rahmen der materialen Homiletik ausführlicher einzugehen (§§ 23–24).

3.6

In § 20 erfolgt eine mehr oder weniger säkulare Behandlung des Vorgangs, bei dem das (subjektive) Selbstverständnis der Zuhörenden und die (objektiven) Kommunikationsformen Ritus und Gebet realiter aufeinandertreffen. Es ist sinnvoll, als Verfremdung die rhetorische (also säkulare) Beschreibungsform der Rede an ein Publikum zugrunde zu legen. War es in § 19 die Liturgik, so sind es in § 20 Entwicklungspsychologie und Rhetorik, die als Resonanzkörper bei der Entstehung evangelischer Einsichten eingeordnet werden. Dabei ist die Entscheidung hervorzuheben, die Rhetorik nicht erst in der formalen, sondern bereits in der prinzipiellen Homiletik zu bearbeiten. Es ist die Rede an ein Publikum, in der ein neues Selbstverständnis dadurch beginnt, dass eine gottesdienstliche Rede als das Wort des Herrn selbst gehört werden kann.

3.7

Der sich anschließende § 21 setzt diese Betrachtungsweise fort, indem das rhetorische Handeln jetzt als eine Gestalt beschrieben wird, in der sich die Erfahrung von (christlicher) Freiheit einstellt. Rhetorik und Pädagogik werden nicht nur unter den Bedingungen thematisiert, die bereits ganz am Anfang dieses Buches als „rhetorisches Paradox" bezeichnet wurden (→ § 1.4), sondern zugleich als fundamentaltheologische Realität, mit der die Rede Jesu Christi gehört werden kann. Die konsequente Hörerorientierung zeigt sich daran, ob man mit dem Ereignis evangelischer Freiheit auf dem Wege der Predigterfahrung wirklich rechnet – und diese Erfahrung nicht primär den Prediger:innen zuschreibt.

3.8

In § 22 folgt noch einmal ein Seitenblick auf die römisch-katholische Kirche, speziell unter systematischer Perspektive. Wie wird hier die prinzipielle Einsicht bewertet, dass sich in, mit und unter der Kanzelrede die Rede des Herrn Christus mit seiner Gemeinde vollzieht? Inwiefern lehrt auch die aktuelle katholische Theologie die Sakramentalität des Predigtwortes?

3.9

In dem das Kapitel abschließenden § 23 werden die prinzipiellen Überlegungen gebündelt und mit den Fragestellungen der materialen Homiletik im folgenden Kapitel verbunden. Das prinzipielle und zugleich materiale Schlüsselproblem ist die Bedeutung des frühneuzeitlichen evangelischen Schriftprinzips für die spätmoderne religiöse Kommunikation. Hier stellt sich die Frage, inwiefern das „sola scriptura" für die Entstehung evangelischer Einsichten heute in Anschlag gebracht werden kann, soll oder muss. Dass diese Frage in der formalen Homiletik erneut aufgeworfen werden muss, ergibt sich aus den in der 9-Felder-Matrix (→ § 6.4.4) aufgezeigten Zusammenhängen.

Zusammenfassung

Der Paragraph knüpft an die Prolegomena des ersten Kapitels an und kommt auf die Definition der Homiletik als Theorie der Entstehung evangelischer Einsichten aufgrund öffentlicher Rede im liturgischen Kontext zurück. Weiterhin werden die prinzipiellen, materialen und formalen Fragen in ihrem inneren Zusammenhang benannt, wenngleich diese drei Hauptdimensionen der Homiletik in der Tradition Alexander Schweizers und Hans Martin Müllers in diesem Buch nacheinander zur Darstellung kommen sollen. Eine wichtige prinzipielle Dimension der evangelischen Homiletik ist das Verhältnis von Lehre und Rede, von dogmatischer und rhetorischer Kommunikation. Der vorliegende Entwurf geht einerseits von dem glaubenden Selbstverständnis der Zuhörenden aus, andererseits von dem Wort Christi, das durch die Predigt gehört werden soll, um das Selbstverständnis anzusprechen und zu verändern. Damit ist zugleich eine Anknüpfung an Luthers „Torgauer Formel" und an das evangelische Verständnis der Sakramentalität des Predigtwortes gegeben.

§ 18 Predigen und Hören, Selbstverständnis und Verfremdung

---

i **Literatur:** Peter Biehl: Die Gottebenbildlichkeit des Menschen und das Problem der Bildung, in: ders.: Erfahrung, Glaube und Bildung. Studien zu einer erfahrungsbezogenen Religionspädagogik, Gütersloh 1991, 124–223 · Rudolf Bultmann: Welchen Sinn hat es, von Gott zu reden? In: ders.: Neues Testament und christliche Existenz. Theologische Aufsätze, hg. von Andreas Lindemann, Tübingen 2002 (UTB 2316), 1–12 [1925] · Rudolf Bultmann: Zum Problem der Entmythologisierung, in: ders.: Neues Testament und christliche Existenz (s.o.), 284–293 [1963] · Hans-Jürgen Feulner: Das erste Konzil von Nizäa und der Gottesdienst. Einige ausgewählte Perspektiven, in: Nizäa – Das erste Konzil, hg. von Uta Heil und Jan-Heiner Tück, Freiburg (Brsg.) 2025, 291–320 · Jürgen Henkys: Gemeindepädagogik in der DDR, in: Gemeindepädagogisches Kompendium, hg. von Gottfried Adam und Rainer Lachmann, Göttingen 1987, 55–86 · Michael Meyer-Blanck: Predigt als „Neues Sehen". Zum Verhältnis didaktischer und theologischer Kategorien in der Homiletik, in: PT 30 (1995), 306–320 · Michael Meyer-Blanck: Übergang und Wiederkehr. Predigt als transversale Rede, in: Wilfried Engemann (Hg.), Theologie der Predigt. Grundlagen – Modelle – Konsequenzen, Leipzig 2001, 271–283 · Michael Meyer-Blanck: Verkündigung, in: Grundlinien der Dogmatik, hg. von Ernstpeter Maurer, Rheinbach 2005, 245–263 · Maike Schult: Auferweckung des Wortes: Predigt als verfremdende Redeform, in: PTh 108 (2019), 439–455

Wird die Homiletik wie in diesem Buch als die Theorie der Entstehung evangelischer Einsichten aufgrund einer öffentlichen Rede im liturgischen Kontext bestimmt (→ § 1.2.4 und → § 17.1.4), dann wird die zuhörende Person in den Mittelpunkt des Interesses gerückt. Die prinzipielle Homiletik beginnt mit dem Hörer[1], zielt auf den Hörer und hat ihr Maß wie ihren Inhalt in Bezug auf die Hörer. Bestimmt man die Homiletik als rhetorische und pädagogische Kunstlehre, dann muss der Hörer in der Gliederung und sachlich am Anfang stehen. Die predigende Person und ihre Rhetorik, der liturgische Rahmen, die angebotenen Glaubensinhalte und neuen Impulse (→ §§ 19–23), bei alledem hat die Konzentration auf die Hörer Priorität. Das pädagogische Sehen und Denken versucht so nahe wie möglich bei den Adressaten einer Handlungsform anzusetzen. Entsprechend konzentriert sich dieser Paragraph auf die Einsichten des Hörers und ihre Erweiterungen aufgrund rhetorischen Handelns.

1 Das Predigtgeschehen als Bildungsvorgang

Immer wieder wird die Predigt wegen ihrer Lebensferne, Irrelevanz und Folgenlosigkeit kritisiert und karikiert. Der hohe Ton der homiletischen Theorie und die banale Realität passen vielfach nicht zueinander. Dieser Umstand spricht aber nicht gegen ambitionierte Ziele, sondern für genauere Reflexionen. Die beschriebene Diskrepanz gilt für viele Bildungsvorgänge. Oftmals fungieren hohe Ziele und Ansprüche im Hinblick auf die Praxis eher als eine Mängelliste denn als Beschreibung der Wirklichkeit.

1.1

Grundsätzlich ist die Predigt ein Bildungsprozess, so bescheiden dieser auch sein mag. Damit soll nicht einer schlechten „Pädagogisierung" das Wort geredet werden, bei der von der Kanzel herab belehrt und moralisiert wird – im Gegenteil. Der Bildungsbegriff soll gerade als Widerspruch zu derartigen Vereinnahmungen des Hörers verstanden werden.

„Bildung" ist wesentlich eine aufklärerische und nachaufklärerische Kategorie, die ihr Profil in den Jahrzehnten um 1800 (ca. 1770–1830) fand. Sie beschreibt vor allem den Vorgang der Selbstbildung, der eigenen Auseinandersetzung mit

1 Da die Überlegungen dieses Paragraphen sich nur in Ausnahmefällen auf das Geschlecht beziehen, verzichte ich im Folgenden aus Gründen der Lesbarkeit weitgehend auf geschlechtergerechte Sprache. „Der" Hörer ist zunächst einmal *der hörende Mensch*. Gewiss hört man je nach Lebensgeschichte und Lebensumständen unterschiedlich; darauf rekurriere ich in diesem Paragraphen jedoch nicht.

tradierten und aktuellen kulturellen Gegebenheiten, mit Ideen und Texten, mit Formen und Gestalten (in den Künsten), mit Ethos und Ethik. Dabei steht das Prinzip der *Selbst*bildung im Vordergrund. Negativ formuliert: Bildung ist nicht Formung (im Extremfall: Drill), Bildung ist nicht Überredung und nicht Konditionierung. Bildung ist der Weg zu selbst erworbenen Einsichten und Handlungsmöglichkeiten. Darum richtet sich Bildung – in gut aufklärerischer Tradition – zunächst am Individuum aus. Wenn seine Freiheit vermehrt wird, dann wird das Individuum auch den Zusammenhang mit der Freiheit der anderen erkennen und mit der eigenen auch die Freiheit (die Bildung) der anderen zu fördern suchen, weil es weiß, dass das gute Leben auf einer Gewohnheit der Freiheit für alle beruht. Die Einsicht in die eigene Freiheit bringt die Pflicht mit sich, auch die Freiheit der anderen zu erweitern. Man merkt sofort, dass die Kategorie der Bildung eng mit Aufklärung und Deutschem Idealismus verbunden ist. Gebildet ist, wer sich mit dem bisher Fremden auseinandersetzt und wer Zeit und Mühe darauf verwendet, sich anhand des Fremden weiterzuentwickeln und neue Kompetenzen zu erwerben. Die menschliche Subjektivität ist immer erst im Werden: „Subjekt muss der Mensch im Prozess seiner Bildung erst werden, Person ist er immer schon. Bildung ist also Folgephänomen des Personseins." (Biehl 1991, 156, dort teilweise kursiv)

Eine in diesem Sinne „gebildete" Predigt bemisst sich demnach nicht nach den in ihr präsentierten „Bildungsgütern" (so genannter „materialer" Bildungsbegriff), sondern nach dem Zuwachs an Unterscheidungs- und Urteilsfähigkeit („formaler" Bildungsbegriff) und nach der Fruchtbarkeit der Erschließung von Tradition für das eigene Urteil („kategorialer" Bildungsbegriff). Es stellt sich die Frage, ob die Predigt neue Einsichten und damit die Selbständigkeit der Hörer fördert.

1.2

In Anlehnung an eine Formel, mit der Jürgen Henkys (1929–2015) die Aufgabe der Gemeindepädagogik zu erfassen gesucht hat, lässt sich der pädagogische Aspekt des Predigens so definieren: *Die Predigt ist jene Handlungsform, von deren rhetorischer und ästhetischer Qualität es nach menschlichem Ermessen abhängt, ob Gottesdienst feiernde Christen selbständig und ob selbständige Menschen Christen werden.*[2] Die Selbständigkeit als pädagogische Basiskategorie

2 „Gegenstand der Gemeindepädagogik ist die konkret erscheinende christliche Gemeinde, [...] von deren pädagogisch zu verantwortender Deutung [...] nach menschlichem Ermessen abhängt, ob heranwachsende Christen selbstständig und selbständige Menschen Christ werden." (Henkys 1987, 57)

und das Christwerden als Globalziel der Evangeliumsverkündigung stehen in dieser Beschreibung in einer spannungsvollen Beziehung. Als Vorzeichen vor der Klammer gilt allerdings der pneumatologische Vorbehalt: Das Beschriebene wird sich ereignen „ubi et quando visum est Deo“ (CA 5). Christsein und Selbständigkeit sind für die Prediger:innen nicht verfügbar. Aber beides wird ihnen als Ziel ihres Handelns bewusst sein.

Das *pädagogische Paradox* besteht darin, das Gegenüber als das zu nehmen, was es noch gar nicht ist bzw. sein kann: ein selbstverantwortliches Subjekt in endlicher Freiheit. Ähnliches wie bei Unterrichtsprozessen trifft auch bei der Predigt zu. Sie wird die Hörer als das ansprechen, was sie noch nicht (vollumfänglich) sind: selbständige Christenmenschen. Die produktive Fiktion aber, sie seien selbstverantwortliche Subjekte, setzt nicht die Defizite der Hörer an den Anfang, sondern ihr Suchen nach religiöser Evidenz einerseits und das biblische Versprechen andererseits, jedem Einzelnen nachzugehen (Lk 15,8–10). Die Unverfügbarkeit der Person und des Glaubens ist die eine Seite, die Verheißung Jesu ist die andere (Mt 7,24f.; Mt 11,28–30; Mt 13,18–23). In diesem Spannungsfeld wird die christliche Predigt von der Freiheit des Subjekts ausgehen und sprechen.

2 Predigt als Arbeit am Selbstverständnis des Hörers

2.1

Versucht man genauer zu erfassen, was die Förderung von Subjektivität, Autonomie und Selbständigkeit durch die Predigt bedeutet, dann bietet sich eine der wichtigsten Theorien der hermeneutischen Theologie des 20. Jahrhunderts an, wie sie besonders von Rudolf Bultmann (1884–1976) in die Theologie eingebracht wurde. Frei nach Bultmann kann man formulieren: Die Predigt ist *Arbeit am Selbstverständnis des Hörers*. Dabei ist sofort deutlich, dass diese Arbeit niemand anderes tun kann als der Hörer selbst. Er, der Hörer, ist damit in dieser Denkfigur ein höchst verantwortliches Subjekt, das anhand von biblischen Texten seine Lebensgeschichte als Gottesgeschichte rekonstruiert.

Der Ausdruck „Selbstverständnis“ bedeutet, dass der Mensch die Welt, seine Mitmenschen und Gott versteht, indem er sich selbst versteht. Von Gott wird geredet, indem von ihm erfahren und ausgesagt wird, was er an uns tut. In einem der wirkmächtigsten theologischen Aufsätze des 20. Jahrhunderts hat Bultmann die Frage beantwortet: Welchen Sinn hat es, von Gott zu reden? (Bultmann 2002 [1925]) Er macht dabei deutlich, dass man nur über Gott reden kann, indem man über die eigene Existenz spricht; hier rekurriert er auf den berühmten Satz des liberalen Marburger Systematikers Wilhelm Herrmann

(1846–1922): „Von Gott können wir nur sagen, was er an uns tut" (Bultmann 2002 [1925], 11). Deswegen kann der Glaube „nie ein Standpunkt sein, woraufhin wir uns einrichten, sondern stets neue Tat" (12).

Die Predigt setzt beides voraus: das Reden vom eigenen Selbstverständnis und die Unmöglichkeit, dieses selbst zu erfassen. Das Reden vom eigenen Selbstverständnis ist ebenso unvermeidlich (alternativlos) wie verfehlt und sündig (12); der Mensch (auf der Kanzel ebenso wie der in der Kirchenbank) wird darum weiterhin reden und hören und auf die Rechtfertigung des eigenen Tuns hoffen. Für den Hörer ist die Rede von der Kanzel das Modell, wie er mit dem eigenen, gebrochenen Selbstverständnis produktiv, im Sinne der Entwicklung der eigenen Subjektivität umgehen kann.

2.2

In einem kurzen zusammenfassenden Text von 1963 über sein umstrittenes Programm der „Entmythologisierung" neutestamentlicher Texte hat Bultmann noch einmal die Frage des Selbstverständnisses aufgenommen. Die Texte aus der Vergangenheit können danach zur Anrede werden, sofern daraus „die Möglichkeiten menschlichen Selbstverständnisses vernehmbar werden" (Bultmann 2002 [1963], 287). Das Wissen von Gottes Handeln kann „nur als Bekenntnis ausgesprochen werden" und nie als naturwissenschaftliche oder geschichtsphilosophische objektive Gegebenheit. Der Satz von Gottes Schöpfertum hat darum „seinen legitimen Grund nur im existenziellen Selbstverständnis des Menschen." (291) Darum ist die Verkündigung für Bultmann eschatologisches Geschehen. In ihr wird als persönliche Anrede „das Ereignis Jesus Christus präsent – präsent als das je mich in meiner Existenz treffende Ereignis." (293)

2.3

Mit anderen Worten: In der Predigt – sofern sie gelingt – werden die historischen Überlieferungen aus der Bibel zu Impulsen für die eigene glaubende Lebensdeutung und für die Arbeit am eigenen Selbstverständnis. Ob man dabei der an Martin Heideggers Existentialontologie angelehnten Verstehensweise Bultmanns folgt oder nicht, ist dabei eher eine sekundäre Frage. Entscheidend aber ist die Einsicht, dass die erfolgreiche Predigt zum Selbstverständnis vordringt, dieses formiert und mit neuen Verstehensweisen ausstattet, so dass die eigene Lebensgeschichte in ein neues Licht gerät. Dieses *Neue* macht geradezu die Pointe des biblischen Evangeliums aus. Das Gute ist für die Armen, Kranken, Vulnerablen und Verachteten allemal etwas Überraschendes, das den Himmel und die Erde einschließlich des eigenen Ich und seines Selbstverständnisses radikal erneuert. In Christus ist der Mensch eine „neue Kreatur“ (2 Kor 5,17). Es gibt Großes und Neues zu sehen (Joh 1,50).

3 Predigt als neues Sehen und die Erfahrung des dreieinen Gottes

3.1

Die Veränderung des Selbstverständnisses durch den Glauben wird im Neuen Testament, besonders im Johannesevangelium, mit der Metapher des *Sehens* beschrieben. Diese steht für eine grundlegende Veränderung der Selbst- und Fremdwahrnehmung, für ein umfassend neues Selbstverständnis im Lichte des Evangeliums. Damit ist die Metapher nicht nur in der Lage, den Glauben zu erfassen, sondern auch, für die pädagogische und die theologische Beschreibung des Predigtvorgangs zu stehen. Das didaktische Ziel und das Glaubensereignis lassen sich damit gleichermaßen umschreiben. „Neues Sehen“ ist eine umfassende Angabe dessen, was in der Predigt und durch die Predigt geschehen soll. Außerdem handelt es sich um eine jesuanische Metapher.

„Kommt und seht!“, lautet die Aufforderung Jesu an die ersten Jünger (Joh 1,39) und „Rabbuni, dass ich sehend werde“ ist der tiefste Wunsch des blinden Bartimäus (Mk 10,31). Ein kategorial neues Sehen ereignet sich bei den Emmausjüngern: „Da wurden ihre Augen geöffnet und sie erkannten ihn.“ (Lk 24,31). Das gesamte Kapitel Joh 1 ist ein Vorspiel des neuen Sehens, das mit den berühmten Formulierungen des Prologs (1,14. 18) beginnt und sich dann durch die gesamte johanneische Exposition zieht (Joh 1,32. 39. 46. 48. 50. 51).

3.2

Thetisch lässt sich damit der Ertrag für die prinzipielle Homiletik – aus didaktischer und aus theologischer Perspektive – so formulieren: Die Predigt zielt darauf, dass die Zuhörenden sich selbst neu im Lichte des Glaubens sehen lernen, indem sie Neues an einem biblischen Text sehen lernen, der im Gottesdienst unter der Voraussetzung von Gottes Gegenwart zur Sprache kommt (Meyer-Blanck 1995, 316). Die Hörer sind zum eigenen Sehen der biblischen Zusammenhänge zu ermutigen – und sie sind in das eigene Sehen zu entlassen, wenn denn das Selbstverständnis der Ausgangs- und Zielpunkt auch der prinzipiellen Homiletik ist.

Mit dem Begriff des neuen Sehens ist der Predigtvorgang nicht nur allgemeinpädagogisch als Zugewinn an endlicher Freiheit und Selbstbestimmung, als Bildungsvorgang beschrieben (s.o.1.), sondern zugleich als methodisch-didaktisches Verfahren in prinzipieller Absicht. Das neue Sehen biblischer Texte soll zu einer neuen Sicht auf das eigene Selbstverständnis führen, zu einem Selbstverständnis unter der Hypothese des Glaubens. Leidet der Bultmannn'sche Begriff des „Selbstverständnisses" allerdings an einer gewissen Abstraktheit, so ist mit der Kategorie des *neuen Sehens* ein alltäglicher und sinnlicher Vorgang angesprochen, der zudem (wenn auch in einer gewissen Verflachung) für das alltägliche Meinen, Einschätzen und Überzeugtsein steht („So sehe ich das"). Die Vertrautheit mit dieser Metapher spricht nicht gegen ihre erneuerte und vertiefte Verwendung im Sinne des Glaubens.

3.3

Methodisch ist durch das „neue Sehen" der Verfremdungsdiskurs aufgerufen, wie er aus der Literaturwissenschaft bekannt ist, vor allem durch die Theatertheorie von Bertolt Brecht (1898–1956), ursprünglich jedoch durch den russischen Formalisten Viktor Šklovskij (1893–1984). Bei Šklovskij ging es explizit um ein „Neues Sehen" (novoe videnie), welches an die Stelle des bloßen Wiedererkennens treten sollte. Es handelte sich um die Entautomatisierung der Wahrnehmung durch die Strategie des literarischen Textes. Die Verfremdung soll die Dinge wieder fühlbar machen, den Stein steinig und die Eindrücke des Alltags wieder signifikant machen. Das ist die Aufgabe der Kunst. Šklovskij hat u.a. an Texten von Leo Tolstoj (1828–1910) gezeigt, wie dieser durch die künstlich naive Darstellung von Sachverhalten eine neue Sichtweise darauf eröffnete. Davon inspiriert begann Brecht sein Konzept von „Verfremdung" zu entwickeln, während Šklovskij den Begriff „Verfremdung" (ostranenie) später mied. In der Sowjetunion wurde Šklovskij als „bürgerlicher" Literaturwissenschaftler ignoriert.

3.4

Als hilfreicher Weg zu einer „Sprache der Veränderung" ist das Verfremdungskonzept im Spielfeld von Homiletik und Literaturtheorie erneut aufgegriffen worden (Schult 2019). Danach soll die Predigt als eine verfremdende Redeform angesehen werden, die zur „Auferweckung des Wortes" führen kann (so der Titel eines Aufsatzes von Šklovskij aus dem Jahre 1914). Maike Schult hat außerdem darauf hingewiesen, dass das Wortfeld des „Neuen" in vielen biblischen Wendungen zentral ist: Verheißen sind ein neuer Himmel und eine neue Erde (Jes 65,17; Offb 21,1) und in der himmlischen Schau sagt der auf dem Thron: „Siehe, ich mache alles neu!" (Offb 21,5). Vor allem aber der Mensch wird in Christus neu: 2 Kor 5,17; Eph 2,15.

Das *neue Sehen* ist von daher nicht nur eine Wahrnehmung, sondern zugleich eine produktive Fiktion, die sich nicht nur auf den biblischen Text bezieht, sondern auch auf den Menschen in Christus, auf den Getauften, auf den Hörer der Predigt. Der Mensch wird als das gesehen, was er in Christus im Begriffe ist zu werden: als eine „neue Kreatur" (2 Kor 5,17). Mit Luthers bekannter Wendung, der Christenmensch sei zwar Sünder der Realität nach („peccator in re"), aber Gerechtfertigter nach der Hoffnung („iustificatus in spe"), kann man formulieren: Der Glaubende wird *neu gesehen* als der, der er in Christus bereits ist. Er gilt als neue Schöpfung.

Damit liegt eine strukturelle Analogie vor zu dem bildungstheoretischen Gedanken, den wir oben (→ 1.2) als das pädagogische Paradox bezeichnet haben. Das Handeln im Bildungssystem ist auf ein Vertrauen angewiesen, das sich nicht allein aus empirischen Beobachtungen, sondern entscheidend nur aus produktiven Hypothesen ableiten lässt. Pädagogisch tätig sein bedeutet, den *educandus* als das zu nehmen, was er noch nicht ist: als ein autonomes und selbst verantwortliches Subjekt. Die pädagogische Haltung ist letztlich eine Art von *Glaube* an die Möglichkeit der Subjektwerdung. Das neue Sehen des Menschen im Glauben folgt in analoger Weise jener Grundannahme über den Menschen, wie er noch nicht ist, aber in Christus (2 Kor 5,17) werden kann bzw. wie er auf dem Wege ist, es zu werden.

Indem die Predigt im *neuen Sehen* mehr und bessere Möglichkeiten des Menschen voraussetzt, als diese empirisch gegeben sind, eröffnet sie einen Weg, dass das Neue tatsächlich zustande kommen kann. Gewiss ist die Gefahr dabei die fromme Übertreibung. Die Predigt muss sich davor hüten, reale Konflikte in der Gemeinde klein oder schön zu reden (allerdings ist das auch nicht immer falsch, vgl. 1 Petr 4,8; Spr 10,12). Die Predigt sieht den Menschen mit dem Evangelium auf dem guten und nicht auf dem bösen Wege (Ps 139,24; 1 Joh 3,2). Sie redet von dem neuen Menschen und nimmt nicht den alten zum Maßstab.

3.5

Die Predigt der christlichen Kirche handelt aber auch in neuer Weise von dem einen Gott, indem sie trinitätstheologisch redet. Was heißt das? Wie bereits gesagt, bezieht sich das neue Sehen auf das Verhältnis zum anderen und auf das Selbstverhältnis. Der Mensch und damit auch das eigene Ich wird als Mensch in Christus gesehen. Die Jesusgeschichte wird als Gottesgeschichte sichtbar, die auf das eigene Leben und auf das Leben mit den anderen bezogen wird. Das Sehen „in Christus" entspricht damit der christlichen Gotteserfahrung, die im Laufe der ersten Jahrhunderte der Kirche in trinitarischen Kategorien expliziert wurde. „In Christus" erfahren die Glaubenden nicht *etwas* von Gott, sondern diesen selbst in seiner Fülle (Joh 10,30; Kol 2,9). In Christus, so das Bekenntnis von Nizäa im Jahre 325, ist Gott erfahrbar und ansprechbar, so dass sich auch Gebete an ihn richten können (Feulner 2025, 307); und Johannes Calvin wird in seiner „Institutio“ von 1559 den Heiligen Geist beschreiben als den Modus, in dem wir an den Wohltaten Christi Anteil gewinnen (Inst. III,1). Das neue Sehen bezieht sich also schließlich auf die Gottesanschauung selbst. Die Geschichtlichkeit der Gotteserfahrung Israels und der frühen Kirche führte dazu, dass man die verschiedenen Erfahrungen mit Hilfe der trinitarischen Verknüpfung als die Geschichte des einen Gottes zu verstehen lernte. *Neu* ist das Sehen Gottes damit nicht nur durch die Christologie, sondern auch durch die Pneumatologie, die den jeweiligen Moment, die aktuelle kulturelle Situation auf Aspekte der Jesusgeschichte hin transparent macht.

Das Evangelium ist von daher niemals „Tradition“. Vielmehr bedeutet Evangelium als jeweils aktuelle Nachricht die Gotteserfahrung als Christuserfahrung im Geist und das heißt im Jetzt, das auf die Zukunft hindrängt. Als Geistesgegenwart ist die christliche Erfahrung Gottes zwar verlässlich, aber nicht vorhersehbar. Gottes Lebendigkeit, für welche die Trinitätslehre der Ausdruck ist, kann als Mitte der biblischen Gotteserfahrung bezeichnet werden. Gott ist kein Prinzip und kein despotischer Herrscher, sondern der Erste und der Letzte und der Lebendige (Offb 1,17f.): Gott ist der Herr der Zeit und damit auch der Herr der situativ vermittelten Erfahrung. Der Sinn der Trinitätslehre ergibt sich nicht aus der Zahl drei, sondern aus der Integration der verschiedenen, aber zusammengehörenden Erfahrungen der Präsenz, Verlässlichkeit und Ansprechbarkeit Gottes.

3.6

Schließlich gehört an den Schluss dieses Abschnitts ein Ausblick in die formale Homiletik, zum Thema der Predigtvorbereitung. Das „neue Sehen“ bzw. die „Verfremdung“ ist bei Šklovskij eine Strategie der Textanalyse und der Textproduktion. Es wird gefördert durch neue, neugierig machende Sprachbilder, die den Hörer zur Wahrnehmung und dann auch zur Interpretationsarbeit provozieren. Das ist mit verbrauchten Metaphern allerdings nicht der Fall. Die metaphorische Redeweise ist als solche noch kein Garant für Aufmerksamkeit und. So wird wohl kaum ein neues Sehen angestoßen, wenn an Weihnachten empfohlen wird, dem „Kind in uns“ Raum zu geben, wenn an Ostern auf den „Stein“ rekurriert wird, der uns vom Herzen fällt oder an Estomihi auf unsere „Blindheit“ für das, worauf es im Leben wirklich ankommt (zur Blindenheilung Lk 18,31–43). Verfremdung ist nämlich für den Hörer eine Art von Erschwerung: „Sie macht die Rezeption nicht leichter, sondern schwerer, um sie zu intensivieren. Das muss man wollen.“ (Schult 2019, 453)

4 Predigt als Reise in diese Welt als eine andere

In einer früheren Publikation (Meyer-Blanck 2001) habe ich die Predigt als „transversale Rede“ expliziert. Demnach soll die Predigt eine andere Sinnwelt erschaffen, die Hörer in diese für die begrenzte Predigtzeit mitnehmen und für eine geordnete Rückkehr in die eigene Sinnwelt sorgen. Diese Metaphorik des Predigtgeschehens orientiert sich weniger an dem subjektiven Geschehen, sondern stärker an den gesetzten Zeichen, die eine andere Welt aufrufen bzw. mit der Redeweise aus der phänomenologischen Philosophie: die diese Welt *als eine andere* wahrnehmen lassen. Es wird also keine Sonder-, Über- oder Hinterwelt postuliert, sondern die Möglichkeit, diese uns gegebene eine Welt als eine andere anzusehen. Hatten wir im letzten Abschnitt (→ 3.4) den Hörer betrachtet, wie er den anderen und sich selbst neu sehen lernt, so geht es jetzt stärker um das Gesehene selbst. Besonders die erzählende Predigt seit den 1970er Jahren hat dazu einiges an Möglichkeiten bereitgestellt. Auch der Vergleich mit dem Kino oder dem Theater ist in diesem Zusammenhang hilfreich: Es soll auf Zeit in eine andere Welt mitnehmen und dadurch interpretative Distanz zur eigenen Lebenswelt ermöglichen (Meyer-Blanck 2001, 276f.).

In der Terminologie der Phänomenologie: Eine Rede kann diese Welt als eine andere setzen, und dasselbe theologisch gewendet: Die Predigt kann diese Welt *im Vorgriff auf die kommende Welt* (Offb 21,1) als eine andere setzen. Dass es sich auch bei diesem Vorgang um eine Form des neuen Sehens handelt, liegt auf der Hand, so dass die Beschreibungen konvergieren. Die Predigt ermöglicht ein „neues Sehen“ und sie ist „transversale Rede“, insofern sie Übergang und Wiederkehr ermöglicht. Dass auch dabei der Hörer als Subjekt im Predigtvorgang angesehen wird, ist selbstverständlich.

Zusammenfassung

Am Beginn der prinzipiellen Homiletik haben Überlegungen zu den Hörer:innen der Predigt zu stehen, denn an diesen muss sich die Predigt vornehmlich orientieren. Deswegen ist das Predigen zunächst als ein Bildungsvorgang zu beschreiben, bei dem die Hörer:innen in ihrer Selbständigkeit als Christenmenschen behandelt werden müssen. Mit der Denkfigur des pädagogischen Paradoxes sind sie darum als das anzusprechen, was sie werden sollen, aber noch nicht sind. So dient die gesamte Predigt der Arbeit am Selbstverständnis der Hörer:innen. Die überlieferten Bibeltexte werden dazu im Dienste eines neuen, glaubenden Selbstverständnisses verwendet.

Dieses Prinzip führt auf den Begriff des „neuen Sehens“, das durch die Predigt ermöglicht bzw. provoziert werden soll. Beim Hören soll etwas Neues an einem Text und an der eigenen Lebensgeschichte wahrgenommen werden, so dass diese Welt als eine andere in den Blick kommt. Den theologischen Ausgangs- und Zielpunkt bildet dabei die trinitarische Rede von Gott, indem diese die Jesusgeschichte als Gottesgeschichte mit der eigenen Lebensgeschichte korreliert.

§ 19 Predigt, Ritus und Gebet

Literatur: Eckart Beutel: Homiletik – ein Teil der Liturgik. Christian Palmers vermittlungstheologisch geprägte Predigtlehre, in: Klassiker der protestantischen Predigtlehre, hg. von Christian Albrecht und Martin Weeber, Tübingen 2002, 120–143 · Karl-Heinrich Bieritz / Michael Meyer-Blanck: Liturgiewissenschaft in der Evangelischen Theologie, in: Gottesdienst der Kirche. Handbuch der Liturgiewissenschaft (kath.), Band 1.1, Regensburg 2022, 541–640 · Rudolf Bohren: Predigtlehre, München ³1974 [1971] · Peter Brunner: Zur Lehre vom Gottesdienst der im Namen Jesu versammelten Gemeinde, in: Leiturgia Bd. 1, Kassel 1954, 83–364 · Peter Cornehl: Der Evangelische Gottesdienst – Biblische Kontur und neuzeitliche Wirklichkeit, Bd. 1: Theologischer Rahmen und biblische Grundlagen, Stuttgart 2006 · Wilfried Engemann: Predigen im Gottesdienst. Die Frage nach dem liturgischen Bezug der Predigt, in: ders.: Einführung in die Homiletik, Tübingen ³2020 [2002], 409–466 · Friedemann Merkel: Liturgie – ein vergessenes Thema evangelischer Theologie?, in: ders.: Sagen – Hören – Loben. Studien zu Gottesdienst und Predigt, Göttingen 1992, 85–94 [1986] · Michael Meyer-Blanck: Lex orandi, lex credendi. The Active Passivity of Faith, Art, and Liturgy, in: Lutheran Forum 43 (2009) Heft 4, 22–25 · Michael Meyer-Blanck: Das Gebet, Tübingen 2019, 361–370 · Michael Meyer-Blanck: Gottesdienstlehre, Tübingen ²2020 [2011] · Michael Meyer-Blanck: Unterbrechung der Unterbrechung. Wie man die Predigt als Teil der Liturgie analysieren kann, in: Predigtanalysen. Perspektiven der Untersuchung religiöser Rede, hg. von Hans Ulrich Probst, Samuel Lacher und Manuel Stetter, Göttingen 2025 (APTLH 93), 23–40 · Martin Nicol: Weg im Geheimnis. Plädoyer für den Evangelischen Gottesdienst, Göttingen 2009 · Friedrich Schleiermacher: Die praktische Theologie nach den Grundsätzen der evangelischen Kirche im Zusammenhange dargestellt, Berlin 1983 [Reprint von Berlin 1850] · Alexander Schweizer: Homiletik der Evangelisch-Protestantischen Kirche systematisch dargestellt, Leipzig 1848 · Wolfgang Trillhaas: Evangelische Predigtlehre, München ²1936

---

1 Homiletik und Liturgik

1.1

An dieser Stelle kommen wir auf die zweite Zeile der Neun-Felder-Matrix (→ § 6.4.4) zurück. Die Liturgie ist danach ein Thema der prinzipiellen wie der materialen und der formalen Homiletik. In diesem prinzipiellen Kapitel geht es *erstens* um die Funktion, die Gebet und Ritus für die Predigt haben und *zweitens* um die Bedeutung, die die Predigt für die Liturgie hat. Erst in den letzten Jahren ist dieses beiderseitige Verhältnis wieder in die homiletische Aufmerksamkeit gerückt, während man es im 20. Jahrhundert offensichtlich für so selbstverständlich hielt, dass man dafür keinen Problematisierungsbedarf sah. Das hängt sicher mit dem dogmatischen Schwerpunkt der Wort-Gottes-Homiletik seit den 1920er Jahren und mit dem methodischen Reformeifer der Epoche um 1970 zusammen.

Darüber hinaus galt die theologische Aufmerksamkeit seit der Reformation primär der Predigt. Die Homiletik als Leitdisziplin der Praktischen Theologie ließ die Liturgik in der Regel an den Rand der Aufmerksamkeit rücken. In den 1970er und 1980er Jahren war die Liturgie ein vergessenes Thema der Theologie (Merkel 1992). Lehrveranstaltungen zur Liturgik gab es so gut wie gar nicht, während das homiletische Seminar selbstverständlich zum Pflichtprogramm des Studiums gehörte. Die Pfarrergenerationen, die in den 1950er bis 1980er Jahren studierten, konnten ihre Ausbildung so gut wie ohne Liturgik absolvieren. Der Gottesdienst war eine Domäne für historische Spezialisten. Vielfach waren die Liturgiker Pfarrer, wie etwa Paul Graff (1878–1955) oder Frieder Schulz (1917–2005), während sich die Universitätstheologen (auch diese damals durchweg Männer) kaum mit der Liturgik beschäftigten. Erst in den 1990er Jahren verschoben sich die Gewichte von der zunehmend stillen Homiletik hin zur Liturgik. Im Zuge der ästhetischen Wende in der Praktischen Theologie seit 1990 wurde die Liturgik vom „vergessenen Thema" zur Leitdisziplin (Bieritz / Meyer-Blanck 2022, 612–640). Inzwischen hat die Liturgik immer noch Konjunktur, während in der Homiletik kaum mehr grundsätzliche Auseinandersetzungen stattfinden. Peter Cornehl (1936–2022) hatte schon 2006 festgestellt, dass sich die Liturgik „im Aufwind" befinde, während „das evangelische Flaggschiff Homiletik momentan unter einer gewissen Flaute zu leiden" habe (Cornehl 2006, 14). Cornehl hatte selbst vor, Liturgik und Homiletik in einem dreibändigen Lehrbuch zusammen zu behandeln, vermochte aber nur den ersten Band mit dem biblischen Schwerpunkt abzuschließen (Cornehl 2006, 74–312).

Ein spannungsvolles Miteinander beider Disziplinen ist jedenfalls keinesfalls selbstverständlich. Bis etwa 1990 wurde die Homiletik meist ohne Liturgik betrieben und gelehrt. Rudolf Bohrens (1920–2010) lange Zeit auch international einflussreiche Predigtlehre kommt auf 553 Seiten ohne jeglichen nennenswerten Bezug auf Liturgie und Liturgik aus. Die Predigt *ist* für Bohren der Gottesdienst bzw. die Theorie des Gottesdienstes fällt bei ihm mit der Homiletik zusammen. Seit den 1990er Jahren wurde umgekehrt der Sinn der Predigt im Gottesdienst grundsätzlich in Frage gestellt: Muss in einem Gottesdienst überhaupt gepredigt werden? Sorgen nicht gemeinsame Lieder und Gebete besser für erfahrbare Gemeinschaft als ein Monolog, und sollte man es nicht lieber auch mit einer gemeinsamen Bibelauslegung versuchen (→ § 2.1)?

1.2

Ich vertrete in diesem Lehrbuch dagegen die These, dass Liturgie und Predigt, Ritus und Rede einander brauchen, einander stützen und erläutern (vgl. Meyer-Blanck 2020). Es handelt sich um ein auch im wörtlichen Sinne dialektisches Verhältnis. Das bedeutet, dass Ritus und Rede kategorial verschiedene Kommunikationsformen sind, die als relative Gegensätze dennoch eng aufeinander bezogen sind. Sie sprechen verschiedene Sprachen, treten aber in den Dialog ein. Die Rede widerspricht dem Ritus, vertieft ihn so und profiliert ihn durch eine diskursive Erschließung. Positiv: Durch die Rede kommt der Ritus zu sich selbst. Der Ritus widerspricht der Rede, hebt diese auf eine andere Ebene und bettet sie ein in das Handeln der versammelten Gemeinde und der Kirche der Jahrhunderte. Die Predigt markiert die Zeitgebundenheit religiöser Kommunikation, der Ritus das Überzeitliche, Eschatologische und Teleologische dieser Kommunikation.

Klassisch formulierte es Alexander Schweizer schon 1848: „Das Homiletische, indem es wesentlich den individuell assimilierten und ausgeprägten Gemeinglauben darstellt, gibt überwiegend das Werden der Kirche kund, während im Liturgischen das Gewordensein der Kirche sich ausspricht." (Schweizer 1848, 140; Leitsatz zu § 77) Die Individuen sollen das Evangelium nicht nur durch sich selbst „hindurchgehen lassen", sondern sie sollen es „von seiner ursprünglichen Idee aus immer reiner in sich verwirklichen." (141) Damit ist deutlich, dass die Gemeindeglieder den Inhalt der Predigt nicht nur zu rezipieren, sondern im Hören eigenständig neu zu rekonstruieren haben. Das Evangelium steht überzeitlich in Geltung, aber es wird in der jeweiligen Zeit neu wahr. Es wirkt „Zwischen den Zeiten".[3]

3 So der Titel der Zeitschrift der dialektischen Theologie zwischen 1923 und 1933.

Christlicher Gottesdienst, so hat es der lutherische Systematiker Peter Brunner (1900–1980) mit dem dreifachen „Interim“ beschrieben, findet statt erstens zwischen Taufe und Vollendung, zweitens mit der Natur und den Engeln und drittens in der Heilsgeschichte zwischen Sündenfall, Christi Auferstehung und dem kommenden Reich Gottes (Brunner 1954, 116–180). Diese theologisch komplexe Beschreibung erwies sich allerdings für den normalen Gottesdienst und die landläufige Predigt als kaum anschlussfähig. Sie verschwand in den Regalen der liturgischen Spezialisten und blieb folgenlos für Predigt und Predigtlehre. Brunners Konzeption ist gleichwohl geeignet, das Verständnis von Gottesdienst und Predigt über die alltäglichen Problemstellungen hinaus zu erweitern. Die Predigt sei konkret, die Liturgie öffne den Horizont und der Gottesdienst insgesamt lasse etwas erfahren und vernehmen von der heilsamen Gegenwart Gottes. Diese Zuordnungen sind im Folgenden erläuternd zu präzisieren und vor allem auf das Gebet als die zentrale gottesdienstliche Kommunikationsform zu beziehen.

2 Die Funktion von Ritus und Gebet für die Predigt

2.1

Man stelle sich einleitend vor, die letzte eigene Predigt sei nicht auf der Kanzel und im Rahmen eines Gottesdienstes, sondern auf einer Apfelsinenkiste während des samstäglichen Wochenmarktes gehalten worden. Für Prediger:innen, die an die gottesdienstliche Kanzelrede gewöhnt sind, ist das nicht nur eine ungewohnte, sondern auch eine unangenehme Überlegung. Ohne Kirche, Talar und Liturgie fehlen der Schutz durch die Gewohnheit und das Hineinspielen in die Rolle als Redner und Hörer. Positiv formuliert: Die Liturgie stellt zunächst Verhaltenssicherheit – einschließlich Verhaltensdisziplin – bereit. In der Liturgie reden alle oder einer, aber man redet nicht durcheinander. Die evangelische Liturgie ist auf Konzentration, Innerlichkeit und Stille ausgelegt. Durch die Sitzplätze – bis in das Reformationsjahrhundert stand die Gemeinde während des Gottesdienstes – sind die Besucher:innen de facto am Weggehen gehindert. Nur mit sehr hohen sozialen Folgekosten verlässt man die Kirche während der Predigt (man würde dabei neugierig bis kritisch beäugt und garantiert später auf sein Verhalten angesprochen). Man kann dies die *konzentrierende* Funktion der Liturgie nennen; etwas provokanter könnte man auch von der Disziplinierung der Gemeinde für das Hören sprechen.

2.2

Die Liturgie gibt aber vor allem inhaltlich den religiösen Gehalt der Kommunikation vor und ermöglicht so das religiöse Rollenspiel, das Reden und Hören des menschlichen Wortes als das, „was es in Wahrheit ist, als Gottes Wort", das in den Glaubenden wirkt (1 Thess 2,13). Man kann hier von der *präparatorischen* Funktion der Liturgie sprechen. Das, was zu Gehör gebracht wird (λόγον ἀκοῆς, Luther übersetzt dies mit „das Wort der göttlichen Predigt"), soll unter der gemeinsamen Voraussetzung der Gegenwart und Vernehmbarkeit Gottes gehört werden. Die Geltung dieser Annahme beginnt mit dem Votum zum Eingang „im Namen des Vaters und des Sohnes und des Heiligen Geistes. Amen" und wird am Schluss durch den dreifachen (aaronitischen) Segen unterstrichen. Luther interpretierte diesen (exegetisch unzutreffend) trinitarisch (Meyer-Blanck 2020, 516), setzte aber gerade so noch einmal das trinitarische Zeichen hinter die Klammer der soeben gefeierten Liturgie. „In Wahrheit" waren die Worte in Predigt und Gebet nicht nur ekklesiale Diskussionsbeiträge, sondern λόγος θεοῦ. Was im Grunde jeder und jede weiß, wird durch rituelles Handeln neu in Geltung gesetzt.

2.3

Man kann also drittens von einer *konfirmatorischen* Funktion der Liturgie im Hinblick auf die Predigt sprechen. Das Spiel der Inszenierung von Liturgie soll so erfolgen, dass in den gesetzten Zeichen, in dem gesungenen wie in dem gelesenen und gehörten Wort, Gotteserfahrungen möglich werden. Das gilt sowohl für das buchstäbliche „Wort" am Altar und von der Kanzel als auch für die nichtverbalen Zeichen wie Musik, Bild und Gestik. Vor alle diese Zeichen wird durch die Liturgie ein anderes Vorzeichen zum rechten Verständnis gesetzt. Die konzentrierende, präparatorische und konfirmatorische Funktion der Liturgie wirken so zusammen, dass die Predigt unter der Annahme gehört werden kann, „dass unser lieber Herr Christus selbst mit uns rede durch sein heiliges Wort und wir wiederum mit ihm reden durch Gebet und Lobgesang." (WA 49, 588, „Torgauer Formel").

Noch einmal das Gedankenexperiment mit der Apfelsinenkiste: Die Liturgie ist in ihrer mehrfachen Funktion essentiell für die Predigt. Sie ist auch so etwas wie die performative Amtstracht. Die Liturgie – und dazu gehört der Raum, in dem sie stattfindet – ermutigt zum religiösen Reden und ermöglicht die religiöse Kommunikation. Es ist deutlich, dass die Liturgie für die Gotteserfahrung durch die Predigt eine konstitutive Rolle spielt. Die Predigt setzt voraus, dass man einen Gebetsweg zuvor und danach geht.

2.4

Von besonderer Bedeutung ist die Tatsache, dass die Liturgie im Wesentlichen Gebet ist: Liturgie bedeutet auf Gott zu hören, sich selbst vor Gott wahrzunehmen, mit Gott zu sprechen. Unterscheidet man das Gebet als Handlung und das Gebet als Haltung (Meyer-Blanck 2019, 40f.), dann kann man feststellen, dass der Gottesdienst insgesamt in der Haltung des Gebets stattfindet. Sprachlich sind Predigt und Lesungen, Begrüßung und Abkündigungen keine Gebete, ebenso wenig wie bestimmte wirksame Sprechakte (Absolution, Taufformel, Spendeworte beim Abendmahl).

Dennoch kann alles liturgische Handeln einschließlich der Predigt als Geschehen in betender Haltung aufgefasst werden. Macht man sich klar, dass Beten mehr Hören auf Gott ist als Reden, dann rücken Predigt und Gebet als verschiedene Hörvorgänge nahe aneinander. Auch die Predigt ist ein Hören auf Gott im Medium biblisch-religiöser Rhetorik und kommt ganz nahe an das Gebet heran. Die konzentrierende, präparatorische und konfirmierende Funktion der Liturgie stellt sich dann ein, wenn alles – einschließlich der Begrüßung und der Abkündigungen – in der Haltung des Betens geschieht, in der Erwartungshaltung, sich im Hause Gottes vorzufinden (1 Mose 28,17). Wenn sich diese Erwartung einstellt, hat die Liturgie ihre vorbereitende Funktion erfüllt (1 Sam 3,10).

3 Die Funktion der Predigt für Ritus und Gebet

3.1

Es ist sinnvoll, den Zusammenhang von Liturgie und Predigt unter prinzipiellen Aspekten auch andersherum zu betrachten. Die entsprechende Frage lautet: Welche Aufgaben erfüllt die Predigt für das Funktionieren der Liturgie, für die liturgische Haltung, für das Verstehen des komplexen, historisch gewachsenen Gefüges? Zwar könnte man bestreiten, dass das Verstehen der vornehmste Zweck der Liturgie ist und könnte vielmehr das Mitfeiern, die Resonanz mit dem Ritus, kurz: die innere liturgische Partizipation, an die erste Stelle setzen. Aber auch dann lässt sich festhalten, dass das Verstehen die aktive und passive Teilnahme an der Liturgie fördert. Die diskursive Unterstützung, die die Predigt für die bewusste und tätige Teilnahme[4] leistet, ist nicht zu unterschätzen.

4 „[A]d plenam illam, consciam atque actuosam liturgicarum celebrationum participationem", heißt es in der Liturgiekonstitution „Sacrosanctum Concilium" (SC) des II. Vatikanischen Konzils von 1963 (Art. 14).

Verstehen fördert die Identifikation mit dem liturgischen Geschehen, die Konzentration und das Gefühl der Sicherheit. Das Gefühl von Fremdheit, Unbehagen und Unsicherheit steht vor allem bei Jugendlichen im Vordergrund, wenn sie sich im Gottesdienst unwohl fühlen. Das Kommunizieren in liturgischen Rollen ist ungewohnt. Rituelle Kommunikation ist darum etwas für Fortgeschrittene. Anfängern kann man jedoch einen Zugang durch Verstehen eröffnen.

Eine gut zugängliche Predigt kann liturgische Spielräume öffnen. Auch hier kann man aus mnemotechnischen Gründen wieder drei Funktionen unterscheiden. Die Predigt dient der Liturgie und dem Gebet durch ihre *unterbrechende*, durch ihre *erläuternde* und durch ihre *mystagogische* Funktion.

3.2

Vielfach wurde der Gottesdienst als die Unterbrechung des Alltags beschrieben. Die Liturgie als Handlungs- und Erlebnisform bedeutet, dass die normale Tätigkeit zugunsten der Arbeit am Selbstbewusstsein unterbrochen wird. In Schleiermachers klassischer Formulierung aus dem Kapitel zum „Cultus“ in der Praktischen Theologie: „In der Geschäftstätigkeit ist das Selbstbewusstsein des Menschen zurückgedrängt. Der Mensch will immer sich selbst bewusst sein, aber in der äußeren Tätigkeit kann er es nicht. Die Tätigkeit wird unterbrochen und das Selbstbewusstsein frei gelassen“ (Schleiermacher 1983, 72; Orthographie modernisiert). Gottesdienst gehört nach Schleiermacher zum darstellenden, künstlerischen Handeln und nicht zum wirksamen, die Realität verändernden Handeln. Dem Menschen wird Raum gegeben zur zweckfreien Darstellung seiner selbst, sofern er in relativer Ruhe dem Erleben Ausdruck gibt, ohne – wie in der Arbeitswoche – wirken zu müssen. Gottesdienst ist Unterbrechung der Arbeit, des Wirken-Müssens.

Ordnet man nun Liturgie und Predigt einander zu, dann fällt sofort der Unterschied zwischen der rituellen und der rhetorischen Kommunikation auf. Die Predigt zerreiße das Kleid der Liturgie, meint der katholische Schriftsteller Martin Mosebach (geb. 1951) – und er meint dies durchaus predigtkritisch. Im Ritus geht es um einen Gebetsweg, in der Predigt um einen Denkweg oder um einen aktuellen Kommentar eines Individuums zum Ritus der Kirche (s.o. unter 1.2. das Zitat aus Alexander Schweizers Homiletik von 1848). Insofern kann man auch sagen, dass die Predigt die unterbrechende Liturgie ihrerseits unterbricht, d.h., Predigt ist Unterbrechung der Unterbrechung (Meyer-Blanck 2025). Das mag zunächst spitzfindig klingen, ist aber eine klärende Aussage. Gilt eine

Unterbrechung als schöpferische Pause, die einen in reflexive Distanz zu etwas Besonderem bringt, dann gehört diese als integrale Fußnote zu der Sache – wie etwa die Halbzeitpause im Fußball, weil dort die entscheidende „Ansprache" des Trainers erfolgt. In der unterbrechenden Rede wird das Geschehen (etwa die Lesungen und Gebete) gedeutet und in einen diskursiven Kontext gestellt, so dass alles weniger fremd erscheint. Die für viele allein durch ihr Alter fremde Liturgie wird unterbrochen durch eine vernünftige, verständliche und tagesaktuelle Predigt, die die Verständnisprobleme (besonders in den Episteln) aufgreift. Darüber hinaus unterbricht sie das konzentrierte Respondieren, Beten und Hören durch einen alltäglichen Redestil. So ist es durchaus angemessen, Konfirmand:innen in der Predigt explizit anzusprechen und ihnen zu signalisieren: Ich weiß um Eure Fremdheit im Umgang mit dem Ritus, aber jetzt ist Pause und ich rede jetzt normal mit Euch. Das bedeutet auch, dass man in der Predigt möglichst wenig formelhaft formulieren sollte. Die Predigt ist Dialog mit den Zuhörenden, eine Unterredung unter Freunden. Die Predigt wird nicht zelebriert. Sie ist eine „An-Sprache" im möglichst a-pastoralen Ton.

3.3

Das unterbrechende Moment der Predigt im Allgemeinen hat außerdem einen didaktischen Aspekt. Es herrscht nicht nur Pause und Entspannung von der liturgischen Konzentration: Man kann auch etwas lernen, so dass ich von der *explikativen Funktion* der Predigt für die Liturgie spreche. Hier bedarf es keiner Erläuterung, da diese Funktion im natürlichen Gefälle der Sache liegt. Man erklärt die Zusammenhänge des Predigttextes mit dem Alltagsleben, mit der gegenwärtigen Kultur, mit dem kirchlichen Dogma und mit basalen Bekenntnistexten. Das machen alle Prediger:innen mehr oder weniger so. Eigens hinweisen möchte ich aber auf das Ordinarium und Proprium der Liturgie. Die Perikopen sind meistens so ausgewählt, dass sie einen Textraum abstecken, in dem jeder Text seinen spezifischen Ort hat. Wie also verhält sich der Predigttext zu Epistel, Evangelium, Wochenpsalm und Wochenspruch? Welche Linien lassen sich ziehen zu Kyrie, Gloria, Glaubensbekenntnis und Segen? Diese Fragen müssen nicht in jeder Predigt angesprochen werden, aber sie erweitern das Spektrum der Predigtinhalte. Damit sind wir schon in die *materiale* Homiletik übergegangen (→ §§ 23–33). An dieser Stelle sei nur so viel gesagt, dass die Predigt auch die Funktion hat, die im Ritus aufgeworfenen Fragen anzusprechen. Sie hat immer einen lehrhaften Aspekt.

3.4

Die Predigt kommt vom Ritus her und führt in ihn zurück. Man kann damit drittens von einem *mystagogischen* Aspekt der Predigt sprechen. Das mag wie ein Widerspruch zum letzten Punkt, dem explikativ-didaktischen Aspekt erscheinen, ist aber in Wirklichkeit nahe damit verwandt. Geht man von dem klassischen pädagogischen Rhythmus von Vertiefung und Besinnung aus[5], dann ist das mystagogische Element die *Vertiefung* in die Sache, während das explikative Element für die Abstand nehmende *Besinnung* steht. Neuerdings spricht man bei Ausstellungen zunehmend von dem „immersiven" Moment, das einen in die präsentierte Sache hineinzieht. Dieses immersive Eintauchen in die andere Welt hat Herbart mit der pädagogischen „Vertiefung" im Blick gehabt. Beides, Vertiefung und Besinnung sind nötig wie Systole und Diastole des Herzschlags. In solch einer Art von Rhythmus vollzieht sich die liturgische Didaktik mit Hilfe der Predigt. Sie führt vertiefend in das Geheimnis hinein und durch die Besinnung auf das, was da jetzt geschieht, auch wieder heraus.

Zunächst handelt es sich bei der vertiefenden wie bei der besinnenden gleichermaßen um *unterbrechende* Optionen. Dabei ist das Mystagogische, das Führen in das Geheimnis (bzw. *im* Geheimnis, Nicol 2009), eine eminent didaktische Aufgabe, die mit Raunen und religiösem Guru-Gehabe nichts zu tun hat. Wohl aber ist Didaktik der Liturgie immer auch Mystagogie und *vice versa*. Die Predigt soll unterstützend wirken. Predigthören ist gewiss nicht der einzige Weg ins Geheimnis, sondern mehrere familien- und gemeindepädagogische Anstrengungen sind dafür fundamental wichtig. Aber die Predigt ist doch so etwas wie die kleine Mystagogie im Wochenrhythmus. Sie wirkt mystagogisch durch Klärung der gottesdienstlichen Elemente, was aber nicht mit *Erklärung* gleichzusetzen ist. Auch wenn Informationen eine Rolle spielen, liegt das mystagogische Moment der Predigt auf einer anderen, auf der allgemeinen hermeneutischen Ebene.

Die Predigt nämlich zeigt Wege auf, wie man mit den überlieferten Worten der Bibel heute religiös kommunizieren kann. Sie hat u.a. deutlich zu machen, wie die rituellen Elemente des christlichen Gottesdienstes mit den Grundbedingungen menschlicher Existenz zusammenhängen. Die Predigt sollte hinführen zum „Herr, erbarme dich!", zum Hören der Lesung als „Wort des lebendigen Gottes", zu der Erfahrung „Gott ist wahrhaft unter euch" (1 Kor 14,25) und zu dem Grundgefühl, dass der Segen wirkt. Das geschieht durch die sichere und nicht überexpressive Art der Zelebration. Schon durch die oft gegebene

5 Diese geht auf den Königsberger Philosophen und Begründer der wissenschaftlichen Pädagogik Johann Friedrich Herbart (1776–1841) zurück.

Tatsache, dass der Zelebrant des Ritus auch predigt und in der Predigt einfach, nachdenklich und offen für Probleme mit der Gemeinde spricht („Homilie"), kann Vertrauen auch in den Ritus entstehen. Die predigende Person zeigt auf, wie man viele Fragen und Probleme mit den überlieferten Texten haben und doch die Liturgie in einer „2. Naivität" feiern kann.

Bei einem gelingenden Gottesdienst sind der unterbrechende, der explikative und der mystagogische Aspekt demnach nur analytisch zu unterscheiden. In der angemessenen liturgischen Inszenierung liegen diese untrennbar zusammen. Sie bewirken, dass die Liturgie als Gottesbegegnung erlebt und gefeiert werden kann. Aus der reflexiven Unterbrechung des rituellen Handelns erhebt sich dieses als gestärkt und profiliert. Es ist deutlicher geworden, warum und wie man heute beten kann. Oder, mit einem Satz, den ich aus meinem homiletischen Seminar 1976 behalten habe: Die Predigt macht Lust zum Gebet.

4 Handelndes Nicht-Handeln: Das Gebet als Grundhaltung von Liturgie und Predigt

4.1

Das Gebet, das Stehen und Sich-selbst-Erleben vor Gott, ist die sachliche Mitte von Gottesdienst und Predigt. Die Liturgie ist explizites Gebet, so die feststehenden Elemente (Ordinarium), die Lieder und essentielle Teile der Sakramentenliturgie, während Lesungen, Predigt und Glaubensbekenntnis sowie Segen zwar keine Gebete sind, aber in der Haltung des Betens, also im Hören auf Gott und in der erhofften Gottesbegegnung, zu sich selbst kommen. Insofern kann man einfach feststellen: *Der Gottesdienst als ganzer ist Gebet.* Damit soll die Vielfalt der liturgischen Kommunikation nicht nivelliert, wohl aber profiliert werden. Dieses Verständnis der gemeinsamen Mitte bei aller dramaturgischen Verschiedenheit lässt sich mit zwei Einsichten abschließend bündeln.

4.2

Dramaturgisch unterbricht die Predigt den Ritus nicht nur, sondern sie profiliert ihn auch, so die bisherige Argumentation. Die Predigt ist Hilfe zum Beten, Einladung zum Beten und Vorbereitung zum Beten, indem sie die Schwierigkeiten beim Beten (Zweifel an Gottes Hören und Erhören, Zweifel an Gottes Dasein überhaupt, Zweifel an der Güte und Barmherzigkeit Gottes etc.) aufnimmt, durcharbeitet und relativiert (oder etwas zuversichtlicher: aus dem Wege räumt). Damit ist die Predigt die Vorbereitung für die Gebete nach der Predigt – und damit auch für das persönliche Gebet nach dem Gottesdienst.

Gleichzeitig wird die Predigt nach einem großen Teil des Ritus gehalten, z.B. nach der Erbarmensbitte (Kyrie) und der Bitte um Gottes aktuelle Präsenz (Kollekten- bzw. Tagesgebet). Sie ist damit auch eine diskursive Erprobung dessen, was man da bisher betend getan hat. In einem Satz zusammengefasst: Die Predigt kommt vom Beten her und führt auf das Beten hin. *Die Predigt ist die Vorbereitung und die Nachbereitung des Gebets* (Meyer-Blanck 2019, 361–370). Was die rhetorischen *genera dicendi* (→ §§ 21. 35) angeht, ist die Predigt weder Festrede noch Volksrede oder Gerichtsrede, wenngleich sie etwas von diesen Redearten haben wird. Primär ist die Predigt eine gottesdienstliche Rede, so dass man vom *genus liturgicum* sprechen kann. Predigt ist Gebetsrede.

4.3

Eines schließlich verbindet Predigt und Liturgie, Hören, Beten, Bekennen und Singen noch: Es ist die Haltung höchster Aktivität bei gleichzeitiger Passivität. Aktiv ist der Mensch im Hinblick auf seine Sinnarbeit, sein individuelles Symbolisieren (es ei denn, er besucht den Gottesdienst in großer körperlicher Erschöpfung und Müdigkeit oder unter dem Gefühl der Abneigung, aus welchen persönlichen oder sachlichen Gründen auch immer). Dieser Aktivität verbindet sich eine religiös bedingte Passivität: Nicht unsere Werke machen unseren Stand vor Gott aus (Röm 3,28), denn „mit unsrer Macht ist nichts getan" (EG 362,2) und Beten heißt Bitten, Hören und Loslassen. Es verbinden sich psychologische Aktivität und religiöse (soteriologische) Passivität, so dass man von „aktivischer Passivität" als der Grundhaltung von Gottesdienst und Gebet sprechen kann. Dieser psychologisch-religiösen Haltung hat auch die Predigt zu dienen, indem es diese vor- und nachbereitet und diskursiv unterstützt.

Zusammenfassung

In diesem Lehrbuch und speziell in diesem grundlegenden Paragraphen wird die These begründet, dass Liturgie und Predigt, Ritus und Rede einander brauchen und einander stützen und erläutern. Sie treten miteinander in einen Dialog und profilieren sich zusammen wie in gegenseitiger Abgrenzung. Die Liturgie dient der Predigt, indem sie eine konzentrierende, präparatorische und konfirmatorische Funktion entfaltet. Diese drei Aspekte sorgen insgesamt dafür, dass die Predigt unter der Annahme gehört werden kann, dass mit ihr Gotteserfahrungen möglich sind. Umgekehrt hat auch die Predigt eine der Liturgie dienende Funktion: Die Predigt unterbricht die Liturgie, erläutert die Liturgie und führt in die liturgische Kommunikation (mystagogisch) hinein. Damit lässt sich die Predigt dramaturgisch als die Nachbereitung und als die erneute Vorbereitung des persönlichen wie des liturgischen Gebetes verstehen. Die Predigt soll Lust machen zum Beten. Verbunden sind Liturgie und Predigt schließlich durch die spezifische Haltung von symbolisierender Aktivität bei soteriologischer Passivität („aktivische Passivität“).

§ 20 Die Predigt als religiöse Rede an ein Publikum

Literatur: Christian Albrecht: Schleiermachers Predigtlehre. Eine Skizze vor dem Hintergrund seines philosophisch-theologischen Gesamtsystems, in: Klassiker der protestantischen Predigtlehre, hg. von Christian Albrecht und Martin Weeber, Tübingen 2002 (UTB 2292), 93–119 · Aurelius Augustinus: Die christliche Bildung (De doctrina christiana), übers. und hg. von Karla Pollmann, Stuttgart 2002 · Joachim Knape: Was ist Rhetorik? Stuttgart 2000 · Michael Meyer-Blanck: Vom Symbol zum Zeichen. Symboldidaktik und Semiotik, Rheinbach ^{2}2002 [1995] · Michael Meyer-Blanck: Verkündigung, in: Grundlinien der Dogmatik, hg. von Ernstpeter Maurer, Rheinbach 2005, 245–263 · Michael Meyer-Blanck: Evangelium zeigen, in: Homiletik. Aktuelle Konzepte und ihre Umsetzung, hg. von Lars Charbonnier, Konrad Merzyn und Peter Meyer, Göttingen 2012, 137–152 · Michael Meyer-Blanck: Gottesdienstlehre, Tübingen ^{2}2020 [2011] · Michael Meyer-Blanck / Ursula Roth / Jörg Seip (Hg.): Jugend und Predigt. Zwei fremde Welten? München 2008 (ÖSP 6) · Dietrich Rössler: Beispiel und Erfahrung. Zu Luthers Homiletik, in: Klassiker der protestantischen Predigtlehre (UTB 2292, s.o.), 9–25 · Friedrich Schleiermacher: Pädagogische Schriften, 2 Bde., hg. von Erich Weniger, Düsseldorf / München 1957 · Friedrich Schleiermacher: Die praktische Theologie nach den Grundsätzen der evangelischen Kirche im Zusammenhange dargestellt, Berlin 1983 [Reprint von Berlin 1850] · Alexander Schweizer: Homiletik der Evangelisch-Protestantischen Kirche systematisch dargestellt, Leipzig 1848 · Otto Weber: Grundlagen der Dogmatik Bd. 2, Neukirchen-Vluyn ^{5}1977 [1962] · Stefan Welz: Die Kinderpredigt. Zur Predigtlehre und Praxis eines Verkündigungsmodells, Hooksiel 2001, 204–214

Wer predigt, hält eine Rede. Wer predigt, ist einsam auf der Kanzel (oder wo auch immer gepredigt wird), ist herausgehoben aus der Versammlung, von der er oder sie bei der Liturgie ein Teil war. Wer predigt, muss die Berechtigung zum Reden erst noch im Vollzug nachweisen. Es gilt die rhetorische Einsicht: Wer eine Rede hält, muss sich in den ersten Minuten erstens als sympathisch, zweitens als intelligent und drittens als gut vorbereitet zeigen. Sonst geht die rhetorische Kommunikation schief. Das heißt im homiletischen Fall: Man will einigermaßen sicher sein, dass es sich lohnt, erstens diesem angenehmen

Menschen, zweitens dieser guten Theologin und drittens jetzt und heute einer ausgefeilten Predigt genau zuzuhören. Ohne solches Hörvertrauen schweifen die Gedanken ab und das Gebotene landet in den Schubladen eigener Vorerfahrungen. Das Hörvertrauen des Publikums ist das kostbarste Kapital des Redners. Dieses gilt es mit Sorgfalt zu behandeln und möglichst zu vermehren. Man „leiht" einem anderen sein Ohr, weiß die Sprache, man verschreibt es nicht auf Dauer.

Mit anderen Worten: Die Predigt ist ein rhetorischer Fall. Damit kommen wir erneut auf die Neun-Felder-Matrix (→ § 6.4.4) zu sprechen, in diesem Fall auf die dritte Zeile zur Rhetorik. Die Rhetorik ist (wie die Liturgik) nicht nur ein Thema der formalen Homiletik. Sie gehört auch in die prinzipiellen (und die materialen) Überlegungen zur Predigt. Dazu sollen in diesem Paragraphen die grundlegenden Aspekte zusammengetragen werden, im folgenden Paragraphen geht es dann um die rhetorische Dialektik von Freiheitsgewinn und Beeinflussung und um die theologische Bewertung von Autonomie und Gebundenheit. Im Folgenden gehe ich der rhetorischen Trias von Rede (1.), Redner:in (2.) und Publikum (3.) in prinzipieller und dogmatischer Hinsicht nach.

1 Die Rede und die Sakramentalität des Wortes

1.1

Wer predigt, hält nicht irgendeine Rede, sondern eine sehr spezielle – eine religiöse Rede. Diese soll es ermöglichen, dass die Zuhörenden sich mit den fundamentalen Fragen ihrer Existenz befassen, so dass sie ihr Leben neu religiös deuten und dabei Glaubens- und Lebensgewissheit gewinnen können. In religiöser Sprache formuliert: Durch die Predigt soll Gott selbst gehört und seine heilsame Gegenwart erfahren werden können. Das Wort von der Kanzel soll aufgenommen werden „als das, was es in Wahrheit ist, als Wort Gottes, der in euch wirkt, die ihr glaubt" (1 Thess 2,13). Dogmatisch gesagt: Die Predigt ist sakramentale Rede, zugespitzt: In der Predigt verbinden sich Wort und Sakrament, und in der Theorie kommen Rhetorik und Sakramentenlehre zusammen.

Das mag sich zunächst wie eine allzu steile These anhören. Doch wir sind hier im Zentrum der evangelischen Homiletik und der Weg der rhetorischen und dogmatischen Selbstverundeutlichung würde das Verstehensproblem nicht lösen, sondern nur herunterspielen. Die evangelische Homiletik hat seit der Reformation betont, dass die heilsame Gotteserfahrung nicht auf die Zeichen beschränkt werden muss, die seit der frühen Kirche die „Sakramente" genannt werden. Luther hat es gewagt, die Sakramentalität auf das Wort, auf die Rede und auf die Kommunikation umzustellen. Der Gottesdienst ist demnach *nicht* dazu da, das objektiv in der Kirche vorhandene Heil weiterzugeben, sondern dazu, die Erlösungserfahrung in Form von Kommunikation, von Mitteilung und Darstellung, dem Verstehen zu erschließen. Das Wort von Christus, das „gute Geschrei" von ihm und darüber hinaus das wirksame Wort des aktuell präsenten Christus selbst soll „im Schwange gehen" (→ § 2.2.2), so dass mit den Gläubigen (und auch mit den zufällig anwesenden Gästen) real etwas geschieht. Die Predigt ist nicht nur Lehre, sondern auch Aktion: „Dialectica docet, Rhetorica movet. Illa ad intellectum pertinet, haec ad voluntatem."[6] Luthers Wort- und Predigtverständnis kann man als aktional und das heißt als zutiefst rhetorisch bezeichnen. Das Sakrament ist verbum visibile, das Wort ist sacramentum audible. Aber an dieser Stelle ist nicht die differenzierte Darstellung von Luthers Predigtverständnis gefordert (→ § 9.1), sondern die Klärung der soeben behaupteten Sakramentalität des Wortes und der Kanzelrede. Vergegenwärtigen wir uns dazu kurz einige Grundlinien evangelischer Sakramentstheologie, um diese mit der Predigt ins Verhältnis zu setzen.

1.2

Der Begriff „sacramentum" ist nicht neutestamentlich; das dort gebräuchliche Wort „μυστήριον" wird aber in der Vulgata vielfach mit „sacramentum" wiedergegeben (z.B. Eph 1,9; Kol 1,27; 1 Tim 3,16). Im Verlaufe der ersten Jahrhunderte wurde der Begriff zum *terminus technicus* für sakrale Handlungen, die das Heil vermitteln (Tertullian, Cyprian). Das Wort hatte einen rechtlichen Beiklang („Eid"). Augustin stellte den untrennbaren Zusammenhang von Wort und Zeichen her und reformulierte den Begriff sacramentum von seiner Zeichenlehre her: „detrahe verbum et quid est aqua nisi aqua? Accedit verbum ad elementum et fit sacramentum, etiam ipsum tamqam visibile verbum", lautet das berühmte Zitat aus Augustins Johannes-Homilien 80,3 (Weber 1977, 649). Bisweilen ist der Sakramentsbegriff wegen seiner kultischen Analogien grundsätzlich in Frage gestellt worden, aber der stattdessen vorgeschlagene Begriff „Verkündigungshandlungen" (Weber 1977, 656) hat sich nicht eingebürgert, weil „Sakrament" zu tief in der kirchlichen Bekenntnis- und Rechtssprache verankert ist.

Sakramente sind nach evangelischem Verständnis die beiden Zeichenhandlungen Taufe und Abendmahl, die auf die Lebenspraxis Jesu selbst zurückgehen (klassisch dogmatisch formuliert: die von ihm *eingesetzt* worden sind). Zum Sakrament gehören drei kommunikative Realia: das Zeichen (Wasser bzw.

6 WATR 2,359, TR 2199a = BoA 7,25; vgl. Rössler 2002, 12.

Brot und Wein), das Wort von Christus und der Glaube. Das Zeichen repräsentiert den übersubjektiven Gehalt, das Wort den Christusbezug und der Glaube die subjektive Aneignung. Würde eines der drei Elementaria Zeichen, Christusbezug, Glaube fehlen, würde das Sakrament kollabieren. Ein Sakrament ist der zeichenhafte Christusbezug, der im Glauben angeeignet wird. Das Christuszeichen ist die Aufforderung zum Hören, Glauben und Nachfolgen. Von diesem Aufforderungscharakter her könnte man auch von der Rhetorizität des Sakramentes sprechen. Es macht etwas mit dem Menschen, aber nicht ohne diesen Menschen. Indem es Glauben kommuniziert, ruft es zum Glauben. Das Sakrament redet.

1.3

Insofern kann man die Predigt durchaus in Analogie zu den Sakramenten verstehen. Das Zeichen der Predigt ist das Wort, der Christusbezug ist ihre Grundorientierung und der Glaube ist das, was zwischen Prediger:in und Gemeinde kommuniziert wird. Die Predigt „enthält" die Wahrheit ebenso wenig wie die Zeichen Brot, Wein und Wasser objektiv wirken. Das Zeichen wird im Glauben ratifiziert. Ohne die Rezeption, semiotisch gesprochen: ohne den Interpretanten als dritte Zeichenstelle, funktioniert das Zeichen „Wort" nicht. Die Gemeinde ist also die Instanz, die die Worte von der Kanzel „als" Gotteswort hört und die aus dem Zeichen der Rede den dort vorausgesetzten Glauben heraushört (s.o. 1.3 zu Kol 1,13). Als Zeichen wirken die sakramentalen Praktiken nicht ohne die Hörer:innen, sondern durch den gesamten Kommunikationsprozess Gottesdienst (→ § 19). Die Zeichen repräsentieren und vergegenwärtigen die Christusrealität. Wie anders sollte das aber auch der Fall sein? Zum gemeinsamen Darstellen, Mitteilen und Suchen nach religiöser Evidenz gibt es keine Alternative. Und doch ist es mit diesen Bemerkungen nicht getan. Es handelt sich bei diesen um theologische Setzungen, deren Zutreffen und Gelingen keinesfalls gesichert ist. Das mag so für die Dogmatik genügen; für die prinzipielle Homiletik in praktischer Absicht stellen sich jedoch die Folgefragen: Welche Bedingungen sind zu bedenken und welche Möglichkeiten zu nutzen, damit sich dieses Suchen und Finden von Gott tatsächlich ereignet? Damit sind wir bei den rhetorisch Beteiligten, bei denen, die religiös reden und bei ihrem Publikum.

2 Die redende Person und das Mitteilen, Darstellen, Zeigen von Religion

2.1

Die Predigt ist ein rhetorischer Fall. Auch eine christliche Rede will die Hörerschaft gewinnen. Schon Augustin, der erfahrene Rhetor und Rhetoriker, wusste das von Cicero:

> Es hat nämlich ein gewisser Redner gesagt, und zwar mit Recht, dass der Redner so sprechen muss, ‚dass er belehrt, erfreut und erschüttert.' Dann hat er hinzugefügt: ‚Es gehört zur Notwendigkeit, zu lehren, zur Gefälligkeit zu erfreuen, zum Sieg, zu erschüttern.' (Augustinus 2002, 172; XII.27,74)

Der „Sieg" bei einer Rede besteht darin, der eigenen Überzeugung zum Durchbruch oder wenigstens zur Wahrnehmung zu verhelfen. Wer redet, will etwas erreichen. Es überrascht nicht, dass Paulus seine eigene Freiheit am Evangelium (1 Kor 9,18) mit der Metaphorik des sportlichen Wettkampfes erläutert (1 Kor 9,24–27). Die eigentliche Motivation zum wirkungsvollen Predigen liegt in dem Wunsch, der eigenen Überzeugung Geltung zu verschaffen, der reale rhetorische Fall tritt allzu oft mit dem Kalender ein (es ist eben wieder Sonntag) und weniger mit dem Drang, den eigenen Glauben zu verbreiten. Die kalendarische Begründung ist allerdings rhetorisch inkonsistent. Wer redet, muss das aufgrund der inneren Nötigung tun (1 Kor 9,16–19) und nicht nur aufgrund der äußeren Pflicht.

Damit stehen wir vor einem ersten rhetorischen Paradox (zu einem zweiten Paradox aus Sicht der Hörer:innen → § 21). Es herrscht auf der Seite der predigenden Person der Zwang, selbst, aus innerer Freiheit, etwas zu wollen. Zugespitzt: Wer predigt, muss wollen wollen. Nur dann entsteht rhetorisch-homiletische Präsenz. Der Tübinger Rhetoriker Joachim Knape (geb. 1950) beschreibt die rhetorische Nötigung zum eigenen Willen so:

> Der rhetorische Fall tritt erst ein, wenn für den Orator die Frage von Wahrheit und Geltungsanspruch so weit geklärt ist, dass er in die rhetorische Handlung eintreten kann, die in persönlicher, direkter Kommunikation besteht. Wie der Orator zu seinem Zertum, zu seiner inneren Gewissheit gelangt, ist rhetoriktheoretisch unerheblich, erheblich ist dagegen, dass er sein Zertum bei anderen Menschen etablieren will. (Knape 2000, 31f.)

2.2

Wenn man dem rhetorisch zustimmt – und ich sehe keinen Grund, das nicht zu tun –, ergibt sich allerdings homiletisch ein doppeltes Dilemma. Zum einen kann man theologisch nur davor warnen, die Hörer:innen zu der eigenen glaubenden Überzeugung bringen zu wollen, weil der Glaube nach biblischem Verständnis das Werk des Heiligen Geistes ist („qui fidem efficit, ubi et quando visum est Deo", CA 5). Zum anderen ist der Wunsch, Menschen „als Maschinen [...] zu einem Urteile zu bewegen [...], das im ruhigen Nachdenken alles Gewicht bei ihnen verlieren muss",[7] dafür verantwortlich gewesen, dass die Rhetorik so sehr an Vertrauen eingebüßt hat. Seit der Aufklärung wird mit ihr der Verdacht einer „hinterlistigen Kunst"[8] verbunden. Der Niedergang der Rhetorik geht nicht erst auf den Missbrauch im Totalitarismus und Faschismus zurück, sondern hängt mit der Entdeckung des mündigen Subjektes („Sapere aude!") in der Zeit um 1800 zusammen, als auch die Kategorie der Bildung gebräuchlich wurde. Das Bewusstsein von der Freiheit des Einzelnen vertrug sich nicht gut mit der Vorstellung vom rhetorischen „Sieg" und der raffinierten Verbreitung von eigenen Überzeugungen.

Kants Reden von den Menschen als „Maschinen" bringt das Unbehagen gegenüber dem rhetorischen Missbrauch auf den entscheidenden Punkt. Dieses Unbehagen ist nicht nur ethisch, sondern auch anthropologisch und kommunikativ begründet. Eine mechanische Weitergabe von Gewissheit, Wahrheit, Überzeugung, Glaube verletzt für das postaufklärerische Empfinden die Menschenwürde. Ein Mensch ist keine „Hardware", auf der man irgendeine „Software" installieren und zum Laufen bringen kann. Auf einer solchen intuitiven Kritik beruht der schlechte Ruf der Rhetorik als einer „hinterlistigen" Kunst. Man kann nicht wollen, dass andere gegen ihre Überzeugung von etwas überzeugt werden.

2.3

Die normative Konsequenz besteht darin, dass der Begriff des „Zertums" des Redners aus homiletischer, aber auch schon aus rhetorischer Sicht, deutlich modifiziert zu werden verdient. Es kann nicht das Ziel sein, möglichst effektiv bestimmte religiöse Gefühle, eine bestimmte Überzeugung oder eine Handlungsmotivation in den Hörer:innen erzeugen zu wollen. Das wäre eine

---

7 Immanuel Kant: Kritik der Urteilskraft [²1793]; in: Werke, hg. von Wilhelm Weischedel Bd. X, 267 [A 216. B 218].

8 Ebd.

„übergriffige" Homiletik bzw. Rhetorik, wie sie Kant kritisierte. Wohl aber wird es das Ziel sein, das „Zertum" im Sinne der Priorität für ein bestimmtes *Thema* und der *Auseinandersetzung* mit bestimmten (biblischen) Aussagen zu verstehen. Das rhetorische „Zertum" ist nichts anderes als das reformatorische „solus Christus" und „sola scriptura" in Beziehung auf die Gemeinde und bestimmte Texte. Das Zertum wird konstituiert von der bewährten Annahme, dass sich im Umgang mit der biblischen Tradition Glaube einstellen kann. Der homiletische Imperativ lautet entsprechend: Wage deine eigene Auseinandersetzung, um so Lebens- und Glaubensgewissheit zu gewinnen.

Was bedeutet das für die predigende Person? Ihr Zertum ist eines, das im Modus der *Genese* einer Überzeugung zu *zeigen* ist. Die didaktische Rhetorik der Predigt kommt dann zum Ziel, wenn die Entstehung von Glaubensinhalten aufgrund von biblischen Texten nachvollziehbar und für die Zuhörenden attraktiv wird. Diese genetische rhetorische Strategie hat Friedrich Schleiermacher im Hinblick auf die universitäre Lehre so treffend beschrieben, dass dies in analoger Weise auch auf die Predigt zutrifft:

> Der Lehrer muss alles, was er sagt, vor den Zuhörern entstehen lassen; er muss nicht erzählen, was er weiß, sondern sein eigenes Erkennen, die Tat selbst, reproduzieren, damit sie beständig nicht etwa nur Kenntnisse sammeln, sondern die Tätigkeit der Vernunft im Hervorbringen der Erkenntnis unmittelbar anschauen und anschauend nachbilden. [...] Sein Reproduzieren muss kein bloßes Spiel sein, sondern Wahrheit; so oft er seine Erkenntnis in ihrem Ursprung, in ihrem Sein und Gewordensein vortragend anschaut [...]. (Schleiermacher 1957 Bd. II, 107)

Dieser didaktische Grundsatz lautet homiletisch gewendet: Die Aufgabe der predigenden Person besteht darin, das Zustandekommen des zum Gedanken gewordenen Gefühls darstellend mitzuteilen und mitteilend darzustellen. Schleiermachers wichtigste homiletische Einsicht ist es, dass Gottesdienst und Predigt nicht auf den Menschen und sein Bewusstsein *wirken* sollen, sondern dass diese das glaubende Gefühl und Bewusstsein *darstellen*, damit es zu einer lebendigen Zirkulation kommt (Meyer-Blanck 2020, 25–34). Damit ist die Eigenständigkeit der Hörer:innen betont. Wer predigt, macht nicht etwas an oder mit ihnen, sondern stellt sein „Zertum", die durch Christus lebendig gehaltene Gotteserfahrung dar, zeigt den Glauben in seiner situativen Bedeutung, damit die Gemeinde in die damit gegebene Zirkulation von religiösen Gedanken und Gefühlen hineinfindet. Es bleibt also bei dem rhetorischen Axiom, dass der Redner eine bestimmte Absicht im Hinblick auf das Publikum hat; diese Absicht ist aber nicht die Vermittlung von Kenntnissen, Gefühlen und Handlungsdispositionen. Das Ziel besteht darin, in die Zirkulation des dargestellten Fürchtens, Liebens und Vertrauens zu Gott hineinzunehmen. Die Predigt ist für Schleiermacher Darstellung des inneren Lebens (Albrecht 2002, 106). Sie soll das religiöse Bewusstsein der Anwesenden beleben.

Damit hat Schleiermacher der klassischen Rhetorik – ohne sich von ihr explizit kritisch abzusetzen – die pädagogisch schmerzende Spitze genommen. Doch hat er an der Wucht der Rhetorik als einer Kunst, die Menschen zu bewegen (bzw. zu „erschüttern"), gleichwohl festgehalten. Der Prediger soll weiterhin etwas wollen. Aber sein Wille richtet sich mit Schleiermacher nur mittelbar auf den Willen und die Gefühle der Gemeindeglieder. Diese sollen sich zwar angesprochen fühlen, sollen angeregt und bewegt sein, aber nichts dem Prediger zu Gefallen tun. Sie sollen nur eines: sich verwickeln lassen in dessen Erwägungen und Empfindungen, um dann ihrerseits die Gemeinschaft mit ihren eigenen Symbolisierungen zu bereichern. Man könnte also von einer Demokratisierung der Rhetorik über den Gemeinschaftsgedanken sprechen. Geht man ferner davon aus, dass darstellendes und wirksames Handeln nach Schleiermacher einen *relativen* Gegensatz bilden, so dass die andere Seite auch immer als Horizont gegeben ist, so kann man hinzufügen: Neben dem darstellenden Fokus hat Schleiermacher auch den wirksamen, den rhetorischen Aspekt in sein homiletisches Konzept integriert. Die Predigt soll auch wirken, gerade dadurch, dass sie von der Darstellung ausgeht und sich auf diese konzentriert.

Schleiermachers Predigtlehre kann insgesamt als „Verdichtungspunkt" seines philosophisch-theologischen Programms überhaupt verstanden werden (Albrecht 2002, 119). Das in der Gemeinde vorausgesetzte christliche Bewusstsein soll entwickelt, nicht aber als etwas Neues hereingetragen werden (Albrecht 2002, 107). Wer predigt, handelt „als Organ der Gemeine", aber doch „im eigentlichen Sinn von seiner Persönlichkeit aus productiv" (Schleiermacher 1983, 201).

3 Das Publikum und die Verarbeitung der Botschaft: Psychologische Überlegungen

3.1

Besonders im letzten Abschnitt, aber auch sonst schon im Verlaufe der Darstellung ist die herausgehobene Bedeutung der Rezipienten betont worden (→ § 15.4), während die klassische Rhetorik und Homiletik wesentlich von der redenden Person und von der zu übermittelnden Botschaft ausging, häufig von der Sender – Nachricht – Empfänger-Vorstellung, wobei es darauf ankam, die Nachricht möglichst störungsfrei vom Sender auf den Empfänger zu übertragen. Demgegenüber wird gegenwärtig – wie in der soeben vorgetragenen Schleiermacher-Interpretation – viel stärker die produktive Funktion der Rezipienten betont. Diese Vorstellung ist allerdings sehr voraussetzungsreich. Man muss davon ausgehen, dass die Hörenden die Predigt nicht nur eigenständig (selektiv) aufnehmen, sondern dass sie auch über die entsprechenden Möglichkeiten verfügen, produktiv Lesarten zu bilden und eigene Symbolisierungen zu entwickeln. Das hängt wesentlich vom Alter und vom sozialen Umfeld ab, so dass man im Hinblick auf Unterricht von den „anthropogenen und soziokulturellen Voraussetzungen" spricht.

Die moderne Entwicklungspsychologie hat dazu mehrere Stufentheorien erarbeitet. Diese können als Orientierung dienen, um die Predigt besser an den verschiedenen Altersgruppen der Gemeinde auszurichten. Diese Fragestellung ist in der materialen Homiletik im Hinblick auf das Bibelverständnis genauer auszuführen (→ § 26); aber schon an dieser Stelle sind einige Hinweise sinnvoll, damit das „Publikum" der gottesdienstlichen Rede Kontur gewinnt und nicht als eine gesichtslose Menge angesehen wird.

3.2

Wenn die Homiletik „die Hörer" oder „die Gemeinde" in Betracht nimmt, dann wird in aller Regel an Erwachsene mit einem mittleren oder höheren Bildungsniveau gedacht. Man hat Menschen vor dem inneren Auge, die wesentliche Lebenserfahrungen mit Liebe und Erfolg, Glück und Scheitern, Krankheit und Hoffnung, Schuld und Scham bereits gemacht haben. Sie können die Perspektive anderer übernehmen und wissen um die Ambivalenzen auch der als vorbildlich empfundenen Menschen. Sie können Geschichten als Beispiele für etwas anderes, als Gleichnisse für das Verhalten aller Menschen auffassen (z.B. die Gleichniserzählung vom Pharisäer und Zöllner Lk 18,9–14) und die Quintessenz (Lk 18,14) auf das eigene Leben beziehen und eigenständig übertragen. Die Erwachsenen verstehen symbolische, bildliche, allegorische, übertragene Sprachformen. In der Sprache des Entwicklungspsychologen Jean Piaget (1896–1980): Erwachsene Predigthörer beherrschen das „formal-operatorische" Denken und Verstehen. Ethisch reicht ihr sozialer Horizont über ihr persönliches Erleben (Partnerschaft, Familie, persönlich bekannte Gruppen) hinaus: Sie sind ansprechbar auf soziale und globale Problematiken. Selbst wenn sie selbst nicht gläubig sind, kann man davon ausgehen, dass sie auf metaphysische Fragestellungen ansprechbar sind (z.B.: Was ist der Anfang von allem? Was ist das Ziel? Warum gibt es das Böse?).

Kurz: Die psychisch und kognitiv Erwachsenen sind in aller Regel die impliziten Adressaten der Homiletik; es sei denn, Kinder und Jugendliche werden ausdrücklich in den Blick genommen (Welz 2001; Meyer-Blanck / Roth / Seip [Hg.] 2008). Auch die anspruchsvollen Überlegungen zur Zirkulation von religiösen Gedanken und Gefühlen im Anschluss an Schleiermacher (s.o. 2.3) gehen von konzentriert fragenden, hörenden und eigenständig symbolisierenden Gemeindegliedern aus, ja fast die gesamte Homiletik hat den erwachsenen und gebildeten Menschen in der Stadt vor dem inneren Auge. Er ist als das mitdenkende, eigenständig auswählende und situativ gestaltende Subjekt seiner eigenen Lebensgeschichte vorgestellt. Kritisch gewendet: Der Predigthörer der meisten homiletischen Konzeptionen – einschließlich der hier entwickelten – ist das starke, aufgeklärte, autonome und kritische Subjekt, das die in der Predigt angebotenen Lebensdeutungen eigenständig verarbeitet. Dass es sich bei dieser Vorstellung um ein nicht immer zu erreichendes Ideal handelt, liegt auf der Hand.

3.3

Wie anspruchsvoll die Vorstellung von den Hörer:innen in der Homiletik ist, zeigt sich, wenn man ihnen Kinder gegenüberstellt. Symbolisches und gleichnishaftes Verstehen liegt den meisten von ihnen fern. Auch noch Schulkinder interpretieren die Geschichten von Zachäus und Bartimäus, von Josef und Jona in der Regel als einmalig geschehene Ereignisse. Kindergartenkinder müssen erst noch lernen, einen Erzählablauf mit Einleitung, Verwicklungen, Höhepunkt und Schluss zu erfassen; sie bleiben häufig in eine Einzelheit vertieft und vergessen den Rest der Geschichte. Der soziale Horizont von Kindern wird von der eigenen Familie und Gruppe gebildet. Die Konzentrationsdauer umfasst nur wenige Minuten. Eine normale Predigt ist aus allen diesen Gründen erst einmal keine Kinderpredigt. Diese setzt vielmehr Erkenntnisse aus der Grundschuldidaktik voraus: Methodenwechsel, Dialogstruktur, Erzählhilfen (Handpuppe, Symbol). Und auch unter diesen besonderen kognitiven Bedingungen gilt eine zur Erwachsenenpredigt analoge Maxime: „Der / die Predigende hat Kinder als Partner im Entdecken von Glaubenswegen anzunehmen“ (Welz 2001, 213).

3.4

Noch einmal anders verhält es sich mit der Jugendpredigt. Die kognitiven Begrenzungen sind in diesem Alter durch die innere Entwicklung und die schulischen Lernanreize in der Regel überwunden. Dafür folgen Jugendliche im Konfirmandenalter und darüber hinaus einer besonderen Konzentration auf sich selbst und ihre nächsten Freundinnen und Freunde. Das Maß an Selbstreflexion ist besonders hoch und oft beziehen sich Mädchen wie Jungen auf einen besten Freund oder eine beste Freundin, so dass man von „Spiegel-Kommunikation" gesprochen hat: Ich erkenne mich selbst dadurch, dass ich darauf achte, wie ich auf die beste Freundin wirke – sie ist eine Art Spiegel für meine Körperpräsenz und mein Selbst. Damit ist der Umstand verbunden, dass Jugendliche die Dinge sehr stark auf sich selbst beziehen. Sie verstehen und nehmen alles sehr persönlich. Dadurch haben sie aber eher eine Stärke als eine Schwäche beim Predigthören. Das existenzielle Durchdenken der biblischen Charaktere und ein besonders intensives Erleben von Scham, Schuld und Anerkennung (die letztere ist die jugendliche Erlebnisweise von „Rechtfertigung") sind gute Voraussetzungen für das Verständnis von Denkformen reformatorischer Theologie. In diesem Alter stellt sich ein Gefühl dafür ein, dass der Mensch, wie er ist, nicht ganz in Ordnung ist. Der Gedanke der Erlösungsbedürftigkeit beginnt plausibel zu werden. Jugendliche sollten darum in der Predigt weder geistig noch geistlich unterfordert werden. Auf die Thematik ist in der materialen Homiletik zurückzukommen.

Zusammenfassung

Rhetorisch ist die Predigt als religiöse Rede an ein Publikum zu beschreiben, woraus sich die dreifache Beschreibung von Redentext, Redner und Gemeinde in systematischer Absicht ergibt. Zunächst geht es um die evangelische Einsicht, dass auch das Wort der Predigt ein wirkmächtiges Zeichen darstellt, weil es die Worte Christi und darüber die Gotteserfahrung aufschließt. Im zweiten Abschnitt geht es um die Bedeutung der predigenden Person in systematisch-rhetorischer Hinsicht. Wer predigt, will durch Reden seinen Einfluss geltend machen; dabei wurde festgehalten, dass es nicht darauf ankommt, die Gemeinde zur Annahme bestimmter Einsichten und Lehren zu bewegen, sondern darauf, Zuhörende in den Text zu verwickeln und zur eigenen Auseinandersetzung zu bewegen. Was die Gemeinde angeht, wurden besonders die Kinder und Jugendlichen in ihrer spezifischen Predigtmotivik angesprochen: Kinder verlangen eine elementarisierte, erzählend-dialogische Predigtweise, Jugendliche haben ein hohes Interesse und Sensibilität für menschliche Grundfragen. Für sie wie für alle beherzige man die Regel: Die Hörerschaft gilt es zu fordern – man soll sie weder geistig noch geistlich unterfordern.

§ 21 Freiheitsgewinn und Beeinflussung: Die pädagogische Orientierung an den Zuhörenden

Literatur: Aristoteles: Rhetorik. Übersetzt und hg. von Gernot Krapinger, Ditzingen / Stuttgart 2019 [1999] · Ruth Conrad: Kirchenbild und Predigtziel, Tübingen 2012 (PThGG 11) · Wilfried Engemann: Erschöpft von der Freiheit – Zur Freiheit berufen. Predigt als Lebens-Kunde unter den Bedingungen der Postmoderne, in: ders.: Der Mensch ist anders. Anthropologie im Fokus des Pfarrberufs, Leipzig 2024, 121–146 · Homiletische Präsenz. Predigt und Rhetorik, hg. von Michael Meyer-Blanck, Jörg Seip und Bernhard Spielberg, München 2010 (ÖSP 7) · Ernst Käsemann: Eine paulinische Variation des „amor fati", in: ders.: Exegetische Versuche und Besinnungen Bd. II, Göttingen ³1970, 223–238 · Immanuel Kant: Beantwortung der Frage: Was ist Aufklärung?, in: Werke in 12 Bänden, hg. von Wilhelm Weischedel, Frankfurt (Main) 1981, Bd. 11, 51–61 [1784] · Joachim Knape: Was ist Rhetorik? Stuttgart 2000 · Philipp Melanchthon: Elementa rhetorices, hg. u. übersetzt von Hartmut Wels, Potsdam ²2001 (Bibliothek seltener Texte in Studienausgaben Bd. 7) · Michael Meyer-Blanck: Entschieden predigen. Zehn rhetorische Behauptungen, in: ders.: Agenda. Zur Theorie liturgischen Handelns, Tübingen 2013 (PThGG 13), 225–233 · Michael Meyer-Blanck: Was ist „homiletische Rhetorik"?, in: ders. (Hg.): Handbuch Homiletische Rhetorik, Berlin / Boston 2021, 3–28 · Alexander Schweizer: Homiletik der Evangelisch-Protestantischen Kirche systematisch dargestellt, Leipzig 1848 · Franz Theremin: Die Beredsamkeit eine Tugend. Grundlinien einer systematischen Rhetorik, Berlin ²1837 [1814] · Friedrich Wintzer: Die Homiletik seit Schleiermacher, Göttingen 1969 (APTh 6)

1 Rhetorik und Pädagogik

1.1

Rhetorik und Pädagogik sind in der Homiletik keine frei wählbaren konzeptionellen Kategorien, sondern vielmehr notwendige Reflexionskategorien. Eine Rede ist immer ein pädagogisches und rhetorisches Phänomen: „Eine Rede besteht nämlich aus dreierlei, einem Redner, einem Gegenstand, worüber er spricht, und einem Publikum; und der Zweck der Rede ist nur auf ihn, den Zuhörer, ausgerichtet." (Aristoteles 2019,19 [1358a–b]) Eine a-pädagogische und a-rhetorische Predigt gibt es nicht, es stellt sich lediglich die Frage, welche Art von Rhetorik und Pädagogik vorherrscht. Die Wort-Gottes-Theologie in der Mitte des 20. Jahrhunderts (→ § 15.2) hat der Homiletik – jedenfalls mit ihrer rhetorischen Ignoranz – eher geschadet. Der spezifische Inhalt der Predigt, der sich einstellende Glaube, setzt den rhetorischen Fall nicht außer Kraft, sondern konkretisiert ihn. Insofern gehört nicht nur die Rhetorik in die Homiletik, sondern auch vice versa bietet die Homiletik wichtige Einsichten für die Rhetorik, so dass die Begriffsbildung „homiletische Rhetorik" berechtigt ist.

Rhetorik ist die Kunst, durch öffentliches Reden Menschen zu bewegen; Pädagogik ist die Kunst, anderen zur Freiheit zu helfen, oder, etwas vorsichtiger formuliert: Andere auf ihrem Weg zur Freiheit zu begleiten. Dabei bezeichnet das Wort „Pädagogik" (παιδαγωγική τέχνη) ebenso wie „Rhetorik" sowohl die Kunst selbst als auch die dazu gehörende Theoriebildung. Ein Pädagoge oder eine Pädagogin begleitet auf dem eigenen Weg zum eigenen Weg und (bzw. oder) bildet eine entsprechende Theorie dazu aus. Jede gute Redetheorie muss pädagogisch grundiert sein, sofern es ihr um das Wohl des anderen geht. Ein schlechter Rhetor hält seine Rede, um andere auf einen bestimmten Weg zu bringen; ein guter sucht sich dem Hörer an die Seite zu stellen und ihn auf dessen eigenem Weg zu unterstützen. Von daher ist die Rhetorik eine zutiefst pädagogische Kunst und Kunstlehre. Hat die Pädagogik ihre entscheidenden Wurzeln in der Epoche der europäischen Aufklärung, so bekommt die Rhetorik, die wesentlich in der Antike ihre Gestalt annahm, durch ihre pädagogische Relektüre einen zusätzlichen Verjüngungsimpuls; das konnte ich im letzten Paragraphen zeigen.

Dort wurde die Predigt als rhetorisches Phänomen, als eine Rede an ein Publikum beschrieben und es zeigte sich, dass Prediger:innen sehr wohl versuchen, auf die Zuhörenden zu wirken und ihren eigenen Einfluss geltend zu machen. Die Rhetorik kam dabei aber gerade nicht als „hinterlistige" Kunst in den Blick, sondern als die Verwicklung in einen von der Kanzel aus präsentierten Gegenstand, mit dem sich die Gemeinde auseinandersetzen soll. Dass dies sinnvoll ist, muss die predigende Person bejahen. Sie muss entschieden predigen. Anderenfalls handelt sie im performativen Selbstwiderspruch. Dieser inneren Hemmung zu entgehen, hilft die pädagogische Reflexion. Diese klang im Verlaufe der Darstellung bereits an (→ § 5.6) und ist im Folgenden zu vertiefen.

1.2

Dabei ist an die Unterscheidung von Pädagogik als umfassender Lerntheorie und Didaktik als Unterrichts- und Vermittlungstheorie zu erinnern. Die Predigt darf nicht didaktisch enggeführt werden, denn es geht bei ihr nicht primär um die Vermittlung von bestimmten Kompetenzen oder Wissensbeständen. Die didaktische Engführung geht auf die evangelische Tradition seit der Reformation und Orthodoxie zurück, als man bemüht war, die entscheidenden evangelischen Lehrbestände in kontroverstheologischer Absicht zu verbreiten. Gewiss sind die Lehrpredigt und das lehrende (unterscheidende) Element nicht zu vernachlässigen, aber sie stehen nicht an erster Stelle. Die Predigt ist eine religiöse Rede, keine unterrichtliche. Philipp Melanchthon hat besonderen Wert auf die Lehrpredigt gelegt. Hier sollte über Sachverhalte wie Buße, Gnade, Gesetz und Glaube aufgeklärt werden (Melanchthon 2001, 42f. 47–53). Dies war in der Zeit der Lehrauseinandersetzungen zweifellos wichtig, steht aber heute hinter der fundamentalen Frage nach der Möglichkeit des religiösen Glaubens zurück.

Die umfassende pädagogische Fragestellung führt in das Zentrum der prinzipiellen Homiletik: Wie kann es die Predigt erreichen, dass evangelisch gesinnte Menschen Freiheit erleben und dass frei gesinnte Menschen das Evangelische spüren und erfahren? Eröffnet Pädagogik den Weg zur eigenen Freiheit, so die Predigt den freien Weg zum eigenen Glauben. Da nach evangelischem Verständnis die Freiheit Kennzeichen des Glaubens ist, hat die Homiletik der Pädagogik als einer Theorie der Freiheit besondere Aufmerksamkeit zu widmen.

Auch diesen Paragraphen verstehe ich als ein Plädoyer für die Rhetorik und für die Entscheidung, auf die Zuhörenden wirken zu wollen. Vielfach wird solches Ansinnen von jungen Prediger:innen als unangemessen, ja, als „übergriffig" angesehen. Solch eine Ansicht schwächt und untergräbt die rhetorische Rolle. Wer beim Reden nichts will, muss sich nicht wundern, wenn keiner zuhören will. Wer nichts will, sagt auch nichts, weil die Absicht den eigentlichen Inhalt ausmacht. Predigen heißt, für die Zuhörenden erkennbar sein und mit ihnen kommunizieren. Wenn das geschieht, sprechen wir von „homiletischer Präsenz" und diese wiederum verlangt sowohl Rollenbewusstsein als auch Rollendistanzbewusstsein (Homiletische Präsenz 2010, 18). Dieses Wechselspiel wiederum kann nur durch langwierige Bildungsprozesse und Identifikationen auf Probe (im Vikariat) erworben werden. Homiletische Präsenz ist keine Technik, sondern Ergebnis und Ausweis rhetorischer Bildung.

2 Das rhetorische und das pädagogische Paradox

2.1

Aus rhetorischer Sicht wurde im letzten Paragraphen das Paradox formuliert, dass ein Prediger wollen „muss". Er ist dazu gezwungen, nicht gezwungen zu sein, sondern frei seine eigene Überzeugung mitzuteilen und darzustellen. Es gilt auszustrahlen, dass er oder sie „voll großer Zuversicht" (παρρησία) redet, wie Paulus schreibt (2 Kor 3,12; 7,4), weil anderenfalls die rhetorische

Kommunikation kollabieren würde. Wer predigt und nicht(s) will, verbreitet Unsicherheit und Verwirrung. Wer nur predigt, weil die Zeit dafür da ist, aber nicht, weil er / sie in der Zeit ganz da ist, fällt ins rhetorische Nichts. Die rhetorische Kommunikation funktioniert dagegen dann, „wenn ein Sprecher das Zertum (seine innere Gewissheit) gefunden hat [...] und ihm mit seinem *Ego autem dico* aktiv Geltung verschaffen will" (Knape 2000, 76, dort kursiv). Jedes Publikum spürt, ob dieses rhetorische Paradox erkannt und fruchtbar gemacht wurde, ob also die Redesituation in ihrem Zwang zur Freiheit bejaht und in ihrer Widersprüchlichkeit genutzt wird. Etwas dramatisch zugespitzt: Wer predigt, muss frei heraus reden und produktiv mit dem Redezwang umgehen, der ihn realiter bestimmt. Er muss zugleich ein Drängender und ein von seiner Sache (seinem Zertum) Getriebener sein.

Dazu wird das nachvollziehbare Eingeständnis gehören, aus Notwendigkeit zu reden, aber eben dies in „Freudigkeit" und „Zuversicht" zu tun. Damit bleibt das rhetorische Paradox: Predigen ist der Zwang zur freimütigen Rede. Paulus hat das in 1 Kor 9,16 theologisch begründet („wehe mir, wenn ich das Evangelium nicht predigte!"): Er unterliege einem Schicksal (ἀνάγκη). Er *müsse* das Evangelium predigen, doch rühmt er sich gleichzeitig dieses Umstandes: „Sein Schicksal ist das Evangelium, dem zu dienen Seligkeit ist." (Käsemann 1970, 238) Das Predigen ist sein Schicksal, ist ihm Ananke und Erfüllung zugleich. Paulus ist auch in seinem Handeln gänzlich frei, macht sich aber allen zum Diener (1 Kor 9,19): Luthers Lektüre von 1 Kor 9 in der Freiheitsschrift von 1520 ist bekannt.

Doch unabhängig von diesem Zwang des Evangeliums, wie ihn Paulus im eschatologischen Kontext erfasst, unterliegt jeder Redner einem Zwang, dem rhetorischen Zwang, reden zu wollen – und nicht zu müssen. Wer muss und dieses Müssen – etwa mit einer larmoyanten Klage über die verordnete Perikope – zu erkennen gibt, verspielt allen persönlichen Kredit. Nur wer etwas will, ist rhetorisch interessant.

2.2

Mit diesem rhetorischen Paradox haben wir hauptsächlich die predigende Person und ihre allein schon durch ihr Reden gegebene „Ananke" in den Blick genommen. Wechseln wir an dieser Stelle die Perspektive und wenden uns den Adressaten, den Hörerinnen und Hörern zu. Auch sie unterliegen einem Zwang, der sich aus dem Wollen des Redners ergibt. Es handelt sich um ein rhetorisches, aber noch stärker um ein pädagogisches Paradox. Wie kann die rhetorische *Beeinflussung*, die ja qua definitionem mit einem Stück Autonomieverlust verbunden ist, durch die Predigt zum Gewinn von *Freiheit* werden?

Ähnlich wie das grundlegende pädagogische Paradox, demzufolge Erziehung ein zwangsweises Institut zur Erzeugung von Unabhängigkeit und Freiheit darstellt, in der Aufklärung entdeckt wurde, so wurde auch das rhetorische Paradox, der Weg zur selbstverantworteten Freiheit durch die gezielte Einflussnahme eines Redners, in der Aufklärungszeit formuliert. Ich greife zur Klärung der *prinzipiellen* Frage nach der Freiheit der Hörer noch einmal auf eine *historische* und rhetorisch konturierte Konzeption von Predigt und Homiletik zurück (→ § 11) und befrage ausführlich den schon kurz behandelten Berliner Prediger Franz Theremin (→ § 13.3).

3 Die Predigt – eine Angelegenheit für freie Menschen bei Franz Theremin (1780–1846)

3.1

Franz Theremin stammte aus einer reformierten hugenottischen Pfarrerfamilie, hatte in Berlin das Abitur abgelegt und in Genf und Halle studiert. Besonders verbunden war er den Romantikern Adalbert von Chamisso, Friedrich de la Motte-Fouqué, Karl August Varnhagen von Ense; aber auch zu den Kreisen der Berliner Erweckung hatte er Beziehungen. Theremin war zwölf Jahre jünger als Schleiermacher, mit dem er wenig persönlichen Kontakt hatte. Ab 1809 wirkte Theremin zunächst als französischer Prediger an der Werderschen Kirche in Berlin; 1814 wurde er dann zum Hof- und Domprediger ernannt; dies entsprach seinem langjährigen Wunsch, in deutscher Sprache zu predigen. Ab 1840 hielt Theremin homiletische Vorlesungen und Übungen an der Berliner Universität. Er kam leider nicht mehr dazu, eine Homiletik zu veröffentlichen, so dass nur seine Rhetorik greifbar ist. Diese kann aber durchaus auch als Homiletik gelesen werden. Theremin war einer der berühmtesten Prediger seiner Zeit. Die meisten seiner Predigten wurden in zehn Bänden veröffentlicht und noch Jahrzehnte nach seinem Tod weit über Berlin hinaus gelesen.

3.2

Mit seiner Schrift „Die Beredsamkeit eine Tugend“ setzte Theremin einen lange wirksamen Impuls, der die Aufklärungspredigt ethisch, pädagogisch und emotional konturierte. Er beschrieb darin die Predigt als einen Spezialfall der allgemeinen Beredsamkeit: Reden ist eine Tugend, die für das Menschsein hilfreich ist – und Predigen ist das erst recht. Den Gestus des großen Kanzelredners lehnte er ab. Für Theremin war das Grundbild der Rede das Gespräch: „Deshalb, weil die Deutschen so gerne Reden halten, anstatt sich zu unterreden, sind sie wiederum keine besonderen Redner; denn die Grundform der Rede ist das Gespräch.“ (Zitiert nach Wintzer 1969, 110)

Grundsätzlich anders als Schleiermacher (→ § 12) bestimmt Theremin das Wesen der Predigt im Kontext des wirksamen und nicht des darstellenden Handelns. Ihm geht es primär um eine ethische Bestimmung der Predigt, um das Helfen zum Handeln. Die Predigt ist zuerst einmal eine Rede und hat als solche eine Wirkungsabsicht. Als Praxis der „Beredsamkeit“ gehört sie in die Tugendlehre. Ihr Hauptziel ist weder die Erkenntnis noch die ästhetische Anschauung, sondern das Handeln. Klar heißt es zu Beginn: „Die Beredsamkeit ist kein Mittelding zwischen Poesie und Philosophie“ (Theremin 1837, 10) bzw. noch deutlicher: „Die Beredsamkeit ist weder Poesie noch Philosophie“ (14). Anders als ein Gedicht oder eine Geschichte, die eine Idee entwickeln, besteht die Beredsamkeit im „Streben nach einem äußeren Zwecke“ (14). Die Absicht der Poesie kann es „niemals seyn, die Ideen, die sie so selbstgefällig ausbildet, einem fremden Gemüthe einzupflanzen“ (15); zudem würde eine „mit poetischem Schmuck überladene Rede“ ein „Gefühl des Unwillens und des Ekels“ hervorrufen“ (15). So angenehm poetische Predigten auch anzuhören sind, versetzen sie doch die Zuhörer leicht in Unsicherheit, was der Prediger von ihnen will. Poetische Predigten kommunizieren nicht rhetorisch, sondern nach dem Schema der Dichterlesung. Das ist ein anderer Stil der Rezeption. An dieser Stelle fallen einem sofort die gegenwärtigen poetischen Predigtkonzepte ein. Auch bei ihnen droht die rhetorische Zielbestimmung zu verschwimmen (→ § 15.5).

3.3

Damit nun zu dem entscheidenden Punkt bei Theremin, dem Zuwachs an Freiheit für die Zuhörenden auf dem Wege der Beeinflussung, also zu dem, was ich das „rhetorische Paradox“ nenne. Theremin will wirken, aber er will nicht, dass der Redner seinen eigenen Willen auf die Zuhörer überträgt. Er warnt ausdrücklich, der Redner dürfe sich kein Recht über die Freiheit der Zuhörenden „erschleichen“ – er habe ihnen vielmehr zu ihrer eigenen Freiheit zu verhelfen. „Derjenige, der fortgerissen wird, muss auch zugleich selbständig handeln; und indem er dem Willen des Redners folgt, muss er seinem eigenen Willen nicht bloß zu folgen glauben, sondern auch wirklich folgen.“ (27)

Wer sich eine Rede anhört, will etwas Neues davon mitnehmen und nicht nur in seinen bisherigen Orientierungen bestätigt werden. Man räumt dem Redner bzw. Prediger das Recht der Einflussnahme ein, auch wenn man die Konsequenzen selbst bestimmen möchte. Die Rede soll alternative Wege aufzeigen und gerade so die eigenen Optionen vermehren. Sie soll die Zuhörenden auf einen Weg locken, den sie aber selbst gehen müssen. Dabei nimmt die gute Rede – als pädagogisches Handeln – die Zuhörer als das, was sie immer erst noch werden sollen, als freie Wesen, die sich um mehr Freiheit für alle kümmern. So hat der Spätaufklärer Theremin nicht nur die Predigt, sondern jegliche Rede verstanden: als Ereignis von Freiheit und Vermehrung von Autonomie. In einem Gedicht in seinem Buch „Abendstunden" hat er das folgendermaßen auf den Punkt gebracht:

> Jeder gehorcht Dir, und meint nur dem eigenen Willen zu folgen;
> Jeder glaubet sich frei, wenn Du gewaltig ihn zwingst.
> Frei auch ist er! Du hast im Gemüth nur den eig'nen Entschluss ihm
> Ausgebildet, es folgt Jeder dem inneren Gott. (Zitiert nach Conrad 2012, 148)

Der Hörer ist gezwungen, seinen eigenen Entschluss auszubilden; das „Gehorchen" bezieht sich auf die Betätigung des eigenen Willens, auf den Vollzug der eigenen Autonomie. Dass dies im Gefolge von Kants Begriff der praktischen Freiheit gedacht ist, liegt auf der Hand. Die Rede ist damit nach Theremin nicht nur ein Mittel zur Beförderung von Freiheit, sondern selbst ein Ereignis von Freiheit, in heutiger Diktion: Die wahre Rede ist eine performative Gestalt von Freiheit. So verstanden ist die Rhetorik nicht nur der Weg zur Tugend; vielmehr ist „die Beredsamkeit eine Tugend". Oder, ganz knapp und dialektisch: „Der Zuhörer, indem er fortgerissen wird, soll dennoch frei bleiben" (29). Der Redner respektiert nicht nur die Freiheit des Hörers, sondern „indem er ihn ganz zu überwältigen und niederzudrücken scheint, hat er ihn durch Belebung seiner Ideen zum höchsten Grad des Bewusstseins und der Selbstständigkeit erhoben." (30)

3.4

Damit votiert Theremin ganz anders als Kant, der in erster Linie den Missbrauch der Rede für die eigenen Interessen im Blick hatte. Theremin nimmt in einer positiven Grundhaltung zur Kunst der öffentlichen Rede Stellung und spricht nicht nur über die Predigt. Die öffentliche Rede ist eine pädagogische Möglichkeit, um die Zuhörenden zu ermutigen, ihren eigenen Weg zu gehen. Wenn Theremin entsprechend die „Beredsamkeit" eine „Tugend" nennt, dann kann man mit Kant sagen: „Beredsamkeit" bedeutet, Menschen gut zuzureden, dass sie den Mut haben, sich ihres Verstandes „ohne Leitung eines anderen zu bedienen" (Kant 1981 [1784], 53). Kant zufolge soll es Pflicht sein, „in Religionsdingen den Menschen nichts vorzuschreiben, sondern ihnen darin volle Freiheit zu lassen" (59f.). Rede und Predigt sollen Mittel und Gestalten dieser

Freiheit sein. Sie sollen die Zuhörenden in die Lage versetzen, ihre eigene Freiheit auszuleben.

3.5

Ein letzter Punkt betrifft die Emotionen. Die aufklärerische Tradition steht ja in dem Ruf der kühlen Rationalität und tendenziellen Leibfeindlichkeit. Doch bei Theremin ist auch das nicht der Fall; nicht umsonst war er ein Berliner Starprediger. Theremin unterscheidet Affekte und Leidenschaft. Affekte beim Reden und Predigen werden befürwortet, Leidenschaften werden zurückgewiesen. Affekte entstehen aus der Begeisterung für eine Einsicht, während Leidenschaften durch einen rein äußerlichen Gegenstand hervorgerufen werden (etwa durch den Wunsch nach Erfolg beim Publikum oder Parteinahme für eine politische Ansicht). Die Leidenschaft reißt einen mit sich fort und lässt von allen guten Geistern verlassen sein. Ein Affekt ist für Theremin dagegen die Erscheinungsform einer Idee, das positive „Affiziertsein" von etwas Höherem: „Die Wärme des Gefühls und der Leidenschaft [ist] unklar und verworren, einem trübe glühenden Feuer zu vergleichen; der Affekt hingegen [ist] stets besonnen, stets auf den leisesten Wink der Vernunft aufmerksam". (106) Der Affekt ist „der allerseligste Zustand, zu dem sich der Mensch erheben kann. [...] Er ist [...] die moralische Natur des Menschen selbst, und zwar in ihrem schönsten Glanz, ihrer höchsten Würde" (107); anders als die Leidenschaft ist der Affekt anhaltend und nicht vergänglich. Feindschaft z.B. hat keinen Anhalt an der Vernunft und ist darum nie ein Affekt, sondern immer eine Leidenschaft (124). Feindschaft widerspricht dem Humanum und kann darum nicht von einer positiven Emotion (einem Affekt) begleitet sein, sondern nur von einer destruktiven Leidenschaft.

Wenn das Ideal den Redner affiziert, wird es auch die Zuhörer ergreifen, ohne dass deren Freiheit gefährdet wird. Soll das Leben generell nie leidenschaftlich, aber immer affektvoll sein, so gilt das erst recht für den Redner. Seine Affekte sind das Medium, in dem sich das Gute, die Tugend, das wahrhaft Menschliche erschließt. Erst der Affekt des Redners befähigt den Hörer, das eigene Wollen auch konsequent zu wollen und sein Streben nach „Pflicht, Tugend und Glück" in die Tat umzusetzen:

> Freilich könnte es dabei sein Bewenden haben, wenn im Menschen, seiner Natur nach, Wissen, Wollen und Vollbringen ein und derselbe Akt wäre. Alsdann brauchte er nur zu wissen, dass er wollen soll, um zu wollen, und nur zu wollen, um zu vollbringen. So ist es aber nicht. Es gibt ein kaltes Wissen, das kein Wollen erzeugt, es gibt ein schwaches Wollen, das nie ins Vollbringen übergeht. (113)

Affekte sind also nicht nur unvermeidlich, sondern auch strategisch sinnvoll. Sie verwickeln die Zuhörer in das Spiel des Lebens, in das Streben nach dem Guten und nach dem Glück. Die emotionsfreie Predigt ist darum in mehrfacher Hinsicht ein falsches Ideal.

3.6

Theremin hat damit – anders als Schleiermacher und ähnlich wie Alexander Schweizer (→ § 13.5) – die Wirkung der Predigt auf die Zuhörenden wieder positiv hervorgehoben. Predigen ist für ihn nicht nur darstellendes, sondern auch auf den Willen wirkendes Handeln. Dabei zeigt Theremin auf, wie sich Pädagogik und Rhetorik als Praxistheorien auswirken, die *rhetorisch* der Freiheit des Menschen und *homiletisch* der Freiheit eines Christenmenschen dienen. Diesen Freiheitscharakter hat er auch dadurch profiliert, dass er die Predigt als eine freie Unterredung unter Gleichen beschrieben hat. Die Predigt ist neben allem andern vorwiegend ein vertrautes Gespräch, eine „homilia".

3.7

Welche Einsichten ergeben sich aus Theremin und über ihn hinaus? In heutiger Begrifflichkeit kann man von einer doppelt zweiseitigen rhetorischen Dialektik sprechen: Wer als Redner auf sein Publikum wirken will, muss es zunächst bestätigen, damit Vertrautheit entsteht und von daher auch der Wille, sich neuen Einsichten zu öffnen. Umgekehrt gilt aus Sicht des Publikums (bzw. der Gemeinde) der Grundsatz: Wer zuhört, möchte einerseits in seinem eigenen Denken wertgeschätzt (und nicht beschimpft oder verdächtigt) werden; aber man möchte außerdem Neues geboten bekommen und nicht so nach Hause gehen, wie man gekommen ist. Die Hörer einer Rede räumen der redenden Person das Recht ein, sie zu verändern, nicht zu viel, aber doch. Darum enttäuscht sie ein Redner, der nichts will: Er behandelt die Hörerschaft nicht als ernstzunehmenden Gegner, sondern wie unmündige Menschen.

Es bleibt dabei: Wer redet, muss wollen und wer hört, will angesprochen werden, und zwar als Freund ebenso wie als Partner in der Auseinandersetzung. Wer als Redner nur schmeichelt, verliert sein Publikum ebenso wie der, der auf totale Überredung setzt. Wer zuhört, möchte von der verhandelten Sache begeistert, ja fortgerissen werden – denn sonst hätte sich das Kommen nicht gelohnt. Wer eine Predigt anhört, gebraucht die eigene Freiheit, etwas auf sich wirken und sogar, sich verändern zu lassen. Wer diese Möglichkeit nutzt, wird umso fester in seiner eigenen Gewissheit. Das Predigthören stärkt im Glauben und hat zugleich bildende Wirkung.

Zusammenfassung

Neben dem rhetorischen Paradox, das vor allem die predigende Person betrifft und das in § 20 behandelt wurde, ist beim Predigen auch ein pädagogisches Paradox zu beachten, das sich vor allem im Hinblick auf die Zuhörenden stellt. Das pädagogische Paradox besteht in der Spannung zwischen Freiheits- und Autonomiegewinn einerseits und Einwirkung und Beeinflussung durch die Rede andererseits. Zuhören ist die implizite Einladung an die Rede, mich zu überreden. Das pädagogische Paradox, das man zugespitzt als „Zwang zur eigenen Freiheit" beschreiben kann, ist auch beim Predigen zu beachten. Den Zuhörenden werden gerade neue Möglichkeiten eröffnet, indem sie genötigt werden, sich auf die Predigtgedanken einzulassen. Die gute Rede erbringt einen Zuwachs an Freiheit der Adressaten auf dem Wege der Beeinflussung. In einzigartiger Weise hat diese Zusammenhänge der Berliner Aufklärungsprediger Franz Theremin erfasst, so dass seine Rhetorik wesentlich zur Klärung der prinzipiell-homiletischen Zusammenhänge dient. Dabei wird auch erneut deutlich, dass Predigt und Homiletik in der Aufklärungszeit wesentlich mehr zu bieten haben als in der älteren Literatur viel karikierten Hinweise zu Ackerbau und Viehzucht.

§ 22 Impulse für die prinzipielle Homiletik aus der römisch-katholischen Homiletik

---

Literatur: Annibale Bugnini: Die Liturgiereform 1948–1975. Zeugnis und Testament, Freiburg (Brsg.) 1988 [ital. 1983] · Papst Franziskus: Apostolisches Schreiben *Evangelii gaudium* [=EG], 24. November 2013, Bonn 2013 (Verlautbarungen des Apostolischen Stuhls, 194) · Domenico Grasso: Annuncio della Salvezza. Teologia della predicazione, Neapel 1973 · Norbert Greinacher: Verkündigung als Grundfunktion der Kirche, in: Handbuch der Verkündigung, hg. von Bruno Dreher u.a., Freiburg (Brsg.) 1970, 335–362 · Kongregation für den Gottesdienst und die Sakramentenordnung: Redemptoris sacramentum über einige Dinge bezüglich der heiligen Eucharistie, die einzuhalten und zu vermeiden sind [=RS], Bonn 2004 (Verlautbarungen des Apostolischen Stuhls, 164) · Luis Maldonado: L'omelia. Predicazione, liturgia, comunità, Mailand 1995 · Michael Meyer-Blanck: „Verbum visibile" o „sacramentum audibile". Eucaristia e predicazione nella teologia evangelica e cattolica contemporanea, in: Protestantesimo 62 (2007), 251–261 · Klaus Müller: Homiletik. Ein Handbuch für kritische Zeiten, Regensburg 1994 · Klaus Müller: Konfessionelle Wurzeln der katholischen Predigt heute, in: Kontrapunkte. Katholische und protestantische Predigtkultur, hg. von Erich Garhammer u.a., München 2006, 38–61 (ÖSP 5) · Philipp Müller: Predigt ist Zeugnis. Grundlegung der Homiletik, Freiburg (Brsg.) 2007 · Philipp Müller: Zur Rhetorik der katholischen Predigt in der Gegenwart, in: Handbuch Homiletische Rhetorik, hg. von Michael Meyer-Blanck, Berlin / Boston 2021, 517–541 · Joseph Ratzinger: Predigten. Homilien – Ansprachen – Meditationen, Freiburg 2019 (3 Bde.) · Rolf Zerfaß: Grundkurs Predigt. Band 1, Spruchpredigt, Düsseldorf 1987

---

1 Katholisch und prinzipiell

1.1

In der Homiletik gibt es im deutschen Sprachraum seit längerer Zeit eine gut eingespielte persönliche und institutionelle evangelisch-katholische Kooperation. Diese wird etwa durch die Publikationsreihe „Ökumenische Studien zur Predigt" der „Arbeitsgemeinschaft für Homiletik" (AGH) dokumentiert (bisher 14 Bände seit 1998). Die anthropologische Wendung der Homiletik im Gefolge des II. Vatikanischen Konzils und das Auslaufen der Wort-Gottes-Theologie machte für die evangelische wie die katholische Homiletik dieselben Themen aktuell: Erzählend predigen, konkret predigen, persönlich predigen, das waren einige der über Konfessionsgrenzen hinweg verbindenden Konzepte, die die 1970er und 1980er Jahre bestimmten. Der Schwerpunkt dieser auch als „Adverb-Homiletik" bezeichneten Programme lag im methodischen Bereich. Man entdeckte auf evangelisch-katholischen Tagungen, dass die innovative Methodik mehr Gemeinsames als Trennendes enthielt. Es war die Stunde der formalen Homiletik. Durch das II. Vatikanum war die katholische Predigt „protestantischer" geworden, während der evangelische Gottesdienst mit der Neuentdeckung der Liturgie wenig später „katholischer" wurde. Das alles klang schon beim Überblick zur katholischen Homiletik an (→ § 16.1) und muss an dieser Stelle nicht wiederholt oder vertieft werden. Hier geht es um die prinzipiellen Fragen.

Neben der evangelischen Homiletik von Hans Martin Müller aus dem Jahr 1995 (→ § 1.3.2) ragen in der prinzipiellen Homiletik zwei gewichtige katholische Predigtlehren heraus, die von Klaus Müller (1994) und die von Philipp Müller (2007; dazu s.u. 2.3 und 3.2). Ich bemühe mich so zu formulieren, dass Verwechslungen vermieden werden.

1.2

Der Münsteraner Fundamentaltheologe Klaus Müller (geb. 1955) hat nicht nur eine philosophisch höchst anspruchsvolle Homiletik verfasst, sondern 2006 auch in einem Band der „Arbeitsgemeinschaft für Homiletik" (AGH) drei „konfessionelle Wurzeln" der gegenwärtigen katholischen Predigt benannt. Das ist *erstens* das große Thema Glaube und Vernunft, das z.B. im Wirken Josef

Ratzingers (Papst Benedikt XVI. 2005–2013) eine zentrale Rolle spielte. Ratzinger hatte in seiner viel diskutierten Regensburger Rede Luther und dem Protestantismus vorgeworfen, einen vernunftwidrigen Glauben zu lehren.[9] Eine *zweite* Wurzel laut Müller bilden Ästhetik und Affektivität, die nicht nur in Idealismus und Romantik ihre Ausprägung fanden, sondern bereits im Mittelalter (Franz von Assisi) von großem Gewicht waren. Als *dritte* Wurzel benennt K. Müller das Beziehungsgeflecht von „Wort, Amt und Liebe", also das Amtsverständnis, woran man als Protestant bei der katholischen Predigt in der Regel zuerst denkt. Denn nicht nur als Zelebrant, sondern insgesamt, also auch als Prediger, agiert der Priester an der Spitze der Gemeinde und in der Rolle Christi (Sacrosanctum Concilium [SC] 33: „in persona Christi praeest"). Und laut der Liturgieinstruktion „Redemptoris sacramentum über einige Dinge bezüglich der heiligen Eucharistie, die einzuhalten und zu vermeiden sind" von 2004 ist die Homilie in der Messe weiterhin und konsequent dem Priester oder Diakon vorbehalten (RS 64–66. 161; CIC can. 767 § 1). Außerdem wird eindringlich davor gewarnt, dass in der Predigt „nur über Themen des politischen oder weltlichen Lebens gesprochen" oder aus Quellen „von pseudoreligösen Bewegungen unserer Zeit" geschöpft wird (RS 67).

1.3

Im Folgenden geht es weiterhin um die Grundsatzfrage der *prinzipiellen* Homiletik: Was kann von der Predigt erwartet werden? Dabei sollen vor allem die aktuellen kirchlichen und theologischen Probleme angesprochen werden: Wie stellt sich die evangelische Tradition von der Sakramentalität des (Predigt-)Wortes heute in katholischer Sicht dar? Wie reagiert die katholische Homiletik auf die rhetorischen, pädagogischen und missionarischen Problemstellungen angesichts eines in Europa offensichtlich alt und müde gewordenen Christentums? Was kann die evangelische prinzipielle Homiletik von der katholischen Schwesterdisziplin, die im weltkirchlichen Horizont agiert, lernen? Wie nimmt die katholische prinzipielle Homiletik die weltanschaulichen und philosophischen Herausforderungen an? Zu diesen Punkten sollen im Folgenden jeweils katholische Impulse benannt werden, um Konsequenzen für die evangelische Homiletik formulieren zu können.

9 Dazu ausführlich mein Aufsatz: Die Vernunft des Glaubens und der Glaube der Vernunft. Eine protestantische Lektüre der „Regensburger Vorlesung" von Papst Benedikt XVI., in: Michael Meyer-Blanck / Görge Hasselhoff (Hg.): Religion und Rationalität, Würzburg 2008, 43–62 (= Studien des Bonner Zentrums für Religion und Gesellschaft Bd. 4).

2 Katholisches Wortverständnis

2.1

Schon im Umfeld des II. Vatikanischen Konzils gab es Stimmen, die neben dem gelesenen Wort der Heiligen Schrift auch das Predigtwort als Form der Gottesbegegnung deuteten und im historischen Überblick dieses Buches wurden bereits Domenico Grasso, Norbert Greinacher und Klaus Müller erwähnt (→ § 16.1.3). Die Predigt ist in katholischer prinzipieller Sicht inzwischen weit mehr als ein Hinweis auf die Glaubens- und Morallehre der Kirche, wie das noch in „Mediator Dei" 1947 beschrieben worden war (→ § 16.1.1). Sie ist nicht mehr lediglich Kommentar oder Konsequenz des Heils, sondern ein Element des Heilsgeschehens selbst. Luis Maldonado formulierte 1995:

> Die Homilie wendet sich nicht primär an den Intellekt des Gläubigen, nicht an seine Denkfähigkeiten, sondern an seinen zentralen Personkern, an sein personales Du: Es handelt sich um einen tief reichenden Dialog zwischen dem Ich Gottes und dem Du des Gläubigen und der Gemeinde.[10] (Maldonado 1995, 151)

2.2

In Klaus Müllers Homiletik von 1994 dominiert die Fundamentaltheologie und was die Thematisierung des „Wortes Gottes" angeht, ist dieses Buch – im Hinblick auf beide großen Kirchen – wohl unerreicht, wenn auch schwer zu rezipieren. Das liegt an dem großen Gedankenreichtum, der sich unter den im Einzelnen gar nicht komplizierten Formulierungen verbirgt. Bei K. Müller wird deutlich, warum die Fundamentaltheologie der Schlüssel zur Homiletik ist: Diese wachse mehr und mehr „in die Funktion einer theologischen Grundlagenbesinnung hinein" (K. Müller 1994, 18). Wer sich als Theologin oder Theologe verstehe, werde sich spezifisch durch den Predigtberuf dazu aufgerufen finden (21). Denkt man an Karl Barths Neukonzeption der gesamten Theologie von der Aufgabe der Predigt her (→ § 15.2), dann ist Müllers Sicht allenfalls im römisch-katholischen Kontext überraschend.

K. Müller weist zu Recht darauf hin, dass die Ausdrücke „Gottes Wort" oder „Gott spricht" Metaphern sind, denn wenn Gott buchstäblich sprechen würde, wäre er nicht transzendent (K. Müller 1994, 73). Gott ist aber gleichwohl

10 „L'omelia non è primariamente rivolta a l'intelleto del credente, alle sue facoltà pensanti, ma al nucleo centrale della sua persona, al tu personale: è un dialogo profondo tra l'io di Dio e il tu del credente e della comunità."

vernehmbar in Menschen-Wörtern und der Gipfelpunkt dieses Redens ist der Mensch Jesus, der Mittler, denn „Unvermittelter Transzendenzerfahrung sind wir nicht gewachsen. Vermittelt wird sie durch den Vorübergang und die Bedeckung, also durch Zeit qua Geschichte" (K. Müller 1994, 79). Dabei ist das Gotteswort dadurch charakterisiert, dass es zur Anrede wird (80; dort unter Berufung auf Rudolf Bultmann). Es geht also niemals um „ein Ensemble von Wahrheitsbehauptungen", das beim Predigthören „von außen zur Ratifizierung angesonnen wird" (80). Im Mittelpunkt stehen freie Subjekte, die nach gründenden Erfahrungen suchen (vgl. 1 Kor 3,11). Auf Klaus Müllers Entwurf werde ich am Schluss dieses Paragraphen zurückkommen (s.u. 4 und 5).

2.3

Der Mainzer Pastoraltheologe Philipp Müller (geb. 1960) hat in seiner Habilitationsschrift „Predigt ist Zeugnis" den sakramentalen Charakter der Predigt unterstrichen. Auch er legte dabei besonderen Wert auf die kommunikativen Bedingungen, unter denen man von Sakramentalität sprechen kann, während er neuscholastischen Ontologien ablehnend gegenübertrat. Es gelte auch nicht, auf „überkommene Formen eines Milieukatholizismus zu setzen", während andererseits eine Kluft zwischen der christlichen Weltanschauung und der philosophischen Postmoderne existiere (Ph. Müller 2007, 19; in diesem Abschnitt nur mit Seitenzahlen nachgewiesen).

Die Heilige Schrift *ist* nach Ph. Müller Wort Gottes, „weil sie Ausdruck und Zeugnis einer authentischen Glaubenserfahrung ist" (208); die neuscholastische Ansicht von der Irrtumslosigkeit der Schrift und der Bedeutungslosigkeit des Predigers, wie sie bis zum II. Vatikanum dominierte, weist Müller zurück (209). Bejaht wird von ihm die Bindung der „Predigtvollmacht an die sakramentale Ordination" (265). Daraus ergibt sich dann auch die Sakramentalität des homiletischen Aktes, wobei der Ausdruck mit Anführungszeichen als übertragene Redeweise gekennzeichnet wird:

> Da der Glaube durch das Zeugnis glaubender Christen weitergegeben und in der Annahme dieses Glaubens Heil geschenkt wird, ist es möglich, dem Zeugnisvorgang aus christlicher Perspektive eine ‚sakramentale' Bedeutung beizumessen. (307)

Die in diesem langen Satz waltende Vorsicht ist deutlich; ebenso deutlich ist aber das, was man eine *kommunikative Sakramentalität* nennen kann, so dass sich eine deutliche Nähe zu evangelischen Sichtweisen ergibt.

2.4

Für Joseph Ratzinger (1927–2023), dessen Predigten in den drei Bänden der Gesammelten Schriften sämtlich aus der Zeit vor seinem Pontifikat stammen, war die Predigt vor allem eine liturgische Rede, die sich oft genau an der Abfolge der drei Lesungen sowie an dem Psalm und den Gebeten orientierte. Aus der Liturgie predigend entwickelte Ratzinger eine gesamtbiblische Theologie. Eine Art Wanderung durch die Zeiten, eine Zeitreise könne „in dem Geheimnis der Liturgie geschehen", weil die Auferstehung Jesu nicht vergangen, sondern im österlichen „hodie" gegenwärtig sei (Ratzinger 2019, 449). In der Liturgie – diese Predigt wurde in der Osternacht 1979 in München gehalten – werde die Gemeinde „gleichzeitig" mit der Auferstehung Jesu. Das hängt auch damit zusammen, dass die Predigten Ratzingers vom Gebet herkommen und auf das Gebet hinführen. Das Gebet ist immer (auch) das Gebet der Kirche und die „Theologie ist nicht Weltfahrt der isolierten Vernunft des Gelehrten, sondern ist Mitdenken mit dem Glauben der Kirche" (Ratzinger 2019, 1738; aus dem Jahr 1995). Ihre Grenze hatten Ratzingers Predigten in seinem politischen Skeptizismus und Kulturpessimismus. Doch ihre große Stärke lag in der poetischen und leicht verständlichen Sprache. Sie waren durchaus etwas Anderes als ein bloßes Reden *über* die biblische Botschaft. Besonderen Wert legte Ratzinger / Papst Benedikt XVI. auf eine sorgfältige historisch-kritische Exegese der jeweiligen Perikope, wie denn seine Texte dort am besten sind, wo sie exegetisch argumentieren.

3 Rhetorische, pädagogische und missionarische Herausforderungen

3.1

Die rhetorischen Problemstellungen spielen in der katholischen Homiletik traditionell eine geringere Rolle, setzen sich aber zunehmend durch. Lange Zeit hatte die Rhetorik aufgrund ihres Missbrauchs im Nationalsozialismus auch in der katholischen Theologie einen sehr schlechten Ruf. Doch dann bestimmte der Würzburger Pastoraltheologe Rolf Zerfaß (1934–2022) in seinem viel gelesenen Lehrbuch die Homiletik als „Rhetorik im kirchlichen Kontext" (Zerfaß 1987, 36). Auch Klaus Müller mahnte in seiner Fundamentalhomiletik von 1994, der Prediger trage nicht nur Verantwortung für die Richtigkeit seiner Rede, sondern auch für die Angemessenheit ihrer Form (K. Müller 1994, 182). Vor allem enthielten die biblischen Perikopen bereits eine „Primärrhetorik", die man nicht zu ignorieren, sondern wahrzunehmen und zu nutzen habe (ebd.; vgl. 53 zum Galaterbrief, dieser sei „nach den Gesetzen der klassischen

Rhetorik" aufgebaut). Rhetorik sei weder Manipulation noch Überwältigung, sondern das Werben um die Zustimmung der hörenden Gemeinde.

Klaus Müllers Fundamentalhomiletik ist das erste katholische homiletische Werk, das sich ausführlich mit der Rhetorik auseinandergesetzt hat, und das in prinzipieller Absicht. Als Leistungen der persuasiven Kommunikation durch eine öffentliche Rede benennt er die folgenden sechs Punkte (K. Müller 1994, 183–187): 1. Ermöglichung von sprachlicher Wahrheit und von Handlungsoptionen (etwa nach einer Hochzeits- oder Trauerpredigt); 2. Zustimmung der Hörerschaft gewinnen, also der Kern des Persuasiven; 3. Rücksicht auf die Kommunikationsbedingungen, das, was man auch die anthropogenen und soziokulturellen Bedingungen nennen kann; 4. Impuls zu Disput und Dialog, wie das der demokratisch verfassten Öffentlichkeit entspricht; 5. Aufklärung, das ist das didaktische Moment des Rhetorischen; 6. Ermöglichung des Denkens in Bildern und Gleichnissen.

Müllers Aufzählung entspricht damit in wesentlichen Punkten dem, was ich in den letzten beiden Paragraphen zu den pädagogischen Dimensionen des Rhetorischen beschrieben habe. Der vierte Punkt zum Reden in der demokratischen Öffentlichkeit ist besonders zu beachten, weil er über die liturgische Funktion der Predigt hinausführt. Kanzelreden haben auch Aspekte aufklärender, disputierender und politischer Art.

3.2

Eine Generation später wies Philipp Müller in seinem Artikel zum „Handbuch homiletische Rhetorik" darauf hin, dass sein Begriff der Predigt als „Zeugnis- und Überzeugungsrede" dem rhetorischen, persuasiven Grundverständnis entspreche (Ph. Müller 2021, 520). Gerade deswegen empfehle sich aber nicht die auftrumpfende Redeweise, sondern der *sermo humilis* und eine „selektive Authentizität", mit der sich der Prediger als seiner priesterlichen Rolle bewusst zeige und den Weg zum *depositum fidei* der Kirche suche (522).

3.3

Auch die lehramtlichen Äußerungen enthalten Bezüge zur Rhetorik. Vor allem das Antrittsschreiben *Evangelii gaudium* von Papst Franziskus (Pontifikat 2013–2025) ist maßgeblich für den Stellenwert der Predigt überhaupt und speziell für die Rezeption homiletischer Reflexionen. Die Ausführungen zur Predigt umfassen die beiden Unterkapitel „Die Homilie" (EG 135–144) und „Die Vorbereitung auf die Predigt" (EG 145–159) und insgesamt 17 Druckseiten

(98–115; im folgenden Absatz zitiert nach Abschnittnummern). Der Umfang zeigt bereits die Bedeutung, die Franziskus der Predigt einräumt.

Der Papst setzt ohne Umschweife mit den vielen „Beschwerden" über die Predigt ein, denn viele „leiden oft, die einen beim Zuhören, die anderen beim Predigen" (135). Er weist aber darauf hin, dass es Gott selbst ist, der die anderen „durch den Prediger erreichen möchte" (136). Die Homilie darf „keine Unterhaltungs-Show" sein, denn sie ist „Teil der Opfergabe, die dem Vater dargebracht wird" (138). Damit hat Franziskus die Homilie in den sakramentalen Kontext gerückt. Sie ist keinesfalls ein bloßer Liturgiekommentar, sondern deren Teil. Vom Prediger ist „Wärme des Tons seiner Stimme" und „Milde des Stils seiner Sätze" verlangt (140). Es geht Franziskus um die „Kommunikation zwischen den Herzen", die „einen geradezu sakramentalen Charakter haben muss" (142). Damit hat die Homilie ein doppelt sakramentales Grundmuster: Sie ist ein spirituelles und um die Menschen werbendes Phänomen voller „Herz" und „Milde"; und sie ist Teil des Gott repräsentierenden Handelns der Kirche. Sie ist, so wird man mit Art. 1 der Kirchenkonstitution „Lumen Gentium" von 1964[11] interpretieren dürfen, Gestalt der Kirche als Sakrament und damit selbst von sakramentaler Wirklichkeit. Damit geht Franziskus über die allzu vorsichtigen Charakterisierungen der Predigt in der Liturgiekonstitution (SC 7) deutlich hinaus. Deutlich sind auch die praktischen Konsequenzen bei der Vorbereitung: „Ein Prediger, der sich nicht vorbereitet, ist nicht ‚geistlich', er ist unredlich und verantwortungslos" (EG 145); noch schärfer wird er als „ein falscher Prophet, ein Betrüger oder ein eitler Scharlatan" bezeichnet (EG 151). Schließlich gibt Franziskus auch Tipps: Eine gute Homilie muss „eine Idee, ein Gefühl und ein Bild" enthalten (EG 158).

Evangelii gaudium geht auch auf die ungerechte Güterverteilung in der Welt ein. Franziskus mahnt, sich den Armen zuzuwenden und dazu eingespielte Sicherheiten zu verlassen. Berühmt geworden ist dabei seine Metapher von der „verbeulten" Kirche:

> Brechen wir auf, gehen wir hinaus, um allen das Leben Jesu anzubieten! […] Mir ist eine ‚verbeulte' Kirche, die verletzt und beschmutzt ist, weil sie auf die Straßen hinausgegangen ist, lieber, als eine Kirche, die aufgrund ihrer Verschlossenheit und ihrer Bequemlichkeit, sich an die eigenen Sicherheiten zu klammern, krank ist. (EG 49)

---

11 „Die Kirche ist ja in Christus gleichsam das Sakrament, das heißt Zeichen und Werkzeug für die innigste Vereinigung mit Gott wie für die Einheit der ganzen Menschheit." (LG 1)

4 Geistige Auseinandersetzungen

4.1

Besonders Klaus Müllers fundamentaltheologische Homiletik suchte die Auseinandersetzung mit der geistigen und kulturellen Großwetterlage; so kam er – zeittypisch für die Mitte der 1990er Jahre – immer wieder auf die „Postmoderne“ zu sprechen, jene Signatur der Wirklichkeit, die das Prinzip der Aufklärung abschwächte und die Wahrheitsfrage in eine Vielzahl von Evidenzen und Bereichswahrheiten überführte. Die katholische Predigt drohe in der Postmoderne „zum Idiolekt eines übersozialisierten Kleingruppenszenarios herunterzukommen“ (K. Müller 1994, 49). Das Prinzip laute: „Alles geht. Und alles geht immer gleichzeitig.“ (28) Inzwischen hat man sich daran einerseits gewöhnt, andererseits erleben wir drei Jahrzehnte danach eine radikale Gegenbewegung mit einfachen Wahrheiten und entsprechenden politischen Optionen. Beide – die verblasste Postmoderne und die populistisch angeschlagene Gegenwart – sind gleichermaßen aufklärungsfeindlich und -resistent, was die klassische Gattung der lehrhaften Predigt zugleich erschwert und herausfordert.

4.2

Zurück zu Klaus Müller, dem es vor allem um das Phänomen der Sprache zu tun war, ist doch die biblische Offenbarung in sprachliche Kategorien gefasst (z.B. Jes 55,11; Hes 3,1–3; Joh 1,1–14), so dass sich die Predigt mit der in einer Epoche und Kultur empfundenen Sprachmächtigkeit bzw. Sprachlosigkeit intensiv zu befassen hat. Philosophisch habe das Phänomen Sprache im 20. Jahrhundert, nach dem Ende des Idealismus, den Rang der Transzendentalität eingenommen: „Unser Jahrhundert ist das Jahrhundert der Sprache.“ (35) Besonderes Gewicht legt K. Müller auf die analogiereiche, metaphorische Redeweise, denn auch die Sprache Jesu sei besonders metaphernreich. Darum solle man sich beim Predigen ebenfalls an die übertragene, analogiereiche Sprache Jesu halten. Metaphern muss man entdecken, aber nicht jedem ist das Talent dazu gegeben. Metaphern sind wie Witze: Sie müssen funktionieren, die Gemeinde berühren und in Resonanz mit dem gepredigten Inhalt versetzen. Gott ist in der Jesusgeschichte selbst an das Metaphorische gebunden; und das ist kein Manko, sondern seine Stärke (90). Darüber hinaus weist Müller auf den Umstand hin, dass die biblische Sprache performativ – handelnd, verändernd, Wirklichkeit setzend – sei wie die sakramentale Sprache („Ich taufe dich auf den Namen ...“). Mit dem Verweis auf die Sprachgenauigkeit in der Sprache der Dichter sind wir bereits in der formalen

Homiletik angekommen; diese soll aber erst nach den materialen Fragen im fünften Kapitel behandelt werden.

Neben dem Reflexionspotenzial von Liturgik, Rhetorik und Pädagogik ist die prinzipielle Homiletik damit auf sprachphilosophische Impulse angewiesen. Die neuere Exegese, etwa die der Gleichnisse und Wundergeschichten, hat gezeigt, dass die Sprache bei weitem unterschätzt wird, wenn sie auf ihre abbildende (referentielle), auf ihre Informationen weitergebende Funktion reduziert wird. Sprache setzt und formt auch Wirklichkeit. Auf die Handlungsdimension der Sprache („to do things with words") werde ich in der formalen Homiletik zurückkommen (→ § 35.4).

5 Wort des lebendigen Gottes

5.1

Klaus Müller schließt sein homiletisches „Handbuch für kritische Zeiten" mit einem etwas überraschenden kurzen Kapitel zur „Inverbation", in dem er seine bisherigen Reflexionen auf den Punkt bringt. Er versteht die Predigt, entgegen allen Vorwürfen der Überforderung, wie sie in der homiletischen Zunft gegen derart steile Definitionen erhoben werden, „als wirkliches ‚Wort des lebendigen Gottes'", womit er auf den Zuruf des Lektors nach der ersten Messlesung rekurriert (die Gemeinde akklamiert: „Dank sei Gott"). Die Inverbation ist nach Müller die Fortsetzung der Inkarnation und von dieser abhängig. Inverbation unterliegt den „Möglichkeitsbedingungen" der Inkarnation, also der Möglichkeit, „dass sich der transzendente, unbegreifliche Gott als Mensch mitteilt" (K. Müller 1994, 249). Die eine Bewegung ist laut Müller die inkarnatorische Inverbation nach dem Modell von Phil 2,6–8; die andere Bewegung ist, dass das fleischgewordene Wort durch die Predigt wieder zur Sprache, zum Logos wird, und beide Bewegungen zusammen machen die Predigt schließlich zu einer „kleinen Heilsgeschichte" (251).

5.2

Damit geht Müller über SC 7 deutlich hinaus, wo die Rede davon ist, dass Gott in den Sakramenten anwesend ist und in seinem Wort „dum sacrae Scripturae in Ecclesia leguntur". Von der Predigt ist in SC 7 aber gerade nicht die Rede, denn eine entsprechende Bemerkung wurde in den Schlussberatungen des Konzils 1963 gestrichen, weil diese Lehre „noch nicht ausgereift" für ein Konzilsdokument erschien (Bugnini 1988, 55). SC 7 erscheint damit in einem etwas merkwürdigen Licht, wenn die *praesentia Dei* zwar nacheinander aufzählend dem Messopfer, dem Priester, den eucharistischen Gestalten, den Sakramenten insgesamt, den Schriftlesungen sowie schließlich Gesang und Gebet der Gemeinde zugeschrieben wird, aber die Predigt ausgenommen wird.

Das ist insofern wenig schlüssig, weil so nicht die gesamte Liturgie in die Gottesbegegnung führt, sondern einzelne (die meisten) Teile von ihr. Diese merkwürdige Operationalisierung der Liturgie in einzelne „Stücke", denen eine unterschiedliche geistliche Intensität attestiert wird, nimmt der Liturgie ihren Atem und ihre Dynamik. Die Predigt ist nach dieser Lesart tatsächlich als „Bruch" der Liturgie im negativen Sinne qualifiziert (→ § 16.1.1). Man erhält dann ein Bild von der Liturgie, die einen objektiven sakramentalen Verlauf nimmt und die mit der Predigt für einen lehrhaften und lebenspraktischen Kommentar sistiert ist (nach der Enzyklika *Mediator Dei* von 1947, → § 16.1.1). Es ist daran zu erinnern, dass es nach dem II. Vatikanischen Konzil ganz andere, sakramentale Verständnisweisen der Predigt gegeben hat (→ § 16.1.3). Insofern ist Klaus Müllers Interpretation deutlich überzeugender, weil sie der Lesung und der Auslegung des Wortes dieselbe spirituelle Würdigkeit zuschreibt, „Wort des lebendigen Gottes" zu sein.

5.3

Dass es sich dabei um eine Glaubenslehre handelt, die jeweils situativ und performativ erneuert werden muss und nicht um eine objektiv zu konstatierende ontologische Tatsache, oder, semiotisch, dass es sich um jeweils durch die Interpretantenrelation zu realisierende Zeichenfunktionen handelt, das alles steht auf einem anderen Blatt. Die Qualifizierung von Wörtern als „Gottes Wort" ist immer eine Zeichen*lektüre*. Mit anderen Worten: Die Rezipient:innen gehören immer in das Ereignis des Sakramentalen hinein. Traditioneller formuliert: Das Sakramentale muss jeweils vom *sola fide* her verstanden werden, denn drei Komponenten gehören zum Sakrament: das Zeichen, das Wort und der Glaube (dazu vgl. das vierte und das fünfte Hauptstück in Luthers Kleinem Katechismus).

5.4

Damit kann ein prinzipiell-homiletischer Ertrag aus evangelisch-katholischer Perspektive formuliert werden. Es ist deutlich geworden, dass die Theologien der beiden großen Kirchen in der Tat aufeinander zugegangen sind. Die Missachtung alles Liturgischen in der evangelischen Kirche gehört ebenso wie die Unterschätzung der Predigt in der katholischen Kirche zunehmend der Vergangenheit an. Im Gegenteil: Die Bewegung der „Liturgischen Präsenz" kam aus der evangelischen Pfarrerschaft, die sakramentale Beschreibung des Predigens aus der katholischen

Homiletik – bzw. direkt aus Rom von Papst Franziskus. Die mehrfach aufgespießte Überdehnung des evangelischen Predigtbegriffes ist längst Vergangenheit. Der steile Predigtbegriff ist vielmehr einer fundamentalrhetorischen Skepsis gewichen, die daran zweifelt, dass man sich überhaupt noch der persuasiven Kanzelrede bedienen soll. Die ehrlich empfundene Sorge, dabei könnte man „übergriffig" handeln, ist zwar aller Ehren wert, verkennt aber die pädagogische und demokratische Signatur einer aufklärungsorientierten Redepraxis. Wenn niemand erkennbar Position bezieht und sich keiner mehr traut, zu seinen persuasiven Motiven zu stehen, ergibt sich auch kein Streit um die Interpretation der Wirklichkeit. Um diesen ist es aber der öffentlichen Rede zu tun, auch wenn ihre primäre Orientierung religiös und evangelisch ist. Die evangelische Predigt kann weiterhin als sakramental angesehen werden, insofern es ihr um die Wahrnehmung der Glaubenswirklichkeit in den von ihr gesetzten Zeichen zu tun ist. Dieser Gedankengang wird im nächsten Paragraphen weiterverfolgt.

Zusammenfassung

Die reformatorische Lehrtradition von der Sakramentalität nicht nur des gelesenen Bibelwortes, sondern besonders auch des Predigtwortes findet in der katholischen Homiletik der letzten Jahrzehnte zunehmend Verbreitung. Es scheint sich so zu verhalten, dass die Zurückhaltung, die noch das II. Vatikanum an diesem Punkt übte, inzwischen überwunden wurde. Wahrscheinlich war es die neuscholastische, ontologische Tradition, die das Konzil 1963 davor zurückschrecken ließ, die Predigt *als* „Wort Gottes" zu bezeichnen, während es die Einbeziehung der kommunikativen Umstände in den Homiletiken von Klaus Müller und Philipp Müller ermöglichte, die Predigt als Ereignis der Gottesbegegnung und damit als sakramentales Zeichen zu deuten. Damit steht trotz der phänomenal unterschiedlichen Predigtpraxis in den beiden großen Kirchen (→ § 16.1) das Tor zur ökumenischen Verständigung inzwischen weiter offen als am Ende des Konzils 1965. Der Stand der prinzipiellen Debatte kann im folgenden, das Kapitel abschließenden Paragraphen gebündelt werden.

§ 23 Die Predigt als gottesdienstliche religiöse Rede (Ertrag der prinzipiellen Homiletik)

Literatur: David Buttrick: Homiletic. Moves and Structures, Philadelphia 2020 [1985] · Ruth Conrad: Homiletik, Stuttgart 2025 · Umberto Eco: Das offene Kunstwerk, Frankfurt (Main) ^{6}1993 [1973; ital. 1962] · Wilfried Engemann: Der Spielraum der Predigt und der Ernst der Verkündigung, in: Garhammer / Schöttler (s.u.), 180–200 · Wilfried Engemann: Einführung in die Homiletik, Tübingen ³2020 [2002] · Erich Garhammer / Heinz-Günther Schöttler (Hg.): Predigt als offenes Kunstwerk. Homiletik und Rezeptionsästhetik, München 1998 · Wilhelm Gräb: Predigtlehre. Über religiöse Rede, Göttingen 2013 · Albrecht Grözinger: Homiletik (Lehrbuch Praktische Theologie Bd. 2), Gütersloh 2008 · Ernst Lange: Predigen als Beruf. Aufsätze zu Homiletik, Liturgie und Pfarramt, hg. von Rüdiger Schloz, München 1982 · Michael Meyer-Blanck: Übergang und Wiederkehr. Predigt als transversale Rede, in: W. Engemann (Hg.), Theologie der Predigt. Grundlagen – Modelle – Konsequenzen, Leipzig 2001, 271–283 · Michael Meyer-Blanck: Gottesdienstlehre (Neue theologische Grundrisse), Tübingen ²2020 [2011] · Hans Martin Müller: Homiletik. Eine evangelische Predigtlehre, Berlin / New York 1996 · Dietrich Rössler: Grundriss der Praktischen Theologie, Berlin / New York ²1994 [1986] · Alexander Schweizer: Homiletik der Evangelisch-Protestantischen Kirche systematisch dargestellt, Leipzig 1848 · Friedrich Wintzer: Die Homiletik seit Schleiermacher, Göttingen 1969 (APTh 6)

1 Beschreibungen und intuitive Einsichten

1.1

Mit der Predigt verhält es sich so ähnlich, wie es das treffende Votum Augustins über die Zeit zum Ausdruck bringt: Man weiß intuitiv ganz gut, was eine Predigt ist, aber sobald man genauer darüber nachdenken und Begriffe dafür finden will, desto unsicherer wird man bei den eigenen Festlegungen.[12] Oft hat man den Eindruck, dass diese das Lebendige und Spezifische des Phänomens kaum erfassen können. Das ist bei komplexen Gegenständen normal, verlangt aber umso mehr Anstrengungen, um zu elementaren Vorstellungen zu gelangen; außerdem sind intuitive Beschreibungen gefragt, die über die Sprödigkeit akademischer Formeln hinausgehen.

Die ästhetischen Annäherungen an die Predigt in den letzten Jahrzehnten (→ § 15.4.5) haben deutlich gemacht, dass die Predigt auch ein künstlerisches Phänomen, ein „offenes Kunstwerk“ (Eco 1993) ist. Kunstwerke sind aber nicht durch die Summe ihrer Beschreibungen und Theorien definiert, sondern durch ihr Aufmerksamkeit generierendes Sosein, durch ihre gern als „Aura“ oder „Präsenz“ umschriebene unmittelbare Wirkung auf den Rezipienten. Das Phänomenale

12 Aurelius Augustinus: Confessiones, XI. Buch, Kap. 14: „Was also ist die Zeit? Wenn niemand mich danach fragt, weiß ich es; wenn ich es jemand auf die Frage hin erklären will, weiß ich es nicht.“

des Kunstwerks liegt im Zugriff des Werkes auf den Rezipienten, in einem merkwürdigen „Hineingezogenwerden" in die Signifikanz von etwas Fremdem, das einen nach der Beschäftigung mit dem Werk verändert zurücklässt. Ist das bei der Predigt auch so? Zumindest sollte es theologisch, rhetorisch und didaktisch so sein. Eine Predigt sollte etwas wollen und etwas machen (anstatt am Hörer „vorbeizurauschen"). Besonders die Dialektik von Präsentation und Entzug, wonach das Zeigen immer auch ein Verbergen beinhaltet, ist im Hinblick auf eine gute Predigt und ein Kunstwerk ähnlich beschrieben worden. So ist das Eigentliche des Predigtvorganges, das Hören Gottes (bzw. das Hören auf Gott) nicht garantiert. Dieses entscheidende Phänomen kann ausbleiben. Die *praesentia Dei* ist nicht rhetorisch und ästhetisch operationalisierbar. An dieser Stelle muss nicht einmal der Heilige Geist bemüht werden. Schon handwerklich, rhetorisch oder entwicklungspsychologisch kann die religiöse Erfahrung verstellt werden, etwa durch geistige und geistliche Überforderung – und ebenso durch Unterforderung. Die letztere ist besonders oft bei Jugendlichen gegeben.

Nach den grundsätzlichen Überlegungen unter Rückgriff u.a. auf Hermeneutik, Liturgik, Rhetorik und Didaktik in §§ 17–22 geht es nun darum, zu einer integrativen Vorstellung von der Predigt zu gelangen, die über die Summe der vorgetragenen Theorien hinausgeht und die zudem im Gemeindealltag, aber auch im Kontext der nichttheologischen Wissenschaften (etwa der Rhetorik) trägt und verständlich gemacht werden kann. Aus diesem Grund halte ich es zunächst mit der Kurzdefinition: *Predigt ist gottesdienstliche religiöse Rede.* Daraus ergeben sich sofort zwei Fragen: 1. Was ist eine religiöse Rede in der evangelischen Kirche? 2. Wie kommt man als Prediger:in zu einer religiösen Rede? Es geht wiederum um das Ineinander von objektiven (kirchlich-theologischen) und subjektiven (pastoralen) sowie wirkungsästhetischen und rezeptionsästhetischen Aspekten.

1.2

Die Homiletik hatte ich zu Beginn dieses Buches definiert als die *Theorie der Entstehung evangelischer Einsichten und Überzeugungen aufgrund öffentlicher Rede im liturgischen Kontext* (→ § 1.2.4), woraus sich neben den dogmatisch-ethischen die liturgischen, rhetorischen und didaktischen Aspekte (einschließlich der anthropogenen und soziokulturellen Voraussetzungen) ergaben. Ist dies die Definition der Homiletik, der Predigt*theorie*, so lässt sich daraus leicht die folgende Definition der Predigt selbst ableiten: *Predigt ist die öffentliche Rede im liturgischen Kontext, die evangelische Einsichten und Überzeugungen fördert.* Diese Definition enthält wichtige Aspekte, lässt aber die ästhetische Dimension unberücksichtigt und umschreibt kaum den spezifischen Gehalt, die Gotteserfahrung des Hörers. Bevor die Definition erweitert und präzisiert wird, folgt noch ein kurzer Blick auf Definitionen in anderen homiletischen Entwürfen (in chronologischer Reihenfolge).

2 Definitionen

2.1

David Buttrick schreibt zu Beginn seines umfangreichen Buches:

> *Was heißt Predigen? Die christliche Predigt erzählt eine Geschichte und nennt einen Namen. Insofern das Erzählbewusstsein Identität schafft, so transformiert die Predigt Identität* [...], *indem sie unsere Geschichte als eine Gott-mit-Uns-Geschichte neu schreibt* (Buttrick 2020 [1985], 16f., Kursivierung von mir).[13]

Damit verbinden sich eine ästhetische und eine klassische Wort-Gottes-Perspektive, während über die Zuhörenden und ihre religiösen Rezeptionsbedingungen nichts gesagt wird. Die spezifischen spätmodernen Umstände kommen ebensowenig vor wie die theologischen Schwierigkeiten, nach der Aufklärung und nach der Wort-Gottes-Theologie die Geschichte Gottes zu erzählen.

2.2

Bei Dietrich Rössler heißt es:

> *Die Predigt ist die christliche Rede, die im Rahmen eines Gottesdienstes die biblische Überlieferung für den Hörer der Gegenwart auslegt, um ihm die Gewissheit im Christentum zu stärken und die Orientierung im Leben zu fördern.* (Rössler 1994, 390, dort kursiv)

Hier ist positiv hervorzuheben, dass mit der „biblischen Überlieferung" ausdrücklich der materiale Gehalt angesprochen ist; zudem berücksichtigt Rössler neben der „christlichen Gewissheit" die „Orientierung im Leben". Damit hat die Predigt neben dem religiösen einen säkularen ethischen bzw. einen zivilreligiösen Charakter. Es handelt sich bei der Predigt auch um eine Rede im Kontext der Gegenwartskultur, um einen im besten Sinne „kulturprotestantischen" Beitrag. Die Predigt soll nicht nur spirituell, sondern auch

---

13 „What is preaching? Christian preaching tells a story and names a name. If narrative consciousness confers identity, then preaching transforms identity [...] by rewriting our stories into a God-with-us-story [...]."

lebenskundlich von Belang sein. Das entspricht zudem dem Öffentlichkeitscharakter von Gottesdienst und Predigt nach dem deutschen Religionsverfassungsrecht. Der Gottesdienst ist öffentlich. Er ist keine Vereinsversammlung von Kirchenmitgliedern, sondern ein rhetorischer (liturgischer) Ort inmitten der Gesellschaft. Thema ist das gesamte Leben, insofern dieses Deutungslasten zu tragen hat. Allerdings klingt die Formulierung *Gewissheit im Christentum* etwas distanziert, als ginge es primär um eine kulturelle Praxis. Auf die starken religiösen Begriffe (Gott, Christus, Evangelium, Glaube) wird verzichtet.

2.3

Albrecht Grözingers Lehrbuch der Homiletik von 2008 legt besonderen Wert auf eine bisweilen in Vergessenheit geratene Selbstverständlichkeit: Das Spezifikum der Predigt im Gegenüber zu allen anderen Reden ist Gott als ihr primärer Bezugspunkt. Damit knüpft Grözinger explizit an die „dialektische" Theologie an (→ § 15.2). Im zentralen Abschnitt über die „eine Welt der Predigt", wo die Predigt als „zerbrechliches Stück" bezeichnet wird, heißt es ohne Umschweife:

> *Das Thema der Predigt ist Gott – und nichts anderes.* […] *Die Predigt ist also in erster Linie keine politische oder ethische Weisung, sie ist auch kein Ausdruck des mehr oder weniger frommen Selbstgefühls von uns Menschen, sondern sie ist im elementarsten Sinne Rede von Gott.* (Grözinger 2008, 159, dort nur teilweise kursiv).

Diese scharf definierenden Sätze könnte man sich auch in einem Text des frühen Karl Barth vorstellen. Besonders die Zurückweisung des neuprotestantischen Verständnisses der Predigt als mitteilende Darstellung des frommen Selbstbewusstseins, wie sie auf Schleiermacher zurückgeht, fällt auf. Nicht von Gott als einem Gegenstand des menschlichen Gefühls, sondern von Gott selbst soll die Predigt reden; nicht von Gott in der Spiegelung durch den Menschen, sondern auf Gott selbst soll sie verweisen, auf Gott „und nichts anderes".

2.4

Meine eigene – aus heutiger Sicht deutlich zu lange – Definition der Predigt im Kontext der Gottesdienstlehre 2011 begann so:

> *Die Predigt erschließt die Nähe des liebenden Gottes als mich persönlich angehende Rede (‚Gottes Wort') in der Form menschlicher Mitteilung und Darstellung des biblischen Evangeliums. Im Predigen und Hören erfährt sich die Gemeinde durch den angesprochen, in dessen Namen sie sich versammelt (Mt 18,20) und zu Gott betet (Joh 14,13).* (Meyer-Blanck 2020, 426, dort kursiv)

Es handelt sich bei dem Zitat nur um das erste Drittel der damaligen Definition; es folgen noch ein Absatz b. zum „Wort Gottes" und ein Absatz c. zur prinzipiellen Homiletik. Leitend war damals der Versuch, die Metapher des „Wortes Gottes" in empirisch zugänglicher Weise und auf zeichentheoretischem Wege wiederzugewinnen. Insofern halte ich diese Beschreibung auch heute noch für plausibel. Ihr Nachteil ist die große Länge. Die relative Präzision wird durch die geringe Einprägsamkeit erkauft.

2.5

In Wilhelm Gräbs Predigtlehre lautet ein hervorgehobener Schlüsselsatz, der allerdings nicht explizit als Definition hervorgehoben wird, so:

> *Einer Predigt, die zur religiösen Rede wird, geht es um die existenzielle Konkretion des christlichen Glaubens, darum, wie er menschliche Kontingenzerfahrungen deutet, Erfahrungen des Glücks wie der Not, elementare Sehnsüchte und Hoffnungen. Es geht um die gelebte Religion.* (Gräb 2013, 33, dort kursiv)

In erster Linie war es Wilhelm Gräb (1948–2023) wichtig, homiletisch nicht von den kirchlichen Lehrbeständen, sondern von der alltäglichen Religion der Menschen, wie sie sich etwa in der Begegnung mit der Kunst und Popularkultur artikuliert, auszugehen und die so verstandene Religion ernst zu nehmen. Er befürchtete und kritisierte eine kirchliche religiöse Sonderwelt und lehnte den homiletischen Bezug auf die Liturgie ab, weil er die Predigt in den weiten Raum der Alltagskultur eingezeichnet wissen wollte. Wer dagegen die Predigt als Element der kirchlichen Liturgie thematisiere, habe sich „von ihrem Anspruch, öffentliche religiöse Rede zu sein, mehr oder weniger verabschiedet." (Gräb 2013, 8).

Mit dem in diesem Buch vertretenen homiletischen Ansatz steht Gräbs Ansicht in deutlicher Spannung. Denn mindestens als *Reflexionsperspektive* muss die Liturgie eine (prinzipielle, materiale und formale) Rolle für das Predigtverständnis spielen. Um diesen basalen homiletischen Tatbestand kommt man nicht herum. Fast niemand in der volkskirchlichen Praxis in Deutschland predigt ohne Liturgie (auf dem Markt oder auf der Straße). Selbst Verkündigungsformen wie „Gottesdienst ‚to go' auf dem Treckeranhänger", wie sie in der Corona-Zeit 2020–2023 entwickelt wurden, inszenierten einen liturgischen Rahmen.

Trotz dieser klaren Differenz beinhaltet Gräbs Ansatz für mich Wichtiges und Beherzigenswertes: Die Predigt darf nicht von ihrem Öffentlichkeitsanspruch abgehen. Darum ist es weiterhin zutreffend, die alltägliche Sinnsuche und Religion der Menschen wahr- und aufzunehmen und diese mit der biblischen Tradition zu vermitteln. Schon der bedeutende Aufklärungsprediger Johann Joachim Spalding (1714–1804) hatte darauf bestanden, dass nicht Theologie, sondern Religion zu predigen sei (Schweizer 1848, 202). Die Predigt muss heutzutage eine „religiöse Rede" in diesem Sinne sein, auch wenn sie nicht bei der Alltagsreligion stehen bleiben darf. Rhetorisch und didaktisch kommt eine Predigt als Spielart des Genus „Rede" erst dann zum Ziel, wenn sie zu denken und zu lernen gibt. Rhetorik und Rezeption sowie Didaktik und Bildung bedeuten – nicht nur beim Thema Religion – immer (auch) Konfrontation mit dem Neuen und Fremden (→ § 21).

2.6

Wilfried Engemanns 2020 in 3. Auflage erschienene, aber weitgehend neu verfasste Einführung in die Homiletik, mit 709 Seiten Umfang das ausführlichste Lehrbuch, bietet keine eigentliche Definition, aber im III. Teil „Theologie der Predigt" einen resümierenden Abschnitt „Kommunikation als theologisches Wesensmerkmal der Predigt" (580–616). Hier finden sich Formulierungen, die dem Anliegen Engemanns am stärksten entsprechen:

> *Die Predigt wirft die Frage nach dem Führen des eigenen Lebens als Frage nach einem Leben aus Glauben auf. Diese Fragestellung ist der eigentliche Grund für die oben erörterte Fokussierung auf die Existenzkategorien Freiheit und Liebe: Menschen sollen ihr eigenes Leben leidenschaftlich, dankbar und verantwortlich führen können.* (Engemann 2020, 597, dort nur teilweise kursiv)

Engemann betitelt diesen Unterabschnitt mit dem Begriff des „radikalen Existenzbezugs" der Predigt. Ihm ist es darum zu tun, dass Gottesdienst und Predigt kein schlechtes Gewissen machen und keine depressive Grundstimmung verbreiten, sondern helfen, intensiver zu leben. Die biblischen Texte sollen in diesem Sinne das Leben in vertiefter Weise deuten. Predigt ist Lebensdeutung auf dem Weg von Liebe und Freiheit. Das ist eindrücklich im Hinblick auf die Überwindung von depressiven und zwanghaften oder einseitig eine religiöse Sonderwelt voraussetzenden Predigten, denn die Wirklichkeit ist immer eine und dieselbe, die Wirklichkeit Gottes und der Menschen, die nach Lebenserfüllung und Glück suchen. Deswegen stellt sich aber auch die Frage, wo hier die Problematik des nicht Gelungenen, des Fehlerhaften (dogmatisch: die „Sünde") bleibt. Das Leben der Christenmenschen ist ebenso wie das der anderen Zeitgenossen nicht nur positive Leidenschaft, sondern auch ein Sich-Verstricken in das Falsche und Lebensfeindliche.

3 Die Predigt als lebensbegleitende und verändernde religiöse Rede im liturgischen Kontext

3.1

Es gilt nun abschließend, die besonders in den §§ 1–6 und 17–22 gezogenen Linien aufzunehmen und zu bündeln. Zwar lässt sich die Suche nach einer treffenden Definition der Predigt als bloßes „Gedankenspiel" abtun, weil auf diesem Weg für den Vollzug der konkreten Predigt nichts herausspringt (so H.M. Müller 1996, 175). Jedoch hat ein homiletischer Entwurf als wissenschaftlicher Text seine Überlegungen nicht nur ausführlich zu erläutern, sondern diese auch formelhaft auf den Begriff zu bringen. So ist jedenfalls das eigene Profil besser zu erkennen, einzuordnen und zu kritisieren. Zudem ist von Personen, die predigen, zu erwarten, dass sie den Sinn ihres eigenen Handelns in elementarer Weise zum Ausdruck bringen können. Die Anstrengung des Begriffs ist mindestens von didaktischer Bedeutung, wenn denn Anschauungen ohne Begriffe blind sind.

Eingangs (s.o. 1.2) war die Predigt definiert worden als *die öffentliche Rede im liturgischen Kontext, die evangelische Einsichten und Überzeugungen fördert*, oder in Kurzform: *Predigt ist gottesdienstliche religiöse Rede.* Entsprechend hatte die Definition der wissenschaftlichen Disziplin Homiletik zu Beginn dieses Buches (→ § 1.2.4) gelautet, diese sei *die Theorie der Entstehung evangelischer Einsichten und Überzeugungen aufgrund öffentlicher Rede im liturgischen Kontext.* Diese Sätze sind im Folgenden zu präzisieren und zu ergänzen, in erster Linie in Auseinandersetzung mit den anderen Lehrbüchern (s.o. 2.).

3.2

Dazu ist noch eine Überlegung zur anknüpfenden (lebensbegleitenden) und zur impulsgebenden (verändernden) Funktion der Predigt wichtig. Dabei ist von der Beobachtung auszugehen, dass die Predigt zumeist in einer doppelten Weise beschrieben wird. Sehen wir diese beiden Seiten der Sache etwas näher an. In der Regel berücksichtigen die homiletischen Theorien *einerseits* die biblische Überlieferung und damit die Lehrtradition der evangelischen Kirche, die als situative und damit auch als zeitgebundene Entfaltung des biblischen Evangeliums aufzufassen ist. Das lässt sich gut am Nicaenoconstantinopolitanum, am Kleinen Katechismus Martin Luthers, an der Confessio Augustana von 1530 und an der Barmer Theologischen Erklärung von 1934 zeigen. Darum benötigt man die Kirchengeschichte, um situative und zeitübergreifende Gehalte unterscheiden zu können. Vieles davon ist in der Predigttradition der Kirche explizit oder implizit wirksam. *Andererseits* berücksichtigen homiletische Theorien die Religion der Menschen, ihre Kontingenzerfahrungen, ihre Suche nach dem Glück und Erfahrung von Glück, ihre Erfahrungen von Schuld und Scheitern, von Trost und Gelingen und ihren Glauben zwischen belastbarer Gewissheit, hoffendem Zweifel und bloßer Ahnung des Mysteriums. Man kann diese zweiseitige Orientierung der Homiletik als das Gegenüber von „Tradition" und „Situation" (Lange 1982, 49–51), als das Miteinander von kirchlichem, individuellem und gesellschaftlichem Christentum (Rössler 1994, 66–70) oder einfach als die Dialektik von „objektiver" und „subjektiver" Religion bezeichnen; die letzte ist die hier bevorzugte Terminologie.

Es handelt sich um eine Dialektik, weil beide Größen sowohl in Spannung stehen als auch eng aufeinander bezogen sind. So ist die subjektive Religion der Hörer:innen von der Predigttradition der Kirche tief durchdrungen. Die Barmherzigkeit Gottes, Nächstenliebe und individuelle Verantwortung bestimmen als Basisüberzeugungen auch die Religion kirchenferner Menschen. Umgekehrt ist die objektive Religion, die kirchliche Tradition nur in ihrem aktuellen gesellschaftlichen Vermitteltsein zugänglich. Dazu gehören aktuell die Sorge um Gerechtigkeit, Frieden und Bewahrung der Schöpfung, besonders die Erfahrung der näher kommenden Klimakatastrophe, weiter die Aufmerksamkeit für Geschlechtlichkeit und sexuelle Gewalt und nicht zuletzt die verbreitete Angst vor Veränderungen und sozialem Abstieg. Die Predigt von der Schöpfung, von der Nächstenliebe und vom Gott der Liebe steht immer im Kontext der gesellschaftlichen Anschauungen davon. Die die Predigt umgebende kulturelle Enzyklopädie ist die Interpretation, die der jeweils vorgetragenen immer vorausgeht. Insofern sind objektive und subjektive Religion zwei Dimensionen, die stets miteinander verbunden begegnen. Tradition und Situation, objektive und subjektive Religion müssen demnach immer in einem Interpretationsprozess neu gewonnen werden. Sie lassen sich jedenfalls nicht, das zu zeigen war der Sinn des letzten Abschnitts, streng sachlich erheben und dann kontrolliert einander zuordnen. Im Übrigen zeigt sich hier, wie die prinzipielle Homiletik immer schon die materiale voraussetzt und wie wir an dieser Stelle Überlegungen des 4. Kapitels vorweggenommen haben.

3.3

Um die Konsequenzen des letzten Gedankenganges zu ermessen, ist erneut ein Seitenblick in die Didaktik hilfreich. Dort spricht man von der doppelt gegenseitigen Erschließung von Bildungsgehalt und Bildungssubjekt. Das lernende Subjekt erschließt sich einen Inhalt und wird dabei gleichzeitig durch den Inhalt sich selbst erschlossen. Es geht immer um ein zweifaches Verstehen, um das Verstehen einer fremden Überlieferung im Medium des eigenen Seins und um das Verstehen seiner selbst im Lichte dieser Überlieferung. Für ein gutes Gedicht oder eine Kurzgeschichte lässt sich das schnell zeigen. Der objektive Gehalt wird über die Anstrengung des Subjekts wirksam und der subjektive Gehalt ist das Medium, in dem sich der objektive Gehalt zeigt. Der Unterricht verfolgt dabei immer eine Doppelstrategie: Er setzt bei den Erfahrungen des Subjekts an, um von daher das Verstehen des Subjekts zu verstehen – anstatt nicht gestellte Fragen zu beantworten. Umgekehrt setzt der Unterricht den Bildungsgehalt (z.B. das Gedicht) so in Szene, dass er für die Subjekte signifikant wird und ihre Neugier weckt. Das Subjekt soll instandgesetzt werden, sich auf einen Gehalt einzulassen, indem es die gedankliche Reise in eine (noch) fremde Welt (etwa diejenige Goethes oder Thomas Manns) antritt, um dort eigene Entdeckungen zu machen und als verändert zurückzukehren. Dabei gilt die Erfahrung: Wer reist, sieht nicht nur Neues, sondern sieht vor allem das Eigene und Vertraute mit einem neuen Blick.

Bildung, so lässt sich abgekürzt sagen, ist Begegnung mit dem Fremden. Die ganze didaktische Kunst besteht darin, das Eigene und das Fremde, objektive und subjektive Momente im Bildungsprozess, miteinander ins Spiel zu bringen. Ist das Fremde nicht mit dem Eigenen vermittelbar, dann findet kein Bildungsprozess statt; ebenso verhält es sich aber dann, wenn der Bildungsgehalt zu vertraut ist („Nichts Neues, kennen wir schon!"). Im guten Fall aber ist die Begegnung mit dem Unterrichtsgegenstand eine Reise in eine fremde Welt mit einer Rückkehr unter Kompetenzzuwachs.

3.4

Versteht man auch den Predigtvorgang als ein didaktisches Geschehen, dann lässt sich in analoger Weise formulieren: Predigt bedeutet einerseits die lebensdeutende Arbeit an der subjektiven Religion (bzw. religiösen Suche) der Zuhörenden. Die Predigt ist aber gleichzeitig eine Reise in die fremde Welt der biblischen Zeugen und die kontrollierte, begleitete Rückkehr in das Vertraute und Eigene. Will man einen spezifischen Ausdruck dafür verwenden, kann man sagen: Predigt ist lebensbegleitende und lebensverändernde Rede. Sie bedeutet

Übergang und Wiederkehr und ist „transversale Rede" (Meyer-Blanck 2001). Sie lässt die Hörenden auch nicht illusionär in der anderen Welt, sondern sie lässt den Vorgang des Überschreitens und Zurückkehrens erfahrbar werden. Das trifft nicht nur auf die Lebenswelt Jesu und diejenige der Evangelisten zu, sondern auch auf die Denk-Welt des Apostels Paulus oder auf die des 1. Petrusbriefes.

Predigt ist auf die *lebensbegleitende*, von der subjektiven Religion ausgehende Redeweise ebenso angewiesen wie auf die *lebensverändernde*, von der objektiven Religion ausgehende Redeweise. Der einseitigen Orientierung an der Bibel als dem Ausgangs- und Zielpunkt der Predigt ist damit ebenso zu widersprechen wie einer alleinigen Option für die Religion der Menschen. Die letztere ist auf das Neue und Fremde angewiesen wie die Predigttradition auf die sie erneuernden Subjekte.

Um auf früher Gesagtes zurückzukommen: Es ist wichtig daran festzuhalten, dass die Predigt in ihrem liturgischen Kontext und in ihrer rhetorischen, wirken wollenden Zielorientierung gesehen wird. Predigen heißt Reden und Reden heißt Wollen (das werden wir im Rahmen der formalen Homiletik aufnehmen). Der Ort der Liturgie macht deutlich, dass es in der Predigt um den geht, der auch angerufen wird, um den dreieinigen Gott und um *nichts anderes* (s.o. 2.3). Doch die liturgische Basis des gesamten Vorganges ist so selbstverständlich, dass es nicht notwendig ist, diese auch noch terminologisch zu betonen. Darum ist der Ausdruck der „religiösen Rede" zu bevorzugen, insbesondere um zum Ausdruck zu bringen, dass in der Predigt nicht objektive „Heilsgüter" weitergereicht werden, sondern dass objektive und subjektive Aspekte der (christlichen) Religion miteinander ins Spiel kommen sollen, um Menschen anzuregen, „hinüberzugehen und wiederzukehren". Auch die Verständigung mit den anderen geisteswissenschaftlichen Fächern wie der Rhetorik wird so erleichtert.

Die Religion der hörenden Menschen steht darum am Anfang und am Ziel der Predigtarbeit, aber sie ist noch nicht alles und noch nicht der Inhalt der Predigt. Es geht vielmehr um die vom biblischen Evangelium begleitete und erneuerte Subjektivität (2 Kor 5,17). Darum „verteidigt der christliche Glaube die Würde des Glücklichen wie des Zerbrechlichen. Für den Glaubenden verdichtet sich all dies in der Christusfigur." (Conrad 2025, 129) Das Hören der Predigt meint nicht nur einen hermeneutischen, sondern auch einen handlungsorientierten Zusammenhang. Es geht immer auch um die Nachfolge, um die tatsächliche Veränderung zum Besseren. Damit gelange ich zu der folgenden, einigermaßen elementaren und einprägsamen Predigtdefinition:

Die christliche Predigt ist die öffentliche religiöse Rede im liturgischen Kontext, die evangelische Einsichten und Überzeugungen fördert. Sie befähigt die Zuhörenden, ihre subjektive Religion zu verstehen und vom biblischen Evangelium her erneuern zu lassen. Wer eine Predigt aufnimmt, soll im Reden und Hören den dreieinigen Gott selbst vernehmen können und ihm nachfolgen.

Wie das biblische Evangelium in der Predigt zur Sprache kommen kann und wie die Kunst des Predigens beschaffen sein sollte, um das in der Definition Festgehaltene zu erreichen, das müssen die materiale und die formale Homiletik aufzeigen.

Zusammenfassung

Die Predigt wird in diesem Paragraphen im Spannungsfeld von subjektiver und objektiver Religion, von kirchlicher Tradition und menschlichen Glaubensversuchen zu erfassen gesucht. Dabei wird das Lebendige und Kontingente dieses Vorgangs in mehrfacher Weise zweifach beschrieben: Als Interaktion von Tradition und Situation, als Ausdruck der Religion der Hörenden und als Gottes Wort, als didaktische Vermittlung zwischen Bildungsgehalt und Bildungssubjekt, als lebensbegleitende und als lebensverändernde Rede. Auch das früher erläuterte Ineinander von darstellendem und wirksamem Handeln (→ § 12. § 21) gehört in diesen Zusammenhang einer dialektischen Definition. Die integrierende und den Paragraphen und das Kapitel beschließende Definition bezeichnet die Predigt als öffentliche religiöse Rede im liturgischen Kontext, die zwischen subjektiver und objektiver (kirchlicher) Religion vermittelt. Bei den Bemühungen der prinzipiellen Homiletik ist schließlich zu bedenken, dass eine gute Predigt nicht das Ergebnis einer guten Theorie sein muss. Man weiß in der Regel auch so, was eine rechte (gute, treffende, ermutigende) Predigt ist. Die Aufgabe der prinzipiellen Homiletik besteht jedoch darin, den Austausch darüber begrifflich zu vertiefen und so die Praxis zu einer bewussteren werden zu lassen.

VIERTES KAPITEL

Materiale Homiletik

§ 24 Grundlegendes zum Inhalt der Predigt (Einleitung zur materialen Homiletik)

Literatur: Karl Barth: Homiletik. Wesen und Vorbereitung der Predigt, Zürich ^{3}1986 [1932/33] · Hans Werner Dannowski: Kompendium der Predigtlehre, Gütersloh 1985 · Wilfried Engemann: Einführung in die Homiletik, Tübingen ^{3}2020 [2002] · Manuel Gräßlin: Homiletische Transkreation. Wechselwirkungen zwischen Bibeltext und Predigtgattungen, Göttingen 2024 (EKGP 7) · Johannes Greifenstein: Vom Text zur Predigt. Ein Beitrag zur Praxistheorie homiletischer Bibelauslegung, Tübingen 2021 (PThGG 24) · Paul Kleinert: Homiletik, Leipzig 1907 · Michael Meyer-Blanck: Liturgie und Liturgik. Der evangelische Gottesdienst aus Quellentexten erklärt, Göttingen ^{2}2009 [2001] · Michael Meyer-Blanck: Evangelium zeigen, in: Homiletik. Aktuelle Konzepte und ihre Umsetzung, hg. von Lars Charbonnier, Konrad Merzyn und Peter Meyer, Göttingen 2012, 137–152 · Hans Martin Müller: Homiletik. Eine evangelische Predigtlehre, Berlin / New York 1996 · Marcus Fabius Quintilianus: Ausbildung des Redners. Zwölf Bücher in zwei Bänden, Lateinisch und Deutsch, hg. und übersetzt von Helmut Rahn, Darmstadt 2011 · Alexander Schweizer: Homiletik der Evangelisch-Protestantischen Kirche systematisch dargestellt, Leipzig 1848

1 Worüber wird gepredigt? De inventione

1.1

Das Christentum ist eine geschichtlich gewordene Religion. Es geht zurück auf eine Gruppe von Angehörigen des Volkes Israel und auf einen Prediger des Reiches Gottes aus diesem Volk. Die Kirche, die sich auf Jesu Worte und Predigten beruft, wird sich so nahe wie möglich an seine Predigten, an seine Lebenspraxis und seine Lebensgeschichte halten, wenn sie in seinem Sinne die Gottesherrschaft (Mk 1,15) und die Liebe zu Menschen und zu Gott (Mt 22,37–40) verkündigt. Der Inhalt der christlichen Predigt ist *das Evangelium Jesu* von der Güte Gottes und *das Evangelium von Jesus*, dem Erweis (Röm 3,25) von Gottes Gerechtigkeit und Güte. Die „gute Nachricht" besteht darin, dass Gott nicht besänftigt werden muss, weil er die Sanftmut in Person ist (Mt 11,25), und darin, dass er gar nicht menschenfreundlich gestimmt werden kann, weil er gnädig, barmherzig und geduldig ist und Strafe seinem Wesen fremd (Joel 2,13; Ps 72,13). Die christliche Predigt beinhaltet die Rede von der Güte des Gottes, den Jesus von Nazareth als seinen Vater unter den Menschen bekannt und präsent hat werden lassen. Die christliche Predigt wurzelt in dem Gottesverhältnis Jesu und in seiner Haltung des betenden Vertrauens. Insofern wird man das Vaterunser als Quelle der Predigt Jesu ansehen und fruchtbar machen können. Der Prediger Jesus ist der Verkündiger des radikalen Vertrauens (Mt 26,39). An diesen Ursprung wird die christliche Predigt immer wieder anzuknüpfen suchen.

1.2

Im vierten Kapitel dieser Homiletik geht es um das klassische Thema der Textbindung der Predigt. Die materiale Homiletik ist im letzten Jahrhundert zugunsten der prinzipiellen in der ersten Jahrhunderthälfte und der formalen in letzter Zeit etwas in den Hintergrund getreten. Und doch sind auch unzählige Aufsätze und Buchkapitel zu den Themen „Die Predigt und ihr Text" oder „Vom Text zur Predigt" geschrieben worden (zuletzt in Form einer umfassenden, sämtliche Literatur zum Thema verarbeitenden Abhandlung Greifenstein 2021). Und tatsächlich ist die Bindung an einen biblischen Text das Spezifikum der christlichen Predigt im Vergleich der verschiedenen Sparten von Rhetorik. Liturgisch werden biblische Texte gelesen und danach der Gemeinde mit einer explikativen und applikativen Interpretation durch den Vorsteher nahegebracht.

> Das ist schon in Justins Apologie I belegt. So wissen wir recht gut, wie um das Jahr 150 in Rom christlicher Gottesdienst (in griechischer Sprache) gefeiert wurde. In Apol I heißt es in Kap. 67,3–4, am Sonntag finde eine Zusammenkunft statt, in der aus den Denkwürdigkeiten der Apostel oder aus den Prophetenschriften vorgelesen werde, „solange es angeht"; danach hält der Vorsteher eine Ansprache, „worin er vermahnt und aufruft, diesem Guten nachzueifern." (Meyer-Blanck 2009, 94f.)

Damit ist die Predigt zur Erläuterung der Lesung und zum Bestandteil der Liturgie geworden. Es ist müßig darüber nachzudenken, ob es so kommen musste, denn so hat es sich allgemein eingespielt. Die Feste verlangten eine Festlegende und das galt auch für jeden Sonntag als Auferstehungs- und Herrenfest. Damit geht die Predigt anders als politische, didaktische und juristische Reden von einem (kanonisierten) Text aus. Aus diesem Grund hat es mit dem Faktor der Inventio homiletisch eine besondere Bewandtnis: Die Inventio kann an einem bestimmten Punkt beginnen, ähnlich wie die Fest- und Volksrede primär von der Situation ausgehen und wie die Gerichtsrede ihre Invention von dem zur Verhandlung stehenden Streitfall her entwickelt. Aber die homiletische Invention geht entweder von einem Text aus oder spielt in den Vorgang der Materialsuche recht bald einen biblischen Text ein.

1.3

Die alten Lehrbücher bezeichneten das in der materialen Homiletik zu Behandelnde in der Regel mit dem Terminus der „Stofflehre". In diesem zweiten Teil der Homiletik ist „der homiletische Stoff überhaupt, seine Vertheilung für den cultischen Cyclus und seine Bestimmtheit für den einzelnen Act aufzuzeigen" (Schweizer 1848, X, im Inhaltsverzeichnis). Treffend fügt Schweizer aber hinzu, das Objektive der heiligen Schrift „und das Subjective, gegeben als wirklich vorhandener Glaube, bilden zusammen den homiletischen Stoff" (Schweizer 1848, 183). Diese Sicht entspricht dem, was ich im letzten Paragraphen prinzipiell bemerkt hatte: Die Glaubenseinstellungen der Gemeinde gehören ebenfalls zu dem Materialreservoir, aus dem die Predigt schöpft. Es hilft weder, sich allein auf die objektive Tradition zu verlassen, noch sich allein auf die religiöse Subjektivität der Hörenden zu beziehen (→ § 23.3.2).

Bei Paul Kleinert umfasst der II. Abschnitt „Homiletische Stofflehre" etwa 100 von gut 230 Seiten und ist in die drei Unterkapitel „Der Stoff an sich – Der Stoff als biblischer – Der Stoff als kirchlicher" gegliedert (Kleinert 1907, 41–138). Hans Werner Dannowski überschreibt den Abschnitt in seinem homiletischen Kompendium dagegen einfach mit der Frage „Worüber wird gepredigt?" Er fügt hier ebenfalls ein Unterkapitel über den Wirklichkeitsbezug der Predigt und damit über die andere Art von homiletischem „Stoff" ein (Dannowski 1985, 63–78). Ebenso stellt Hans Martin Müller seinem materialen Teil Überlegungen zum Verhältnis von Textexegese und Situationsanalyse voran (Müller 1996, 203f.).

1.4

Beide Formen von Auslegung müssen in der Tat zusammenwirken, um zu einem situativ plausiblen Predigtinhalt zu gelangen. Das Auffinden des Inhalts ist ein kreativer und persönlicher Prozess. Die Hoffnung auf eine zündende Idee, die das Material ordnet und auf ein rhetorisches Ziel hinlenkt, bestimmt in der Regel die Vorbereitung. Zugespitzt gesagt: Für diese Predigerin an diesem einen Sonntag in dieser bestimmten Gemeinde gibt es immer nur *eine* angemessene („richtige") Predigt, eben eine solche, die der Situation, den beteiligten Personen und der biblisch-kirchlichen Überlieferung am ehesten entspricht. Das Suchen nach der richtigen Idee gehört nicht erst in den formalen, sondern bereits in den materialen Teil der Theorie, weil der Inhalt durch die Form mitkonstituiert wird. Der „Predigteinfall" bestimmt darüber, wie und in welcher Zielrichtung das Material den Hörer:innen präsentiert werden kann. Diese Fragestellung soll zu Beginn des fünften Kapitels genauer thematisiert werden (→ § 33).

1.5

Bei der Biblizität der evangelischen Predigt ist von dem Grundsatz auszugehen, dass wir nicht eigentlich *Texte* predigen, sondern die Güte des dreieinigen Gottes *mit Hilfe von Texten.* Nicht der einzelne Text ist der Predigtinhalt, sondern das Evangelium. Der biblische Text ist das Material, anhand dessen das Evangelium zur Sprache kommen soll. Da nun aber das Christentum eine historische Religion ist, die auf die Lebensgeschichte eines konkreten Menschen und auf dessen Schicksal rekurriert, wird die Predigt möglichst nahe an diese Lebensumstände heranreichen wollen. Darum werden wir zwar primär das Evangelium von der Güte Gottes predigen, aber dabei dem biblischen Material einen hohen Stellenwert einräumen. Denn mit den Evangelien und den Briefen kommen wir am nächsten in den Resonanzraum der Wirkungen Jesu. Und insofern bleibt es doch dabei: Die evangelische Predigt ist grundsätzlich Textpredigt (was impliziert, dass Ausnahmen möglich sind). Eine Predigt ohne Text kann sehr biblisch, eine mit Text kann unbiblisch sein, das wusste schon die Homiletik des 19. Jahrhunderts (Belege bei Greifenstein 2021, 96).

Hinzuzufügen ist, dass die Textpredigt keine bloße Erklärung oder Anleitung zum intellektuellen Verstehen ist. Die Predigt soll vielmehr die Zusage und den Anspruch Jesu ins Spiel bringen: „Erst jenseits des Verstehens gelangt der menschliche Umgang mit der Bibel an sein Ziel." (Greifenstein 2021, 213) Glauben und Verstehen meint im theologischen Sinne ein existenzielles Sich-selbst-Verstehen. Außerdem bekommt die Bibel ihren religiösen Mehrwert gerade durch ihre liturgische Gebrauchstradition, die an der Interpretation erheblich mitwirkt.

2 Predigttext und Predigtinhalt, gegenwärtige und biblisch vermittelte Erfahrung

2.1

Man wird dennoch keinesfalls sagen können, dass der Predigtinhalt bereits „vorliegt", so dass die klassisch-rhetorische Aufgabe der „inventio" (Erfindung) wegfallen würde, weil der Inhalt durch den Bibeltext bereits vorgegeben ist; homiletisch gelte es nichts zu *er*finden, sondern allenfalls etwas *auf*zufinden, was dem Prediger noch nicht klar ist. Eine solche Ansicht ist eine Übersteigerung des Bibeltextes. Es bleibt auch für die Homiletik bei den fünf rhetorischen Kategorien Erfindung (inventio) – Anordnung (dispositio) – Darstellung (elocutio) – Gedächtnis (memoria) – Vortrag (pronuntiatio), wie sie Quintilian ausgeführt hat (III, 3 = Quintilianus 2011, 290f.).

Alles andere entspricht nicht der Realität und die in der Wort-Gottes-Theologie gebräuchliche Metapher vom „Nachsagen" des Predigttextes ist eine wenig hilfreiche Übersteigerung der Bedeutung des vorliegenden Bibelwortes. Karl Barths Bemerkung, das Tun des Menschen bei einer biblisch orientierten Predigt könne bei einem Leben aus der Rechtfertigung „wohl nichts anderes sein als ein Verstehen und Erklären und insofern Wiederholenwollen des Schriftwortes" (Barth 1986 [1932/33], 59), bleibt darum hinter seiner eigenen Differenzierung in das geoffenbarte, geschriebene und verkündigte Gotteswort[1] zurück. Denn jedes noch so reine Nachsprechen, und sei es nur ein Vorlesen eines biblischen Textes, ist eine Interpretation, die die predigende oder lesende Person vorzubereiten, vorzutragen und zu verantworten hat. Außerdem sind Predigttexte „nicht einfach Bibeltexte, sondern übersetzte Bibeltexte" (Greifenstein 2021, 93). Hermeneutisch kann der Text nur so verstanden werden, dass er jeweils neu gefunden bzw. erfunden wird. Die Invention, die Predigtidee und das entsprechende Thema, was früher das Auffinden des „Stoffs" genannt wurde, machen den wichtigsten, schwierigsten und reizvollsten Teil der Predigtarbeit aus.

1 KD I,1, 89–128 (§ 4, Das Wort Gottes in seiner dreifachen Gestalt). Hier heißt es, die Verkündigung sei „das *Ereignis* selbst, in dem die Verkündigung zur wahren Verkündigung wird." (95, Hervorhebung dort) Damit ist der situativ angeeignete Text das Entscheidende, das „Ereignis".

2.2

An dieser Stelle ist es wiederum sinnvoll, auf eine didaktische Unterscheidung zurückzugreifen, die bei der Unterrichtsplanung zugrunde gelegt wird. Dabei unterscheidet man den Unterrichts*gegenstand* vom Unterrichts*thema* oder -inhalt. Die eingesetzten Texte (z.B. Gedicht oder Kurzgeschichte) bestimmen die Vorbereitung und Durchführung maßgeblich; sie sind aber dennoch Gegenstände, die einem anderen Inhalt untergeordnet sind. So lassen sich z.B. mit Thomas Manns Novelle „Tonio Kröger" die Themen Selbstfindung, Pubertät, Künstlertum, Bürgertum am fin de siècle unterrichten, je nachdem, wie man diese Novelle mit den Schüler:innen neu erfindet. Man wird aber dieses großartige Werk kaum einfach „nacherzählen" können, so bedeutend es auch ist. Gleichwohl behält der Text als solcher sein Gewicht, indem er neu und auch mit ungewohnten Interpretationen aufgenommen wird. Andererseits ist die Entscheidung für einen Text noch keine Entscheidung für einen Inhalt. Die meisten Texte sind so polyvalent, dass man sie mit vielerlei Material in Gebrauch nehmen kann. Die Suche nach einem thematischen Zugang zu den Hörer:innen bleibt darum die Keimzelle einer guten Predigt.

Diese didaktische Orientierung steht hinter dem seinerzeit so innovativen homiletischen Konzept von Ernst Lange (→ § 15.3). Er lehrte in seinen Hinweisen zur Predigt, nicht primär den Text zu predigen, sondern diesen einzusetzen, um eine homiletische Situation zu klären. Auch bei Lange ist der Text als solcher noch kein Inhalt. Er wird es, wenn mit ihm Menschen angesprochen und zu etwas bewegt werden, wenn also der rhetorische Fall eintritt. Bei Lange wurde darum aus der Textpredigt die „Kommunikation des Evangeliums".

2.3

Kommen wir zu Beginn dieses Kapitels erneut auf die Neun-Felder-Matrix (→ § 6) zurück, dann zeigt sich auch der Zusammenhang der materialen und der formalen Fragen. Das in der Auseinandersetzung mit dem Bibeltext und der Situationsexegese entwickelte Thema soll bestimmten Kunstregeln folgen, um die Zuhörenden nicht abschweifen zu lassen und nicht mehr als unvermeidlich der schlimmsten homiletischen Häresie, der Langeweile, auszusetzen. Diese Kunstregeln werden im formalen Kapitel detaillierter zur Sprache kommen. Sie sind aber schon hier zu bedenken. Man kann nur selten die Form des Predigttextes direkt in eine Predigtform überführen (so mag es etwa gehen bei Ps 24 am 1. Advent, bei 1 Kor 15,12–18 am Ostersonntag oder beim Gleichnis vom Großen Weltgericht Mt 25, 31–46 am vorletzten Sonntag des Kirchenjahres).

In der Regel besteht die material-hermeneutische Aufgabe darin, aus dem Predigttext und der Situation eine Predigtaufgabe zu entnehmen, anhand derer sich das biblische und dogmatische, das situative und liturgische Material ordnet und in eine Predigtgliederung überführt werden kann. Dazu ist das Verhältnis von gegenwärtiger und biblischer Erfahrung sorgfältig zu beschreiben. Es kann sein, dass sich dabei eine starke Spannung ergibt. Man denke etwa an Phil 2,5–11, Epistel am Palmsonntag und den Streit um die Kuppelinschrift Phil 2,10 („dass in dem Namen Jesu sich beugen sollen aller derer Knie, die im Himmel und auf Erden und unter der Erde sind") am Berliner Stadtschloss.

Dazu könnte man über „hoch" und „tief", über sich beugen und sich erhöhen, über Selbsterniedrigung und Selbstbewusstsein, über Herrschen und Dienen bzw. Dienen als Herrschen und Herrschen als Dienen, über Gottes Dienst am Menschen und den menschlichen Gehorsam gegenüber der staatlichen Obrigkeit und über die Ideologisierung der Religion predigen. Material findet sich im Netz vielfach in kontroversen, zum Teil hochemotionalen Artikeln mit einem Pro und Contra zu der Inschrift, der Kuppel und dem Berliner Stadtschloss überhaupt. Da König Friedrich Wilhelm IV. in der Inschrift Phil 2,10 mit Apg 4,12 („es ist in keinem andern Heil ...") kombinierte, stellen sich ähnliche Probleme bei einer Predigt über Apg 4,8–12 am Neujahrstag (bzw. Namengebung Jesu).

2.4

Aus der Wahrnehmung der Situation und der Wahrnehmung des Textes ergibt sich im Idealfall eine beide verbindende Überschrift, ein Motto, eine Fragestellung oder eine Problematik, die rednerisch so bearbeitet werden kann, dass sich anhand des zusammengestellten Materials Glaubensgewissheit bilden kann. Dabei kann die Situation ebenso am Anfang der homiletischen Bemühungen stehen wie der Text. In weiten Teilen des deutschen Protestantismus ist die Perikopenpredigt (→ § 26–27) üblich, so dass die Suche nach einem prädikablen Bibeltext aufgrund einer aktuellen Situationsanalyse eher die Minderheit der homiletischen Fälle ausmacht.

Allerdings nimmt in vielen Gemeinden aktuell die Tendenz zu, an möglichst vielen Sonntagen (bzw. Wochenenden) besondere Gottesdienste zu Anlässen in der Kirchengemeinde oder auch der kommunalen Gemeinde anzubieten und dazu gezielt einzuladen. In manchen Gemeinden kann man von einer „Kasualisierung" des normalen Gottesdienstes sprechen. In solchen festlichen oder gemeindepädagogischen Liturgien reicht dann oftmals ein biblischer

Vers als Motto oder der lockere Bezug auf das jeweilige Evangelium, während man eine zünftige Textpredigt einer Fest- oder Kasualgemeinde nicht zuzumuten wagt. In diesem Fall ist der „Kasus" der erste Lieferant für Predigtmaterial, während ein biblischer Text in der Regel dazu gesucht wird.

Die verbreitete Perikopenpredigt hat zweifellos ihre großen Vorteile. Eine empirische Studie im Vorfeld der Perikopenrevision 2018 hatte ergeben, dass die große Mehrheit der Predigenden die Textvorgabe durchaus schätzt. Die meisten Befragten mögen es sehr, sich eine Aufgabe vorgeben zu lassen; sieht man diesen Umstand bewusst kritisch, kann man von einer situationshermeneutischen Trägheit sprechen. Aber es verhält sich eben für die große Mehrheit so: Der Text ist vorgegeben und steht am Anfang der Arbeit an einer Predigt. Sehr viele berichten davon, dass sie die Arbeit am Anfang der Woche mit der Textlektüre beginnen. Der stärkste Grund, sich an die Textordnung zu halten, dürfte die Existenz der Predigtvorbereitungsliteratur sein. Viele fühlen sich von dem Gedanken gestützt, dass in unzähligen Gemeinden homiletisch an demselben Text gearbeitet wird.

Wenn es sich so verhält, dann muss die Situation des Textes so erhellt werden, dass die Fragestruktur des Bibeltextes hinter der vorliegenden Antwortstruktur deutlich wird. Beginnt man mit der Antwort statt mit den Fragen, muss die Antwort zunächst in eine Frage zurückübersetzt werden: Warum schrieb Paulus Phil 2,10? Oder, noch wichtiger: In welcher Situation kann ich mir vorstellen, Phil 2,10 selbst als Deutungsangebot einzuspielen? Wo könnte der Text in gegenwärtigen Lebenssituationen treffen? Hat er ein zeitdiagnostisches Potenzial?

2.5

In der Neun-Felder-Matrix steht der Hinweis auf die Liturgie. Davon war im prinzipiell-homiletischen Kapitel mehrfach die Rede und ich werde darauf zurückkommen (→ § 30, ein Praxisbeispiel bei Meyer-Blanck 2012). Aber die Liturgie kann auch zum materialen Bezugspunkt der Predigt werden. Neben dem Predigttext bieten die anderen Lesungen, das übrige Proprium und das Ordinarium geeignete Anknüpfungsmöglichkeiten an das, was die versammelte Gemeinde schon mitvollzogen hat (z.B. das Kyrie bei einer Predigt über eine Heilungsgeschichte oder das Glaubensbekenntnis bei trinitarischen Strukturen im Predigttext). Hier gilt es vor allem die Aufmerksamkeit auf diesen oft übersehenen materialen Aspekt zu lenken, um die Verständlichkeit der Predigt und den Zusammenhang des gesamten Gottesdienstes zu verbessern und so das Interesse zu erhalten.

2.6

Weiterhin können rhetorische Überlegungen zur Invention beitragen. An diesem Punkt hat die „dramaturgische Homiletik“ in den letzten Jahren hilfreiche Impulse gesetzt. Kulturelle Kontexte wie Alltagsgeschichten, Zeitungsmeldungen, Kurzgeschichten und moderne Lyrik können verschiedene Töne des Textes zum Klingen bringen und so „moves“ generieren (→ § 15.5), die nicht zwangsläufig in eine logische Abfolge gebracht werden müssen, sondern nebeneinanderstehen und verschiedene Aspekte des gewählten Themas ansprechen. Auch die literarische Gattung eines Predigttextes birgt ein kreatives Potenzial für neue Ideen (Gräßlin 2024, 366–368). So lässt sich das Reservoir an Predigtmaterial bedeutend vermehren.

3 Die Rede von der „Heiligen Schrift“ und vom „Wort Gottes“

3.1

Die Ausdrücke „Heilige Schrift“ und „Gottes Wort“ sind hohe theologische Kategorien, die im Rahmen der kirchlichen Selbstverständigung eine besondere Dignität und Verbindlichkeit anzeigen. Dabei beschränkt sich die Verwendung nicht auf die theologische Begriffsbildung, sondern gehört auch zur Sprache der Gemeindefrömmigkeit. Beide Ausdrücke stehen für eine spirituelle Erwartung an die Lektüre und Auslegung der Bibel und damit an die Predigt („die Pfarrerin soll Gottes Wort predigen und nichts anderes“). Fragt man ein wenig nach, dann ist fast jedem deutlich, dass es sich nicht um ontologische, seinshafte Redeweise, sondern um das Vokabular besonderer Wertschätzung handelt, wie es sich auch aufgrund des Predigens herausgebildet hat.

3.2

Das heißt: Die Bibel Alten und Neuen Testaments hat in der Kirche eine Gebrauchstradition, mit der sie als „Heilige Schrift“ verstanden wird. Das bedeutet nichts anderes, als dass sie in hervorgehobener Weise mit Erfahrungen des Heiligen, also mit Gotteserfahrungen, in Verbindung gebracht wird. Mit dem biblischen Wort wird nicht nur eine religiöse Tradition lebendig, sondern das existenziell entscheidende Widerfahrnis von glaubender Evidenz. Was das Bibelwort verheißt, das bringt es im Lesen und Hören auch mit sich: die Offenbarung von Gottes Dasein (2Mose 3,14), seiner Nähe, seines Trostes und seines erlösenden Wirkens. So sagt es jedenfalls der glaubende Mensch und bringt diese fundamentalen Erfahrungen mit dem Ausdruck „Heilige Schrift“ auf den Begriff.

In der nachaufklärerischen Moderne kann der Ausdruck „Gottes Wort“ nur als übertragene Redeweise verstanden werden. Diese bringt zum Ausdruck, dass bestimmte Worte als schlechthin gültig, tragend und verbindlich gehört werden und dass sie die Urteilsbildung des Menschen zugleich ermöglichen, fundamentieren und auf eine solche Ebene heben, auf der der Mensch nicht mehr aktiv, sondern nur noch *coram Deo* passiv sein kann. Das „Wort Gottes“ umfasst unsere Lebensdeutung im Hinblick auf das, was wir nicht selbst schaffen können: Lebensglück, Rechtfertigung, Trost und ewiges Leben.

Insgesamt ist es das Ziel der Predigt, dass die Worte und Zeichen im Gottesdienst als etwas mit Gott in Verbindung Bringendes aufgenommen werden können, als das, was sie „in Wirklichkeit“ sind, eben Wort Gottes (1Thess 2,13; → § 17.1.2). Die Predigt eröffnet so einen neuen Blick auf die alltägliche Wirklichkeit (→ § 18.3). Im Hören wird es möglich, die Rede auf Christus hin zu deuten, so dass das Wort als Sakrament erfahren werden kann (→ § 20.1). Die Sakramentalität, der Christusbezug, ist nichts objektiv Vorgegebenes, sondern etwas sich aufgrund der Worte und Zeichen jeweils neu Ereignendes (Röm 10,17). Diese in der prinzipiellen Homiletik erhobenen Grundsätze sind hier nicht zu wiederholen, wohl aber für die Invention des Predigtinhaltes fruchtbar zu machen. Das Material, der Stoff der Predigt soll so gewählt und rhetorisch aufgearbeitet werden, dass der beschriebene Deutungsprozess (nach 1Thess 2,13) für möglichst viele möglich und wahrscheinlich wird. Treffend bemerkt Karl Barth, dass die Bibel nicht so Gottes Wort ist, wie im BGB die Meinung des Staates festgehalten ist: „Eigentlich müssten wir sagen, die Bibel *wird* Gottes Wort; wo sie es *wird, ist* sie es“ (Barth 1986 [1932/33], 62, dort hervorgehoben).

3.3

Damit ist und bleibt das „Wort Gottes“ der grundlegende Inhalt der Predigt; aber an dieser klassischen Beschreibung kann nur dann festgehalten werden, wenn man diese Kategorie *metaphorisch* und *rezeptionsästhetisch* reinterpretiert (ausführlich dazu → § 3.1.4). Dieser Gedanke wahrt sowohl die Unverfügbarkeit Gottes als auch die Freiheit des Menschen als dessen Gegenüber. Gott zwingt nicht und Gott zwingt man nicht. Die Metapher „Wort Gottes“ steht für die Tatsache, dass der Gehalt der christlichen Erfahrung weder objektiv vorgegeben ist (etwa durch bestimmte Bekenntnisformulierungen), noch der individuellen Eingebung entspringt, sondern dass sich der Glaube mit dem Hören auf Gott jeweils neu einstellt. Sein Wort ist frei und lebendig, und es dringt durch in unsere Gedanken und Gefühle (Hebr 4,12). Das ist gemeint mit der klärenden These, die Predigt sei keine Rede *de verbo divini*, sondern *verbi divini* (Kleinert 1907, 44). Das ist in der Tat das Pathos des reformatorischen Predigtverständnisses, das bereits mehrfach erläutert wurde (→ § 3.1; § 9). Wenn man die Wort-Gottes-Kategorie metaphorisch und subjektbezogen reformuliert, nimmt man von dieser Definition nichts zurück. Dann hat die Kategorie des „Wortes Gottes" ein durchaus kreativitätsförderndes Potenzial.

Würde man auf das dogmatisch ambitionierte Bedeutungsfeld der *praedicatio verbi divini* verzichten, würde sich sofort die Frage stellen, wo denn sonst Gotteserfahrungen zu machen (und verbindlich zu machen) wären. Die individuelle Erfahrung in der Natur oder mit der christlichen Tradition, bestimmte Bekenntnisformulierungen bzw. einzelne Bibelworte oder gar Eingebungen von sich prophetisch gerierenden Personen wären – mindestens in der Regel – keine gute Alternative zur *congregatio sanctorum, in qua evangelium pure docetur* (CA 7). Vielleicht erscheint der Predigtinhalt bisweilen als zu wenig mutig, als zu stark theologisch und kirchlich geordnet. Aber die Nachprüfbarkeit dessen, was da angeboten wird in der hoffenden Erwartung, so könne es zu Gotteserfahrungen in der Gemeinschaft kommen, ist ein wichtiges Prinzip, gerade in Zeiten von Individualität und Singularität. Denn die reformatorische Theologie, die den Faktor Subjekt so stark in den Fokus rückt, ist anfällig für Subjektivismen. Von daher ist die geregelte Bindung des Predigtinhaltes an die Predigt in der *congregatio sanctorum* ein zwar schwerfälliges, aber auch ein bewährtes Prinzip.

Zusammenfassung

Der Übergang von der prinzipiellen zur materialen Homiletik führt näher an die konkrete Predigtaufgabe heran. Doch die Suche nach dem Material, dem Inhalt der Predigt, lässt auch die grundsätzlichen Fragen erneut ins Spiel kommen. Da sich die christliche Religion wesentlich auf ein historisches Ereignis, die Geschichte des Volkes Israel und die Lebensgeschichte Jesu von Nazareth bezieht, ist die Predigt – zumal in der Evangelischen Kirche – primär Predigt über biblische Texte. Es geht darum, die biblischen Texte in Resonanz mit dem heutigen Leben zu bringen. Die von der Rhetorik „Invention" genannte Suche nach dem „Redestoff" hat darum mit dem biblischen Predigttext immer schon einen festen Ausgangspunkt. Dennoch ist der Predigt*text* noch nicht mit dem Predigt*inhalt* identisch. Der Inhalt ist vielmehr die heutige Lebens- und Glaubenspraxis, die von den biblischen Texten her in ein anderes Licht, das Licht des Glaubens versetzt werden soll. Und damit predigt die Kirche schließlich doch *nicht* Texte, sondern die Güte und das Heilsame Gottes, des Vaters Jesu, mit Hilfe von biblischen Texten. Das Ziel ist die lebendige Zirkulation religiöser Erfahrung (so Schleiermacher) bzw. die Kommunikation des Evangeliums (Ernst Lange).

§ 25 Glaubenserfahrung und Textverständnis: Psychologische Überlegungen

---

Literatur: Ernst Cassirer: Versuch über den Menschen. Einführung in eine Philosophie der Kultur, Hamburg ^{2}2007 [engl. 1944] · Karl-Fritz Daiber u.a. (Hg.): Predigen und Hören. Ergebnisse einer Gottesdienstbefragung, Bd. 1: Predigten, Analysen, Grundauswertung, München 1980; Bd. 2: Kommunikation zwischen Predigern und Hörern – Sozialwissenschaftliche Untersuchungen, München 1983 · Hans Werner Dannowski: Kompendium der Predigtlehre, Gütersloh 1985 · Wilfried Engemann: Der „moderne Mensch" – Abschied von einem Klischee. Eine Herausforderung der Kulturanthropologie, in: ders.: Personen, Zeichen und das Evangelium. Argumentationsmuster der Praktischen Theologie, Leipzig 2003 (APrTh 23), 346–358 · Wilfried Engemann: Einführung in die Homiletik, Tübingen ^{3}2020 [2002] · Erik H. Erikson: Identität und Lebenszyklus. Drei Aufsätze, Frankfurt / Main 1973 · James W. Fowler: Glaubensentwicklung. Perspektiven für Seelsorge und kirchliche Bildungsarbeit, München 1989 · Johannes Greifenstein: Vom Text zur Predigt. Ein Beitrag zur Praxistheorie homiletischer Bibelauslegung, Tübingen 2021 (PThGG 34) · Michael Meyer-Blanck: Von der Identität zur Person. Religionspädagogische Redigierungen in der Postmoderne, in: ZPT 51 (1999), 347–356 · Karl Ernst Nipkow: Erwachsenwerden ohne Gott? Gotteserfahrung im Lebenslauf, München ^{3}1990 [1987] · Fritz Oser / Paul Gmünder: Der Mensch – Stufen seiner religiösen Entwicklung. Ein strukturgenetischer Ansatz, Gütersloh ^{5}2002 [1984] · Friedrich Schweitzer: Lebensgeschichte und Religion. Religiöse Entwicklung und Erziehung im Kindes- und Jugendalter, Gütersloh ^{6}2007 [1987] · Friedrich Schweitzer: „Todlangweilige Predigt?" Jugendhomiletische Konsequenzen aus den entwicklungspsychologischen Erkenntnissen über das Jugendalter, in: Jugend und Predigt. Zwei fremde Welten? Hg. von Michael Meyer-Blanck u.a., München 2008, 149–158 · Helmut Schwier / Sieghard Gall: Predigt hören. Befunde und Ergebnisse der Heidelberger Umfrage zur Predigtrezeption, Münster 2008 · Stefan Welz: Die Kinderpredigt. Zur Predigtlehre und Praxis eines Verkündigungsmodells, Hooksiel 2001

---

1 Dein Hörer, deine Hörerin – das unbekannte Wesen

1.1

Das intellektuelle Verstehen einer Predigt ist – wie bei anderen ästhetischen Produkten – nicht alles und das Bibelverstehen gelangt erst dann an sein Ziel, wenn dabei ein verändertes existenzielles Selbstverständnis herauskommt. Es kann sich um ein bereichertes, ein erneuertes oder auch um ein erschüttertes Selbstverständnis handeln, aber auf jeden Fall um mehr als um Informationen. Und doch ist das intellektuelle Verstehen eine wichtige Voraussetzung des spirituellen und existentiellen Verstehens. Das logische Verfolgen z.B. des Erzählfadens einer Geschichte aber ist im hohen Maße vom Alter abhängig. Viele biblische Texte sind jüngeren Kindern erst einmal unzugänglich.

Wer schon den Ablauf einer Geschichte nicht nachvollziehen kann, wird es erst recht schwer haben, diese auf das eigene Leben zu beziehen. Wer eine Geschichte wie die vom reichen Kornbauern (Lk 12,15–21, Evangelium und Predigttext am Erntedankfest) als einmaliges Ereignis auffasst und nicht als eine Art weisheitlicher Erzählung zur Lebensführung, wird den Anspruch dieses Textes nicht an sich heranlassen können. Wer das altorientalische Märchen vom reichen Mann und armen Lazarus (Lk 16,19–31, Evangelium und Predigttext am 1. nach Trinitatis) als Beschreibung der Zukunft in Himmel oder Hölle versteht anstatt als Predigt zur Umkehr, wird den Text eventuell als Verstörung empfinden oder als Klischee der Drohung mit dem Jenseits, aber jedenfalls nicht als gute Nachricht von der Tröstung des Armen und Elenden bei Gott (vgl. V 22f. die sprichwörtliche Rede von „Abrahams Schoß"). Und wer es schließlich nicht gewöhnt ist, abstrakte Begriffe und komplizierte Wortkombinationen beim Hören zu erfassen und für sich selbst zu erwägen, der wird mit so manchen Episteltexten, vor allem mit den paulinischen, seine große Mühe haben. Man denke nur an Röm 3,21–28 am Reformationstag, jene so bedeutende Epistel mit dem „allein durch den Glauben". Wer vermag beim Hören den Vers 25 zu begreifen („Den hat Gott für den Glauben hingestellt zur Sühne in seinem Blut zum Erweis seiner Gerechtigkeit"). Da braucht es schon einiges an exegetischer Klärung, wobei damit für das existenzielle Verstehen noch nichts getan ist. Das heißt: Das intellektuelle Verstehen ist gewiss nicht das Wichtigste, aber ohne dieses geht es auch nicht beim Predigthören. Verstehen muss sich anhand von gehörten Predigten und im Laufe des Lebens entwickeln. Die Menschen im Gottesdienst rezipieren Predigten unterschiedlich.

In vielen homiletischen Texten hat man aber leider den Eindruck, dass „der" Hörer eine einheitliche Durchschnittsperson ist, ohne Geschlecht, ohne Alter und ohne soziale Einbindung. Die Hörerorientierung ist oftmals so blass und abstrakt, wie die Explikation und Applikation des Textes selbst theoretisch und unpersönlich bleibt. Die Adressat:innen der Predigt sind so etwas wie Modell-Zeitungsleser oder soziale Normaltypen der Gegenwart, die eine Zeitlang auch höchst klischeehaft als „der moderne Mensch" bezeichnet wurden, wobei „der" moderne Mensch in der Regel mit seinen Mängeln gegenüber dem Menschen in biblischer Zeit gezeichnet wurde. Der moderne Mensch werde in Predigten „zur Mülltonne aller schlechten Eigenschaften und Neigungen", so dass diesem eine ähnliche Funktion zukomme wie dem Teufel in Luthers Predigten „als personifizierter Kontrast" zu allem Guten (Engemann 2003, 349).

Nicht erst in der Ausführung (*elocutio*), sondern bereits in der Wahrnehmung, also beim Finden und Zuschneiden von Predigtmaterial, ist darum an die spezifischen Hörer:innen zu denken. Konfirmand:innen hören anders als Kindergartenkinder, Eltern anders als Großeltern, Verantwortliche im Beruf anders als Pensionäre und schließlich: Menschen, die täglich mit Texten umgehen (als Oberstufenschüler, Studierende, Lehrerinnen), nehmen das Predigtmaterial routinierter zur Kenntnis als viele Handwerker oder Erzieherinnen. Da das Predigtpublikum im besten Falle (!) völlig inhomogen ist, kann man nicht an alle Personengruppen denken. Je mehr Menschen man jedoch konkret vor Augen hat, desto mehr Anwesende verstehen auch, dass sich die Predigerin um Verstehen bemüht und desto toleranter werden sie auch bei partiellem eigenem Nichtverstehen sein. Es kommt also darauf an, nicht nur den Predigtinhalt konkreter zu gestalten, sondern auch die eigenen Bilder der Hörer:innen plastischer werden zu lassen.

1.2

In der Didaktik spricht man in diesem Zusammenhang von den „anthropogenen" (allgemein menschlichen, besonders den altersbedingten) und den „soziokulturellen" (schichten- und milieuspezifischen) Prägungen sowie von aktuellen kulturellen Lebensumständen. Diese gilt es als Unterrichtsvoraussetzungen sorgfältig in den Blick zu nehmen. Denn Überforderung und Unterforderung führen gleichermaßen zur Unaufmerksamkeit, diese zur Langeweile, Langeweile bringt Unmut mit sich und dieser schlägt schließlich als innere und äußere Störung zu Buche, bis es zum Kommunikationsabbruch kommt. Die Gefahr des Aussteigens ist jederzeit gegeben.

Beim Predigen und Predigthören ist es ähnlich. Es gibt viele Möglichkeiten, die Hörer:innen unterwegs zu verlieren. Typisch dafür ist die Phase der Erläuterung eines Erlebnisses, unmittelbar nach einer Geschichte, einem Symbol oder einer freien Erzählung. Das Erklären eines starken Mediums bringt immer eine Aufmerksamkeitskrise mit sich. Man kann diese nutzen und eine provokative Information untermischen; dabei wird es im Unterricht in der Regel zu einer fruchtbaren Auseinandersetzung kommen, wenn die lehrende Person das Zuspitzen von Positionen, das Karikieren von Konsequenzen und das rollenbezogene Agieren beherrscht. Das gelingt aber beim Unterrichtsgespräch wesentlich leichter als beim Predigen, denn eine Predigt ist eben nur ein fiktiver Dialog.

1.3

Wer predigt, hat drei Quellen, um das Hören seiner Gemeinde besser einschätzen zu können. Das sind *erstens* die im Laufe der Jahre gemachten Erfahrungen und die aktuell im zeitlichen und räumlichen Umfeld geführten Gespräche – diese Quelle ist zweifellos die ergiebigste und wichtigste. Doch *zweitens* wird die eigene Wahrnehmung durch theoretische Erkenntnisse eine bewusstere. Darum sind die empirischen Untersuchungen zur Predigtrezeption (z.B. Daiber u.a. 1980 / 1983; Schwier / Gall 2008) zu nennen (→ § 5.4) und *drittens* die psychologischen Theorien zur kognitiven und psychosozialen Entwicklung des Menschen. Da die psychologischen Theorien die gesamte Lebenszeit in den Blick nehmen, sind sie sämtlich für die Predigt von Bedeutung, wenngleich sie durch ihre Herkunft aus der Pädagogik (wie diese selbst) auf das Jugendalter konzentriert sind.

1.4

In der Praktischen Theologie und Religionspädagogik sind vor allem zwei Familien von psychologischen Theorien geläufig. Das sind *zum einen* die kognitionspsychologischen Ansätze, die von dem Schweizer Entwicklungsbiologen Jean Piaget (1896–1980) konzipiert und von dem Amerikaner Lawrence Kohlberg (1927–1987) in moralpädagogischer Weise sowie von Fritz Oser (1937–2020) im Hinblick auf die Gottesvorstellungen weiterentwickelt wurden; zum anderen handelt es sich um die von Erik H. Erikson (1902–1994) ausgehenden Theorien psychoanalytischen Zuschnitts. Der Amerikaner James W. Fowler (1940–2015) hat schließlich die beiden Ansätze integriert und dabei weitere Theorien berücksichtigt. Die genannten Theorien liegen auch in einer gut verständlichen Darstellung vor (Schweitzer 2007; s. auch oben die Quellen bei den Literaturangaben). Im Folgenden werden die Theorien selbst nicht vorgestellt; ich beschränke mich wegen des Umfangs und wegen der guten Literaturlage auf die homiletischen Konsequenzen.

1.5

Es ist schließlich in Rechnung zu stellen, dass man das Predigthören (wie das aufmerksame Verfolgen einer Rede) auch lernen kann bzw. lernen muss. Es braucht eine gewisse Routine, um sich ohne weitere Reize auf eine längere Folge von lediglich gesprochenen Worten konzentrieren zu können. Bilder oder Gegenstände als Hörhilfen („Symbolpredigten") sind für manche Hörer:innen, besonders für Kinder und Jugendliche, eine hilfreiche Unterstützung. Das ändert aber nichts an dem Umstand, dass das konzentrierte Zuhören eine Kulturtechnik ist, die Gewöhnung und Training verdient. Man denke nur an Parteitage, Gerichtsverfahren und Vorlesungen. Das auswählende und kritische Zuhören ist nicht nur bei religiösen Reden wichtig und beim Predigthören lernt man mehr als nur Religion.

1.6

Was die angemessene Predigtdauer angeht, ist diese von der Gewöhnung an das Hören abhängig. Spricht man von einem notwendigen Medien- und Methodenwechsel bei Grundschulkindern spätestens nach zehn Minuten, so ist damit auch eine gute Marke für Familien mit Schulkindern angezeigt. Bei Kindergartenkindern wird man deutlich weniger Zeit veranschlagen können. Demgegenüber ist bei Konfirmand:innen und Jugendlichen alles davon abhängig, ob es in der Predigt persönlich zugeht oder exegetisch informierend bzw. systematisch abwägend. Im ersten Fall ist gut eine Viertelstunde möglich, im zweiten können schon fünf Minuten unangenehm lang werden. Hier gilt wirklich: Kommunikation ist alles. Bei einer wirklichen „Homilia", einem Gespräch der Pfarrerin mit ihrem Gegenüber, in dem dieses erkennbar vorkommt, kann man die Frage der Predigtdauer getrost hintanstellen. Und schließlich gibt es lokale und regionale Gewohnheiten. In Ostfriesland gibt es Gemeinden, in denen eine Predigtdauer unter einer halben Stunde als pastorale Gedankenarmut (vulgo: als Faulheit) gilt. Hier folgt man dem Motto: Für eine solche Kurzpredigt muss man sich gar nicht erst auf einen langen Kirchweg machen.

1.7

Die Perspektivenübernahme und die Weitung des sozialen Handlungsradius, weiterhin die Zeichenfunktion und die persönliche Identität gehören zu den psychosozialen Bereichen, in denen sich der Mensch mit Hilfe pädagogischer Impulse zu entwickeln hat, um seinen Platz in der Gesellschaft zu finden. Jungen und Mädchen müssen nicht nur bestimmte Kenntnisse und Fähigkeiten

(Kompetenzen) erwerben, sondern auch verschiedene Umgangsweisen mit sich selbst und der Umwelt ausbilden, um die Bedürfnisse anderer wahrnehmen und mit ihnen kommunizieren zu können. Die Kognitionspsychologie und die Theorien der psychosexuellen Entwicklung (s.o. 1.4) haben dazu Entwicklungsaufgaben beschrieben, die alle zu bewältigen haben, die in einer Gemeinschaft (Familie, Freunde, Nachbarschaft etc.) leben. Die drei wichtigsten Aufgaben werden in diesem Paragraphen (s.u. 2.–4.) beschrieben, weil sie basale Bedingungen für die Rezeption von biblischen Texten und von Predigten über biblische Texte darstellen. Oft sind Missverständnisse biblischer Texte nicht durch ein homiletisches Defizit bedingt, sondern durch entwicklungsbedingte Muster. Es ist gut, diese zu kennen, denn dann ist es möglich sie zu akzeptieren und durch pädagogisches Handeln produktiv zu modifizieren. Im besten Fall wird eine Predigt die Entwicklungen der Zuhörenden fördern. Außerdem sollte auch die Predigt an Erwachsene Elemente der Kinderpredigt aufnehmen: Spiel und Zeichen, Verbindung zur Liturgie und elementare Rede (Welz 2001, 26, Anm. 147).

2 Perspektivenübernahme und Weitung des sozialen Handlungsradius

2.1

Die Perspektivenübernahme ist wahrscheinlich die wichtigste soziale Kompetenz des Menschen. Von der Möglichkeit, sich in andere hineinzuversetzen, profitieren alle sozialen Verhaltensweisen. Wer sich überhaupt nicht in andere einfühlen kann (so genannte „Psychopathen“), steht in der Gefahr, andere (nicht nur seelisch) zu verletzen. Fehlendes Normenbewusstsein und ein Mangel an Schuldgefühl sind die Konsequenzen, die ein schweres Handicap bedeuten. Egozentrik, Empathiemangel und antisoziales Verhalten bis hin zur Straffälligkeit sind die Folge. Diese Feststellungen gelten für adoleszente und erwachsene Menschen. Wer die Perspektivenübernahme gelernt hat, kann mit-leiden, Mit-Leid empfinden (Lk 10,33) und von den Wünschen des Anderen her denken und handeln. Jesus empfiehlt in der Bergpredigt, die eigene Perspektive als solche wahrzunehmen und die eigenen Wünsche dadurch auszuleben, dass man ihre Erfüllung Anderen zuteilwerden lässt (Mt 7,12; „Goldene Regel“).

Dazu gehört auch eine längere Zeitperspektive. Es kann und muss nicht alles sofort erfüllt werden (Röm 8,24; 1 Kor 15,19; Hebr 11,1; Offb 22,20). Die christliche Hoffnung ist vielmehr eine Distanzierung von der Gegenwart im Namen von Gottes Zukunft und Gottes Vergangenheit. Diesen radikalen Perspektivenwechsel bezeichnet die Theologie bekanntlich als Eschatologie. Diese ist das unerhörte Wagnis, die Geschichte aus der Gottesperspektive zu lesen.

2.2

Kleinen Kindern (ca. 3 Jahre) müssen Perspektivenübernahme und Empathie erst langsam erschlossen werden. Das Kleinkind lebt in einem (altersadäquaten) kognitiven und sozialen Egozentrismus, in dem es die ihm bislang bekannte Welt um sich herum baut. Da ihm noch die Zeiterfahrung fehlt, sind für das Kleinkind Empfindungen wie Freude, Schmerz und Neugier nicht kognitiv relativierbar. *Jetzt* tut es weh und das Kind *hat* nicht Schmerz, sondern es *ist* Schmerz. Die Abwesenheit der Mutter ist radikal und unbegrenzt; sie lässt sich nicht durch zeitliche Einordnungen relativieren. Gefühle sind unteilbar. Eine andere Perspektive als die gerade selbst erlebte kennt das Kleinkind nicht. Geschichten, auch solche aus der Bibel, rufen in assoziativer und unteilbarer Weise Gefühle auf, ohne dass die Geschichte als ganze (mit Einleitung, Hauptteil, Schluss, Transfer) erfasst werden kann. Wenn Gott darin als Handelnder oder Gebetener vorkommt, dann ist er, wie er ist, „der Herr, stark und mächtig" (Ps 24,8), wie ein Sturmwind (1 Kön 19,11–13) stark, aber flüchtig und mit einem unsteten Wesen, wie in einer Bilderfolge auf Social Media. Glaube und Gottesbild in diesem frühen Kindesalter sind darum als „intuitiv und projektiv" charakterisiert worden (Fowler 1989, 85–87).

Doch schon der Spracherwerb zeigt dem Kind, dass sich zwar sehr vieles, aber doch nicht alles um es dreht. Es gibt die Phänomene von Reden und Schweigen, das Schweigen-Müssen und das Ausbleiben einer Antwort oder Reaktion. Warum das so ist, fragt sich das 3–4 Jahre alte Kind und beginnt, Eltern, Geschwister, Großeltern so anzusprechen, dass sie im eigenen Sinne reagieren. Was muss ich tun, damit der andere das tut, was ich gern möchte? So lautet jetzt die zur Perspektivenübernahme führende Überlegung. Das Kind agiert nicht nur (unter der Erwartung von Reaktionen), sondern es interagiert und versucht seinen Handlungsradius zu erweitern. („Wenn ich ganz schnell aufräume, darf ich dann noch ...?") Weil das 4–6 Jahre alte Kind logische Wenn-dann-Verknüpfungen versteht, kann es auch Erzählfäden von Geschichten erfassen (z.B. Lk 19,1–10). Die Reaktionen von Personen in einer Geschichte können jetzt zugeordnet werden. Die Perspektive des Anderen stellt sich langsam ein und ihre Beachtung kann nicht zuletzt durch das Vorlesen, verbunden mit Nachfragen und Erläuterungen, gefördert werden. Das bezieht sich selbstverständlich nicht nur auf biblische Geschichten.

2.3

Einen großen Sprung muss das Kind machen, wenn es einen erheblichen Teil seiner Wachzeit in einer außerfamiliären Gruppe verbringt (Kindergarten, Vorschule, Schule). Jetzt muss es seine eigenen Bedürfnisse erkennen, anderen verständlich machen und möglicherweise aufschieben oder ganz hintanstellen. Das setzt voraus, dass das eigene Wollen nicht als alternativlos verstanden und mit dem Wollen anderer ins Verhältnis gesetzt werden kann. Das ist die Aufgabe der 5–6jährigen Kinder (und leichter haben es die, die von zu Hause schon die Geschwisterperspektive kennen). Sozial kompetent sind Kinder dann, wenn sie Gefühle einordnen und nachempfinden können, die sie selbst momentan nicht haben, vor allem Freude, Traurigkeit, Angst und Ausgelassenheit. Wenn man selbst diese Gefühle kennt und sich durch Erinnerung vergegenwärtigen kann, ist die Verbindung zu Anderen (nicht nur Kindern) gegeben. Die Perspektive des Anderen wird lebendig.

Damit verstehen die 5–6jährigen Kinder nicht nur den Erzählfaden einer Geschichte. Vielmehr wird jetzt die innere Dynamik plastisch, indem sie ahnen, was in den beiden Söhnen und dem Vater (Lk 15,11–32), was in Bartimäus und den Jüngern (Mk 10,46–52) und was in Judas und Jesus in Gethsemane vorgehen könnte. Zwar sind es noch nicht ambivalente Gefühle, wohl aber grundverschiedene, die sich Kinder um den Schulbeginn vorstellen können. In der Schulzeit sind sie auf solche umfassenden Formen von Empathie angewiesen, um andere zu verstehen. Sie übernehmen jetzt nicht nur die Perspektive Einzelner, sondern auch die Perspektive der Gruppe. Das Bedürfnis, dass es gerecht zugehen möge in der Klasse, bildet sich aus. Abläufe auch von schwierigeren Geschichten können jetzt behalten und nacherzählt werden. Kinder leben geradezu in Geschichten. Pippi Langstrumpf und Winnetou, aber auch Josef und seine Brüder sowie der rastlos reisende Paulus können zu Gefährten werden.

2.4

Die Schulzeit ist die Phase im Leben des Menschen, da sich die soziale Perspektive immer mehr weitet, wobei man mit genauen Altersangaben allerdings vorsichtig sein sollte. Zunächst gibt es die Perspektive der Zweierfreundschaft, dann die der Clique und der Klasse, ab dem Jugendalter auch die Perspektive der eigenen Stadt, der eigenen Generation und schließlich die Perspektive universaler Prinzipien, die eingenommen werden kann und mit der moralische Urteile gefällt werden. Erst im Jugendalter wird auch der Sinn von Vorschriften und Verfassungen (Geboten) erfasst und als notwendig akzeptiert. Je älter und je geübter Schüler:innen bei der Beurteilung moralischer Streitfragen sind, desto mehr weitet sich ihre soziale Perspektive. Erst damit ist die Art und Weise erreicht, in der die Predigt Jesu (Mt 6,33; Mt 7,12) und die der neutestamentlichen Autoren argumentiert (z.B. Röm 2,1; Röm 12,12; 1 Petr 3,18).

Hier ist die Perspektive nicht nur die des Nächsten, sondern jedes Menschen vor Gott. Es überrascht nicht, dass viele Predigthörer:innen von dieser weiten sozialen Perspektive überfordert sind und die Texte auf den Nahbereich hin „zurechthören". In der Kognitionspsychologie gilt das Prinzip, dass man bei gezielten Impulsen (in Unterricht und Predigt) immer von einem geringfügig höheren Niveau her argumentieren sollte. Da man hier Niveaus bzw. Stufen des Verstehens annimmt, spricht man von der „+1-Konvention". Man soll sich immer etwas oberhalb der Verstehensmöglichkeiten des Gegenübers bewegen. Bei einer Grundschulpredigt (z.B. über Mt 20,1–16a) wird man die Gleichbehandlung aller Arbeiter thematisieren können, in einem Jugendgottesdienst am Gymnasium das grundlegende Prinzip der Barmherzigkeit (Mt 20,15f.), das alle Verteilungsgerechtigkeit hinter sich lässt. Hier kann die universale Perspektive der Gruppengerechtigkeit gegenübergestellt werden (+1-Konvention).

Zu bedenken ist allerdings, dass nach den Forschungen von Kohlberg auch viele Erwachsene das Urteilsniveau der universellen Prinzipien oder schon den Bezug auf Menschen außerhalb des eigenen Erlebens *nicht* erreichen. Das jüngste Wahlverhalten in Deutschland bestätigt diese Vermutung leider. Die kognitive Entwicklungspsychologie ist jedenfalls ein wichtiges Prinzip, um das gewählte Material an Predigtgedanken zu bearbeiten, um eine altersgerechte Auswahl zu treffen und nicht zu unter- und nicht zu überfordern.

2.5

Zu erwähnen ist noch ein entwicklungspsychologisches Phänomen, das für das Eingehen von Freundschaften und Beziehungen ebenso essentiell ist wie für die Rezeption von schriftlichen Quellen und Bibeltexten: Gemeint ist die *doppelt gegenseitige Perspektivenübernahme*, die mit dem Jugendalter erreicht wird und mit der wachsenden Fähigkeit zur Imagination zusammenhängt. Das Kind kann die Perspektive des Anderen einnehmen; der Jugendliche dagegen kann sich in den Anderen hineinversetzen, wie dieser wiederum die eigene Perspektive einnimmt. Der Jugendliche beobachtet den Anderen beim Beobachten und weiß, dass dieser dasselbe tut. James Fowler spricht von der „Spiegel-Kommunikation", bei der ich mich selbst in den Reaktionen des Anderen erkenne wie in einem Spiegel: „Ich sehe Dich, wie Du mich siehst: Und sehe mich, wie – denk' ich – Du mich siehst" (Fowler 1989, 92). Einprägsamer ist dieser Satz im englischen Original: „I see you seeing me. I see the me I think you see." Der oder die vertraute (!) Andere wird zum Schlüssel des Selbstverstehens.

Darum sind für Jugendliche neben der Clique der eine beste Freund oder die eine beste Freundin so wichtig für das eigene Selbst.

Das Kind und der Erwachsene *hat* Freundschaften, der Jugendliche *ist* Freundschaft. So kann mit Gedanken, Empfindungen und Emotionen experimentiert werden. Dadurch gewinnen biblische Figuren und Interaktionen in qualitativer Weise an Tiefe, man denke nur an Josef und seine Brüder (1 Mose 37–50), an den Blinden am Teich Betesda (Joh 5,1–18) oder an die Freundschaft Jesu mit Judas (Mt 26,38–50). Ist die Kinderpredigt Erzählpredigt, dann ist die Jugendpredigt Beziehungs- und Freundschaftspredigt. Da diese altersspezifischen Kompetenzen nicht verloren gehen, erreicht man mit Argumentationen auf den unteren Ebenen tendenziell die gesamte Gemeinde. Jede:r kennt Freundschaft, Beziehung und Selbsterkenntnis im Anderen. Durch diese Akzentuierung gewinnen die biblischen Geschichten an Plastizität und das Evangelium an Humanität.

Gelingt es Jugendlichen, sich mit den Personen in Geschichten zu identifizieren, so können junge Erwachsene (ab 18 Jahre) zusätzlich die Auseinandersetzung mit Maximen und Reflexionen führen. Erst jetzt, ab dem dritten Lebensjahrzehnt, können schwierige theologische Gedanken wie die des Paulus (etwa Röm 1,16f.; Röm 7,18f.; 2 Kor 12,10) erfasst werden. Erwachsene sind dann auch zu dem fähig, was man den biblischen „Rollentausch" genannt hat: Beim Befragen eines Bibeltextes wird man selbst zum Befragten (Greifenstein 2021, 468f.).

3 Die Entwicklung der Zeichenfunktion und die Auswirkungen auf die Rezeption von Bibeltexten

3.1

Die Zeichenfunktion zu beherrschen ist ebenfalls eine basale Kompetenz des Menschen. Mit Zeichen verständigen wir uns und nehmen die Welt als eine spezifische wahr. Der Mensch kann sich nicht damit begnügen, die Welt abzubilden – er muss sie ständig neu in der Form von Bedeutungen erschaffen (z.B. in Geschichten, Bildern, Dramen und Musik), in Kultur, Sprache, Mythos und Religion (Cassirer 2007). Der Mensch lebt in einem Universum der Zeichen bzw. Symbole und generiert Bedeutung, indem er Zeichensysteme schafft, bewohnt und weiterträgt. Will man dieses Bestreben negativ-skeptisch deuten, dann sind es *nur* die Zeichen, die der Mensch von der Welt hat und keine wirkliche Erkenntnis[2]. Man kann den Befund aber auch positiv umdeuten:

2 So der klassische Schlusssatz aus Umberto Ecos Roman „Der Name der Rose" mit dem milden Pathos nominalistischer Resignation: „Stat rosa pristina nomine; nomina nuda tenemus." (Umberto Eco: Nachschrift zum Namen der Rose, München 1984, 9)

Die Leistung des Menschen besteht darin, dass *nur* er die Welt in Zeichen und Bedeutungen neu aneignen, ja: dass er diese neu erschaffen kann.

Der Mensch bewegt sich in einem symbolischen Universum, in dem etwas für etwas anderes steht, aber gleichzeitig auch für sich selbst. Das Bild bildet ab und es bildet. Die Zeichenfunktion hat es an sich, dass sie Eigendynamik entfaltet und damit zu einem objektiven und unerschöpflichen Universum werden kann. Man denke nur an die Musik Johann Sebastian Bachs, an die Lyrik Friedrich Hölderlins, an die Philosophie Friedrich Nietzsches und an die Romane Thomas Manns. Diese symbolischen Welten verweisen auf anderes in der Welt, aber auch auf sich selbst als eine eigene Welt. Sie sind Bedeutung, Zeichen und Kultur; sie sind Erzeugnisse des menschlichen Geistes, wie man im 19. Jahrhundert gesagt hätte (und wie man neuerdings in der Philosophie wieder sagt).

Und auch die christliche Predigt ist ein solches Erzeugnis des menschlichen Geistes, das von der Kultur des Christentums geschaffen wird. Die Predigtkunst entwirft Textvorlagen für Zeichenprozesse, in denen der Gehalt des Evangeliums jeweils neu zum Zuge kommen kann. Da die Bibel auch ein poetisches Buch ist, haben wir hier, im Rahmen der materialen Homiletik und speziell bei den Voraussetzungen des Hörens, zu fragen, wie die Zeichenfunktion, die symbolische Qualität von Text und Predigt gelernt, gefördert und bewährt werden kann. Auch damit stehen wir wie bei der Perspektivenübernahme vor einer Entwicklungs- und Bildungsaufgabe des Menschen. Bei Kinderpredigten ist der Symbolgebrauch ein wichtiges Analysekriterium (Welz 2001,76f.).

3.2

Die Bibel ist voller zeichenhafter Geschichten. Die Erde und die Welt werden in sieben Tagen, dem grundlegenden Element des Lebensrhythmus, geschaffen (1Mose 1,1–2,4a). Der erste Mensch und seine Partnerin sind nackt (1Mose 3,7) und ihr wichtigstes Lebenselement, das Wasser, gefährdet alles Leben (1Mose 6–9). Der Mensch will hoch hinaus und sich einen Namen machen, endet aber in Zerstreuung und Verwirrung (1 Mose 11,1–9). Der Bund zwischen Gott und Abraham steht im Zeichen der Beschneidung (1 Mose 17,9–14). Lots Frau wendet sich angesichts des Bösen um und erstarrt zur Salzsäule (1 Mose 19,26). Diese und viele andere Geschichten beinhalten generationenlange Erfahrungen mit Gott und mit sich selbst.

Ähnlich, wie es bei der Perspektivenübernahme geschildert wurde, muss sich auch hier das Verstehen im Laufe der Kindheit und Jugend erst allmählich bilden. Die Predigt hat mit dem altersbedingten Verstehen zu rechnen und kann die Bildung der Zeichenfunktion behutsam unterstützen. Kindergartenkinder werden bestimmte Eindrücke wie eine Momentaufnahme erfassen, aber noch nicht den Zusammenhang der Erzählung von der Exposition bis zur ethischen Konsequenz. Schulkinder werden dagegen die genaue Abfolge samt der daraus folgenden Handlungsanweisungen verstehen. Sie können sich so in Geschichten einfinden, dass sie diese mitempfinden und mit den Protagonisten mitleiden. Erst mit dem Erreichen der von Jean Piaget „formale Operationen" genannten kognitiven Möglichkeiten (ab ca. 12 Jahre) kann man sich vorstellen, dass es sich bei vielen grundlegenden Geschichten nicht um historische Begebenheiten handelt, sondern um tiefe Erfahrungen, die über die Bedeutung einzelner Ereignisse weit hinausgehen. Erzählt wird, „was niemals war und immer ist", so dass eine zeichenhafte Bebilderung des Lebens vorliegt. Jetzt kann das Hypothetische, Fiktive, Übertragene, Metaphorische verstanden werden.

Die Predigt wird diesen Umstand anhand des jeweiligen Geschichtenmaterials immer wieder neu erläutern müssen, denn auch viele Erwachsene und Ältere fassen biblische Geschichten vor allem als Berichte auf und messen den (eigenen und fremden) Glauben daran, ob jemand – und nicht zuletzt die Person auf der Kanzel – dem biblischen Erzählmaterial im Sinne des Ereignisberichts zustimmt oder nicht. Besonders heikel kann dies bei den neutestamentlichen Gleichnissen und Wundergeschichten werden. Das eingeschränkte Verstehen der Zeichenfunktion ist eines der größten Hindernisse für eine fruchtbare Rezeption des Neuen Testaments und man hat ernsthaft die Möglichkeit bestritten, Gleichnisse und Wunder in der Grundschule zu behandeln. Aber auch Erwachsene haben ihre Schwierigkeiten damit. Eine gute Maxime ist es, Wundergeschichten als Gleichnisse für das Gottesreich auszulegen und umgekehrt Gleichnisse als Wundergeschichten, die von dem kategorial Anderen der neuen Welt Gottes erzählen (Kontrastgleichnisse). So wird in beiden Fällen ein Anreiz zum zeichenhaften Verstehen gegeben und die gute Nachricht der Bibel ins Zentrum der Predigt gerückt.

4 Das Hören der Predigt und die Entwicklung der Identität

4.1

Die Entwicklung des Jugendlichen und jüngeren Erwachsenen wird in der Regel mit der Kategorie der „Identität" zusammengefasst, seitdem diese in den 1950er Jahren ihren Siegeszug antrat und im Laufe der Zeit auch in den Alltagssprachgebrauch eingegangen ist. Das eigene Denken und Empfinden sowie das Gefühl für den eigenen Platz in der Welt soll von einer integrativen Mitte her zusammenpassen. Nicht zuletzt die geschlechtliche Rolle soll mit selbstverständlicher Überzeugung ausgefüllt werden können. Die Identitätsbildung gehört in die Phase von Pubertät und Adoleszenz und ist in den letzten Jahrzehnten mit einer verlängerten Rollenfindungsphase immer weiter ins dritte

Lebensjahrzehnt gerückt. Eine Zeitlang wurde das Konzept Eriksons zwar als Relikt des US-amerikanischen Familienideals der 1950er Jahre scharf kritisiert, aber inzwischen ist es als ein vieles deutendes Muster wieder rehabilitiert worden (Meyer-Blanck 1999).

4.2

Die Identität eines Menschen umschreibt sowohl seine Fähigkeit zur Perspektivenübernahme als auch seinen Umgang mit der Symbol- und Zeichenfunktion. Die doppelt gegenseitige Perspektive bildet sich in der Phase der Formierung von Identität und mit dieser; die Sicherheit der eigenen Identität ermöglicht es, sich auf das Glatteis von Hypothetischem, Übertragenem, persönlich Wichtigem zu begeben, ohne alle Bedeutungen zuvor absichern zu können. Je identischer ein (junger) Mensch ist, desto offener kann er für gewagte Lesarten sein.

Vor allem aber ist die Adoleszenz auch die Zeit der „Ideologie" und damit der Offenheit für religiöse Fragestellungen (oft mehr für diese als für die tradierten kirchlichen Antworten). Für Jugendliche predigen heißt, die Fragen groß und die Antworten vorsichtig machen. Keinesfalls ist es sinnvoll, sie mit Komplexitätsreduktion und moralischem Rigorismus anzusprechen. Von den drei hier geschilderten Parametern (Perspektive, Zeichen, Identität) her hat man es im Prinzip schon mit Erwachsenen zu tun. Es wäre fatal, diese geistig und geistlich zu unterfordern. Gerade die schwierigen biblischen Texte (Abraham und Isaak, Hiob, der ganze Ps 139, Röm 7 und die Apokalypse) bieten echte Probleme, die nicht mit einer schnellen Lösung erledigt werden können. Hier gilt das Prinzip: Je schwieriger die Texte sind, desto leichter wird das Predigen.

Zusammenfassung

Das biblische Predigtmaterial wird nicht nur durch Perikopenordnungen und die historisch-kritische Methode ausgewählt und abgegrenzt; wesentlich kommt es auf die Voraussetzungen des Verstehens bei den Hörenden an. Die religiöse Entwicklungspsychologie gibt dazu gute Wahrnehmungshilfen an die Hand. Auf dem Hintergrund geläufiger kognitionspsychologischer (Piaget, Kohlberg, Oser) und psychoanalytischer (Erikson, Fowler) Theorien beschreibt der Paragraph anhand der drei Kategorien Perspektivenübernahme, Zeichenfunktion und Identitätsbildung Bedingungen, unter denen der Mensch heranwächst und unter denen er Predigten hört, Bibeltexte rezipiert und Handlungsmaximen entwickelt. Es wird dafür plädiert, auch aus entwicklungspsychologischen Gründen Kinder und besonders Jugendliche nicht geistig und geistlich zu unterfordern. Eine Predigt, die zu denken gibt, wird in aller Regel besser rezipiert als eine, die sich mit harmlosen Freundlichkeiten begnügt.

§ 26 Feste und Fälle, Lieder und Literatur: Predigtmaterial außerhalb der Bibel

Literatur: Hans Werner Dannowski: Kompendium der Predigtlehre, Gütersloh 1985 · Wilfried Engemann: Einführung in die Homiletik, Tübingen ³2020 [2002] · Johannes Greifenstein: Vom Text zur Predigt. Ein Beitrag zur Praxistheorie homiletischer Bibelauslegung, Tübingen 2021 (PThGG 34) · Paul Kleinert: Homiletik, Leipzig 1907 · Ernst Lange: Zur Theorie und Praxis der Predigtarbeit, in: ders.: Predigen als Beruf. Aufsätze zu Homiletik, Liturgie und Pfarramt, hg. von Rüdiger Schloz, München 1982 [1967], 9–52 · Friedrich Niebergall: Praktische Theologie. Lehre von der kirchlichen Gemeindeerziehung auf religionswissenschaftlicher Grundlage, 2. Band, Tübingen 1919 · Klaus Raschzok: Mit Bildern verkündigen. Methodische Grundlagen einer ikonischen Homiletik, in: ders.: Predigt als Leseakt. Essays zur homiletischen Theoriebildung, Leipzig 2014, 81–97 · Rüdiger Safranski: Nietzsche. Biographie seines Denkens, Frankfurt (Main) ⁵2010 [2002] · Alexander Schweizer: Homiletik der evangelisch-protestantischen Kirche systematisch dargestellt, Leipzig 1848 · Friedrich Wintzer / Henning Schröer (Hg.): Lebendiger Glaube. Liedpredigten zu neuen und alten Liedern, Göttingen 1997

Bei der Sichtung des Predigtmaterials beginne ich mit den Ausnahmen, den besonderen Fällen, in denen kein Bibeltext am Anfang steht bzw. wo überhaupt kein Bibeltext ausgelegt wird. Von daher stellt sich die Aufgabe der homiletischen Klärung der Situation umso dringlicher.

1 Die Bibel ist immer im Spiel

1.1

Hans Werner Dannowski beginnt sein Kapitel über den Predigtinhalt mit dem lapidaren Satz: „Eine Predigt ist eine Rede anhand eines biblischen Textes." (Dannowski 1985, 63) Doch zur materialen Homiletik gehört auch die Frage nach dem außerbiblischen Predigtstoff. Bleibt es dabei, dass wir prinzipiell nicht Texte predigen, sondern die gute Nachricht von der Güte als dem Wesen Gottes und als Bestimmung der Welt, dann ist es selbstverständlich, dass biblische Texte dazu hervorragend geeignet sind – dass eine Predigt aber nicht zwangsweise auf einen biblischen Text angewiesen ist. Gepredigt wird das *Evangelium* – und dazu sucht die Predigerin geeignetes Material als Deutung, Vertiefung, Anwendung des Evangeliums, aber auch als Kontrast zum Evangelium, um durch Verfremdungen wieder neugierig darauf zu machen.

Wenn das Predigen einmal ohne Text geht, ist das kein Schade, wohl aber eine besondere Herausforderung für die Predigerin. Man kann dann nicht einfach das Schriftwort wiederholen wollen, sondern muss Spuren des Evangeliums außerhalb der Bibel finden und deuten.

1.2

Eins steht jedenfalls fest: Eine christliche Predigt ist nie ohne biblische Kontur, auch wenn sie keinen biblischen Text auslegt. Das ist notwendig dann so, wenn die Predigt innerhalb eines Gottesdienstes gehalten wird. Schon die bis zur Predigt gefeierte Liturgie kann man als performative Kurzform des christlichen Katechismus auffassen. So bringt das Gloria Patri qua Doxologie den dreieinigen Gott zur Darstellung und das Kyrie setzt Jesus, den Christus, in dessen Namen sich die Gemeinde versammelt hat, als gegenwärtig, indem sie ihn anruft. Im Idealfall hört die Gemeinde in drei Lesungen von Gott und seinem Bund mit Israel, von den Resonanzen auf das Evangelium bei den Aposteln und begrüßt mit dem Halleluja den Kyrios selbst in ihrer Mitte vor der Evangeliumslesung, bevor sie darauf mit dem Credo Apostolicum antwortet, mit der Zusammenfassung des Wichtigsten im christlichen Glauben. Nach der Einstimmung durch ein weiteres Lied liegt so viel Material vor, dass mühelos eine biblische Predigt gehalten werden kann, ohne dass noch ein spezieller Predigttext gelesen werden muss. Die biblische Enzyklopädie steht auch in diesem Fall extensiv und intensiv im Raum.

In der katholischen Predigtpraxis wird gar kein gesonderter Predigttext verlesen, sondern die Predigt bezieht sich auf die drei (oder zwei) vorangegangenen Lesungen, wobei meistens Bezug auf das Evangelium des Tages genommen wird. Diese Art der Predigt über alle drei Perikopen kann sich auch im evangelischen Gottesdienst ab und zu anbieten, wenn die Texte stark aufeinander bezogen sind. Freilich kann sich daraus auch die Gefahr ergeben, an der Oberfläche zu bleiben, während für die evangelische Predigt die aspektreiche und ausführliche Auslegung eines bestimmten Textes leitend ist. Selbstverständlich kommt es auf die Gewichtung und vor allem auf die Art des Textbezuges bei der Durchführung an.

2 Feste als Texte

2.1

Das Material für die Predigt ist zunächst immer der Inhalt des jeweiligen Festtages, zu dem die Lesungen passend ausgewählt wurden. Bei den großen

Festen ist das selbstverständlich; aber auch der Sonntag Quasimodogeniti oder Misericordias Domini und schließlich der 5., 6. und 10. Sonntag nach Trinitatis sind so sehr geprägt, dass schon die „Festlegende" eine Predigt ermöglicht, verlangt und präfiguriert. Die Predigtvorbereitung beginne man darum mit einer liturgischen Skizze des Propriums des jeweiligen Tages (→ § 30.3). Diese Regel gilt auch dann, wenn man ganz normal seiner Predigt einen von der Ordnung vorgeschlagenen biblischen Text zugrunde legt. Mit so einem „Leitbild" des jeweiligen Gottesdienstes fällt es leichter, Kontexte und Kontraste, Widerhall und Widerspruch zu entdecken und für die Auffindung von „Stoff" für die Predigt fruchtbar zu machen.

2.2

Die älteren Homiletiken haben immer auf diesen Umstand aufmerksam gemacht. Alexander Schweizer sprach von einem Halbjahr der Feste und einem Halbjahr der Lehre. In der festlichen Jahreshälfte „war vom Historischen auszugehen, hier wird wesentlich vom Didaktischen der homiletische Stoff abzuleiten sein" (Schweizer 1848, 239f.). Durch den Kirchenjahresbezug kann deutlich werden, dass es im Gottesdienst nicht um den „doktrinären Charakter" des Glaubens geht, sondern um die „Lebensmacht", die von der Person und dem Werk Christi verkörpert wird (Kleinert 1907, 108f.). Auch Friedrich Niebergall nennt neben der Bibel die „Umwelt" und die „Persönlichkeit des Predigers" als Quellen für den Predigtstoff, daneben auch das Kirchenjahr. Niebergall ist allerdings der Ansicht, dass dem Prediger nur im Umfeld der großen Feste deren spezifische Stimmung entgegenkommt und schlägt darum für die festlose Trinitatiszeit vor, in Reihenpredigten über praktische Dinge wie „Beruf, Freund und Feind, Geld und Gut" zu sprechen (Niebergall 1919, 158). Diese Sitte ist inzwischen – wahrscheinlich wegen der weit verbreiteten Predigtvorbereitungsliteratur – deutlich zurückgegangen. Es hat sich die normative Kraft der Predigthilfen durchgesetzt. Es reduziert offensichtlich die Komplexität des Pfarramtes, wenn man sich an die vorgeschlagenen Texte der Perikopenordnung halten kann.

Doch damit ist auf Dauer eine kirchliche Engführung verbunden. Die Auffindung von Predigtinhalten richtet sich bei dieser Vorgehensweise primär, wenn nicht ausschließlich, an der kirchlich festgelegten Ordnung aus. So hilfreich ein vorgegebener Text auch für die Invention ist, weil er auf ungewohnte Gedanken führen kann und so als Gleichnis für das „extra nos" der Rechtfertigung stehen kann, so sehr kann man dabei auch in einer kirchlichen Routine, ja, in einer kirchlichen Sonderwelt ankommen. Darum kann es eine sinnvolle Herausforderung sein, hin und wieder nicht von der Perikopenordnung auszugehen, sondern von der Situationsanalyse.

3 (Besondere) Gelegenheiten: Der Sonntagsgottesdienst als Kasualie

Schon 1967 hatte Ernst Lange (1927–1974, → § 15.3) vorgeschlagen, das Verhältnis von Textexegese und Situationsexegese grundsätzlich umzukehren, also die letztere als Ausgangspunkt der Predigtarbeit zu nehmen und so in den Mittelpunkt der Aufmerksamkeit zu rücken. Der Predigttext sollte gezielt zur Klärung der homiletischen Situation verwendet werden, oder, andersherum gesagt, die homiletische Situation (geprägt z.B. von Fremdenangst, Streit in der Gemeinde, Resignation oder auch unerwartetem Erfolg bei der Mission) fordert die Predigttradition heraus, die Verheißung stark zu machen und die Situation zu klären. Die Klärung der Situation ist nicht lediglich von intellektueller Art, sondern sie soll zu begründeter Hoffnung führen, zur begrifflichen und zur emotionalen Klarheit bei der Kommunikation des Glaubens, zur Rechenschaft über die Hoffnung (1 Petr 3,15).

Zu predigen ist darum stets in einem besonderen „Fall", wie er in der Predigtgemeinde gegeben ist, so dass jede Sonntagspredigt zu einer Art von „Kasualpredigt" wird. Je konkreter der Kasus beschrieben werden kann, desto passender kann die Verheißung aus dem Text erschlossen werden. Damit ist die Sonntagspredigt im Normalfall Kasualpredigt. Nach diesem Verständnis gibt nur selten (etwa an den großen Festen) die Tradition das Predigtmaterial vor; dieses muss vielmehr aus der Predigttradition, wie sie von der gemeindlichen Situation aktualisiert wird, erhoben werden. Die Textwahl erfolgt streng genommen erst *nach* der Situationsanalyse. Was im 19. Jahrhundert – in der Regel voller Abscheu – als der „Perikopenzwang" bezeichnet wurde, gilt nicht mehr. Am Anfang steht in diesem Fall die Situationsanalyse, gefolgt von der Wahl des biblischen Textes, danach kommen die üblichen Vorbereitungsschritte (→ § 40).

Durch die Wort-Gottes-Theologie einerseits, durch die Predigtvorbereitungsliteratur („Göttinger Predigtmeditationen", „Predigtstudien", „Göttinger Predigten im Internet") andererseits ist die Perikopenpredigt wieder zum Normalfall geworden, während Predigten über einzelne Bibelverse, so genannte „Mottopredigten", inzwischen die Ausnahme sind. Bei einem einzelnen Vers als Predigttext ist einfach das (Widerstands-)Potenzial gegenüber den eigenen Gedanken zu gering. Von dem berühmten Nürnberger liberalen Prediger Christian Geyer (1862–1929) ist bekannt, dass er zuerst seine Predigt fertig machte, um danach einen geeigneten Bibelvers oder einen längeren Text als Referenzpunkt zu suchen.

Die freie Wahl des Predigttextes hatte in der Blütezeit der liberalen Predigt auch Skurriles mit sich gebracht. So weiß Niebergall von Predigten über die Lagerstätten Israels (z.B. 4Mose 19,3; 5Mose 23,10.15) zu berichten sowie von Predigten lediglich über die Worte „Ist sie doch klein" (Niebergall 1919, 184); hier ist offensichtlich 1Mose 19,20 gemeint, wo sich Lot auf der Flucht in eine kleine und darum sichere Stadt retten will. Niebergall selbst votierte für Texte, die aus dem Geist der Bibel „ihrem Willen klaren, starken Ausdruck" geben (ebd.). Dabei setzt er besonders auf das AT, und zwar wegen „seiner volkstümlichen und auf Volksverhältnisse hinziehenden Plastik" (185). Für Niebergall ist „die textlose Predigt ebenso wenig erlaubt wie die bloß berichtende Auslegung" (ebd.). Historische und erdkundliche Erläuterungen lenken die Aufmerksamkeit der Gemeinde lediglich ab: „Das alte Gesetz, den Text unter allen Umständen zu erklären, muss fallen." (186) Hier wird man Niebergall zustimmen, denn die Reihenfolge von (1) Explikation und (2) Applikation hat etwas Schulmeisterliches. Sinnvoller ist es, die Explikation nur dann zu verwenden, wenn sie funktional der Applikation zugeordnet werden kann, wie etwa die Reinheitsvorschriften zum Barmherzigen Samariter (Lk 10,25–37; 13. nach Trinitatis) oder die Zolleinnahmen des Zöllners Zachäus (Lk 19,1–10; 14. nach Trinitatis). Aber mit diesen Bemerkungen bin ich schon wieder bei den Regeln der Perikopenpredigt gelandet und wende mich jetzt den anderen Materialien zu.

4 Liedpredigt

4.1

Das geläufigste Genus einer Predigt ohne biblischen Predigttext ist die Liedpredigt. Sie hatte ihre große Zeit am Ende des 16. und im 17. Jahrhundert, verfiel dann aber angesichts der Aufklärungskritik im 18. Jahrhundert. Bei dieser Predigtgattung ist das Predigen ohne Bibeltext insofern einfach, als man sich immerhin an einen Text als Material halten kann.

Manche Lieder sind so gehaltvoll, dass man damit kleine Predigtreihen gestalten kann. So bietet das Paul-Gerhardt-Lied „Wie soll ich dich empfangen" (EG 11) genügend Stoff für vier Predigten im Advent; man könnte z.B. so aufteilen: 1. Einzug (Str. 1–2), 2. Befreiung (Str. 3–5), 3. Advent des Herzens (Str. 6–8), 4. Alles wird gut (Str. 9–10). Viele Lieder lassen sich so gut predigen, weil sie mehr Religion und Spiritualität enthalten als Theologie und Lehre, wie das besonders bei den Episteltexten der Fall ist. Auffällig ist hier, wie der Melodiefluss der Viertelnoten an den entscheidenden Stellen in Halbe gedehnt wird („o Jesu, Jesu" in Str. 1, „er kommt, er kommt" in Str. 7–9, „ach komm, ach komm" in Str. 10), wodurch sich eine höhere Intensität ergibt (hier erreicht zudem die Melodie mit der Oktave ihre höchste Stelle).

Auch Dietrich Bonhoeffers „Von guten Mächten" (EG 65) lässt sich in einer Reihe zum Jahresbeginn homiletisch auslegen: 1. Rückblick und Vorblick (Str. 1–2), 2. Hoffnung (Str. 3–5), 3. Aufmerksamkeit (Str. 6–7). Hier kann man sogar die beiden gängigen Melodien, die archaische von Otto Abel und die von der Pop-Musik inspirierte von Siegfried Fietz gegenüberstellen und dabei die verschiedenen Verständnisse von „Geborgenheit“ und „guten Mächten“ zum Thema machen.

Nicht alle, aber viele Lieder aus dem EG, etwa die von Martin Luther, aber auch die von Jochen Klepper und Verdichtungen des Glaubens wie EG 152 „Wir warten dein, o Gottes Sohn“ (Philipp Friedrich Hiller), bieten sich als Variationen einer biblischen Predigt an, weil diese Liedtexte anhand der Bibel entstanden sind und darum biblisch aufgeschlossen werden müssen. Geradezu unentbehrlich ist die gelegentliche homiletische Auslegung von Rudolf Alexander Schröders Credolied „Wir glauben Gott im höchsten Thron“ (EG 184). Dabei lässt sich gut die Reihenfolge von Predigt und Lied (als ganzes) praktizieren, so dass die Gemeinde die Explikation und Applikation im Bekenntnis aufgreift.

4.2

Die Lieder haben den homiletischen Vorteil, dass sie eine Gliederung vorgeben und dass sie als Texte den Gemeindegliedern vorliegen. Den Schematismus von Singen und Auslegen im Wechsel der Strophen sollte man jedoch nicht zum Normalfall werden lassen, denn diese Predigtweise kann leicht etwas Schulmäßiges an sich haben und die rhetorische Dynamik stören. Aber selbstverständlich ist diese Predigtweise bisweilen passend, besonders wenn der Grad an Explikation hoch ist. Das ist etwa bei den schönen, theologisch ergiebigen, aber sprachlich weiter entfernten Lutherliedern der Fall. Man denke etwa an „Nun komm, der Heiden Heiland“ (EG 4) und „Gelobet seist du, Jesu Christ“ (EG 23).

Auf die Predigt liturgischer Stücke und die Predigt aus der Liturgie als Materialprinzip komme ich noch eigens zurück (→ § 30), hier geht es zunächst um das Gesangbuchlied als Material und Kontext der Predigt. Was die Biblizität der Predigt angeht, lässt sich vorläufig festhalten: Möglicherweise predigt man auf dem Umweg über das Gesangbuch sogar biblischer als bei der Aktualisierung einer biblischen Perikope, die man schnell verlassen will. Zusätzlich ergibt sich die Gelegenheit einer intensiveren Zusammenarbeit von Pfarrer:in und Kirchenmusiker:in.

5 Predigten über Lyrik und Prosa

5.1

Wenn man als das allgemeine Ziel jeder Predigt angeben kann, die Hörer:innen in ihrer Praxis des religiösen Symbolisierens anzuregen, zu begleiten und weiterzuhelfen, dann sind solche Impulse geeignet, die die eigenen Lesarten und Aneignungen provozieren. So schön, tröstlich und ermutigend die Lieder im Gesangbuch auch immer sind: Sie enthalten mehr Antworten als Fragen. Sie haben eher den Status der Affirmation und der Inklusion. Gesangbuchlieder dienen – zumal durch die Praxis des gemeinsamen Singens – der Inklusion und dem Gemeinschaftserleben. Sie entsprechen damit der rituellen Funktion der Liturgie, der Stärkung durch Wiederholung. Predigt man über Lieder, dann muss man den Übergang vom rituellen in das diskursive Genus besonders markieren. Eine Predigt kann nicht bloß feierlich und doxologisch sein. Predigt braucht auch das Erwägen von Alternativen und die Dimension des Widerspruchs. Zwar stehen Diskurs und Wiederholung, Rede und Ritus, Frage und Antwort nur in einem relativen, nicht in einem absoluten Gegensatz, aber eben doch im Gegensatz. Die Rede muss etwas klären, was zuvor als fraglich ans Licht gekommen ist. „Langweilig" sind darum eben solche Predigten, die die – häufig ganz richtigen – Antworten geben, ohne zuvor etwas in den Modus der Fraglichkeit versetzt zu haben, in die Ambivalenz, Widersprüchlichkeit, Offenheit.

„Komm ins Offene, Freund" dichtete Friedrich Hölderlin 1800 / 1801 in seiner (unvollendeten) Elegie „Der Gang aufs Land". Die Lyrik markiert durch ihre offenen Stellen, die verschiedene Interpretationen erlauben, eine Widerspiegelung der Suche nach dem eigenen Weg, nach dem Sinn, nach Gott. Diese offene Haltung lässt sich durch das Vortragen und Auslegen von Gedichtpassagen erzeugen und bewusst machen. Die Lyrik ist geprägt von sparsam und sicher gesetzten Worten und Wendungen, die bei den Rezipienten unendlich viele Bedeutungen erzeugen können. Insofern handelt es sich um den Gegensatz zur Werbung. Diese ist gekennzeichnet durch das Prinzip: viele Worte, immer dieselbe Bedeutung („Kauf mich!"), die Lyrik durch das Prinzip: viele Bedeutungen in wenigen Worten.

5.2

Man erinnere sich nur den Anfang von Hölderlins Hymne „Patmos" von 1803, die wohl am meisten zitierte Passage aus seinem Werk:

> Nah ist /
> Und schwer zu fassen der Gott. /
> Wo aber Gefahr ist, wächst /
> Das Rettende auch.

Dieses Lebensgefühl kann sich in unzähligen Situationen widerspiegeln. Der Abschnitt erinnert sowohl an die werbende Feststellung des Paulus auf dem Athener Areopag (Apg 17,27: „fürwahr, er ist nicht ferne von einem jeden unter uns"), als auch an die paulinische Feststellung am Ende des Israelabschnittes Röm 9–11: „Denn wer hat des Herrn Sinn erkannt?" (Röm 11,34) Das Besondere ist, dass hier beide Aussagen in nur acht Wörtern (!) in all ihrer Widersprüchlichkeit anklingen. In Zeile 3 und 4 wird dasselbe andersherum zum Ausdruck gebracht: Das Helfen Gottes kommt angesichts der Gefahr zu sich selbst, der Helfer, der Heiland ist ein verborgener Gott (Jes 45,15).

Hölderlin, der ursprüngliche Theologe aus dem Tübinger Stift, der selbst um nichts in der Welt Prediger werden wollte, hat der Predigt viele Pfade dadurch erschlossen, dass er die üblichen christlichen Aussagen gegen den Strich gebürstet und dadurch frag-würdig gemacht hat. Die starken Aussagen verdienen und vertragen es, dass man sie in ihrem unorthodoxen Charakter lange Zeit zunächst so stehen lässt und erst dann mit biblischen Kontexten ins Gespräch bringt.

5.3

Wer mutig ist und der Kraft der Liturgie vertraut, kann auch ein Gedicht im Modus der „Fremdprophetie" ganz ohne biblischen Text homiletisch auslegen. Wer das macht, wird von sich aus in Gebet und Liturgie (Gloria Patri, Kyrie, Credo) genug von der Dreieinigkeit Gottes mitzuteilen und darzustellen haben, so dass es sich um einen fraglos evangelischen Gottesdienst mit nicht ganz orthodoxen Predigtgedanken handelt, auch wenn kein Predigttext aus der Bibel zugrunde liegt. Die Dichter stehen für die Unsicherheiten und die spirituelle Suche der Gemeinde. Die Dichter formulieren Fragen und die Predigenden müssen nicht alles beantworten (oder „richtigstellen"), denn sie werden schon in der Art des Betens, „zum Vater durch den Sohn im Heiligen Geist", deutlich werden lassen, wo sie selbst stehen. Ein permanentes „Besserwissen" ist dazu nicht nötig und nicht hilfreich. Das betrifft etwa die nicht nur kirchenkritischen, sondern auch philosophisch ungewöhnlichen Verse des Katholiken Rainer Maria Rilke:

> Im Freudigsein findet man Gott;
> die ihn aus Not erfinden,
> gehen zu schnell und suchen zu wenig
> die Vertraulichkeit seines glühenden Fernseins.

Die Ferne Gottes ist es nach Rilke, die für den Menschen aufregend und faszinierend („glühend") ist. Auch hier liegen die Bezüge zu biblischen Aussagen nahe. Man denke nur an die paulinische Freude in Phil 4,4–7 (4. Advent), an das Suchen Gottes (Jer 29,13f.; 21. nach Trinitatis) und an die aufreibende

Erfahrung des Fernseins Gottes (Jer 23,23; 1. nach Trinitatis). Die Zusammenballung von Bedeutungen in der letzten Zeile („Vertraulichkeit seines glühenden Fernseins“) ist in ihrem Aufrufen von Ambivalenzen zutiefst biblisch, aber ohne wörtliche Parallele in der Bibel.

5.4

Aber nicht nur Gedichte, sondern auch Prosatexte können als Predigttexte gewählt werden. So ist die bekannte Geschichte „Vor dem Gesetz“ aus dem Buch „Der Prozess“ von Franz Kafka (1883–1924) im höchsten Maße predigttauglich. Der kurze Text beinhaltet in erschütternder Weise das, was man theologisch als die Erfahrung des „Gesetzes“ *extra Christum* bezeichnet: die Aussichtslosigkeit des menschlichen Tuns im Hinblick auf die Erlösung. Was Luther in seinem Rechtfertigungslied „Nun freut euch, lieben Christen g’mein“ zum Ausdruck brachte („Ich fiel auch immer tiefer drein, es war kein Guts am Leben mein“, EG 341,2), ist von Kafka im Medium der Dichtung erfasst, ohne dass er bewusst dieser theologischen Denkfigur folgen wollte. Zudem ist der Text im höchsten Maße polyvalent, so dass er auf verschiedene Formen des „Gesetzes“ des menschlichen Lebens hin ausgelegt werden kann; die lutherische Lesart ist nur eine davon, die mit Vorsicht ins Gespräch gebracht werden sollte.

Schließlich ist immer wieder darauf hingewiesen worden, dass die philosophischen Aphorismen von Friedrich Nietzsche (1844–1900) auch von großer poetischer Kraft sind. Das gilt vor allem vom „Zarathustra“, der in der Diktion zutiefst biblisch inspiriert ist. Aber auch den berühmten Aphorismus 125 aus der „Fröhlichen Wissenschaft“ mit dem viel zitierten Satz „Gott ist tot“ halte ich für höchst predigttauglich. Aphorismus 125 ist so reichhaltig und deutungsoffen, dass man dazu eine Reihe von drei oder mehr Predigten halten kann (z.B. so: 1. Gott suchen; 2. Schrecken vor dem Menschen, 3. Aufklärung als Tod Gottes). Hier lohnt sich schon eine Predigt in bildender Absicht, denn die drei Worte „Gott ist tot“ gehören zum Bekanntesten aus der Philosophie der Religion und es ist gut, sie einmal professionell ausgelegt zu bekommen. Es hat einen hohen intellektuellen und zugleich spirituellen Wert, wenn der Gemeinde deutlich wird, dass Nietzsche hier keinesfalls im Modus des atheistischen Triumphators spricht, sondern als jemand, der angesichts der sich konsequent durchsetzenden Moderne die Aporien des Daseins beklagt. Die Predigt über Texte von Nietzsche setzt allerdings eine Grundvertrautheit mit seiner Philosophie voraus, weil diese von poetischer, polyvalenter Gestalt ist, so dass die Gefahr von Missverständnissen gegeben ist. Rüdiger

Safranski hat eine sehr gut lesbare Biographie und Werkeinführung vorgelegt (Safranski 2000).

5.5

In ganz analoger Weise wie bei Texten verhält es sich mit der Predigt über Bilder (Fotos, Karikaturen, Statuen bzw. Abbildungen davon). Auch diese helfen dabei, das allzu Vertraute wieder unvertraut, fraglich werden zu lassen und so die Hörer:innen aufmerksam zu machen. Es wurde schon früher darauf hingewiesen, dass die Rede vom „offenen Kunstwerk" im Grunde ein Pleonasmus ist, weil das Wesen des Kunstwerkes darin besteht, für verschiedene Deutungen offen zu sein. Ein geschlossenes, ein propagandistisch einseitiges *opus* ist gerade kein Kunstwerk (→ § 23.1.1). In der Offenheit der Wirklichkeit für verschiedene Deutungen liegt das Potenzial von geeigneten nichtbiblischen Texten und Kontexten, um als Predigtmaterial zu dienen. Sie machen das Evangelium zu dem, was es ist: zu etwas Überraschendem, Untypischem, das den Blick auf die Wirklichkeit verändert. Der zeitweilige Verzicht auf die Bibel in der Predigt macht sie sogar wertvoller. Man kann die Predigt ohne Bibeltext somit als „Bibelfasten" verstehen, das im Entzug gerade die Anziehungskraft erhöht.

5.6

Insgesamt sind für solche Predigten drei Maximen beherzigenswert. *Zum einen* gilt es auch dabei darauf zu achten, die *explicatio* (Informationen zum Lied, Gedicht oder Bild) nicht in einen exegetischen Vortrag ausufern zu lassen und die *explicatio* nicht von der *applicatio*, der existenziellen Aneignung, zu trennen. Das Hauptkennzeichen einer Predigt, über welchen Text auch immer, ist die spirituelle Resonanz. Es handelt sich nicht primär um ein Bildungsmedium. *Zum zweiten* muss mit einer solchen Textwahl nicht der völlige Verzicht auf biblische Kontexte verbunden sein (s.o. 5.2–5.3). Aber ich spreche schon von einer anderen Predigtart, mit der Bibel als *Kontext*, nicht als zu bearbeitendem Text. Und *drittens* sollte ein außerbiblischer Text zwar gottesdienstlich kontextualisiert, aber nicht „gegen den Strich gebürstet" werden. Wie der Prediger der Anwalt des Bibeltextes ist, so muss er auch für das verwendete Lied, Gedicht oder Bild zunächst solidarisch eintreten (was selbstverständlich die Kritik nicht ausschließt). Zwar steht ein Text aus der Dichtung vielen Interpretationen offen; aber wie bei der Exegese eines biblischen Textes spielt auch der ursprüngliche, der Autorsinn, eine Rolle. Wer einen Text verwendet, auslegt, kritisiert, ist nicht nur Anwalt der Dichtung, sondern auch des Dichters. Vor dem Text wie vor dem Autor sollte man ein gewisses Maß an Respekt zeigen.

Zusammenfassung

Am Anfang des Paragraphen wird auf die Texte verwiesen, die eine Predigt immer schon mitbestimmen und die darum auch als Predigtmaterial gewählt werden können, so dass sie hier und da Alternativen zu einer biblischen Perikope sein können: Das ist zuerst die kirchenjahreszeitliche Prägung des Tages, dann die spezielle homiletische Situation der jeweiligen Gemeinde, also der „Kasus" der Predigt. Weiterhin ist das Predigtmaterial außerhalb der kirchlichen Kontexte zu beachten, weil dieses offener ist als die kirchlichen Festordnungen und Textfolgen (→ §§ 27–28). Von der Gemeindesituation her gelangt man leicht an Predigtmaterial, so dass man homiletisch von dem Modell „Kasualpredigt" her arbeiten kann. Nach diesen grundsätzlichen Klärungen werden verschiedene Arten der Predigt behandelt, die nicht von einem biblischen Text ausgehen: Die Predigt über Lieder, Lyrik und philosophische Texte. Eine Predigt sollte dabei nicht nur ein Bildungserlebnis sein, sondern auch eine existenzielle Herausforderung durch das Evangelium eröffnen, indem dieses mit dem gewählten Material ins Spiel gebracht wird.

§ 27 Predigttexte in historischen Perikopenordnungen

---

i **Literatur:** Peter C. Bloth: Art. „Schriftlesung", in: TRE 30, Berlin / New York 2006 [1999], 520–558 · Les Constitutions Apostoliques. Livres VII et VIII, ed. Marcel Metzger, Paris 2008 (Sources Chrétiennes 336) · Egeria: Itinerarium. Reisebericht. Übersetzt und eingeleitet von Georg Röwekamp (Fontes Christiani 20), Freiburg u.a. ²2000 [1995] · Johannes Greifenstein: Vom Text zur Predigt. Ein Beitrag zur Praxistheorie homiletischer Bibelauslegung, Tübingen 2021 (PThGG 34) · Paul Kleinert: Homiletik, Leipzig 1907 · Gerhard Kunze: Die gottesdienstliche Schriftlesung. Teil I: Stand und Aufgaben der Perikopenforschung, Göttingen 1947 · Gerhard Kunze: Die Lesungen, in: Leiturgia II, Kassel 1955, 87–180 · Martin Luther: Register der Episteln und Evangelien an Sonntagen und namhaftigen Festen, in: WADB 7, 536–544 · Christian Palmer: Evangelische Homiletik, Stuttgart ²1845 [1845] · Perikopenbuch, hg. im Auftrage der Deutschen evangelischen Kirchen-Konferenz, Stuttgart 1897 [1896] · Klaus Raschzok: Zur Hermeneutik ausgewählter historischer Perikopensysteme des Protestantismus im 19. und frühen 20. Jahrhundert, in: JLH 52 (2013), 32–67 · Herwarth von Schade / Frieder Schulz (Hg.): Perikopen. Gestalt und Wandel des gottesdienstlichen Bibelgebrauchs, Hamburg 1978 · Alexander Schweizer: Homiletik der evangelisch-protestantischen Kirche systematisch dargestellt, Leipzig 1848 · Philip Jacob Spener: Pia Desideria, hg. von Kurt Aland, Berlin 1964 [1675] · Wilhelm Stählin: Predigthilfen IV. Die Leitbilder.

Die Wochensprüche, Kassel 1966 · Wolfgang Trillhaas: Evangelische Predigtlehre, München ²1936

---

1 Perikopenpredigt oder lectio (praedicatio) continua?

1.1

Bevor das aktuelle System der Lese- und Predigttexte einschließlich der neu konzipierten Reihe der „Wochenlieder" erklärt wird (→ § 28), ist ein Blick in die Historie der Perikopen unerlässlich. Der Begriff „Perikope" (Abschnitt) ist seit dem 16. Jahrhundert üblich (vorher, seit dem 5. Jahrhundert, war von „capitulum" die Rede gewesen). Das Wort „Perikope" bedeutet, dass ein Bibeltext nicht der Kapiteleinteilung entspricht, sondern herausgeschnitten ist (von περικόπτειν, „rings herum abschneiden"). Bei der Lesung und Auswahl der zu predigenden Texte gibt es einerseits die Textfolge nach der Reihenfolge innerhalb des jeweiligen biblischen Buches (Continuapredigt), andererseits die Predigt über ausgewählte Abschnitte (Perikopenpredigt). Wegen der weit verbreiteten Predigtvorbereitungsliteratur dominiert in Deutschland die Perikopenpredigt, aber die Continuapredigt hat den Ruf der größeren Schriftgemäßheit.

1.2

Wäre die fortlaufende Lesung und homiletische Auslegung eines zusammenhängenden Textes (etwa der Markuspassion oder der Kapitel Röm 1–3 bzw. Röm 9–11) angemessener? Zwar muss man auch dabei längere Textcorpora aus dem Kontext lösen. Aber so folgt man dem biblischen Gedankengang wenigstens innerhalb von zusammenhängenden Kapiteln. Außerdem kann die exegetische Arbeit gründlicher sein, wenn man mehrere Wochen lang über einen biblischen Autor predigt. In der Phase der Vorbereitung der letzten Revision 2018 sind darum so manche für eine Ordnung nach dem Prinzip der *lectio continua* bzw. *semicontinua* eingetreten (→ § 28.5). Andererseits stellt auch diese eine Auswahl dar und verhindert es als solche nicht, dass die Predigenden ihre eigenen Gedanken in die Texte hineinlesen. Zudem macht es einen erheblichen Unterschied, welche Kapitel man auswählt (ob man etwa eine continua-Reihe über Röm 1–3 oder über Röm 9–11 vorbereitet). Streng genommen ist eine continua-Folge von drei, fünf oder mehr Abschnitten auch eine (Groß-)Perikope.

Man wird bedenken müssen, dass die *lectio continua* „sowohl genetisch wie ihrem Wesen nach“ eher pädagogisch als liturgisch bestimmt ist (so zu Recht Kunze 1955, 131). Das primäre Interesse der fortlaufenden Lesung ist nicht das zu feiernde Fest mit seinen Legenden (das Kirchenjahr), sondern die Klarheit im Sinnzusammenhang eines Leseaktes als eines Bildungsvorganges. Da die Predigt aber sowohl pädagogische (rhetorische) als auch liturgische Aspekte hat, ist diese Feststellung noch kein Argument gegen die lectio continua.

1.3

Ein Argument für die *lectio continua* ist schließlich ihre Herkunft aus dem Judentum. Im 3. bis 6. Jahrhundert entstand die Leseordnung, die in konservativen jüdischen Gemeinden bis heute verwendet wird. Man teilte dazu die Tora (= Pentateuch, 1–5 Mose) in 54 Leseabschnitte (Paraschen = Perikopen) ein, so dass ein einjähriger Zyklus entstand (etwa 250–500 n.Chr.). Älter ist wohl ein dreijähriger Zyklus mit 154 bzw. 167 Abschnitten. Weil die Abschnitte im einjährigen wie im dreijährigen Zyklus relativ lang sind, werden im heutigen Reformjudentum in der Regel kürzere Passagen gelesen. Was die Herkunft der christlichen Lesepraxis angeht, ist die ältere Ansicht, die jüdische Ordnung sei von der frühen Kirche übernommen worden, nicht zu belegen. Für die Herkunft der zur Tora-Parasche passenden Prophetenlesung (Lk 4,17) gibt es ebenfalls keine Belege.

Ein vorläufiges Fazit: Welche Art der Textbindung eher zu einer schriftgemäßen Predigt führt, „kann nicht von vorneherein entschieden werden“ (Trillhaas 1936, 84). Die Reformierten neigten traditionell der continua-Predigt zu, die Lutheraner der Perikopenpredigt, aber seit dem 19. Jahrhundert verlor diese einfache Regel an Bedeutung, denn die Positionierung der Theologie überholte die alten Zuordnungen (zur damaligen Auseinandersetzung s. Kleinert 1907, 111–114). Kleinert selbst urteilte kritisch, dass jedes Perikopensystem, auch das beste, immer nur einen Ausschnitt aus der Bibel biete und darum mit Vorsicht zu genießen sei (Kleinert 1907, 112). Doch man kann es auch ganz anders einordnen, als Bibelauslegung nach dem Prinzip des „best of“ (Greifenstein 2021, 123). Man orientiert sich dabei an dem, was die Bibel selbst wichtig macht. Greifenstein spricht „von einem heilsamen Zwang zur Relevanz christlicher Predigt“ (ebd.).

1.4

Die Verteilung der Perikopen oder Continuareihen auf die rund 70 Sonn- und Feiertage des Kirchenjahres gleicht einem Geduldsspiel, bei dem verschiedene

Gesichtspunkte zu berücksichtigen sind und das doch nie ganz aufgeht: Lektionabilität und Prädikabilität, Treue zur Tradition und Offenheit gegenüber der Lebenswelt der Gegenwart, aber auch gegenüber der Ökumene, didaktisches Interesse (Bibelkenntnis) und rituelles Interesse (Vertrautheit durch Wiederholung) sind die wichtigsten Prinzipien. Höchste Achtsamkeit und Sorgfalt sind vonnöten, da es bei der Predigt um eine (die?) zentrale Kommunikationsform der evangelischen Kirche geht; Entwarnung kann andererseits gegeben werden, weil man anhand eines jeden biblischen Textes das Evangelium predigen kann. Doch auf dem Spiel steht immerhin ein gutes oder besseres, ein verständliches oder berührendes, ein die Gemeinde begleitendes oder ein Gemeinde sammelndes Predigen, kurz: Es geht um die mögliche Resonanz, den Erfolg der Kanzelrede.

2 Von der Alten Kirche bis zur Reformation

2.1

In der frühen Kirche war es zunächst üblich, die Schrift so lange zu lesen, „wie es angeht", hatten wir von Justin aus Rom erfahren (Mitte des 2. Jahrhunderts, → § 24.1.2). Die gottesdienstliche Sprache ist auch in Rom noch bis zur Mitte des 3. Jahrhunderts das Griechische als die antike Weltsprache. Die berühmtesten Prediger der Alten Kirche, Origenes im 3. und Johannes Chrysostomus im 4. Jahrhundert, legten die Bibel in ihren Predigten fortlaufend aus, so dass aus den Mitschriften ausführliche Kommentare zu biblischen Büchern entstanden (→ § 7). Man geht weiterhin davon aus, dass sich die junge Kirche zunächst an die fortlaufende Lese- und Predigtpraxis der Synagoge hielt (Lk 4,16–21), wenngleich keine Belege dafür vorliegen.

Laut Chrysostomus gibt es um das Jahr 400 in Konstantinopel drei Lesereihen: Propheten, Episteln, Evangelien. Noch Maximus Confessor (gest. 662) kennt eine alttestamentliche Lesung im Gottesdienst, aber später verschwindet diese in der Kirche von Konstantinopel und es werden nur Epistel und Evangelium gelesen.

Nach dem VIII. Buch der „Apostolischen Konstitutionen", einer syrischen Kirchenordnung aus dem 4. Jahrhundert (Antiochien um 380), wurden vier Lesungen vorgetragen: Gesetz, Propheten, Episteln (und Apostelgeschichte), Evangelien (Const. Ap. VIII,5,11; verstünde man das „und" in dieser Aufzählung additiv statt alternativ, wäre man sogar bei fünf Lesungen; das wäre allerdings eine solitäre Praxis). Nach der Verlesung grüßt der Vorsteher die Versammlung und predigt: Er spricht zum Volk tröstlich ermahnende Worte (λόγους παρακλήσεως). Wie weit die zwei alttestamentlichen Lesungen verbreitet waren und warum sie dann in der gesamten West- und Ostkirche wegfielen, ist nicht bekannt.

Die Perikopengeschichte hängt sehr eng mit dem Kirchenjahr zusammen. Im 4. Jahrhundert, als die Kirche rasant wuchs, begann auch das Kirchenjahr sich zu entwickeln. Weihnachten *als Fest* wurde in derselben Zeit erfunden, da man mit ökumenischen Synoden (325 Nizäa) die Einheit von Kirche, Glauben und Verkündigung zu sichern suchte. Bei der Nonne Egeria (Aetheria) kann man in einem Bericht (Itinerarium) über ihren Aufenthalt in Jerusalem lesen, wie dort Jahreszeit und Bibeltext sinnvoll aufeinander bezogen und miteinander verwoben wurden. Die Gemeinde nutzte den *genius loci* und spielte sich selbst in die Geschichte hinein. Das galt vor allem für Passion und Ostern. So wurde am Mittwoch der Karwoche der Abschnitt vom Verrat durch Judas vorgelesen und das Volk brach „in solches Jammern und Klagen aus, dass es keinen gibt, der in dieser Stunde nicht zu Tränen gerührt ist." (It. 34) Am Karfreitag las man zunächst – in Gethsemane – die Stelle von der Gefangennahme Jesu und das Jammern und Klagen und Weinen des Volkes war so stark, dass man es bis zur Stadt hören konnte (It. 36,3). Die Perikopen – genaue Textangaben fehlen – entfalteten ihr Potenzial auf dem Weg. Auch die Katechesen des Cyrill von Jerusalem (um 400) geben mit 19 Perikopen einen Eindruck von dort gelesenen Texten.

2.2

Analoges findet man in der Westkirche seit dem Ausgang der Antike mit den päpstlichen Stationsgottesdiensten in Rom (Stationstage waren Sonntag, Mittwoch, Freitag), so dass sich das Kirchenjahr und die Perikopensysteme zusammen entwickelten. Der nächste Schritt in der Westkirche war die Ausbildung der Epistel- und der Evangelienreihe für das gesamte Jahr im Frühmittelalter. Insgesamt gab es eine langsame, aber stetige Entwicklung, die „von der Mannigfaltigkeit zur Einheitlichkeit" führte (Kunze 1955, 127–129). Die Evangelienreihe entstand in der Stadt Rom und war um das Jahr 650 fertig. Die Epistelreihe ist fränkischen Ursprungs und lag etwa ein Jahrhundert später vor. Im „Murbacher Comes", einer Handschrift aus dem Kloster Murbach bei Guebwiller im Elsass, begegnen die beiden Reihen erstmals zusammen (Kunze 1947, 113).

Erst ab der Mitte des 8. Jahrhunderts kann man also über *die* Perikopen insgesamt Aussagen machen. Für den liturgischen Gebrauch waren beide Lesereihen jedoch in verschiedenen Büchern (Evangeliar und Epistolar) aufgeschrieben (daneben waren bei der Messe noch das Sakramentar für die Gebete und das Antiphonar für die Gesänge erforderlich). Das Alte Testament hatte in dieser frühmittelalterlichen Ordnung nur einen extrem geringen Stellenwert (nur zwei Perikopen, an Epiphanias Jes 60,1–6 und am Karfreitag Jes 53). Inhaltlich waren Episteln und Evangelien nicht aufeinander bezogen. Weil die Predigtsammlungen („Homiliare") zu den beiden Reihen weit verbreitet waren, fanden diese jedoch allgemeine Zustimmung. Erst um die Jahrtausendwende setzte sich das Vollmissale durch und die römische Liturgie und Perikopenordnung übernahmen endgültig die Führung.

2.3

Die Inhalte der mittelalterlichen Perikopen sind noch in den Ordnungen der Gegenwart zu erkennen. Advent diente der Vorbereitung und Buße, Epiphanias der Proklamation des himmlischen Lichtes Christi, die Fastenzeit vor Ostern ab Aschermittwoch war am Widerstand gegen die Mächte des Bösen und an Jesu Weg nach Jerusalem orientiert; bis jetzt ist das Evangelium des 1. Fasten- bzw. Passionssonntags Mt 4,1–11 (Jesu Versuchung in der Wüste). In der Osterzeit war das Johannesevangelium wichtig. Noch heute haben wir den „ungläubige Thomas" (Joh 20,19–29) am ersten, Jesus den guten Hirten (Joh 10,11–16) am zweiten und das Gleichnis vom Weinstock und den Reben (Joh 15,1–8) am dritten Sonntag nach Ostern als Evangelium.

3 Perikopenpredigt in der evangelischen Kirche

3.1

Luther hielt sich, getreu seinem Grundsatz, wenig an den Zeremonien zu ändern, im Vormittagsgottesdienst an die alten Evangelien, während er im Frühgottesdienst über das Alte Testament und am Nachmittag über die Episteln predigte; was die Gottesdienstform angeht, folgte er – im Gegensatz zu Zwingli – der Messordnung. Er verstand die Lesereihen vor allem als Predigtreihen. Die Evangelien wurden nicht gelesen, sondern im Lektionston vorgetragen (gesungen). Luther übte im Einzelnen scharfe Kritik an den Epistelperikopen, hielt sich aber an die überkommene Ordnung.

Da die Lektionen auf Deutsch gehalten wurden und da die Predigtperikopen seit dem Frühmittelalter jedes Jahr dieselben waren, gewöhnten sich die Gemeinden an den Zusammenhang von Text und Kirchenjahr. Viele Pfarrer und Theologen beklagten und bekämpften diesen „Perikopenzwang". In der Tat stelle man sich einmal vor, zehn, zwanzig oder mehr Jahre in derselben Landgemeinde zum „ungläubigen Thomas" oder zum „verlorenen Sohn" (3. nach Trinitatis) zu predigen – das wäre eine kaum zu bestehende

Herausforderung für die Kreativität. Die festgelegten zwei Perikopenreihen erwiesen sich als strukturelles Problem der evangelischen Kirche. Solange die Predigt eine Nebenrolle in der mittelalterlichen Messe gespielt hatte, hatte sich das Problem der Redundanz nicht in der Schärfe gestellt. Doch die ausführliche diskursive Erschließung zeigte, ein wie kleiner Ausschnitt aus der Bibel die Perikopen waren und welch ein performativer Widerspruch zum *sola scriptura* sich daraus in der Praxis ergab: Tatsächlich lernten auch treue Kirchgänger nur sehr wenig von der Bibel kennen.

Wenn man alle im Laufe der Jahre gelesenen Texte zusammennimmt, so wird dies „noch gar ein geringer Teil der uns vorgelegten Schrift sein. Das Übrige hört die Gemeinde gar nicht", beklagt Philipp Jacob Spener 1675 in den „Pia Desideria". Er schlägt darum 1. die persönliche Bibellektüre, 2. die öffentliche Lesung der Bibel in der Gemeinde „ohne weitere Erklärung" und 3. Bibelgespräche („die alte apostolische Art der Kirchenversammlungen") vor (Spener 1964 [1675], 54f.).

Im 18. und 19. Jahrhundert nahm die Kritik am Perikopenzwang deutlich zu. Zu Beginn des 19. Jahrhunderts bürgerte sich allgemein die Praxis ein, dass man ein Jahr die alten Evangelien, ein Jahr die alten Episteln (und teilweise ein drittes Jahr Texte freier Wahl) zu predigen hatte. Die alten Perikopen entwickelten ihr rituelles und didaktisches Potenzial. Der spätere Generalsuperintendent Carl Büchsel (1803–1889) berichtet dazu aus seiner Landpfarrerzeit in der Uckermark (1829–1846) das Folgende:

> Die alte Sitte war, zum Vormittagsgottesdienste das Evangelium zum Grunde zu legen und des Nachmittags die Epistel. Die kirchlich gesinnten Leute auf dem Lande lieben besonders die Evangelien und sehen es gerne, wenn die alten lieben Freunde wiederkehren, haben auch die Gewohnheit, des Sonntags früh nachzuschlagen, und zu sehen, worüber gepredigt wird. Auch die Erinnerung an besondere Ereignisse in der Familie oder in der Gemeinde knüpfen sie gern an die Evangelien an. Wenn sie einen Taufschein oder Totenschein verlangen, so erleichtern sie das Aufsuchen dadurch, dass sie sagen, es war in der Woche, als das Evangelium vom reichen Manne, vom großen Abendmahl oder vom Jüngling zu Nain erklärt wurde.[3]

Hinzu kam im 19. Jahrhundert die Hilfsliteratur zur Erschließung der Perikopen im schulischen Religionsunterricht. Bis in die Mitte des 20. Jahrhunderts wurden die Sonntagsperikopen am Freitag oder Samstag in der (Volks)Schule

3 Carl Büchsel: Erinnerungen aus dem Leben eines Land-Geistlichen, Berlin ^{10}1925 [1861], 336.

behandelt. Das erklärt ihre breite kulturprägende Wirkung, ganz zu schweigen vom Bach'schen Kantatenwerk in den gebildeteren Kreisen. Gegner der Perikopen waren vor allem die regelmäßig predigenden Pfarrer. So blieb die Frage lange Zeit hoch umstritten.

3.2

Im Verlauf des 19. Jahrhunderts hatte die Kritik an den Perikopen zugenommen. Christian Palmer, der selbst entschieden für die Perikopen eintrat, berichtete über die Klage, „die Perikopen seien schlecht gewählt [...] in der Auswahl sei Semipelagianismus, Wundersucht, ein kapernaitisches Haften an der Schale des Evangeliums, bei den Episteln ein gewisser Moralhang herrschend" (Palmer 1845, 379). Palmer forderte zudem, „es möchte in unsern Kirchen jede Gelegenheit benutzt werden, um den Schatz des A.T. zu Nutz und Frommen der Gemeinde besser auszubeuten" (248). Außerdem fragte er provokativ: „Wo steht geschrieben, dass jede Predigt einen Text haben müsse?" (274).

Vielfach hatten die Landeskirchen im 19. Jahrhundert Reihen zur Ergänzung konzipiert. Am Ende des 19. Jahrhunderts waren in den deutschen Landeskirchen 22 alternative Perikopensysteme eingeführt (Raschzok 2013, 37). So hatte die rheinische Kirche 1842 eine von dem Bonner Praktischen Theologen Carl Immanuel Nitzsch (1787–1868) ausgearbeitete Ordnung angenommen. Ihm ging es nicht nur um Predigttexte, sondern auch um die Lektionen. Seine Perikopen sind eine am Kirchenjahr orientierte Auswahl der ganzen Bibel, darunter auch ein Jahrgang Altes Testament, insgesamt „eine Art Bibel im Kleinen" (Raschzok 2013, 43). Der Erlanger Neutestamentler und Systematiker Gottfried Thomasius (1802–1875) entwarf für die bayerische Landeskirche eine (1865 von der Synode gebilligte) Ordnung mit je einer neuen Epistel- und Evangelienreihe und einer alttestamentlichen Reihe, wobei hauptsächlich der Prediger im Blick war (Raschzok 2013, 45).

Schließlich wurde 1896 von der Eisenacher Kirchenkonferenz eine gemeinsame erweiterte Ordnung beschlossen (sog. „Eisenacher Perikopen"; Einzelheiten bei von Schade / Schulz 1978, 38–43). Wie bei Thomasius traten neben die alten Episteln und Evangelien je eine Reihe neuer Episteln und Evangelien und eine alttestamentliche Reihe. Damit war man bei fünf Texten pro Sonntag. Dennoch dominierten weiterhin die alten Evangelien und Episteln. Der irenische Paul Kleinert, der sich u.a. um die Preußische Agende von 1895 verdient gemacht hatte, beklagte zu Anfang des neuen Jahrhunderts „die seltsame Erhitzung", die der Streit über die Perikopenpredigt immer noch verursachte (Kleinert 1907, 111). Er selbst forderte die freie Textwahl und mindesten den Wechsel von einem (Kirchen-)Jahr der Perikopen zu einem Jahr der Wahl.

Doch bis zur Mitte des 20. Jahrhunderts galten die alten Perikopen in allen Kirchen, die zur abendländischen Christenheit gehörten.

Die liturgischen Bewegungen, besonders die Berneuchener, übten Kritik an den Eisenacher Perikopen: Diese seien nur am Prediger orientiert und beachteten zu wenig das Kirchenjahr und den Charakter des jeweiligen Sonntags. Die Berneuchener, besonders Stählin, suchten darum nach Konsonanzen aller Texte des Propriums mit dem Sonntagsevangelium und verwendeten dafür die Metapher des „Leitbildes" (Stählin 1966). Dieses sollte vom Sonntag her auch die Woche prägen. Bewusst sprach man nicht vom „Thema", weil dieser Begriff als Missachtung des Einzeltextes aufgefasst werden konnte und Erinnerungen an die Zeit des Rationalismus weckte. Das Leitbild sollte dagegen ein einprägsames *Bild* sein und kein theoretischer Satz, keine Festlegung, sondern ein *leitender* Impuls. Im Grunde handelte es sich bereits um eine ästhetische Kategorie. Das Leitbild diente als eine Art Wahrnehmungsschule für alle Texte des Sonn- oder Feiertags. Diese „komplexe Konsonanz" ist weiter aktuell (Raschzok 2013, 67).

Die Leitbilder waren recht einfach vom Evangelium her formuliert, z.B. „Wiedergeburt" (Quasimodogeniti), „Der gute Hirte" (Misericordias Domini), „Die neue Schöpfung" (Jubilate). Die Wochensprüche, die passend dazu gewählt wurden und die das Leitbild auf den Punkt brachten, gab es seit den 1930er Jahren. Man hatte damit einen zweifachen didaktischen Vorteil: Zum einen war das Prinzip der Konsonanz verstärkt, das ja bei dem Nebeneinander von Epistel und Evangelium historisch nicht gegeben war (s.o. 2.2). Zum anderen ermöglichten Leitbild und Wochenspruch aber auch die Variation, also die Behandlung bisher nicht verwendeter Texte. Die Beschränkung des realen Predigtstoffes auf 60, 70 Perikopen jährlich war ja im 19. Jahrhundert das entscheidende Argument gegen den Perikopenzwang gewesen. Für die Kirche des Wortes war eine derartig konsequente didaktische Reduktion kaum zu rechtfertigen. Das Konsonanzprinzip war der Türöffner für deutlich mehr Abwechslung bzw. für einen extensiveren Schriftgebrauch.

Das zeigt sich besonders im Hinblick auf das Alte Testament. In den beiden frühmittelalterlichen Reihen hatte es ganze zwei AT-Perikopen gegeben (s.o. 2.2). In Eisenach 1896 wurde erstmals eine ganze AT-Reihe vorgeschlagen, die aber in den folgenden Jahrzehnten wenig homiletische Verwendung fand. Als 1958 eine „Ordnung der Predigttexte" (OPT) erschien, hatte man sechs Reihen konzipiert: Die Reihen I und II umfassten die alten Perikopen, III und V waren Evangelientexte, IV und VI Episteltexte, wobei man den Reihen III–VI jeweils ein Viertel AT-Texte zugeordnet hatte. Das machte summa summarum rund ein Sechstel AT-Texte, wenn auch keine geschlossene AT-Reihe. Erst als die Lutherische Liturgische Konferenz (LLK) 1972 eine revidierte Form der gottesdienstlichen Lesungen vorschlug, gab sie erstmals eine vollständige Reihe mit AT-Texten vor. In den folgenden Jahren wurde das Prinzip der Konsonanz dann immer stärker kritisiert, weil dadurch die AT-Texte weniger mit ihrer eigenen Stimme sprechen konnten, sondern vom Evangelium als dem „Rektor" des jeweiligen Tages her in den Blick kamen. Außerdem begann man in der Konsonanz eher etwas Geschlossenes zu sehen anstatt eines offenen Entdeckungszusammenhanges, also doch wieder so etwas wie ein stark einschränkendes „Thema". Das wäre für die Predigtarbeit in der Tat fatal. Die Diskussion fand ihre Fortsetzung im Vorfeld der 2018er-Revision und sie dauert gegenwärtig an. Auch die Perikopenordnungen in der Ökumene gehören in diesen Zusammenhang (→ § 28.4).

An den zuletzt genannten Streitfragen wird noch einmal die Ambivalenz des Perikopenwesens erkennbar. Es handelt sich bei einer Perikopenordnung, welcher auch immer, um eine *didaktische* Reduktion, die das Unbekannte vom Bekannten her zu erschließen sucht; und es handelt sich um eine didaktische *Reduktion*, die die Sache vereinfacht und ihr darum nur teilweise gerecht wird.

3.3

Was die reformierte Tradition und Praxis angeht, kann man sich kurz fassen: Hier wurde (und wird bis heute) die Perikopenordnung konsequent abgelehnt. Die Schweizer Reformation vollzog den harten Bruch mit der mittelalterlichen gottesdienstlichen Ordnung. Zwingli – und ebenso nach ihm Calvin – legte seiner Gottesdienstreform nicht die Messe, sondern den Predigtgottesdienst, den „Pronaus" zugrunde, jene süddeutsch-elsässische und Schweizer Ordnung des Predigtgottesdienstes ohne Sakrament. Jetzt war der Pronaus vom Nebengottesdienst zum Regelgottesdienst geworden. Da man im Pronaus schon vorher die Predigttexte frei gewählt hatte, übertrug sich diese Sitte nun auch auf den Sonntag. Nach 1500 Jahren war es in Zürich mit der Sonntags*messe* vorbei. Mit dem Neujahrstag 1519 schaffte Zwingli die Perikopenordnung ab. Calvin verwarf die alten Perikopen ebenfalls zugunsten der *lectio continua*. Seine Predigten waren zumeist als Homilien gestaltet und es ist von daher nicht überraschend, dass der Schweizer Reformierte Karl Barth so vehement für die Homilie als Regelform eintrat.

Die Perikopenpredigt galt dort als tendenziell unevangelisch. Für Alexander Schweizer (1808–1888), Professor in Zürich und Pfarrer am dortigen Großmünster, waren die Perikopen „mit dem Papsttum, werkheiliger Askese, Zurücktreten der Bibel hinter die Kirche" verbunden und hingen damit zusammen, dass „der subjektiv assimilierte Christenglaube hinter ein starr objektiv-darzubietendes Christentum zurücktrat" (Schweizer 1848, 264). Den Vorwurf des subjektiven Gutdünkens in der reformierten Kirche wies Schweizer zurück, denn hier seien „freie Texte durch wohlbegründete kirchliche Sitte geheiligt", so dass umgekehrt die Einführung einer Perikopenordnung subjektive Willkür wäre (ebd.).

Zusammenfassung

Im ersten Abschnitt werden die Vor- und Nachteile der Continuapredigt und der Perikopenpredigt erläutert, die beide seit der frühen Kirche geläufig gewesen sind. Die Perikopenpredigt hat für sich das Moment der exemplarischen Auswahl und der Wiederholung (Wiedererkennbarkeit), die Continuapredigt bietet den Anreiz einer genaueren Beschäftigung mit einem größeren Textcorpus. Sodann wird die Geschichte des Perikopengebrauchs und der Perikopenordnungen von der alten Kirche über das Frühmittelalter bis hin zur Perikopenkritik ab dem 17. Jahrhundert geschildert. Vor allem der „Perikopenzwang" (die Vorgabe, alljährlich nur über die alten Evangelien und Episteln zu predigen), war für viele Prediger eine Zumutung, während Gemeindeglieder diese Praxis der Orientierung wegen positiv einschätzten. Im 19. Jahrhundert erhöhte sich die Zahl der Ordnungen und der Reihen, bis es in der Eisenacher Ordnung von 1896 fünf Reihen gab, davon erstmals eine alttestamentliche. Im 20. Jahrhundert entdeckten die Berneuchener das Prinzip der Konsonanz neu und das Kirchenjahr spielte eine größere Rolle als Entdeckungszusammenhang. Insgesamt ist festzustellen, dass ein Perikopensystem immer eine *didaktische* Reduktion darstellt, aber eben auch eine *Reduktion* der Entdeckungsmöglichkeiten an den Texten.

§ 28 Die Predigttexte in der Perikopenordnung der EKD von 2018 und der ökumenische Kontext

---

Literatur (s. auch die Literatur zu § 27): Auf dem Weg zur Perikopenrevision. Dokumentation einer wissenschaftlichen Fachtagung, hg. vom Kirchenamt der EKD, Amt der UEK und Amt der VELKD, Hannover 2010 · Alexander Deeg / Helmut Schwier (Hg.): Lesungen im Gottesdienst. Theologie und Praxis der liturgischen Schrift-Lesungen. Eine Orientierungs- und Gestaltungshilfe der Liturgischen Konferenz, Gütersloh 2020 · Ansgar Franz: Wortgottesdienst der Messe und Altes Testament. Katholische und ökumenische Lektionarreform nach dem II. Vatikanum im Spiegel von Ordo Lectionum Missae, Revised Common Lectionary und Four Year Lectionary: Positionen, Problem, Perspektiven, Tübingen / Basel 2002 · Konferenz Landeskirchlicher Arbeitskreise Christen und Juden (KLAK): Die ganze Bibel zu Wort kommen lassen. Ein neues Perikopenmodell, in: Begegnungen. Zeitschrift für Kirche und Judentum. Sonderheft, Hannover 2009 ·

Lutherische Liturgische Konferenz Deutschlands (LLK): Ordnung der Lesungen und Predigttexte. Revisionsvorschlag 1995, 2 Bd., Hannover 1995 · Michael Meyer-Blanck: Predigt und Lesungen im evangelischen Gottesdienst, in: Erich Garhammer / Ursula Roth / Heinz-Günther Schöttler (Hg.), Kontrapunkte. Katholische und protestantische Predigtkultur, München 2006, 150–163 · Michael Meyer-Blanck: Perikopenrevision mit Maß und Problembewusstsein, in: Auf dem Weg zur Perikopenrevision, 283–294 · Michael Meyer-Blanck: Texte und Leben. Vorgeschichte und offene Fragen bei der beginnenden Perikopenrevision in der EKD, in: PTh 101 (2012), 2–9 · Perikopenbuch: Nach der Ordnung gottesdienstlicher Texte und Lieder (OGTL). Mit Einführungstexten zu den Sonn- und Feiertagen, hg. von der Liturgischen Konferenz für die Evangelische Kirche in Deutschland, Bielefeld / Leipzig ^{2}2018 [2018] · Roman Roessler: Gravamina gegen die geltende Ordnung der Predigttexte, in: Auf dem Weg zur Perikopenrevision, 135–142

---

1 Lektionabilität und Prädikabilität

1.1

Was wird gepredigt und worüber wird gepredigt? Die meisten Predigerinnen und Prediger halten sich gegenwärtig an die von der EKD bestimmte (und zuletzt 2018 geänderte) Fassung der Textordnung, die seit 2018 den offiziellen Namen „Ordnung gottesdienstlicher Texte und Lieder" (OGTL) trägt. Nicht zuletzt die Vorbereitungsliteratur sorgt für diese pastorale Perikopentreue. Ein „Perikopenzwang" wird kaum empfunden. Man ist im Gegenteil mehrheitlich froh, der Qual der Wahl enthoben zu sein.

Die evangelische Ordnung in Deutschland ist erstens ein Solitär in der Ökumene und zweitens relativ kompliziert. Ein Solitär ist die OGTL von 2018 deswegen, weil sie weder der katholischen Textordnung von 1969 (Ordo Lectionum Missae, OLM) noch einer der Ordnungen aus der evangelischen (lutherischen, reformierten, unierten, anglikanischen) Ökumene entspricht, sondern an dem frühmittelalterlichen System festhält. Der ökumenische Kontext soll im Folgenden kurz skizziert werden. Zuvor wird jedoch die EKD-Ordnung selbst vorgestellt.

Die OGTL 2018 orientiert sich wie ihre Vorgängerin von 1978 (und 1958) weiter an der Textordnung der lutherischen Reformation und damit an der frühmittelalterlichen römischen Evangelien- und Epistelreihe aus dem 6.–9. Jahrhundert, die immer noch als die „altkirchliche" Ordnung bezeichnet wird. Diese und weitere wichtige Stationen, u.a. die frühmittelalterliche Kombination der Evangelien- und Epistelreihe sowie die Eisenacher Perikopenrevision von 1896, wurden in § 27 vorgestellt.

1.2

Für die Homiletik ist die – schon recht spezielle – Perikopenforschung essentiell, geht die Perikopenfrage doch fast ausschließlich von der Predigt und dem Prediger aus, obwohl damit nur ein Teil der gottesdienstlichen Funktion der Texte angesprochen ist. Die Gemeinde, die die Texte hört, darf nicht aus dem Blickfeld geraten. Die ästhetische Wendung in der Praktischen Theologie seit den 1980er Jahren hat es mit sich gebracht, dass man inzwischen auch das (liturgische) *Lesen* der biblischen Texte stärker beachtet, während in den reformatorischen Kirchen die ausgewählten Texte fast ausschließlich als Predigttexte galten. Die „Prädikabilität" galt als oberstes Prinzip, während die „Lektionabilität" wesentlich vom Predigen her gedeutet wurde. In manchen Gemeinden folgt man bis heute der Maxime: Was nicht ausgelegt wird, soll auch nicht gelesen werden (dann gibt es nur eine Lesung, die des Predigttextes). Offensichtlich traut man der Gemeinde nicht zu, sich ohne Predigt in einem Text zurechtzufinden. Man rechnet mit Missverständnissen.

Doch in immer mehr Gemeinden setzt sich erfreulicherweise die dreifache Lesung durch: Altes Testament, Epistel und Evangelium. Einer dieser drei Texte wird homiletisch behandelt. Aber auch die beiden anderen Texte können in der Predigt eine Rolle spielen, denn immerhin hat die Gemeinde drei Texte gehört und wird sich ohnehin einen Reim darauf machen. Die Aufmerksamkeit für die drei gelesenen Texte führt dazu, dass die Frage der alttestamentlichen Hermeneutik in jeder Predigtvorbereitung bedacht sein will. Weil es sich so verhält, reicht es nicht aus, sich den Predigttext genau anzusehen. Man sollte im Hinblick auf Predigtmaterial das ganze Proprium des Tages sichten. Das setzt allerdings voraus, dass man das Konstruktionsprinzip der OGTL genau versteht. Und dazu wiederum ist ein kurzer Blick auf den Entstehungsprozess der jetzigen Ordnung und auf den ökumenischen Kontext nützlich.

2 Stationen auf dem Weg zur aktuellen Perikopenordnung (OGTL): 1958/1977–1995–2010

2.1

Die aktuelle Ordnung (OGTL) von 2018 ist ein innovativer Impuls, greift aber auf die entscheidenden Weichenstellungen von 1958/1977 zurück, besonders auf den Zusammenklang der Lese- und Predigttexte mit dem gesamten liturgischen Proprium. Diese Bemühung um *Konsonanz* war im Vorfeld der OPT 1958 vor allem das Bestreben des damaligen Oldenburger Bischofs Wilhelm

Stählin (1883–1975) gewesen. Erstmals 1948, dann 1951 hatte er eine Ordnung der Predigttexte mit zunächst neun (!) Reihen veröffentlicht: Neben die beiden alten Reihen traten sechs neue (je zwei alttestamentliche, Epistel- und Evangelienreihen) und eine Psalmenreihe. Stählin war das Prinzip der Konsonanz sehr wichtig. Es folgte eine Übergangszeit des Experimentierens, bis schließlich 1958 die „Ordnung der Predigttexte" (OPT) vom Rat der EKD beschlossen wurde; eine kleine Revision gab es 1977/78.

Hier fanden sich dann erstmals die sechs Reihen mit Predigten, die 60 Jahre lang (1958–2018) den Gemeinden und den Predigenden vertraut wurden. Ein Turnus von sechs Predigtjahren wurde als noch erlebbar eingeschätzt und das hat sich in der Praxis auch als zutreffend erwiesen. Bis 2018 wurde nach diesen Reihen gepredigt, so dass sie zum gemeinsamen Gedächtnis in der EKD geworden sind. Folgenreich war vor allem die erneute Dominanz der beiden alten Reihen, die jetzt mit „I" und „II" bezeichnet wurden; die Reihen III und V waren ebenfalls Evangelientexte, gemischt mit einem Viertel AT-Texte; die Reihen IV und VI waren Episteltexte, auch diese gemischt mit einem Viertel AT-Texte. So ergaben sich drei Evangelienreihen (I, III, V) und drei Epistelreihen (II, IV, VI) und – auf das Ganze der sechs Reihen gerechnet – etwa ein Sechstel von AT-Predigttexten. Reihe V hatte einen Schwerpunkt im Johannesevangelium, Reihe VI im Hebräerbrief.

Bei der kleinen Revision 1977 ordnete man jedem Sonntag einen AT-Text zu (an den Proportionen änderte sich damit nichts). An der Ordnung von 1958/1977 wurde vor allem als mühsam empfunden, besonders, dass man jedes zweite Jahr im Wesentlichen Episteln zu predigen hatte; vor allem der Hebräerbrief wurde von vielen als homiletisch schwierig empfunden. Die Mühe mit der Epistelpredigt wurde zu einem starken Motiv für die Revision 2010–2018. In Reihe VI (OPT 1977) standen 13 Texte aus dem Hebräerbrief: „Das ist zu viel und eine arge Last, zumal die Hohepriestersymbolik und Sühnopfertheologie die Ausleger vor nicht unerhebliche Probleme stellt" (Roessler 2010, 140). Auch die große Zahl (17) von Wundergeschichten in den sechs Reihen kritisierte Roessler (ebd.).

Der Fokus von allen Texten war das (alte), auf die römische Ordnung um 650 zurückgehende Sonntagsevangelium als *caput et principale omnium*. Das Konsonanzprinzip bezog sich primär auf Reihe I (außer an Pfingsten, da die Festlegende Apg 2,1–18 zu den Episteln gerechnet wird). Erinnert man sich an den Bericht von Carl Büchsel Anfang des 19. Jahrhunderts (→ § 27.3.1), lässt sich eine große Kontinuität feststellen. Aber über das Sonntagsevangelium hinaus bestimmen seit den 1950er Jahren auch das Wochenlied, der Wochenspruch und gegebenenfalls der Sonntagsname das Leitbild (→ § 27.3.2), in das die Predigt einzuzeichnen ist. Daraus ergibt sich ein starker Impuls für eine Predigt aus der Liturgie (→ § 30).

2.2

Die Revision von 2010–2018 ging wohl auch deswegen so gut vonstatten, weil es das gemeinsame Trauma der gescheiterten Reform von 1995 gab. Damals hatte die „Lutherische Liturgische Konferenz" (LLK, 2000 umbenannt in „Liturgische Konferenz", LK) einen detaillierten „Revisionsvorschlag" erarbeitet und in zwei Bänden (I: Listen; II: Perikopenbuch) veröffentlicht und den Gemeinden und Kirchen vorgelegt. Dieser Vorschlag enthielt schon viele Reaktionen auf verbreitete Kritik an der geltenden Ordnung: 110 von 417 Texten waren dem Alten Testament entnommen, mit einem guten Viertel also fast so viele wie 2018, die Predigtreihen waren wie 2018 durchmischt und der Gemeinschaft von Frauen und Männern hatte man besondere Aufmerksamkeit gewidmet (LLK 1995 Bd. I, 4–6). Die Systematik mit sechs Reihen blieb unverändert. Im Vorwort wurde zur ausführlichen Erprobung aufgerufen und um Rückmeldung bis zum Februar 1997 gebeten. Doch nichts passierte. Der Vorschlag wurde einfach ignoriert und verschwand unter den Bergen von „grauer" Praxisliteratur. Inhaltlich gab es wenig zu kritisieren, sieht man von der Generalkritik ab, die deutschen Kirchen verabschiedeten sich mit ihrem sturen Beharren auf den „alten" Perikopen von der innerevangelischen und von der evangelisch-katholischen Ökumene (s.u. 4.). Die Gründe für die Vergeblichkeit der Arbeit des LLK-Ausschusses „Perikopen" waren die mangelnden Absprachen mit den Gottesdienstreferaten der Landeskirchen und der Kirchenbünde (EKD, VELKD, EKU). Die sachliche Begründung für das Übergehen des Vorschlags lag in der liturgiepolitischen Situation: Gerade 1993 war das neue „Ev. Gesangbuch" (EG) erschienen; darin waren die Perikopenreihen von 1978 abgedruckt. Die „Erneuerte Agende", das „Evangelische Gottesdienstbuch" befand sich kurz vor der Beschlussfassung (schließlich 1999 erschienen), auch dafür waren die 1978er Reihen zum Abdruck gesetzt. Der Zeitpunkt für die Erprobung und Reform war also denkbar ungünstig.

2.3

Die Lage war 2010 deutlich anders, weil man allmählich schon wieder an eine Revision von Gesangbuch und Agende (Gottesdienstbuch) dachte. Die sachlichen Gründe für eine Reform bestanden weiter und in dieser Hinsicht wurde der Revisionsvorschlag der LLK von 1995 auch immer wieder positiv gewürdigt. So ging man planvoll und behutsam vor und startete den Prozess mit allen möglichen Akteuren gleichzeitig. Den Anfang machte eine Konsultation in Wuppertal (Auf dem Weg zur Perikopenrevision 2010), am Schluss stand die Einführung zum 1. Advent 2018 (s.o.).

3 Steckbrief der OGTL 2018

3.1

Das Wichtigste der aktuell geltenden Ordnung sei anfangs summarisch zusammengefasst. Eine wesentliche Forderung für neue Perikopen war – nicht nur vonseiten des jüdisch-christlichen Dialogs – die Erhöhung des Anteils alttestamentlicher Texte gewesen. Die Konferenz Landeskirchlicher Arbeitskreise Christen und Juden (KLAK) hatte 2009 sogar ein Perikopenmodell veröffentlicht, in dem drei alttestamentliche Reihen (Tora, Propheten, Schriften) zwei neutestamentlichen (Evangelien und Episteln) zugeordnet waren (Konferenz Landeskirchlicher Arbeitskreise Christen und Juden [KLAK] 2009). Das entspricht einem qantitativen Verhältnis von 60% AT zu 40% NT. Das konnte sich nicht durchsetzen. Jedenfalls ist 2018 der Anteil der alttestamentlichen Perikopen von etwa einem Sechstel auf ein Drittel verdoppelt worden. Die OGTL enthält für jeden Sonn- und Feiertag drei Haupttexte, die jedes Jahr als Lesetexte wiederkehren (Evangelium, Epistel und Altes Testament). Bei Epistel und Evangelium ist die Kontinuität zu den frühmittelalterlichen und reformatorischen Reihen gewahrt. Zu den drei Haupttexten kommen drei weitere Texte; einer von diesen insgesamt sechs Texten wird als Predigttext vorgeschlagen. Die Herkunft der Predigttexte wechselt wöchentlich: AT – Epistel – Evangelium. Damit ist der immer wieder geäußerten Klage über die – sich bislang über ein ganzes Kirchenjahr erstreckende – Epistelpredigt entsprochen. Für die Predigt kehrt jeder Text alle sechs Jahre wieder, bei der Lesung wiederholen sich die drei Haupttexte jährlich. Lektionabilität und Prädikabilität sind also deutlich unterschieden und der Lesung kommt ein eigener Stellenwert zu.

Das Prinzip der Konsonanz aller Texte ist wichtig; dazu wird vom Evangelium als „Rektor“ ausgegangen. Als Metapher für den Zusammenhang von Perikopen und anderen Elementen (Lied, Spruch der Woche) wurde vielfach der Begriff des „Textraumes“ verwendet. Die Bauelemente sind verschieden, aber es wird ein gemeinsamer Ort geschaffen, an dem man sich aufhalten kann. Die Lebenswirklichkeit von Männern und Frauen wird jetzt stärker berücksichtigt. Für jeden Sonntag werden zwei Lieder vorgeschlagen, ein klassisches Kirchenlied und ein neues geistliches Lied. Auch die Wochensprüche sind dem gesamten Proprium angepasst. Insgesamt bleibt die Ordnung in der Machart der Ordnungen von 1958 und 1977/78 treu. Es handelt sich um eine maßvolle Reform, aber um mehr als eine „Revision“ (Durchsicht), denn es wurden schließlich nicht nur Einzelheiten, sondern auch Prinzipien verändert.

In einem Satz: Das verstärkt angestrebte Prinzip der Konsonanz („Textraum“), die liturgisch-rituelle Wertschätzung des Leseaktes sowie quantitativ die verdoppelte Menge an alttestamentlichen Perikopen und qualitativ das veränderte Verhältnis der Kirche zu Israel sind die wichtigsten Kennzeichen der neuen Perikopenordnung.

3.2

Zusammenfassend ist festzustellen, dass die neue Ordnung von 2018 (OGTL) beim Konstruktionsprinzip von 1958 bleibt: Konsonanz, sechs Jahrgänge Predigttexte, basale Orientierung am („alten") Evangelium und an der („alten") Epistel. Eine Weiterentwicklung von der OPT 1958 zur OGTL 2018 ist die Verdoppelung der Zahl von AT-Texten. Damit zog man die Konsequenzen aus der theologisch-liturgischen Arbeit des „langen" letzten Jahrhunderts (seit den Eisenacher Perikopen von 1896).

Radikal neu ist 2018 der sonntägliche Wechsel zwischen AT-, Epistel- und Evangelienpredigt. Man wird die Erfahrungen damit abwarten müssen. Es wäre auch möglich gewesen, den Wechsel zweimal im Kirchenjahr vorzunehmen (z.B. Weihnachtsfestkreis: Evangelien; Osterfestkreis: Episteln, Trinitatiszeit: AT; der Weihnachtsfestkreis im darauffolgenden Jahr begänne dann mit dem AT). Aber die Mehrheit in den Gremien stimmte für den wöchentlichen Wechsel. Dieser bietet den Vorteil der Abwechslung; die Drittelung hätte dagegen den Charakter der Reihen deutlicher erfahrbar werden lassen.

4 Der katholische „Ordo Lectionum Missae" (OLM) von 1969

4.1

Die geschilderte Kritik an den beiden alten Perikopenreihen wurde auch in der römisch-katholischen Kirche geäußert. Mehrfach gab es im 20. Jahrhundert alternative Entwürfe zu neuen Reihen, die mehr Texte und mehr Vielfalt in die Lesungen bringen sollten. In der Liturgiekonstitution „Sacrosanctum Concilium" vom Dezember 1963 wurde gefordert, dass den Gläubigen in der Messe „der Tisch des Wortes reicher bereitet" werden sollte, was qualitativ und quantitativ verstanden wurde: Innerhalb einer bestimmten Anzahl von Jahren sollten „die wichtigsten Teile der Heiligen Schrift dem Volk vorgetragen werden" (SC 51). Hier ist zwar von den Lesungen die Rede, aber gleich im Anschluss (SC 52) heißt es, dass die Homilie als „Teil der Liturgie selbst sehr empfohlen" wird („valde commendatur").

4.2

Schon während des zweiten Vatikanischen Konzils (1962–1965) wurden drei neue Entwürfe vorgelegt: Einer von Pierre Jounel (1961), einer von José Feder und Michel Danchin (1965) und einer von dem Benediktinerkloster Maredsous in Belgien (1965). Dieser letzte ist ganz nach dem Prinzip der Konsonanz gearbeitet und verzichtet auf die *lectio continua* (bzw. *semicontinua* oder Bahnlesung). Jeder der 24 Sonntage nach Pfingsten (sowie die sechs der Epiphaniaszeit) hat ein Thema und alle Themen werden durch den Gedanken des Heilsplans Gottes mit dem Menschen zusammengehalten. „Der Mensch" ist zunächst Israel, dann Christus und jeder Christ bzw. die Kirche. Der AT-Text ist ein integraler Bestandteil jedes Propriums, wurde allerdings passend zum (christlichen) Thema ausgesucht (Franz 2002, 41–70). Jounel sah ebenfalls drei Lesungen vor (AT, Epistel, Evangelium), die er nach drei unterschiedlichen Modellen der Bahnlesung konzipierte (Franz 2002, 11–24). Feder und Danchin gingen von der Tradition aus, suchten aber (in drei Lesejahren) die Konsonanz zu verstärken (Franz 2002, 25–40).

Sieht man diese drei Vorschläge an, wird deutlich, dass bei der Perikopierung immer zwei Prinzipien im Widerstreit stehen und – wie auch immer – ausgeglichen werden müssen: das Prinzip der Konsonanz und das der *lectio continua* bzw. des Ideolekts des Einzeltextes; die EKD hat sich 2018 erneut für die Konsonanz und gegen die *lectio continua* entschieden (s.o. 2. und 3.). Die römisch-katholische Kirche dagegen verfolgte einen ausgleichenden Kompromiss beider Prinzipien, verabschiedete sich aber konsequent von den alten (römischen!) Perikopen. Auf jeden Fall ist zu bedenken, dass das Feststellen oder Festlegen von Konsonanz (durch Zitat, Stichwort, Thema, intertextuelle Beziehung) immer zugleich das Feststellen von Dissonanz bzw. inhaltlicher Differenz bedeutet. Jeder Vergleich impliziert das Konstatieren von Ungleichheit.

4.3

Die Arbeitsgruppe des Konzils entwickelte aus den Vorgaben von SC und den drei vorliegenden Vorschlägen die folgenden Prinzipien für die Ordnung der Messlesungen („Ordo Lectionum Missae", OLM), die dann schließlich 1969 von Papst Paul VI. promulgiert wurden: Jeden Sonn- und Festtag sollen drei biblische Texte gelesen werden, aus dem Alten Testament (in der Osterzeit aus der Apostelgeschichte), aus den Episteln (inkl. der Offenbarung) und aus den Evangelien. Es gibt drei Lesejahre für die festlose Zeit mit einer Bahnlesung (*lectio semicontinua*) der drei Synoptiker, Lesejahr A.: Matthäus, Lesejahr B: Markus, Lesejahr C: Lukas. Es wird die Regel angegeben: Ist die Jahreszahl der festlosen Zeit durch 3 teilbar, handelt es sich um Lesejahr 3 (Lukas), also z.B. 2025 und 2028; 2026 und 2029 wird Matthäus gelesen; genauer: An den evangelischen Trinitatissonntagen ist 2026 und 2029 das Matthäusevangelium von Kap. 9 bis Kap. 25 vorgesehen. Da aber Epistel und Evangelium in *lectio semicontinua* gelesen werden, passen sie oft nicht zueinander. Die AT-Lektion folgt dem Prinzip der Konsonanz mit dem Evangelium, ist also in ihrer Eigenaussage beschnitten. In der Adventszeit und in der Quadragesima (Fasten) werden traditionelle Perikopen gelesen.

Damit sind die drei wichtigsten Kritikpunkte am OLM 1969 schon genannt: 1. Abschied von der Tradition, 2. Mangel an Konsonanz zwischen Epistel und Evangelium, 3. implizite Erfüllungs-Hermeneutik des AT. Man kann es aber auch genau andersherum beurteilen: Dann ist der OLM einer der möglichen Kompromisse zwischen Konsonanz und Kontinuität. Dass die römische Kirche dagegen so leicht die Tradition aufgab, zeigt die damalige Aufbruchstimmung und den Geist der radikalen Innovation. Man rechnete während des Konzils auch sicher damit, dass ein fester Ostertermin verabschiedet würde – was bekanntlich bis heute nicht der Fall ist.

5 Ausblick: Ökumenische Alternativen zur deutschen Perikopentradition

5.1

Der römische OLM von 1969 fand große Aufmerksamkeit, denn er war ein Kompromiss und zugleich ein echter Neuanfang (wie das 2. Vatikanum überhaupt). Mehrere reformatorische Kirchen suchten ihre Leseordnungen darum nach dem OLM einzurichten, um nicht nur ein ökumenisches Zeichen zu setzen, sondern um einen konkreten Schritt der Einheit in Sachen der „Zeremonien" zu wagen. Eine Vorentscheidung in diese Richtung schien durch den Beschluss der US-amerikanischen Lutheraner gefallen zu sein, eine Leseordnung in Anlehnung an den katholischen OLM zu schaffen. Auch hier sind es drei Ordnungen, die weltweit diskutiert wurden: das anglikanische „Common Lectionary" (CL), das US-amerikanische „Revised Common Lectionary (RCL)" und das britische „Four Year Lectionary" (FYL).

5.2

Seit 1992 wird in Nordamerika (von Lutheranern, Reformierten und Presbyterianern) mit dem „Revised Common Lectionary (RCL)" eine Adaption des katholischen OLM verwendet, nachdem einige protestantische Kirchen bereits 1970 ihre Version des OLM eingeführt hatten. Kritik und Veränderungsbedarf hatte es in den US-Kirchen bei den AT-Perikopen gegeben, denn diese hielt man keinesfalls für repräsentativ für das AT (Franz 2002, 99–101). Darum ging man zu Bahnlesungen des AT über. Das Jahr A beginnt jetzt mit 20 Sonntagen Pentateuch von Abrahams Berufung bis zum Tod des Mose. Die Länge der vatikanischen Perikopen ist deutlich vergrößert worden.

5.3

Das britische Four Year Lectionary (FYL) gilt seit 1992 in der Anglikanischen Kirche, in der britischen United Reformed Church und bei den britischen Roman Catholics. Es stellt die klare konzeptionelle Alternative zum RCL dar. Sind dort die selbständigen Reihen ohne größere Aufmerksamkeit für Konsonanz das Konstruktionsprinzip, so entschied man sich mit dem FYL für die thematische Einheitlichkeit jedes Sonntagsformulars. Besonders beliebt ist das Johannesevangelium: Von seinen 879 Versen fehlen im FYL nur 31 (Franz 2002, 140). Die Epistel wird nicht als *semicontinua*-Lesung, sondern als ausgesuchte (*lectio selecta*) geboten.

Zusammengefasst in einer These: RCL und FYL sind konsequente und alternative Systeme, während OLM und OGTL Mischformen bzw. Kompromisse darstellen.

5.4

RCL und FYL spielten auch eine wichtige Rolle im Vorfeld der deutschen Leseordnung von 2018 (OGTL, s.o. 2.). Die EKD entschied sich schließlich gegen RCL und FYL als Modell, weil sich so zwar eine Gemeinsamkeit mit den Anglikanern, US-amerikanischen Lutheranern oder einigen GEKE-Kirchen ergeben hätte (Gemeinschaft Ev. Kirchen in Europa), aber nicht mit den unmittelbar benachbarten Katholiken. Da wäre es dann sinnvoller gewesen, das (katholische) Original zu adaptieren anstatt deren Derivate. Doch die katholische Ordnung übernehmen wollte man nun auch nicht (ausgerechnet im Reformationsjahr 2017!), erst recht nicht angesichts der Prägung der Sonntage durch die Bach'schen Kantaten, in zweiter Hinsicht auch durch die Choralvorspiele. So blieb es bei dem Prinzip: alte Perikopen plus Konsonanz mit Revisionen im Einzelfall. Damit steht die EKD zwar jetzt relativ isoliert da; aber sie hat die Tradition bewahrt und mit dem Prinzip der Konsonanz einen guten Entdeckungszusammenhang für die materiale Homiletik geschaffen.

Zusammenfassung

Dieser zweite Paragraph zu den Perikopen führt in die aktuelle Diskussion ein, die im Zusammenhang der Arbeit an der aktuellen „Ordnung der Gottesdienstlichen Texte und Lieder" (OGTL) in der EKD in den Jahren 2010–2014 intensiv geführt wurde. Dabei wurden zunächst Prädikabilität und Lektionabilität unterschieden und dann die Frage aufgeworfen, welches innovative Potenzial von der römisch-katholischen neuen Ordnung (OLM) von 1969, von dem amerikanischen Revised Common Lectionary (RCL) von 1992 und vom britischen Four Year Lectionary (FYL) von 1992 ausgeht. Die Entscheidung der EKD von 2018 für die OGTL ist durchaus homiletisch vielversprechend, weil darin das seinerzeit von Wilhelm Stählin ausgearbeitete Prinzip der Konsonanz und Intertextualität aller gottesdienstlichen Inhalte einen großen Entdeckungszusammenhang erschließt. Konsonanz bedeutet so betrachtet keine thematische Engführung, sondern die Aufforderung, Texte, Lieder und Gebete genau anzusehen im Hinblick auf Material für die Predigt. Schließlich ist die OGTL auch die Ordnung, die die Kontinuität zu den frühmittelalterlichen Evangelien und Episteln (zu den „alten Perikopen") wahrt und so für die kirchenmusikalische Tradition wie für das Kantatenwerk J.S. Bachs anschlussfähig ist.

§ 29 Die Predigt über alttestamentliche Texte

Literatur: Rudolf Bultmann: Weissagung und Erfüllung, in: Glauben und Verstehen, Band 2, Tübingen [5]1968, 162–189 · Alexander Deeg: Predigt und Derascha. Homiletische Textlektüre im Dialog mit dem Judentum, Göttingen 2006 (APTLH 48) · Jürgen Ebach: Das Alte Testament als Klangraum des evangelischen Gottesdienstes, Gütersloh 2016 · Emanuel Hirsch: Das Alte Testament und die Predigt des Evangeliums, hg. von Hans Martin Müller, Tübingen / Goslar 1986 [1936] · Michael Meyer-Blanck: Glaube und Hass. Antisemitismus im Christentum, Tübingen 2024 · Reiner Preul: Predigt über alttestamentliche Texte, in: Marburger Jahrbuch Theologie 25 (2013), 169–185 · Horst Dietrich Preuss: Das Alte Testament in der Verkündigung der Kirche, in: Albrecht Beutel u.a. (Hg.): Homiletisches Lesebuch, Texte zur heutigen Predigtlehre, Tübingen 1989, 125–140 · Ursula Roth / Jörg Seip (Hg.): Schriftinszenierungen. Bibelhermeneutische und texttheoretische Zugänge zu Predigt, München 2016 (ÖSP 10) · Heinz-Günther Schöttler: Predigt und Altes Testament. Versuch einer homiletischen Kriteriologie, Ostfildern 2001 · Notger Slenczka: Die Kirche und das Alte Testament, in: Marburger Jahrbuch Theologie 25 (2013), 83–119 · Thea Sumalvico: Umstrittene Taufe. Kontroversen im Kontext von Theologie, Philosophie und Politik (1750–1800), Halle 2022

1 Altes Testament, Juden und Christen

1.1

Das Alte Testament bietet homiletisch ungeheure Möglichkeiten. Die Geschichten von Jakob und Esau, von Lea und Rahel und von Josef und seinen Brüdern sind voller Spannung und Dramatik. Die konkrete Lebenserfahrung und die schonungslose Zeichnung der Mächtigen (König David!) bieten einen Fundus an Realismus und Identifikation (Preul 2013, 175f.). Die Propheten sprechen bis heute unmittelbar in unsere Lebenswelt, man denke nur an „Schwerter zu Pflugscharen" (Jes 2,4) und an den bei Kasualien so tief ansprechenden Text Jes 43,1; der Psalter ist nicht nur das Gebetbuch Israels, sondern auch das Gebetbuch Jesu (Mt 27,46), das Gebetbuch der Christen und der Kirche. Die drei Teile der Hebräischen Bibel, Tora, Propheten und Schriften, sind durch zwei Jahrtausende Kirchengeschichte zu Texten geworden, aus denen die Kirche Gott selbst reden hört, denn die gesamte Bibel Alten und Neuen Testaments ist – neben Christus, dem *offenbarten* Wort Gottes und dem in der Predigt *verkündigten* Wort – das *geschriebene* Wort Gottes, auf das sich die Predigt bezieht. Kurz und knapp dogmatisch formuliert: Das Alte Testament ist das Wort, in dem wir *mit* Jesus auf den Vater hören und in dem wir *von* Jesus, dem Christus Gottes, hören und damit auf Gott selbst hören, weil Gott, der Vater, der Eine Gott beider Testamente ist. Noch kürzer: Auch das AT bringt uns wie das NT das Wort, das wir hören sollen, das Evangelium, nahe. Es erschließt zugleich – über das eschatologisch ausgerichtete Neue Testament hinaus – die existentielle Dimension der Geschichte (Preul 2013, 177).

1.2

Damit beginnen aber sogleich die Schwierigkeiten bzw. die zu klärenden Grundfragen. Mit dem Alten Testament lesen wir Christen *erstens* ein Buch, das nicht für uns geschrieben wurde. Es ist die Bibel Israels, die wir uns mit einer bestimmten Lesart aneignen. Denn wir lesen das AT *zweitens* nicht nur mit dem Juden Jesus, sondern als ein Buch von Jesus, dem Christus Gottes. Diese Lektüre ist aber historisch-kritisch gesehen unzutreffend. So war von den Textautoren weder mit Jes 7,16 und Jes 9,5 noch mit Jes 53 Jesus gemeint. Luther hatte dagegen geurteilt, das Alte Testament spräche eindeutig von Christus und die Juden müssten bei einer vorurteilsfreien Lektüre einsehen, dass es sich unmissverständlich so verhält. Die konsequente Ablehnung dieser Lesart durch die Juden befeuerte Luthers schlimmen Antijudaismus und im höheren Alter seinen blanken Judenhass (Meyer-Blanck 2024, 86–91). Nicht nur aus jüdischer Sicht eignen sich die Christen einen fremden Text an und lesen ihn *drittens* gegen seinen Ursprungssinn. Das ist auch für den Beobachter von außen so der Fall. Was aus dem AT irgendwie auf Christus passt, das wurde im Laufe der Kirchengeschichte auch so herausgelesen. Damit rezipieren Christen und Juden *viertens* das AT nicht nur mit einer verschiedenen, sondern mit einer konkurrierenden Hermeneutik. Wenn Christenmenschen von Gott reden, können sie das nicht anders tun, als dass sie von Jesus Christus reden. Denn für den christlichen Glauben war Gott in Christus (2 Kor 5,19) und Christus war das Wort Gottes, der Sinn, der Geist, das Herz und die Logik Gottes – eben Gottes Logos (Joh 1,1–4). Christus und sein Vater werden im frühen Christentum mehr und mehr identifiziert (Joh 10,30) – eine Lesart, die aus jüdischer Sicht nicht anders als gotteslästerlich erscheinen kann.

Noch einmal zusammengefasst: *Christen lesen das AT als ein Buch, das ihnen (1.) nicht gehört; sie lesen darin von Christus, der (2.) im AT ursprünglich nicht gemeint ist; damit lesen sie das AT (3.) gegen seinen Ursprungssinn und (4.) in Konkurrenz zum Judentum.*

1.3

Man muss es so klar formulieren, um die strukturelle Problematik zu erfassen. Ist also eine christliche Lektüre des AT im Ansatz verfehlt, so dass man sie korrigieren muss? In dem Falle dürfte das AT nicht christlich gepredigt werden. Ist das AT einzig und allein das Buch der Juden? Historisch ist das zunächst gewiss der Fall. Aber es ist eben auch eine historische Tatsache, dass die Heilige Schrift Alten Testaments schon von Paulus, Markus und Matthäus auf Christus hin gedeutet wurde. Er ist gestorben, er wurde begraben und ist am dritten Tage auferstanden – nach der Schrift (κατὰ τὰς γραφάς), heißt es im ältesten Bekenntnis im Neuen Testament (1Kor 15,3). Die christliche Jesuserfahrung ist ebenso historisch real wie die Erwählung Israels.

Es handelt sich also um eine strukturelle Problematik, die sich nicht religiös lösen lässt. Es gibt keine religiöse Position oberhalb von Judentum und Christentum, die die verschiedenen Glaubensweisen gegeneinander abwägen und so über die Wahrheit entscheiden könnte. Die einzige konstruktive Weise des Umgangs miteinander kann nur in den einfachen menschlichen Tugenden von Demut, Respekt und Wertschätzung bestehen. Speziell aus christlicher Sicht sind Demut und Selbstkritik im Hinblick auf die eigene Geschichte, zumal im letzten Jahrhundert in Deutschland, von oberster Priorität. Es gibt keine Motivation zum „Recht haben“, sondern nur eine theologische Arbeit und ein Leben aus dem Schuldeingeständnis und in qualifizierter Aufmerksamkeit und Wachsamkeit. Bevor ich mich darum der alttestamentlichen Predigt zuwende, gilt es, sich wenigstens kurz der christlichen Diskriminierungsgeschichte des Alten Testaments und des Judentums zu stellen. Die alttestamentliche Predigt erfolgt nicht voraussetzungsfrei, sondern im Horizont jahrhundertelanger Diskriminierung.

2 Christliche Abwertung des Alten Testaments

2.1

Der Grundirrtum der deutschen Geistes- und Theologiegeschichte seit der Aufklärung besteht in dem Bestreben, den Glauben und seine Lehre von einem „christlichen Standpunkt“ aus zu bewerten (Meyer-Blanck 2024). Der inhaltliche Kern des Problems liegt in der immer wieder begegnenden Ansicht, das Judentum sei eine „Gesetzesreligion“, die der christlichen „Gnadenreligion“ von der Aufgeklärtheit und der subjektiven Verantwortung *coram Deo* her objektiv (!) unterlegen sei. Damit wohnt der Aufklärung ein impliziter Gestus der Überlegenheit in Sachen Religion inne. Alles Kultische und Rituelle verfällt dem Verdikt der Aufklärung. (Das betrifft übrigens nicht nur das Judentum, sondern auch den Katholizismus.) Das Ideal ist die aufgeklärte, subjektiv sittliche (protestantische) Religion oder der Verzicht auf Religion.

Für den französischen Aufklärer Voltaire (1694–1778) haben die Juden die Absicht, „uns zu bestehlen und zu töten“, weil das Alte Testament vorschreibe, Götzendiener zu töten (Meyer-Blanck 2024, 140). Außerdem, so die Meinung des bekannten Aufklärungstheologen Hermann Samuel Reimarus (1694–1768), enthalte das Alte Testament keinen Unsterblichkeitsglauben, so dass ihm der Offenbarungscharakter abgesprochen werden müsse. Das Alte Testament enthalte eine bloße Diesseitsreligion, ja es fehle das entscheidende Kennzeichen einer Religion (Sumalvico 2022, 211f.), das Judentum sei darum „eine schlechte und niederträchtige Religion“ (Sumalvico 2022, 230).

Das wird als Beleg für die abwertende Rede vom Judentum, genauer vom Alten Testament, genügen. Der Fehler liegt nicht erst in den antijüdischen Ausfällen, sondern bereits in dem Vorgang des religionsphänomenologischen Bewertens und Vergleichens. Hier verlässt die Religion die ihr eigene Sprechhaltung *aus* der Religion und maßt sich ein Urteil *über* die Religion an; dass diese Sprechhaltung zum Selbstlob und zur Diskriminierung der Anderen führt, überrascht zwar nicht, ist aber doch ernüchternd hinsichtlich des Maßes an Aufklärung bei den Aufklärern.

2.2

Bekannt ist Schleiermachers, gelinde gesagt, kritische Haltung gegenüber dem Alten Testament, die von erheblicher Wirkung gewesen ist und die bis heute nachwirkt. Die Religion des Judentums kritisierte er sogar als etwas „Unlebendiges“ und „Abgestorbenes“. In der fünften „Rede über die Religion“ von 1799 schrieb er von einer „toten Religion“, deren Hauptgedanke die Vergeltung sei (Meyer-Blanck 2024, 156f.). Auch hier ist es der Allgemeinbegriff von Religion, der den qualitativen Vergleich provoziert und diesen zu den eigenen Gunsten entscheidet. Das Christentum ist dann die „höhere“ Religion und das Alte Testament Dokument einer niedrigeren Religion. Adolf von Harnack sieht es in seiner berühmten Berliner Vorlesung „Das Wesen des Christentums“ 1899/1900 ähnlich: Die Predigt Jesu führt laut Harnack „in eine Höhe“, wo der Zusammenhang mit dem Judentum „nur als ein lockerer erscheint“, wenngleich durch das Alte Testament ein „inferiores, überwundenes Element“ in das Christentum eindrang (Meyer-Blanck 2024, 176f.).

2.3

Den Gipfel dieses Denkens markiert zweifellos das Buch des hochproblematischen „Deutschen Christen“ Emanuel Hirsch (1888–1972) über die Predigt des Alten Testaments, in dem er die These entwickelte, eine „klar auf den Gegensatz der beiden Testamente gerichtete Vormeditation“ sei der „einzige Weg, auf dem es zu christlicher Predigt und Lehre über einen alttestamentlichen Text“ komme (Hirsch 1986 [1936], 45). Er wollte darum den „Glaubensunterschied, der uns vom Alten Testamente trennt“, so „kantig wie nur möglich“ herausarbeiten (45). Im Alten Testament gebe es keinen christlichen Glauben, „sondern lediglich ein ahnendes Verlangen des unter der alttestamentlich-jüdischen Gesetzesreligion gefangen liegenden Gottesglaubens nach Befreiung und Erfüllung.“ (110)

Ich breche die Wiedergabe an dieser Stelle ab. Zweierlei ist bemerkenswert: *zum einen* die ungebrochene Tradition des religiösen Qualitätsurteils, wie es sich schon bei Kant, Schleiermacher und Harnack fand, allerdings in unmäßiger Steigerung. Die Inferiorität des AT ist für Hirsch unendlich groß. *Zum zweiten* ist das nicht nur ein persönliches Urteil, sondern dieses mündet in eine Anleitung zur Predigtvorbereitung, in der von dem Gegensatz der beiden

Testamente ausgegangen wird. Aus Luthers unterscheidender Dialektik von Gesetz und Evangelium ist ein klarer Gegensatz geworden, von dem die Predigt ausgehen soll. Die Reihenfolge „Gesetz – Evangelium" als der Weg vom Negativen zum Positiven, von der Gefangenschaft zur Befreiung, von der Verstrickung zur Erlösung ist als Verstehensschema von verführerischer Plausibilität. Nur sie erschließt das Evangelium nicht und bringt schnell auf den Weg des Antijudaismus und Antisemitismus.

3 Ein Gott, zwei Testamente und problematische Modelle ihrer Zuordnung

3.1

Noch einmal: Das Alte Testament bietet homiletisch ungeheure Möglichkeiten. Aber diese müssen unter einer Menge von schlechter Theologie (wie gesehen auch von bedeutenden Theologen) erst mühsam aufgespürt werden. Die oben geschilderten Probleme sind struktureller Art, ergeben sich also nicht aus dem Verhalten, Denken und Predigen von Einzelnen. Sie ließen sich strukturell nur vermeiden, wenn die Kirche *entweder* das AT als Predigttext (sowie als Lese- und Gebetstext) aufgäbe *oder* die Christologie. Im ersten Fall wäre das AT, jedenfalls was die religiöse Performanz angeht, ausschließlich dem Judentum überlassen; es wäre für Christen nur noch eine religionsgeschichtliche Quelle. Im zweiten Fall würde man Jesus als den jüdischen Propheten für die Völker predigen und die „hohe Christologie" des Neuen Testaments und der frühen Kirche beiseite lassen. Beide Fälle sind so absurd, dass man sie gar nicht durchdenken kann. Im ersten Falle folgte man Marcion, im zweiten Fall würde man die Irrtümer des Arius noch weit hinter sich lassen. In beiden Fällen würde man das Christentum aufgeben. Es handelt sich also um einen aporetischen Gedankengang, der allenfalls dazu dienen kann, die Unvermeidlichkeit der Problemstellungen aufzurufen. So muss es dabei bleiben: *Christen lesen das AT als ein Buch, das ihnen nicht gehört; sie lesen darin von Christus, der im AT ursprünglich nicht gemeint ist; damit lesen sie das AT gegen seinen Ursprungssinn und in Konkurrenz zum Judentum.* Und – so kann man jetzt nach der letzten Überlegung hinzufügen: Das ist sachgemäß so und dazu gibt es keine Alternative.

Es kann also nur darum gehen, mit diesen Gegebenheiten bewusst und selbstkritisch umzugehen. Der spätestens seit der Aufklärung geläufige Überlegenheitsgestus des Christentums ist dabei das größte Problem; das zweite Problem ist die religionsvergleichende und damit tendenziell abwertende Grundhaltung. Dieses toxische Denken findet sich in mehreren hermeneutischen Modellen, die immer noch das theologische Denken und Argumentieren bestimmen. Das dritte Problem, das sich benennen lässt, ist das Bemühen um eine metatextliche Hermeneutik überhaupt. Jedes Denkmodell, das nicht den spirituellen Gehalt des Einzeltextes erfassen möchte, sondern umfassende Thesen zu entwickeln sucht, die sich auf viele verschiedene Texte anwenden lassen, gehen an der Aufgabe der Mitteilung und Darstellung des Evangeliums anhand eines alttestamentlichen Textes vorbei. Besonders die materiale Homiletik hat nicht allgemeine Feststellungen über das Verhältnis von Altem und Neuem Testament zu treffen, sondern bei der Entdeckung von Gotteserfahrungen von Menschen in konkreten geschichtlichen Situationen behilflich zu sein.

Bei den folgenden metatextlichen Zuordnungen ist darum höchste Vorsicht geboten. Sie müssen aber an dieser Stelle genannt, erläutert und kritisiert werden, um positiv sagen zu können, wie das AT zum Material der christlichen Predigt werden kann, ohne dass man beim Predigen einem langweilenden Schematismus oder einem latenten Antijudaismus erliegt.

3.2

Das erste zurückzuweisende Modell ist die Entgegensetzung von alttestamentlichem Gesetz und neutestamentlichem Evangelium. Diese Denkweise wird heute nicht mehr wissenschaftlich vertreten, ist aber noch untergründig wirksam. Lange Zeit war es sogar geläufig, die Predigt so zu gliedern: 1. Gesetz, 2. Evangelium. Das Modell bezeichnet eine Tiefenstruktur christlichen Denkens, das zum Antijudaismus bzw. Antisemitismus mindestens tendiert und gehört zu den Fallstricken reformatorischer Theologie (Meyer-Blanck 2024, 61–67). Diese Hermeneutik beruht auf dem Missverständnis, es handle sich bei „Gesetz“ und „Evangelium“ um Textcorpora. Bei Luther handelt es sich aber nicht um verschiedene Texte, sondern um Verstehensweisen von Texten. Im Fall des Gesetzes geht es um das, was der Mensch tun soll (aktive Gerechtigkeit), im Fall des Evangeliums um das, was Gott für den Menschen tut (passive Gerechtigkeit). Auch das NT enthält Gesetz (z.B. die Bergpredigt) und die Tora ist im AT die Bundesgabe Gottes an Israel, also Evangelium (vgl. Ps 1. 119). Die Tora steht für Juden an der Stelle, die für die Kirche Christus einnimmt. Sie steht für Gottes Gnade, Heil und Erlösung.

Die *Unterscheidung* von Gesetz und Evangelium, von geforderter aktiver und geschenkter passiver Gerechtigkeit, ist und bleibt in der Tat eine der wichtigsten Aufgaben der christlichen Theologie, aber die Verteilung auf die beiden Testamente führt in die Irre. Denn es gibt auch im AT Evangelium. Gott begegnet im AT als der Gnädige, der Barmherzige, der Gerechte (z.B. Ps 103,8; 111,4; 112,4; 116,5). Am schönsten sind die alttestamentliche Gotteserfahrung und die

Deutung des Wirkens Jesu wohl in dem Bildwort vom geknickten Rohr und glimmenden Docht (Jes 42,3; Mt 12,20) zum Ausdruck gebracht worden.

3.3

Das zweite in die Irre führende Verstehensmodell ist das von Verheißung und Erfüllung. Auch dabei wird – in der Spur der Aufklärung – das NT als die hochwertigere Glaubensurkunde angesehen und das AT darauf reduziert, eine Vorstufe von minderer Qualität zu sein. Das Modell geht auf das Matthäusevangelium zurück und betrifft besonders die Geburt Jesu (Weihnachtszeit) und die Passion. Die frühe Christenheit fand bei den Propheten Formulierungen, die sich als Hinweise auf Jesus deuten ließen; die Geburt Jesu sei geschehen, damit erfüllt würde (ἵνα πληρωθῇ), was Gott durch den Propheten (Jes 7,14) gesagt habe (Mt 1,22); diese Erfüllungsformel findet sich auch in der Passionsgeschichte (Mt 26,54. 56; 27,9). Die Messiasverheißungen aus den Jesajakapiteln 7, 9 und 11 bilden einen wesentlichen Teil der kirchlichen Weihnachtstradition: Nach der Ordnung von 2018 sind Jes 9,1–6 bzw. 9,1–2 und Jes 11,1–10 bzw. 11,1–5 zur Christvesper sowie Jes 7,10–14 am Christfest II vorgesehen. Die christliche Lektüre deutete die dort begegnenden futurischen Aussagen auf Christus hin und das ist vollkommen plausibel. Was jedoch damals ein Wagnis bei der Lektüre der eigenen Schriften gewesen war, stellt sich seit der Differenzierung von Juden und Christen anders dar. Jetzt besteht die Gefahr, dass sich „Verheißung – Erfüllung“ als ein Schema verfestigt, als ein Generalschlüssel, durch den das AT nichts anderes ist als der Erfüllungsgehilfe des NT. Damit würde in Abrede gestellt, dass Gott in Israels Geschichte gehandelt hat. Das AT würde auch so (wie bei dem konsequenten Gegensatz von Gesetz und Evangelium) zu einer bloßen religiösen Vorstufe der Christusgeschichte.

3.4

Eine besonders problematische Spielart der Gegenüberstellung beider Testamente ist die Qualifizierung der alttestamentlichen Gotteserfahrung als defizitär bzw. als ein „Scheitern“ im Glauben. So hatten wir es bei Emanuel Hirsch gefunden, der im AT das Verlangen des Glaubens fand, da dieser „unter der alttestamentlich-jüdischen Gesetzesreligion gefangen“ lag (s.o. 2.3). Für Hirsch hob die neutestamentliche Vorstellung vom Gottesreich und vom Erlöser „die alttestamentlich-jüdische radikal auf“ (Hirsch 1986 [1936], 113); ihm ging es um die „Aufdeckung des alles bis ins kleinste durchwaltenden Gegensatzes beider Testamente“ (121). Wird diese Sicht existential gewendet, dann ist das AT das Dokument des menschlichen Scheiterns im Glauben; es kann auch gesagt werden: Das AT enthält die Predigt des den Menschen anklagenden Gesetzes, erst das NT enthält nach dieser Lesart das Evangelium. Doch das stimmt einfach nicht. Denn Texte wie Ps 23 (Misericordias Domini), Ps 121 (Altjahresabend), Jes 40,1–11 (3. Advent) und Jes 52,13–53,12 (Karfreitag) sind nichts anderes als das Evangelium von der Güte Gottes, des Vaters Jesu Christi.

Schließlich ist auch Rudolf Bultmanns (1884–1976) Zuordnung, die alttestamentlich-jüdische Geschichte sei Weissagung des NT „in ihrem Scheitern" (Bultmann 1968, 183), höchst problematisch, wenn Bultmanns Urteile auch als Bekenntnisurteile und nicht als Werturteile erkennbar sind. Obwohl Bultmann an anderer Stelle schreibt, auch das AT enthalte Evangelium, prägte er diese höchst unglückliche Formel, die nach einem Defiziturteil klingt und das AT abwertet (ausführlich dazu Meyer-Blanck 2024, 235–240).

Alle diese Irrwege könnte man getrost schnell vergessen, wenn sie nicht so wirkmächtig wären. Man muss sie kennen, um sie gegebenenfalls identifizieren und vermeiden zu können. Denn es handelt sich um Irrtümer, die gewissermaßen der religiösen Logik einer jüngeren Glaubensweise entsprechen, die von einer älteren Glaubensweise ausgeht, diese selbst aneignet und dabei überformt. Darüber hinaus sind solche schematischen Zuordnungen von AT und NT kreativitätshemmend. Wenn man immer schon weiß, was die Texte aussagen, wird man kaum mehr Neues in ihnen entdecken können. Von daher sind Zuordnungen wie „Gesetz – Evangelium", „Verheißung – Erfüllung" und „scheiternder Glaube – rechtfertigender Glaube" für die biblische Hermeneutik und die alttestamentliche Predigt gleichermaßen nutzlos.

4 Das Wort des Vaters und des Sohnes: Wie man heute das Alte Testament predigen soll

Nach so vielen Bemerkungen zu den Holzwegen bei der Predigt alttestamentlicher Texte ist es Zeit, daraus die positiven Schlüsse zu ziehen. Ich will das im Folgenden in der Form von Leitsätzen mit Erläuterungen tun und dabei vom Elementaren zum Speziellen vorangehen. Wenn sich Grundgedanken aus der prinzipiellen Homiletik implizit oder auch explizit wiederholen, ist das so beabsichtigt, denn die materiale Homiletik soll die sachlichen Konsequenzen aus den prinzipiellen Überlegungen und den Prolegomena ziehen. Hier wird erneut deutlich, wie die liturgische Betrachtung die alttestamentliche Predigt aus möglichen Aporien durch eine trinitarische Perspektive herausführt. Es ist schon so vieles gesagt. Darum muss nicht alles noch einmal in der Predigt gesagt werden.

4.1

Die christliche Kirche predigt nicht Texte, sondern das *Evangelium* mit Hilfe von biblischen (und in zweiter Linie auch anderen) Texten. Das Evangelium ist der Inhalt, der Text ist der Gegenstand der Predigt. Oberste Priorität hat die Erfahrung des Evangeliums, nachgeordnete Priorität haben die Kenntnis eines biblischen Textes vonseiten der Gemeinde und die Kompetenz, ihn einzuordnen und zu verstehen. Die Mitteilung und Darstellung des Evangeliums verfolgt in erster Linie einen spirituellen und erst in zweiter Linie einen didaktischen Zweck. Auch der alttestamentliche Text wird sich als transparent für das Evangelium zeigen; eine exegetisch-historische Explikation mit einer sich anschließenden ethischen Applikation bliebe unter den Möglichkeiten biblischer Theologie und damit unbefriedigend.

4.2

Das Evangelium ist die *gute Nachricht*, dass Gott dem Menschen wohlgesonnen ist, dass er ihn erlöst und nicht im Tode lassen wird. Diese gute Nachricht wird immer wieder von der Fehleinschätzung gefährdet, Gott sei von sich aus auf Rache und Strafe aus und müsse von den Menschen durch Wohlverhalten zu einem menschenfreundlichen Handeln umgestimmt werden. Eine solche Anschauung ist aber eine Form des Unglaubens und eine religiöse Einstellung „sine metu Dei, sine fiducia erga Deum et cum concupiscentia" (Confessio Augustana II). Die Predigt des Evangeliums aus der ganzen Bibel hat dem entgegenzutreten mit der Erzählung von Gott, wie er barmherzig und gnädig ist, geduldig und von großer Güte (Ps 103,8) und wie er uns nach seiner großen Barmherzigkeit wiedergeboren hat zu einer lebendigen Hoffnung (1 Petr 1,3).

4.3

Der gute Gott ist der, den der *Jude Jesus von Nazareth* als seinen *Vater* gewusst, angerufen und gepredigt hat und der im Alten Testament bezeugt wird. Mit jedem Vaterunser wird der Vater, mit dem Jesus eins ist (Joh 10,30), angerufen und jedes Vaterunser ist auch eine Predigt von der Güte und Ansprechbarkeit Gottes durch den Sohn und durch die, die an ihn glauben. Das Gebet Jesu vergegenwärtigt die Gotteserfahrung Jesu in der Liturgie und ist zugleich eine kleine Homilie des Vaternamens im Alten Testament (5Mose 32,6; Jes 63,16; Jer 3,4; Mal 1,6).

4.4

Der Vatergott wird durch Jesus im *Heiligen Geist* angerufen und erfahren. Diese trinitarische Gotteserfahrung kommt aus dem Neuen Testament, wird von Christen aber auch im Alten Testament wiedergefunden, weil es der Eine Gott ist, der die Welt und den Menschen schafft, erlöst und heiligt. Liturgisch wird der Geist mit dem Vater und dem Sohn zusammen angerufen und laut dem Nizaenum (381) wird der Geist identifiziert als derjenige, der schon durch die Propheten gesprochen hat („Qui cum Patre et Filio simul adoratur et conglorificatur: qui locutus est per prophetas").

4.5

Die *Predigt* des Alten Testaments kann sich wegen aller dieser Verbindungen zwischen beiden Testamenten nicht gegen das AT profilieren oder gar sich über die jüdische Religion oder über jüdische Menschen erheben. Sie wird vielmehr aus dem einzelnen alttestamentlichen Text Gotteserfahrungen nachzuempfinden suchen, um die eigenen Erfahrungen zu bereichern und diesen Vorgang den Hörer:innen mitzuteilen und darzustellen.

4.6

Die alttestamentliche Predigt geschieht im Kontext der christlichen *Liturgie*. Das verschafft ihr automatische Resonanzen und erspart ihr redundante Standortmarkierungen und Problemanzeigen. Es ist der Eine Gott, der in beiden Testamenten bezeugt, in den Lesungen vernommen und in den Gebeten angesprochen wird. Die elementare liturgische Einsicht, dass Gott durch den Sohn im Heiligen Geist angerufen wird, bedeutet für die Predigt, dass sie den Gott verkündigt, der Israel erwählt hat, in Jesus diese Welt geliebt und erlöst hat und in der Gemeinschaft der Glaubenden als in Geistesgegenwart handelnd erfahren wird. Ohne Israel ist der Christusglaube nicht möglich. Das bedeutet auch, dass immer das Alte Testament gepredigt wird, auch wenn keine explizite Bezugnahme auf einen alttestamentlichen Text genommen wird. Wer das verstanden hat, wird aber Wert darauf legen, dass jeden Sonntag ein AT-Text gelesen und darauf auch dann homiletisch Bezug genommen wird, wenn der AT-Text nicht Predigttext ist.

4.7

Besteht der Gottesdienst darin, dass „unser lieber Herr [Christus] selbst mit uns rede durch sein heiliges Wort und wir wiederum mit ihm reden durch Gebet und Lobgesang“[4], so ist es immer der Sohn des Vaters, der im Geist zu seiner Gemeinde spricht, so dass diese in Christus immer mit dem Vater, dem Schöpfer und Gott Israels in Kontakt kommt. Die *trinitarischen Bezüge* (Eingangsvotum, Gloria Patri [!], Credo) lassen diese basale Voraussetzung explizit werden, ohne dass jedes Mal Erklärungen notwendig sind. Die alttestamentliche Predigt erzählt von Gott, der in dieser Weise vernommen und geglaubt wird. Die neutestamentliche Predigt erzählt von demselben Gott, nur von einem anderen Ausgangspunkt her.

4.8

Besondere Aufmerksamkeit verlangt in der alttestamentlichen Predigt die *Christologie*. Zunächst ist festzuhalten, dass ebenso, wie immer das AT gepredigt wird, auch wenn kein expliziter Textbezug vorliegt, auch immer Christologie gepredigt wird. Der liturgische Kontext lässt den Gott des alttestamentlichen Textes als den Vater Jesu Christi erkennen. Es ist also nicht erforderlich und auch nicht empfehlenswert, jede Predigt mit einem christologischen Schluss zu beenden (erst recht nicht mit einer Korrektur des AT durch das NT). So ein Nachtrag wäre kontraproduktiv, wenn er den bisherigen Verlauf der Predigt implizit relativieren oder korrigieren wollte. Es wäre aber ebenso kontraproduktiv, die Christologie in der AT-Predigt zu vermeiden, um nicht in die Falle des Antijudaismus zu geraten. Antijudaismen entstehen nicht durch Christologie, sondern durch eine bewertende Religionstheorie, die das Judentum als die „gesetzliche“ und „überholte“ Religion ansieht und das Christentum als die „geistigere“ und „höherwertige“ Religion. Dem Menschen kommt es – aus religiösen Gründen – nicht zu, den eigenen Glauben und den Glauben anderer bewertend zu vergleichen (das ist vielmehr die Profession der bekenntnisfreien Religionswissenschaft). Gründe überzeugen uns beim Glauben so wenig wie bei der Liebe. Es zählen allein die eigenen Erfahrungen. Die Christologie muss in der alttestamentlichen Predigt nicht zwangsläufig angesprochen werden, aber sie lässt sich auch nicht vermeiden. Sie ist immer schon da. Das muss nicht in jeder Predigt gesagt, muss den Predigenden und der Gemeinde aber

4 Martin Luthers „Torgauer Formel“ von 1544 (WA 49, 588). Der Kontext macht deutlich, dass Luther mit dem Herrn hier Christus meint.

klar sein. Christologische Aussagen sind weder grundsätzlich für jede Predigt zu fordern, noch sind sie zu vermeiden. Sie werden in der Predigt im Modus selbstverständlicher, demütiger und froher Gewissheit gemacht.

4.9

Damit steht immer die gesamte Glaubenseinsicht und die Predigttradition der Kirche im *Hintergrund* der einzelnen Predigt. Der einzelne Predigttext kann und muss nicht alles sagen (wollen). Die alttestamentliche Predigt argumentiert in einem größeren Kontext von glaubender Überzeugung und Praxis. Aber selbstverständlich hat die einzelne Predigt hier und da Vertiefungen, Modifikationen und auch Korrekturen der Tradition vorzunehmen. Das ist beim Thema des Antijudaismus, aber auch bei der Rechtfertigungs- und der Heiligungspredigt und bei der Sexualethik (Homosexualität, queerness) der Fall. Die christliche Predigt ist traditionsbasiert, aber nicht affirmativ; sie ist traditional, aber nicht traditionell.

Zusammenfassung

Die Lebensnähe des AT lädt zur situativ treffenden Predigt geradezu ein. Dennoch werden hier zunächst die strukturellen Probleme benannt, die sich aus der Verwendung des Alten Testaments durch die christliche Kirche ergeben. Christen lesen das AT notwendigerweise fundamental anders als Juden. Das AT ist ein Buch, das ihnen nicht gehört und in dem sie von Christus lesen und so gegen seinen ursprünglichen Sinn rezipieren. Diese Aporie lässt sich jedoch nicht beseitigen, sondern nur in Selbstkritik und Demut tragen. Die Hermeneutik des AT muss sich gerade im Hinblick auf das Predigen den Formen von Antijudaismus stellen, die sich im Laufe der Zeit gebildet haben: Der Gegensatz von „Gesetz und Evangelium“ und die Gegenüberstellung von „Verheißung und Erfüllung“ können sich zum Antijudaismus entwickeln. Positiv zeigt sich, dass die Predigt von AT-Texten durch die Liturgie einen gesamtbiblischen Horizont gewinnt, so dass sie antijüdische Klischees vermeidet. Die Liturgie geht grundsätzlich von der trinitarischen Gottesvorstellung aus, so dass die Christologie auch in der AT-Predigt ihren angemessenen Ort findet. Die Christologie muss also in der AT-Predigt nicht vermieden werden, aber sie muss auch nicht das letzte Wort am Schluss haben. Die gesamte Liturgie predigt den Vater durch den Sohn im Heiligen Geist, so dass nicht alles immer noch einmal gesagt werden muss.

§ 30 Predigt aus der Liturgie

Literatur: Peter Bubmann / Alexander Deeg (Hg.): Der Sonntagsgottesdienst. Ein Gang durch die Liturgie, Göttingen 2018 · Ruth Conrad: Homiletik, Stuttgart 2025 (Kompendien Praktische Theologie 7) · Jürgen Ebach: Das Alte Testament als Klangraum des evangelischen Gottesdienstes, Gütersloh 2016 · Wilfried Engemann: Predigen im Gottesdienst. Die Frage nach dem liturgischen Bezug der Predigt, in: ders.: Einführung in die Homiletik, Tübingen ^{3}2020 [2002], 409–466 · Paul Kleinert: Homiletik, Leipzig 1907 · Michael Meyer-Blanck: Evangelium zeigen, in: Homiletik. Aktuelle Konzepte und ihre Umsetzung, hg. von Lars Charbonnier, Konrad Merzyn und Peter Meyer, Göttingen 2012, 137–152 · Michael Meyer-Blanck: Ritus und Rede. Eine Verhältnisbestimmung auf dem Hintergrund Ökumenischer Theologie, in: Gottesdienst und Predigt – evangelisch und katholisch (EKGP 1), Neukirchen-Vluyn 2014, 11–39 · Michael Meyer-Blanck: Gottesdienstlehre, Tübingen ^{2}2020 [2011] (NThG) · Perikopenbuch: Nach der Ordnung gottesdienstlicher Texte und Lieder (OGTL). Mit Einführungstexten zu den Sonn- und Feiertagen, hg. von der Liturgischen Konferenz für die Evangelische Kirche in Deutschland, Bielefeld / Leipzig ^{2}2018 [2018] · Georg Rietschel: Lehrbuch der Liturgik. Band I: Die Lehre vom Gemeindegottesdienst. Zweite neubearbeitete Aufl. von Paul Graff, Göttingen 1951, 301–339 · Hans-Christoph Schmidt-Lauber / Manfred Seitz (Hg.): Der Gottesdienst. Grundlagen und Predigthilfen zu den liturgischen Stücken, Stuttgart 1992

1 Liturgie in prinzipiellem und materialem Interesse

Die Entdeckung von Zusammenhängen zwischen Liturgie und Predigt ist eine wesentliche Orientierung dieser Homiletik. Die Liturgie wurde schon in den Prolegomena (→ § 1.3.1; → § 5.3, → § 6.2, → § 6.4.4) und in der prinzipiellen Homiletik immer wieder angesprochen (→§ 19; →§ 23.3). Im letzten Paragraphen trat die Bedeutung der Liturgie für die Hermeneutik der alttestamentlichen Predigttexte deutlich hervor. Durch den liturgischen Kontext verliert die Hermeneutik alttestamentlicher Texte ihren Sonderstatus, denn es gilt, das Evangelium von dem Gott Israels, des Vaters Jesu, zu predigen. Alle Predigttexte kommen im Textraum der Lesungen, Gebete und rituellen Elemente zur Geltung. Ihr Verständnis wird durch diesen Raum ermöglicht und begrenzt. Das Alte Testament erweist sich so als der Resonanzkörper, als der Klangraum des evangelischen Gottesdienstes (Ebach 2016). Damit wird selbstverständlich nicht behauptet, das sei die eigentliche oder die einzige Bedeutung der alttestamentlichen Texte. Aber es handelt sich gleichwohl um wichtige Resonanzen.

Analoges gilt selbstverständlich für die neutestamentlichen Texte. Auch diese werden durch die Liturgie aufgeführt, bevor sie ausgelegt werden. Man denke nur an Kyrie, Gloria, Credo, Benedictus und Agnus Dei, die die wichtigsten Stationen des Lebens Jesu aufrufen und zum Klingen kommen lassen. Altes und Neues Testament bilden zusammen den Klangraum des evangelischen Gottesdienstes.

In diesem Paragraphen sind diese Zusammenhänge nicht zu wiederholen, wohl aber aufzugreifen und in materialer Hinsicht weiterzuverfolgen. Ist die homiletische Bedeutung von Liturgie und Liturgik einmal erkannt, dann geht es an die Fragen dieses Kapitels: Welches Predigtmaterial, welcher „Stoff" ergibt sich aus dem Klangraum der Texte und der Liturgie des jeweiligen Sonn- oder Feiertages? Wie schöpft die Homiletik aus diesem Brunnen Inhalte und Ideen für eine gottesdienstliche Rede? Selbstverständlich ist die Liturgie nur *ein* Weg, um an Predigtgedanken zu gelangen. Es handelt sich nicht um den einzigen und auch nicht um den wichtigsten Zugang. Dieser ist und bleibt das alltägliche Leben der Hörer:innen. Es geht darum, einen biblischen Text im Lichte der Gegenwart zur Sprache zu bringen, und ebenso gilt es umgekehrt, die Gegenwart im Lichte eines biblischen Textes auszulegen (Ebach 2016, 262). Aber auch die liturgische Dimension sollte als eine der bei der Vorbereitung zu erwägenden Möglichkeiten nicht unterschätzt werden. Dabei ist an das eigenständige Verarbeiten von liturgischen Elementen und die Anregung zum selbständigen Deuten gedacht, also an die bildende Wirkung und nicht an bloßes Zitieren in der Predigt: „Schon von der äußerlichen Häufung von Gesangbuchversen und Katechismuszitaten solche Wirkung zu erwarten, ist Sache des Stümpers, dem nicht Stoff, sondern nur Flicken zu Gebot stehen" (Kleinert 1907, 100).

Im Folgenden geht es nicht mehr um die Liturgie als Bedingung der Möglichkeit homiletischer Kommunikation; es geht stattdessen um die *Invention.* In diesem Sinne betrachte ich zunächst das Zusammenspiel der biblischen Texte eines Gottesdienstes (den Textraum), danach das Zusammenspiel der liturgischen Elemente aus Ordinarium und Proprium und schließlich einzelne Stücke (Kyrie, Gloria, Credo) als Predigtmaterial und als Predigttext. Dazu gehört auch ein Vorschlag zur gesamten Predigtvorbereitung aus der Liturgie.

Vieles davon könnte auch in dem folgenden praktischen Kapitel 5 stehen; jedoch enthält die Liturgie so viel historisches und anthropologisches Material, dass ich die Behandlung an dieser Stelle bevorzuge. Im Übrigen bringt die Gliederung der Homiletik in prinzipielle, materiale und formale Gegenstände den Vorteil mit sich, dass die drei Größen des so genannten „homiletischen

Dreiecks", Prediger, Hörer und Text (bzw. Predigttradition), immer ineinander verschränkt begegnen. Wenn dabei allerdings die grundsätzlichen, inhaltlichen und formbezogenen Fragestellungen nicht trennscharf zu unterscheiden sind, sondern ineinander übergehen, dann ist das ganz in meinem Sinn, denn die praktischen Fragen führen auf das Grundätzliche und erst die materialen Quellen des Predigtstoffs zeigen konkret, um was es in einer Predigt gehen soll.

2 Inventionen aus dem Textraum

2.1

Der Textraum – diese Metapher kam etwa 2010 bei den ersten Vorbereitungsschritten zur Perikopenrevision 2018 auf – der Liturgie wird zunächst durch die drei Lesungen konstituiert. Als Normalfall kann gelten, dass Altes Testament oder Epistel (1. Lesung), und Evangelium (2. Lesung) vorkommen und danach über einen dritten Text gepredigt wird, der bisher noch nicht vorkam (AT, Epistel und Evangelium). Damit sind auf jeden Fall drei Dimensionen gegeben, die den Bedeutungsraum bilden, mit dem sich die Predigt umgibt.

Bereits Paul Kleinert hielt es für angezeigt, dass Predigttext und Altarlesung aufeinander bezogen werden und riet dazu, „in der Predigt selbst durch eine direkte Bezugnahme auf die letztere [sc.: die Lesung] das Bewusstsein von der inneren Einheit des Gottesdienstes fühlbar zu machen und zu befestigen" (Kleinert 1907, 114).

Das neue Perikopenbuch von 2018 sucht diesen Textraum durch eingefügte blaue Seiten (je ein Blatt, zwei Seiten pro Sonn- oder Feiertag) deutlicher hervortreten zu lassen. Diese blauen Seiten haben keine Paginierung, damit Seitenzahl und Layout des Perikopenbuches exakt identisch mit dem Lektionar sind, aus dem die Lektor:innen im Gottesdienst vortragen. Das Perikopenbuch kann so der häuslichen Vorbereitung auf die jeweilige Lesung dienen. Die zwei blauen Seiten sind immer in die Abschnitte „Text" – „Kontext" – „Gestaltung" gegliedert. Unter „Text" werden verbindende Linien zwischen den Lesungen, Liedern, dem Psalm und dem Wochenspruch des Sonntags markiert; unter „Kontext" sind Assoziationen zum liturgischen Charakter des Tages gesammelt und unter „Gestaltung" finden sich Ideen zum Gottesdienst als Ganzem. Die blauen Seiten im neuen Perikopenbuch sind damit eine Entsprechung und Weiterführung der „Leitbilder", wie sie seinerzeit die Berneuchener vorgelegt hatten (→ § 27.3.2). So wird für den 4. Advent die „jauchzende Vorfreude" des Tages (u.a. Jes. 62, Phil 4,4f. und Evangelium Lk 1,39–56, das Magnificat sowie Lied EG 9 „Nun jauchzet, all ihr Frommen") in den Mittelpunkt gestellt und von dorther werden weitere Beobachtungen zusammengetragen.

2.2

Man kann diese thematischen Profile kritisieren als Begrenzungen der Entdeckungen an den Texten; in diesem Sinne sind Themenfestlegungen immer eine Gefahr. Auch hier gilt wiederum: *abusus non tollit usum*. Mit dieser Konturierung des Leitbildes bzw. der Markierung des Textraums ist die Predigtarbeit nicht abgeschlossen, sondern eröffnet. Aber die Eröffnung markiert einen Ausgangspunkt und nicht zuletzt eine gemeinsame Basis für den Dienst der Lesung und der Predigt. Die entscheidende Frage lautet immer, ob es gelingt, aus der Stellung des Textes im Textraum etwas Spannungsvolles und neugierig Machendes zu entwickeln. Danach kann nach einer Predigtidee Ausschau gehalten werden.

Um etwas näher auf das Beispiel des 4. Advents einzugehen: Dieser Sonntag beinhaltet neben der jauchzenden Freude auch die Gerechtigkeit und das Kommen Gottes, so dass „die Völker den Namen des HERRN fürchten“ (Ps 102, Sonntagspsalm). Unterschied man im Spätmittelalter als „Advent“ das Kommen Jesu ins Fleisch, in den Geist und zum Gericht (*in carnem, in mentem* und *in iudicium*),[5] dann gehört zum „freudigen Jauchzen“ auch das Jauchzen über die Gerechtigkeit und das sich ausbreitende Recht: „Er stößt die Gewaltigen vom Thron / und erhebt die Niedrigen. Die Hungrigen füllt er mit Gütern / und lässt die Reichen leer ausgehen“ (Lk 1, 52f.). Die junge Frau Maria, die auf der unteren Stufe der Hierarchie steht, ist nicht das scheue, sanft lächelnde Mädchen, sondern die junge Prophetin aus dem Volk, die das paulinische „Freut Euch! Der Herr ist nahe!“ (Phil 4,4f.) sozial konkretisiert. Was wir etwa in J.S. Bachs „Magnificat“ (BWV 243) hören können, gewinnt einen jauchzendem, einen der Gerechtigkeit gewissen Klang. An Maria zeigt sich, was geschieht, wenn Gott *in mentem*, in den menschlichen Geist kommt. Marias Geist (*spiritus meus*) freut sich Gottes, des Heilbringers (*in Deo salvatore meo*, Lk 1,47), weil dieser Gott in den Weltlauf massiv eingreift (*fecit potentiam in brachio suo*). Freude, Gerechtigkeit und Gericht sind normalerweise Kategorien, die einander nicht ergänzen. Auch „Freude am Gericht“ oder „Geist“ und „Gerechtigkeit“ assoziiert man ebenso wenig zusammen wie Verstand, Geist und Gerechtigkeit (*mens, spiritus und iustitia*) konvergieren. Das Kommen Gottes *in iudicium* ist keine Bestrafung, sondern der Beginn des Neuen, der besseren Gerechtigkeit (Mt 5,20).

Das Beispiel zeigt, dass die Texte durch die intertextuelle Assoziationsweise gerade nicht thematisch festgelegt und in ihrer polyvalenten Wirkung

5 Michael Meyer-Blanck: Predigtmeditation zu Ps 24 (1. Advent), in: GPM 78 (2023/24), 6–11: 9. In der *legenda aurea sanctorum* (1482) war auch noch vom *adventus in crucem* (*in mortem*) die Rede (*adventus quadruplex*).

beschnitten werden, sondern vielmehr miteinander ins Spiel kommen, so dass leitende Kategorien sich beeinflussen, interagieren und ihr Bedeutungsspektrum gegenseitig bereichern. Es kommt also zu einer Verflüssigung der Wortfelder und so bei der Vorbereitung zu einem tieferen Eindringen in deren Vielfalt. Nichts anderes kann aber das Ziel sein, wenn es um Material geht, das zum Predigteinfall führen kann (→ § 33). Noch einmal sei hier wiederholt, dass es nicht die Aufgabe der Homiletik ist, zur Predigt von *Texten* zu führen, sondern zur Predigt des *Evangeliums*. Aber die Verwicklung der Vorbereitenden in die Texte führt am ehesten zu jener Selbstdistanzierung (Verleugnung seiner selbst [Lk 9,23]), die man gleichnishaft als das Hören auf Gott bezeichnen kann.

2.3

Die drei Lesetexte eines Sonntags lohnen es also, dass man sie auf der Suche nach homiletischem Material im Zusammenhang betrachtet. Das ist auch deswegen sinnvoll, weil sie eine grundsätzlich verschiedene Funktion im Syntagma der Liturgie haben. Die alttestamentliche Perikope vergegenwärtigt das Zeugnis von Gott, wie ihm Jesus von Nazareth selbst begegnete, markiert also die Voraussetzungen und Bedingungen der Predigt Jesu. Die Epistel schildert das Zeugnis von Christus, dem Auferstandenen und markiert mithin die späteren Resonanzen des Lebens und Wirkens, des Sterbens und Auferstehens Jesu. In der Evangelienlesung schließlich wird die Predigt Jesu selbst reinszeniert, so dass der Höhepunkt des anamnetischen Lesens und Hörens erreicht wird. Darum wird in dieser Lesung der sich selbst vergegenwärtigende Herr Christus von der Gemeinde mit dem „Halleluja" begrüßt. Jetzt ist das erreicht, was Luther in der Torgauer Formel zum Ausdruck gebracht hat: Christus redet mit seiner Gemeinde und diese antwortet ihm.

Damit hängt es zusammen, dass der evangelische Gottesdienst *in der Regel* eine Evangelienlesung enthält und auch enthalten soll. Die Intensität der Christusbegegnung im Evangelium kann nicht ersetzt werden. Selbstverständlich sind Ausnahmen möglich, denn die Liturgie ist kein Apparat; aber die Regel bleibt gerade so bestehen. Daraus ergibt sich zugleich die materiale Empfehlung, bei der Vorbereitung einer AT-Predigt oder einer Epistelpredigt immer das Evangelium zu berücksichtigen und Verbindungen zum Predigttext aufzuspüren. Das Evangelium des Tages ist der erste Höhepunkt, der Gipfel des Wortgottesdienstes. Diese Lesung verdient darum auch die höchste Aufmerksamkeit beim Vortrag. Wer mit dem Lektorendienst beginnt, sollte zunächst Erfahrungen mit dem Alten Testament und den Episteln machen. Die „Kirche des Wortes" hat nicht nur der Predigt, sondern auch der Lesung höchste Sensibilität und Professionalität entgegenzubringen. Eine gute Lesung als die Reinszenierung der

Jesusbegegnung kann auch die Predigt ersetzen. Wenn es z.B. gelingt, Mt 5,1–10 (Evangelium am Reformationsfest) als eine schlicht, aber professionell vorgetragene Jesusrede zu Gehör zu bringen, dann kann – auch an diesem Tag – die Predigt getrost entfallen. Das von Luther bei der Übersetzung hinzugefügte „allein" durch den Glauben (Röm 3,28, aus der Epistel des Tages Röm 3,21–28) braucht nicht mehr als die Selbstvergegenwärtigung Christi in seinem Wort.

Aber zurück zur Predigt. In der Regel sollte schon gepredigt werden, denn die Predigt ist die Unterbrechung der Liturgie, in der diese zu sich selbst kommt und der Gemeinde erneut deutlich werden kann. Die Predigt ist die Unterbrechung des Ritus im Kontext des Ritus, der diskursive Kommentar zum rituellen Handeln der Gemeinde. Von daher ist die Predigt immer auf die Liturgie bezogen. Das kann entweder hauptsächlich der Predigerin bei der Vorbereitung deutlich werden (3.) oder den Hörer:innen, wenn die Liturgie zum Predigtthema wird (4.).

3 Predigtvorbereitung aus der Liturgie

3.1

Im ersten Fall hält die Predigerin Ausschau nach intertextuellen Bezügen zwischen Predigttext und Lesungen, Wochenspruch und Liedern, so wie das oben am Beispiel des 4. Advents gezeigt wurde (s.o. 2.2). Damit wird lediglich in der Phase von Assoziation und Entdeckung dasjenige vorgezogen, was sonst in der Regel bei den abschließenden liturgischen Überlegungen stattfindet. Predigtvorbereitung *aus* der Liturgie bedeutet darum nichts anderes, als den letzten Schritt zum ersten zu machen: *Die Liturgie sollte aus dem homiletischen Realisierungszusammenhang in den Entdeckungszusammenhang vorrücken.*

Beginnt die Predigtarbeit am besten schon mehrere Tage vor dem jeweiligen Gottesdienst, dann handelt es sich meistens um möglichst ungeordnete Einfälle auf dem Hintergrund von Familie, Gemeinde, kommunalem Gemeinwesen, Politik und Kultur. Besonders auch die eigene jüngste Lektüre bestimmt die Assoziationen der Predigerin. In dieser Phase, in der man auch auf der Suche nach Material in der Bibel herumblättert, ist es sinnvoll, auch die blauen Seiten im Perikopenbuch (s.o. 2.1) anzusehen. Dieser Schritt lässt sich so ausbauen, dass sich verschiedene Einfälle daraus ergeben können. Dazu kann man den folgenden acht Fragen und Impulsen zum Predigttext und zum gesamten Proprium des Tages nachgehen.

3.2

Man wird *erstens* alle Texte des Sonntags hintereinander lesen: Wochenspruch, Psalm, AT, Epistel, Evangelium und einen der Texte als den, der als Predigttext vorgeschlagen ist. Schon beim ersten Lesen wird man feststellen, ob der Predigttext im Zentrum des Leitbildes dieses Tages steht oder ob es sich um eine Nebenlinie handelt; gegebenenfalls sollte man die Frage stellen, was der Predigttext überhaupt mit dem Proprium des Tages zu tun hat. – *Zweitens* sollte man je eine Überschrift für die drei Haupttexte (AT, Epistel und Evangelium) formulieren. Damit verschafft man sich einen Überblick zu den Grundlinien des Tages und beginnt dabei, den Predigttext im Kontext oder im Kontrast dazu zu profilieren. – *Drittens* sollte man dann in die Rolle der Berneuchener schlüpfen und ein oder mehrere Leitbilder bzw. Themen für den Sonntag auf dem Hintergrund der eigenen homiletischen Situation entwickeln; passende, aber auch widerständige Inhalte und Fragen aus der Gemeinde führen zu Themen bzw. Leitbildern. Die Fragen zu dem Einzeltext (dem Predigttext) können durch die folgenden Hilfsfragen ergänzt werden: Welches Profil hat dieser Sonntag? Mit welchem „Ideolekt" drückt der Sonntag das Evangelium aus? Was würde dem Kirchenjahr ohne ihn fehlen? Das ist eine Frage im Hinblick auf häufige Kirchgänger; im Hinblick auf seltene Kirchgänger lautet die entsprechende Frage: Inwiefern hört man an diesem Sonntag das Ganze des Evangeliums, wenn man es zum ersten oder einzigen Mal hören würde? – Dann lässt sich *viertens* eine kleine dialogische Übung einschieben, am besten in einer Vorbereitungsgruppe, aber auch in Einzelarbeit. Es ist jetzt die Aufgabe, den Predigttext dem Autor oder den Hörern bzw. Lesern des AT-Textes und dem Autor oder den Hörern (Lesern) der Epistel zu erzählen (und *vice versa*, je nach Eignung). Impulsfrage: Was würden diese zum Predigttext sagen? – *Fünftens* kehrt man zu Schritt 3 zurück und führt diesen weiter; Aufgabe: Formulieren Sie ein Gesamtthema des Gottesdienstes und machen Sie sich klar, wie das Thema in Wochenspruch – Psalm – AT – Epistel – Evangelium unterschiedlich akzentuiert wird. Wo liegen Konsonanzen und Dissonanzen, Spiel und Widerspiel, unterschiedliche und widersprüchliche Fragen und Antworten, die auch in der Predigt benannt werden sollen? – Schließlich kann man *sechstens* fragen, welchen Kontext zur Auslegung des Predigttextes Gloria Patri, Kyrie, Gloria, Glaubensbekenntnis, Abendmahlstexte, Vaterunser und Segen liefern. – Bei so viel professioneller Textarbeit sind *siebtens* die Kontroll- und Auswahlfragen wichtig: Was von alledem weiß und versteht die Gemeinde, was will ich in der Predigt ansprechen und was will ich vernachlässigen bzw. nur für meine eigene Arbeit nutzen? – *Achtens* folgt schließlich nach dieser Assoziationsreihe aus der Liturgie die übliche Predigtvorbereitung nach den gewohnten Schritten: Assoziation

– exegetische, dogmatische und homiletische Reflexion und schließlich die thematische und sprachliche Konkretion. Besonders der vierte Schritt ist geeignet, um einiges an Kreativität freizusetzen. Die beschriebenen Schritte lassen sich allein, besser aber zu zweit oder in der Kleingruppe bearbeiten, da sie wesentlich den Text betreffen. In verschiedenen Gemeinden können dann aus derselben Vorbereitung sehr unterschiedlich hörerorientierte Predigten entstehen.

4 Predigt über die Liturgie

4.1

Handelte es sich bei dem zuletzt Beschriebenen um einen Zugang, den man so oder ähnlich immer wieder suchen kann, so lässt sich schließlich die Liturgie selbst zum Predigtinhalt bzw. zum Predigtgegenstand machen. Man kann auch über die Texte der Liturgie predigen, also über Kyrie, Gloria, Credo, Agnus Dei und Sanctus / Benedictus. Dafür lohnt es sich, die ältere, hauptsächlich historisch orientierte Literatur zu Rate zu ziehen (Rietschel / Graff 1951), ebenso die neuere, zusätzlich anthropologisch informierte Literatur einzusehen (Bubmann / Deeg 2018; Meyer-Blanck 2020).

Dabei muss man sich bewusst halten, dass man aus solchen Texten eine Predigt des Evangeliums und keinen liturgiegeschichtlichen Vortrag machen will. Auch hier gilt es nicht, liturgische Texte zu predigen, sondern das Evangelium von der Güte Gottes und der Befreiung durch das Werk Jesu Christi im Heiligen Geist. Was ist demnach das Evangelium, z.B. im Kyrie eleison? Hier wird man auf den anthropologischen Gehalt der Bitte um Gottes Gehör anknüpfen können, ebenso an die Geschichte vom blinden Bartimäus (Mk 10,46–52) und auf das Vertrauen, dass Gott hört und auf die Sorgen des Menschen ansprechbar ist. Die Predigt wird sehr unterschiedlich ablaufen, je nachdem, ob es sich um eine Einzelpredigt über die ganze Liturgie oder um eine Predigtreihe zu einzelnen liturgischen „Stücken" handelt (Schmidt-Lauber / Seitz 1984).

4.2

Die Rede von den liturgischen „Stücken" ist nicht besonders glücklich, weil so getrennt wird, was zusammengehört. Sinnvoller ist es darum, etwa über die vier Teile des Gottesdienstes (A. Eröffnung und Anrufung; B. Verkündigung und Bekenntnis; C. Abendmahl; D. Sendung und Segen) vier Predigten zu halten. So lässt sich beispielsweise zum Eingangsteil der Weg zum Gebet vom Psalm über Kyrie und Gloria anthropologisch und theologisch verdeutlichen (Meyer-Blanck 2020, 407–419); der Weg zum Gebet und die Lust zum Beten sind letztlich die Bewegungen, auf die es bei Liturgie und Predigt vor allen Dingen ankommt. Daraus ergibt sich schließlich die Maxime, dass man die Liturgie primär feiern und genießen und nicht durch Vorträge theoretisch abkühlen sollte. Aber es kommt bei *jeder* Predigt darauf an, dass sie religiös kommuniziert und nicht nur über Religion; wenn das beachtet wird, ist auch eine Predigt über die Liturgie angemessen. Und ganz zuletzt: Ausnahmen muss es immer geben – und ab und zu eine Lehrpredigt ist auch nicht schlecht (nicht nur über die Liturgie).

Zusammenfassung

Die Liturgie ist nicht nur (prinzipiell) die Bedingung der Möglichkeit gottesdienstlicher Predigt, sondern die Liturgie liefert auch Material für die Predigt. Das betrifft das Ordinarium (die festen Stücke wie Gloria Patri, Kyrie und Gloria), vor allem aber das Proprium. Die drei Lesungen, Wochenspruch und Wochenlied bilden ein Syntagma, in dem es Sonntag für Sonntag neue Entdeckungen zu machen gilt. Der Textraum wird von den verschiedenen Sonntagstexten gebildet und ermöglicht eine Predigt *aus der Liturgie*, die sich im Textraum bewegt. Darum wird hier eine Predigtvorbereitung aus der Liturgie als Normalform vorgeschlagen, ohne dass deswegen die Alltagswelt der Hörer:innen vernachlässigt werden sollte. Von Zeit zu Zeit möglich ist auch eine Predigt der Liturgie, die als evangelische, zum Feiern ermutigende Lehrpredigt zu gestalten ist.

§ 31 Politische Predigt

Literatur: Tobias Braune-Krickau / Christoph Galle (Hg.): Predigt und Politik. Zur Kulturgeschichte der Predigt von Karl dem Großen bis zur Gegenwart, Göttingen 2021 · Ruth Conrad: Die Rhetorik der „großen" evangelischen Kanzelredner um 1900, in: Handbuch homiletische Rhetorik, hg. von Michael Meyer-Blanck, Berlin / Boston 2021, 165–203 · Ruth Conrad: Homiletik, Stuttgart 2025 (Kompendien Praktische Theologie 7) · Alexander Deeg: Das Politische und die Predigt. Eine Einführung zur Themenreihe „Politische Predigt", in: GPM 72 (2017/18), 4–14 · Manfred Josuttis: Praxis des Evangeliums zwischen Politik und Religion, München [4]1988 [1973] · Manfred Josuttis: Der Pfarrer ist anders. Aspekte einer zeitgenössischen Pastoraltheologie, München 1982 · Sonja Keller: Welthaltig predigen – Öffentlichkeit herstellen, in: Lars Charbonnier / Konrad Merzyn / Peter Meyer (Hg.): Homiletik. Aktuelle Reflexionen – neue Impulse, Göttingen 2025, 109–121 · Kristin Merle: Politisch predigen? Lust und Last einer gegenwärtigen Suchbewegung, in: Pock / Roth 2021 (s.u.), 65–82 · Michael Meyer-Blanck: Die christliche Theologie als Moralagentur der Gesellschaft, in: Claas Cordemann /

Gundolf Holfert (Hg.): Moral ohne Bekenntnis? Zur Debatte um Kirche als zivilreligiöse Moralagentur, Leipzig 2017, 19–27 · Johann Pock / Ursula Roth (Hg.): Politikum Predigt. Predigen im Kontext gesellschaftlicher Relevanz und politischer Brisanz, München 2021 (ÖSP 12) · Walter Reese-Schäfer: Luhmann zur Einführung, Hamburg [2]1996 [1992] · Hans-Dieter Schneider: Unter welchen Voraussetzungen kann Verkündigung Einstellungen ändern? Sozialpsychologische Überlegungen über die Wirkung der Predigt, in: WPKG 58 (1969), 246–257 · Helmut Schwier (Hg.): Ethische und politische Predigt. Beiträge zu einer homiletischen Herausforderung, Leipzig 2015 · Manuel Stetter: Die Predigt als Praxis der Veränderung. Ein Beitrag zur Grundlegung der Homiletik, Göttingen 2018 (APTLH 92) ·

1 Das Politische – Programmbegriff und Reflexionskategorie

1.1

Nach den detaillierten Verhältnisbestimmungen von Predigt und Liturgie ist es notwendig, dass auch die andere Seite gehört wird: Die Predigt ist ein Politikum, ob sie das will oder nicht und ob sie das weiß oder nicht, darauf wurde schon in den Prolegomena hingewiesen (→ § 4.3). Gerade die materiale Homiletik kann an der Politik als Predigtinhalt nicht vorbeigehen. Sie drängt sich im Alltagsgespräch einfach auf. Nicht zuletzt durch die mediale Allgegenwart von Nachrichten, ihrer politischen Bewertung und der Auseinandersetzung mit ihnen ist das politische Bewusstsein zur Begleitung des Alltags geworden. Das betrifft auch die Versammlung zum Gottesdienst.

Schon der Begriff „Leiturgia" bedeutet so viel wie „Dienst am Volk" oder „öffentlicher Dienst". Der Gottesdienst, innerhalb dessen gepredigt wird, ist keine Vereinsversammlung von Kirchenmitgliedern, sondern eine öffentlich zugängliche und öffentlich wirksame Veranstaltung. Wie Paulus gegenüber König Agrippa argumentierte: Weder die Geschichte Jesu Christi noch ihre Verbreitung ist „im Winkel geschehen" (Apg 26,26).

Der Öffentlichkeitscharakter der Predigt wurde in einer ersten Phase um 1970 im Kontext der Auseinandersetzung mit der massenmedialen Öffentlichkeit zum Thema (die damalige Diskussion zusammenfassend Josuttis 1988, 41–69). Im Vergleich zu den Möglichkeiten der modernen Informationsvermittlung habe die Kirche mit ihrer Sonntagspredigt „den Stand mittelalterlicher Kommunikationspraxis konserviert" (51). Damals stand die Kategorie der „Information" im Mittelpunkt, verbunden mit der Einschätzung, die Beseitigung des Informationsmangels würde mehr Demokratie und gesellschaftliche Teilhabe (damals sprach man bevorzugt von „Emanzipation“) freisetzen. Damit ging die „Forderung nach einem neuen Redestil“ einher (53). – Die Fragestellung gerät aktuell, passend zum öffentlichen Relevanzverlust von Kirche und Religion, erneut in den Fokus der homiletischen Aufmerksamkeit. Die Predigt soll demnach von „Welthaftigkeit“ bzw. von „thematische[r] Öffentlichkeit“ gekennzeichnet sein. Dabei soll das Politische in der Haltung von Nachdenklichkeit und Besonnenheit thematisiert werden, wobei es gelte, „formelhafte Engführungen und binnensprachliche Bekenntnisse“ zu vermeiden (Keller 2025, 115f.).

Das Christentum ist kein Geheimbund, sondern eine offene Gemeinschaft, die sich ihrer selbst und ihrer Grundsätze immer wieder neu diskursiv und in Maßen kontrovers vergewissert. Klassisch dogmatisch formuliert: Die Kirche ist *creatura verbi* und sie unterliegt nachprüfbaren und damit ihrerseits kritikbedürftigen und kritikfähigen Kriterien.

Kirche und Predigt sind nicht nur Anbetung und Erhebung in die himmlische Welt, sondern auch Diskurs und Kritik der irdischen Welt. Man würde die Predigt falsch verstehen, wenn man sie *nur* in ihrem liturgischen Kontext zu deuten suchte und man würde die Liturgie verfälschen, wenn man sie allein als feierliche und harmonische Schau qualifizieren würde. Die Gemeinde wird liturgisch nicht nur in den Chor der Engel entrückt, sondern auch zum Kampf gegen die Mächte instandgesetzt. Liturgie und Predigt geschehen in der Welt, mit der Welt und in Distanz zur Welt. Die Liturgie ist Weltdienst und nicht Weltflucht. Wer glaubt, wird nicht aus der Welt genommen (Joh 17,15), sondern in ein produktives Verhältnis zu ihr versetzt. Die Predigt ist die „Kunst der detaillierenden Darstellung von Möglichkeiten, in der Welt zu sein“ und damit „ein Medium der Selbsterweiterung“ (Stetter 2018, 209).

1.2

Der Satz „Die Predigt ist ein Politikum“ kann mithin im doppelten Sinne verstanden werden, im programmatischen oder im analytischen. Programmatisch wird der Beitrag der Predigt zur politischen Willensbildung betont bzw. gezielt genutzt, um Einstellungen der Hörer:innen zu verändern bzw. zu klären (Stetter 2021). Dabei ist allerdings höchst zweifelhaft, ob die Predigt – zumal eine einzelne – Ansichten verändern kann, weil diese vor allem durch Gruppenzugehörigkeiten geprägt sind (Schneider 1969, 246f). Analytisch will man dagegen die ohnehin gegebenen politischen Aspekte in den Blick bekommen, getreu dem Motto der Zeit um 1970: Alles ist politisch und gerade auch das vermeintlich Unpolitische ist politisch auf dem Wege der Affirmation. Diese Ansicht ist zutreffend. Die politische Dimension der Predigt ist ebenso wenig zu leugnen wie die liturgische, rhetorische, psychologische und die didaktische Dimension. Auch diese dürfen nicht ignoriert werden und werden darum in diesem Buch hervorgehoben. Doch der Prediger ist kein Prophet, sondern ein christlicher Redner aus Gewohnheit, der die „Rollen des kirchlichen Verwaltungsbeamten und des gemeindlichen Freizeitanimateurs" spielt (Josuttis 1982, 9).

Auch wenn man nicht für die politische Predigt als Programmkategorie votiert, muss man dennoch für die politischen Wirkungen des eigenen Predigens aufmerksam sein. Es ist ein deutliches Versäumnis, wenn Gewalt gegen Kinder, gegen Frauen, gegen Einwanderer und gegen Einsatz- bzw. Pflegekräfte in meinen Predigten nie zum Thema wird. Angesichts des Klimawandels und der Bedrohung Europas durch Krieg kann man nicht einfach biblisch im Sinne von apolitisch predigen. Treffend hat Manfred Josuttis 1990 formuliert: „Jede Predigt ist politisch, oder sie hat aufgehört, Predigt zu sein." (Zit. nach Merle 2021, 73, Anm. 29) Das Politische ist also im Hinblick auf jede Predigt eine analytische bzw. reflexive Kategorie neben anderen.

Die politische Dimension bringt allerdings – anders als z.B. die rhetorische und die liturgische – zwei Besonderheiten mit sich. *Erstens* ist die demokratische Öffentlichkeit in Europa und Deutschland momentan stark aufgeheizt, zerstritten und von Intellektuellenschelte grundiert, so dass Politik oftmals mit Parteipolitik gleichgesetzt wird. *Zweitens* wird ein eindeutiger politischer Standort der predigenden Person zugleich verlangt und mit Missbehagen betrachtet. Das Verhältnis von institutioneller und zivilgesellschaftlicher politischer Aktion ist spätestens seit der Flüchtlingskrise 2015 und dem aktuellen Ukrainekrieg seit 2022 höchst angespannt. Seit 2015 kommt es immer wieder zu Auseinandersetzungen zwischen Politikern und Kirchenvertretern um das politische Mandat der Pfarrer:innen (Merle 2021, 66–71). Und Alexander Deeg schrieb über eine kleinere empirische Leipziger Predigtstudie aus dem Herbst 2015, dass man damals „nicht nicht politisch predigen" konnte (Deeg 2017/18, 4). Erst recht polarisiert ist momentan, ein Jahr nach dem zweiten Amtsantritt von Donald Trump im Januar 2025, der politische Diskurs in den USA. Religiös geht es hier nicht mehr um ein „besser" oder „schlechter", sondern um „Wahrheit" und „Lüge" (Deeg 2017/18, 9).

1.3

Zur Entspannung der öffentlichen Auseinandersetzung kann zunächst an eine Denkfigur angeknüpft werden, die in den vorigen Teilen dieses Buches herangezogen wurde. Ich hatte dort mehrfach ausgeführt, dass die Evangelische Kirche nicht *Texte* predigt, sondern das *Evangelium* von der Güte des Vaters, von der Zuwendung des Sohnes und der Zugänglichkeit des Geistes mit *Hilfe* von

Texten. Verkündigt wird *in politicis* nicht eine bestimmte politische Option, sondern die Option Gottes für die Welt (Joh 3,16) und sein Eintritt in die Welt (Joh 1,10–12). Martin Luther formulierte in einer Pfingstmontagspredigt 1532: „Man kann sonst nicht predigen quam de Iesu Christo et fide. Das ist generalis scopus. Macht ein scopum de Christiana libertate, so kompt yhr davon." (BoA 7,15 = 36,180,10–12)

In didaktischer Terminologie formuliert: Christus und sein Evangelium sind der *Inhalt* der Predigt, auch wenn das Politische der *Gegenstand* ist. Die Predigt ist und bleibt eine religiöse Rede, in der die Dialektik von Transzendenz und Immanenz verhandelt wird und in der nicht nur die Gegensätze *innerhalb* der Immanenz zur Debatte stehen. Gerade auch in der politischen Predigt muss die Priorität des Hoffens in Christus geltend gemacht werden („generalis scopus") – und nicht bei einem politischen Programm, selbst wenn die Predigt einmal eine eingehende Auseinandersetzung mit einem solchen Programm ist und das Politische in ihr quantitativ überwiegt. Wenn Politiker fordern, Kirchen sollten keine „Ersatzparteien" sein (Beispiele bei Merle 2021, 65, Anm. 1), dann dürfte bei manchem (gutwilligen) Politiker diese unterscheidende Frage wirksam sein, ohne dass dafür die Kategorien zur Verfügung stehen: Welche ist die Hoffnung, von der die Predigt ausgeht (1 Petr 3,15)? Wenn der eigentliche und tiefste Gegenstand der Hoffnung nicht Rechtfertigung, Auferstehung und Erlösung ist, sondern eine gerechte Gesellschaft sowie der neue und umfassend kompetente Mensch, dann handelt es sich nicht mehr um eine religiöse Rede, sondern um ein bildungspolitisches Statement. Auch solche Statements sind wichtig, aber sie verfehlen das Genus der Predigt.

2 Politisch predigen: wirksam darstellend, affirmativ und transformativ

2.1

Die Predigt soll eine religiöse Rede im liturgischen Kontext sein, wurde im prinzipiellen Kapitel dieses Buches ausgeführt. Das bedeutet nach Schleiermachers klassischer Unterscheidung (→ § 12), dass nicht das wirksame, sondern das darstellende Handeln im Zentrum steht. Zwar handelt es sich um einen *relativen* Gegensatz, aber eben doch um einen *Gegensatz*. Gottesdienst und Predigt sollen durch Darstellung des glaubenden Selbstverhältnisses die religiöse Tätigkeit der Anwesenden in Resonanz versetzen, so dass sie zum religiösen Symbolisieren befähigt werden, oder, einfacher gesagt: Sie sollen sich selbst predigen können. Insofern kann man diesen Ansatz auch als Vorläufer der Rezeptionsästhetik verbuchen. Es geht nach Schleiermacher nicht um eine bestimmte rhetorische oder pädagogische Wirkungsabsicht der Predigt, sondern um eine angeregte und anregende Darstellung durch die predigende Person. Das Ziel ist die Intensivierung der Zirkulation des Glaubensbewusstseins. Die Gemeinde vollzieht, was sie ist: Gemeinschaft von Menschen, die das Leben von Christus, dem Erlöser, her deuten und führen wollen. Dazu erwarten sie Hilfe (Impulse) durch die Predigt.

Was folgt daraus für die politische Predigt? Stimmt man Schleiermacher zu, dann erwarten die Hörer:innen keine dogmatischen, ethischen und politischen Handlungsanweisungen. Der Gottesdienst wird sein moralisches Potenzial in der Gesellschaft dann am stärksten entfalten, wenn er sich moralisch zurückhält und es nicht auf bestimmte Wirkungen anlegt, sondern auf die Qualität des religiösen Sprechens achtet (Meyer-Blanck 2017, 24). Eine politische Predigt nach Schleiermachers zutiefst pädagogischem Verständnis soll das eigene religiöse Bewusstsein, angesichts von Flüchtlingskrise oder Ukrainekrieg, darstellen und mit dem glaubenden Gemeindebewusstsein in Resonanz bringen. Die entscheidende Frage lautet: Was ist religiös zu dieser Sache zu sagen, von der wir schon alles Mögliche in den Medien gehört haben? Wenn die Predigt diese Frage beantwortet, dann wird sie wirksam sein, wenn auch auf rhetorischen Umwegen. Gerade die Darstellung – nicht das gute Zureden oder die Nötigung – wird die größte Wirkung entfalten, denn die Darstellung überlässt die Konsequenzen dem Hörer, ohne ihm *materialiter* Vorschriften zu machen. Auf jeden Fall muss die Predigt als ein rhetorischer Kasus seine Intentionalität behalten, so dass es sich um einen bestimmten Modus von Wirkung handelt (Stetter 2018, 210, Anm. 277). Ganz im Sinne der bekannten Kritik Immanuel Kants an der instrumentellen Rhetorik kann es mit Schleiermacher nicht darum gehen, die Hörer:innen durch eine hinterlistige Kunst zu etwas zu bewegen, das sie bei ruhigerem Nachdenken nicht getan hätten.[6]

2.2

Die politische Predigt hat eine lange Tradition der direkten Beeinflussungsabsicht hinter sich. Rechnet man die neutestamentlichen Briefe zu den Predigten, dann sind schon Röm 13,1–7, Tit 3,1–2 und 1Petr 2,12–17 klare Ermahnungen und damit politische Predigten; auch die Standespredigten („Haustafeln") in Kol 3,18–4,1; Eph 5,21–6,9; 1Petr 2,18–3,7 sind dazuzurechnen.Die meisten dieser Texte sind auch Predigttexte nach der neuen Perikopenordnung von 2018 (→ § 28). Sie nötigen also die Prediger:innen zu einer politischen Predigt

6 Immanuel Kant: Kritik der Urteilskraft (KdU), B 218 [^{2}1793].

über politische Predigten. Diese Herausforderung sollte man nicht umschiffen (etwa durch ein Ausweichen auf das Evangelium oder den AT-Text), sondern mutig in Angriff nehmen.

> Für eine ganze und sachlich umfassende Predigt reicht schon der schöne formelhafte Vers 1 Petr 2,17: „Ehrt jedermann, habt die Brüder lieb, fürchtet Gott, ehrt den König!" Man demonstriere sich selbst und der Gemeinde bei einer solchen Gelegenheit, was eine politische Predigt heutzutage sein kann, jenseits von libertärer Ignoranz und von wortwörtlicher Befolgung biblischer Ermahnungen. Allein die strikte Parallelisierung von „König" und „jedermann" in 1Petr 2,17 ist humorvoll, wenn nicht subversiv. Menschliche Autoritäten sind nicht zu fürchten.

Die neutestamentlichen Briefschreiber jedenfalls taten sich nicht schwer mit klaren Anweisungen für das christliche Leben in der Gesellschaft. In der Exegese ist immer wieder herausgearbeitet worden, dass die neutestamentliche Ethik *materialiter* wenig Spezifisches oder Neues bietet; es wird vielmehr dasjenige gesammelt, was nach damaliger Ansicht dem Gemeinwesen nützt, die Obrigkeit unter Gottes Schutz stellt und ein ruhiges und stilles (rücksichtsvolles?) Leben unter ihr ermöglicht (1Tim 2,2). Diese Grundsätze und ihre materialen Konkretionen lassen sich homiletisch gut abwägen.

2.3

Aus der Rhetorik ist der Grundsatz geläufig, dass *Transformation* und *Affirmation* der Hörer:innen in einem dialektischen Verhältnis stehen. Verändernde und bestätigende Wirkungen einer Rede bilden einerseits einen Gegensatz, sind aber andererseits eng aufeinander bezogen. Nur ein Mindestmaß an Affirmation ermöglicht Transformation und nur ein Mindestmaß an Transformation macht die Affirmation erstrebenswert bzw. überhaupt erlebbar.

Die bloße Wiederholung von Geläufigem bringt die rhetorische Kommunikation ebenso zum Erliegen wie die anknüpfungsfreie Konfrontation. Wer einem Redner das Gehör schenkt, will etwas Neues erfahren, will bereichert und verändert werden. Anderenfalls wäre das Zuhören verschenkte Zeit. Zuhören ist eine Einladung, transformativ zu wirken. Insofern ist es fast eine Redundanz, das Predigen als Praxis der Veränderung zu charakterisieren. Auch das transformative Moment der Predigt ist nicht nur eine diskussionsbedürftige Programmkategorie, die man unterstützen kann oder nicht, das Transformative ist auf jeden Fall eine Reflexionskategorie. Irgendeine Form von Veränderung ereignet sich immer (und sei es, im Extremfall, die Zunahme des Maßes an Resignation).

Aber auch ohne Affirmation ist rhetorische Kommunikation nicht möglich. Wer zu einem Publikum spricht, muss es nicht nur in seinem bloßen Dasein, sondern auch in seinem konkreten Sosein wertschätzen. Die aus der Soteriologie bekannte Denkfigur „Rechtfertigung des Sünders –Verwerfung der Sünde" funktioniert rhetorisch nicht. Man kann nicht die Einstellung, den Gestus und Habitus des Publikums verachten und gleichzeitig dieses gewinnen wollen. Ein erfolgreicher, also ein Resonanz bewirkender Redner, muss immer (auch) die Botschaft vermitteln: Ich verstehe Euch, akzeptiere Eure Ansichten und bin eine(r) von Euch.

2.4

Diese Grundsätze gelten für die Thematisierung von allen Fragen, die Glauben und Leben, Einstellung und Verhalten, also z.B. Gestaltung von Alltag und Lebensübergängen, Kindererziehung und Freizeit, Ansichten zu Geschlecht und Sexualität angeht. Ebenso gilt die Dialektik von Affirmation und Transformation für die politische Predigt. Das Politische als Predigtinhalt ist deswegen heikel, weil man durch die massive Kritik an seinen eigenen Ansichten auch das Gefühl bekommen kann, als Person nicht wertgeschätzt oder gar nicht geachtet zu sein. Das war in der Vergangenheit besonders in den 1970er und 1980er Jahren im Kontext der Nachrüstungsdebatte der NATO und der „Atomkraft – Nein danke!"-Diskussion der Fall. Seit 2015 sind besonders die Migrationspolitik und die Maßnahmen zur Bekämpfung des Klimawandels strittig. Wie man deutlich sieht, sind diese keine Fragen des ruhigen argumentativen Abwägens; es geht vielmehr jeweils um Leben und Tod bzw. um das Überleben der Menschheit und der gesamten Natur. Dass diese Lebensfragen in das Verhältnis von Transzendenz und Immanenz, also in den Bereich der Religion hineinreichen, liegt klar zutage. Wer das Evangelium von der Liebe Gottes zur Welt (Joh 3,16) predigt, kann darum an der politischen Willensbildung zu diesen Themen nicht vorbeigehen.

2.5

Nach der soziologischen „Systemtheorie" von Niklas Luhmann (1927–1998) ist der „Code" von Transzendenz und Immanenz das entscheidende Kennzeichen des Funktionssystems Religion und sein Kommunikationsmedium ist der Glaube. Im Politiksystem ist das Medium die Macht und der binäre Code das Begriffspaar Regierung / Opposition (Übersicht s. bei Reese-Schäfer 1996, 127). Diese Theorie macht deutlich, dass Politik und Religion sehr unterschiedlichen Systemlogiken folgen, dem Streit um die Macht dort und dem

Eingeständnis der Ohnmacht angesichts der Transzendenz hier. Da beide Sphären aber nach dieser Theorie der „funktionalen Differenzierung" nicht gesellschaftliche Bereiche darstellen, sondern Systemlogiken, die in der spätmodernen Gesellschaft alle Menschen (die „psychischen Systeme") betreffen, verhält sich jede Person zugleich politisch und religiös und ist damit zu ständigen Unterscheidungsleistungen genötigt. Keinesfalls wird man in der Predigt eine Wahlempfehlung erwarten oder in einer Parteitagsrede ein Gebet. Wohl aber ist es denkbar, dass eine gläubige Christin gegen die Aufrüstung die Bergpredigt ins Spiel bringt oder dass eine Politikerin ihre herausfordernden Entscheidungen mit implizit christlichen Prinzipien erläutert, auch wenn sich diese hinter säkularen Ausdrucksweisen verbergen („Wir schaffen das").

Das Politiksystem und das Religionssystem sind im Hinblick auf die gesellschaftlichen Aufgaben und die agierenden „psychischen Systeme" – so Luhmanns Terminologie –- „strukturell gekoppelt". Die Erwartungen des spätmodernen Subjekts werden also dahin gehen, dass die Systemlogik erhalten und erkennbar bleibt, dass diese aber nicht zur Abschottung tendiert. Von dem spätmodernen Individuum selbst ist die Kompetenz zu permanenten Systemübergängen gefordert, so dass es diese auch von professionellen Vertretern eines Systems erwartet. Religionsvertreter:innen sollen als solche erkennbar sein, aber nicht fromm betriebsblind, sondern in vieler Hinsicht urteilsfähig, so dass man ihnen die Mühe bei der Urteilsbildung anmerkt. Sie sollen sich nicht unterkomplex und prinzipiell öffentlich äußern, sondern professionell, profiliert und pragmatisch. Das Maß der Vermittlungsleistung zwischen den Systemlogiken steht für die Glaubwürdigkeit der Predigerin. Weder die naive politische Moralisierung unter der Maxime der möglichen kleinen Schritte noch die Dramatisierung der Diastase zwischen Gottes Wirklichkeit und menschlicher Möglichkeit ist angemessen, weil in beiden Fällen Veränderungs- und Lernprozesse obsolet sind. Wäre es mit den kleinen Schritten so einfach, wären Gottes Handeln und das der Menschen so radikal verschieden, liefe jede „Praxis der Veränderung" durch die Predigt ins Leere. Es gilt demnach informiert, besonnen und unterscheidend zu predigen.

3 Gute Gründe für die politische Predigt

Nach den durchgängig um Vermittlung bemühten Zuordnungen können nun Thesen zum Thema formuliert werden, die die politische Predigt als ein zwar anspruchsvolles, aber auch notwendiges Genus markieren sollen. Die Politik ist ein allgegenwärtiges Thema der Lebenswelt, das als Predigtgegenstand die

Mühen der guten Informationsbeschaffung und der systemischen Unterscheidungen lohnt. Im folgenden Abschnitt werden praktische Schlussfolgerungen aus dem oben Ausgeführten gezogen.

3.1

Die politisch informierende und kommentierende Predigerin soll deutlich als Vertreterin der christlichen Religion erkennbar sein und nicht nur als gut informierte Person des politischen öffentlichen Lebens. Sie soll das Evangelium im Hinblick auf die Politik predigen und nicht nur eine bestimmte Position des politischen Diskurses religiös affirmieren bzw. kritisieren. Andererseits wird sie aus gegebenem Anlass nicht um eine Positionsmarkierung herumkommen.

3.2

Die politische Predigt dient aber nicht nur der Information und Meinungsbildung, sondern auch der Darstellung von Emotionen angesichts einer politischen Lage und der Sprachfindung, dem Ausdruck von etwas allgemein Empfundenen, wofür vielen die Worte fehlen. In solchen politischen Lagen wie im Herbst 2015 nutzen viele Prediger:innen ein starkes homiletisches Ich (Deeg 2017 /18, 6f.), und das ist durchaus sinnvoll. Ein prophetischer Gestus ist jedoch nur dann echt, wenn er nicht selbstgewiss, sondern als ein Müssen daherkommt (1Kor 9,16).

3.3

Je mehr die politische Predigt als Christuspredigt profiliert ist, desto mehr Freiheit gewinnt sie, auch *in politicis* Urteile zu wagen und der Diskussion auszusetzen. Es muss deutlich werden, dass das Politische zwar der Gegenstand der politischen Predigt ist, nicht aber der eigentliche Inhalt. Dieser ist das Evangelium von Jesus Christus im Hinblick auf seine Geltung in einer politischen Herausforderung. Es gibt politische Einstellungen und politische Entscheidungen, die dem Evangelium eindeutig widersprechen: Bevorzugung des Starken, Wohlstand auf Kosten der Armen, imperialistischer Krieg, Verrat der Barmherzigkeit. Die Predigt der anglikanischen Bischöfin Marianne Budde nach der Amtseinführung von Donald Trump im Januar 2025 bleibt als Modell einer politischen Predigt unvergessen. Budde sprach den Präsidenten persönlich an und bat ihn um Erbarmen für die Schwachen.

3.4

Wenn die politische Predigt ins Gebet mündet, kann sie auch konkrete politische Arbeitsschritte ins Auge fassen (Unterschriftenliste, Aufruf zu einer Mahnwache, Einladung zur Beteiligung an einem Diskussionsforum). Solche Praxis des Gebets und des öffentlichen Handelns ist die realitätsbezogene Unterscheidung von Gottes Handeln und menschlichem Handeln, klassisch formuliert: die Unterscheidung von Gesetz und Evangelium.

3.5

Die Liturgie ist als das öffentliche Gebet der Kirche der notwendige Kontext der politischen Predigt. Die Liturgie als Feier zwischen Himmel und Erde, mit der Schöpfung und im Vorgriff auf die himmlische Vollendung (so die Gottesdienstkonzeption von Peter Brunner → § 19.1.2) versetzt die Politik als verantwortetes menschliches Handeln in der Zeit in einen anderen (eschatologischen) Kontext; zugleich bedarf die Liturgie des homiletischen Öffentlichkeitscharakters und der Aktualität politischer Auseinandersetzungen, um nicht selbstgenügsam und de facto politisch affirmativ zu werden. Insofern nützt die politische Predigt auch der in der gesellschaftlichen Öffentlichkeit gefeierten Liturgie.

3.6

Die Kriegspredigten am Beginn der beiden Weltkriege (besonders im Herbst 1914) zeigen, welcher Gefahr des politischen und religiösen Fehlurteils die Predigt ausgesetzt ist. Umgekehrt wird durch diese Beispiele deutlich, was von der politischen Predigt immer zu fordern ist: Ein Mindestmaß an Informiertheit über die politische Lage, eine abwägende und besonnene Diskussion von politischen Alternativen und eine biblisch grundierte Unterscheidung zwischen den Möglichkeiten des Menschen und der Wirklichkeit Gottes.

Zusammenfassung

Da das Evangelium von Jesus Christus keine aus richtigen Sätzen bestehende Doktrin ist, sondern eine Botschaft, die sich immer wieder neu als aktuell erweist, ist die politische Predigt keine Ausnahme, sondern eine immer mehr oder weniger sich aufdrängende Möglichkeit. Weil die christliche Predigt außerdem in der Öffentlichkeit und nicht in Verborgenen gehalten wird, ist der politische Charakter der Predigt immer gegeben: Die Predigt wird politisch kritisierend oder politisch affirmativ wirken. Damit ist das Politische nicht nur eine Handlungskategorie, sondern – wie das Rhetorische und das Didaktische – mindestens eine Reflexionskategorie. Bei der Praxis der politischen Predigt ist die Unterscheidung von Gesetz (menschliche Handlungsmöglichkeiten) und Evangelium (Rechtfertigung und Heiligung) grundlegend. Je deutlicher die Predigt das Handeln Gottes plausibel zu machen versteht, desto mehr an politischen Aussagen wird sie wagen können. Dass es sich dabei jedoch immer um ein Wagnis handeln wird, zeigen die üblen Kriegspredigten von 1914.

§ 32 Die Predigt als kulturelle Gelegenheit

i **Literatur:** Rudolf Bohren: Unsere Kasualpraxis – eine missionarische Gelegenheit? (TEH 147), München ^{4}1968 [1960] · Ernst Cassirer: Versuch über den Menschen. Einführung in eine Philosophie der Kultur, Hamburg ^{2}2007 [engl. 1944] · Ruth Conrad: Homiletik, Stuttgart 2025 (Kompendien Praktische Theologie 7) · Frank Hiddemann / Jürgen Reifarth (Hg.): Öffentlich Predigen. Prominente Predigten aus dem Thüringer Kanzelstreit, Gütersloh 2000 · Thomas Kabel: Übungsbuch Liturgische Präsenz, Gütersloh 2011, 67–103 (zur Predigt) · Immanuel Kant: Logik. Ein Handbuch zu Vorlesungen, in: Werke in 12 Bänden, hg. von Wilhelm Weischedel, Bd. VI, Frankfurt (Main) ^{3}1981 [1800], 419–582 · Jonah Evin Klee: Predigt Slam. Wortakrobatik zwischen Predigt und Poesie, Göttingen 2026 (EKGP 11) · Michael Meyer-Blanck / Stephan Bitter (Hg.): Gottesdienst – eine kulturelle Gelegenheit. Zehn besondere Gottesdienste für die Gemeindepraxis, Rheinbach 2005 · Michael Meyer-Blanck: Musik als „Tempel" des Kulturprotestantismus. Richard Wagners „Bühnenweihfestspiel" Parsifal und seine Rezeption, in: Praktische Theologie und Musik, hg. von Peter Bubmann und Birgit Weyel, Gütersloh 2012 (VWGTh 34), 108–125 · Michael Meyer-Blanck: Religion und Bildungsreligion – Museumsdidaktik und Religionsdidaktik: Eine didaktische Relektüre als Beitrag zu einer theologischen Theorie des Museums, in: Religion im Museum. Dinge arrangieren, Artefakte präsentieren, Räume inszenieren, hg. von Rita Burrichter, Antje Roggenkamp, Sonja Keller und Sarah Justus, Bielefeld 2025, 225–232 · Sabrina Müller: Öffentliche Kommunikation christlicher Sinnfluencer:innen. Medienethische und kirchentheoretische Beobachtungen und Reflexionen, in: PTh 111 (2022), 203–218 · Klaus Raschzok: Der Thüringer Kanzelstreit. Praktisch-theologische Anmerkungen, in: ders.: Predigt als Leseakt. Essays zur homiletischen Theoriebildung, Leipzig 2014, 239–274

Die Predigt hat ihren sachlichen Ort im Beten, Singen und Feiern der Gemeinde, in der Liturgie. Die Predigt ist, falls sie nicht auf dem Marktplatz oder im

Internet stattfindet, liturgische Rede. So lautet die Grundannahme dieses Buches, die Konsequenzen für die prinzipiellen, materialen und formalen Überlegungen hat. Dennoch ist das nicht alles, was zu sagen ist. Die Predigt ist (auch) ein Politikum (→ § 4.3; → § 31) und die Predigt war – jedenfalls in kulturell weniger bestückten Zeiten – auch ein wichtiges kulturelles Ereignis. Sie hatte kommunikative Aspekte (man traf sich), informative Bedeutung (die Kanzelabkündigungen dienten auch amtlichen Bekanntmachungen), und sie hatte didaktische und rhetorische Funktion. Inzwischen ging zwar manches davon verloren. Vieles hat aber weiter Bestand. Die Predigt ist und bleibt neben ihrem geistlichen Gehalt auch das Modell einer gelungenen Rede im Kontext der Kultur. Sie zeigt, wie man persönlich, aber nicht privat, klärend, aber nicht belehrend, unterhaltsam, aber nicht effekthascherisch reden kann. Das merken auch Kirchenferne, vor allem bei der Kasualpredigt.

Nach den grundsätzlichen Bemerkungen zum kulturellen Kontext in den Prolegomena (→ § 4) geht es jetzt um konkrete kulturelle Inhalte als homiletische Faktoren. Was bedeutet die kontextuelle Kultur *materialiter* für die Predigt, welche kulturellen Impulse können die Predigt inspirieren? Was leistet umgekehrt die Predigt für die Kultur?

Eine vorläufige, wiederum didaktische Antwort lautet: Die Predigt schult die Fähigkeit des selektiven und verwertenden Zuhörens und damit eine Kompetenz, die in Ausbildung, Schule, Beruf und Fortbildung immer wichtiger wird. In beruflichen *meetings* kommt es darauf an, den entscheidenden Punkt des Vorgetragenen zu erfassen und umgehend konstruktiv-kritisch darauf zu reagieren. Die Predigt bildet in Sachen passiver Rhetorik. Außerdem kann man an einer Predigt beobachten, wie man so über eine Angelegenheit redet, dass den Zuhörenden ein eigenes Verhältnis zu dieser eröffnet wird, ohne sie zu überwältigen oder zu überreden. Man kann sich weiterhin darüber informieren, wie ein Sachverhalt didaktisch, aber nicht überheblich präsentiert werden kann. Die Predigt hat demnach nicht nur religiösen Charakter. Sie ist auch ein Politikum und ein kultureller Faktor.

Diese Einsicht hat prinzipielle, materiale und formale Implikationen. Überhaupt bedeutet die Einteilung in die drei Hauptteile dieses Buches keinesfalls, dass diese isoliert voneinander zu betrachten wären. Der Vorteil dieser klassischen, 1848 von Alexander Schweizer (→ § 13.5) begründeten Einteilung besteht vielmehr darin, dass die beteiligten *Personen – Prediger und Hörer:innen* – jeweils zugleich in den Blick genommen werden können (das ist besser, als den Text, den Prediger und die Hörer:innen nacheinander zu behandeln). So stellt dieser Paragraph eine kulturbezogene Homiletik in nuce dar, mit der die materialen Überlegungen dieses Bandes abgeschlossen werden.

1 Kulturelle Prinzipien der Predigt

1.1

Die Mehrzahl der Evangelischen in Deutschland, so zeigen es immer wieder die empirischen Untersuchungen, erwarten vom Gottesdienstbesuch zweierlei: eine gute, entspannende Atmosphäre und eine gute Predigt. Das heißt, zunächst ganz abgesehen vom Inhalt, die Predigt soll das Niveau des alltäglichen Redens in den Medien (Kommentare und Podcasts im Radio) nicht unterschreiten. Durch die Allgegenwart des medialen Redens ist allein die Erwartung an die Qualität des Sprechens sehr hoch. Vor allem sinkt die Bereitschaft, länger jemandem zuzuhören, dessen Art zu reden oder dessen Gestus und Habitus (Stimme, Aussprache, Mimik, Blickkontakt) man nicht schätzt. Auf Plattformen wie Instagram kann man jedes Video nach Sekunden wieder verlassen, wenn einem der Stil nicht zusagt. Vom Fernsehen ist man es gewöhnt, ständigen Blickkontakt zum Redner zu haben (der Teleprompter macht es möglich). Diese Hör- und Sehgewohnheiten betreffen auch die Predigt. Handwerklich und technisch Schlechtes ist man immer weniger bereit zu akzeptieren und zu rezipieren. Die Ansprüche steigen ständig.

1.2

Andererseits leben wir weiterhin in einer Kultur der alltäglichen Rede. Referate in der Schule und im Studium, Ansprachen an die eigene Abteilung bzw. Arbeitsgruppe, Reden bei Familienfesten und bei politischen Anlässen – man denke nur an die großen Parteitagsreden – gehören unverzichtbar zu besonderen Lebenssituationen. Die Rede ist und bleibt ein konstitutives Kennzeichen von Gemeinschaften. Auch bei Betriebsfeiern, Eröffnungen, Einweihungen und Jubiläen ist eine Rede nicht zu ersetzen, weil sie die Kultur des Sozialen markiert, fokussiert und über den Tag hinaus interpretiert. Eine Rede muss die verschiedenen Stimmungen zusammenfassen und daraus eine Perspektive für die Zukunft herleiten und die Gemeinschaft ermutigen, den gemeinsamen Weg weiterzugehen. Eine Rede stellt die Gemeinschaft dar und konstituiert damit ihren Zusammenhalt. Das darstellende Handeln einerseits und die Gemeinschaft andererseits sind gleich ursprünglich, wissen wir von Schleiermacher (→ § 12.1.4). Die Rede ist für das soziale Leben nicht substituierbar. Die Gemeinschaft ist darauf angewiesen, dass dann und wann ihre Existenz gewürdigt, ihre Kompetenz gestärkt und die sie tragende Gewissheit bestätigt wird. Das geschieht vornehmlich durch eine mehr oder weniger öffentliche Rede.

1.3

Wie wenig die Rede zu ersetzen ist, zeigen die nicht-kirchlichen Trauungen. Wenn es dort weltliche Ritualelemente gibt (Überwerfen mit Reis, Aufsteigen von Luftballons, Zusammentragen guter Wünsche etc.), dann beschränkt man sich in der Regel doch nicht darauf. Eine weltliche „Traurede“ muss sein, die zum einen die Aufgabe hat, die Einmaligkeit des Paares herauszustellen, zum anderen aber die soziale Einbindung in die Familie und den Freundeskreis zu thematisieren. Auch die intensiven Emotionen müssen initiiert und kanalisiert werden. Eine angemessene, gute Ansprache wird genau dies anstreben.

Kommerzielle (nichtkirchliche) Hochzeitsredner sammeln darum bei den Trauzeugen und im Freundeskreis Informationen zur Lebensgeschichte und zu den Vorlieben eines Paares. Es liegt auf der Hand, dass solche Notizen über die Hochzeitsgesellschaft heutzutage leicht in Programme wie „ChatGPT“ eingegeben werden können, um den Entwurf einer persönlichen und authentischen Traurede zu generieren.

Doch gerade deswegen ist die Qualität einer konsequent selbst verfassten Kasualrede umso gewichtiger. Eine einfühlsame und schwungvolle kirchliche Kasualpredigt ist zwar keine „missionarische Gelegenheit“, wie man es noch um 1960 formulierte (gegen diese Sichtweise richtete sich die viel diskutierte Streitschrift von Bohren 1968), wohl aber eine kulturelle Gelegenheit. Man kann mit einer kulturaffinen Predigt aufzeigen, wie der christliche Glaube nicht nur politische, sondern auch kulturelle Impulse zu geben versteht. Eben das ist mit der Rede von der „kulturellen Gelegenheit“ in der Überschrift dieses Paragraphen gemeint. Eine gute Predigt kann einen denkerischen Impuls oder eine neu aufgeworfene Frage enthalten – oder einfach vergnüglich anzuhören sein. Das ist schon sehr viel.

2 Religion und Museum

2.1

Die öffentliche Darstellung von Gemeinschaft durch eine Rede ist ein kulturelles Axiom, das nicht nur Kirche und Christentum betrifft, aber eben auch diese. Man kann selbstverständlich kritisch fragen, ob das wie bei der Sonntagspredigt jede Woche oder sogar öfter sein muss. Die Predigt ist ein Teil dieser unverzichtbaren Kultur öffentlicher Rede.

Was bedeutet das nun material, für den Predigtinhalt? Die Predigt findet im kulturellen Kontext statt wie im kirchlichen und politischen. Es geht also beim

Predigen nicht nur um religiöse Inhalte, sondern auch um die sinnbildende Ausdrucks-, Darstellungs- und Bedeutungsfunktion des Menschen, um das Symbolische in Religion, Sprache und Kunst (Cassirer 2007). Literatur, Film, bildende Kunst und Theater sind insofern verbindende Elemente, als sie auch die Fragen nach dem Sinn, dem Sein und Sollen, nach dem Sein das Daseins und der menschlichen Symbolfunktion stellen. Die Parallelität von Gottesdienst- und Museumsbesuch ist in letzter Zeit immer wieder beobachtet worden (Meyer-Blanck 2025).

2.2

Das gegenwärtige Museum, vor allem das Kunstmuseum, kann keinesfalls „museal" im negativen Sinne des Vergangenen und existentiell Irrelevanten genannt werden. Ein Museum ist nicht nur methodisch-didaktisch so gestaltet, dass es die Besuchenden zum Mitmachen animiert und so in die Ausstellungsinhalte verwickelt, es will außerdem den Menschen als ein sinnbildendes Wesen ansprechen.

Der Besuch eines Museums kann nach gegenwärtigem Verständnis geradezu mit dem Kirchgang verglichen werden (und findet zudem vielfach am Sonntagmorgen statt). Ein Museumsgang ist eine Zeit der Unterbrechung der *vita activa* durch die *vita contemplativa*, die Einübung in die aktivische Passivität, die Auseinandersetzung mit Darstellungen von etwas, das uns unbedingt angeht. Bucht man im Museum eine Führung hinzu, dann wird die Parallele zur Predigt offenkundig: Aus der *explicatio* der Kunst ergibt sich die *applicatio* auf die eigene Sinnbildung, die sich etwa anhand der klassischen vier Fragen Kants zusammenfassen lässt: Was kann ich wissen? Was soll ich tun? Was darf ich hoffen? Was ist der Mensch? (Kant 1981, 448). Viele Zeitgenossen lassen sich diese Fragen lieber im Museum beantworten als von der Kanzel. Die Predigt muss entsprechend zu diesen Fragen vorstoßen und sollte die Neugier der Zuhörenden nicht mit schnellen und unterkomplexen Antworten ersticken.

Ausnahmsweise können Gottesdienst und Predigt auch im Museum stattfinden (Bitter / Meyer-Blanck 2005, 67–90); aber diese besondere Möglichkeit unterstreicht vor allem die Einsicht, dass das Museum ein Ort der Sinnbildung ist, von dem die Predigenden Impulse für ihr Alltagsgeschäft erwarten können. Gerade Menschen, die ihre selbstverständliche Bindung an Gottesdienst und Predigt verloren haben, suchen nach Alternativen zum Zwecke der „seelischen Erhebung" in ihrer Freizeit. Das betrifft auch Predigten in musikalischen Vespern oder Bach-Predigten anlässlich von Kantatenaufführungen.

3 Evangelische „Influencer" auf Instagram

3.1

Zum Allgemeingut ist inzwischen die Einsicht geworden, dass nicht nur die Form den Inhalt bestimmt, sondern auch das Medium der Kommunikation inhaltskonstitutiv ist. Eine Rede im Rundfunk hat andere Chancen und Grenzen als eine Rede unter Anwesenden, wiederum ganz andere Möglichkeiten hat eine Rede im Fernsehen oder im Internet. Das Internet eröffnet wiederum ganz neue Chancen, wenn es nicht am festinstallierten Computer, sondern mit dem Mobiltelefon („Smartphone") genutzt wird. Dann sind die Inhalte nahezu überall und jederzeit verfügbar, so dass sie – das Gefallen der Adressat:innen vorausgesetzt – riesige Aufrufzahlen, Kommentare und „Likes" (Gefallensmarkierungen) erzielen. Bei den zurzeit am meisten genutzten Plattformen „TikTok" und „Instagram" geht es außerdem darum, möglichst viele Abonnenten („Follower") zu sammeln, die die eigenen Beiträge, vor allem die Videos („Reels") abonnieren, so dass ihnen diese nach dem Hochladen („Post") zugeleitet werden. Wer einem Account folgt, nimmt die Äußerungen der „postenden" Person, der „Influencerin", regelmäßig zur Kenntnis. Dabei bleibt ein Rest an Zufall bzw. an Undurchschaubarkeit, warum welches Video guten Erfolg erzielt und ein anderes nicht. Der Algorithmus steht für einen Rest an kultureller Kontingenz.

Selbstverständlich gibt es inzwischen auch zahlreiche christliche Influencer, von kirchenleitenden Personen über Pfarrerinnen bis zu Jugendlichen. Ähnlich wie in der Rundfunkandacht gilt es in kürzester Zeit die Aufmerksamkeit zu gewinnen und dann in Sekunden (bis höchstens in drei Minuten) etwas zu sagen, was auf das Interesse der „Follower" und möglichst auch auf dasjenige von neuen Abonnenten trifft.

Das Revolutionäre der neuen sozialen Medien ist es, dass die Schwelle zum Erreichen von Nutzern extrem niedrig ist. Vor allem aber gibt es keinerlei Zulassungsbeschränkungen, kein Theologiestudium, keine Ordination, kein Curriculum für Prädikanten, keine Verpflichtung auf Schrift und Bekenntnis. Auf Instagram kann jede Person predigen, die sich dazu berufen fühlt und ein Smartphone bedienen kann – und diese Bedingung hat keinerlei ausschließenden Charakter. Jede(r) kann predigen, der im Netz die entsprechende Resonanz findet.

Die Plattform Instagram ist so programmiert, dass derjenige, der dort Videos hochlädt, genau sehen kann, wie viele Nutzer das Video wie viele Sekunden angesehen haben und wann sie gegebenenfalls das „Gefällt"-Zeichen („Like") vergeben haben. Schriftliche Kommentare sind möglich und üblich. Anders als bei der Gemeindepredigt gibt es ein sofortiges, ungeschminktes und unzensiertes Feedback; massive Unfreundlichkeiten werden allerdings für die anderen Benutzer unsichtbar gemacht. Das Predigen („Posten") auf Instagram gleicht der öffentlichen Situation auf dem Markt (Apg 17,16–34). Allein die (quantitative) Resonanz zählt. In den Kommentaren steigen die Benutzer z.T. sehr qualifiziert in die Diskussion ein und es entsteht das, was aus dem Religionsunterricht geläufig ist: ein „Theologisieren" nicht nur für Laien, sondern auch mit Laien und durch Laien. Die Atmosphäre in den Chats ist vielfach dicht, fair und sachlich, eine Form von Erwachsenenbildung. Pfarrer:innen sind das, was sie nach dem Willen der Kirchenmitglieder sein sollen: zugänglich und nahezu immer erreichbar.

Oftmals verzeichnen die Kanäle der Influencer wesentlich mehr Interessenten („follower") als diejenigen der kirchenleitenden Personen. Muss man also in Zukunft, um in ein kirchenleitendes Amt gewählt zu werden, in den neuen Medien präsent sein (S. Müller 2022, 212)? Wird durch die voll im Trend liegenden Influencer im Umkehrschluss das Bild von der Rückständigkeit der Kirche (der anderen) bestätigt (S. Müller 2022, 207)?

Es wird auf Dauer wohl kaum ausreichen, auf Instagram lediglich irgendwie verkündigend aktiv zu sein. Die zukünftige Frage lautet, wie man welche Inhalte generiert und wie man sie angesichts der Konkurrenz um Aufmerksamkeit gestaltet. So werden die Ansprüche an die Aufnahmetechnik wie Licht, Ton, rhetorische Technik (Redefluss, Stimmfarbe, Vermeiden von „Äh") sowie zugewandte Gestik und Mimik rapide ansteigen. Die Menge der religiösen Reden im Netz wird gewaltig zunehmen und nur das Beste – im Sinne der Nutzer:innen – hat eine Chance auf Dauer.

Im September 2024 habe ich selbst einen Instagram-Kanal unter dem Namen „meyerblanck" und unter dem Titel „Sekundentheologie" eingerichtet. Die Videos haben jeweils eine Länge von 60 bis 180 Sekunden. Der Account enthält derzeit (Stand Januar 2026) gut 100 Beiträge, zumeist theologische Informationen, die in einen spirituellen Impuls münden. Die Zahlen der Aufrufe und Zustimmungen ist sehr unterschiedlich, ohne dass ich dies genauer erklären kann.

4 Die Theaterpredigt

4.1

In den letzten Jahrzehnten ist in besonders starker Weise der Zusammenhang von Theater und Gottesdienst entdeckt und praktisch-theologisch bearbeitet worden. Die Liturgie muss mit großer Sorgfalt und Bewusstsein für die äußere Form vorbereitet und gefeiert („inszeniert") werden; auf diesen Aspekt ist jedenfalls wesentlich mehr zu achten, als das in der evangelischen Kirche lange Zeit der Fall war. Die Übungen zur „Liturgischen Präsenz“ nach Thomas Kabel haben hier einen großen Fortschritt erbracht. In seinem letzten Buch hat Kabel auch die Predigt ausführlich bedacht (Kabel 2011); darauf ist aber erst im formalen Kapitel näher einzugehen (→ §§ 38–39). An dieser Stelle geht es mir nicht um die inszenatorische Kompetenz der predigenden Person, sondern grundsätzlich um das Verhältnis von Theaterkultur und Predigt.

4.2

In vergleichbarer Weise wie das Museum richtet sich auch das Theater an die Zeichenfunktion, an die symbolisierende Funktion des Geistes. Kunst beruht auf dem Vermögen des Menschen, zeichenhaft Bedeutung auszudrücken. Ähnlich wie beim kindlichen Symbolspiel, das bei Kindern zwischen drei und vier Jahren beginnt und bei dem sie in Rollen anderer Personen schlüpfen, um diese zu imitieren und zu verfremden, erzählt und zeigt das Theater Geschichten von Personen, die wie Du und Ich sind und doch ganz anders: fürsorglich und intrigant, resigniert und euphorisch, aus gutem Grunde nachtragend und grundlos heiter. Das Theater zeigt das Dasein als euphorisierend und deprimierend, als komisch und tragisch, als abgründiges und absurdes Existieren. Alle großen Theaterstücke sind im Grunde säkulare Äquivalente für die *conditio humana* des sehnsuchtsvollen, des irrenden und leidenden Menschen, der scheitert oder gerettet wird. Auf den theologischen Begriff gebracht: *Der Mensch, wie er uns auf der Theaterbühne begegnet, ist der nicht ganz geglückte, der sündige, aber als solcher doch liebenswerte, der gerechtfertigte Mensch.*

4.3

Es ist von daher nicht überraschend, dass sich Theater und Religion / Kirche in den letzten Jahrzehnten stark einander angenähert haben. Beide sind interessiert an der Art und Weise, das Dasein und Sosein des Menschen in der Sicht- und Darstellungsweise des jeweils anderen kennenzulernen. Das Theater profitiert von der schonungslosen Sündenlehre der Kirche, die evangelische Predigt von der hochsensiblen Zeichnung des irrenden Menschen im Theater. So lässt sich sagen, dass die Erlösung des Menschen die verborgene gemeinsame Mitte der evangelischen Predigt und der theatralen Inszenierung darstellt.

4.4

Evangelische Theolog:innen werden jedenfalls in den letzten Jahren vermehrt zu „Theaterpredigten“ eingeladen, die in der Regel eine bestimmte Inszenierung des örtlichen Theaters zum Gegenstand haben. In Entsprechung zu der mehrfach formulierten These, dass es in der evangelischen Predigt nicht Texte zu predigen gilt, sondern die gute Botschaft von der Güte Gottes mit Hilfe von (biblischen) Texten, kann selbstverständlich auch gut über Ibsens „Nora" und die menschenfreundliche Liebe, über Tschechows „Möwe" und den Alltag unter der Sehnsucht nach einem erfüllten Leben oder über Goethes „Faust" und das Böse gepredigt werden. Man wird in einem solchen Fall das Evangelium von Jesus Christus über einen oder mehrere biblische Texte einspielen, die man in einen Dialog mit den Gestalten auf der Bühne zu bringen sucht. Dabei kommt es darauf an, dass man beide Texte in ihrem religiösen Konzept ernstnimmt und zu Wort kommen lässt.

Eine besondere Chance und Herausforderung bieten die „Gesamtkunstwerke" (Dichtungen und Opern) von Richard Wagner, weil sie das christliche Erlösungsgeschehen aufnehmen und im bekannten dreifachen Sinne aufheben. Das ist etwa im „Lohengrin", im „Fliegenden Holländer" und im „Parsifal" der Fall (Meyer-Blanck 2012). Zumeist ist es die Erlösung durch Liebe, durch die Liebe einer Frau, die als Umformung des Evangeliums in Szene gesetzt wird: „Doch kann dem bleichen Manne Erlösung einstens noch werden, / fänd' er ein Weib, das bis in den Tod getreu ihm auf Erden!" (Fliegender Holländer: Senta). Was nach den biblischen Autoren Gott tun kann, das wird von Wagner dem Menschen, genauer: der Frau zugeschrieben bzw. aufgebürdet. Dazu lässt sich in einer Art Lehrpredigt mit 1 Kor 13 und Joh 3,16 der Unterschied zwischen dem biblischen und dem Wagner'schen Verständnis der Erlösung durch Liebe herausarbeiten.

4.5

Der große Vorteil der Theaterpredigt besteht jedenfalls darin, dass das säkulare Theaterstück die biblische Rede von Gott verfremdet, so dass man der Predigt jenseits von frommen Klischees zuhören kann; er besteht aber auch darin, dass die biblische Botschaft von der Rechtfertigung die Interpretationsspielräume des Theaterstücks erweitert. Man weiß eben *nicht* schon immer zuvor, was das Bild von einem erfüllten Leben enthält, welche Liebe dem Menschen guttut bzw. ob und wo dunkle Mächte und Strukturen des Bösen tatsächlich wirksam sind. Theater und biblische Predigt ergänzen einander bei dem analytischen Urteil über das alltägliche Leben, über das, was uns lange zermürbt, um erst danach lebensbedrohlich zu werden und über das, was unlösbar scheint und doch schließlich zur Resilienz verhilft und das Dasein lebenswert macht.

5 Die „Kanzelrede"

5.1

Den umgekehrten Weg wählt das inzwischen vielfach eingeführte Modell der „Kanzelrede". Dabei predigt nicht eine Pfarrperson an einem fremden Ort (Museum, Theater), sondern eine Persönlichkeit aus der Kultur auf einer kirchlichen Kanzel. Um den Unterschied zwischen einer solchen und einer üblichen Predigt auf den Begriff zu bringen, nennt man solche Kanzelauftritte von Kulturschaffenden in der Regel „Kanzelrede". Die normale Predigt ist nach CA 14 an die Ordination oder die kirchliche Beauftragung zum Predigen gebunden.

5.2

Die Auseinandersetzung darüber wurde besonders während des „Thüringer Kanzelstreits" 1999 geführt. Für das Kulturstadt-Jahr der Stadt Weimar wurden 52 (!) Personen aus Politik, Wirtschaft, Journalismus und Kultur eingeladen, „52 Sonntagspredigten" über „Gott und die Welt" zu den Texten der Perikopenordnung zu halten (1. Advent 1998 bis Ewigkeitssonntag 1999 in 22 Kirchen in Weimar und Umgebung). Es ging den Initiatoren darum, „die Welt zur Kirche sprechen" zu lassen. Die Kirche sei eine alte Kulturinstitution, die sich am Kulturstadtjahr beteiligen sollte (Hiddemann / Reifarth 2000, 11). Das Projekt löste zahlreiche und teilweise heftige emotionale Reaktionen aus, so dass bald vom „Thüringer Kanzelstreit" gesprochen wurde. Die Landeskirche betonte, dass es sich nicht um Predigten im üblichen kirchlichen Sinn handle und erklärte die Reihe im Februar 1999 für beendet (Raschzok 2014, 244f.), ließ sie kurz danach aber unter dem Titel „Gastreden" wieder zu. Doch damit begann eine lange Auseinandersetzung zwischen Kirchenleitung und gemeindlicher Basis. Man rang u.a. um die Frage, ob es sich um eine theologisch legitime und sachlich angemessene Konzeption handelte oder ob das evangelische Prinzip der ordentlichen Berufung zum Predigen („rite vocatus", CA 14) durch die Einladung der nichtordinierten Laien verunklart würde. Besonders die Einladung an Gregor Gysi traf auf Widerspruch. Er verfasste eine durchaus textbezogene Kanzelrede über Lk 18,28–30 zur Nachfolge (Hiddemann / Reifarth 2000, 115–118), hielt diese aber nie.

Der Thüringer Kanzelstreit führte letztlich zu einer sinnvollen kirchentheoretischen (bzw. prinzipiell-homiletischen) Auseinandersetzung. Es handelte sich bei dem Weimarer Projekt um den Versuch, die faktische Abgeschlossenheit des Sonntagsgottesdienstes zu überwinden. Doch das kulturelle

Argument, die Gast-Reden entsprächen dem kulturstiftenden Beitrag der reformatorischen Predigttradition, ist insofern wenig überzeugend, als dieser spezifisch *kirchliche* Beitrag von den Laien auf der Kanzel erwartet wurde (Raschzok 2013, 265).

5.3

Der klärende Ertrag des Streites besteht darin, dass man solche Redebeiträge von Laien bzw. von Nicht-Christen inzwischen nicht mehr „Predigt" nennt und nicht mehr im Rahmen eines regulären Gottesdienstes stattfinden lässt. Als „Kanzelreden" oder „Gastreden" (Hiddemann / Reifarth 2000, 17) erfreuen sie sich allerdings einer großen Beliebtheit. Neben ihrem Ereignischarakter können sie vor allem dazu führen, dass die Normalpredigten in der Gemeinde einen Qualitäts- und Aufmerksamkeitsschub erhalten. Nicht zuletzt machen sie deutlich, wie anspruchsvoll es ist, der biblischen Tradition und dem Gemeindebedürfnis gleichermaßen zu entsprechen. Die im Rahmen des Weimarer Projektes 1999 entstandenen Predigten sind denn auch durchaus ernüchternd (Hiddemann / Reifarth 2000). Gleichwohl erinnert das Genus der Kanzelrede material-homiletisch daran, dass es in der uns umgebenden Kultur eine zweite Art von „Texten" gibt, mit deren Hilfe das Evangelium eine Sprache finden kann.

6 Predigt Slam

Aus der Bewegung des „Poetry Slam", einem Wort- und Performancewettbewerb, der viele aus der jüngeren Generation begeistert hat, ist auf Anregung des Marburger Praktischen Theologen Thomas Erne (erstmals 2010) das Format „Predigt Slam" für Theologie Studierende entstanden. Dabei handelt es sich um religiöse Reden „vor einem unterhaltungsbedürftigen Publikum" außerhalb von Liturgie, und damit um ein religiöses Probehandeln (Klee 2026, 24f.). Anders als der Poetry Slam überstand das Format gut die Pandemiejahre, weil es in mehreren Landeskirchen an Aus- und Fortbildungseinrichtungen angebunden war. Einige der entstandenen Texte sind wirklich bühnenwirksam, unterhaltend und von theologischer Qualität, so z.B. „Mit alles, aber ohne scharf" von Holger Pyka aus dem Jahr 2015 (Klee 2026, 148–150). Es handelt sich bei diesem Text (Aufführungsdauer knapp fünf Minuten) um ein Comedy-Format mit existenziellem Augenzwinkern, um eine Art humoristisches Werkstück mit Tiefgang: Ein Leben „ohne scharf" gibt es nicht.

Zusammenfassung

Die Predigt ist nicht nur eine liturgische Rede, sondern auch ein Kulturphänomen. Das gilt in einer zweifachen Weise: Zum einen nimmt die Predigt Impulse aus der Kultur auf und entdeckt z.B. in Ausstellungen oder in Kinofilmen Lebensdeutungen, die sich mit den biblischen Sichtweisen des Lebens ins Gespräch bringen lassen. Zum anderen kann eine christliche Predigt zeigen, dass sie ein gewichtiger Beitrag zur Pflege und Entwicklung der Redekultur ist. Die Rede ist im sozialen Leben nicht zu ersetzen. Die Predigt redet die Zuhörenden persönlich, aber nicht privat; pädagogisch, aber nicht belehrend; überzeugend, aber nicht überwältigend an. Diese These wird anhand von Religion im Museum, von Kurzvideos auf Instagram, von Theaterpredigten und von „Kanzelreden" durch theologische Laien aufgestellt und erläutert. Die Kultur als Lebensdeutung ist nicht nur das Umfeld der Predigt, sondern auch ein zweiter Predigttext, der es verdient, genau gelesen und material-homiletisch zum Sprechen gebracht zu werden.

FÜNFTES KAPITEL

Formale Homiletik

§ 33 Der Predigteinfall: Einleitung in die formale Homiletik

Literatur: Heribert Arens / Franz Richardt / Josef Schulte: Kreativität und Predigtarbeit: Vielseitiger denken – einfallsreicher predigen, München ^{3}1977 [1974] · Tobias Braune-Krickau: Vom Suchen und Finden der eigenen religiösen Stimme in der Predigt, in: Homiletik. Akute Reflexionen – neue Impulse, hg. von Lars Charbonnier, Konrad Merzyn und Peter Meyer, Göttingen 2025, 171–183 · Ruth Conrad: Weil wir etwas wollen. Plädoyer für eine Predigt mit Absicht und Inhalt, Neukirchen-Vluyn / Würzburg 2014 (EKGP 2) · Wilfried Engemann: Wider die Verdummung des Salzes. Predigten aus dem Bauch der „Dicken Marie", Leipzig 1993 · Manfred Josuttis: Über den Predigteinfall, in: ders.: Rhetorik und Theologie in der Predigtarbeit. Homiletische Studien, München1985 [1970], 70–86 · Paul Kleinert: Homiletik, Leipzig 1907 · Michael Meyer-Blanck: Predigtmeditation zu Röm 13,1–7, in: GPM 72 (2017/18), 509–514 · Annette Cornelia Müller: Predigt schreiben. Prozesse und Strategien der homiletischen Komposition, Leipzig 2014 (APrTh 55) · Dietrich Rössler: Das Problem der Homiletik, in: Homiletisches Lesebuch. Texte zur heutigen Predigtlehre, hg. von Albrecht Beutel, Volker Drehsen und Hans Martin Müller, Tübingen 1986 [1966], 23–38 · Maike Schult: Vertrautes verfremden, in: Charbonnier / Merzyn / Meyer 2025 (s.o. Braune-Krickau), 155–170 · Alexander Schweizer: Homiletik der Evangelisch-Protestantischen Kirche systematisch dargestellt, Leipzig 1848

Die „homiletische Form" entsteht, so der erste Satz von Alexander Schweizers „formeller Homiletik", wenn der erhobene Inhalt in der predigenden Person wirkt. Die Form ist nicht schon vorher vorhanden; Form ist vielmehr „ein Erzeugnis der Kraft des Evangeliums über dich und deine Zuhörer" (Schweizer 1848, 281). Hier wird das Evangelium als eine selbstwirksame Kraft beschrieben (vgl. Röm 1,16). So treffend diese Feststellung auch aus systematischer Sicht ist, so wenig erleben viele Prediger:innen ein solches Geschehen in ihrem Alltag. Für viele ist die Predigtarbeit vor allem immer wieder ein Suchen nach einer die Gemeinde überraschenden und überzeugenden Form. Kreativität ist gefordert, Kreativität entzieht sich und erzeugt Druck. Damit kann man in dreifacher Weise umgehen.

 | HTTPS://DOI.ORG/10.1515/9783111383996-005

1 Die Kreativität kitzeln

1.1

Die formale Homiletik beginnt hier mit dem wohl interessantesten Teilthema, mit der Kreativität als dem Schlüssel zur eigenen Predigtpraxis. Dieser und der letzte Paragraph des Buches gehören zusammen: Einleitend geht es um die Bedingungen, unter denen es zu Predigteinfällen kommt, der Band wird beschlossen mit Vorschlägen für eine Schrittfolge, die zu einem Predigtentwurf (mit Vorarbeiten) führt (→ § 40).

Die Predigtvorbereitungsliteratur sucht der elementaren Angst zu begegnen, dass einem für die Predigt nichts (mehr) einfällt. Es handelt sich bei der Kreativität um eine praktische und zugleich integrative Thematik, die sich aus den prinzipiellen und materialen Fragen von selbst ergibt. Wer dieses Buch tatsächlich bis hierher gelesen hat, wird wahrscheinlich der Einschätzung zustimmen, dass die meisten prinzipiellen und materialen Gedanken durchaus Praxisrelevanz haben; doch auch die geneigte Leserin wird die eine entscheidende Frage kaum unterdrücken können: Was bringen mir alle diese Theorien, wenn ich am Freitag oder Samstag vor dem leeren Blatt sitze? Wie komme ich zu einer Predigtidee, zu einem schlüssigen Aufbau, der mich selbst überzeugt, also zu einer Rede, die ich gerne halten möchte, so dass ich andere mit Überzeugung ansprechen kann? Welche Bedingungen müssen erfüllt sein, damit ich die Gemeinde erreiche und damit es zur „Circulation“ (F. Schleiermacher, → § 12) von religiöser Erfahrung kommt?

1.2

Dazu sei zunächst eine sehr einfache Erfahrungsweisheit gestattet: Die eigene theologische Weiterarbeit, das Interesse für theologische Unterscheidungen und Entdeckungen, verbunden mit der Neugier für Lebensgeschichten und Arten der Lebensbewältigung im eigenen Umfeld, bewahren am ehesten vor dem hermeneutischen *burnout* und dem homiletischen *horror vacui*. Das Leben ist kontingent und wiederholt sich nicht. Darum ist auch die Bibellektüre an jedem Tag eine andere. Bibel und Leben geben zu denken und zu predigen.

Jeder Mensch kann schöpferisch, einfallsreich, kreativ sein, wenn er seinen eigenen Einfällen vertraut und seiner Sache einigermaßen sicher ist. Selbstverständlich gibt es wie bei allen Fähigkeiten individuelle Unterschiede. Aber es gibt auch die Möglichkeit, den eigenen Einfällen freundliche Bedingungen zu schaffen, bildlich gesprochen: Es gilt die Kreativität zu kitzeln durch entspannte, genussreiche, emotional und intellektuell erfüllte Phasen. Wenn dazu im Tages- oder Wochenplan zu wenig Zeit bleibt, muss diese eigens eingeplant werden. Die Symbolisierungsfunktion ist die vornehmste Kompetenz des Menschen. Sie gilt es täglich lebendig zu halten.

1.3

Aber wie? Charlie Chaplin beantwortete die Frage, wie man Einfälle bekommt, so: „Indem man bis an die Grenzen des Wahnsinns beharrlich bleibt. Man muss die Fähigkeit haben, über lange Zeit Seelenqualen zu ertragen und dann wieder den Enthusiasmus durchzuhalten." (Zitiert nach Josuttis 1985 [1970], 70). Folgt man – wofür einiges spricht – dem ästhetischen Paradigma der Homiletik (→ § 15.4), dann wird man besonders für alternative Genera (z.B. Predigt als Dialog oder als Reportage, Predigt als verfremdende Erzählung oder in Reimform) die Augen offenhalten, während man die beiden abgegriffensten Schemata zu vermeiden sucht: Gemeint sind die Homilie (Verlesung des Predigttextes Vers für Vers mit anschließender Erklärung und Anwendung, also die Abfolge von *explicatio* und *applicatio*) sowie die berüchtigte Themapredigt in drei Punkten („three-points-sermon"). Wie schafft man es, weder eine im Internet gefundene Predigt zu variieren (oder gar zu kopieren), noch vor lauter Anregungen und Lesefrüchten den eigenen roten Faden zu verlieren?

Kreativität bedeutet nicht nur den Überfluss an Assoziationen, sondern auch die Fähigkeit zum Hervorbringen einer Struktur. Zunächst einmal wird die predigende Person auf eine ordnende Idee aus sein, auf eine „Grund- und Vorform der Predigt und ihres Stoffes", die dann in der eigentlichen Predigt in einer Gliederung und Versprachlichung verifiziert werden muss. Bei jeder Predigt geht es zunächst um einen solchen Einfall (Rössler 1986 [1966], 37).

1.4

Positiv lässt sich die theologisch-rhetorische Kreativität bei der Predigt auf zwei Punkte fokussieren: Es geht *erstens* darum, die eigene Anschauung der Sache auszubilden, weil das Predigen nur mit der eigenen religiösen Stimme (Braune-Krickau 2025) für die Gemeinde überzeugend ist; und es gilt *zweitens* ein signifikantes Werkstück hinzubekommen, das Aufmerksamkeit schafft, Konzentration ermöglicht und Veränderung verspricht. Kurz: Den rechten Predigteinfall hat man dann gehabt, wenn sich der Pfad zur subjektiven und objektiven Besonderheit (oder Signifikanz) des eigenen *opus* auftut. Weder das Ich der predigenden Person noch die Plausibilität der zu haltenden Rede ist zeitlos. Jeder Predigttermin ist eine einmalige Gelegenheit, die so nicht wiederkehrt (Hebr 3,15).

2 Die Kreativität unterstützen

2.1

Ein wesentlicher Teil der Predigtarbeit besteht darin, aufmerksam zu sein. Diese zugegebenermaßen recht allgemeine Maxime kann konkretisiert werden durch einen erneuten Rückgriff auf die in den Prolegomena entwickelte Neun-Felder-Matrix (→ § 6.4). Dort werden die hermeneutischen, liturgischen und rhetorischen Momente des Predigens auf das „Wie" des Predigens, auf die formale Homiletik bezogen (s. die rechte Spalte der Matrix). Diese drei Momente führen bei der Vorbereitung auf Fragestellungen, die den praktischen Predigtvorgang inspirieren und das Finden von Einfällen unterstützen können.

Dabei ist es hilfreich, den Predigteinfall als Prozess und als Ereignis zu unterscheiden. Beides kann mit der klassischen rhetorischen Kategorie der „Erfindung" (*inventio*) gemeint sein. Normalerweise denkt man beim „Predigteinfall" heute an das plötzliche Aha-Erlebnis, das die bisherigen Überlegungen zugleich fokussiert und auf eine andere Ebene hebt. Das kann eine (gesamt) biblische Linie, ein thematisches Stichwort, eine Gliederung, eine ungewöhnliche Form oder eine Folge von kontextuellen Assoziationen („Moves, → § 15.5) sein. Entscheidend ist das plötzliche Empfinden, dass sich die Puzzleteile zu einem Ganzen zu formen beginnen, über das man gern eine Predigtlänge reden möchte und das mehr ist als die Summe der Einzelheiten. Man wird dann die bisherigen Vorbereitungsnotizen noch einmal durchgehen und wird schnell die Spreu vom Weizen trennen können. Die Predigtidee macht plötzlich Ergänzungen und Streichungen möglich.

In einem Satz: *Zum Suchen und Finden von Predigteinfällen (Invention) gehören das Sammeln von passenden Inhalten (allgemeine, prozessuale Invention) und die Plötzlichkeit des Predigteinfalls (spezielle, ereignishafte Invention). Beide Arten von Invention gehören zusammen*

2.2

Die klassische Rhetorik verstand unter der *inventio* dagegen das gesamte Auffinden von Predigtstoff, also wesentlich die im vorigen Kapitel behandelten materialen Aspekte; so lautete etwa die Überschrift „Homiletische Stofflehre" für das materiale Kapitel (Kleinert 1907, 41–138). Im 19. und beginnenden 20.

Jahrhundert war man um einen spezifischen „Einfall" wohl deswegen weniger besorgt, da man in der Regel von einer *dispositio* aufgrund eines dreiteiligen Themas ausging. Die Predigtidee war also identisch mit der Unterteilung (Partition) und Gliederung (Disposition) des aufgefundenen Materials. Statt nach einem Form und Inhalt umfassenden Predigteinfall Ausschau zu halten, suchte man nach einem elementaren Satz, der die Stoßrichtung des gesamten Textes und der über ihn zu haltenden Predigt umfassen sollte, nach dem so genannten σκόπος (Kleinert 1907, 147 spricht von der „Endabsicht" der Rede). Die so genannte „Skopus-Methode" war insofern problematisch, als sie Text wie Predigt auf einen Satz zu bringen versuchte und so das Bedeutungsspektrum eines Textes zu übersehen drohte. Der Weg von der Exegese über den Textskopus zum Predigtskopus war ein ausgetretener Pfad, der wenig Risiken, aber auch wenig Überraschungen bot. Die Predigt, davon war man überzeugt, „muss ein Thema haben", einen Hauptgedanken, der die Einzelheiten „zum einheitlichen und selbständigen Ganzen zusammenschließt" (Kleinert 1907, 162, dort gesperrt).

2.3

Gehen wir von der genannten homiletischen Matrix (→ § 6.4) aus, dann hat die formale Homiletik zunächst mit dem Verhältnis von Formgestalt und evangelischer Erfahrung zu tun (rechte Spalte, oberes Feld). Welche Form der Predigt hilft nach menschlichem Ermessen am ehesten dazu, dass die Hörer:innen nicht nur Informationen über einen Text bekommen, sondern in die Gedankenentwicklung des Textes als Christuszeugnis hineinkommen? Man sieht sofort, wie eng die prinzipiellen Fragen im Zusammenhang der Formfrage wiederkehren. Es ist eben nicht nur die Aufgabe, eine unterhaltsame und fesselnde Form zu finden (z.B. ein Gespräch zwischen Jesus und Judas über Joh 2,19–20, zum Abbruch und Wiederaufbau des Tempels in drei Tagen). Es soll sich vielmehr dadurch ein religiöser, persönlich-spiritueller Gewinn einstellen. Es soll möglich werden, dass die Gemeinde Abbruch und Auferstehung auf das eigene Leben bezieht und die *conditio humana* (τί ἦν ἐν τῷ ἀνθρώπῳ, Joh 2,25) neu verstehen kann. Die homiletische Form „transportiert" zwar nicht einfach einen bestimmten Inhalt; ein solches Verständnis entspräche einem unterkomplexen zweistelligen Zeichenbegriff (*aliquid stat pro aliquo*) und bliebe ohne Einbeziehung der Interpretation als dritte Zeichenstelle. Aber andererseits darf sich die Form auch nicht darin erschöpfen, irgendwie interessant zu sein. Die Imitation einer Form birgt darum die Gefahr, die gewählte Form nicht mehr kritisch zu bedenken. Die Form soll Interpretationen nicht vorgeben; aber sie soll diese ermöglichen. Formale und materiale (und prinzipielle)

Fragestellungen haben im Grunde dasselbe Ziel: ein existenziell und spirituell qualifiziertes Hören.

2.4

Auch dabei gilt die alte Maxime *variatio delectat*. Das betrifft die Form und die damit gegebene Stoßrichtung. Form und evangelische Erfahrung können in verschiedener Weise zusammenspielen. Die Predigtidee kann darin bestehen, z.B. 1Petr 3,15 (Predigttext am 4. nach Trinitatis) in eine Erzählform zu bringen und / oder die Hörerschaft zum Erzählen in ihren eigenen sozialen Kontexten aufzufordern. Oder es kann in gut reformatorischer Tradition eine unterscheidende, Lehre befördernde Predigt gehalten werden, z.B. am besonders herausfordernden, aber seltenen 23. nach Trinitatis über Mt 22,21, über Röm 13,1–7 (s. Meyer-Blanck 2018) oder über 1Petr 2,17 (dazu vgl. auch zur politischen Predigt → § 32).

Die Form evangelischer Erfahrung kann aber auch die Weisung zum guten Leben sein. Auch eine Predigt, die zum Handeln hilft, ist eine Gestalt des Evangeliums. Wenn denn ein Predigttext darauf hindeutet (wie etwa Mt 5,1–10 am Reformationstag, Mt 5,38–48 am 21. nach Trinitatis oder Lk 10,25–37 am 13. nach Trinitatis), dann erzeugt gerade eine Predigt, die Handlungsschritte operationalisiert, positive Resonanz. Die Predigt von der Rechtfertigung ist immer in zweiter Linie und manchmal ganz speziell, ethische Predigt. Das zeigen die paulinischen Briefe sehr deutlich; 1Petr 2,17 eignet sich besonders gut für konkrete Handlungshilfen in einem grundsätzlichen Zusammenhang. Ebenso ist eine Predigtreihe zu Luthers Erklärungen des Dekalogs in der festlosen Zeit des Kirchenjahres eine gute Möglichkeit.

2.5

Von den liturgischen Bedingungen und Strukturen des Predigens war in einem prinzipiellen (→ § 23) und in einem materialen Paragraphen (→ § 30) eigens die Rede. Dabei wurde deutlich, dass die Liturgie nicht nur eine grundlegende Rahmenbedingung der Predigt ist, sondern dass die Liturgie auch – schon im Zusammenspiel des Predigttextes mit den anderen Lesungen – viel Predigtmaterial bietet.

Seltener ist es der Fall, dass die Liturgie eine formale Predigtidee, einen Predigteinfall liefern kann. An dieser Stelle sei die Anregung hinzugefügt, Predigttexte bisweilen als Form einer Liturgie zu lesen und der Gemeinde zu präsentieren. Das trifft besonders auf die Psalmen zu (Ps 24 am 1. Advent; Ps 126,1–6 am Ewigkeitssonntag), aber auch auf den 1. Petrusbrief, der in der exegetischen

Literatur mehrfach als Taufliturgie interpretiert worden ist (z.B. 1Petr 2,2–10 am 6. nach Trinitatis). Außerdem lässt sich die Abfolge von Wundergeschichten (Klage – Heilungsbitte – Heilung – Dank und Lob) mit der Eingangsliturgie (Hinführung zum Kyrie – Kyrie – Gnadenspruch – Gloria – Kollekte) parallelisieren. Das ist nicht im Sinne einer Gleichsetzung zu verstehen, sondern als Hinweis zur Entdeckung von Ungewohntem, so dass sich eine Predigtidee ergeben kann.

Schließlich kann der Wochenspruch meistens als Interpretament des Predigttextes dienen, ist er doch passend zu den Hauptlesungen ausgesucht worden. Eine formale Idee kann es sein, ihn als dialogisches Leitmotiv am Beginn oder am Ende von Predigtabschnitten („Teilen" oder „Moves") zu verwenden.

2.6

Als letztes Feld aus der Matrix ist der rhetorische Aspekt im Hinblick auf den Predigteinfall zu bedenken (→ § 6.4, Feld rechts unten). Hier geht es noch einmal darum, was die predigende Person mit ihrer liturgischen Rede *will.* Grundsätzlich wird die Klarheit des Wollens am ehesten auch die Klarheit der Form ergeben, so dass sich bei einer Predigt „mit Absicht und Inhalt" (Conrad 2014) ein Predigteinfall mehr oder weniger von selbst einstellen dürfte. Wer wirklich etwas erreichen will, wird um verschiedene Mittel und Wege nicht verlegen sein.

Das rhetorische Verständnis impliziert *nicht,* das sei kurz wiederholt, die Zuhörenden zu überreden oder rednerisch zu überwältigen. Es geht vielmehr um eine *Verständigung,* so dass für die Hörer:innen die Menge an Einsichten und Handlungsmöglichkeiten vergrößert wird. Die Predigt soll Impulse geben, um das eigene Denken, Fühlen und Tun anzuregen und so den Grad der Subjekte an eigener Freiheit zu erhöhen, so wie das als pädagogisch-rhetorisches Paradox beschrieben wurde (→ § 21).

Wie aber ergibt sich genauer ein Predigteinfall aus der rhetorischen Betrachtung der Predigtaufgabe? Dazu ist ein Blick auf die *soziale* Absicht des Predigens neben der subjektbezogenen hilfreich. Man wird die eigenen Predigteinfälle fördern können, wenn man an die Gemeinschaft, an ihre Affirmation und Transformation denkt. Gerade die Episteltexte (vor allem diejenigen aus den Paulusbriefen) haben weniger die Individuen, sondern mehr die Gemeinschaft der Glaubenden im Blick. Immer wieder kann darum bei der Epistelpredigt das Spannungsfeld zwischen Subjektivität und Gemeinschaft genauer in den Blick genommen werden (etwa zu Röm 15,4–13 am 3. Advent, 1Kor 12 an Pfingsten oder 1Petr 4,7–11 am 18. nach Trinitatis).

Grundsätzlich soll jede Predigt zunächst *Affirmation* der Gemeinschaft sein. Der Bezug auf den Herrn Christus, wie er etwa im Kyrie, im Glaubensbekenntnis und im Agnus Dei aufgerufen wird, soll durch die Predigt unterstützt und argumentativ mit der Gegenwart verbunden werden, so dass man damit erneut ernsthaft rechnen kann. Die Predigt soll die Gewissheit im Christentum und die Lebensorientierung stärken (→ § 23.2.2). Diese Stärkung macht es aber erforderlich, dass sich die Gemeinschaft verändert und erneuert. Alle lebendigen Systeme sind neben Affirmation auf *Transformation* angewiesen. Die Predigt wird auch dazu ihren Beitrag leisten, indem sie in den Texten nach Spuren dieser grundlegenden Spannung sucht.

Die Einleitung der paulinischen Briefe ist in diesem Zusammenhang lehrreich. Nach einem großen Lob für die „berufenen Heiligen" in Korinth (1Kor 1,2) und dem Dank für die „in allen Stücken" reichen Korinther (1Kor 1,5) geht es ab V10f. sogleich zur Sache: Spaltungen und Streit können nicht so bleiben wie sie sind. Eine sich daraus ergebende Predigtidee für Epistelpredigten kann es sein, die Spannung zwischen Affirmation und Transformation im jeweiligen Text und in der eigenen Gemeinde zum Thema zu machen. Dass die Affirmation die Voraussetzung der Transformation ist, dürfte selbstverständlich sein.

3 Die Kreativität operationalisieren

3.1

Psychologisch kann Kreativität mit dem Begriff der „Bisoziation" umschrieben werden. Damit ist die Verknüpfung bisher getrennt gesehener Gedankenkreise gemeint, die Beziehung von zwei verschiedenen Bezugssystemen (Arens / Richardt / Schulte 1977, 18f.); ein Beispiel ist der Vergleich eines uns vorgehaltenen Spiegels mit einem Gleichnis (24).

In der deutschen Homiletik der 1970er Jahre wurde mehrfach die Psychologie der Kreativität der deutsch-ukrainischen Psychotherapeutin und Pädagogischen Psychologin Erika Landau (1931–2013) aufgenommen (Josuttis 1985 [1970]). Landaus Konzept ist besonders praktikabel, da sie für den Weg zu einer kreativen Lösung eines Problems oder einer Aufgabe vier Aspekte unterschied, die man auch als sachliche oder chronologische Abfolge verstehen kann: 1. Phase der Vorbereitung, 2. Phase der (unbewussten) Inkubation, 3. Phase der Illumination, 4. Phase der Verifikation.

Das Modell hatte schon wegen der Wortwahl eine große Einprägsamkeit und starke Sogwirkung. Es besagt nicht viel mehr, als dass vor der zufallenden Idee und ihrer Umsetzung (3. und 4.) die normale Vorbereitung und eine Zeit des Wartens (1. und 2.) gehören. Gerade die Dimension der „Inkubation" wurde von Landau plausibel beschrieben, so dass sich Prediger:innen darin wiederfinden konnten. Danach ist die Inkubation, die „Einnistung" der erhobenen Materialien im Unbewussten der Predigerin, mit Frustration und Minderwertigkeitsgefühlen verbunden („mir fällt wieder mal absolut nichts ein"). Es handelt sich um eine Phase (bzw. um einen Aspekt) des produktiven, aber zunächst ergebnislosen Wartens. Der Begriff der Inkubation ist insofern besonders konstruktiv, als er eine Art von Automatismus (vgl. Mk 4,28: αὐτομάτη) nahelegt: Kommt Zeit, kommt Einfall. Daraus ergibt sich: Bei guter zeitlicher Planung der Arbeitsschritte während der Woche verschafft der Inkubationsgedanke Gelassenheit bei der Vorbereitung und mit der Zeit wird man zu der Gewissheit finden, dass sich schließlich immer irgendeine Idee einstellt.

3.2

Treffend weist Josuttis (1985 [1970], 73f.) darauf hin, dass Kreativität nicht mit Originalität zu verwechseln ist. Kreativ soll die Predigtarbeit sein, indem sie plausible Assoziationen und eine belebende und integrierende Idee enthält. Damit ist aber nicht gemeint, dass eine neuartige Auslegung oder Form präsentiert werden muss. Die Kreativität im Sinne der strukturierenden Idee und der eigenen Stimme ist operationalisierbar, die Originalität ist eine Ausnahme, die man dem Zufall überlassen kann. In gewissem Maße kann die Kreativität also operationalisiert werden, indem man sich Zeit lässt und die – evtl. frustrierende – Inkubation zulässt. Weiterhin sollten Predigende an predigtfreien Sonntagen in die Rolle des Hörers schlüpfen und so mittelfristige Predigteinfälle vorbereiten.

3.3

Auch die Lektüre von Predigten anderer wird die eigene Kreativität anregen können. Besonders viel lässt sich z.B. aus Wilfried Engemanns Greifswalder Predigten aus der dortigen Marienkirche („Predigten aus dem Bauch der ‚Dicken Marie'") lernen. Genannt seien hier nur die Predigt unter dem Titel „Zettel an der Tür" über 1Thess 5,1–8, in der der Predigttext als Zettel im Treppenhaus begegnet und ganz am Schluss der Predigt steht (Engemann 1993, 25–29), außerdem die Predigt über Mt 22,15–22 („So gebt dem Kaiser, was des Kaisers ist") unter dem Titel „Vom Eindruck zur Prägung" (Engemann 1993, 64–67) mit der Idee von der Kirche als „Prägeanstalt", in der Menschen von Gott *beeindruckt* werden, während der Kaiser lediglich „eine leblose Steuermünze hatte [...] sich ähnlich machen können" (67). Handelt es sich bei der Predigt zu 1Thess 5 um eine formale Idee (Predigttext als Zettel und ganz am Ende der Predigt), so bei der Predigt zu Mt 22 um einen materialen Einfall zum Wortfeld „Münze / Prägung". Engemanns Predigten bieten nicht nur eine

Fülle von materialen und formalen Predigteinfällen; sie sind außerdem inzwischen schon ein historisches Dokument der Nach-Wende-Predigt im Osten Deutschlands.

3.4

Methodisch sollten zudem Schreibstrategien Anwendung finden, bei denen der Weg vom einfallslosen „leeren Blatt" zu einer Sammlung von Assoziationen führt, so dass man anfängliche Blockaden überwinden kann: „Wer schreibt, macht von einer schöpferischen Kraft Gebrauch." (A.C. Müller 2014, 106) Vielen Studierenden fehlt beim Schreiben einer Predigt nicht das einschlägige Fachwissen, sondern die Möglichkeit, verschiedene Arbeitsperspektiven aufeinander zu beziehen (A.C. Müller 2014, 316). Schreiben kann von theoretischen und definitorischen Engführungen befreien, wie sie im akademischen Studium leicht zur Gewohnheit werden können. Die Verbindung von kreativer Assoziation und nachfolgender systematischer Zuordnung ist das Geheimnis des Predigtmachens (→ § 40).

3.5

Schließlich ist das Modell der homiletischen Verfremdung zu nennen, das jüngst Maike Schult in mehreren Publikationen erneut in die Diskussion gebracht hat (Schult 2025). Die Verfremdung soll das allzu Bekannte und Selbstverständliche fremd und damit frag-würdig machen. Schult verweist als Beispiel auf eine Predigt von Sebastian Kuhlmann über Mk 8,1–9 (Speisung der Viertausend). Er erzählt die Geschichte so, dass Jesus und seine Jünger 4.000 Brote haben, aber in der Wüste nur sieben Esser. Trotzdem wird alles verzehrt – bis auf sieben Krümel. Im Anschluss kommt die Predigt dann auf den Überschuss an Lebensmitteln bei uns zurück, wo das Wunder des Verzehrens nicht geschieht, sondern Lebensmittel tonnenweise im Müll landen. Erst jetzt wird Mk 8,1–9 im Original gelesen (Schult 2025, 166f.). Verfremden soll diese Welt als eine andere zeigen und bedeutet, die Erwartungen der Gemeinde außer Kraft zu setzen, um ihre Aufmerksamkeit auf neue Weise zu erobern. An dem Beispiel wird allerdings deutlich, dass man diese Methodik nicht oft anwenden kann. Die Verfremdungs-Pointe erschöpft sich so schnell wie die Pointe eines Witzes: „Verfremdung ist eine Ressource, die verbraucht werden kann." (Schult 2025, 165f.) Aber man wird schon bei verschiedenen Texten erwägen können, die Pointe einmal erzählerisch in ihr Gegenteil zu verkehren; lohnend ist dies etwa bei besonders bekannten Perikopen wie Mt 20,1–16 (Evangelium an Septuagesimae), Lk 15,12–32 (Evangelium am 3. nach Trinitatis) oder

Lk 19,1–10 (Evangelium am 14. nach Trinitatis). Man kann von einem „Verfremden durch Antitexte" ausgehen (Arens / Richardt / Schulte 1977, 62–77). Auch Wortspiele (u.a. „Lärmprozess" statt „Lernprozess") werden empfohlen (78); das hat allerdings etwas derb Humoristisches, das an den skurrilen Wiener Barockprediger Abraham a Santa Clara (1644–1709) erinnert.

Zusammenfassung

Die Kreativität beim Predigen ist ein ersehnter, seltener und zugleich flüchtiger Gast. Bei vielen Prediger:innen, besonders bei den oft Predigenden, besteht die Furcht, dass ihnen für die nächste Predigt nichts mehr einfällt, dass ihnen wenigstens keine zündende Predigtidee mehr kommt (und treue Predigthörer:innen fürchten sich vor der ständigen Wiederkehr des Gewohnten). Angesichts dieser homiletischen Herausforderung helfen drei Strategien: Man sollte der Kreativität *erstens* eine Chance geben, indem man ihr Zeit lässt und etwas zutraut (die Kreativität kitzeln), man sollte die Kreativität *zweitens* theoretisch unterstützen, indem man sich den hermeneutischen, liturgischen und rhetorischen Stellenwert der Predigt klarmacht und daraus Predigteinfälle ableitet und man sollte *drittens* seine eigene Kreativität anregen lassen durch gelungene Modelle wie durch das kreativitätspsychologische Schema, durch einfallsreiche andere Predigten, durch die Praxis des kreativen Schreibens und durch die literarische Methodik der Verfremdung.

§ 34 Von der inventio zur pronuntiatio: Einführung in rhetorische Basiskategorien

---

i **Literatur:** Ernst Christian Achelis: Praktische Theologie Bd. II, Leipzig ³1911 · Aristoteles: Rhetorik, übersetzt und hg. von Gernot Krapinger, Ditzingen / Stuttgart 2019 [1999] · Johann Benedikt Carpzov: Hodegeticum brevibus aphorismis pro collegio concionatorio conceptum. Ein Wegweiser für Prediger in Leitsätzen (Lateinisch–Deutsch). Eingeleitet, übersetzt und hg. von Reiner Preul, Leipzig 2014 [1652] · Marcus Tullius Cicero: De oratore. Lateinisch / Deutsch, übersetzt und hg. von Harald Merklin, Stuttgart ²1991 [1976] · Hermann Hering: Die Lehre von der Predigt. II. Hälfte: Theorie der Predigt, Berlin 1905, 257–620 · Manfred Josuttis: Homiletik und Rhetorik, in: ders.: Rhetorik und Theologie in der Predigtarbeit. Homiletische Studien, München1985 [1970], 9–28 · Joachim Knape: Was ist Rhetorik? Stuttgart 2000 · Philipp Melanchthon: Elementa rhetorices, hg. von Volkhard Wels, Potsdam ²2001(Bibliothek seltener Texte in Studienausgaben 7), Potsdam 2001 · Michael Meyer-Blanck (Hg.): Handbuch homiletische

Rhetorik, Berlin / Boston 2021 (Handbücher Rhetorik 11); darin: Michael Meyer-Blanck: Was ist „homiletische Rhetorik"? (3–28) · Christian Palmer: Evangelische Homiletik, Stuttgart ²1845 [1842] · Gert Otto: Predigt als Rede. Über die Wechselwirkungen von Homiletik und Rhetorik, Stuttgart u.a. 1976 · Marcus Fabius Quintilianus: Ausbildung des Redners. Zwölf Bücher in 2 Bänden, Darmstadt ⁵2011 [1975] · Alexander Schweizer: Homiletik der Evangelisch-Protestantischen Kirche systematisch dargestellt, Leipzig 1848 · Wilfried Stroh: Die Macht der Rede. Eine kleine Geschichte der Rhetorik im alten Griechenland und Rom, Berlin 2011 · Wolfgang Trillhaas: Evangelische Predigtlehre, München ²1936 · Gert Ueding / Bernd Steinbrink: Grundriss der Rhetorik. Geschichte – Technik – Methode, Stuttgart / Weimar ³1994 [1985]

Über die Notwendigkeit und den Stellenwert der Rhetorik gaben bereits die Prolegomena (→ § 1.4; → § 5.5; → § 6.4.4) und die prinzipielle Homiletik (→ § 20.2 → § 21) Auskunft. Die dort beschriebenen Grundlagen sind jetzt für die formale Homiletik aufzunehmen und auf ihre praktischen Konsequenzen hin zuzuspitzen. In Abschnitt 1 soll der pädagogische Gehalt des rhetorischen Denkens aufgewiesen und dem Missverständnis widersprochen werden, bei der Rhetorik handle es sich um eine Sammlung von Tipps und Tricks zum Überreden (diese Ansicht wird als „instrumentelles" Rhetorikverständnis bezeichnet). Dagegen wird deutlich werden, wie sehr die formalen Fragen mit den prinzipiellen zusammenhängen. Um auf die homiletische Matrix (→ § 6.4.4) zurückzukommen: Es geht in diesem und in den folgenden Paragraphen um das Matrixfeld rechts unten, um diejenigen Formen, die der Verständigung zwischen der predigenden Person und der hörenden Gemeinde dienen. Dazu werden nach den Grundlagen des rhetorischen Predigtverständnisses in Abschnitt 2 und 3 die wichtigsten rhetorischen Kategorien erläutert und pädagogisch fruchtbar gemacht; ein kurzer 4. Abschnitt zum Verhältnis von Text und Thema schließt sich an. Insgesamt hat dieser Paragraph einen historischen Schwerpunkt innerhalb des formalen Kapitels, während Predigtziel und Predigtaufbau im Hinblick auf die Gegenwart in den beiden folgenden Paragraphen behandelt werden.

1 Rhetorisches Paradox und rhetorische Dialektik

1.1

Die Rhetorik – zunächst einmal ganz abgesehen von ihrer Rezeption in der Homiletik – muss pädagogisch, als eine Theorie der prinzipiell zunehmenden Freiheit und Autonomie verstanden werden. Die Rhetorik ist eine didaktische

Disziplin, die um Kompetenzzuwachs bei den Hörern bemüht ist (Otto 1976, 51–53). Eine gute Rede überwältigt nicht, sondern redet gut zu im Sinne vernünftiger Argumente. Die heutige Rhetorik steht nach dem hier vertretenen Verständnis ganz in der Tradition der Aufklärung. Die Redekunst dient dazu, mehr Einsicht, mehr Bildung und mehr Freiheit zu ermöglichen. Jede Rede ist ein Gespräch bzw. eine Einladung zum Gespräch.

Wie beim pädagogischen Handeln kann man auch rhetorisch von einem Zwang zur Freiheit sprechen. Der Zwang besteht darin, dass die redende Person die Zeit und die Aufmerksamkeit der Hörer beansprucht und das entschieden tut, weil sie etwas will. Die Freiheit der Adressaten besteht in dem grundlegenden aufklärerischen Imperativ: „Bediene dich deiner eigenen Einsicht!" („sapere aude!") Der Redner will etwas von seinem Publikum: Interesse, Konzentration, Offenheit für Neues. Aber auch das Publikum will etwas: Es will informiert, bewegt, unterhalten, es will bestätigt und gebildet werden, und dazu möchte es vom Redner beliefert, aber auch angegangen werden. Ein guter Schüler, eine gute Gesprächspartnerin will nicht in Ruhe gelassen werden, sondern in etwas Neues hineingezogen werden. Sonst wäre sie nicht Gesprächspartnerin, sondern Beobachterin; ein desinteressierter Schüler wäre nicht Schüler, sondern eine bedauernswerte Person zur falschen Zeit am falschen Ort. Und ein Lehrer, der nichts will („Ich habe meine Ruhe und Ihr habt Eure Ruhe"), wäre ein Verschwender von Zeit und Ressourcen. Noch einmal rhetorisch: Der Redner will etwas erreichen und das Publikum will mit der Sache des Redners ringen. Nur so gewinnt es die Freiheit, sich für oder gegen die Sache des Redners entscheiden zu können. Ein Redner muss wollen wollen.

1.2

Aus dem grundlegenden Paradox einer guten Rede als *Zwang zur Freiheit* ergibt sich eine entsprechende rhetorische Dialektik, die sich auf der Seite der redenden und der hörenden Person verschieden darstellt (Meyer-Blanck 2021, 10–16). Wer redet, ist darauf aus, dass in seinem Publikum etwas geschieht und will, dass sich dieses verändert im Verstehen, Empfinden und (oder) Verhalten. Gerade um dieses Ziel zu erreichen, wird die redende Person das Publikum zunächst bestätigen. Sie wird ihre Wertschätzung des Publikums zum Ausdruck bringen, um zu Veränderungen zu ermutigen. Beides hängt eng zusammen: Je größer die Bestätigung ausfällt, desto mehr wird das Publikum geneigt sein, sich auf Veränderungen einzustellen und einzulassen.

Dabei handelt es sich um keinen kommunikativen Trick, denn das erfahrene Publikum wird eine zu Recht empfundene Akzeptanz und echte Kompetenzzuschreibung durch den Redner von einem billigen taktischen Lob, das nur dem Erreichen der eigenen Ziele gilt, sehr wohl zu unterscheiden wissen. Wer redet, muss sein Publikum wertschätzen, um Einfluss auf es zu gewinnen; wer es dagegen als manipulationsfähige amorphe Masse verachtet, wird auch mit pseudorhetorischen Schmeicheleien nur das Gegenteil, nämlich den rhetorischen Kollaps erreichen (also den Aufmerksamkeitsverlust oder andere Störungen). Wer redet, muss sein Publikum achten und lieben (vgl. 1 Petr 2,17), um es ansprechen zu können, und aus dem positiven Bild des Publikums ergibt sich umgekehrt der Mut, diesem etwas zuzumuten. Nur so kommt Kommunikation zustande: in der Erwartung, es könne sich etwas (zum Besseren) ändern. Jeder darf sein, wie er ist, aber niemand sollte einfach so bleiben wollen, wie er ist; auch die redende Person nicht. Versteht sie die Rede als Kommunikation, dann wird sie auch mit eigenen Veränderungen rechnen; dies alles bezieht sich noch nicht auf die Predigt, sondern auf jede gute Rede.

1.3

Wer zuhört, möchte also zunächst einmal etwas Neues erfahren. Neugier ist von daher ein guter rhetorischer Antrieb (vgl. Apg 17,19–21). Wer einer Rede zuhört, möchte sodann selbstbestimmt entscheiden, was er mit dem Vorgetragenen machen wird. Einem anderen Gehör zu schenken (!) bedeutet, sicher zu sein, dass man von der redenden Person nicht als Mittel zum Zweck, sondern als Zweck angesprochen wird: Ich rechne damit, dass die Rednerin mir helfen will, meine Möglichkeiten zu erweitern.

Keinesfalls möchte man überredet oder geistig überwältigt werden. Da das Zuhören die bewusste Entscheidung ist, Ohren und Gemüt zu öffnen, bedeutet Selbstbestimmung in diesem Fall aber auch, das Überzeugtwerden zu riskieren (Apg 26,28). Hören ist Selbstbestimmung mit dem Risiko des Selbstverlusts. Zuhören führt die eigene Gewissheit an die Grenze. Das ist die rhetorische Dialektik des hörenden Selbst. Je besser die Rede, desto größer wird die Möglichkeit, sich selbst zu verlieren – wobei gerade in diesem Selbstverlust ein großer Gewinn liegen kann (1Kor 9,19–22). Hören ist immer auch die Einladung zur Überredung, weil ich der Rednerin einräume, in die Werkstatt meines Geistes einzugreifen.

Überblickt man diese paradoxalen und dialektischen Bestimmungen, wird noch deutlicher, dass es sich bei der rhetorischen Betrachtungsweise des Redens und Hörens um eine pädagogische Perspektive handelt. Einem Redner geht es um die größere Freiheit und Autonomie des Anderen, man kann auch sagen, um Bildungsprozesse; eine Gemeinschaft von Hörenden ist so selbstbewusst, dass sie sich freiwillig einer Rede aussetzt, weil sie davon Gewinn erwartet.

1.4

Was bedeutet diese Basisüberlegung nun für die Homiletik als sehr spezielle Sparte der Rhetorik? Zunächst ist festzuhalten, dass alle soeben formulierten Bestimmungen auch für die Homiletik gelten. Auch diese ist eine Hilfe zur Freiheit, ein Ringen um Lebensdeutung und Verstehen, eine Art Zwang, der sich aus dem Anliegen ergibt, die Sache Jesu weiterzusagen und dem Anderen bei der Betätigung seiner Freiheit behilflich zu sein.

Freilich ist bei der Predigt das Kommunikationsmedium ein anderes als bei anderen rhetorischen Gelegenheiten. Es ist nicht das *Recht* wie bei der Rede eines Staatsanwalts oder Verteidigers, nicht die *Macht* wie bei einer Parlamentsrede und auch nicht das *Bezahlen* wie in der Wirtschaft oder das *richtige Urteil* wie in der Wissenschaft, das die Predigt im Blick hat; es ist „allein" (vgl. Luthers Übersetzung von Röm 3,28) der Glaube, um dessentwillen die Predigt gehalten wird. Die Rhetorik des Glaubens hat es an sich, dass sachliche Beweisführungen zwar interessant, aber nicht relevant sind; und selbstverständlich sind juristische, ökonomische und politische Redefiguren für die homiletische Argumentation nicht durchschlagend, wobei die Predigt *in politicis* ihr Recht hat (→ § 31), aber eben nicht das politische Argument im Hinblick auf den Glauben. In Sachen Religion und Glaube gelten nur religiöse, glaubensbezogene Einsichten. Diese soll die Predigt so nachvollziehbar präsentieren, dass aus Glauben Glauben wachsen kann (vgl. CA 5: „fidem efficit".) Auch hier hängen formale und prinzipielle Aspekte wieder eng zusammen. Es gilt nicht nur gut zu predigen (hörer- und textorientiert, informativ und unterhaltsam), sondern auch die Freiheit des Evangeliums erfahrbar werden zu lassen. Homiletik ist die Rhetorik, die hilft, Glauben zu zeigen, zu verstehen und zu teilen; die Predigt ist jene öffentliche Rede, die evangelische Einsichten fördert, indem sie lebensbegleitend und verändernd wirkt (→ § 23.3).

2 Rhetorik und Predigtarbeit

Neben den rhetorischen Grundsatzüberlegungen sollen an dieser Stelle die rhetorischen Basiskategorien und Instrumente erläutert werden. Diese können in zweifacher Hinsicht im Zusammenhang dargestellt werden: *erstens* im Hinblick auf die Predigtarbeit, also den Vorbereitungsweg von der gestellten Aufgabe bis zum Vortrag; *zweitens* im Hinblick auf das Produkt Predigt, von der Einleitung bis zum Schluss. Die folgende Darstellung ist noch keine Anleitung zur Predigtvorbereitung, sondern soll lediglich eine theoretisch schlüssige rhetorische Abfolge vorstellen, um die rhetorische Denkweise erfassen zu können.

Im ersten Abschnitt werden die Vorbereitungsschritte skizziert, im zweiten die idealtypischen Gliederungspunkte einer fertigen Predigt.

2.1

(*inventio*) – Die *Invention* wurde schon in der materialen Homiletik in aller Ausführlichkeit behandelt. Der Begriff meint einerseits das beharrliche Suchen und Finden von Predigtmaterial, andererseits den Moment des Entdeckens einer Predigt-Idee, eines Predigteinfalls (→ § 33), der dann in ein Predigtmanuskript überführt werden kann. Bei der klassischen antiken Rhetorik wird meistens von einem (gerichtlichen, festlichen oder politischen) Fall ausgegangen, der rhetorisch in den rechtlichen oder politischen Sieg münden soll; um diesen Sieg zu erreichen, sucht man bei der *Invention* nach Material. Das Besondere beim homiletischen Fall liegt darin begründet, dass man mit dem biblischen Text schon einen materialen Schwerpunkt der Rede (Predigt) vorgegeben hat, zu dem man passendes Material hinzusucht, so dass es sich homiletisch immer um eine bedingte bzw. determinierte Invention handelt.

2.2

(*propositio – partitio – dispositio*) – Nach dem Finden des Materials in der Invention zeichnen sich im Kopf und im Gemüt Ideen und Strukturen ab. Man ahnt, was man als Redner:in wollen könnte und verifiziert die noch unsteten Ziel- und Gliederungsgedanken in einem komplexen Arbeitsschritt, der die vorläufig abgeschlossene Invention sowie Konzentration und Kreativität voraussetzt. Es entspricht der rhetorischen Logik, dass man jetzt mehrere Dinge gleichzeitig entscheiden kann und muss: das Thema bzw. die zu vertretende These (*Proposition*), die logische Struktur und Unterteilung des Themas (*Partition*), die Gliederung der Rede (*Disposition*); *außerdem* formiert sich jetzt die Art und damit verbunden das Ziel der Rede (*genus dicendi* → § 35).

Bei der Proposition, Partition und Disposition meint der Begriff jeweils den Arbeitsschritt und das Ergebnis: Die Tätigkeit der Disposition erreicht ihr Ziel in der fertigen Disposition. Bei der Partition herrschen nach der traditionellen Rede- und Predigtweise „eiserne Regeln": Das Thema muss aus dem Text hervorgehen oder auf den Text führen (Schweizer 1848, 318 [§ 179]; Schweizer unterschied noch ein Sachthema [„Kausalthema"] von einem Zweck [„Finalthema"], 316). Die Teile müssen gleichgewichtig sein, sich gegenseitig ausschließen und müssen sämtlich im Thema enthalten sein (Trillhaas 1936, 147f.). Kaum jemand wird sich gegenwärtig sklavisch daran halten; dennoch schaffen diese Regeln Ordnung in den zahlreichen, bei der Invention gesammelten

Gedanken. Bei der fertigen Predigt sorgen eine erkennbare Partition und Disposition für höhere Aufmerksamkeit in der Gemeinde.

2.3

(*elocutio und amplificatio*) – Nun folgt die wörtliche Ausarbeitung der Rede, die „Elokution" mit Argumenten und Lebenssituationen. Dazu ein Beispiel: Man kann mit Cicero und Quintilian das Prinzip der „Amplifikation" und der „Individualisierung" verfolgen (Achelis 1911, 240f.). Amplifikation (Vergrößerung) bedeutet parteiliche Steigerung, Unterfütterung einer Einsicht mit Argumenten und Beispielen, um die Zuhörenden im Sinne des Redeziels geneigt zu machen; als Instrumente nennt Quintilian Zuwachs, Vergleichung, Schlussverfahren und Häufung. Es soll durch mehrere Konkretionen für das jeweilige Argument „das Maß voll" gemacht werden. Ein Umstand wird durch Amplifikation in seiner Signifikanz und Ungeheuerlichkeit hervorgehoben. Quintilian bringt für eine Steigerung in Stufen (*incrementum*) das folgende Beispiel Ciceros: „Eine Untat ist es, einen römischen Bürger zu fesseln, ein Verbrechen, ihn zu schlagen, fast Verwandtenmord, ihn zu töten, wie aber soll ich es nennen, einen Bürger ans Kreuz zu schlagen?" (Quintilianus 2011, 191; Buch VIII 4,3; vgl. Ueding / Steinbrink 1994, 272).

Homiletisch gewendet: Eine Verhaltensweise – z. B. die Feindesliebe (Mt 5,44, Evangelium am 21. nach Trin.) – wird mit anderen Praktiken bzw. Lebenseinstellungen (Selbstjustiz, Bestrafung nach Recht, gerechter Ausgleich, persönliche Aussprache) ins Verhältnis gesetzt, so dass das Unvergleichliche des Feindesliebegebotes deutlich wird. Die Steigerung hat als Redefigur etwas Suggestives; sie sollte aber nicht zu oft gebraucht werden, denn sie nutzt sich dadurch ab.

2.4

(*memoria*) – Ist die Rede einschließlich aller gängigen Teile (dazu s. den nächsten Abschnitt) fertig vorbereitet, also wörtlich und schriftlich formuliert oder in Notizen ausgeführt, folgt die praktische Vorbereitung auf das Halten der Predigt. Bis in die 1960er Jahre war es in der Ausbildung üblich, ohne Manuskript auf die Kanzel geschickt zu werden; so verbanden sich die natürliche Aufregung vor dem Reden und die Angst vor dem Vergessen. Das hat sicher zu einigen guten Memoriertechniken geführt, sicher aber nicht zur Sicherheit und zur Verbesserung des Kontaktes zwischen Prediger und Gemeinde. Predigen muss kein Gedächtnissport sein, so wahr andererseits die *memoria* hilfreich ist, da Predigen auch nicht Vorlesen ist. In diesem Falle dürfte der Mittelweg zwischen Aufsagen und Ablesen in der Tat der beste sein: lesen, als läse man nicht, sprechen, als kämen einem gerade jetzt die wichtigen Gedanken.

2.5

(*pronuntiatio*) – Schließlich der Ernstfall: Die Predigt wird *performance* – wie und mit welchen Hilfsmitteln auch immer. Da die Aufführung entscheidend und das Predigen etwas anderes ist als eine Verlautbarung von Sachverhalten, wird der *pronuntiatio* ein eigener Paragraph gewidmet (→ § 39). Auch die rhetorische Wahrheit wird auf dem Platz entschieden.

3 Die Terminologie der klassischen rhetorischen Predigtgliederung

3.1

Wie wird rhetorisch das beschrieben, was bei der Predigtarbeit herauskommt, das Manuskript oder die gehaltene Rede? Diese Frage soll anhand der einschlägigen Sichtweise in der Reformation und in der altprotestantischen Orthodoxie beantwortet werden. Nach diesem gewissermaßen natürlichen Schema in Streitfragen kann man bis heute Stellungnahmen zu einem Problem improvisieren. Auch das besonders in den 1980er Jahren propagierte „lernpsychologische Schema" des Predigtaufbaus (→ § 35) ist nichts anderes als die klassische Gliederung der Rede, wie man sie in Philipp Melanchthons Rhetorik findet und auf die die Homiletik immer wieder zurückgekommen ist (vgl. Trillhaas 1936, 147f).

In seinen „elementa rhetorices" definiert Melanchthon Redebestandteile wie folgt: „Orationis partes sunt sex. Exordium, Narratio, Propositio, Confirmatio, Refutatio, Peroratio." (Melanchthon 2001, 66)[1] Er bezieht sich auf jede Rede, kommt aber immer wieder auf die Predigt als das ihn eigentlich Interessierende zurück.

3.2

(*exordium*) – Der Einleitung kommt die Stiftung der Beziehung zwischen Redner und Publikum zu. Das Exordium soll die Hörenden in dreifacher Weise geneigt machen: wohlwollend (beneuolos), aufmerksam (attentos) und aufnahmebereit (dociles). Melanchthon stellt sich das als eine Art small talk vor: Wie bei der Begegnung mit Freunden empfiehlt man sich zuerst oder

1 Die Seitenzahlen im folgenden Abschnitt beziehen sich auf dieses Werk Melanchthons.

entschuldigt sich für die Störung. Am Anfang soll man bescheiden auftreten und Selbstgefälligkeit vermeiden (71); nur so erreicht man Beachtung als Redner und Achtung als Mensch. U.a. Augustin rät dringend zum Kanzelgebet (*invocatio*) vor dem *exordium.*

3.3

(*narratio* und *propositio* sowie *partitio*) – Die „Erzählung" gibt an, was der Fall ist, worum es sich dreht; dann folgt direkt die These, die *propositio.* Sie ist der Kern des Sachverhaltes in der Sicht des Redners. Die *propositio* darf niemals ausfallen (nunquam omitti potest), denn sie markiert den entscheidenden Punkt der zu führenden Auseinandersetzung (73). Der Zuhörer muss wissen, was er zu erwarten hat. Die *partitio* (*divisio*) erwähnt Melanchthon nur am Rande. Er versteht sie als Modus der *propositio*: Man soll die These so formulieren, dass den Zuhörenden die zu erwartenden Teile vor Augen stehen

3.4

(*confirmatio und confutatio, auch tractatio; transitus*) – Es folgt der schwierigste Teil, denn er soll die These, die Sicht der Angelegenheit durch den Redner, begründen und beweisen. Jetzt muss argumentiert werden. Dazu soll der gesunde Menschenverstand und die Methode der Dialektiker helfen. Die *confirmatio* ist gewissermaßen das nachgetragene Fundament für die *propositio.* Ohne Fundament bricht die ganze Rede zusammen (79). Die *confutatio* ist das Gegenstück zur *confirmatio,* die Widerlegung der gegnerischen Argumente. Eine wichtige Figur ist hier die Unterscheidung, die einen Sachverhalt anders zu bewerten und damit das gegnerische Argument zu erschüttern sucht (81). Die Übergänge zwischen den Teilen (*transitus*) sollen den Zuhörern helfen, die Thematik besser zu erfassen; der *transitus* ist deshalb weder zu verstecken noch schulmäßig zu markieren (Achelis 1911, 258).

3.5

Die *peroratio* (auch *epilogus* genannt) kann die *propositio* bekräftigend wiederholen und emotional unterfüttern. Der gute Redner weiß, wie er Mitleid oder Hass zu erregen vermag, um seine eigene Sache zu führen und die der Gegner zu schwächen (85). Die abwägende Dialektik des Hauptteils der Rede ist jetzt zugunsten der eigenen Absicht überwunden und das Ziel der Rede steht ganz im Mittelpunkt. Es geht zur Sache. Die redende Person macht endgültig klar, was sie will.

3.6

Ein Jahrhundert später hat der Leipziger Prediger Johann Benedikt Carpzov (1607–1657) dieses inzwischen in der lutherischen Orthodoxie eingebürgerte Schema ausführlich kommentiert.[2] Von den Empfehlungen Carpzovs sind einige bis heute beherzigenswert. Das *exordium* soll den Text loben und empfehlen; es soll sich vor allem auf drei bis fünf Sätze beschränken (89). Im Zentrum der *propositio* soll bei einer thematischen Textpredigt eine grundlegende Kategorie (*locus communis*) stehen, damit die Zuhörenden von vornherein Klarheit gewinnen. Als Beispiel nennt Carpzov die *propositio* „die wahre Beschreibung der ernsthaften und rechten Buße" zur Geschichte vom Pharisäer und Zöllner (Lk 18,9–14); dieser Text war damals wie heute das Evangelium am 11. nach Trinitatis (93). Bei der anschließenden *partitio* ist die primäre (logische Gliederung der *propositio*) von der sekundären (Folgen für die Durchführung der Argumentation) zu unterscheiden (97). Zur *tractatio* gehören Explikation, Applikation sowie die Mischung von beiden: keine Anwendung ohne Text, keine bloße Texterklärung ohne Anwendung (107; vgl. 135). Dieses Prinzip hat man bis in die Homiletik der Gegenwart wiederholt, denn offensichtlich ist die akademische Abfolge Exegese – Lebenspraxis nach dem Theologiestudium von großer Sogwirkung. Die *confutatio* soll „für die Kanzel maßvoll und umsichtig" ausfallen (127). Der Predigtschluss soll nicht zu spät kommen und nicht abrupt sein; der Würde der Predigt ist eine deutliche Schlussbemerkung (*peroratio* bzw. *epilogus*) angemessen (139).

4 Rhetorik und Bibeltext

4.1

Im Laufe der Homiletikgeschichte hat sich die Betrachtung des Verhältnisses von Proposition, Partition und Bibeltext immer mehr in den Vordergrund geschoben. Das kann man schon beim Übergang von Melanchthon zu Carpzov deutlich erkennen. Carpzov gliedert den Gedanken und die Rede anhand einer aus der Perikope entwickelten Proposition. Die klassischen rhetorischen Regeln, wie sie auf Cicero und Quintilian zurückgehen, waren dagegen primär an einem politischen oder gerichtlichen *casus* orientiert und nicht an einer regelmäßigen, letztlich anlassfreien Zusammenkunft mit einer textbasierten *memoria*. Die regelmäßige (Sonntags-) Predigt lässt sich nur schwer als Kasualrede deuten, in der es um eine bestimmte, rhetorisch zu beeinflussende

2 Carpzov 2014 [1652]; die folgenden Nachweise beziehen sich darauf.

Entscheidung geht. Gepredigt wird gegenwärtig meistens, weil der Sonntag da ist. Umgekehrt wird kaum ein Gottesdienst anberaumt, weil gepredigt werden muss.

4.2

Darum sind die in der materialen Homiletik erläuterten Perikopenreihen so wichtig. Sie konstituieren einen *casus* von dem jeweiligen Predigttext her, so dass z.B. Berufung (5. nach Trinitatis), Taufe (6. nach Trinitatis), Abendmahl (7. nach Trinitatis) und Israel (10. nach Trinitatis) eine Art von kasueller Kontur ergeben. Auf diesem Hintergrund ist dann zu entscheiden, wie Proposition, Partition und Argumentation beschaffen sein sollen. Die formale Homiletik des 19. Jahrhunderts hat darum viel vom Schweiße der Edlen eingesetzt, um das Verhältnis von Proposition, Partition und Text, von Text und Thema zu klären. Damit hat man sich derjenigen zentralen materialen und formalen Frage gestellt, die die Homiletik von der Allgemeinen Rhetorik unterscheidet: Der biblische Text ist eben doch ein Fremdkörper im Kontext der klassischen Rhetorik.

Damit bekommt die Homiletik, jedenfalls die christliche und die evangelische, doch noch eine kasuelle Note. Die evangelische Predigtlehre ist Text-Rhetorik. Da die Kirche als Gestalt des Wortes vorgestellt wird, stellt sich darum bei jeder Predigt die Frage: Wie kann durch die heutige Rede die Kirche konstituiert, modifiziert, aufgebaut werden?

4.3

Sieht man die umfangreichen Lehrbücher der Homiletik und der Praktischen Theologie aus der Blütezeit des Faches um 1900 durch, dann spürt man, wie diese mit der Verhältnisbestimmung von Proposition und Text gerungen haben. Kunst und Künstlichkeit, Logik und Schematismus liegen hier nahe beieinander; doch es handelt sich um Entwürfe, aus denen man viel lernt.

Hermann Hering beispielsweise bringt in seinem Kapitel zur „homiletischen Kompositionslehre“ (Hering 1905, 506–536) viele Themenformulierungen zu verschiedenen Texten und Typen; hier hat man gleichzeitig ein Panorama dessen, wogegen sich dann die dialektische Theologie wenden sollte. Ein einfaches, den Psalm umfassendes Thema lautet: „Der Herr ist mein Hirte“ (zu Ps 23). Er ist 1. Versorger, 2. der rechte Führer, 3. Beistand (508). Zu Phil 4,4–7 (4. Advent) lautet ein Thema: „Die Nähe des Herrn hebt unsern ganzen Lebensstand“. Dazu gehören 1. Die Freude, 2. Die Gelindigkeit, 3. Das Vertrauen (ebd.). Das Thema sollte das Ganze des Textes abbilden.

Ernst Christian Achelis umkreist die Frage von Propositio, Text und Thema in vier Anläufen (Achelis 1911, 223–239): Text und Thema (§ 178), Verhältnis der Teile zum Thema (§ 179), Proposition und Text (§ 180), Analytische (Homilie) und synthetische (Thema-)Predigt (§ 181). Will man es auch gegenwärtig mit einer Themapredigt versuchen, dann sind zwei praktische Regeln bei Achelis wertvoll: „das Thema sei kurz, klar, wohllautend" (227) sowie: je einfacher, desto besser – „Simplex sigillum est veri" (230).

Zusammenfassung

Die Rhetorik wird in diesem Paragraphen zuerst als eine pädagogische Denk- und Handlungsform beschrieben. Der wahre Rhetor / die wahre Rhetorin hat eine klar kommunizierte Absicht mit der Rede: Diese zielt darauf, die Zuhörenden in die präsentierte Sache zu verwickeln und so ihr Wissen und Unterscheidungsvermögen, ihre Kompetenzen und Freiheiten zu erhöhen. In spezifischer Hinsicht ist eine Rede zunächst ein Eingriff in das Leben der Hörenden, welche ihrerseits der redenden Person ihr Ohr und ihre Zeit leihen. Alles das lässt sich auf die Predigt übertragen. Auch sie ist eine gemeinsame Anstrengung auf dem Weg zu höherer Bildung und Freiheit. Danach werden rhetorische Grundkategorien für den Weg von der Invention bis zum Vortrag sowie Grundbegriffe des Aufbaus der Predigt erläutert; hier geht es um die Gliederung vom Exordium über die Proposition bis zur Peroratio, die noch heute wichtige Gesichtspunkte bietet. Am Schluss stehen wenige Beispiele für den Zusammenhang von Predigttext und Predigtthema zu Beginn des 20. Jahrhunderts.

§ 35 Ziel und Art der Predigt: Genera dicendi und Sprechakte

Literatur: Aristoteles: Rhetorik, übersetzt und hg. von Gernot Krapinger, Ditzingen / Stuttgart 2019 [1999] · Aurelius Augustinus: Die christliche Bildung (De doctrina Christiana), übers. und hg. von Karla Pollmann, Stuttgart 2002 · John L. Austin: Zur Theorie der Sprechakte, Stuttgart ^{2}1972 · Peter Bukowski: Predigt wahrnehmen. Homiletische Perspektiven, Neukirchen-Vluyn ^{3}1995 [1990] · Marcus Tullius Cicero: De oratore. Lateinisch / Deutsch, übersetzt und hg. von Harald Merklin, Stuttgart ^{2}1991 [1976] · Ruth Conrad: Weil wir etwas wollen. Plädoyer für eine Predigt mit Absicht und Inhalt, Neukirchen-Vluyn / Würzburg 2014 (EKGP 2) · Wilfried Engemann: Einführung in die Homiletik, Tübingen / Basel [2002] · Hermann Hering: Die Lehre von der Predigt. II. Hälfte: Theorie der Predigt, Berlin 1905, 257–620 · Manfred Josuttis: Homiletik und Rhetorik, in: ders.: Rhetorik und Theologie in der Predigtarbeit. Homiletische Studien, München 1985 [1970], 9–28 · Joachim Knape: Was ist Rhetorik? Stuttgart 2000 · Frank Michael Lütze: Absicht und Wirkung der Predigt. Eine Untersuchung zur homiletischen Pragmatik, Leipzig 2006 (APrTh 29) · Philipp Melanchthon: Elementa rhetorices, hg. von Volkhard Wels (Bibliothek seltener Texte in Studienausgaben 7), Potsdam 2001 · Michael Meyer-Blanck (Hg.): Handbuch homiletische Rhetorik, Berlin / Boston 2021 (Handbücher Rhetorik 11); darin: Michael Meyer-Blanck: Was ist „homiletische Rhetorik"? (3–28) · Marcus Fabius Quintilianus: Ausbildung des Redners. Zwölf Bücher in 2 Bänden, Darmstadt 52011 [1975] · Alexander Schweizer: Homiletik der Evangelisch-Protestantischen Kirche systematisch dargestellt, Leipzig 1848 · Wilfried Stroh: Die Macht der Rede. Eine kleine Geschichte der Rhetorik im alten Griechenland und Rom, Berlin 2011 · Wolfgang Trillhaas: Evangelische Predigtlehre, München 21936 · Gert Ueding / Bernd Steinbrink: Grundriss der Rhetorik. Geschichte – Technik – Methode, Stuttgart / Weimar 31994 [1985]

Inhalt und Form der Predigt hängen sehr eng miteinander zusammen. Das wissen die Predigttheoretiker nicht erst seit der ästhetischen Wendung in den 1980er Jahren. Schon die klassische Rhetorik war aufmerksam für die Verbindung von Redeumstand und Redegestalt, für das, was „der Fall ist". Die Rhetorik bezeichnet das als das *genus causarum* oder *genus dicendi;* und für das, was in der Predigt erreicht werden kann (sachliche Klärung, emotionale Berührung oder Bereitschaft zum Handeln) greift die Rhetorik auf die Theorie der Sprechakte („to do things with words") zurück. Reden heißt Handeln und was für ein Handeln jeweils möglich ist, das bestimmen die Umstände. Das wusste auch Martin Luther, der das Wort faktisch subjektiviert hat: Das Wort ist Akteur. Es hat Macht, wenn es auch oft gerade nicht die Folgen zeitigt, die man sich von ihm erhofft. Jedenfalls kann man ein gesprochenes Wort nicht zurückholen. Die Welt kann danach als eine andere dastehen. Die Macht des Wortes bleibt kontingent.

Es ist von daher nicht verwunderlich, dass man die Wortwirkungen mit Hilfe von Theorien wenigstens teilweise in den Griff bekommen und operationalisieren möchte. Wenn wir merken, dass wir mit Worten Dinge tun (z. B. eine Wahl annehmen oder Übereinstimmung signalisieren), dann ist es naheliegend, dass wir dafür nach Kategorien suchen. Zwei der wichtigsten, die antike Unterscheidung der Redearten und die im 20. Jahrhundert entstandene Sprechakttheorie, werden im Folgenden erläutert.

1 Etwas wollen

1.1

Wer laut vernehmbar redet (und nicht nur flüsternd mit der Nachbarin), muss mit dem eigenen Redebeitrag etwas wollen, um seine Protagonistenrolle zu rechtfertigen. Wer aus der Menge der Versammlung heraustritt, muss performativ Gründe dafür geltend machen, oder, negativ formuliert: Wer bei einem festlichen Essen an sein Glas klopft und sich dann unverrichteter Dinge wieder hinsetzt, weil er nicht weiß, ob oder was er reden soll, hat das Vertrauen in ihn als Redner (und als Person) entscheidend erschüttert. Das Publikum muss von Anfang an den Willen des Redners spüren, etwas zu bewirken. Dieser Wille ist das Kapital, von dem die Rede zehrt. Gänzlich kontraproduktiv ist dagegen die geheime Botschaft: Ich rede, weil ich jetzt reden muss, obwohl ich eigentlich nichts zu sagen habe. Nun verhält es sich mit der Predigt aber gerade so: Wer predigt, tut dies, weil es Sonntag und 10.30 ist – und nicht, weil es ihn drängt, etwas zu sagen. Umso wichtiger ist es, bei einer Routine-Rede wie der Predigt die Erforschung des eigenen Willens mit besonderer Sorgfalt zu betreiben. Nur wer will, erzeugt Resonanz, handle es sich um Zustimmung, Widerspruch oder eine fragende Haltung. Wenn Ruth Conrad ein „Plädoyer für eine Predigt mit Absicht und Inhalt" formuliert (Conrad 2012), dann handelt es sich streng genommen um eine Redundanz, denn das Predigen muss prinzipiell als ein Reden „mit Absicht und Inhalt" verstanden werden.

Predigen heißt entschieden predigen, sonst wäre es kein Predigen. Wer predigt, stimmt der viel kritisierten „Einbahnkommunikation" zu, ist aufmerksam für ihre kommunikativen Chancen und überlegt, wie den Zuhörenden zu mehr Handlungsfreiheit verholfen werden kann. Entschieden reden heißt, für die Freiheit eintreten und entschieden predigen heißt, die glaubende Lebensdeutung zu unterstützen. Und wer die eigene Einflussnahme auf die Zuhörenden mit Argwohn betrachtet, wird immerhin zugeben, dass die Predigt wirken soll: Sie kann Entdeckungen machen lassen, Empathie erzeugen, Handlungsoptionen und Alternativen erwägen lassen.

Die gelungene rhetorische Leistung führt nicht dazu, dass das Publikum eine bestimmte Sicht oder Handlungsweise qua Überredung übernimmt, sondern dazu, dass es nun genauer weiß, was zu tun sein könnte. Eine gute Predigt ist die Vermehrung von Optionen auf dem Weg zur „herrlichen Freiheit der Kinder Gottes" (Röm 8,21). Was schon in der Beschreibung der rhetorischen Dialektik (→ § 34.1) deutlich wurde, soll jetzt vertieft werden: der Rekurs auf die pädagogische Tiefenstruktur der Rhetorik und die damit gegebene Eignung für die Homiletik.

2 Beraten, berühren, entscheiden – die Bedeutung der antiken „genera causarum" („genera dicendi")

2.1

Die Rhetorik der Antike war ganz auf die tatsächlichen Herausforderungen des Redners bezogen. Dabei hatten sich drei idealtypische Arten von Fällen (*genera causarum*) bzw. drei Redeweisen (*genera dicendi*) abgezeichnet: 1. die klärende, kognitiv geprägte Rede, wie sie dem Plädoyer vor Gericht entspricht; 2. die emotional ansprechende Rede, wie sie vor allem bei Festreden (Einweihungen, Geburtstagen, Jubiläen) gefragt ist; 3. die handlungsbezogene Volksrede, zumeist im politischen Zusammenhang, wobei das Ziel in der Regel die Beeinflussung des Willens der Zuhörenden im Sinne des Redners ist. Schon Aristoteles unterschied die Beratungs-, Gerichts- und Festrede (Aristoteles 2019, 19f. [1358b]). Der theoretische Gewinn besteht darin, dass diese Beobachtungen den Inhalt der Rede, die redende Person und die Zuhörenden im Zusammenhang in den Blick bekommen, also das konstitutive „kommunikative Dreieck" umreißen (Engemann 2020, 219). Außerdem machen die drei Redearten deutlich, dass der Modus des Redens (genus dicendi) oft schon mit dem Modus des Falles (*genus causae*) gegeben ist. Man redet an einem Festtag (in der Regel) nicht über einen juristischen Streitfall und vor Gericht spricht man sachlich und nicht vergnüglich. Die causa macht den Fall.

2.2

Die Gerichtsrede klärt die Ereignisse der Vergangenheit, die Festrede bündelt die Emotionen der Gegenwart und die Volksrede hält zum Tun des Guten in der Zukunft an. Zusätzlich kann man in den Zielsetzungen auch die drei Dimensionen der in der Pädagogik geläufigen Lernzielorientierung wiederfinden: Die Gerichtsrede und die Lehrpredigt wirken kognitiv, die Festrede wirkt emotional berührend und die handlungsorientierte wirkt ethisch-moralisch und damit pragmatisch. Quintilian berichtet von sieben Typen, hält dann aber an der Dreizahl von *genera* fest; die Systematisierung nach der Kommunikation des Guten, Nützlichen und Gerechten lehnt er ab, weil es sich um eine Aufteilung handle, die „mehr fix und fertig" als wahrheitsgemäß sei (Quintilianus 2011, 301 = III,4,16).

Nun handelt es sich gewiss um keine reine und sich gegenseitig ausschließende Typologie. Jede wirkliche Rede, die nicht gerade eine reine Fest-, Beratungs- oder Gerichtsrede ist, hat etwas von allen drei Typen an sich und jede Predigt enthält ebenfalls Anteile von docere, flectere und movere. Es kommt entsprechend bei der Reflexion von Ziel und Art der jeweiligen Predigt darauf an, sich des eigenen Schwerpunktes bewusst zu sein und dabei zu variieren. Eine klärende Lehrpredigt hat ebenso ihr Recht wie die berührende Festpredigt und die zum Handeln helfende ethische Predigt. So kann die Theorie der *genera dicendi* vor Einseitigkeiten und Schematismus bewahren und helfen, verschiedene Predigtarten in den Blick zu bekommen. Wie die meisten Typisierungen gehört auch diese rhetorische Trias stärker in den Entdeckungszusammenhang als in den Realisierungszusammenhang: Es handelt sich um keine Anleitung zum Predigen. Im Überblick:

TABELLE 1 Redegenera und Lernen

Redegelegenheit	**Genus und Handlungsweise des Redens**	**Parallele zur Lernzieldimensionierung**
1. Klärende Predigt (in Analogie zur Gerichtsrede) Fokus: Vergangenheit	γένος δικανικόν docere (probare): das Wahre	kognitiv
2. Emotional ansprechende Predigt (in Analogie zur Festrede) Fokus: Gegenwart	γένος ἐπιδεικτικόν, delectare: das Schöne	emotional
3. Zum Handeln helfende Predigt (in Analogie zur Volksrede) Fokus: Zukunft	γένος συμβουλευτικόν, flectere (movere): das Gute	pragmatisch

Die drei Redearten haben auf die christliche Predigt von Anfang an gewirkt. Augustin (ausführlicher → § 7.4) übernahm diese aus Ciceros Rhetorik und verankerte sie damit auf Dauer in der Homiletik. Der „Kirchenlehrer" muss nach Augustin, wenn er etwas rät, „nicht nur lehren, damit er unterweist und erfreuen, damit er die Aufmerksamkeit des Zuhörers fesselt, sondern auch erschüttern, damit er siegt." (Augustin 2002, 174 = IV,XIII,79) Damit verbindet Augustin auch die Redetemperamente des Verhaltenen, des Gemäßigten und des Erhabenen. Um zu lehren, ist über eine kleine Angelegenheit verhalten zu reden, über eine mittlere gemäßigt, um zu erfreuen, während „über eine bedeutende erhaben" gesprochen werden soll (180 = IV, XVII, 95).

Luther fand die Lehr- und die Mahnpredigt in Röm 12,7f. wieder: „Dialectica docet, rhetorica movet. Illa ad intellectum pertinet, haec ad voluntatem.

[…] Et hoc duo conficiunt modum praedicandi" (WATR 2199a = BoA 7, 25). Die Dialektik diente in der Antike eher der Information, die Rhetorik der Erregung von Emotionen (Melanchthon 2001, 27–31). Melanchthon führte auf dem Hintergrund der Auseinandersetzungen um die rechte Lehre des Evangeliums in seinen „elementa rhetorices" ein viertes Genus ein, das *genus didaskalikon*. In der Gegenwart, so Melanchthon, reiche es nicht aus, nur beratende Predigten zu halten; man müsse vielmehr die Menschen „nach Art und Weise der Dialektiker über die Lehrinhalte der Religion unterrichten" (33).

3 Das genus liturgicum als Alleinstellungsmerkmal der Predigt

3.1

Nach dem extensiven und intensiven Ausbau von Religionsdidaktik und Unterricht ist es allerdings unangemessen, das Ziel der Predigt so stark auf die Lehre zu konzentrieren, wie das in der Reformationszeit angemessen war. Die Lehre ist nur eine Dimension der heutigen Predigt. Auch die anderen antiken Redeanlässe (*genera causarum*) sind von begrenztem homiletischem Erklärungswert. Die Predigt ist keine Gerichtsrede, auf die Sieg oder Niederlage der eigenen Partei folgt; sie ist auch keine Beratungsrede, die eine Entscheidung in Gemeinde oder Kirche vorbereitet. Die Predigt ist schließlich nur in Maßen eine Unterhaltungsrede, in der man die Sachverhalte in ein versöhnliches Licht taucht und Lob oder Tadel genießt.

Das Eigentliche der Redegattung Predigt ist vielmehr der Bezug auf das Gebet der im Namen Jesu versammelten Gemeinde. Die Predigt bereitet das Gebet des Eröffnungsteils des Gottesdienstes (A, Eröffnung und Anrufung) nach, fasst den Wortteil (B, Verkündigung und Bekenntnis) zusammen und bereitet den Fortgang (C, Abendmahl und D, Sendung und Segen) des Gemeindegebets vor. Die Predigt expliziert die Liturgie als die Begegnung von Gott und Mensch. Das Evangelium, dass Gott in seiner Güte und Treue dem Menschen nahe sein will, wird so mitgeteilt und dargestellt, dass es für die Lebensgeschichte der anwesenden Menschen an Deutungskraft gewinnt. Der eigentliche Gehalt der Predigt ist nicht von juristischer, politischer oder festlicher Art; er zielt vielmehr auf die *Deutung* des eigenen Daseins als eines verdankten und geleiteten Lebens. Auf diese liturgische Kontur der gottesdienstlichen Rede wurde schon mehrfach hingewiesen: Die Predigt ist öffentliche religiöse Rede im liturgischen Kontext (→ § 23.3.3). Das ist ihr Spezifikum.

3.2

Die genannten *genera causarum* aus der Antike sind von daher Verfremdungen und nicht eigentlich Erläuterungen dessen, was in der Predigt geschieht. Das Eigentliche der Predigt ist vielmehr das deutende, hermeneutische und semiotische Element, das durch die Liturgie ermöglicht wird. Die Zeichen der Heiligen Schrift, des gefeierten Ritus und des täglichen Lebens deuten auf Gott, das ist das *opus proprium* der Predigt. Ihr Hauptziel ist es, dass die eigene Lebensgeschichte von der Jesusgeschichte her als Gottesgeschichte gedeutet wird.

Es ist damit das deutende Element, das den Kern der Predigt ausmacht. Das liturgische Umfeld fundamentiert das homiletische Reden durch ein Zeichenensemble, das solche Deutungen ermöglicht. Darum ist das liturgische als das basale *genus* der Predigt hinzuzufügen. Es ist zugleich ein hermeneutisches *genus*, indem es nach den Bedingungen fragt, die dazu verhelfen, die liturgischen und homiletischen Zeichen als Gotteserfahrung deuten zu können. Die Predigt unterbricht den Ritus, um ihn zu deuten und das Deuten der Zeichen zu thematisieren.

TABELLE 2 Die Predigt als liturgische Rede

4. Ritualbewusste Rede (Gottesdienstliche Predigt)	γένος σεμιοτικόν (genus liturgicum, performativum, rituale): das Gute, Wahre und Schöne experire, credere	kognitiv, emotional und pragmatisch

4 To do things with words: Sprechakte und Predigtziele

4.1

Das gesprochene Wort wirkt. Das ist nicht nur ein theologischer, sondern auch ein sprachpragmatischer Satz. Nach einem Lob, nach einer Beleidigung, nach einem Geständnis, einer Liebeserklärung oder einer Rücktrittsankündigung ist diese Welt eine andere. Das gilt auch bei weniger außergewöhnlichen Akten wie Mitteilungen, (rhetorischen) Fragen oder sachlicher Kritik. Mit unseren Worten machen wir etwas, wirken und handeln wir – ob wir das rhetorisch gutheißen oder lieber verdrängen.

Das betrifft zunächst die Makroebene der Predigt, ihren Gesamtcharakter und die grundlegende Stoßrichtung, wie dies aus der Theorie der Redegattungen (*genera causarum*) hervorgeht. Die Art und Weise der Kommunikation mit den Zuhörenden lässt sich auch auf der Mikroebene analysieren. Hier sind es einzelne Absätze, Sätze oder Satzbestandteile, die die Verständigung zwischen der redenden Person und den Hörern leiten. Besonders mit der untergründigen, uns oft gar nicht bewussten Pragmatik der Sprache hat es auch die Predigt zu tun. Wir handeln täglich mit Worten – doing things with words.

Am geläufigsten ist der Imperativ. Mit dem Satz „Bitte öffne die Tür!" suchen wir eine andere Person in Bewegung zu setzen. Aber schon der konstatierende Satz „Es hat geklingelt!" kann denselben Aufforderungscharakter haben. Und schließlich kann auch die rhetorische Frage „Müsste sie nicht längst da sein?" anderes und mehr beinhalten als die Mitteilung eigener Unsicherheit. Sprache dient nicht nur dem Austausch von Informationen, sondern auch von Emotionen, Intentionen und Wünschen. Sprechen heißt Handeln. Die Bedeutung (Semantik) eines Begriffes oder Satzes wird durch den Kontext (Syntaktik) und die in ihm handelnden Personen (Pragmatik) entschieden; Bedeutung von Zeichen wird jeweils ausgehandelt, so der verhaltenstheoretische Semiotiker und Linguist Charles W. Morris (1901–1979).

4.2

Der Oxforder analytische Philosoph John L. Austin (1911–1960) hat diesen Zusammenhang in seinen Harvard-Vorlesungen 1955 herausgearbeitet und Tatsachenfeststellungen („lokutionär") von Aufforderungen („illokutionär") unterschieden. Austin interessierte sich für solche Aussagen, die keine bloßen Konstatierung von Tatsachen sind. Er ging dabei von „performativ" genannten Äußerungen aus wie „Ich nehme XY zur Frau", „Ich taufe dieses Schiff auf den Namen ..." oder „Ich vermache meine Uhr meinem Bruder" (Austin 1972, 28f.) Solche Aussagen entsprechen Redeformen, die wir aus der Liturgie kennen. Sie kommen nur performativ zustande, wenn dies verabredet und die Personen autorisiert sind; solche Äußerungen können scheitern, wenn die Rahmenbedingungen nicht erfüllt sind. Spielen etwa Kinder eine Taufe und verwenden im Rollenspiel sogar die entsprechenden Worte, ist das Kind dennoch durch diesen Akt nicht getauft. Austin bringt als Beispiel den Satz eines christlichen Ehemannes in einem christlichen Land an seine Frau: „Ich entlasse dich." (Austin 1972, 47f.) Diese Sprechhandlung wird wegen der juristischen Rahmenbedingungen scheitern. Daraus folgt, so Austin, „dass die konstative Äußerung wahr oder falsch sei, während die performative glücke oder nicht" (75).

Performative Äußerungen erkennt man auch an dem Wort „hiermit" (81; etwa bei Einführungen und Eröffnungen, aber in der Predigt wenig relevant).

4.3

Diese Feststellungen lassen sich auf Gottesdienst und Predigt übertragen. Das betrifft schon den liturgischen Gruß „Im Namen des Vaters und des Sohnes ...". Er kann scheitern, etwa durch die Vermischung von Begrüßung und Gruß („Ich möchte Sie herzlich begrüßen im Namen des Vaters ..."). Bemerkenswert ist die Entlassung mit der Aufforderung „Gehet hin im Frieden des Herrn!" Dieser Sprechakt wird gegenwärtig in der Regel nicht ernst genommen: Man setzt sich daraufhin wieder zum Nachspiel. Die Predigt beginnt gewöhnlich mit einem performativen Sprechakt, mit dem optativischen Kanzelgruß (Röm 1,7) und endet ebenso (in der Regel mit dem Votum Phil 4,7). Die Predigt kann auch insgesamt als performativer Sprechakt angesehen werden, weil sie nur dann glückt, wenn sie von der Gemeinde als Dialog mit Gott gedeutet wird. Der Prediger setzt mit seiner Sprechhandlung und Sprechhaltung ein Wirklichkeitsverständnis, das vom Konstatieren von Tatsachen kategorial zu unterscheiden ist. Die Predigt ist Dialog mit Gott im Medium menschlichen Mitteilens und Darstellens. Beide Aussagen dieses Satzes unterliegen dem performativen Vorbehalt: Sie können glücken oder scheitern.

4.4

Frank M. Lütze hat sich in seiner Arbeit „Absicht und Wirkung der Predigt" mit diesem rhetorischen Problem befasst und vermerkt, dass die Predigt auch unter dem ästhetischen Paradigma missverstanden werden kann, nämlich als zu genießendes Kunstwerk. Lütze beharrt – zu Recht! – darauf, dass die Predigt grundsätzlich ein „intentionales Geschehen" und keine „absichtslose Kunst" ist (Lütze 2006, 65). Bei der Sprach-Kunst kommt es nicht auf die elaborierte Form an, sondern mehr auf die „persönliche Durchdringung" der Predigtaussage (66).

Dazu unterscheidet Lütze fünf Typen von Sprechakten: Assertiva (Behauptungen), Direktiva (Aufforderungen), Kommissiva (Versprechen), Expressiva (Selbstausdruck) und Deklarativa (entsprechen Austins performativen Handlungen wie z.B. „Hiermit eröffne ich die Sitzung."). Dabei werden Kommissiva und Deklarativa in einer Predigt selten sein. Wichtig ist nun, dass die Bedeutung der Predigt nicht an einzelnen Verben oder Sätzen hängt, sondern im Gesamtzusammenhang bestimmt wird. Beispielsweise können sich hinter vielen Behauptungen versteckte Appelle verbergen (z.B.: „Wer an die Auferstehung glaubt, wird anderen helfen, gegen Ungerechtigkeit aufzustehen"). Besonders insistiert Lütze darauf, dass man größere Einheiten (ca. 5–10 Zeilen) sprechaktbezogen analysieren muss, um der Wirkung der Predigt auf die Spur zu kommen. Er überschreibt entsprechende Abschnitte von Gesetzespredigt mit „Problemkataloge", „Münchhausens Ausweglosigkeit" und „düstere Kulissen", solche mit Evangelium mit „geliebte Versager" oder „Entzauberung der Sünde".

Insgesamt geht es um die Pragmatik der Predigt, also nicht um die Frage: „Was willst du sagen?", sondern um die Frage: „Was willst du mit dem, was du sagst?" – wobei aber de facto ein Missverhältnis zwischen „theologischer Richtigkeit und pragmatischer Kraftlosigkeit" herrsche (Lütze 2006, 295). Lützes Leitvorstellung ist darum der Weg zu einer absichtsvollen Predigt. Das entspricht erkennbar der rhetorischen Orientierung der Predigt, wie sie in letzter Zeit in der Literatur und auch in diesem Buch mehrfach angemahnt wurde (Conrad 2014; → § 21.1; → § 34.1).

4.5

Für das Entwerfen einer Predigt, insbesondere für eine Predigt mit Vorarbeiten und Begründungen im Examen (→ § 40), ist eine genaue Zielreflexion notwendig. Diese kann in Analogie zur Dimensionierung von Zielen bei der Unterrichtsplanung erfolgen: Meine Absichten können sich auf das Wissen und Verstehen (kognitiv), auf das Fühlen und Empfinden (emotional) und auf das Wollen und Handeln (pragmatisch) beziehen, wobei es sich in der Regel um eine Kombination von Zielen handeln wird. Ich werde mich dafür entscheiden zu informieren und zu erläutern (im Stil der Lehrpredigt), zu berühren, anzuregen oder zu beruhigen (im Sinne der Fest- oder Kasualpredigt) oder zu bitten, zu warnen und zu appellieren (ethischer Schwerpunkt). Dabei sollen die Verben in Zielformulierungen möglichst konkret sein; bei der pädagogischen Lernzielorientierung legt man sogar Wert auf die Beobachtbarkeit beim Erreichen von Zielen. Die Ziele „ansagen", „herausstellen", „vermitteln" sind dagegen zu allgemein und darum zu vermeiden.

5 Spezielle rhetorische Fallen: Behauptungen, homiletisches „Wir" und indirekte Appelle

5.1

Ein besonderes homiletische Problem ist der Sprechakt des Behauptens („Christen glauben an die Auferstehung"). Diese Redeform dominiert viele Predigten, obwohl sie in der Alltagssprache nur eine untergeordnete Rolle spielt.

Man sollte eigene Predigten kritisch daraufhin sichten und nach Alternativen suchen. Möglich ist etwa die Frage („Wie sagen dann aber einige unter euch: Es gibt keine Auferstehung der Toten?“, 1Kor 15,12), die Aufforderung („Glaubt an das Evangelium“, Mk 1,15) oder der Wunsch („Ich möchte aber, dass ihr ohne Sorge seid“, 1Kor 7,32). Paulus argumentiert, appelliert, klagt, bittet, kritisiert und fordert auf und bringt damit sich selbst ins Spiel.

Anfänger:innen beim Predigen stellen dagegen oft mehrere („richtige“) dogmatische Ist-Sätze hintereinander, ohne diese persönlich oder situativ zu profilieren. So entstehen leicht Behauptungsketten, die aufgrund des Mangels an eigener Durchdringung blass bleiben. Sehr lesenswert ist dazu der homiletische „Lasterkatalog“, den Wilfried Engemann in der 1. Auflage seiner Einführung zusammengestellt hat (Engemann 2002, 1–76; dort 39–41 zu Problemen mit den Sprechakten).

Man sieht sofort, wo das Problem liegt: Konstatierende, behauptende Sprechakte lassen die redende Person aus dem Spiel. Für eine Tatsachenfeststellung muss ich mich nicht haftbar machen lassen, für Fragen, Wünsche und Aufforderungen dagegen schon. Es handelt sich dabei nämlich um Eingriffe in das Deutungsmonopol der Zuhörenden. Ich riskiere stumme oder gar hörbare Rückfragen, Zurückweisungen oder Weigerungen, der Aufforderung nachzukommen, kurz: Ich riskiere Widerspruch. Das wollen viele Predigende vermeiden. Die Menge von Tatsachenbehauptungen verweist auf eine Hemmung des homiletischen Ich (→ § 38) und diese auf einen Mangel an rhetorischer Klärung. Wer mit seinen Worten nicht handeln möchte, zieht sich auf Beschreibungen, exegetische Fakten und Referate von Lehrbeständen zurück. Trifft diese Diagnose zu, dann ergibt sich daraus das Ziel, das rhetorische Selbstbewusstsein beim Predigen und damit das Ich auf der Kanzel zu stärken. Die Klarheit des Redners ist demokratisch, weil sie hilft, Einstellungen, Positionen und Handlungsoptionen offen zu legen und verhandelbar zu machen. Wer „Ich“ sagt, macht sich erkennbar und angreifbar.

5.2

Eine besondere Klippe ist darum das homiletische „Wir“. Es soll Prediger und Hörer gemeinsam umfassen und so das Autoritätsgefälle zwischen Kanzel und Kirchenbank senken. Aber wer „wir“ sagt, verschleiert die rhetorische Kommunikation, in der nun einmal eine einzelne Person einer Gruppe gegenübertritt. Das „wir“ versteckt die Person und die eigentliche Absicht der Predigerin: Will sie anklagen, werben, informieren, auffordern, warnen oder loben? Meistens steckt hinter dem homiletischen „wir“ ein verdeckter Appell. „Wir sollten mehr für die Generationengerechtigkeit tun“ heißt so viel wie: „Ich fordere

Euch auf, mehr zu tun". Allgemein bekannt ist die Problematik rhetorischer Fragen: „Sollten wir nicht alle mehr gegen den Hunger in der Welt tun?" lautet übersetzt: „Ich bitte Sie: Geben Sie bitte mehr für unser Projekt xy!" Besonders problematisch sind gehäuft auftretende Fragen, hinter denen sich indirekte Appelle verbergen (Bukowski 1995, 68f.).

Formuliert man dagegen solche rhetorischen Wir-Fragen in Bitten um, ergibt sich eine deutlich auffordernde Redeweise – und der Prediger weiß, was er tut. Die hörende Gemeinde kann dann mit Zustimmung oder Kritik reagieren und wer predigt, setzt sich dieser bewusst aus. Es kommt zu einem (inneren) Dialog, zu einer wirklichen „Homilia". Man sollte seine Predigten immer wieder kritisch prüfen, was die „Wir"-Rede angeht.

Zusammenfassung

Die antike Theorie der Redetypen und die moderne Theorie der Sprechakte haben nur eine begrenzte produktionsorientierte Bedeutung für das Entstehen einer Predigt: Man wird nicht von einem Redegenus oder einem Sprechakt her eine Predigt konzipieren. Dagegen ist die predigtanalytische Relevanz sehr groß. Beide Analyseinstrumente sind dazu geeignet, Absichten und Schwächen der eigenen rhetorischen Kommunikation aufzudecken. Vor allem wird man sie dann recht gebrauchen, wenn man sie im Sinne einer inneren Haltung versteht. Sie dienen dazu, nicht nur den gepredigten Inhalt in den Blick zu nehmen, sondern auch die Hörer:innen und die Form der Kommunikation mit ihnen als eine wirkliche „Unterredung unter Freunden" (Homilia) zu verstehen und entsprechend zu gestalten: offen, dialogisch und risikobereit. Gezielte kritische Aufmerksamkeit verdienen zudem Behauptungen, ein gehäuft auftretendes „Wir" und rhetorische Fragen. Eine Predigerin soll nicht nur Fragen stellen, sondern sie soll auch Antworten wagen. Dafür ist sie schließlich Predigerin. Fragen haben die Leute ohnehin genug, auch ohne Predigt.

§ 36 Gestalt und Aufbau der Predigt

Literatur: Karl Barth: Fürchte Dich nicht! Predigten aus den Jahren 1934 bis 1948, München 1949 · Peter Bukowski: Predigt wahrnehmen. Homiletische Perspektiven, Neukirchen-Vluyn ³1995 [1990] · David Buttrick: Homiletic. Moves and Structures, Philadelphia 2020 [1985] · Alexander Deeg: Preaching towards God. Eine messianisch-metamoderne Fokussierung Dramaturgischer Homiletik, in: Homiletik. Akute Reflexionen – neue Impulse, hg. von Konrad Merzyn, Göttingen 2025, 139–154 · Wilfried

Engemann: Einführung in die Homiletik, Tübingen / Basel 2020 [2002] · Hermann Hering: Die Lehre von der Predigt. II. Hälfte: Theorie der Predigt, Berlin 1905, 257–620 · Manfred Josuttis: Über den Predigtanfang, in: ders.: Rhetorik und Theologie in der Predigtarbeit. Homiletische Studien, München 1985 [1970], 166–186 · Manfred Josuttis: Über den Predigtaufbau, ebd., 187–200 · Manfred Josuttis: Über den Predigtschluss, ebd., 201–215 · Paul Kleinert: Homiletik, Leipzig 1907 · Martin Nicol: Einander ins Bild setzen. Dramaturgische Homiletik, Göttingen 2002 · Friedrich Niebergall: Wie predigen wir dem modernen Menschen? Bd. II: Eine Untersuchung über den Weg zum Willen, Tübingen ³1907 [1906] · Friedrich Niebergall: Praktische Theologie. Lehre von der kirchlichen Gemeindeerziehung auf religionswissenschaftlicher Grundlage, Bd. II: Die Arbeitszweige, Tübingen 1919 · Horst Nitschke (Hg.): Erzählende Predigten, Gütersloh ²1977 · Gottfried Voigt: Die geliebte Welt. Homiletische Auslegung der Predigttexte. Neue Folge Reihe III, Göttingen ²1986 [1980]

1 Zwischen Kairos und Schematismus

1.1

Die neuere Homiletik (nach der Wort-Gottes-Theologie) weiß zu wenig über den Predigtaufbau, während die alte Homiletik (im „langen“ 19. Jahrhundert) eher zu viel darüber zu sagen wusste. Da wurde die Geduld des (lernenden) Lesers mit Kaskaden von Partitionsregeln herausgefordert und unzählige Beispiele für ein derart klein gearbeitetes (operationalisiertes) Predigtthema ließen einen beim Lesen schier schwindelig werden. Doch schließlich kam immer wieder fast dasselbe dabei heraus: der klassische „three-points-sermon“, der jeden Text unter ein Thema mit drei selbständigen, jedoch zusammenhängenden Teilen zu bringen verstand, eine kurze Einleitung zum Kirchenjahr oder Gemeindesituation voranstellte und mit einer aktuellen *applicatio* als ethische Nutzanwendung schloss.

Im Grunde folgte diese Predigtweise denselben Zielen wie die Homiletik des 21. Jahrhunderts auch: Es sollte textgemäß, gemeindegemäß und evangeliumsgemäß gepredigt werden und darüber hinaus auch persönlichkeitsgemäß, da es ja der Prediger selbst war, der jeweils das Thema aus dem Text zu entwickeln hatte. Und drei Punkte ließen sich beinahe zu jedem Text und jedes Jahr erneut finden. Insofern war man zweifellos auf einem homiletisch sachgemäßen Wege – wäre da nicht dieser elende Schematismus gewesen, der sich aus dieser eigentlich variationsorientierten Predigtform (jeder Text ermöglichte ja viele verschiedene Themen) entwickelt hatte.

1.2

Es kommt für die hörende Gemeinde darauf an, dass sowohl der Inhalt als auch die Form abwechslungsreich ist und dass der Hörer nicht die Predigt nach wenigen Sätzen auch selbst halten könnte. Zu vermeiden ist die ständige Wiederholung bestimmter Lieblingsgedanken der predigenden Person, aber auch das ständige Einerlei in der Form. Das Evangelium ist zwar verlässlich, aber eben auch an jedem Morgen frisch und neu (EG 440,1). Darum ist die schlimmste zu vermeidende Irrlehre die Langeweile. Das Evangelium hat Nachrichtencharakter und ist keine festgeschriebene Doktrin. Die Verkündigung des Evangeliums sollte entsprechend *pro loco et tempore* den Eindruck des Neuen und Unerhörten hinterlassen; eine Wieder-holung sein und keine bloße Wiederholung. Wer anfängt mit dem Predigen, wird sich von vornherein Variationen in der Form angewöhnen und auf Dauer sollte sich keine „Normalform X" für die große Mehrzahl der *causae* verfestigen.

Aus der Homiletik stehen verschiedene Grundformen der Predigt ebenso zur Verfügung wie unterschiedliche Weisen, die Predigt zu beginnen und zu schließen. Schon das bewahrt den Prediger vor einer ihn selbst langweilenden Routine und die Gemeinde vor dem Aufmerksamkeitsverlust. Man sollte darum hin und wieder etwas bislang Unbekanntes versuchen. In der folgenden Betrachtung wende ich mich vor allem dem Hauptteil der Predigt zu, danach kurz dem Anfang und dem Schluss.

2 Synthetisch und analytisch: Die beiden klassischen Grundformen der Predigt

2.1

Die wissenschaftliche Homiletik des 19. Jahrhunderts unterschied die „synthetische" Grundform, bei der ein thematischer Gedanke aus den Textaussagen gebildet wird, von der „analytischen", die die Aussagen des Textes auseinandernimmt und wieder zusammensetzt. Die Themapredigt geht demnach synthetisch vor, die Homilie analytisch (eingehend zum Begriffsgebrauch Kleinert 1907, 159f.; kritisch zu dieser herkömmlichen Unterscheidung Hering 1905, 423f.). Bekannt ist Claus Harms' (→ § 13.4) Bonmot, die Homilie sei ein Ruhepolster für träge und geistesarme Pfarrherren (Hering 1905, 424).

2.2

Die kunstvolle Art der Teilung des Themas („Partition" oder „Disposition") führte dazu, dass das Hören einer synthetischen Predigt eine starke

Konzentrationsleistung war. Die Analogie war trotz aller gegenteiligen Bemühungen der akademische Vortrag, dem man zu folgen suchte. Die Entwicklung hin zur synthetischen Predigtweise hängt wahrscheinlich mit dem jahrhundertelangen Perikopenzwang (→ § 27.3) zusammen. Wer Jahr für Jahr am 3. nach Trinitatis über den „Verlorenen Sohn" (Lk 15,12–32) zu predigen hatte, konnte sich nicht mit einer versweisen Auslegung und auch nicht mit einem Generalskopus („Rechtfertigung") aus der Affäre ziehen, weil in beiden Fällen die Wiederholungsgefahr zu groß gewesen wäre. Mit dem synthetisch-thematischen Verfahren konnte man zu diesem Evangelium über die Langmut Gottes reden, im Hinblick 1. auf unsere verfehlten Entscheidungen, 2. auf unsere Sünde, 3. auf unseren Kleinglauben; oder man predigte über unsere Umkehr zu Gott 1. durch einen erneuerten Glauben, 2. durch eine dankbare Liebe, 3. durch eine festliche Hoffnung. Der Berliner Hofprediger Ernst von Dryander (1843–1922) predigte z.B. über Mt 19,16–26 (reicher Jüngling) unter dem Thema: „Christus und die guten Menschen" mit der Teilung: „1. Es gibt einen Anziehungspunkt zwischen beiden. 2. Es gibt einen Scheidepunkt zwischen beiden. 3. Diese Scheidung muss erkannt werden, um den Herrn recht zu finden." (Hering 1905, 514f.) Der Heidelberger und dann Marburger Praktische Theologe Friedrich Niebergall (1866–1932) karikierte die synthetische Normalpredigt um die Jahrhundertwende folgendermaßen:

> Zu den Dingen, die schon beim ersten Gedanken an Kirche und Predigt auf die Gähnmuskeln wirken, gehört auch die übliche Form der Predigt. Man weiß ja, wie das alles bestimmt vor sich geht. Zuerst sagt er ‚Die Gnade' und dann sagt er jedes Mal mit genau denselben Worten ‚Die Worte heiliger Schrift, die wir …' und dann liest er seinen Text und dann sagt er ‚Heiliger Vater, heilige uns …' und dann beginnt es ‚Im Herrn Geliebte' und dann fängt er vom Texte an zu reden oder vom Kirchenjahrsonntag oder auch einmal vom Wetter und dann sagt er ‚Wir wollen reden von der Langmut Gottes, die uns trotz unsrer Schwachheit immer noch trägt' und dann sagt er erstens, zweitens, drittens und dann fängt es an und hört eine halbe Stunde nicht auf und dann, wenn er beginnt mit ‚so lasst uns denn', dann ist das Ende nahe, aber manchmal dauert es noch etwas. (Niebergall 1907, 106)

Ein gutes Jahrzehnt später spottete Niebergall nicht mehr, sondern brachte in seiner „Praktischen Theologie" sogar noch die Unterscheidung zwischen „Partition" (= Thema unter verschiedenen Aspekten) und „Division" (Zerlegung des Themas in seine Komponenten); z.B. zum Thema „Sei getreu!" (Offb 2,10?) könne die Partition sein: Treue im Beruf, Treue im Leiden; die Division dagegen: Treue als Ausdauer, Geduld und Beharrlichkeit (Niebergall 1919, 200). Es entstehen also zwei sehr verschiedene Predigtthemen; dennoch wird man annehmen können, dass dabei der Stil und der Eindruck, den die Predigt hinterließ, sehr ähnlich waren.

Man sieht an der Diskussion über diese klassische Weise des „synthetischen" Predigens, wie eng Form und Inhalt zusammenhängen. So wurde aus der inhaltlich variierenden Form ein Schema, das für die Erfahrung von Langeweile beim Predigthören stand. Nichts ist wohl heutzutage so verpönt wie die Drei-Punkte-Predigt. Dabei ist diese als *eine* Form, die besonders bei theoretisch unterscheidenden Predigten zur Lehre und zur Ethik Verwendung finden kann, durchaus ernst zu nehmen. In die Gegenwart reicht diese Form in den Predigtvorbereitungen von Gottfried Voigt (zu allen sechs Perikopenreihen). Zum „verlorenen Sohn" lauten bei ihm Thema und Teilung: „Der Verlorene ist wiedergefunden! 1. Das Haus des Vaters steht ihm offen. 2. Offen sollte ihm auch das Herz des Bruders sein." (Voigt 1986, 294)

Bei der synthetischen Predigtweise besteht die Kunst darin, ein solches Thema zu generieren, das aus dem Tiefengehalt des Textes hervorgeht, das aber gleichzeitig in die Gemeindesituation redet, ohne dass der Text in Einzelzüge zerfällt („Perlenschnur-Predigt"). An der synthetischen Predigtweise ist damit das Bemühen zu würdigen, 1. dem Text zu entsprechen, 2. vom Gemeindebedürfnis auszugehen und 3. zur Persönlichkeit des Predigers zu passen. Mit einer Analogie aus der Didaktik lässt sich die Suche nach einem schlüssigen Thema mit der unterrichtlichen „Elementarisierung" parallelisieren. Auch in der Predigt geht es um elementare Inhalte, Strukturen, Erfahrungen und Lernmöglichkeiten. Die Frage nach dem Elementaren ist am Zusammenspiel von Text und Theologie, von Predigerin und Hörer interessiert. In diese vielfache und bunte Relationalität gilt es sich bei der Vorbereitung hineinzudenken. Die Partitionsüberlegungen der synthetischen Predigtweise sind nicht so skurril, wie sie aus dem Abstand heraus erscheinen mögen.

Die explizite Mitteilung des Themas an die Gemeinde (meistens nach der Einleitung und der Textlesung) kommt heutzutage kaum mehr vor. Diese erscheint den meisten Prediger:innen zu schulmeisterlich-akademisch und an den wissenschaftlichen Vortrag angelehnt. Stattdessen beginnt man lieber mit einem Begriff oder einem Satz aus dem Text, mit einer kurzen Begebenheit aus der Gemeinde oder, noch lieber, mit einem Erlebnis in der eigenen Vergangenheit und entwickelt daraus eine Themenstellung, die als solche, aber auch im Licht des Predigttextes behandelt wird.

2.3

Die Wort-Gottes-Theologie bevorzugte dagegen die analytische Predigt (= Homilie), die nach wenigen Bemerkungen zum Text kommt und diesen

Schritt für Schritt erläutert und auslegt, wobei *explicatio* und *applicatio* nicht getrennt sind, sondern der erklärte Text selbst zum Herzen der Hörerin sprechen sollte. Am Schluss steht am besten eine zusammenfassende Wiederholung des Textes und ein Gebet. So soll die Gemeinde vor der Dispositionskunst der Prediger geschützt werden und der Text selbst zum Reden kommen. Karl Barth begann seine Predigt über Lk 5,1–11 (Fischzug des Petrus) in der Bonner Schlosskirche am 1.7.1934, wenige Wochen nach der Barmer Synode, mit der Textlesung und fuhr dann fort:

> Liebe Gemeinde! In der Mitte dessen, was wir gehört haben, leuchtet ein Licht, von dem möchten wir wohl sagen: Es leuchtet zu hell, als dass unsere Augen es fassen könnten. Da werden Worte gesprochen, von denen wir wohl gestehen könnten: Damit können wir nichts anfangen. Da geschieht etwas, das scheint einfach keinen Raum zu haben inmitten des Geschehens unserer menschlichen Lebenstage, Lebensordnungen, Lebensmöglichkeiten. Jesus Christus! (Barth 1949, 9)

Der Prediger ist sofort beim Text und dem „einen Wort Gottes“ darin. Er geht den Text danach ausführlich durch und schließt mit der Bemerkung, an diesen Worten gebe es nichts zu erklären. Die letzten beiden Sätze lauten: „Wir können sie nur hören. Wir können sie nur wahr sein lassen.“ (17) Die Worte aus Lk 5,1–11 stehen im Vordergrund und ihre Reihenfolge strukturiert die Predigt. Zugleich ist dieser Beginn mit der kurzen Bemerkung „Damit können wir nichts anfangen“ nahe bei der Gemeinde.

Doch auch die analytische Methode macht etwas mit dem Text. Sie zergliedert, erklärt, gewichtet und appliziert die einzelnen Aussagen im Sinne der Predigerin und der Gemeinde – und das ist gut so. Denn eine Predigt ist immer die Aneignung des Textes und seine Zuspitzung auf die Gemeindesituation. Dass der Text selbst redet ohne den Einfluss eines Auslegers, das ist ein Mythos bzw. eine Metapher. Ein vorgelesener und präsentierter Text „redet“ immer vermittelt durch eine redende Person.

2.4

Bei dem Urteil über die herkömmliche synthetische und analytische Predigt wird man die Möglichkeiten einer bestimmten Form von der tatsächlichen Ausführung unterscheiden müssen. Die (synthetische) Themapredigt ist nicht mit dem künstlichen Schematismus gleichzusetzen, den Niebergall mit Spott überzog. Und die analytische Predigt muss nicht bequem und geistesarm sein, etwa nach dem Muster: Einleitung zum Text und Sonntag, Erklärung Vers für

Vers (*explicatio*), Anwendung auf die Gegenwart (*applicatio*), dogmatisch-ethisches Fazit; eine solche Predigt könnte die einigermaßen routinierte Predigerin aus dem Stegreif halten, evtl. mit minimaler exegetischer Vorbereitung für ein paar Stichpunkte. So etwas „ist noch nicht Homilie, ist überhaupt nicht Predigt" (Kleinert 1907, 157). Andererseits lassen sich auch drei Punkte für eine synthetische Predigt in kürzester Zeit entwickeln; das Predigtschema wäre dann analog, der thematische Teil ersetzt den explikativ-applikativen Hauptteil der analytischen Predigt. Hier gilt die Regel *abusus non tollit usum*. Alle Predigtweisen können schlecht ausfallen oder als Vorwand für Gedankenlosigkeit und einen Mangel an Fleiß dienen. Beide Formen sind in ihrer Reinform Predigtgeschichte. Meistens begegnet eine der in den nächsten Abschnitten zu skizzierenden (2.3 bis 2.5) neueren Grundformen oder eine Mischform. Doch weiterhin ist aus der synthetischen Form zu lernen, dass die Predigt auf jeden Fall eine sachliche und rhetorische Gliederung haben sollte. Anderenfalls übertragen sich Unklarheit und assoziative Abfolge auf die Rezipienten. Die gewohnheitsmäßige Mitteilung von drei Teilen (Partition) ist der eine Irrweg, die Aneinanderreihung von Lesefrüchten aus Exegese, Predigthilfen und Zeitung ohne Fokus und Gedankenfortschritt ist der andere. Die Mühen der genauen Bestimmung der eigenen Ziele (bzw. von „Kausalthema" und „Finalthema", → § 34.2.2; Hering 1905, 510; Kleinert 1907, 162) sowie eine eigene Gliederung des gefundenen Stoffes sind und bleiben unverzichtbare Vorarbeiten (→ § 40). Ein Prediger, eine Predigt muss wollen wollen. Anderenfalls verdunsten die Gedanken in der Routine der Wiederkehr des Gleichen oder es kommt zu einem heillosen Durcheinander. Auch wenn in der Einleitung keine Partition mitgeteilt wird, spürt man beim Hören, ob Klarheit der Gedanken herrscht oder Unschlüssigkeit.

Von der analytischen Predigt (Homilie) lässt sich dagegen lernen, dass der zugrunde liegende Bibeltext nicht nur als Materialprinzip, sondern auch als Formalprinzip gelten kann. Die Struktur des Textes – des Gleichnisses, der Weisung, des Gebets, des Psalms, des Bekenntnisses etc. – sollte für die Gestalt und Machart der Predigt genutzt werden. Das vermeintliche „Abholen" der hörenden Gemeinde kann umständlicher und retardierender sein als ein schnelles und kräftiges Einsetzen mit einer packenden Textwendung wie Lk 5,8: „Herr, geh weg von mir! Ich bin ein sündiger Mensch!" Damit ist man zugleich nah am Text und nah an der Gemeinde; Barth sagt zu diesem Vers: „[…] so stehts da und so ists wahr: Zuerst ist Jesus Christus da und fragt gar nicht danach, ob der Mensch ein Sünder ist oder nicht, sondern spricht ihn an […]." (Barth 1949, 15).

3 Didaktische, narrative und ästhetische Predigt: Neuere Grundformen

Die Jahre um 1970 erbrachten einen bedeutsamen Aufbruch in allen Sparten der Homiletik, besonders aber in der formalen Homiletik. Man war plötzlich der alten Formen ebenso überdrüssig wie der textlich und dogmatisch korrekten Predigtweise. Psychologie, Soziologie und Pädagogik wurden als Referenzwissenschaften entdeckt und man lernte viel voneinander in der evangelisch-katholischen Ökumene.

3.1

Die alte Themapredigt, die ihr Thema hauptsächlich aus dem Text entwickelt hatte, wurde durch eine Hermeneutik der Lebenssituationen verdrängt. Häufig bildete jetzt ein aktuelles Ereignis den Ausgangspunkt, woraus Fragen entwickelt wurden, die dann mit Hilfe des Textes zu bearbeiten waren. So kann man zu Mt 5,38–48 (21. nach Trinitatis) formulieren: „(Wann) Darf man sich wehren?" oder zu Mt 4,1–11 (Invokavit): „Wen erkenne ich als Autorität an?" Der Unterschied zur älteren Weise der Themenfindung besteht darin, dass jetzt nicht mehr ein Schlüssel gesucht wurde, der den Text öffnete und insgesamt prädikabel machte, sondern eine Alltagssituation mit Hilfe des Bibeltextes erschlossen werden sollte. Eine Parallele zum gleichzeitig entwickelten „problemorientierten" oder auch „sozialisationsbegleitenden" Religionsunterricht ist deutlich. Das Prinzip Ernst Langes, mit dem Hörer im Licht der Verheißung über sein Leben zu reden (→ § 15.3), eroberte die Kanzeln und veränderte die Predigt tiefgreifend. Das galt nicht zuletzt für Aufbau und Gestalt.

3.2

Eine daraus entstandene Predigtweise ist diejenige nach dem „lernpsychologischen Schema" (Bukowski 1995, 26–35). Der Grundgedanke ist, dass in der Predigt ein Problem und seine möglichen Lösungen behandelt werden. Dazu muss das Problem zunächst genau abgegrenzt werden, so dass alternative Problemlösungen erwogen werden können. Eine davon wird dann probeweise vorgeschlagen und schließlich bekräftigt. Genauer sind die Schritte die folgenden: 1. Motivation (Einleitung, entspricht dem klassischen *exordium*); 2. Problemdefinition (*propositio*), 3. Versuch und Irrtum (Erwägen von Lösungen: *confirmatio* und *refutatio*), 4. Lösungsangebot, 5. Lösungsverstärkung (Schluss, *peroratio*).

Die Predigten wurden auf diese Weise frischer, alltags- und lebensnäher. Das lernpsychologische Schema folgte dem natürlichen Verlauf, mit dem man eine

Herausforderung behandelt und prägte sich von daher leicht ein. Es ist darum bis heute gut zu verwenden und passt für verschiedenste Problemstellungen. Auch diese Predigtweise birgt Gefahren in sich, wovon die erste wiederum der Schematismus ist. Die leichte Anwendbarkeit kann zur Bequemlichkeit bei der Disposition verführen. Zweitens besteht der evangelische Glaube nicht nur aus lösbaren Problemen. Das Leid, der Tod und überhaupt die Transzendenz sind keine lösbaren Probleme, sondern Existenzbedingungen, durch die das Menschsein gekennzeichnet ist. Drittens beantwortet das Evangelium nicht nur Fragen, es stellt vielmehr auch vor Probleme, die man sonst nicht hätte. Man denke nur an die Herausforderungen durch die alttestamentliche Prophetie und durch die Antithesen Jesu (Mt 5,21–48), die Gleichnisse vom Weltgericht (Mt 25,31–46) und vom reichen Mann und armen Lazarus (Lk 16,19–31). Das Evangelium gibt bisweilen Antworten auf Fragen, die niemand gestellt hat (so wahr es auch für menschliche Fragen Lösungen bietet). Schließlich kommt es viertens darauf an, wie der Text in das Schema eingebracht wird. Kommt es erst bei der Lösung zur Beschäftigung mit dem Text, wird dieser funktionalisiert und verkürzt („Jesus hat Antworten auf alle deine Fragen"). Der Text sollte also möglichst in allen Schritten des Schemas herangezogen werden, um in einen Dialog mit den Hörer:innen zu kommen und sie an der Dynamik der Schrittfolge teilhaben zu lassen. Dann kann das Schema – selbstverständlich nicht jedes Mal! – eine große Hilfe sein, besonders bei Zeitnot. Hervorragend rhetorisch zu nutzen ist das Modell bei kurzen Statements, die man in kontroversen Diskussionen abgeben möchte. Richtig angewandt zeigt man damit Verständnis und Wertschätzung für andere Positionen und wirbt doch für Zustimmung zur eigenen Sicht der Dinge.

3.3

Eine weitere Gestalt der Predigt, die ebenfalls in den Jahren des Aufbruchs um 1970 entstand, ist die erzählende Predigt. Schon immer hatte es erzählende Passagen in Predigten gegeben, die die Gemeinde z.B. mit der Zeit der Propheten und der Zeit Jesu gleichzeitig machen sollten. Jetzt aber ging man grundsätzlich und konzeptionell von der Tatsache aus, dass die Verkündigung der Evangelien und der Apostelgeschichte selbst in der Form von Erzählungen vorliegt. Erzählungen folgt man lieber und leichter als Definitionen und Distinktionen. So handelte es sich im Wesentlichen um das Bemühen um die Aufmerksamkeit der Gemeinde und um einen Modus, der sich schnell verbreitete.

Üblich ist es etwa, Nebenzüge der biblischen Geschichte zu erzählen oder Nebenpersonen zu Wort kommen zu lassen. So kann man die Nachbarn von

Zachäus, den zu Hause gebliebenen Bruder des „verlorenen Sohnes" oder die Eltern von Bartimäus oder auch die Verwandten des Blinden am Teich Betesda die Ereignisse aus ihrer Sicht schildern lassen. Durch diese Predigtweise kann man außerdem klar machen, dass die biblischen Erzählungen selbst perspektivische Erzählungen sind, die wie alle Erzählungen eine Verbindung von Historie und Fiktion darstellen. Ganz allgemein, keineswegs nur im Hinblick auf biblische Geschichten, ist die Einsicht von Paul Ricœur (1913–2005) maßgeblich, dass Geschichte ohne fiktionale Anteile nicht tradierbar wäre und dass Historie ein Element des Fiktionalen ist, ohne das Fiktion nicht lebensfähig wäre. Historie und Fiktion sind aufeinander angewiesen und repräsentieren in ihrem Aufeinander-Bezogensein das, was wir die menschliche Zeiterfahrung nennen.[3] Das erzählende Predigen ist von daher zugleich ein hermeneutisches Predigen; wenigstens bietet es in besonderer Weise die Chance, die Texte in einem Verstehensprozess jenseits der Alternative von „wahr oder ausgedacht?" lebendig werden zu lassen. Eine solche Predigt kann nicht nur narrativ, sondern zugleich narratologisch sein.

Dennoch ist auch das erzählende Predigen kein Patentrezept. Denn erstens nutzt sich gerade diese Methode schnell ab; sie ist darum nur *ein* Modus unter verschiedenen, die man beherrschen sollte. Zweitens ist eine erzählende Predigt ein rhetorischer Sonderfall. Eine Predigt ist eine öffentliche Rede, die etwas von der Versammlung will. Eine Erzählung gehört dagegen grundsätzlich in eine kleine Runde, wo sie aus Freude an der Mitteilung weitergegeben wird („Hört zu! Ich kann Euch was erzählen..!") Es geht nicht darum, zu belehren und zu bewegen, sondern darum, zu fesseln und zu erfreuen. Die Ansicht des Erzählers tritt im Idealfall hinter die Lebendigkeit der erzählten Figuren zurück. Und damit ist die Erzählung drittens dann unpassend, wenn sie die Person des Predigers undeutlich werden lässt. Das ist freilich nur dann der Fall, wenn die Predigt als ganze eine Erzählung ist, und ab und zu ist das weniger Persönliche durchaus angenehm für beide Seiten. Dennoch bleibt es dabei: Eine Erzählung und eine Rede sind unterschiedliche Genera. Die Rede enthält in der Regel Erzählelemente; aber sie bleibt insgesamt eine Rede.

3.4

Eine größere Variabilität bietet schließlich die ästhetische Predigt, wie sie von der dramaturgischen Homiletik entwickelt wurde. Sie präsentiert das

---

3 Paul Ricœur: Zeit und Erzählung Bd. III, München 1991, 294–311 spricht von der „Überkreuzung von Historie und Fiktion" als der Gestalt menschlicher Zeiterfahrung.

„Wechselspiel von Texten und Kontexten" (Nicol 2002, 61).[4] An die Stelle der Logik der Partition tritt die Ästhetik der Bezugnahme, an die Stelle der Hypotaxe die Parataxe, denn in „einem komplexen Predigtprozess kann es überhaupt keine linearen Wege mehr geben" (59). Die Predigt bildet die Intertextualität zwischen Bibeltext, Auslegungsgeschichte und gegenwärtigen Kontexten ab. Weil von Gott letztlich nicht in Begriffen geredet werden kann, gilt es „einander ins Bild" zu setzen (65). Dieses Verständnis hat erhebliche Konsequenzen für die Gestalt und den Aufbau. Die Predigt soll kein „Thema" haben wie ein Vortrag oder ein Aufsatz, sondern einen Titel, der neugierig macht wie ein Filmtitel; z.B. zum Weinberglied Jes 5,1–7: „Ballade einer wunderbaren Liebe" (107). Der Titel kann zugleich als Leitmotiv dienen.

Die Gliederung der Predigt erfolgt nicht in partitiv logischen Punkten oder nach der Reihenfolge der Verse, sondern in Anlehnung an David Buttricks Homiletik (→ § 16.2.5) in abgerundeten Sinnabschnitten, den „moves" (Sequenzen). Ein move ist nach Buttrick eine Szene von drei bis vier Minuten Dauer, ein sachliches „Bild"; am besten vielleicht zu vergleichen mit einer „Szene" oder einem „Auftritt" in einem theatralen Drama. Eine solche Sequenz ist zügig in wenigen Strichen zu skizzieren: „The first *three* sentences in a move will embody content, connective logic, perspective, and, of course, mood." (Buttrick 2000, 79, dort kursiv) Auch die einzelnen „moves" sollen Titel bekommen, die zugleich Hinweise auf die Form enthalten sollen („Ein Gespräch ...", „Schmerzliche Erinnerung an ..."). So wechseln die Auftritte und die Sprechhandlungen. Die Predigerin kann in einem move Erzählerin sein, in einem zweiten move dagegen Rezitatorin, in einem dritten move diskutierende Beobachterin, in einem vierten ist sie Mahnerin und schließlich Prophetin. Es wechseln innerhalb einer Predigt die Formen und die Sprechhaltungen. Dadurch wird die Predigt abwechslungsreicher und durch den Wechsel auch profilierter. Gleichzeitig werden die Gefahren der klassischen Themapredigt, der Homilie und der erzählenden Predigt vermieden bzw. relativiert. Die Predigt wird zu einem Kunst(Hand-)Werk, das als eine Partitur für eine Predigt-Aufführung verstanden werden kann. Vielen der jüngeren Prediger:innen hat es in den letzten beiden Jahrzehnten Freude bereitet, derartige Kompositionen anzufertigen und zu präsentieren, denn jetzt ist tatsächlich die Inhaltsfrage als Formfrage präsent (Deeg 2015, 143).

Dennoch sind auch hier kritische Punkte zu benennen. Der erste ist die Einheit der Predigt. Das Modell kann zu der Meinung verführen, die Predigt mit den meisten Wechseln sei die beste. Die Hörer sehen viele Bilder und verlieren den Überblick. Die zweite Gefahr ist der Verlust des Rhetorischen.

4 Die folgenden Nachweise in diesem Abschnitt beziehen sich ebenfalls darauf.

Die Predigerin ist keine Kunst schaffende Autorin, sondern eine situativ eingreifende Rhetorin. Hier gelten die Bemerkungen zur erzählenden Predigt in gleicher Weise. Der dritte Kritikpunkt entspricht dem ebenfalls: Der mit mehreren Formen souverän umgehende Homilet droht zwischen Sinnsuche und Blendwerk hin- und hergeworfen zu werden und dabei zu vergessen, was das eigene rhetorische Profil ausmacht, nämlich dass er etwas will. Abgesehen von diesen drei Punkten ist das dramaturgisch-ästhetische Paradigma der Predigt einleuchtend, weil es die Routinen durchbricht und der hörenden Gemeinde viel zutraut und einiges zumutet.

Insgesamt ist deutlich geworden, dass die Diskussion der letzten Jahrzehnte viele Impulse für die Gestalt und den Aufbau der Predigt gesetzt hat und dass es sich bei Form, Gestalt und Aufbau keinesfalls um eine Äußerlichkeit handelt. Die abwechselnde Form steht dabei für die Zeitlichkeit und die situative Angemessenheit des Werkstückes Predigt. Sie ist Zeit-Kunst, Rede-Kunst und Aufführungskunst im Kontext der öffentlich gefeierten Liturgie.

4 Schwerer Anfang und schweres Ende

4.1

Angezeigt ist noch ein kurzer Anhang zur Einleitung (*exordium*) und zum Schluss (*peroratio*) der Predigt. Besonders Anfänger:innen tun sich mit der Einleitung schwer und grübeln oft lange über den ersten Satz nach. Der Schluss mit einer Wiederholung von Gedanken aus der Einleitung, mit einer pathetischen Bekräftigungen von Textpassagen oder mit einigen optativisch vorgetragenen Gesangbuchzeilen weckt ebenfalls Unbehagen. Wie also soll man anfangen?

4.2

Grundsätzlich ist es sinnvoll, mit einer der drei konstitutiven Größen des Predigtvorganges zu beginnen: mit einem Lob des Textes, mit einem exemplarisch zu deutenden Eindruck der Predigerin oder mit einer zum Text assoziierten Szene aus der Gemeinde. Bei allen dreien ist es sinnvoll, positiv einzusteigen (also nicht mit einem Stöhnen über die Perikope, mit eigenen ungelösten Fragen oder Gemeindeschelte). Selbstverständlich soll nicht alles „schöngeredet" werden; so können aus den Einstiegsgedanken gut Fragen und Problemstellungen hervorgehen, die dann in der Predigt zu problematisieren sind. Früher sagte man, dass einleitende Bemerkungen zum Kirchenjahr entweder erratisch oder kitschig (Weihnachten!) geraten, das muss aber nicht so sein. Man sollte aber nicht allzu Bekanntes sagen (Passion, Ostern), sondern sich bemühen, selbst etwas neu zu entdecken (etwa mit Hilfe des Perikopenbuches) und nur derart Neues anzusprechen.

Die Funktion des Exordiums ist es, die drei Größen (Text, Redner, Hörer) aufeinander zuzuführen und dialogfähig zu machen. Der Text muss als ernstzunehmender Impuls gewürdigt werden, die Gemeinde als hörbereit, kompetent und diskursfähig gekennzeichnet werden und die Predigerin muss sich von ihrer besten Seite, als klug, gut vorbereitet und konstruktiv zeigen. Am Ende der Einleitung steht die Überzeugung, dass man einander geneigt ist und eine Chance gibt: einem reichen Text, einer mitteilungsbereiten Predigerin, einer neugierigen Gemeinde. Man hat schließlich kein quälendes Exercitium vor, sondern hat sich versammelt, um eine Partie Predigt zu spielen. Der Platz ist frei! Zu erinnern ist noch daran, dass bei Predigten, die hauptschlich Texterklärung sind (so bei Chrysostomos, Augustin, Luther, Calvin und Barth) die Einleitung sehr kurz sein oder ganz wegfallen konnte.

4.3 Der Schluss (*peroratio*) sollte keine Wiederholung oder Zusammenfassung sein (wie bei einem Sachvortrag), sondern eine Intensivierung und Elementarisierung von Wichtigem aus der zurückliegenden Predigt. Das bedeutet Einfachheit, Fasslichkeit, rhetorische Intensität. Der Kontakt zwischen Text, Rednerin und Gemeinde wird noch einmal zeichenhaft ausgelebt. Es ist ja ein Abschiedswort dieser Predigerin aus dieser Situation. Tag und Stunde kehren so nicht wieder. Das bedeutet praktisch: „The rule for conclusions: Use direct, simple, concrete language." (Buttrick 2000, 108) Das sollte kein falsches „happy-end" bedeuten (Josuttis 1985, 207). Man sollte wenigstens ab und zu den Mut aufbringen, die Unlösbarkeit eines Problems zu konstatieren, auch wenn dann ein hymnischer Schlusssatz ausbleiben muss. Klarheit in der Sache wird letztlich immer honoriert. Ehrlich währt am längsten.

Zusammenfassung

Form und Gestalt der Predigt entscheiden über die Art der homiletischen Kommunikation. Je nach Predigtart ist der Prediger ein Lehrer, Zeuge, Problemlöser, Erzähler oder Autor bzw. Textkünstler. Zunächst werden ausführlich die beiden klassischen Predigtgattungen vorgestellt: (1) die „synthetische" Themapredigt, bei der ein Thema aus Text und Situation „synthetisiert" wird und die bis weit in das 20. Jahrhundert hinein dominierte und (2) die „analytische", versweise Textauslegung mit integrierter Anwendung („Homilie"), die von der Wort-Gottes-Theologie bevorzugt wurde. In den 1970er Jahren kamen (3) das „lernpsychologische Schema" und (4) die erzählende Predigt auf, im neuen Jahrhundert (5) die ästhetischen Formen, von denen die erfolgreichste, die „dramaturgische" Homiletik, präsentiert wird.

§ 37 Die predigende Person

Literatur: Fred B. Craddock: As One Without Authority, Revised and with New Sermons, St. Louis ^{4}2001 [1970] · Axel Denecke: Persönlich predigen. Anleitungen und Modelle für die Praxis, Gütersloh 1979 · Wilfried Engemann: Einführung in die Homiletik, Tübingen / Basel ^{3}2020 [2002] · Otto Haendler: Homiletik. Monographien, Aufsätze und Vorträge, hg. von Wilfried Engemann (Otto Haendler: Schriften und Vorträge zur Prakt. Theologie [OHPTh] Bd. 2), Leipzig 2017 · Claus Harms: Pastoraltheologie in Reden an Theologie-Studierende, Erster Teil, Gotha 1888 [1830], 4–115 · Hermann Hering: Die Lehre von der Predigt. II. Hälfte: Theorie der Predigt, Berlin 1905, 257–620 · Emanuel Hirsch: Predigen und Predigt nach ihrem Verhältnis zum persönlichen Denken und Leben des Predigers, in: ders.: Predigerfibel, Berlin 1964, 39–72 · Manfred Josuttis: Der Prediger in der Predigt. Sündiger Mensch oder mündiger Zeuge?, in: ders.: Praxis des Evangeliums zwischen Politik und Religion. Grundprobleme der Praktischen Theologie, München ^{4}1988 [1973], 70–94 · Michael Meyer-Blanck: Das eigene Herz – „Stellvertreter des gegenwärtigen Menschentums“. Die Theorie der persönlichen Predigt bei Emanuel Hirsch, in: Predigen im Angesicht der Moderne. Emanuel Hirschs „Predigerfibel“ im Lichte klassischer und neuerer homiletischer Fragestellungen, Tübingen 2018 (PThGG 26), 115–125 · Christian Palmer: Die Persönlichkeit des Predigers, in: ders.: Evangelische Homiletik, Stuttgart ^{2}1845 [1842], 584–647 · Hans-Christoph Piper: Predigtanalysen. Kommunikation und Kommunikationsstörungen in der Predigt, Göttingen / Wien 1976 · Fritz Riemann: Grundformen der Angst. Eine tiefenpsychologische Studie, München / Basel ^{14}1979 [1961] · Friedrich Schleiermacher: Die praktische Theologie nach den Grundsätzen der evangelischen Kirche im Zusammenhange dargestellt, Berlin 1983 [Reprint von Berlin 1850] · Alexander Schweizer: Homiletik der Evangelisch-Protestantischen Kirche systematisch dargestellt, Leipzig 1848 · Eduard Thurneysen: Die Aufgabe der Predigt, in: Predigt. Texte zum Verständnis und zur Praxis der Predigt in der Neuzeit, hg. von Friedrich Wintzer, München 1989, 117–121 [1921]

Alle homiletischen Konzepte und Verfahrensregeln sind nichts ohne die Person, die damit arbeitet. Unter rhetorischen Gesichtspunkten kommt es darauf an, dass die Person auf der Kanzel in ihrem Anliegen ernst genommen wird, dass man ihr – so die schöne Redewendung – das Ohr leihen mag. Es mag den Prediger:innen gefallen oder nicht: Man steht immer mit der gesamten Predigttätigkeit, darüber hinaus mit der Lebensgeschichte, dem Alltagsverhalten und mit allen Aspekten der eigenen Berufstätigkeit vor der zuhörenden Gemeinde. Im Gemeindepfarramt befindet man sich in ständiger Vorbereitung auf die Predigt. Es wird beobachtet, wie man Sonntag und Alltag, Predigt und Familienleben, biblische Lehre und eigene ethische Standards zusammenbringt. Gut protestantisch interessiert das Subjektive, das Persönliche, ja das Private. Wer die Kanzel betritt, wird zum Modell, zum exemplarischen Individuum. Darum ist eine Theorie vonnöten, inwieweit und wie man diesem Bedürfnis entsprechen will oder nicht. Nachdem in der Homiletik – wie in diesem Buch – viel über die anderen beiden Seiten des „homiletischen Dreiecks", über den Predigtinhalt und die Adressaten, nachgedacht wurde, ist es an der Zeit, das entscheidende Nadelöhr der homiletischen Kommunikation eingehend in den Blick zu nehmen, die Person auf der Kanzel (im 19. Jahrhundert sprach man von der „Persönlichkeit").

Für die Gemeinde ist und bleibt die Person auf der Kanzel das zentrale Element des Predigtvorgangs. Wer predigt, kann sich nicht verstecken. Eine Rede halten heißt sich zeigen, sich erkennbar und kritisierbar machen. Mit diesem rhetorischen Pfund gilt es zu wuchern. Vor elektronisch generierten Predigten (durch „KI") ist darum eindringlich zu warnen. Dergleichen zerstört das Persönliche, die Präsenz, die Früchte von langjährigen Bildungsprozessen der Person auf der Kanzel. Wer zum Kopisten mutiert, verspielt das Kapital, das er hat: die Wertschätzung als ein suchender und sich mühender Prediger. Das Ich der predigenden Person ist die eigentliche Stärke der evangelischen Predigt. Abwegige Gedanken werden einem in der Regel verziehen, Betrug nicht.

1 Der enzyklopädische Ort der Frage nach dem Ich

1.1

Grundsätzlich ist festzustellen, dass diese Thematik unverzichtbar ist. Bei der Ich-Thematik handelt es sich – wie bei der Rhetorik und Pädagogik – nicht notwendig um eine *konzeptionelle Theorie*, für die man sich entscheiden könnte oder auch nicht, sondern um eine in jedem Fall zu berücksichtigende *Reflexionstheorie*, für oder gegen die man sich gar nicht entscheiden kann, weil sie immer gegeben ist. Die Grundsatzdiskussion ist sinnlos, denn am „Ich" auf der Kanzel kommt man nicht vorbei, wie sympathisch das einem auch immer sein mag und egal, ob und wie oft man das Wort „Ich" benutzt. Selbst wenn man die „persönliche" Predigt konzeptionell (normativ) ablehnt, wird man ihr (deskriptiv) Aufmerksamkeit schenken müssen. Die Versuche der „dialektischen" Theologie, den Zeugen hinter dem Zeugnis unkenntlich zu machen, scheiterten schon an den Protagonisten Karl Barth und Eduard Thurneysen, die beide rhetorisch gewiefte und erfolgreiche Prediger waren.

1.2

Die Persönlichkeit der Frau oder des Mannes auf der Kanzel berührt alle Sparten der Homiletik, also neben den formalen auch die prinzipiellen und die materialen Fragestellungen. Wer andere bewegen will, muss selbst von einer Sache bewegt sein. „Si vis me flere dolendum est primum ipsi tibi“, wird Horaz zitiert (Schweizer 1848, 175). Was das Weinen selbst angeht, wies Claus Harms (→ § 13.6) eigens darauf hin, dass der Plan, die Zuhörer zum Weinen zu bringen, „etwas Gemeines, Schändliches“ sei (Harms 1888, 94).

Wieviel soll die Pfarrerin von sich zeigen? Ist ihre eigene Einstellung, ihre religiöse Sozialisation, ihre eigene Familie Gegenstand der Predigtgedanken? Soll sie eigene Zweifel im Glauben thematisieren, oder soll sie damit diskret umgehen? Und wie steht es mit den Bedingungen und Möglichkeiten des Predigens überhaupt: Was bedeutet es für sie, dass ihre Worte mit dem „Wort Gottes“ identifiziert werden? Fragt man so, dann wird deutlich, wie nahe die Hochschätzung der Predigt der Selbstüberschätzung kommt. Empirisch betrachtet steht die Predigerin jedenfalls im Zentrum der Aufmerksamkeit.

1.3

Aber das gilt auch enzyklopädisch. Ist der Protestantismus die Institution der religiösen Individualität und Subjektivität, so ist die Predigt jenes liturgische Stück, in dem die fromme Subjektivität immer wieder neu exemplarisch und verlässlich dargestellt werden soll. Das bedeutet, dass „der Geistliche zwar ebenfalls als Organ der Gemeinde nur in der Darstellung des Gemeinschaftlichen auftritt, aber doch im eigentlichen Sinn von seiner Persönlichkeit aus produktiv“ (Schleiermacher 1983, 201). In der Predigt tritt ein Individuum aus der betenden und singenden Versammlung heraus, um den Glauben in Form der individuellen Aneignung darzustellen und um gerade in der Individualität das Verbindende in Erinnerung zu rufen, die Überzeugung von der individuellen Freiheit eines Christenmenschen. Die persönliche Predigt ist damit keine Anmaßung der predigenden Person, sondern Vollzug des protestantischen Prinzips. Die Amtsbezeichnung „Prediger“ ist von daher nur konsequent. Das Prinzipielle, die Inhalte und die Praxis des Predigens verweisen gleichermaßen auf das Persönliche. Wem das zu bedrängend ist, sollte überlegen, ob „Predigen als Beruf“ (Ernst Lange → § 15.3) wirklich das Richtige ist.

2 Einschlägige Theorien zum Ich auf der Kanzel

2.1

„Vermittelst des Einflusses seiner lebendigen Persönlichkeit“ soll der Prediger „die gemeinsame Anregung leiten und ihr eine bestimmte Richtung geben“ (Schleiermacher 1983, 204). Treffender kann man es kaum sagen: Der Prediger ist *primus inter pares*, aber damit zunächst einmal *primus* und Anreger der religiösen Kommunikation. Was auch immer den Geistlichen beschäftigt, wird für ihn zu einer religiösen Frage. Es gibt keinen religiösen Sonderbereich, weil von ihm nichts ohne Religion gedeutet wird. Insofern ist der Geistliche sich selbst, ebenso wie seine Gemeinde, ein religiöses Thema: „Es soll nichts geben, was den Geistlichen bewegt, das ihn nicht auch religiös bewege“ (206). Wie an vielen anderen Punkten ist auch hier Schleiermachers Sicht der Dinge im gesamten 19. Jahrhundert und darüber hinaus maßgeblich gewesen. So war die Persönlichkeit des Predigers immer ein homiletisches Thema, das mehr oder weniger explizit den Gegenstand der Auseinandersetzung bildete. Das war besonders im 19. Jahrhundert und dann wieder vermehrt ab 1970 der Fall. Wenige Stationen seien kurz dargestellt.

2.2

Der Tübinger Vermittlungstheologe Christian Palmer (→ § 13.4.3) hat in seiner umfangreichen Homiletik, die zuerst 1842 erschien und immer wieder aufgelegt wurde, den gesamten Schlussabschnitt (584–647)[5] der Persönlichkeit des Predigers gewidmet. Zwar geht es dort wesentlich um den Vortrag (*actio*), es finden sich aber auch einige Bemerkungen zur glaubenden Subjektivität des Predigers. Dem Prediger „muss es am rechten Ort unverwehrt sein, auch aus dem eigenen Leben etwas zu sagen“, wenn er nicht Dinge auf der Kanzel vorträgt, „die nur dem stillen Heiligtum des Herzens angehören“ (612). Von der eigenen vormaligen Sünde und Bekehrung schweigt man besser (613). Dennoch: Die Predigt ist keine „Depesche“ und der Prediger keine gleichgültige Figur, „da ein Telegraph oder eine Brieftaube dasselbe hätte leisten können“ (615). Wessen Predigten „keine persönliche Färbung haben, die haben gar keine Farbe.“ (617) Palmer lehnte also das pietistische Muster „Bekenntnisse eines bekehrten Sünders“ als ungeeignet ab, plädierte aber für die persönliche Erkennbarkeit des Predigers und für Verweise auf dessen eigenes Leben.

---

5 Die Seitenzahlen in diesem Abschnitt beziehen sich auf Palmers Homiletik (2. Auflage 1845).

2.3

In der Zeit der „dialektischen“ Theologie wurde das Ich auf der Kanzel nahezu tabuisiert. Auf den Punkt brachte es Eduard Thurneysen mit der These: „Der Tod alles Menschlichen ist das Thema der Predigt.“ (Thurneysen 1989 [1921], 118) Grundsätzlich anders als bei Palmer lautete Thurneysens Prinzip: „Keine Mitteilung von Lebenserfahrung, auch nicht von frommer Lebenserfahrung […]!“ (117) Allein Gott sollte der Inhalt der Predigt sein, nicht die frommen Gedanken über Gott.

2.4

Ein im besten Sinne unzeitgemäßes Buch war die erstmals 1941 [³1960] erschienene tiefenpsychologische, an Carl Gustav Jung (1875–1961) orientierte Homiletik des Greifswalder und Berliner Praktischen Theologen Otto Haendler (1890–1981). Für Haendler war die Subjektivität der entscheidende Zugang zur Predigt wie zur Homiletik. Gut die Hälfte des Umfangs seines Lehrbuches ist dem Subjekt gewidmet. Nach der Einleitung (Haendler 2017 [1960], 282–327)[6] geht es sogleich um die „Bedeutung des Subjektes für die Predigt“ (328–429) und um den „Weg des Subjekts zum Evangelium und zum Text“ (430–510). Schon diese Formulierung bedeutet nahezu das Gegenteil zu der damals üblichen Abfolge „Vom Text zur Predigt“. Bei Haendler sind Gemeinde, Gestaltung und Vorbereitung (510–632) eher ein Anhang zur Subjektivitätsthematik. Diese ist für ihn schlechthin entscheidend. Selbst die „auf einen Ton gesprochene und völlig gebundene Liturgie“ bringe die Persönlichkeit zum Ausdruck, und das gelte „erst recht von der Predigt“ (328). War es bei Palmer der Telegraph oder die Brieftaube, so steht bei Haendler die Schallplatte für die als falsch bezeichnete Ansicht, das Subjekt des Predigtvorganges müsse „ausgeschaltet“ werden (330). Unter Berufung auf Schleiermacher formuliert Haendler: „Wir können das Evangelium lebendig verkündigen nur so, wie es in uns lebendig geworden ist.“ (332, dort kursiv). Explizit erwähnt er die Unterscheidung von Extraversion und Introversion aus C.G. Jungs Typenlehre (344ff.). Erst mit der Selbstfindung setze die Möglichkeit wegweisender Verkündigung ein (347). Vor allem müsse man ehrlich zu sich selbst sein: „Wo der Prediger noch gewaltsam ist gegen sich selbst, ist er es auch in der Predigt gegen andere.“ (371) Damit entspricht Haendler der psychoanalytischen Maxime, bei gewohnten Verhaltensweisen

6 Die Seitenzahlen im folgenden Abschnitt beziehen sich auf die 3. Auflage der Homiletik von 1960 (Haendler 2017 [1960], 269–632), die dem 2. Band der von Wilfried Engemann besorgten Haendler-Edition zugrunde liegt.

selbstkritisch und aufmerksam für untergründig wirksame Motive zu sein. In diesem Zusammenhang kritisiert Haendler allerdings Sigmund Freuds Psychoanalyse: Freud habe für Religion „kein Verständnis" gehabt und die religiösen Probleme nicht lösen können (309). Mit Jung freundete sich Haendler dagegen persönlich an (Briefwechsel und persönliche Begegnungen 1955–1959). Haendlers Homiletik stellt das predigende Subjekt in den Mittelpunkt des theoretischen Interesses, bleibt in den Konsequenzen aber eher allgemein. Es dominiert das grundsätzliche Argument, während seine Überlegungen für die Selbstwahrnehmung des Predigers und für die Predigtanalyse nur begrenzt zu verwenden sind. Haendler benutzt explizit und im positiven Sinne das Wort „Selbstverwirklichung" (339).

2.5

Auf einem ganz anderen Theoriefundament steht das Persönliche bei Emanuel Hirsch (1888–1972). Der wegen seiner nationalsozialistischen Orientierung und Fakultätspolitik zu Recht verschriene Göttinger Kirchenhistoriker veröffentlichte 1964 eine Anleitung zur Predigtmeditation, die er „Predigerfibel" nannte. Dieses Buch argumentiert jedoch nicht psychologisch, sondern auf dem Hintergrund einer an Luther, Johann Gottlieb Fichte (1762–1814) und Sören Kierkegaard (1813–1855) orientierten Theologie der Innerlichkeit. Das Ergebnis ist aber ähnlich: Es ergibt sich eine konsequent von der religiösen Praxis des Predigers her konzipierte Vorbereitung. Die eine Predigt konzipierende Person habe anhand des Textes dem eigenen glaubenden Empfinden nachzugehen und dieses in der Predigt für die Hörer rekonstruierbar zu machen. Das ist eine Variante des Prinzips des liberalen Theologen Wilhelm Herrmann (1846–1922), nach dem wir von Gott immer nur das sagen können, was er an uns tut. Bei Hirsch klingt das so:

> Predigen heißt, wenn es recht ist, auch dies, dass man in Gegenwart andrer eine verhüllte Zwiesprache mit Gott hörbar macht, welche im letzten Grund und Wesen höchsteigene persönliche Zwiesprache des Predigenden ist. Danach, dass ihnen dies gewährt werde, fragen – oft unbewusst – die einer Predigt Lauschenden. (Hirsch 1964, 44)

2.6

Einen qualitativen Sprung in der Diskussion um das „Ich" bedeutete der erstmals 1973 erschienene Aufsatz zum „Ich" auf der Kanzel von Manfred Josuttis. Erst diesem Text gelingt es, über den Grundsatzstreit hinauszuführen, indem er genuin theologische Argumentationen von humanwissenschaftlichen unterscheidet und verschiedene Arten des Ichs für die Analyse der eigenen Absicht (und der fertigen Predigt) anbietet. Damit wird die Frage nach dem Ich nicht mehr zustimmend oder ablehnend, sondern situativ entschieden. Das Ich-Sagen gefährdet bestehende Machtverhältnisse und der Verzicht darauf kann auch die Sünde der Trägheit implizieren. Wer „Ich" sagt, versteckt seine eigene Meinung nicht. Insofern ist das „Ich" bisweilen angemessen. Was die dialektische Theologie – und die Theologie insgesamt – problematisch fand, ist die Beglaubigung des Predigtinhaltes, also des Evangeliums, durch das Erleben bzw. die Persönlichkeit des Predigers. Ein solches verfehltes homiletisches „Ich" nennt Josuttis das „verifikatorische" Ich (Josuttis 1988, 91). Als weitere (nunmehr angemessene!) Formen werden genannt: (1) das konfessorische Ich, bei dem die Differenz zwischen der Sache Gottes und der eigenen Existenz deutlich wird (also gerade nicht der beweisende Glaube), (2) das biographische, (3) das repräsentative, (4) das exemplarische und (5) das fiktive, erzählende Ich (91–94). Es handelt sich nicht um eine Typologie, sondern sämtlich um inszenatorische Formen des Ich, die der spezifischen Situation der Rede entsprechen. Man könnte sie auch auf eine politische Rede übertragen.

Theologisch zeigen alle diese Formen den Glauben als ambivalentes, mehrdeutiges Phänomen, dogmatisch formuliert: Diese Ich-Formen verweisen auf das Ich des gerechtfertigten Sünders. Sie sollen nicht die Wahrheit des Glaubens erweisen, sondern aus einem Glauben reden, dessen Brüchigkeit und Angefochtensein die Anwesenden verbinden kann. Das Ich steht für die Person des Predigers als den ersten Adressaten des Textes. Dies entspricht der Rolle der evangelischen Predigerin als Modell von evangelischer Subjektivität. Die von Josuttis genannten Arten des homiletischen „Ich" eignen sich darüber hinaus für eine einfache Form der Predigtanalyse: (Wie oft?) Sagt die Predigerin „Ich"? Welche Funktion haben diese Aussagen? Was bedeutet das für Ziele und Inhalte der Predigt? Drei Jahre später unterschied Hans-Christoph Piper anhand von analysierten Predigten 16 verschiedene Prediger, vom „geängstigten" und dem „hoffnungslosen" über den „gehorsamen" und „enttäuschten" bis zum „deprimierten" und „misstrauischen" Prediger (Piper 1976; → § 39.1.4).

2.7

Eine Typologie nicht der Predigtaussagen, sondern der predigenden Personen selbst bringt das von Axel Denecke, seinerzeit Studiendirektor am Predigerseminar Imbshausen bei Göttingen, in Anlehnung an die Vierer-Typologie von

Fritz Riemann (Riemann 1979) entwickelte Schema von vier Kanzeltypen, die durch die psychoanalytische Neurosenlehre grundiert sind (Denecke 1979, 71–126; vgl. auch Engemann 2020, 104):

1) Der verantwortungsvolle Prediger der Ordnung („zwanghaft“ – Gott als Garant der Ordnung)
2) Der wandlungsfähige Prediger der Freiheit („hysterisch“ – Gott als Garant der Freiheit)
3) Der tiefsinnige Prediger der Erkenntnis („schizoid“ – Gott als das entzogene Geheimnis)
4) Der einfühlsame Prediger der Liebe („depressiv“ – Gott als bedingungslose Liebe)

Denecke war besonders darum bemüht, die bei Fritz Riemann (1902–1979) deutlich negativ formulierten, neurotisch konnotierten Beschreibungen (zwanghaft, hysterisch, schizoid, depressiv) positiv aufzufassen und die Typologie der Predigenden primär von ihren Stärken her in den Blick zu bekommen. Wie es bei einer Typologie üblich ist, hat weder Riemann noch Denecke gemeint, dass man allein einem Typus zuzurechnen ist; es handelt sich vielmehr um Schwerpunkte und Schwachpunkte, wobei jeweils eine doppelte Spannung zwischen den Typen 1 und 2 (Dauer vs. Wandlung) sowie zwischen den Typen 3 und 4 (Distanz vs. Nähe) besteht, so dass man insgesamt von vier Mischtypen ausgehen kann (Ordnung und Erkenntnis; Ordnung und Liebe; Freiheit und Erkenntnis; Freiheit und Liebe).

Die sich daraus ergebenden Maximen sind einfach zu benennen, wenn auch schwer umzusetzen: *erstens* gilt es, durch Selbst- und Fremdwahrnehmung das Mischungsverhältnis des eigenen Typus wahrzunehmen und sich das eigene Kommunikationsprofil klarzumachen (vgl. die Skizze bei Denecke 1979, 70). Man kann dann *zweitens* das eigene Kommunikationsprofil vorsichtig erweitern, ohne allerdings die eigene Grundorientierung zu verleugnen: So ist etwa „Ordnung“ ein heutzutage kirchlich eher misstrauisch beäugtes Prinzip, während „Freiheit“ und „Liebe“ deutlich höher im Kurs stehen und die „Erkenntnis“ im Mittelbereich anzusiedeln sein wird (anders die Skizze bei Denecke 1979, 128). *Drittens* sollte man die Typologie vor allem im Sinne einer humorvollen, Selbstdistanz ermöglichenden Selbsterkenntnis verwenden und nicht dazu, andere zu etikettieren und festzulegen. Typologien sind Werkzeuge von begrenzter Tragweite, verbunden mit Risiken und Nebenwirkungen. Man kann Typologien als eine Art von Schubladendenken auf Zeit charakterisieren, so dass diese mit Sorgfalt und Vorsicht zu gebrauchen sind. Deneckes Sammlung von Merkmalen des persönlichen Predigens gipfelt in der Maxime: „bescheiden predigen“ (49f.).

2.8

Besonders ausführlich und sorgfältig bearbeitet das Thema „Predigen in Person" Wilfried Engemanns Homiletik in ihrer 3. Auflage 2020. Nach einem kurzen Überblick zum Predigtgeschehen insgesamt (25–37) startet das Buch mit dem 2. Kapitel: „Predigen in eigener Person. Die Frage nach dem Subjekt der Predigt" (37–121); erst danach kommen die Kapitel zu Text, Gestalt, Sprache, Situation und Liturgie (122–466). Im zweiten Kapitel zur eigenen Person werden die einschlägigen psychologischen Theorien bearbeitet: Sigmund Freuds Psychoanalyse, Carl Gustav Jungs Komplexe Psychologie und Eric Bernes Transaktionsanalyse bzw. „Spiele der Erwachsenen". Die Transaktionsanalyse wird besonders eingehend referiert und diskutiert (77–85); das Ziel besteht darin, in das rationale „Erwachsenen-Ich" auch Anteile des „Eltern-Ich" (Verhaltensmaßregeln) und des „Kindheits-Ich" (Gefühle, Wünsche, Bedürfnisse) zu integrieren, damit das Ich nicht intellektualistisch eingeschränkt wird. Diese Homiletik ist überhaupt eine Fundgrube für rezipierte humanwissenschaftliche Theorien. Hier soll allerdings sogleich die Frage angeschlossen werden, wie die Anfänger beim Predigen denn nun ihre Persönlichkeit ins homiletische Spiel bringen sollen.

3 Persönlich predigen: Sieben Kunstregeln in praktischer Absicht

Dem persönlichen Predigen entgeht man nicht. Darum kommt es darauf an, wie man sich dieser Tatsache stellt und wie man diese liturgische Hauptrolle persönlich gestaltet. Dazu werden im Folgenden sieben Kunstregeln auf dem Hintergrund der angesprochenen Theoriebestände aufgestellt, die zwar nicht für jede Situation geeignet sind, aber für den – wiederum persönlichen – Gebrauch angepasst werden können. Es handelt sich um „Kunstregeln", die die Art ihrer Anwendung noch nicht beinhalten, sondern die mit Besonnenheit in Anschlag zu bringen sind.

3.1

Die Rezeption der Predigt über die predigende Person ist unvermeidlich. Man kann an diesem Punkt nichts entscheiden. Auch und gerade eine besonders *freundliche* oder eine bewusst *sachliche*, emotionsfreie Predigt wird mit einem Bild von der predigenden Person korreliert. Der Prediger oder die Predigerin gilt dann als so, wie sie sich darstellt: als kommunikativ, zugewandt, positiv; oder auch: als zurückgezogen, gehemmt, arrogant. Als Liturgin oder Predigerin steht man unter Beobachtung und es gehört zur Professionalität, damit bewusst umzugehen. Die Anforderungen beruhen nicht auf den Vorlieben bestimmter Personen. Sie sind strukturell bedingt und machen vulnerabel (Craddock 2001, 67).

3.2

Man predigt immer persönlich, aber man predigt nicht notwendig privat. Man muss nicht Begegnungen aus der letzten Woche, aus dem eigenen Familienleben oder aus dem Freundeskreis zum Besten geben. Gerade den eigenen Nahbereich könnte man zur Tabuzone erklären. Ein Prediger sollte sich klar machen, dass die exemplarische Begebenheit, also das Überindividuelle die geeignete Art und Weise ist, an der das Individuelle anschaulich wird. Auch für das Reden mit dem eigenen Ich ist der exemplarische Modus der vor allem geeignete.

3.3

Eine Person auf der Kanzel sollte mit eigenen Gedanken, original sprechen, aber nicht originell sein wollen. Originell ist das Ungewohnte, noch nicht Dagewesene und Einmalige, eine (kleine) Sensation. Original ist das, was aus dem eigenen Ursprung kommt. Die Predigt muss so wenig wie die Person selbst originell sein, wohl aber dem redenden Individuum entsprechen. Eine Beobachtung im Alltag oder an einem Text ist original; ein aufgeschnappter Gag kann originell sein, aber der homiletischen Kommunikation dennoch schaden. Was nicht original ist, stößt leicht auf Widerwillen, während das nicht Originelle von jedem akzeptiert wird, der bei der Rede das Persönliche heraushört.

3.4

Die Suche und das Verlangen nach „Authentizität“ auf der Kanzel kann durchaus kritisch gesehen werden. Die jüngste Karriere der Authentizitätskategorie dürfte ein Reflex auf die Mediatisierung des Alltags sein, der durch ungebremsten Medienkonsum bei gleichzeitigem Medienmisstrauen („fake news“) gekennzeichnet ist. Authentisch ist der öffentlich auftretende Mensch immer im Rahmen seiner sozialen Rolle. Wer predigt, sollte darum in seiner Funktion als exemplarisches Individuum in der versammelten Gemeinde wahrzunehmen sein. Es handelt sich bei der Präsenz auf der Kanzel (wie bei der Präsenz am Altar) um eine von dem Bewusstsein des Inszenatorischen gebrochene Authentizität. Diese Betrachtungsweise hilft auch dabei, die Machtperspektive und den möglichen Machtmissbrauch durch das eigene Predigen im Blick zu behalten (Craddock 2001, 14).

3.5

Es ist hilfreich, die verschiedenen Formen des „Ichs“ auf der Kanzel zu unterscheiden. Die Grundform der homiletischen Inszenierung dürfte das exemplarische und repräsentative Ich sein, das beansprucht, in bestimmter Hinsicht verallgemeinert werden zu können. Es entspricht dem paulinischen Gebrauch in Röm 7, dem repräsentativen Charakter des Predigens und der (protestantischen) Subjektivität und Individualität. Ähnliches gilt für das narrative, erzählerische Ich (etwa in einer Ich-Erzählung aus der Sicht von Bartimäus, Hanna oder Elisabeth). Aber auch das persönliche und biographische Ich hat sein Recht auf der Kanzel. Es ist demokratisch, weil die predigende Person damit erkennbar, angreifbar und verletzbar wird. Auch das verifikatorische Ich ist zwar wegen des Hanges zur Gesetzlichkeit („Werdet so wie ich“, vgl. 1Kor 4,16) mit spezifischen Gefahren verbunden, aber dann zu verwenden, wenn damit nicht der bekehrte Glaubensheld, sondern der *homo simul iustus et peccator* in den Mittelpunkt rückt. In diesem Fall ist das Ich schon wieder exemplarisch. Man sieht, dass die verschiedenen Arten des Ich sorgfältig zu unterscheiden sind, gerade weil sie ineinander übergehen.

3.6

Die eigene Predigtpraxis ist immer auch ein Vorgang der Selbstbildung. Das eigene Selbst, die eigenen Ansichten und Werte sowie der eigene Habitus, das Selbst- und Weltverhältnis sowie das eigene öffentliche Auftreten entwickeln sich. Die Individuation, die eigene Entwicklung und Bildung aufgrund des öffentlichen Redens sind enorm. Der etwas ungewohnte Begriff der „Selbstbildung“ hat den Vorteil, dass er sich an die umfangreiche deutsche Bildungsdiskussion anschließen lässt und zugleich die negativen Beiklänge der Kategorien von „Selbstverwirklichung“ und „Selbstdarstellung“ umgeht, obgleich beides auch gemeint sein soll. Der Predigtberuf bringt das Privileg, dass man zur Darstellung und Verwirklichung des eigenen Selbst gezwungen wird – ohne zum Selbstdarsteller zu werden.

3.7

Das persönliche Predigen ermutigt schließlich dazu, die eigene Lebens- und Berufspraxis mit einem Schuss an Humor zu bewältigen. Die Predigt von der Rechtfertigung ohne Einfluss der Werke lässt freier aufatmen. Der Mensch ist nicht ganz geglückt – und der Prediger auch nicht. Wohl dem, der das nicht verdrängt, sondern darüber sogar bisweilen lachen kann. Ihren humansten

Punkt erreicht die Selbstverwirklichung auf dem Wege der Selbstironie. Es darf gelacht werden.

Zusammenfassung

Wer predigt, kann nur für das begeistern (interessieren, motivieren, einnehmen), was ihn oder sie selbst begeistert, beschäftigt und umtreibt. Insofern ist das „Ich" auf der Kanzel weniger ein konzeptionelles Thema als vielmehr eine in jedem Fall zu berücksichtigende Dimension. Die These, die predigende Person sei „auszuschalten", beruht auf einem theologischen Fehlurteil, denn die Verkündigung ermöglicht die Gotteserfahrung auf dem Wege menschlicher Erfahrung. Praktisch stellt sich die Frage, was und wieviel von der eigenen Person die Prediger:innen in die homiletische Praxis einbringen wollen. Dabei ist es wichtig, das biographische und das beglaubigende („verifikatorische") Ich von den rhetorischen Formen (repräsentatives, exemplarisches und fiktives Ich) zu unterscheiden. Wird das eigene Ich mit Besonnenheit eingesetzt, dann hilft es auf jeden Fall, die Aufmerksamkeit der Hörer:innen und ihre Geneigtheit für die predigende Person zu fördern bzw. zu erhalten.

§ 38 Der Vortrag der Predigt (actio)

---

i **Literatur:** Jana Childers: Performing the Word. Preaching as Theatre, Nashville 1998 · Wilfried Engemann: Einführung in die Homiletik, Tübingen / Basel ³2020 [2002] · Alexander Deeg / Michael Meyer-Blanck / Christian Stäblein: Präsent predigen. Eine Streitschrift wider die Ideologisierung der „freien" Kanzelrede, Göttingen 2011 · Claus Harms: Pastoraltheologie in Reden an Theologie-Studierende, Erster Teil, Gotha 1888 [1830], 4–115 · Hermann Hering: Die Lehre von der Predigt. II. Hälfte: Theorie der Predigt, Berlin 1905, 257–620 · Thomas Kabel: Die Predigt, in: ders.: Übungsbuch Liturgische Präsenz, Gütersloh 2011, 67–103 · Paul Kleinert: Homiletik, Leipzig 1907 · Michael Meyer-Blanck: Was ist „homiletische Präsenz"?, in: Homiletische Präsenz. Predigt und Rhetorik, hg. von Michael Meyer-Blanck, Jörg Seip und Bernhard Spielberg, München 2010, 13–26 · Michael Meyer-Blanck: Bildende Präsenz. Warum auf die Anwesenheitspflicht im akademischen Seminar nicht verzichtet werden kann, in: Beruf Hochschullehrer. Ansprüche, Erfahrungen, Perspektiven, hg. von Hildegard Krämer, Axel Bernd Kunze und Harald Kuypers, Paderborn 2013, 55–61 · Marcus Fabius Quintilianus: Ausbildung des Redners. Zwölf Bücher in 2 Bänden, Darmstadt ⁵2011 [1975] · Christian Palmer: Die Persönlichkeit des Predigers, in: ders.: Evangelische Homiletik, Stuttgart ²1845 [1842], 584–647 · Ursula Roth: Die Theatralität des Gottesdienstes, Gütersloh

2006 (PThK 18) · Friedrich Schleiermacher: Die praktische Theologie nach den Grundsätzen der evangelischen Kirche im Zusammenhange dargestellt, Berlin 1983 [Reprint von Berlin 1850]

Die homiletische Praxis ist nicht die Anwendung von Theorien. Die Praxis hat ihre eigene Logik und Würde; aber die Praxis wird durch die Theorie eine bewusstere. Homiletik ist nicht Praxis, sondern Theorie der Praxis (vgl. Schleiermacher 1983, 12 zur Praktischen Theologie insgesamt). Gleichwohl: Alle homiletische Theorie ist schließlich nur so gut wie die Person, die sich diese (kritisch) aneignet. So lautete das Fazit des letzten Paragraphen. Alle Aneignung ist nur so gut wie ihr Ertrag im tatsächlichen Predigtvortrag, in der *actio*, wie es in der rhetorischen Terminologie heißt bzw. in der „performance“, wie man heute sagt. Wie dem terminologisch auch sei: Die bildende Kraft der homiletischen Theorien wird auf dem Platz entschieden. Damit kommt ein Lehrbuch an seine Grenzen; bis an diese sollte es aber auch vorstoßen.

1 Rhetorische Kompetenz und rhetorische Bildung

1.1

Das genuin Praktische des Predigens kann nicht auf rein schriftlichem Wege vermittelt werden. Überhaupt ist der überzeugende Gestus und Habitus beim öffentlichen Reden nicht mit Tipps und Tricks zu erreichen (und die vielerorts angebotenen Rhetorikkurse locken diesbezüglich mit falschen Versprechungen). Die Kunst der öffentlichen Rede beruht nicht auf einigen kurzzeitig zu erwerbenden Kompetenzen („skills“), sondern auf langwierigen Bildungsprozessen. 1905 konnte man noch davon ausgehen, dass die Gymnasien, die „in der guten Tradition der deutschen Bildung verharren und die Sprachen pflegen“, auch das Sprechen schulen (Hering 1905, 575) und inzwischen gibt es Anzeichen für die Erneuerung schulischer rhetorischer Bildung. Die schulische Theaterpädagogik ist in diesem Zusammenhang besonders positiv hervorzuheben. Auf der Bühne kann man das Reden vor Publikum lernen.

Bildung ist die Auseinandersetzung mit etwas (bisher noch) Fremdem, die die inneren Bilder und das Selbstbild zunächst unmerklich, dann aber nachhaltig verändert. Dieser Prozess wird zumeist durch die Begegnung mit anderen Menschen angestoßen. Das Verlassen des Elternhauses zum Studium und der Beginn des Referendariats oder Vikariats haben ein solches Bildungspotenzial und der junge Mensch lernt, für eigene Positionen einzutreten und diese vernehmbar zu artikulieren. Im universitären Seminar lernt man nicht nur sachliche Differenzierungen kennen, sondern auch, diese auf sich selbst anzuwenden und daraus allgemeine Maximen zu entwickeln. Es bildet sich das Bewusstsein dafür, wie wir mit Worten Dinge tun (→ § 35.4) und wie unser Handeln selbst durch Worte geformt („gebildet“) wird.

Im akademischen Studium lernt man Sache und Person miteinander zu verknüpfen und das heißt: Man lernt – z.T. auch mühsam mit Irrwegen und Umwegen – eine rhetorische Haltung. Deswegen ist nicht exklusiv das Seminarreferat ein rhetorisches Propädeutikum, sondern bereits jedes abgegebene Statement und jede qualifizierte Rückfrage zur Sache. Auch die Fähigkeit, adressatenorientiert Widerspruch zu artikulieren, ist eine elementare rhetorische Haltung, die man in akademischen Lehrveranstaltungen erwirbt. Darum – und nicht aus Gründen der Disziplin und Ordnung – ist auch die Anwesenheit im akademischen Seminar zu fordern (Meyer-Blanck 2013).

1.2

So ist das homiletische Seminar – mit dem bekannten Bild Schleiermachers gesagt – zwar nicht die Krönung, wohl aber (eine) Krone des theologischen Studiums, gewissermaßen dessen rhetorischer Ertrag. Reden heißt, andere auf dem Weg zur eigenen Freiheit zu ermutigen, predigen heißt, anderen die Freiheit eines Christenmenschen nahezubringen. Formuliert man so, wird deutlich, dass man das öffentliche Reden (und erst recht das Vortragen einer Predigt) nicht in ein paar Regeln fassen und diese in einem Praxiskurs „vermitteln“ kann. Mit gutem Grund kann man skeptisch sein gegenüber Allgemeinplätzen wie „der Körper lügt nie“ oder „unsere Stimme verrät uns“. Wohl aber ist es richtig, dass nicht nur das gehört wird, was ich auf der Kanzel sage, sondern auch das, was ich meine und das heißt: wie ich das Gesagte auf meine eigene Existenz beziehe. Damit kehrt in der Theorie der *actio* noch einmal das Ensemble aller angestellten prinzipiellen, materialen und formalen Überlegungen wieder. Predigt ist *actio* und die *actio* die Krone der Homiletik.

2 Hören und Sehen

2.1

Allenthalben ist von den „Hörerinnen und Hörern“ der Predigt die Rede und auch in diesem Buch war das bislang immer wieder der Fall. Denkt man an Röm 10,17 („ergo fides ex auditu“) und versteht man das Hören im weiten Sinne des Rezipierens, dann ist diese Ausdrucksweise zweifellos angemessen.

Phänomenologisch dagegen ist sie unpräzise. Predigt hören heißt auch, die Predigerin oder den Prediger zu sehen. Das beginnt schon am Anfang des Gottesdienstes, lange vor dem Kanzelauftritt. Mit diesem steht sogar zunächst das Sehen ganz im Vordergrund. Man hat sich als Hörer schon ein Bild gemacht von der predigenden Person, bevor man die Stimme von der Kanzel hört.

Von diesem Zeitpunkt an verbinden sich Hören und Sehen. Man sieht die Haltung beim Reden, etwa ein Schwanken nach links und rechts bzw. nach vorne und hinten, man sieht die Gestik der Hände und Arme. Deutlich zu erkennen sind in der Regel auch die Mimik von Gesicht und Mund. Das alles restrukturiert das zuvor entstandene Bild der Hörer:innen und verfestigt es. Der Blick der meisten Hörer:innen ruht zunehmend auf dem Mund der predigenden Person, um das Gesagte akustisch besser zu verstehen. Dabei entsteht eine Art Feedback-Schleife: Die Predigerin beobachtet beim Sprechen die Gemeinde, um Reaktionen zu erhaschen, während die Gemeinde die Predigerin beim Beobachten beobachtet, was wiederum von der Predigerin beobachtet werden kann. Der visuelle Kanal wird also intensiv bespielt. Es wird keinesfalls nur gehört. Die Stimme von der Kanzel wird gesehen und der dort agierende Körper wird gehört.

Die *actio* besteht aus zwei unterschiedlichen Komponenten, den Zeichen auf dem akustischen und dem visuellen Kanal, aus Stimme und Gestik: „Cum sit autem omnis actio, ut dixi, in duas divisa partis, vocem gestumque, quorum alter oculos, altera aures movet" (Quintilian 2011, XI 3,14 = S. 612). Im Idealfall passt die Gestik zur Stimme und *vice versa*, während beispielsweise eine laute Stimme bei unsicherer Körperhaltung die Hörer:innen verwirren kann.

2.2

Predigen ist eine Art Schauspiel, eine Form von Theater, wenn auch nicht im Sinne eines Rollenspiels, wohl aber im Sinne einer guten Performanz; Predigt ist Aufführung, darstellende Mitteilung und mitteilende Darstellung (Schleiermacher 1983, 75). Die Predigt ist insofern Schauspiel, als sie in einem ganz besonderen Raum am besonderen Ort und im Kontext von religiöser Darstellung (Musik, Gesang, Gebet und Lesung) stattfindet. Gleichwohl kennen alle den Unterschied zwischen theatraler und homiletischer *performance*: „[...] the people in the pew [Bank] do not want their preacher to act, and the folks on the far side of the proscenium arch do not want the actors to preach." (Childers 1998, 36; hier sei die Abschweifung gestattet, dass mancher heutige Theaterregisseur diese Maxime leider vergessen hat.)

Es sind drei Aspekte der *actio*, für die es einen homiletischen Diskurs gibt und die in den folgenden Abschnitten aufgerufen werden sollen: Das ist zum einen die Theatralität des Predigens überhaupt, zum zweiten geht es um die Kunstregeln für Stimme, Mimik und Gestik und zum dritten um die immer wieder kontrovers diskutierte Frage nach der Form und Rolle des Manuskriptes beim Vortrag.

3 Theater und Predigt

3.1

In der praktisch-theologischen Diskussion hat die Theatermetapher viele kritische Rückfragen ausgelöst: Gibt man mit der Rede vom Gottesdienst als „Theater" nicht das Wichtigste preis, die Ehrlichkeit und Authentizität der Pfarrerinnen und Pfarrer? Und wenn man sich dann trotz solcher Bedenken doch auf das Theatrale als Kategorie einlässt, dann mag das ja im Hinblick auf die Liturgie als etwas Vorgegebenes noch angehen, aber kann man denn die ganz und gar persönliche Aneignung des Glaubens in der Predigt wirklich als „Theater" ansehen?

Doch Theater meint nicht etwas Unehrliches, sondern etwas Ungewöhnliches und zugleich Elementares. Das Theater ist wahr, denn jeder weiß, dass es sich um ein Schau-*Spiel* handelt, das etwas zeigen will. Das Wort „Theater" bezeichnet das Sehen und Schauen, den buchstäblichen und den geistigen Blick, das Schau-Spiel, das zu verstehen und zu denken, das schärfer und tiefer zu blicken hilft. Insofern muss eine richtige Predigt Theater sein, nämlich Mitteilung und Darstellung, Schau der Geheimnisse des Daseins. Dieser besondere Blick auf das Leben erfolgt durch das Medium der predigenden Person. An ihren Worten soll plausibel werden, dass die Güte trotz allem Negativen die eigentliche Kraft des Daseins ausmacht.

3.2

Vom Phänomen her ist die Predigt *performance*, aber auch Aktion und Kommunikation auf Distanz. Von Bühne und Kanzel lässt sich gleichermaßen sagen: „They create distance." (Childers 1998, 45) Dabei ist die Predigt diejenige Kommunikationsform, in der die Pfarrerin am deutlichsten ihre Rolle als Amtsträgerin und Garantin der kirchlichen Einheit verlässt, um als exemplarisches Individuum evangelischer Freiheit die Auseinandersetzung mit der gemeinsamen Tradition, in aller Regel mit einem biblischen Text, zu führen. Sie behält ihre kirchliche Rolle (das zeigt die Amtstracht), ist aber gleichzeitig aufgerufen, diese, soweit sie das für richtig hält, individuell zu prägen und zu strapazieren.

Dennoch agiert sie von der Kommunikationsform her theatral: mit einer Stimme, die für alle vernehmbar ist, mit einer Artikulation, die den Gehalt deutlicher verstehen lässt als das in einem Gespräch sein kann, mit einer Gestik und Mimik, die auf die Distanz der Zuhörenden abgestellt ist, kurz: Die Predigerin agiert wie auf der Bühne, möglichst für alle sichtbar, vernehmbar und verstehbar. Trotz des angestrebten persönlichen Stils („Authentizität" → § 37.3.4) ist und bleibt die Predigt eine theatrale Kommunikationsform. Dieser Umstand macht es auch so schwierig, sich bei einer überraschend einfindenden Kleinstgemeinde auf eine vertraute „Unterredung unter Freunden" umzustellen. Die Moderation eines Kleingruppengespräches ist etwas prinzipiell Anderes als eine öffentliche Rede. Wer predigt, steht auf der Bühne, und zwar allein.

3.3

Die theatrale Dimension des pastoralen Auftretens ist in Deutschland seit etwa 1995 intensiv ins Bewusstsein gerückt; das geschah im Wesentlichen in der zu jener Zeit besonders prägenden ästhetischen Ausrichtung der Praktischen Theologie und der „boomenden" evangelischen Liturgiewissenschaft (summarisch bündelnd dazu: Roth 2006). Besonders der Schauspieler Thomas Kabel, der seitdem mit den Vikariatskursen der Predigerseminare arbeitete, übte mit den Vikar:innen das Auftreten und die bewusste theatrale Gestaltung der Liturgenrolle sowie den Predigtauftritt (Kabel 2011). Er prägte für seinen Ansatz das Markenzeichen „Liturgische Präsenz". Dabei ist es gerade nicht das Ziel, zu einem Schauspieler zu werden, sondern ganz in der Predigerrolle zu sein. Das Leitbild ist die Authentizität in der Rolle, weder das Vorspielen von etwas noch die private Authentizität. Präsent ist, wer zu der Aufgabe innerlich ja sagen kann:

> Es geht darum, dass jemand stimmig erlebt wird bei dem, was er darstellt. Nicht die Nutzung von anstudierten Effekten steht im Vordergrund, sondern Ehrlichkeit, eine Verlebendigung, das Freiwerden von Verzerrungen und Hemmungen, sodass jemand vor die Leute hintreten und in aller Offenheit sagen kann: ‚... Hier stehe ich und ich gebe das, was ich habe ...' (Kabel 2011, 97)

Das setzt selbstverständlich voraus, dass der Prediger mit seinem Rollentext (Manuskript) völlig identifiziert ist, weil er sich um Form, Inhalt und sprachliche Wendungen genau darum bemüht und das für ihn Bestmögliche konzipiert hat. Das ist etwas anderes als Zufriedenheit oder Selbstzufriedenheit. Es handelt sich um die Fähigkeit zur Identifikation auch mit dem Neunzigprozentigen aus der Überzeugung heraus, dass die Suche nach dem Perfekten erstens unendlich ist und zweitens in Blockaden und Zwänge hineinführt.

4 Stimme und Gestik

4.1

Die menschliche Stimme ist nicht nur ein Transportmittel für Informationen und Meinungen. Sie ist zugleich *Selbstausdruck* und Identitätsmarker einer Person. Beim Erzählen und Argumentieren ist es häufig nicht der sachliche Gehalt, sondern der Klang der Stimme, der uns für das Anliegen einer Person einnimmt oder nicht. Dem Klang einer Stimme lässt sich das Verhältnis der sprechenden Person zur vorgetragenen Sache, zum Publikum und zu sich selbst entnehmen. Unsicherheit im Hinblick auf den Inhalt, auf die eigene Rolle oder auf die Geneigtheit des Publikums schlägt sich in der Stimme nieder. In der Stimme ist die Stimmung einer Person präsent. Die sich daraus ergebenden Maximen liegen klar zutage. Man sollte sich *erstens* mit dem Inhalt dessen, was man vorträgt, identifizieren können und das heißt, auf so manchen Einfall und auf so manches Fündlein lieber verzichten. *Zweitens* gilt es die Stimme als wichtiges Instrument und als die akustische Gestalt der Persönlichkeit zu schonen und zu üben, etwa durch bewusstes Atmen, Chorgesang und diszipliniertes Sprechen in der Alltagskommunikation. *Drittens* kann man sich professionelle Hilfe holen durch Stimmbildung, Logopädie und Atemtherapie. Der Pfarrberuf ist zu großen Teilen ein Sprechberuf und die Stimme das wichtigste Instrument. Man muss sie trainieren und schonen, pflegen und ihre Möglichkeiten zu erweitern suchen.

Wer darüber hinaus mit seiner Stimme professionell, und das heißt variationsreich und sachangemessen umzugehen vermag, hat beim Publikum schon fast gewonnen. Wie man packend vorliest und mit der Stimme das gesamte Personentableau eines Fontane- oder Thomas-Mann-Romans lebendig werden lässt, kann man an den Lesungen des Schauspielers Gert Westphal (1920–2002) studieren.

4.2

Zur vokalen Präsenz gehört selbstverständlich besonders die *Betonung*. Eine unnatürliche oder falsche Betonung (weit verbreitet, besonders bei Lektor:innen, ist der Akzent auf den Personalpronomina) lenkt völlig vom Sinn ab. Manche Politiker:innen lassen sich darum ihre Reden von einem Rhetorikcoach mit Akzenten versehen. Bei spontan gesprochenen Sätzen passiert uns so etwas Unnatürliches nicht; darum ist es wichtig, besonders bei der Lesung des Predigttextes aufmerksam zu sein. Aber auch bei eigenen schriftlichen Passagen kann es passieren, dass man die natürliche Verbindung mit dem

Manuskript verliert und falsch betont oder überbetont. Gänzlich verfehlt ist die typisch sakrale Betonung fast aller Wörter, woraus der ermüdende pastorale Klang wird, wie ihn der britische Komiker Rowan Atkinson („Mr. Bean") so treffend karikiert hat. Dauerbetonung schadet dem Verständnis genauso wie völlig monotones Sprechen („Isotonie", Kleinert 1907, 225). Einen „rastlosen Hochdruck von Pathos verträgt der Hörer nicht leicht, selbst wenn der Inhalt der Rede ihn zuließe" (226). Kleinert weist schließlich auf den im Pietismus eingebürgerten Begriff der „Salbung" der Predigt hin: Dieser werde „vielfach zur Verspottung dessen gebraucht [...], was im Predigtvortrag Unnatur und fehlerhaft ist." (229)

4.3

Der Schlüssel zur Verständlichkeit und damit zur rhetorischen Kommunikation ist die *Artikulation*, die genaue Formung der Silben, Wörter und Sätze. Viele ältere Gemeindeglieder sind gern bereit, sehr Schwieriges zu verstehen, wenn denn das akustische Verstehen gewährleistet ist. Die klare Artikulation ist keine hinreichende, wohl aber eine notwendige Bedingung einer guten Rede. Man nehme sich ein Vorbild an der dem Demosthenes (384–322 v. Chr.) zugeschriebenen Geschichte, er habe wegen seiner schwächlichen Stimme und Unverständlichkeit beim Reden Kieselsteine in den Mund genommen und damit das laute Sprechen am Meeresufer geübt, wobei das Brausen der Brandung übungsweise das Raunen der Volksmenge ersetzte. Demosthenes wurde später der erfolgreichste Redner seiner Zeit und ein maßgeblicher Politiker. Logopäden empfehlen heute, bei Sprechübungen einen Korken zwischen Ober- und Unterkiefer zu stecken. Das erfordert besondere Mühe bei der Artikulation und damit Aufmerksamkeit dafür.

4.4

Ebenso sind *Mimik und Gestik* der Selbstausdruck der Person. Man kann nicht predigen ohne Körperpräsenz. Das heißt nicht, dass man „mit Händen und Füßen reden" muss oder soll; die Art der Selbstexpression beim Reden ist durchaus verschieden. Herder und Schleiermacher sollen ganz auf Gestik verzichtet haben (Palmer 1845, 601). Quintilian dagegen überlieferte einen ausführlichen Code für verschiedenste Handhaltungen. Der bescheidene Anfang einer Rede etwa verlange das Zusammenlegen der vier Finger (außer dem kleinen), um diese sodann leicht nach oben auf Mund und Brust hin auszurichten und dann etwas vorgestreckt zu lockern – so habe Demosthenes geredet (Quintilian 2011, XI 3,96 = S. 645). Als Mahnerin fungiere die Hand, wenn sie „hohl, spärlich geöffnet mit einem gewissen Schwung über die Schulterhöhe erhoben wird" (Quintilian 2011, XI 3,103 = S. 647). Hier sind die Gesten nicht unwillkürlicher Ausdruck, sondern ein hochdifferenziertes Zeichen-Vokabular, das die Rhetoren in ihre Redemanuskripte einfügten und so eine Art Partitur anfertigten.

Dergleichen erscheint heute als eine Operationalisierung der Gestik, deren Art von Berechnung eher gegen die redende Person einnimmt. Die Konventionalisierung der Gestik empfinden wir heute als eine selbst geschaffene Barriere zwischen Redner und Publikum. Allzu bekannt und berüchtigt sind die gestischen Übungen des Redners Adolf Hitler vor dem Spiegel.

Schleiermacher wies dagegen darauf hin, dass beim Predigen in jeder gestischen Aktion, die „von der Freiheit ausgeht, auch der ganze Mensch tätig ist" (Schleiermacher 1983, 315). Die gestische Zeichensprache habe etwas Unwillkürliches „und das hängt zusammen mit der innerlichen Konstitution jedes einzelnen" (319). Man sollte sich darum nicht viele Sorgen machen. Durchdringe die Sache, dann folgen auch die Worte („rem tene, verba sequentur"), diese Weisheit von Cato dem Älteren gilt analog für Mimik und Gestik.

Wie die Menschen sich im Alltagsgespräch und in Diskussionen mit Freunden sehr unterschiedlich verhalten, so ist auch ihr mimisch-gestisches Programm auf der Kanzel individuell bedingt; zudem ist die kulturelle Prägung (etwa in Nordeuropa und Südeuropa) sehr verschieden. Dabei gilt wie bei vielen Persönlichkeitsmerkmalen die dreifache professionelle Maxime: Erkennen – Akzeptieren – behutsames Erweitern des eigenen Repertoires aufgrund von Feedback. Man wird im Anschluss an Schleiermacher sagen können, dass bei der Gestik gerade das Nicht-wirken-Wollen seine Wirkung entfaltet, weil sich so das Unwillkürliche des Redners Bahn bricht und nach außen drängt. Das steigert den Eindruck von Sachgehalt und Redegewalt.

Versteht man so die Gestik als Zeichen für die Bedeutung des redenden Individuums, als performative Visitenkarte der Persönlichkeit, so kann das also nicht bedeuten, dass man auf die Arbeit am eigenen Auftreten verzichtet. Feedback und vorsichtig erprobende Veränderungen sind durchaus angebracht, denn manches Gestogramm beruht auch auf schlechten Angewohnheiten. Die ältere Literatur enthält dazu einiges an Skurrilitäten: Palmer kritisiert das „gemachte Agieren", wenn man „in regelmäßigen Zwischenräumen jetzt mit dieser, jetzt mit der anderen Hand durch die Luft streicht in Form eines griechischen Circumflex" oder auch eine Haltung beider Hände, „als wolle man Fäden spinnen aus den Knöpfen des Chorrocks" (Palmer 1845, 602). Die „unablässige Wiederkehr einer und derselben Bewegung darf nicht den Eindruck des Redners mit dem des Schwimmers vertauschen" (Kleinert 1907, 232). Zur Abschreckung werden auch „die pendelnden Bleistiftschwenkungen mancher Parlamentarier" und die „gezirkelten seitlichen Hand- und Armbewegungen mancher Kanzelredner“ erwähnt (Hering 1905, 580). Der Prediger soll auch nicht „hinter das Kanzelpult sich ducken und dann wieder emporschnellen, sich nicht über die Kanzelbrüstung mit dem Oberkörper werfen.“ (581) Ruhe und Würde kennzeichnen die Grundhaltung, die zum konzentrierten Nachdenken der biblischen Botschaft am besten passt.

Und noch einmal die Kanzel (→ § 2.1.2): Sie ist nicht als solche ein Ausdruck von institutioneller Macht und persönlicher Arroganz. Das Wort nehmen bedeutet immer die Ausübung von Macht. Unnahbar und autoritär kann man auch in einer intimen Gesprächsrunde sein. Gewiss begrenzt die Kanzel unser gestisches Programm. Grundsätzlich aber ist festzuhalten: „Ob sich eine herablassende, arrogante Gestik einstellt, liegt nicht an der Höhe der Kanzel“ (Kabel 2011, 79).

5 Actio und Manuskript – freie Predigt oder wörtliche Ausarbeitung?

5.1

Die Predigt ist Kommunikation und Kommunikation ist immer anfällig für Störungen. Welche Problematik ist gravierender: das Suchen nach Formulierungen bei der manuskriptfreien oder der Hang zum Vorlesen bei der zuvor wörtlich fixierten Predigt? Der Streit zwischen Vertretern beider Seiten, zwischen *ex tempore* und *memoria* wird immer wieder geführt (Deeg / Meyer-Blanck / Stäblein 2011). Bevor die Argumente beider Seiten resümiert werden, können drei Extreme ausgeschlossen werden, die niemand konzeptionell vertritt (dafür aber doch einige praktizieren). Nicht ernsthaft zu erwägen sind:

- Das Predigen rein *ex tempore* ohne eingehende Vorbereitung. Wer schon länger predigt, wird auch diese Form beherrschen, aber äußerst selten praktizieren (→ § 40.4).
- Das reine Ablesen des wörtlich ausgearbeiteten Predigtmanuskriptes ohne Blickkontakt zur Gemeinde.
- Das wörtliche Memorieren des gesamten Manuskriptes und das Hersagen aus dem Gedächtnis; das war bis Anfang des 20. Jahrhundert die von Kandidaten und anderen verlangte Normalform.

Heutzutage fordern alle an der homiletischen Debatte Beteiligten sowohl eine intensive theologisch-rhetorische Vorbereitung als auch den intensiven Kontakt zwischen Kanzel und Gemeinde. Doch trotz der Einigkeit an diesen Punkten herrscht ein klarer Dissens zwischen beiden Fraktionen.

Nur die erst auf der Kanzel wörtlich entstehende Predigt erreicht ihr Publikum, meinte Jana Childers. „A sermon that is read is not without value, but it is not preaching – it is devotional literature.“ (Childers 1998, 20). Die Homiletiker hätten „sometimes paid more attention to sermon manuscripts than to sermons." (35). Die implizite Botschaft beim Ablesen der Predigt ist für sie ein gewisses Phlegma: „I don't care that you know that I'm reading this', ‚I'm nervous' or ‚This is all routine to me.' But it is never a positive message." (113) Konträr urteilte 2009 der routinierte Prediger und Hamburger Hauptpastor Axel Denecke im Rückblick auf seine eigene, inzwischen als zu locker empfundene Praxis:

> Die 20 Minuten (meist waren es sogar 25) kriegte ich locker voll. Ein kleiner Joke dazwischen, eine Beispielgeschichte, pathetisch ‚Erschließungssituation' genannt, wird's schon machen. Und so habe ich – denke ich rückblickend – frei assoziierend daherschwadroniert, bin leichthin über Ungereimtheiten und Widersprüche hinweggegangen, der Text kam bei all den schnellen Einfällen immer mehr abhanden, es verebbte und wurde flach und flacher (zitiert nach Deeg / Meyer-Blanck / Stäblein 2011, 30f.).

5.2

Die Argumente sind mit diesen Zitaten schnell beisammen. Die nicht wörtlich ausgearbeitete Predigt hat das natürliche Gespräch zum Vorbild und ist damit der Mitteilung und Darstellung des Evangeliums angemessen. Der Gedanke entsteht aus der Situation heraus und ist an den Reaktionen des Gegenübers orientiert. Vor allem kann man einer gesprächsanalog frei redenden Person besser zuhören als jemandem, der eine geschliffene Abhandlung vorträgt. Das gilt vor allem für Kinder, Jugendliche und Menschen, die es wenig gewohnt sind, lange Vorträge anzuhören.

Aber diese Gründe lassen sich auch genau gegenteilig wenden. Viele erwarten eine gute, niveauvolle Predigt, die ihr eigenes Wissen und Verstehen bereichert und fordert. Die Predigt soll zwar nicht theoretisch sein, sondern lebensbezogen; aber sie soll doch Gedanken entwickeln, auf die man selbst ohne theologische Vorbildung nicht gekommen wäre. Auch kann man sich bei einer gut vorbereiteten Predigt besser konzentrieren als bei einer predigenden Person, die selbst nach Worten und Gedanken sucht. Und schließlich tendiert eine manuskriptfreie Predigt zur Disziplinlosigkeit. Ein Thema, drei Punkte, ein Leitmotiv und Geschichten für den Anfang und den Schluss hat man schnell notiert, so dass man mit einer Strukturskizze und einigen Notizen reden kann. In der Überlastung eines heutigen Pfarramts ist die Versuchung zu groß, mit einer statt mit vier bis fünf Stunden Vorbereitung hinzukommen.

Aus diesen Gründen wird hier für die wörtliche Ausarbeitung plädiert und für ein sorgfältiges Aneignen (nicht: wörtliches Memorieren) des Manuskripts. Die Zeit der theologischen Fortbildung am Schreibtisch sollte man sich gönnen – zuungunsten anderer Aufgaben. Das manuskriptfreie Predigen kann man genug üben in Überraschungs-, Not- und Gruppensituationen (etwa mit Konfirmanden).

Zusammenfassung

Die Aufführung der Predigt, die *actio*, die „performance" ist das kurze Ereignis, in dem sich entscheidet, ob die vorangehende Arbeit zielführend war. Die *actio* ist persönlich fordernd und risikoreich, da man mit der eigenen Stimme und der eigenen Körperpräsenz arbeitet. Der Intellekt allein reicht nicht aus. Die Fähigkeit, mit sachlichem Gehalt und persönlich relevant zu reden beruht auf einem langjährigen Bildungsprozess. Nur bedingt kann man diesen Prozess fördern, indem man an der eigenen Stimme und dem körperlichen Auftreten arbeitet. Aber es gilt auf die eigenen stimmlichen und theatralen Fähigkeiten zu achten und das rhetorische Repertoire vorsichtig zu erweitern. Vor angelernten Gesten und Effekten ist zu warnen, da beim Reden immer die ganze Person auf der Bühne steht. Es gilt körper- und stimmbewusst zu predigen und dabei in der eigenen Aufgabe und Rolle präsent zu sein.

§ 39 Predigen lernen – predigen üben (exercitatio)

Literatur: Helmut Aßmann / Adelheid Ruck-Schröder (Hg.): Pfarrbildung. Bilanz und Perspektiven aus Anlass des 200jährigen Bestehens des Predigerseminars Loccum, Tübingen 2021 (PThGG 35) · Matthias Bernstorf: Predigtdidaktik, Stuttgart 2024 (PTHe 194) · Marcus Tullius Cicero: De Oratore. Über den Redner, Lateinisch / Deutsch, hg. von Harald Merklin, Stuttgart ²1991 [1976] · Thomas Klie / Jakob Kühn: Kompetenz und Performanz in der homiletischen Erstausbildung. Das Rostocker Modell der Predigtdidaktik, in: Geforderte Rede. Konstellationen, Kontexte und Kompetenzen des Predigens (ÖSP 11), hg. von Ursula Roth, Jörg Seip und Bernhard Spielberg, München 2018, 239–252 · Peter Meyer / Kathrin Oxen (Hg.): Predigen lehren. Methoden für die homiletische Aus- und Weiterbildung, Leipzig 2015 · Michael Meyer-Blanck: Höhere geistige praktische Bildung (Johann Christoph Salfeld). Die Bedeutung des Predigerseminars für die Praktische Theologie an der Universität und die Erwartung der Praktischen Theologie an das Predigerseminar, in: Aßmann / Ruck-Schröder 2021 (s.o.), 305–317 · Annette Cornelia Müller: Predigt schreiben. Prozesse und Strategien der homiletischen Komposition, Leipzig 2014 (APrTh 55) · Hans-Christoph Piper: Predigtanalysen. Kommunikation und Kommunikationsstörungen in der Predigt, Göttingen / Wien 1976 · Thomas Schlag: Aufmerksam predigen. Eine homiletische

Grundperspektive, Zürich 2014 · Henning Schröer: Von der Genitiv-Theologie zur Adverb-Homiletik. Zu den Tendenzen gegenwärtiger Predigtlehre, in: PT 17 (1982), 146–156 · Gert Ueding / Bernd Steinbrink: Grundriss der Rhetorik. Geschichte – Technik – Methode, Stuttgart / Weimar ³1994 [1985] · Rolf Zerfaß / Matthias v. Kriegstein / Hans-Erich Thomé: „... aber gemeinsam werden wir Anwalt des Lebendigen sein." Die Gruppe in der homiletischen Aus-, Fort- und Weiterbildung, in: Didaktische Modelle Praktischer Theologie, hg. von Martin Steinhäuser und Wolfgang Ratzmann, Leipzig 2002, 436–497

Mit der *actio* und *pronuntiatio* enden die Lehrbücher der Homiletik in der Regel. Auch die diesem Buch zugrundeliegende Neun-Felder-Matrix (→ § 6.4) ist damit abgearbeitet. Doch wer bis hier gelesen hat, fragt sich, nicht nur aus persönlichen, sondern auch aus theorieimmanenten Gründen, wie man homiletische Kompetenz und Präsenz erlangen kann. Wie lernt sich das Predigen und wie bleibt man am Puls der aktuellen Entwicklung? Ging es bisher um die pädagogischen Aspekte des Redens und Predigens im Hinblick auf die Hörer:innen, so steht in diesem Paragraphen (wie schon im letzten) die predigende Person im Mittelpunkt: Wie erwirbt diese die Fähigkeit zur öffentlichen Mitteilung und Darstellung des Evangeliums? Man kann das Predigen lernen und danach sollte man es üben, indem man nach sprachlichen, stimmlichen, leiblichen und denkerischen Impulsen Ausschau hält.

1 Imitation und Lernprogramm – historische Schlaglichter

1.1

Der Inhalt der älteren wie der aktuellen Lehrbücher vermittelt den Eindruck, dass die Kunst des öffentlichen Redens und Predigens selbstverständlich ist und man lernt das Notwendige gewissermaßen von selbst, auf dem Weg von Anschauung und Imitation, verbunden mit der homiletischen Theorie. Der Bildungsweg zum Prediger verliefe dann weniger über intentionale Lernprozesse als durch die Sozialisation. Das trifft in traditionalen Gesellschaften auch großenteils zu. Man weiß durch jahrelange Anschauung, was Predigen bedeutet und was einem dabei zusagt bzw. weniger oder gar nicht zusagt. Doch je individualisierter eine Gesellschaft wird, desto pluraler wird der Weg zum Predigtamt und desto spezifischer wird das, was man lernen möchte bzw. muss. Die bloße Imitation *kann* der adäquate Zugang sein, aber auch ein fataler Irrtum.

Man lernt imitatorisch nicht nur das Richtige, sondern auch genau das Falsche, das wusste schon Cicero. Die antike Rhetorik brachte darum Redeschulen hervor, in denen im Wesentlichen praktische Redeübungen zu absolvieren waren. Dabei war die bewusste und kritische *imitatio* ein wichtiger Bestandteil der Ausbildung. Es wurden vorbildliche Reden und Texte als Muster nachgeahmt, wobei es galt, diese möglichst zu übertreffen. Schon damals wurde vor bloßen praktischen Übungen und dem ausschließlich imitierenden Lernen gewarnt. Viele erlägen dem Irrtum, dass man durch Reden dazu käme, reden zu können: „Denn auch der Satz ist wahr, dass es die Leute durch verkehrtes Reden am leichtesten erreichen, verkehrt zu reden." (Cicero: De or. I,150 = S. 125) Wie ein Nachtrag zum Schluss des letzten Paragraphen (→ § 38.5) klingt das, was Cicero über das Redemanuskript formuliert:

> Zwangsläufig fließen uns die treffendsten und glänzendsten Gedanken und Formulierungen, die das jeweilige Gebiet betreffen, sämtlich in die Feder. Sodann vollendet sich beim Schreiben selbst die Stellung und Fügung der Worte [...]. Das ist es, was den guten Rednern Jubel und Bewunderung einträgt, und niemand wird es so weit bringen, ohne dass er lange und ausgiebig schreibt, auch wenn er sich mit aller Energie in diesen Stegreifreden übt. (Cicero: De or. I,151f. = S. 125)

Das rhetorische Programm bestand neben dem Reden auch im Lesen, Hören und Schreiben. Ciceros Abhandlung über den Redner umfasst in der zweisprachigen Ausgabe 600 Seiten, Quintilians zwölf Bücher zur Ausbildung des Redners sogar 1600 Seiten. Man vertraute also keinesfalls allein auf die Imitation, sondern entwickelte differenzierte didaktische Programme. Der didaktische Dreiklang bestand aus Talent (*natura*), Theorie (*doctrina*) und Übung (*exercitatio*). Im Mittelalter gehörte die Rhetorik (neben Grammatik und Dialektik) zum Trivium und damit zu den sieben freien Künsten als dem Propädeutikum aller Wissenschaft. Das Predigen stand auf einem festen theoretischen Fundament.

1.2

Auch im 16. und 17. Jahrhundert hatte die Rhetorik noch ein hohes Ansehen, während sie seit dem 18. Jahrhundert einen akademischen Niedergag erlebte und zudem als instrumentelle, „hinterlistige" Kunst verdächtigt wurde. Nur wenige Prediger wie Franz Theremin (→ § 13.3) waren zugleich bedeutende Rhetoriker. Die kritische Sicht der Rhetorik bei Immanuel Kant war lange Zeit maßgeblich. Diese betraf zugleich die Didaktik des Predigens. Seit Pietismus und Aufklärung (→ § 11.2) wurde das exemplarische (fromme und moralische) Subjekt wichtig, so dass es mehr auf die Vorbildfunktion des Predigers ankam als auf die didaktische Form der Predigt. Die Personen rückten immer stärker ins Blickfeld. Mit der Etablierung des planmäßigen Lehrvikariats im 19. Jahrhundert wurde die Predigtausbildung professionalisiert. Allein die Bezeichnung *Prediger*seminar zeigt, für welches Arbeitsfeld der pfarramtlichen Praxis didaktische Unterstützung gegeben werden sollte. Zugleich bekam das imitatorische Lernen vom jeweiligen Mentor einen zusätzlichen Schub.

Die wissenschaftlichen Lehrbücher der Homiletik und Praktischen Theologie (→ §§ 13–14) griffen weiterhin auf die Bestände der antiken und neuzeitlichen Rhetorik zurück, so dass man von einer unaufgeregten Selbstverständlichkeit in der Ausbildung schließen kann; man denke etwa an die Entwürfe von Hering 1905, Kleinert 1907 und Achelis 1911 (→ §§ 34–35).

1.3

In den 1970er Jahren rückte die zweite Ausbildungsphase ganz in den Fokus der Aufmerksamkeit. Die Predigerseminarhomiletik wurde zur treibenden Kraft der Innovation auf den Kanzeln, während die universitäre Homiletik sich erst unter Mühen anschloss. Psychologie, Soziologie und Pädagogik, aber auch Rhetorik und später Ästhetik krempelten die von der Wort-Gottes-Theologie und Hermeneutik erschöpfte Homiletik um. An den Predigerseminaren, besonders an denen in Niedersachsen, blühte mit Macht jene Pflanze, die Henning Schröer in einem glänzenden Aufsatz 1982 als die „Adverb-Homiletik" bezeichnet hat: „Konkret predigen", „erzählend predigen", „persönlich predigen", „rhetorisch predigen", „biblisch predigen" lauteten die Programme.[7] Ausgerichtet waren diese auf experimentierfreudige junge Prediger:innen, die noch nicht auf einen Stil und eine Richtung festgelegt waren. Als Programmformel kann man den Satz ansehen: „So von Gott reden, dass sich etwas verändern kann" (Zerfaß / Kriegstein / Thomé 2002, 447–451).

1.4

Methodisch begann in den 1970er Jahren die Arbeit auch an der Körper- und Stimmpräsenz mit Hilfe von Videoaufzeichnungen. Besonders in der 2. Ausbildungsphase wurde die bloße Textarbeit überwunden durch Übungen im Sprechen sowie Feedback-Geben und Entgegennehmen. Außerdem eroberte die Pastoralpsychologie die Predigerseminare. Der Hannoveraner Klinikpfarrer Hans-Christoph Piper (1930–2002) machte in seinen „Predigtanalysen"

7 Schließlich kam vierzig Jahre später noch das Programm „Aufmerksam predigen" hinzu (Schlag 2014).

verschiedene Typen von Prediger:innen aus (z.B. „Der geängstigte Prediger", „Der gehorsame Prediger", „Der deprimierte Prediger"). Wer predigt, kommuniziert nicht nur auf der Inhaltsebene, sondern auch auf der Beziehungsebene, wobei dies oft unbewusst geschieht. Analog zur Arbeit mit Verbatims in der Seelsorge wurden Predigten von nun an nicht nur theologisch, sondern auch (tiefen)psychologisch analysiert (Piper 1976). Die Aufgaben und Möglichkeiten der verschiedenen Ausbildungsphasen profilierten sich im Laufe des letzten halben Jahrhunderts deutlich. Die folgende Darstellung richtet sich darum an den Zielen, Inhalten und Methoden dieser Lernphasen aus.

2 Bildung und Ausbildung für das Pfarramt in vier Phasen

„Pfarrbildung" (Aßmann / Ruck-Schröder 2021) ist persönliche Bildung und Berufsausbildung zugleich. Ausbildung ohne Bildung wäre oberflächlich, Bildung ohne Ausbildung wäre realitätsfern und würde die Pfarrpersonen wie die Gemeinden unzufrieden machen. Beides zusammen bestimmt die pfarramtliche Professionalität, bei deren Ausbildung man vier Phasen unterscheiden sollte.

2.1

Die zweite Ausbildungsphase, das Vikariat, hat sich in den beiden letzten Jahrhunderten erst langsam von der ersten (universitären) abgesetzt. Längst nicht alle Vikare kamen zunächst in den Genuss des Predigerseminars. In Loccum musste man dazu vom Abt persönlich eingeladen werden. Viele Vikare waren dagegen bis weit ins 20. Jahrhundert hinein wirkliche *vicarii*, Vertretungen für ein nicht besetztes Pfarramt. Erst in den 1960er Jahren wurde das Seminar für alle der Regelfall. Dadurch profilierten sich beide Ausbildungsphasen miteinander und gegeneinander. Zwar galt im Loccumer Seminar das Prinzip „höhere geistige praktische Bildung" (Meyer-Blanck 2021), doch lange Zeit war die Arbeit dort vor allem der theologischen Vertiefung gewidmet, so dass die Kandidaten etwa an eigenen größeren Manuskripten arbeiteten. Erst mit der Zeit traten die Linien der Vikariatsausbildung deutlicher hervor, bis dann mit den Reformen um 1970 der jetzige didaktische Stand erreicht wurde: Das Studium dient dem *theoretischen Blick auf die Praxis*, das Vikariat der (theoretisch unterfütterten) *Einübung von Praxis*. Etwas genauer sollte man jedoch beim Predigen als dem Identitätsmarker des Pfarrberufs weitere Phasen annehmen.

2.2

Die wichtigste *Phase* für die tatsächliche Berufsausübung dürfte die Zeit *nach dem 2. Examen* sein. Als ordinierter, von Examensprüfungen frei gewordener Prediger erlebt man einen großen Fortschritt an Gestaltungsspielraum. Man muss die Theologie nur noch vor der Gemeinde (bzw. vor sich selbst) verantworten und nicht mehr vor einem Mentor oder einer Prüfungskommission. Diese dritte Ausbildungsphase verlangt entsprechend bei entscheidenden Fragestellungen die Wiedervorlage der theoretischen Homiletik. Denn von nun an hat die predigende Person selbst Entscheidungen zu treffen, etwa, was die Dauer der Predigt, ihren Ort (Kanzel oder Ambo?) und die liturgische Einbettung angeht. Und selbstverständlich sind es „inventio" und „dispositio", „elocutio" und „actio", für die nun ein eigener Stil ausgebildet wird. Die dritte Ausbildungsphase ist entscheidend für das tatsächliche Predigen über viele Berufsjahre. Dieser Abschnitt wird – in meistens sehr lockerer Weise – von der „Fortbildung in den ersten Amtsjahren" (FEA) begleitet. Jetzt gilt es, nach möglichst vielen Impulsen, besonders aus der formalen Homiletik, Ausschau zu halten und die Phase als Experimentierfeld zu nutzen und sich nicht zu schnell auf eine Normalform zurückzuziehen.

2.3

Der personentypische Habitus festigt sich dann in der *vierten Phase*, in den Jahren des routinierten Pfarrdienstes, in der man in der Regel nicht mehr nach den theoretischen Schemata und Unterscheidungen fragt. Diese ist die Zeit, da die Aufgaben zunehmen und in immer kürzerer Zeit bewältigt werden müssen, so dass viele „im Predigtamt" die Zeit oder die Motivation für die Fortbildung verlieren. Besonders theoretische Problemstellungen finden nur bei wenigen Interesse. An Arbeitsstil und Arbeitsformen ändert sich in der Regel nicht mehr viel.

Ein wichtiges zu bewältigendes Spannungsfeld in dieser langen Phase der Routine ist das zwischen Kirchlichkeit und persönlicher Frömmigkeit (Meyer-Blanck 2021, 311–315). Im Pfarramt ist man der Vertreter der kirchlichen Positionen, Lehren und Rituale; daneben aber hat man seine persönliche Frömmigkeit, die zu der vertretenen Kirchlichkeit in Spannung oder sogar im Widerspruch stehen kann. Professionell ist der Ausgleich von beiden Seiten, so dass man weder zum unkirchlichen „Spiritualisten" wird noch zum lediglich berufsfrommen Kirchenfunktionär. Beides schwächt die Performanz in Gottesdienst und Seelsorge, Unterricht und Öffentlichkeit. Wer ein Pfarramt versieht, soll nicht nur kirchlich sein, sondern auch fromm – und nicht nur fromm, sondern auch kirchlich, außerdem soll er / sie gut ausgebildet sein, aber auch solide gebildet.

Von besonderem Interesse ist schließlich der letzte Berufsabschnitt, die Jahre vor der Pensionierung; Pastoralkollegs bieten für Pfarrer:innen in den letzten Amtsjahren in letzter Zeit spezielle Fortbildungen an. Jetzt hat die Routine so weit zugenommen, dass neue Herausforderungen gut in das eigene Konzept integriert werden können. Die Chance dieser Zeit ist die offene Gelassenheit, die entsprechende Gefahr ist die ermüdete Resignation. Weisheit bedeutet, dass Ambivalenzen nebeneinander stehengelassen werden und verschiedene Linien zusammengeführt werden können. Bekanntlich hat der Psychotherapeut Erik H. Erikson (1902–1994) diese Phase mit der Dialektik von „Integrität vs. Lebensekel" beschrieben.

3 Predigen verstehen und üben in vier Phasen der „exercitatio"

3.1

Die Homiletik als Theorie soll dabei helfen, den Predigtvorgang zu verstehen (homiletische Bildung) und praktisch zu üben (homiletische Ausbildung); und beides hat das je eigene Recht. Studierende und Vikar:innen kommen in die homiletischen Lehrveranstaltungen mit der Erwartung, nun endlich praktisch zu arbeiten und die eigene rhetorische Kompetenz zu erproben, zu betätigen und weiterzuentwickeln. Die Theorie wird dabei oft als störend und retardierend, wenn nicht als lähmend empfunden.

Die *exercitatio* braucht aber die Theorie, um bei aller Freude an praktischen Übungen die Fallen religiösen Redens, wie Moralismus, Gesetzlichkeit, Behauptungsstruktur, theologischen Jargon, Psycho-Klischees im Blick zu behalten. Außerdem gilt es, mit Hilfe der Theorie neue Gestaltungsmöglichkeiten kennen zu lernen (z.B. die dramaturgische Homiletik, das lernpsychologische Schema, die rhetorischen Schlüsselkategorien und Möglichkeiten, die Vierertypologie des persönlichen Predigens u.a.). Die Theorie braucht aber umgekehrt die *exercitatio*, weil beim Üben klar wird, dass Geschmacks- und Gefallensurteile in der Sache nicht weiterhelfen. Die Mitteilung und Darstellung eigenen religiösen Erlebens mit dem Ziel, bei anderen ebenfalls die religiöse Tätigkeit anzuregen, ist ein derartig komplexer Vorgang von Wahrnehmung, Schlussfolgerung, Impulsgebung und kritischer Reflexion, dass praktische und gestalterische Kategorien zu kurz greifen. Kreativität braucht die Theorie und Reflexion braucht das Experiment, Ausbildung braucht Bildung und *vice versa*.

3.2

Diese Bemerkungen ändern nichts an der Tatsache, dass das homiletische Seminar (samt Proseminar) eine Besonderheit im universitären *Studium* darstellt. Es ist praktischer als die anderen Seminare, es geht um einen zentralen Aspekt des pfarramtlichen Dienstes und es führt die Linien philosophischer, historischer und praktischer Theologie zusammen. Hier (wie im religionspädagogischen Seminar) ist erstmals die Aufgabe gestellt, sich von den fachlichen Logiken (Exegese, Systematik, Kirchengeschichte) zu entfernen, um die Theologie von den Adressaten her zu reformulieren. Man kann nicht mehr einfach von „Rechtfertigung" sprechen, sondern muss das übersetzen, etwa in „Anerkennung" oder „Unterscheidung zwischen der Person und Werk", ähnlich ist die Kategorie „Auferstehung" mit der Vorstellung vom „Sein in Christus" (2Kor 5,17) oder von der grundsätzlichen Erneuerung des Menschen (Offb 21,5) zu korrelieren.

Der Begriff (!) der Rechtfertigung gehört jedenfalls nicht auf die Kanzel. Von der Predigt her soll Rechtfertigung erfahren werden können und nicht doktrinär gelehrt werden. Evangelische Dogmatik ist die Voraussetzung evangelischer Predigt und nicht deren Material. Analog verhält es sich mit den Forschungen der Bibelwissenschaften. Literarkritische Operationen und Autorenfragen gehören ebenfalls nicht auf die Kanzel. Und doch können Einzelheiten, wie etwa zu den Streitigkeiten in Korinth, zu guten Predigtideen führen, wenngleich der Entdeckungs- und der Begründungszusammenhang in der Homiletik andere sind. Jetzt folgt man der Logik der Adressaten der Predigt und nicht derjenigen der biblischen Autoren. Darum sind die praktischen Seminare durch einen Perspektivwechsel gekennzeichnet, weg von der wissenschaftlichen Beobachtungslogik hin zur menschlichen Bedeutungslogik. Was fangen die Menschen mit einem Text wie 2Kor 5,17 (Karfreitag und Jubilate) an, um ihr Leben zu deuten? Diese Frage muss zum Predigen nicht ohne Exegese, aber auch nicht einzig von der Exegese her beantwortet werden. Innerhalb der universitären theologischen Enzyklopädie vertreten Praktische Theologie und Homiletik den Standpunkt der religiösen Praxis.

Freilich ist die Praktische Theologie nach Schleiermachers prägnantem Diktum nicht die Praxis, sondern die Theorie der Praxis. Das bedeutet, dass es auch in der Homiletik primär um die Predigttheorie geht. Die Praxis ist dazu da, das Geschäft der Theorie aus der Innenperspektive wahrnehmen zu können. Zugespitzt: Die Praxis ist im Studium Mittel zum Zweck der Theoriebildung. In der Praxis ist es genau andersherum: Die Theorie ist Mittel zum Zweck der praktischen Verkündigung. Die erste Ausbildungsphase hilft bei der *Wahrnehmung* von Praxis, die zweite Phase bei der *Einübung* von Praxis.

3.3

Das Praktische der universitären homiletischen Didaktik besteht neben der Erarbeitung von homiletischen Theorien in der Regel zunächst in der Arbeit an den kommunikativen Vollzügen. Man experimentiert mit der Sprache, dem Sprechen und dem Schreiben (Klie / Kühn 2018) oder konzentriert sich ganz auf die mündliche Rede (Zerfaß / v. Kriegstein / Thomé 2002).

> In dem zuletzt genannten Beitrag kann man auch nachlesen, wie seinerzeit Zerfaß zu dem später so erfolgreichen Prinzip des Predigens als „Sprechdenken" gekommen ist: Das war der Fall, als er 1964 an der Gewerkschaftsschule in Essen hospitierte und an einem Rhetorikkurs teilnahm. Der Leiter sagte ihnen damals: „Ihr könnt alle seit dem zweiten Lebensjahr frei reden. Es gibt keinen Grund, das aufzugeben, nur weil Euch bei der Betriebsversammlung 200 Kollegen zuhören." (438f.) Daraus entstand das Verfahren, den Redetext nicht schriftlich, sondern in mehreren „Sprechdenkversuchen" entstehen zu lassen, bis sich die Vorbereitung „in einem wohldurchdachten Stichwortzettel" verdichtet (441).

Im Rostocker Modell (Klie / Kühn 2018) setzt man stärker auf Schreibwerkstätten. Zu biblischen Geschichten (Perikopen) werden Einleitungen, Fortsetzungen oder perspektivische Schilderungen aus der Sicht beteiligter Personen verfasst. Außerdem spielt moderne Romanliteratur eine große Rolle im homiletischen Curriculum. Auch diese Texte werden mit der Aufgabe des Weiterschreibens unter einer bestimmten Fragestellung zum Gegenstand von homiletischen Schreibwerkstätten.

Ob nun der Schwerpunkt bei den schriftlichen oder bei den mündlichen Übungen gesetzt wird: Auf jeden Fall ist es das Ziel, die Sprachkompetenz der Studierenden zu erweitern. Die Grundfrage der homiletischen Ausbildung lautet, wie in den alten Sprachen geschulte und an reflexive Methodik gewöhnte Theologiestudierende vom diskursiven Lesen und Denken zum spielerisch ausgelegten Schreiben und Reden kommen (Bernstorf 2024, 271). Ein zentrales hochschuldidaktisches Problem besteht darin, dass die entscheidenden didaktischen Kompetenzen nicht im Pfarramts-, sondern im Lehramtsstudium angesiedelt sind (Bernstorf 2024, 301), so dass man von einem „Fundamentalschaden" des Studiums der ev. Theologie sprechen kann (ebd.). Übrigens ist auch Bernstorf als langjähriger Rundfunkpastor der Ansicht, „dass die Klärung dessen, wovon ein Mensch zutiefst überzeugt ist, leichter durch Sprechen als durch Schreiben geschieht" (384).

Am Schluss der universitären homiletischen Ausbildung steht ein (schriftlich ausgearbeiteter) Predigtentwurf mit Vorarbeiten, der beide Kompetenzen nachweisen soll: das Verfassen einer mündlich überzeugenden Rede und deren diskursive Begründung samt liturgischer Einordnung. Genau das wird von den Landeskirchen als eine Leistung in der „Ersten Theologischen Prüfung“ gefordert.

3.4

Das *Vikariat* bringt einen deutlichen Akzentwechsel: Das didaktische Ziel ist nicht mehr ein Predigtentwurf (obwohl auch dieser nochmals verlangt wird), sondern die Gewöhnung an das regelmäßige Predigen. Wer die zweite Ausbildungsphase absolviert hat, soll für den regulären Pfarrdienst eingesetzt werden können und das heißt: für das wöchentliche Predigen. Das Vikariat geht den Weg von der beobachtenden Teilnahme an der Praxis über die beobachtete eigene Praxis zur Gewöhnung an die Predigtvorbereitung in zügiger Folge. Stand in der ersten Phase die *Reflexion von Praxis* im Mittelpunkt, so im Vikariat die *Einübung von Praxis*. Auch jetzt hat die Theorie noch ihre Bedeutung, aber nur insofern, als sie der Unterstützung der Einübung dient. War in der ersten Phase vor allem die prinzipielle Homiletik gefragt, so stehen in der zweiten die materialen und formalen Fragen im Vordergrund: Was und wie soll ich predigen, wenn die Zeit für grundsätzliche Reflexionen geringer wird? Am Schluss steht die Examenspredigt in der Gemeinde als ein „Gesellenstück“ für das Pfarramt. Damit soll nicht nur gezeigt werden, dass man predigen kann, sondern vor allem, ob man die Gemeinde wahrnehmen und Feedback entgegenzunehmen gelernt hat.

3.5

Das Autofahren lernt man so richtig bekanntlich erst nach der Prüfung. Ähnlich ist es mit dem Predigen: Hier gibt es den größten Lernzuwachs in der *dritten Phase* der ersten drei Amtsjahre. Jede(r) muss in dieser Zeit seine für den Alltag tauglichen Vorbereitungsschritte entdecken und entwickeln. Dabei können Fortbildungen helfen, wenngleich die meisten Kolleg:innen lieber innovativere Themenangebote wählen als die Homiletik. Einige wenige in den Pfarrkonventen tun sich zusammen, um die prinzipielle Homiletik wiederaufleben zu lassen; das ist eine hervorragende Weise, Fortbildung und eigene theologische Arbeit miteinander zu verbinden. Die Entlassung in die theoriefreie (prüfungslose) Praxis ist eine besondere Herausforderung für die Theologie der Pfarrer:innen.

3.6

Es folgt die lange vierte Phase des routinierten „Predigens als Beruf" (Ernst Lange → § 15.3). Manch eine(r) realisiert erst so langsam, einen Rede- bzw. Sprechberuf ergriffen zu haben. Dabei handelt es sich nicht nur um Predigten, sondern auch um Gelegenheitsreden vielfältiger Art. Jetzt macht es sich bezahlt, wenn man rhetorische Übungen absolviert hat, so dass man die freie Rede ohne Vorlage ebenso beherrscht wie die sachlich und menschlich ansprechende kunstvolle Festpredigt; es ist ein verbreiteter Irrtum, man müsse sich für eines der beiden Genera entscheiden. Es gibt Anzeichen dafür, dass die Hörer:innen bei aller Gewohnheit merken, wieviel Mühe eine Predigerin die jeweilige Predigt gekostet hat. Vor allem hat die Gemeinde ein Gespür dafür, ob man gerne, aus innerer Notwendigkeit (1Kor 9,24–27, Septuagesimae) heraus zu ihnen spricht oder aus Gewohnheit (bzw. aus der Pflicht des Amtes).

3.7

Einige Gemeinden rufen hin und wieder ein „Predigtfasten" aus, um die Gewohnheit des Redens und Hörens zu unterbrechen und danach wieder mehr wertzuschätzen. Luthers alte Regel, wenn Gottesdienst gefeiert werde, solle unbedingt auch gepredigt werden, sonst sei es besser, dass man gar nicht zusammenkomme[8], muss nach dem Siegeszug der Predigt in den reformatorischen Kirchen nicht mehr konsequent gelten.

Dennoch bleibt das Predigen eine zentrale Arbeitsform nicht nur für die Hörer:innen, sondern auch für die Predigenden selbst. Durch das Predigen wird man zur Theologin. Erst durch den Predigtvorgang klärt sich für die Sprechenden, was sie denken, meinen und glauben. Homiletik kann damit als Hermeneutik des religiösen Sprechens aufgefasst werden, als fundamentaltheologische Disziplin. Was man predigen kann, wird zum eigenen geistigen und geistlichen Besitz.

Zusammenfassung

Die Ausbildung zum Prediger / zur Predigerin umfasst einen langen und spannungsreichen Bildungsprozess. Homiletische Kompetenz besteht aus theoretischen und praktischen Anteilen, die über eine lange Glaubens- und Predigtgeschichte hinweg angeeignet werden müssen. Vieles an der Performanz

8 Martin Luther: Von der Ordnung des Gottesdiensts in der Gemeinde (1523), WA 12,36 = BoA 2, 425.

(„homiletischen Präsenz") beruht auf der Imitation eigener Anschauungen, vieles aber auch auf intentionalen Lernprozessen. Dabei geht es in der ersten Ausbildungsphase (Studium) um die Wahrnehmung der Predigtpraxis, in der zweiten (Vikariat) um die Einübung von Praxis und in der dritten und vierten (Pfarramtszeit) um die Ausbildung von verantworteter und schließlich um erneut zur Disposition gestellte Routine. Nicht zuletzt sind es die Predigenden selbst, die bei dieser Praxis etwas dazulernen.

§ 40 Predigt machen und begründen: Die Vorbereitung und der Entwurf für Seminar und Examen

---

i **Literatur:** Hartwig Daewel: Der Weg zur Predigt, in: Karl-Heinrich Bieritz u.a. (Hg.): Handbuch der Predigt, Berlin 1990, 497–542 · Wilfried Engemann: Die Problematisierung der Predigtaufgabe als Basis homiletischer Reflexion, in: Grundfragen der Predigt. Ein Studienbuch, hg. von Wilfried Engemann und Frank M. Lütze, Leipzig 2006, 411–427 · Wilfried Engemann: Ein Modell zur Erarbeitung einer Predigt, in: ders.: Einführung in die Homiletik, Tübingen ^{3}2020, 619–640 · Ernst Lange: Zur Theorie und Praxis der Predigtarbeit, in: ders.: Predigen als Beruf. Aufsätze zu Homiletik, Liturgie und Pfarramt, hg. von Rüdiger Schloz, München 1982 [1967], 9–52 · Henning Luther: Stufenmodell der Predigtvorbereitung, in ThPr 17 (1982), 60–69 · Henning Luther: Predigt als inszenierter Text. Überlegungen zur Kunst der Predigt, in: Engemann / Lütze 2006 (s.o.), 395–410 · Annette Cornelia Müller: Predigt schreiben. Prozesse und Strategien der homiletischen Komposition, Leipzig 2014 (APrTh 55) · Martin Nicol / Alexander Deeg: Im Wechselschritt zur Kanzel. Praxisbuch Dramaturgische Homiletik, Göttingen 2005 · Klaus Raschzok: Einführung in die methodisch verantwortete Praxis der Predigt, in: ders.: Predigt als Leseakt. Essays zur homiletischen Theoriebildung, Leipzig 2014, 337–350 · Friedrich Schleiermacher: Die praktische Theologie nach den Grundsätzen der evangelischen Kirche im Zusammenhange dargestellt, Berlin 1983 [Reprint von Berlin 1850]

Das Predigtmachen ist nicht schwer, wenn man täglich aufmerksam ist für die Menschen um einen herum und für das Leben in der Ferne und Nähe, wie es in den Medien greifbar ist; es fällt einem in der Regel etwas ein, wenn man mit der Bibel lebt und man sollte es gelernt haben, sich selbst zu verstehen, eigene Vorlieben zu akzeptieren und gleichzeitig mit einer humorvollen Distanz zu betrachten. Das Predigtmachen ist schwer, wenn einem, obwohl man aufmerksam zu sein versucht, einfach nichts einfallen will. Das Predigtmachen ist erst recht schwer, wenn man es für eine Prüfung tun muss und dazu einen „Predigtentwurf mit Vorarbeiten“ abzuliefern hat. Jetzt gilt es, das theoretisch zu begründen, wofür im Predigtalltag die intuitive Plausibilität ausreichend ist. Hat man gelernt, dass ein Text immer für bestimmte Adressaten geschrieben werden muss, dann kann man erst recht gehemmt werden: Es ist zwar primär an die Gemeinde und den Text zu denken, aber dieses Denken ist so darzustellen, wie die Prüfer:innen sich das homiletische Denken denken. Es hilft nur, bei der Sache zu bleiben und den Prüfer:innen Wohlwollen zu unterstellen. Immerhin lassen sich Erfahrungswerte für das Gelingen angeben. Man stelle sich vor, einige Predigthörer:innen säßen mit in der Prüfungskommission und man zweifle nicht, dass sich alle Beteiligten um Verstehen bemühen. Dazu sind die folgenden Tipps gewiss hilfreich. Diese beziehen sich zunächst auf die Vorbereitung überhaupt, dann auf den schriftlichen Entwurf mit Begründungen.

1 Das „homiletische Dreieck“ und die guten Ideen

1.1

Man sehe auf die Menschen, lese in der Bibel und erkenne sich selbst. Diese drei Maximen sind von je her die Grundlagen des Predigens gewesen. Predigtvorbereitung ist vor allem ein doppeltes Gespräch: „Das ganze Verfahren ist seiner Natur nach ein dialogisches; es ist ein Dialog mit seiner Schriftstelle, die er fragt und die ihm antwortet, und mit seiner Gemeinde.“ (Schleiermacher 1983, 248) Hinzu kommt das Ich der predigenden Person mit dem Grundsatz, „dass jeder wirklich das tun soll, was seiner eigentümlichen Natur gemäß ist.“ (Schleiermacher 1983, 272) Für das Zusammenspiel dieser Relationen hat sich in der Praxis der Ausbildung der Begriff des „homiletischen Dreiecks“ gebildet (in Analogie zum „didaktischen Dreieck“ von Schüler, Lehrer und Inhalt).

Wenn eine der drei Ecken dieses Dreiecks nicht beachtet wird, ist das Ergebnis mit an Sicherheit grenzender Wahrscheinlichkeit schief. Dann gerät beispielsweise der Text unter die Räder der Kreativität, die Situation wird zurechtgebogen zugunsten einer schlüssigen Exegese, oder die Predigerin versucht sich an einer erzählenden Predigt, weil sie da eine gelungene Predigt gefunden hat, die ihr aber fremd geblieben ist und ihre homiletische Präsenz ausbremst. Das eher in der Praxis gebräuchliche Denkmodell erinnert daran, dass es sich beim Predigen wie beim Unterrichten um ein labiles Gleichgewicht zwischen sehr verschiedenen Kräften und Interessen handelt. Es geht bei kommunikativen Künsten nicht um ein Prinzip (wie: „Der Text hat immer Vorrang“ oder: „Die Persönlichkeit entscheidet“), sondern um ein kunstvolles, bisweilen sehr mühsames Austarieren. Was in der einen Gemeinde hervorragend ankommt, löst in der anderen Befremden aus. Daraus ergibt sich der elementare Grundsatz, dass die drei Größen in allen Phasen der Vorbereitung zu berücksichtigen sind. Diesem Grundsatz folgen in aller Regel auch die Vorbereitungsmodelle, so dass das homiletische Dreieck eine hilfreiche basale Denkfigur darstellt.

1.2

Zu erinnern ist an dieser Stelle auch an den einleitenden Paragraphen zur formalen Homiletik (→ § 33) mit den Bemerkungen zur Kreativität. Man muss die Kreativität kitzeln, unterstützen und operationalisieren und dabei Frustrationsgefühle (in der Phase der „Inkubation“) durchstehen. Dazu gehört vor allem der Vorsatz, der Kreativität eine Chance zu geben. Gute Zeitplanung und eine „freischwebende“ homiletische Aufmerksamkeit gehören dazu. Ist der eigene theologische Bildungsprozess nie abgeschlossen, so beginnt die Vorbereitung auf die nächste Predigt schon nach dem Abschluss der letzten. Man ist nie vorbereitungsfrei. Vielleicht lasse man sich ein schönes kleines Notizbuch schenken, in das man bei Gelegenheit sofort Beobachtungen und Einfälle einträgt, oder man legt sich mit Hilfe der Diktierfunktion des Mobiltelefons eine Kartei mit Predigtideen an. Manche arbeiten beim Predigen gezielt mit dem „Homiletischen Tagebuch“, damit die Entstehung von Predigtgedanken nicht auf die Arbeitszeit begrenzt ist (Raschzok 2014, 339). Thema ist nicht nur die homiletische Technik, sondern die Existenz der predigenden Person.

1.3

Vor allem anderen kommt es darauf an, nicht nur einen professionellen Umgang mit geistlichen Texten und Handlungsvollzügen zu haben, sondern auch einen persönlichen. Dabei „wird ein relativer Gegensatz sein zwischen dem religiösen Leben des Redners selbst und seiner Ausarbeitung der Konzeption“ (Schleiermacher 1983, 267, dort gesperrt). Für die Zeit der Meditation eines Predigttextes muss das eigene religiöse Leben „sistiert“ werden (268).

2 Vom Dreischritt zu dreimal drei Schritten der Vorbereitung

2.1

In den 1970er Jahren, zu meiner Studienzeit, lehrte man noch das zur Wort-Gottes-Theologie bestens passende Drei-Schritte-Verfahren: Exegese – Meditation – Predigt. Die Exegese stand am Anfang und in gewisser Weise auch bleibend im Mittelpunkt; die Meditation hatte zwischen Text und Gemeinde, Exegese und Situation zu vermitteln. Die Selbstreflexion kam nur am Rande vor. Die homiletische Meditation war deutlich von der Literaturgattung „Predigtmeditation" inspiriert, die mit der Exegese begann, um dann Anschlussmöglichkeiten an die Wirklichkeit zu suchen.

Bei der Predigtvorbereitung hatte der Text den chronologischen und sachlichen Vorrang. Man begann mit der Übersetzung und der Exegese, bis man schließlich zum „Skopus" vordrang: Was will der Text wem sagen? Was sagt er, was andere Texte nicht so sagen? Was würde der Bibel fehlen, wenn es diesen Predigttext nicht gäbe? Wie kann man diesen Skopus in das Erleben heutiger Menschen übersetzen? Man hat eine solche Vorgehensweise als „normativ-deduktive[n] Ansatz" gekennzeichnet (H. Luther 1982, 60). Daneben stand die „pragmatistische Predigtanleitung", bei der auf Theorien ganz verzichtet und stattdessen auf (eigene) Praxiserfahrungen zurückgegriffen wurde (ebd.). Auch diese Vorstellung konnte man als eine deduktive begreifen.

2.2

Ein vermittelndes Verfahren bestand darin, das, was die meisten sowieso machten, auch theoretisch abzubilden und der Assoziation die erste Stelle bei der Vorbereitung einzuräumen. Aus dem Schema Exegese – Meditation – Predigt (E–M–P) wurde jetzt Assoziation – Exegese – Meditation – Predigt (A–E–M–P). Das Schema bietet den großen Vorteil, dass die Exegese so betrieben wird, wie das immer der Fall ist: auf dem Hintergrund des eigenen Vorverständnisses. Die eigenen Assoziationen müssen selbstverständlich exegetisch, dogmatisch und im Hinblick auf die Gemeinde geprüft werden; aber es ist gut, zunächst der Phantasie ihr Recht einzuräumen. Die Meditation braucht Material und es ist nicht gut, dieses sofort durch die wissenschaftliche Exegese zu beschneiden. Außerdem hilft der Beginn mit der Assoziation dabei, die predigende Person von vornherein in den Blick zu bekommen. Die ganze Vorbereitung lebt von höchst individuellen Vorlieben. Was bei diesem Vorbereitungsmodell noch eine zu geringe Rolle spielt, ist die Exegese der Situation und der hörenden Gemeinde.

2.3

An dieser Stelle bedeutete das Vorbereitungsmodell von Ernst Lange (→ § 15.3) einen entscheidenden Fortschritt. Dieser besteht zum einen darin, dass für jeden Sonntag zwei Bearbeiter desselben Predigttextes gesucht werden und zweitens darin, dass sich beide sowohl mit der Tradition als auch mit der

Situation vertraut zu machen haben: „Predigt gleicht also einem Lichtbogen zwischen zwei Polen: Tradition und Situation, Geschichte und Gegenwart, Botschaft und Bezeugung sind Korrelate und gehören untrennbar zusammen." (Lange 1982 [1967], 49) Seit 1980 ist das Schema der von Lange inspirierten „Predigtstudien" das folgende: Bearbeiter A formuliert I erste Eindrücke – II Entdeckungen am Text – III homiletische Rechenschaft; Bearbeiter B formuliert IV Erkundung der Situation – V Aufbau der Predigt – VI gestaltendes Material; beide haben die Relationen von Text und Situation wie von Prediger und Hörer im Blick. Wer die „Predigtstudien" benutzt, bekommt also Gedanken zu allen sechs Schritten an die Hand.

Demgegenüber ist das Verfahren der „Göttinger Predigtmeditationen" weniger methodisch durchgeformt. Die Bearbeiter:innen der GPM sind jedoch gehalten, dem Text besondere Aufmerksamkeit zu widmen, ohne sich auf die Exegese zu beschränken. Der Text soll im Kontext von Alltag und Kultur und im Horizont der heute hörenden Gemeinde zum Sprechen gebracht werden. Dabei ist darauf zu achten, dass *explicatio* und *applicatio* nicht nacheinander und getrennt voneinander, sondern verbunden gedacht und behandelt werden. Dasselbe gilt für Form und Inhalt. Die Formfrage soll als inhaltliche Frage behandelt werden und *vice versa*. Die „Göttinger Predigtmeditationen" sind damit ebenso auf dem Stand der homiletischen Debatte wie die „Predigtstudien", legen aber anders als diese weiterhin gesonderten Wert auf die Exegese. Beide Publikationen zieht man sinnvollerweise *nach* den eigenen Assoziationen und der eigenen Textarbeit heran. Dann entwickeln sie am besten ihr anregendes und klärendes Potenzial.

2.4

Das ambitionierteste Verfahren für die Vorbereitungsschritte ist das „Stufenmodell der Predigtvorbereitung" von Henning Luther von 1982. Luther geht von der homiletischen Trias von Text, Gemeinde und Prediger aus und entwickelt damit ein Drei-Stufen-Modell der Vorbereitung, bei dem auf allen drei Stufen das homiletische Dreieck thematisiert wird, nur in verschiedenen Modi: Auf Stufe I geht es um die Wahrnehmung, auf Stufe II um die Bewertung, auf Stufe III um die Produktion. Damit entspricht die Stufe I der Assoziation und Exegese im vierschrittigen Modell (s.o. 2.2), die Stufe II der dortigen „Meditation" und Stufe III der Anfertigung des Manuskripts („Predigt"). Henning Luthers Stufe I ist durch die Dominanz von Empirie und Exegese geprägt, Stufe II durch die Hermeneutik und Stufe III durch die Rhetorik (so die Skizze bei H. Luther 1982, 67).

Das Besondere bei dem Stufenmodell liegt jedoch in der Tatsache, dass die „Stufen“ hier im strengen Sinne der kognitiven Stufendefinitionen von Jean Piaget (1896–1980) und Lawrence Kohlberg (1927–1987) definiert werden, wie man sie aus der Religionspädagogik kennt. Das impliziert, dass jede Stufe notwendig ist und ihre Abfolge „nicht beliebig und austauschbar“ (65). Keine Stufe kann ausgelassen werden. Die jeweils höhere Stufe umfasst zugleich die Urteilsstrukturen der unteren Stufe(n), so dass sich eine strenge Hierarchie mit integrativem Charakter ergibt. Da sind allerdings Zweifel angebracht: Dass die Rhetorik eine höhere Form von Hermeneutik und Exegese sein soll, scheint mir ein gekünstelter Gedanke zu sein.

Die Konsequenzen sind dennoch schlüssig. So wäre etwa eine Predigt ohne Exegese und Hermeneutik laut H. Luther ebenso defizitär wie eine, die die empirisch beschreibbare Lage außer Acht ließe. Kombiniert man schließlich die drei Stufen mit den drei Mitspielern Text, Gemeinde, predigende Person, dann erhält man auch hier eine 9-Felder-Matrix, in diesem Falle für die Vorbereitung, so wie sich in den Prolegomena dieses Buches eine Matrix für die Homiletik als Wissenschaft findet (→ § 6.4). Diese kann etwa dabei helfen, die Herausforderungen besser wahrzunehmen und Predigtideen zu generieren. Was an dem Stufenmodell unmittelbar einleuchtet, ist der Impetus, die Größen Text, Hörer und Prediger nicht nacheinander und getrennt zu bedenken, sondern in ihrer jeweiligen Bezogenheit aufeinander, auf Stufe I wahrnehmend, auf Stufe II wertend und auf Stufe III produktiv.

3 Zwei Ergänzungen: Liturgie und Kreativität

Die Wege zu einer guten Predigt sind vielfältig und mit den bisher erläuterten Möglichkeiten nicht vollständig erfasst. An zwei Impulse, die sich früher in diesem Buch finden, ist an dieser Stelle kurz zu erinnern, um die sachlogische Verbindung zu den gerade kommentierten Vorbereitungsmodellen herzustellen.

3.1

Das Motto von der „Predigt aus der Liturgie“ (§ 30), so wurde früher vermerkt, bezeichnet selbstverständlich nur eine Möglichkeit, in der Terminologie des gerade geschilderten Stufenmodells einen Aspekt der Wahrnehmung (zunächst auf Stufe I). Die Liturgie, vor allem das sonntägliche Proprium von Psalm, Wochenspruch und Lesungen, ermöglicht Entdeckungen, die die Predigt bereichern und für die hörende Gemeinde die Kohärenz erhöhen können. Der Blick auf die Liturgie (auf den „Rahmen“ der Predigt) sollte darum nicht erst dann erfolgen, wenn die Predigt fertig ist. Nirgends steht übrigens geschrieben, dass sich eine Predigt immer nur auf eine einzige Perikope beziehen darf. Die Predigt unterbricht die Liturgie mit dem Ziel, diese verständlicher und das aktive Mitfeiern („participatio actuosa") möglich zu machen.

3.2

Manchmal scheint sich das Predigtmachen auf ein einziges Problem zu reduzieren: Wie komme ich auf eine zündende Predigtidee? Einzelne Gedankensplitter und Einfälle, Zitate und Begebenheiten habe ich ja schon, aber wie wird daraus ein überzeugendes Ganzes? Das Kreativitätsschema von Vorbereitung, Inkubation, Illumination und Verifikation will eben diesem Mangel aufhelfen, indem es die Frustrationsgefühle der Phase der „Inkubation" auszuhalten und auf die Illumination zu warten lehrt. Damit ist unter einem anderen Aspekt die Abfolge von Bewertung und Produktion (die Stufen II und III nach dem Modell H. Luthers) angesprochen. Man wird damit rechnen können, dass die größte Wahrscheinlichkeit für Kreativität dann gegeben ist, wenn man bei den Wahrnehmungen offen ist und nicht zu schnell Zensuren für das Taugliche und homiletisch Geeignete vergibt.

Es ist eben nicht alles planbar und verfügbar bei einem Kunsthandwerk wie dem Predigtmachen. Schließlich sind vor allem Ruhe, Entspannung und Schlaf förderlich bei der *inventio.* Guter Schlaf ist sogar „eine entscheidende Kreativitätstechnik im Kompositionsprozess einer Predigt sowie ein probates Problemlösungsmittel." (A.C. Müller 2014, 389)

4 Wie bereitet man eine gute Predigt auf schnellstem Wege vor?

Die schönste und angemessenste Vorbereitungsart ist gewiss der aus dem Wochenplan herausgeschnittene ganze Tag, an dem man wieder einmal theologisch arbeiten kann. Aber wie predigt man, wenn man nur noch eine Stunde Vorbereitungszeit hat? In diesem ungewöhnlichen, aber nicht ausgeschlossenen Fall können einen die folgenden drei Maßnahmen retten.

Man sollte *erstens* von vornherein auf das schriftliche, wörtliche Ausarbeiten verzichten. Wenn man prinzipiell für die genaue wörtliche Schriftform votiert, dann sollte man das möglichst oft machen, aber nicht in einer Notsituation. Das schriftliche Formulieren erfordert die meiste Zeit. Man mache sich aber mehr als einen Stichwortzettel, nämlich eine Strukturskizze mit einigen ausgeschriebenen Formulierungen. Hilfreich ist es auch, über einen memorierten Zitatenschatz zu verfügen.

Es ist *zweitens* hilfreich, gerade in dieser Situation einen ganz kurzen Blick in den Urtext zu werfen, nachdem man einige Ideen notiert hat. Der Urtext verfremdet die eigenen Assoziationen und ist so immer für ein paar Predigtgedanken gut. Und man vermeidet auf diesem Wege grobe Irrtümer.

Gut für die Hörenden ist *drittens* immer ein Leitmotiv als integrierender Gedanke, der behalten werden kann oder eine leitende Unterscheidung, die man dem Text entnehmen und „getrost nach Hause tragen" kann. Solche sachlichen Strukturen lassen den Eindruck einer unvorbereiteten Predigt und eines munteren Daherredens erst gar nicht aufkommen. Wenn es mir selbst gelingt, in kürzester Zeit einige sachliche Einsichten zu rekapitulieren, dann habe ich auch bei den Zuhörenden eine Chance, sie zu erreichen (statt ihnen mit unstrukturiertem Reden die Zeit zu stehlen). Die Kurzvorbereitung mit Strukturskizze lässt sich gut üben bei Andachten in Gruppen, z.B. im Kirchenvorstand oder im Pfarrkonvent, wo sich sogar ein kollegiales Feedback anschließen lässt.

Es geht also vieles mit einer Stunde Vorbereitungszeit, wenn es die Ausnahme bleibt. Das sollte auf jeden Fall so sein. Denn man wird die Regel aufstellen können, dass die Hörerschaft etwas merkt von der Mühe (und auch von der Zeit), die eine Predigt gekostet hat. Um eine zweite Erfahrungsregel hinzuzufügen: Ehrlichkeit macht einen am stärksten, auch an diesem Punkt. Gemeinden sind dann gern bereit, in Stresssituationen Notvorbereitungen zu akzeptieren. Hingegen werden sie es kaum akzeptieren, dass eine aus dem Netz kopierte Predigt als das Ergebnis langen eigenen Ringens präsentiert wird. Da ist selbst das völlig unvorbereitete Predigen besser. Jeder studierten Theologin, jedem Theologen fallen mindestens ein paar Verstehens- und Handlungsimpulse zum Evangelium des Sonntags ein. Noch einmal: Angewöhnen sollte man sich das nicht. Aber schon das professionelle Wissen, dass man zur Not auch ohne Vorbereitung predigen könnte (sic!), verhilft zu mehr Sicherheit und Präsenz auf der Kanzel.

Allerdings sei auch an dieser Stelle noch einmal auf die besondere Bedeutung des *Schreibens* einer Predigt verwiesen. Es verhilft zur genauen Durchdringung der Inhalte und damit zur theologischen Identität. In einem Text zum autobiographischen Schreiben heißt es: „I increasingly feel that my writing creates me. I am the invention of my own words." (Zitiert nach A.C. Müller 2014, 372)

5 Vorbereitungslogik und Darstellungslogik: Der Predigtentwurf mit Vorarbeiten

5.1

Der schriftliche Entwurf für einen Seminarschein oder eine Theologische Prüfung ist gewiss die ambitionierteste, bisweilen auch eine sehr unangenehme Aufgabe. Die Prüfungssituation kann die Kreativität hemmen und das Textgenus „selbstkritischer Bericht" ist ohnehin schwer. In den verschiedenen kursierenden Anleitungen steht alles, was die Arbeit enthalten soll: Vorbemerkungen (fakultativ), exegetischer und hermeneutischer Kommentar, systematisch-theologischer Kommentar, Situationsanalyse, homiletischer und liturgischer Kommentar, Predigt selbst und Literatur (Engemann 2020, 637–640).

Am wichtigsten bei der Anfertigung ist die Unterscheidung der *Vorbereitungslogik* von der *Darstellungslogik*. Eine Predigtarbeit ist kein Verlaufsprotokoll der Vorbereitung, sondern lediglich das Ergebnis der vielen Vorbereitungsschritte. Die Arbeit soll den prüfenden Leser:innen helfen, die Gedankengänge und Entscheidungen der (fiktiv?) predigenden Person nachzuvollziehen. Deren erste Arbeitsschritte (Übersetzung, erste Assoziationen zum Text, Einfälle aus der Dogmatik und Kontexte aus der Zeitung) muss der Prüfer nicht lesen. Die Predigtarbeit ist der Extrakt der Vorbereitung für Andere, die zwar den Text, aber nicht die Hörerschaft und den Prediger kennen.

Die Darstellung im Entwurf ist damit viel geordneter und systematischer als die von a nach y und z, dann wieder nach a springende Vorbereitung, die zwar ein Mindestmaß an sachlicher und zeitlicher Struktur aufweisen soll, aber auch vom Verfolgen abseitiger Nebengeleise und Sackgassen lebt – man weiß dann wenigstens, warum man etwas nicht will. Zugespitzt: Die Vorbereitung ist auf die Predigerin ausgerichtet, die Predigtarbeit auf die Prüferin.

5.2

Die *Vorbereitung* verläuft noch unübersichtlicher, als das die oben geschilderten Modelle nahelegen. Zuerst sollte man den biblischen Text und das Proprium des Sonntags ansehen (→ § 30), und zwar auf Deutsch in der Übersetzung, die die Gemeinde hören wird. Danach sollten auch die Urtexte befragt werden. Bei den weiteren Schritten kann man sich gut an dem Stufenmodell H. Luthers orientieren (s.o. 2.4). Das bedeutet *erstens*, dass man die Arbeitsgänge Wahrnehmung (I), Bewertung (II) und Produktion (III) deutlich voneinander abgrenzt und nacheinander abhandelt, wobei man selbstverständlich nicht sklavisch so verfährt. Das heißt *zweitens*, dass man auf jeder der drei Stufen das homiletische Dreieck in Anschlag bringt und nie den Text, nie die Hörerschaft und auch nicht sich selbst vergisst. Besonders bei der Produktion („elocutio") imaginiert man exemplarische Personen aus der Hörergemeinde. Vor der Produktion sollte man wissen und schwarz auf weiß formulieren, was man genau für welche Hörer möchte. Bei der angemessenen Benotung eines praktisch-theologischen Entwurfes ist die Zieldimension immer die Schlüsselstelle. Gezielt handeln heißt wissen, was man will in Predigt und Unterricht. Nur dann ist eine – wenigstens ansatzweise – Realitätsprüfung möglich.

Man wird insgesamt nicht streng nach immer demselben Schema arbeiten, weil einen das schnell an die Grenzen der eigenen Produktivität bringen würde, so dass sich die Predigt „in ausgetretenen Spuren" bewegen würde: „Es gibt nicht den einen, richtigen Weg zur Predigt." (A.C. Müller 2014, 361)

5.3

Die *Darstellung* im Predigtentwurf mit Vorarbeiten richtet sich nach den in den Merkblättern zu findenden Angaben. Dazu gehören neben der Predigt selbst immer (!) die eigene Übersetzung des Textes, die Vorstellung der Hörerschaft und Gemeinde, Exegese, Dogmatik, Predigtziele sowie der Predigtaufbau mit Erläuterung, liturgische Einordnung, Literaturverzeichnis. In der Exegese soll nur das vorkommen, was positiv oder negativ relevant ist für die eigene Predigt; dogmatische Überlegungen sollen den Predigtinhalt in die *loci* der kirchlichen Lehre einordnen. Auch dabei geht es wie in der Exegese nicht nur um eine Kontrollfunktion (Raschzok 2014, 344), sondern auch um die Erweiterung meines Gedankenspektrums. Im Übrigen soll alles möglichst aufeinander abgestimmt sein, so dass Exegese und Dogmatik nicht als erratische Blöcke (von ungebremster Größe) daherkommen. Die Predigtziele und der Predigtaufbau sind besonders sorgfältig zu begründen, weil es sich hier um die zentralen homiletischen Entscheidungen handelt. Die am Anfang stehenden Assoziationen müssen nicht dokumentiert werden; was daraus geworden ist, zeigen der Fortgang der Arbeit und das Ergebnis, die Predigt. Zur liturgischen Skizze gehören *erstens* die Wahrnehmungen (und Interpretationen) des jeweiligen Propriums und *zweitens* die geplante liturgische Gestaltung (inkl. der ausgewählten Lieder).

Bei einem guten Entwurf überzeugt nicht nur die Predigt selbst, sondern auch das Zusammenspiel der verschiedenen Vorarbeiten, deren inhaltlicher Zusammenhang mit den in der Predigt behandelten Fragestellungen deutlich werden soll (z.B. Gottesbeweise, Altes und Neues Testament, Sühne, Indikativ und Imperativ, Politik in der Predigt). In der Predigtarbeit sollen also nicht sämtliche Themen des Textes behandelt werden, sondern nur die in der Predigt vorkommenden. Bewertet wird außerdem die Fähigkeit zur begründeten Auswahl; in diesem Zusammenhang kann man auch kurz auf mögliche, aber verworfene Alternativen eingehen. Geprüft wird die Fähigkeit, homiletisch zu diskutieren, zu entscheiden und zu begründen. Selbstverständlich gelten daneben die üblichen wissenschaftlichen Kriterien: Transparenz, Kohärenz, Klarheit bei den Entscheidungen und beim Umgang mit der Fachliteratur. Und zur Erinnerung: Fehler bei Orthographie und Zeichensetzung sind in einem wissenschaftlichen Text nicht tolerabel.

Zusammenfassung

Beschrieben werden *erstens* die Vorbereitungsschritte für eine Predigt nach verschiedenen Vorbereitungsmodellen und *zweitens* der Weg zu einem schriftlichen Predigtentwurf für das homiletische Hauptseminar und für theologische Prüfungen. Bei der Predigtvorbereitung gibt es nicht einen Königsweg, sondern verschiedene Möglichkeiten. Sinnvoll ist es aber, die Schritte der Assoziation, der Bewertung und der Produktion deutlich zu unterscheiden und bei allen Schritten nach der Trias von Text, Gemeinde und predigender Person vorzugehen. Bei der Anfertigung des schriftlichen Entwurfs ist die Darstellungslogik von der Vorbereitungslogik zu unterscheiden. Die Vorbereitung verläuft im besten Falle sprunghaft, wild und überraschend; die Darstellung im Entwurf macht daraus ein kohärentes Ganzes, in dem theologische und rhetorische Reflexionen zu einer persönlich originalen (nicht: „originellen“) Predigt führen.

§ 41 Predigen als Beruf – Epilog

Literatur: Ernst Lange: Predigen als Beruf. Aufsätze zu Homiletik, Liturgie und Pfarramt, hg. von Rüdiger Schloz, München 1982 · Michael Meyer-Blanck: Gottesdienstlehre, Tübingen ^{2}2020 [2011] · Michael Meyer-Blanck (Hg.): Handbuch homiletische Rhetorik, Berlin / Boston 2021 (Handbücher Rhetorik 11) · Albert Schweitzer: Predigten 1898–1948, hg. von Richard Brüllmann und Erich Gräßer, München 2001 (Werke aus dem Nachlass).

1 Öffentlich reden

1.1

Predigen ist eine einzigartige Berufstätigkeit. Man ist dazu verpflichtet, das zu tun, was jedem Menschen geboten ist: Man soll sich einen Reim auf das Leben machen und soll diesem Ausdruck geben, als ein Künstler des Redens und des Lebens. Der Unterschied zu anderen Menschen ist lediglich der, dass die Predigerin einen Großteil ihrer Zeit und ihrer psychischen Kraft dafür einsetzen soll, sich um den Lebenssinn zu kümmern und glaubwürdig und verständlich davon zu erzählen. Es ist ein Privileg, eine derartige Tätigkeitsbeschreibung zu haben. Albert Schweitzer (1875–1965) empfand es denn auch „als etwas Wunderbares, allsonntäglich zu gesammelten Menschen von den letzten Fragen des Daseins reden zu dürfen“ (Schweitzer 2001, 27). Womit sich andere nur gelegentlich in der Freizeit befassen, das wird vom Prediger und von der Predigerin qua Profession verlangt.

Zu diesem Verlangen gehört der implizite rhetorische Imperativ der Hörer: Überrasche mich. Überzeuge mich, begeistere mich! Wer predigt, ist mit hohen Erwartungen konfrontiert, die wiederum schnell zusammenbrechen und der Ernüchterung weichen können. Bei der Predigt entscheidet es sich in den ersten drei Minuten, ob die rhetorische Kommunikation funktioniert – oder nicht. Wenn eine Rede nicht zündet, wenn die Predigt nicht Herz und Kopf erreicht, dann schlägt die Offenheit mit Neugier schnell in Resignation und Zynismus um: Langweilig! Immer dasselbe! Sowas hätte ich auch selber gekonnt!

1.2

Predigen, das persönliche und doch überpersönliche Reden „von den letzten Fragen des Daseins“ ist eine höchst anspruchsvolle Kommunikationsform. Es gibt sehr viele Möglichkeiten danebenzugreifen, aber auch gute Möglichkeiten, Resonanz zu finden. Es gibt, so habe ich es immer wieder erfahren, viel Entgegenkommen, ja Nachsicht der Gemeinden für ihre Predigerinnen und Prediger, eine Grundsolidarität, die wahrscheinlich auf der gemeinsamen Erfahrung der „Circulation" religiöser Erfahrung beruht. Viele Gemeinden tragen diejenigen, die allsonntäglich zu ihnen reden.

1.3

In diesem Buch wurde immer wieder dafür plädiert, die Predigt auch als rhetorische und pädagogische Gelegenheit sowie als kulturelles Ereignis wahr- und ernstzunehmen. Das tut ihrem Grundverständnis als auf die Liturgie bezogene Rede keinen Abbruch. Die Liturgie ist der primäre, der natürliche Kontext, der fast immer gegeben ist (sieht man einmal von seltenen Ereignissen wie Radioandacht, Theaterpredigt und Predigt Slam ab). Das Liturgische ist so selbstverständlich, dass es als spezifischer Kontext bisweilen gar nicht wahrgenommen wird. Das sollte sich ändern, so lautet eine Hauptthese dieses Buches. Aber auch das Rhetorische und Pädagogische – beides bis heute mit homiletischem Misstrauen verbundene Orientierungen – sollte seinen Platz im Konzert homiletischer Mitspieler finden. Die Predigt ist eine Rede und der Gottesdienst (auch) eine pädagogische Handlungsform. Niemand beschwert sich, wenn er oder sie schlauer wieder herauskommt. Die Besucherin räumt dem Prediger etwas von der eigenen Freizeit ein und erwartet, auf diesem Wege gebildet zu werden oder wenigstens etwas Neues zu erfahren (Apg 17,19–21). Gewiss ist das Eigentliche das Spirituelle, die „Circulation" religiöser Erfahrung; aber auch diese ereignet sich auf rhetorischen und pädagogischen Kanälen, denn das ehrwürdige Wort „pädagogisch" bedeutet ja nichts anderes als das Denken von den Bedürfnissen der Adressaten her. Die Leitvorstellung von Pädagogik und Rhetorik ist die Erweiterung der Freiheit aller Beteiligten. Predigen als Beruf impliziert nicht die Ausübung von Macht, sondern die Arbeit an der Freiheit des anderen (in der Regel bezeichnet man das heute als „empowerment").

2 Die Zukunft des Predigens

2.1

Die Predigt hat immer noch einen hohen Stellenwert in der evangelischen Kirche. Die Zahl der Gottesdienste in der EKD betrug im Jahr 2023 immerhin 743.000 und man wird damit rechnen können, dass fast ebenso viele öffentliche

Predigten gehalten wurden. Die Feier der Tagzeitengebete sowie gelegentliche Gesprächsformate und Aktionen wie das „Predigtfasten" stehen dazu nicht im Widerspruch; sie unterstreichen vielmehr die Regel, dass im evangelischen Gottesdienst gepredigt wird. Damit stellt sich die Kirche mit ihren Anliegen in der gesellschaftlichen Öffentlichkeit dar, denn Gottesdienst und Predigt stehen allen Menschen, unabhängig von Religionszugehörigkeit und Bekenntnis *offen*, was durch das Glockengeläut markiert wird.

Die Predigt ist also noch mehr als die Zirkulation von Glaubenserfahrung unter Gleichgesinnten. Sie richtet sich auch an Neugierige und Entwöhnte, an „religiös Unmusikalische" (so Max Weber und Jürgen Habermas) und spirituell Suchende und an solche, die auf ein gut formuliertes „Wort zum Tage" aus sind. Und schließlich ist die Predigt so etwas wie Anschauungsunterricht, wie man eine angemessene Rede zu gestalten hat. Man mag an evangelischen Pfarrer:innen vieles kritisieren, aber das gute Reden haben viele von ihnen gelernt. So ist die Evangelische Kirche auch so etwas wie die Schule des Redens. Gut 500 Jahre nach der Reformation blicken wir auf eine breite Redetradition zurück. In ihren besten Stücken zeigt die evangelische Predigt, wie man überzeugend redet, aber nicht überwältigend; wie man persönlich predigt, aber nicht privat; und sie macht schließlich deutlich, was eine gelehrte und informative Predigt von einer überheblichen und überladenen Rede unterscheidet.

Die Predigerin steht damit für die rhetorische Kompetenz der Institution Kirche. Dort kann man neben anderem etwas für das demokratische Verhalten lernen. Dieses „zweite Programm" der Homiletik wird aber nur dann funktionieren, wenn das erste, das religiös-spirituelle Programm richtig läuft. Dann profitieren beide: die Predigt von der Redetechnik und das säkulare rhetorische Beiprogramm von der künstlerischen, ausgeformten Verkündigung. Prediger:innen haben also auch eine kulturelle Nebenaufgabe: Sie sind, wenn es gut läuft, für ihr Dorf oder ihren Stadtteil das, was am Ausgang der Antike schon Aurelius Augustinus war – Rhetoriklehrer.

2.2

Das Prophezeien ist bekanntlich schwierig, besonders dann, wenn es sich auf die Zukunft bezieht. Gleichwohl bin ich, was die Predigt angeht, eher optimistisch. Die Predigt, ganz allgemein die Rede, ist nicht zu ersetzen. Nicht nur die Kirche braucht Reden. Das darstellende Handeln konstituiert jede Gemeinschaft. Keine Versammlung, zumal keine festliche Versammlung, kommt ohne Reden aus. Parteien und Parlamente, Vereine und Familien, Schulen und Universitäten, Betriebe und Gewerkschaften, festliche Essen und Kulturveranstaltungen, Eröffnungen und Jubiläen etc. – sie alle benötigen Reden als sinnhafte

Fokussierung des die Gemeinschaft verbindenden Gedankengutes, der Gründungslegende und des ab jetzt Geltenden. Die Rede ist für das soziale Leben nicht substituierbar.

Es wird demnach immer zu der damit verbundenen relativen Ungleichheit kommen, dass eine Person sich aus der Gemeinschaft hervorhebt, um das, was alle betrifft, auf den Punkt zu bringen und mit seinen Ambivalenzen und Widersprüchen anzusprechen, um so eine Einheit zu konstatieren, die der real feiernden Gemeinschaft immer noch vorausliegt. Die Rede bringt die Geschichte sowie das Ideal und die Wirklichkeit einer sozialen Gestalt so zum Ausdruck, dass möglichst viele trotz divergenter Meinungen und Empfindungen eingebunden werden. Eine gute Rede ist ein Medium der Integration.

Mit der Predigt dürfte es sich ebenso verhalten. Sie stiftet Gemeinschaft durch die Mitteilung und Darstellung religiöser Erfahrung, wobei sie mit allen Hindernissen und Widerständen („Sünde, Tod und Teufel") rechnet, aber angesichts dessen nicht resigniert. Die Predigt markiert den Protest gegen die Abgründe der Gegenwart im Namen von Gottes Taten und Verheißungen. Sie verweist auf die Hoffnung der versammelten Gemeinschaft, gibt Rechenschaft von ihr und ruft auf zur Verantwortung in einer gefährdeten Welt (1 Petr 3,15). Solange sie auf diese Weise agiert, kann sie nicht ersetzt werden.

Register

Bibelstellenregister

 | HTTPS://DOI.ORG/10.1515/9783111383996-006

Sachregister

Namenregister

www.ingramcontent.com/pod-product-compliance
Lightning Source LLC
LaVergne TN
LVHW020721290926
849104LV00028B/293